〔乾隆〕

長洲縣志

苏州市相城区档案馆（地方志办公室）编

广陵书社

图书在版编目（CIP）数据

〔乾隆〕长洲县志 / 苏州市相城区档案馆（地方志办公室）编. -- 扬州 : 广陵书社, 2024. 12. -- ISBN 978-7-5554-2402-4

Ⅰ. K295.33

中国国家版本馆CIP数据核字第2024B78F59号

书　　名	〔乾隆〕长洲县志
编　　者	苏州市相城区档案馆（地方志办公室）
责任编辑	王　丹
出版发行	广陵书社
	扬州市四望亭路 2-4 号　　邮编　225001
	（0514）85228081（总编办）　　85228088（发行部）
	http://www.yzglpub.com　E-mail:yzglss@163.com
印　　刷	无锡市海得印务有限公司
装　　订	无锡市西新印刷有限公司
开　　本	787 毫米 × 1092 毫米　1/16
印　　张	37
字　　数	644 千字
版　　次	2024 年 12 月第 1 版
印　　次	2024 年 12 月第 1 次印刷
标准书号	ISBN 978-7-5554-2402-4
定　　价	280.00 元

前　言

　　地方志古称地志、地记、图经等，是"一方之全史"，其纵贯古今、横陈百科、述而不论的史笔文风，使其成为全面、系统、权威的地方历史性文献。冯梦龙在《寿宁待志》中曾写到："往不识，无以信今；今不识，何以喻后？"精辟地点出了地方志存史、资政、育人的功用。作为中国一种独特的文化瑰宝，可以说它既是中华文明薪火相传、源远流长的基因密码，也是中华文化"没有断流，始终传承下来"的重要载体。

　　2022年4月，中共中央办公厅、国务院办公厅发布了《关于推进新时代古籍工作的意见》（以下简称《意见》）。《意见》提出："做好古籍工作，把祖国宝贵的文化遗产保护好、传承好、发展好，对赓续中华文脉、弘扬民族精神、增强国家文化软实力、建设社会主义文化强国具有重要意义。"《意见》要求，档案、史志等工作部门要加强本领域古籍存藏保护、整理研究、编辑出版等工作。

　　苏州市相城区于2001年由原吴县市分设而成，有着悠久的历史和灿烂的文明，是吴文化的重要发源地之一。它因春秋时期伍子胥"相土尝水，象天法地，造筑大城"（《吴越春秋》）而得名。相城区在唐武则天万岁通天元年（696）析吴县置长洲县时，全境属于长洲县；至清雍正二年（1724）析长洲县置元和县后，境域大部分属长洲县（今阳澄湖镇和元和街道部分区域属元和县）。自唐代设县至民国元年（1912）并入吴县，长洲县在历史上存续1200余年。

　　作为苏州府一城三邑的附郭县，长洲县因《吴都赋》"佩长洲之茂苑"而得名，为吴郡之首邑，有"长邑为天下之邑之最著"的美誉，历来"山川清淑，人文荟萃，与夫民物商贾之往来辐辏，皆甲于江左"。清代，长洲分县置元和前，一县额征地丁、漕项、杂税银米高达四十余万两，与西南地区一省持平；分置元和县后，长洲一县所入赋税仍比得上中等规模的府。

《长洲县志》,见于张国淦《中国古方志考》的有三种,即宋孙应时修撰十卷本、明杨循吉修撰十卷本,以及明钱縠修撰本,均已佚。现存《长洲县志》共有以下几种:明隆庆五年(1571)张德夫等修撰本,明万历二十六年(1598)江盈科等修撰本,清康熙二十三年(1684)祝圣培等修撰本,清乾隆十八年(1753)李光祚等修撰本,清乾隆三十一年(1766)许治等修撰本。

本次点校整理的是乾隆三十一年《长洲县志》。该志是在乾隆十八年县志基础上编纂而成。乾隆十五年(1750),李光祚任长洲知县后设局修志,这是长洲县分设元和县后的首次修志。李光祚请沈德潜总领修志一事,顾诒禄参与其中。该志三十四卷(首一卷),卷分类析,井井有条,考校精严,采辑广博,但雕版后因火灾而毁。

乾隆三十年(1765),许治任长洲知县,遂与沈德潜商议,请其主事重修。沈德潜再次与顾诒禄参与其中。许治,字均宁,号肖野,湖北德安府云梦县人。乾隆四年(1739)进士。沈德潜,字确士,号归愚,长洲县人。乾隆四年进士。曾任内阁学士兼礼部侍郎,清代著名诗人。顾诒禄,字禄百,号花桥,又号缓堂,长洲县人。监生。为沈德潜高足,以古文辞闻名当世。

此次修志,他们芟繁就简,厘正山川、疆域,增减土壤、贡赋,于乾隆三十一年成书,共三十四卷(首一卷)。与乾隆十八年《长洲县志》相较,减去了"驿站"卷,增加了"御制"卷,其他卷目分类相同。由于出自沈德潜、顾诒禄等名人之手,乾隆三十一年《长洲县志》在史实考证的基础上力求文字典雅,最终呈现出"质有其文,辞敷于事"的风格。这是长洲县历史上最后一次修志,至民国二十二年(1933)《吴县志》出版,影响长达160余年。可以说,这是一部兼具史料价值、学术价值和文学价值的地方志,是了解相城历史文化的重要文献资料,在苏州县志中也有着重要地位和意义。

名家修名志,盛世续文脉。为贯彻落实《关于推进新时代古籍工作的意见》、国务院《地方志工作条例》《江苏省地方志工作条例》,以及苏州市地方志办公室

《关于全市旧志整理工作的实施方案》，苏州市相城区档案馆（地方志办公室）启动相城区旧志整理工程，采用统一安排、上下联动、横向合作、稳步推进的方式，将陆续完成相城境域内现存七种旧志的标点、校勘，以及数字化工作。

此次整理工作，拉开了相城区旧志整理工程的序幕。苏州市地方志办公室原副主任、二级调研员陈其弟主持整理，中国人民大学清史研究所博士后陈必佳参与其中。苏州大学文学院教授、博士生导师杨旭辉，苏州图书馆研究馆员孙中旺，苏州市阳澄湖文化研究会特约研究员王少辉提出了中肯的意见和建议。在此，谨向参与整理出版的各方和各位专家学者致以诚挚的感谢！

"睹乔木而思故家，考文献而爱旧邦。"一方水土之上的人和事，就是一方人的精神家园，从中能够读到区域的变迁、生命的阅历和故乡的渊源。整理出版相城旧志，旨在让更多的人于百川烟水中感受相城的文脉，于先贤名士中感受家国的情怀，让相城优秀传统文化在古为今用中化身千百、嘉惠后学，也让地方志的工作在知古鉴今、传承文明中焕发新的光芒。

苏州市相城区档案馆（地方志办公室）

2024 年 11 月

点校说明

　　一、本次点校整理，以苏州图书馆藏清乾隆三十一年《长洲县志》刻本为底本，参校上海图书馆藏清乾隆三十一年《长洲县志》刻本（以下简称"上图本"）。底本文字漫漶缺失者，据上图本予以补充，出校记予以说明。

　　二、一些常见的写刻错误，如"戊""戌"、"已""己""巳"、"佑""祐"、"坦""垣"、"城""域"等，一般径改，不出校记说明。

　　三、异体字、俗体字、版别字等，整理时统一改为规范的简体字，不出校记说明。人名、地名等改后易引起歧义的，予以保留，如"徵"作人名时不简化为"征"。

　　四、因避讳而改的内容，由前人避讳而改的，如"虎"改为"武"，不予改动；清人为避本朝讳而改的，如"玄"改为"元"、"丘"改为"邱"，径改而不出校记说明。

　　五、年号、职官、地名等有误的，如"永乐"误为"永嘉"、"正统"误为"正德"等，一般不改原刻，出校记予以说明。

　　六、原刻分单行大字和双行小字。若小字表示解释说明，如"复析五县而为九"的附注小字"吴、长洲、元和、昆山、新阳、常熟、昭文、吴江、震泽"，在整理中保持原貌不予改动；若小字表示尊重，如"刊报颜、言二祠"中的"颜、言"，径改大字，不出校记说明。

　　七、古人引书，常有省改。凡本书节引他书而不失原意者，一般保持原貌，不据他书改动。若为明显讹误影响文意者，则据改，并出校记说明。

　　八、为保存原始历史资料，对原著中的错漏之处，如不同版本中对同一人物、事件、诗文的记述记载互有出入差异等，一般不予订正纠正，订正纠正者则出校记予以说明。

　　古籍整理是一项艰苦、细致、严谨的工作，由于时间有限、经验不足，错讹之处在所难免，敬请广大专家和读者赐教雅正。

目　录

长洲县志序

志犹史也，夫人而知之矣。而我谓较之于史，尤切而可施于政，何也？辨土疆，同贯利，陈贡赋，美风俗，为政之事如此也。地异势殊，情习不同，昧焉以处之，恶能无悖耶？有籍焉，即其地而志之，上下千百年，于以察其治之善否与其盛衰，则施之政而政无不治，是志也者，固为政者考鉴得失之林也。长洲昔从吴县分置，今更析为元和矣。地大物众，案牍繁委。稽其旧籍，一邑之中，赋税至四十余万，虽析而二之，犹与中郡等埒，匪直壮县而已。邑之有志，始于张令德夫。自前明隆庆初至本朝康熙甲子，修之者再。今又七十年而李令光祚继之。呜呼！志之切而修之若是其难也。今夫刀笔筐箧之吏之不足语于此也久矣，然载笔一不慎，则书出而议者随之，故修志难。而今之修于分县之后也，则更难。谬者必易，阙者必补，依类续书，统纪相承，而名实不可以或爽，凡修志者难已。若夫昔全今半，疆域既分，合并则乖，弃置则略，必使界画分明而原委了然可睹，非心通今古，义兼作述，不足为志之良也。

余抚吴三年矣，政事之暇，遍览江南诸志，而及于州县之有分邑者，其书虽烦简不同、得失互见，而所谓乖与略者或鲜焉。兹志之成，其亦本前志而参之群志也耶？夫疆域分而为之限断者，地也。至于利害得失之故，则必合全势而熟筹之。《周礼·职方》：东南扬州，其泽薮曰具区，其川三江，其浸五湖。长洲旧境，东、南、北虽通湖泽，而三江五湖无一属焉。自元和既析，而湖荡之在邑境者少矣。然而支分派接，互相灌输，此有所壅，则彼无所泄，矧上流诸水趋纳江海，必由邑境而达，疏浚不时，辄多淤淀，此其利害非止一邑。国家财赋首重东南，农田者财赋之原，而治水所以治田，则全势不可不加察也。

列圣相承，覆露生养。我皇御宇又十余年，至仁极谊，益久益深。凡政之加惠斯民者，国史记之，邑志亦谨书之矣。顾蠲赋者屡而盖藏未裕，劝谕者频而奢侈无节，且分县几三十年而狱讼未见衰息，政刑未遂清简。水利之修不惜帑藏，而堤防宣泄何以历久而无旱涝之忧，是皆余之日夜究图，而亦为令兹土者所当尽心焉者也。志成而书于简端，俾为令者时览观焉。

乾隆十有八年岁次癸酉蒲月，抚吴使者禹麓庄有恭撰并书。

吴郡穆大展镌。

重修长洲县志序①

　　《长洲县志》自祝令圣培后，不修者七十余年矣。此七十余年中，略无增损改易者，惟星野、山川、城池、物产之类，余如户口日以繁滋，风俗日以淳茂，职官、科第日以增加，孝弟、节烈之行，文献、高逸之士日以踵兴，而圣祖及今上省方观民，其德泽日以布濩。世宗及今上递减浮粮，其输将日以轻省，所当急为详载以昭兹来许。又况元和分县以来，疆域、土田、城郭、井里、财赋、贡纳，其犬牙相错、秩然不紊者，尤不可不条分缕析，使之灿若列眉也。江右李公奕磐以名进士来宰是邑，不矜赫赫名，惟以文学润饰吏治，既已不旷不扰，官民浃和矣。乃公务之暇，慨然以修志为任，延前辈太史晓岩宋先生相与搜讨综核，时余亦同在商榷之列。邑中多闻之士分任厥事，而顾子禄百尤多采茸。功不一载，其书告成焉。

　　按：长洲旧志，前明万历中有江令盈科本，本朝康熙中有祝令允培本。江《志》长于尔雅，而考核或疏；祝《志》长于征引，而文采全阙。兹则于前志所载者，补其漏略，薙其繁芜，正其讹舛，而七十余年中未经采择者，悉网罗编次之，以画封圻，以审登耗，以准徭赋，以察民风，以发潜阐幽，而一以导扬圣朝百余年涵煦滋液之德，可云质有其文、辞敷于事者矣。且夫李公修志之意，宁惟以是书之成，期于度越前人已哉！盖将勒成一编，以为出政者之圭臬也。每慨今日之为政者，惟知以吏为师，日汲汲于刀笔筐篚之末，问以一邑掌故，其风土人情、因革损益，有茫然不知为何物者！譬犹行暗室而无烛，欲济渡而不问舟楫，伥伥乎靡所适从，将弊何自而除，利何自而兴？是亦居官者之耻也。是书成而一览了然，准而行之，可以为能吏，可以为廉吏，可以为日计不足、月计有余之循吏。公之用心规画不已深且远乎？因序其崖略如此。至前代分吴县为长洲，后此分长洲为元和，其四至、疆域详载建置条例中，不复述焉。

　　乾隆癸酉岁仲春月，赐进士出身、诰授通奉大夫、晋资政大夫、礼部右侍郎予告在籍食俸沈德潜撰。

---

① 底本无此序文，今据上海图书馆藏本补。

长洲县志序

邑志，志邑也。长邑为天下之邑之最著，其志应不与他邑等。昔之为长邑者一，迄析而二，今日长邑之志，又不与昔之长邑志等。盖山岳无异状，徙步则异；日月无异景，易时则异也。予自己巳秋承乏于兹，汲深绠短，时惴惴然，陨越是惧。顾念莅此名区，近得亲矩矱于名公硕彦，远可溯盛迹芳徽于先儒先哲，窃又用自喜。甫下车，亟取邑乘观之，则明志之仅有存者，既卷帙不伦，一切赋漕风俗之纪亦多所缺略，惟艺文稍备。我朝自康熙甲子岁修订以来，赋役诸则颇悉，而艺文概置勿登，宦迹、科第之类又多与明志大异，殊可愕眙，且版历七十年所，其迹涉根银帝虎，袭误承讹，亦不一而足。旋读苏州郡志，亦云长洲志书自来无完美者。噫！邑有乘，犹国有史，典至巨也。

方今圣治光昭，山陬僻邑各有志书，详且备，矧长邑为三吴弁冕，文章德业之后先相望，彪炳宇宙，胡志乘顾久缺遗若此？岂地实繁剧，官斯土者苦侘傺缪扰，既置此勿论，而隶籍之文人学士方其未得志，惟孜孜进取是亟，迨至发名成业，则又尽瘁于王事靡盬，不复暇为桑梓志乘计欤？

予不自揆窃，锐志厘定。顾阅岁既久，订讨匪易，属大差旁午，晨夕走风雨，耿耿寸心。每意圣天子车驾巡幸，观风问俗，郡邑志书类皆清问所必及。长首邑，尤未可以蠹蠋残编进。郡宪邵亦时廑念及此。予既苦无暇晷，乃量给薄俸为楮墨费，出旧本付学博王公慎，选诸生有学行者六人，搜罗较辑，七阅月而稿已粗定，用缮写成帙，恭备采择。暨銮辂回京师，拟即欲付之剞劂。然恐探讨尚有未周，编摩尚有未至，逡巡者久之。

会宗伯归愚沈先生为紫阳书院长，太史逸才宋先生自湖北视学以读礼归，予私心幸此志之会逢其适也，敬携稿就正而丐以巨椽鸿裁。两先生毅然允可。乃更博集群书，旁搜广摭。考今昔之异同，溯源流之分合，字字皆手注心画。始辛未仲夏，洎今癸酉三月而工镂已讫，卷分类析，井井有条。于时，残缺者补，失次者序，穿凿者汰之，谬误者正之。自唐通天至今千有余年，举凡山川疆域之分、建置沿革之自、学校师徒之设、丁役赋税之数、风俗物产之宜,与夫人物代兴、忠孝节义之士,理学名臣、道德性命、勋猷事业之灿著,以至匹夫匹妇之幽光潜德、一才一艺之专门名家,莫不犁然具备于其中。展而读之,元元本本,玉贯珠联,丙丙麟麟,星陈云缦。今而后,乃真叹长邑为天下之邑之最著,长邑之邑志亦将为天下邑志之最著者也。

予钝质,困风尘下吏十余载,居恒切慨慕循良,而才德庸薄,曾无泽被闾阎。虽士民安余之拙,清夜时多惭悚。即斯志之编纂,愧驽躯日疲于奔命间,偶从商榷,究未获殚力襄赞,赖两先生以当代巨儒各展良史才,俯从事于丹铅注画,而区区初志之所皇然惟恐不逮者一旦遂,遍观厥成也。爰跃然振笔以书。

时乾隆十八年癸酉季春上浣八日,赐进士出身、知长洲县事江右李光祚题。

重修长洲县志序

我国家统一海宇,幅员全盛,版图之广,亘古未有。欣逢列朝圣圣相承,重熙累洽百有余年,深仁厚泽之所涵濡,东西南朔罔不曁讫。吴郡,东南之大都会也。郡之首邑曰长洲,古称剧治。财赋政务之繁,不下他省之一郡。山川清淑,人文荟萃,与夫民物商贾之往来辐辏,皆甲于江左。志之纪载,不綦难哉?

按:长邑旧志,前明江公盈科修于神宗庙,本朝祝公圣培又修之于圣祖康熙二十二年,距今七十余载。其间因革异宜,损益异制,后先辽远,阙焉罔志。又当世宗宪皇帝朝,以长洲之半析为元和,由合而分,条理判殊,倘勿加修辑,后之人欲征文考献,其道奚从?

乾隆十五年,广昌李公来令兹邑,政通人和,百废具兴。公余之暇,慨焉以搜残补阙为己任,亟欲增修旧志。爰请少宗伯沈归愚先生暨余总其事,偕邑中人士之多闻者禄百顾先生辈设局分纂,越岁余告竣。方修是书也,毋瞻徇,毋顾忌,毋舛讹,毋挂漏,州次部居,目张纲举,使夫疆域之离合,户口之增减,贡赋之盈缩,道里之修废,文章节义之彪炳,民情习尚之迁流,按今稽古,了然可考。在李公之意,虽不敢谓驾轶前人,而勤勤搜讨,凡有关于风俗人心者,慎加笔削,必期无憾而后已。加以少宗伯考校之严,禄百顾先生采辑之广,余也无能为役,得从诸君子后,间参末议,窃喜是书之足以信今而传后云尔。夫搜罗散佚,备一方之掌故,良有司之责也。订讹核实,微显阐幽,俾得示章程而资考镜,亦士君子之任也。微是书,曷以导扬圣朝百余年来久道化成,休养生息,被于东南之一邑者如此其盛?微李公,又曷以网罗七十载之政绩文章昭人耳目,考诸往而不谬,垂诸后而无疑也?卷凡三十四,类分二十有八,体则参用志传,事则博采古今,至于采访未备,以及向所传疑,不敢傅会,宁从阙如,庶有俟乎将来。

乾隆癸酉仲春月,赐进士出身、诰授中宪大夫、日讲官起居注、翰林院侍读、前提督湖北等处学政、加四级、纪录七次宋邦绥撰。

重修长洲县志序

古来临民出政，惟在征献、征文，献或历久无存，文则终古常在。志乘是已，山川、疆域、土壤、贡赋、财用、畜谷、人物，篇章咸备，于是展卷而可以周知利弊淳浇。故邑之有志，为令者首务也。然阅岁远则闻见失真，因而纪载不实。故必二十、三十年一修，而后山川、疆域之沿革无讹，土壤、贡赋之损益无紊，财用之盈绌、畜谷之蓄耗可考，人物之高下、篇章之盛衰可分。乃为邑令者，或留心于催科听讼，而视志乘为具文，因循而不知修改，往往有诸。

予昔令元和，尝辑元和邑志矣。近补长洲，问及志乘，知不戒于火，板片毁销，心窃忧之。查邑志创于前明浮梁张公德夫，桃源江公盈科成之。国朝应城祝公圣培重修。越七十年而广昌李公光祚悉心采择，雕刻成书，告竣于乾隆辛未。虽去今不过十五年，而尽付祝融，后将何据？因商之大宗伯归愚沈公。公，今之献也，治叨同谱，每与追数八十年前事，历历如绘，遂请公重修。公推同学顾子禄百，业克识老，堪任其事。禄百既任事，竭虑殚心，芟繁就简，山川疆域间有厘正，土壤贡赋随时减增。述财用则劝民以俭，而勿习奢华；述畜谷则勖民以勤，而无耽逸乐。人物存其耆硕，以为后生则效；篇章冠以天言，以为万祀楷模。沈公既逐一讨核，治亦相与检阅焉。凡政之当因当革，治之当猛当宽，自唐咸通中置县以来九百六十四年，了若指掌。依古之法，酌今所宜，富之教之，有其端矣。治自宰望邑，夙夜祇惧，常恐政之或失，赋之或苛，刑之不平，俗之不化，负圣天子慎简之意。纵不能道洽政治，泽润兆庶，亦思不扰斯民，而后无旷厥职。《书》曰"议事以制"，又曰"其尔典常作之师"。《诗》曰"古训是式"。《周礼》：太史掌建邦之六典八法八则，"凡辨法者考焉"。则是志之成，文献有征，临民出政者之所赖也。谨序之以告来者。

乾隆三十一年丙戌仲春上浣既望，赐进士出身、知长洲县事云梦许治题。

长洲县志图目

长元吴三邑城图

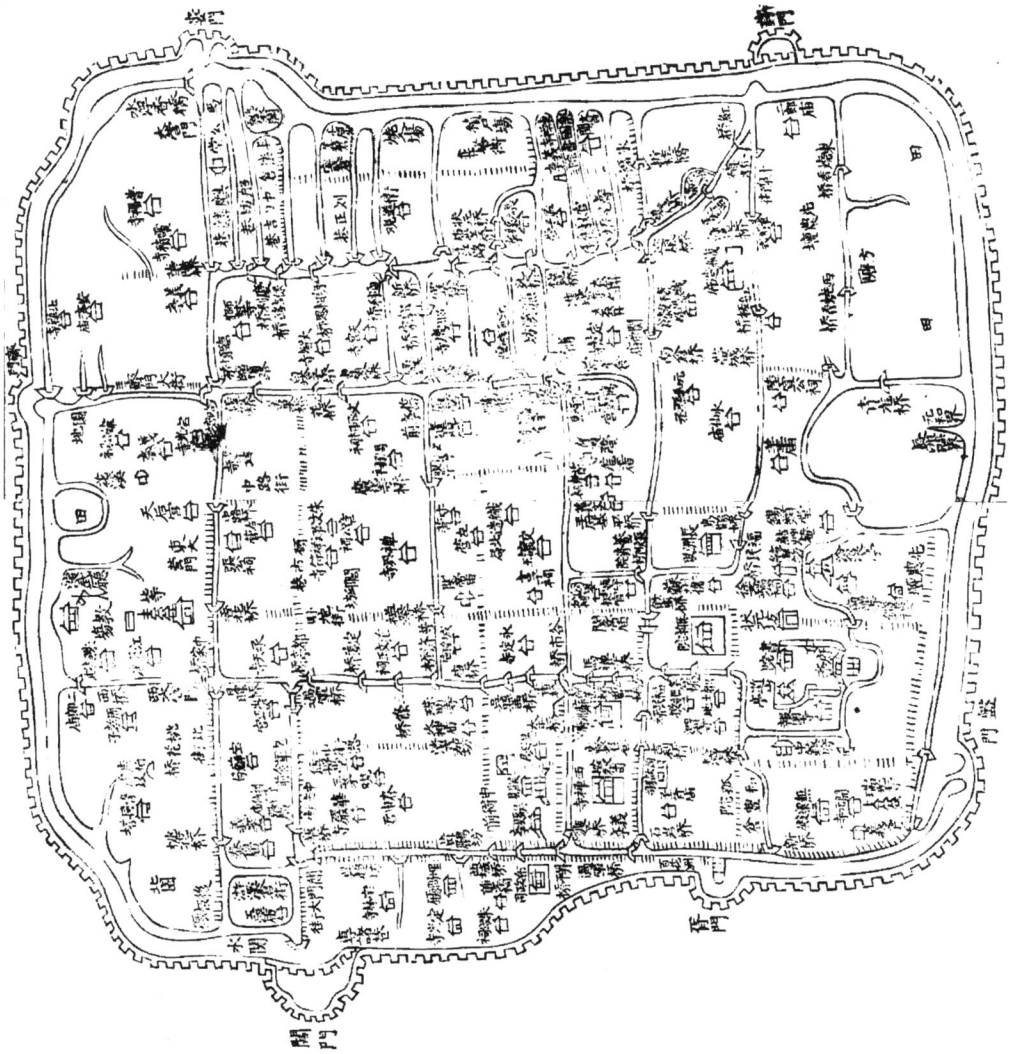

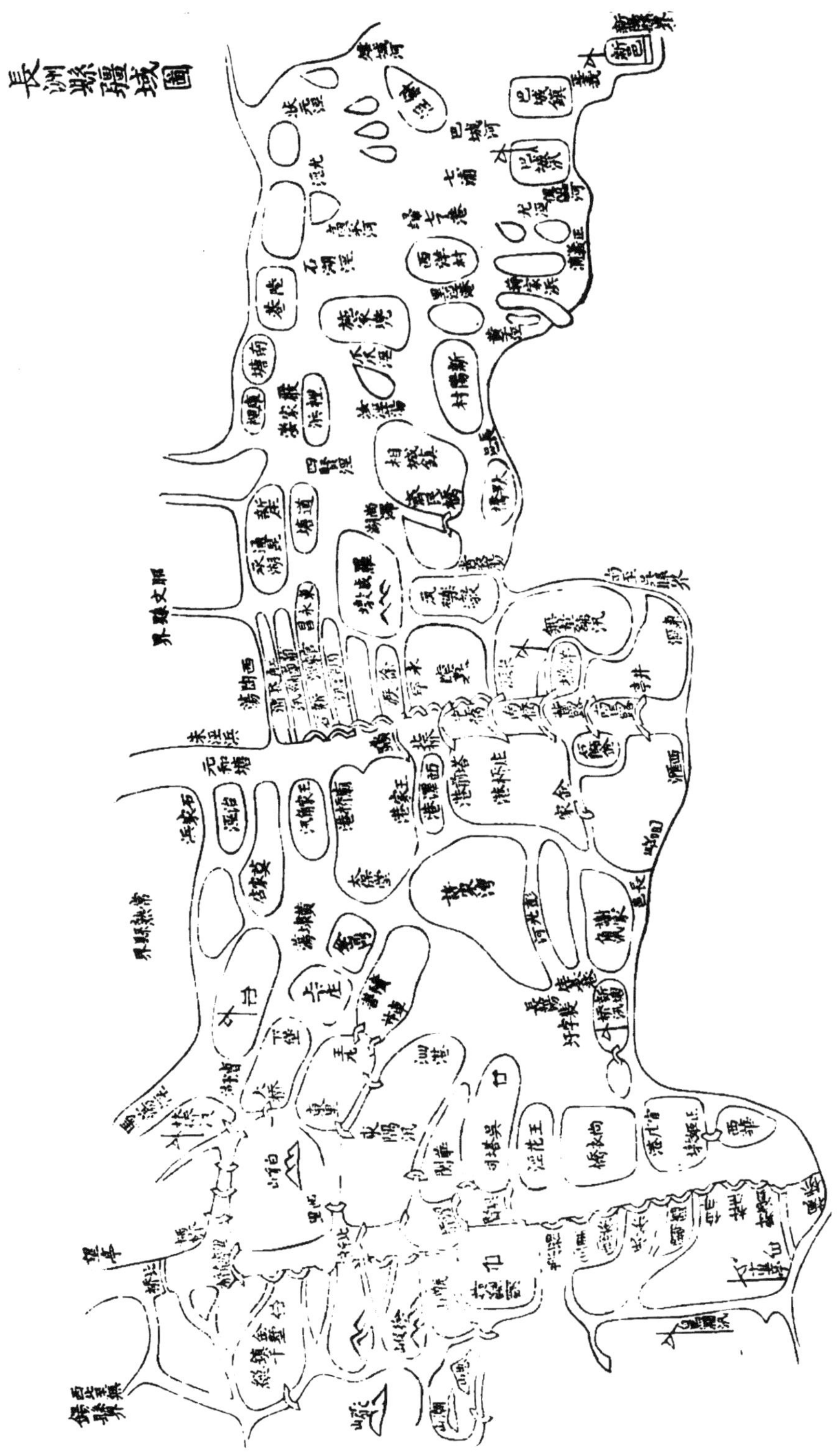
長洲縣疆域圖

长洲县田圩图

浒墅关

陆墓镇去城四十五里

昆山县界

嘉定县界

元和县界

阳城湖

膳城河

西北九都
北九都
东北九都

中二都
庄浜

东十八都
西十八都
中十八都
下十八都

村下十七都
下十七都
北七都
五七都

北游墩界
东羊都
昌浜
游墩河

西县界
练塘
十三都
西六都
东六都

南桥
黄埭镇
砖塘
北街路
东汇
元和县界
长洲县界

十都
十五都
十一都
北都

元和界
九都
真姑墩

元和县界
长洲县界

五都
东六都八都合
白身

张公墩
望亭镇

五都
四都
八都
三都

蠡口
白虎
嘉白市田都
元和县界
长洲县界

长洲县公署图

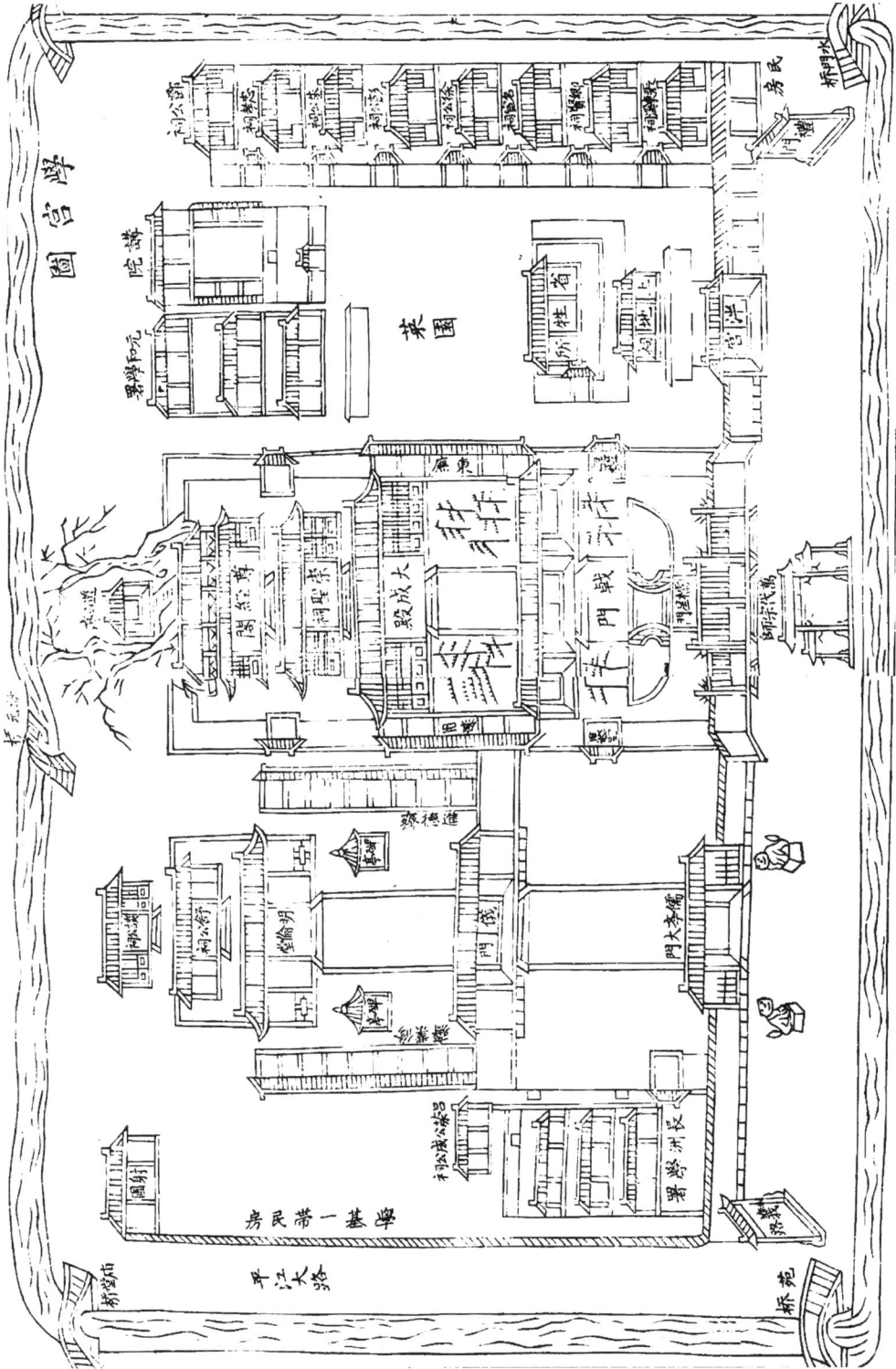

學宮圖

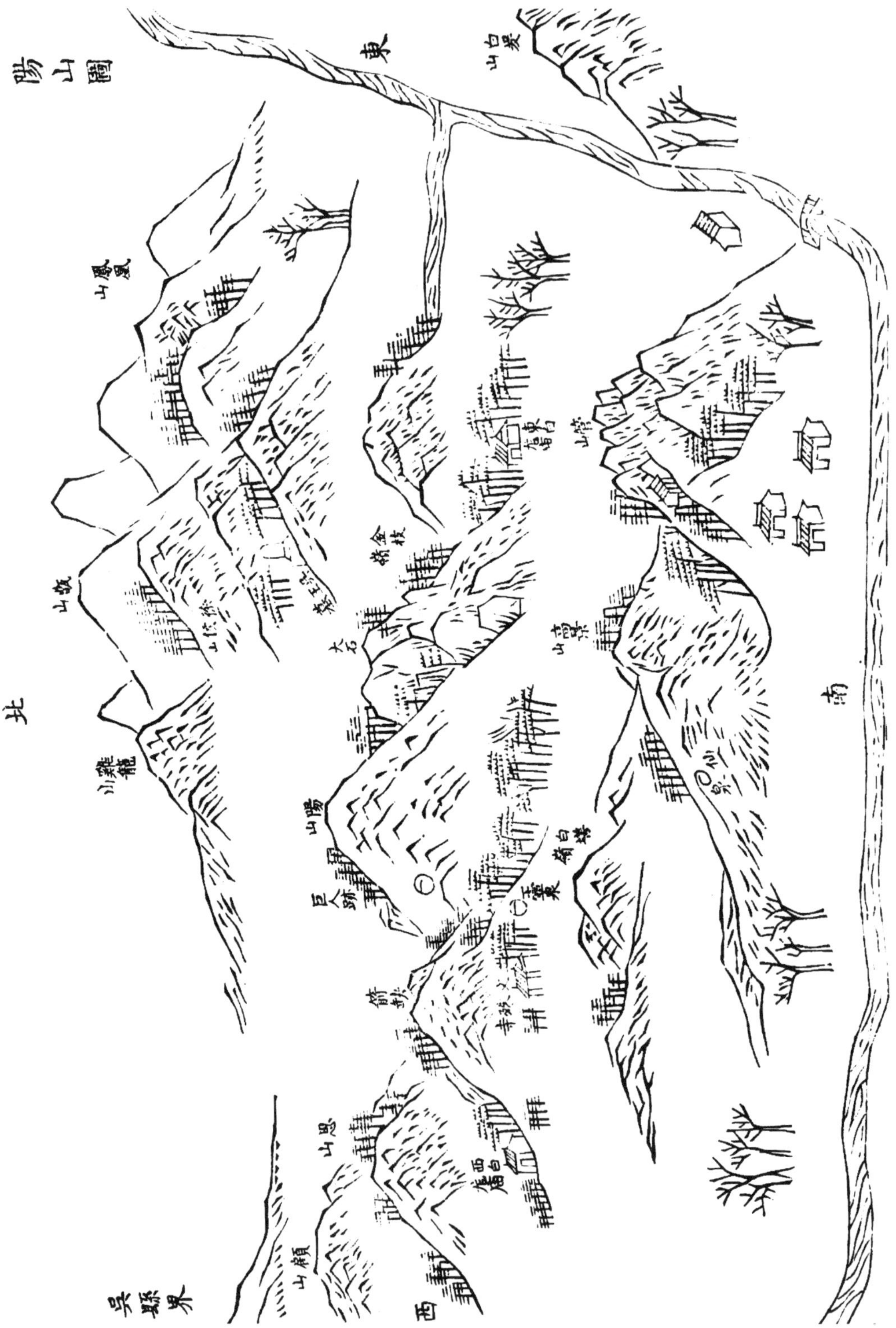
陽山圖
北
東
南
西
吴縣界

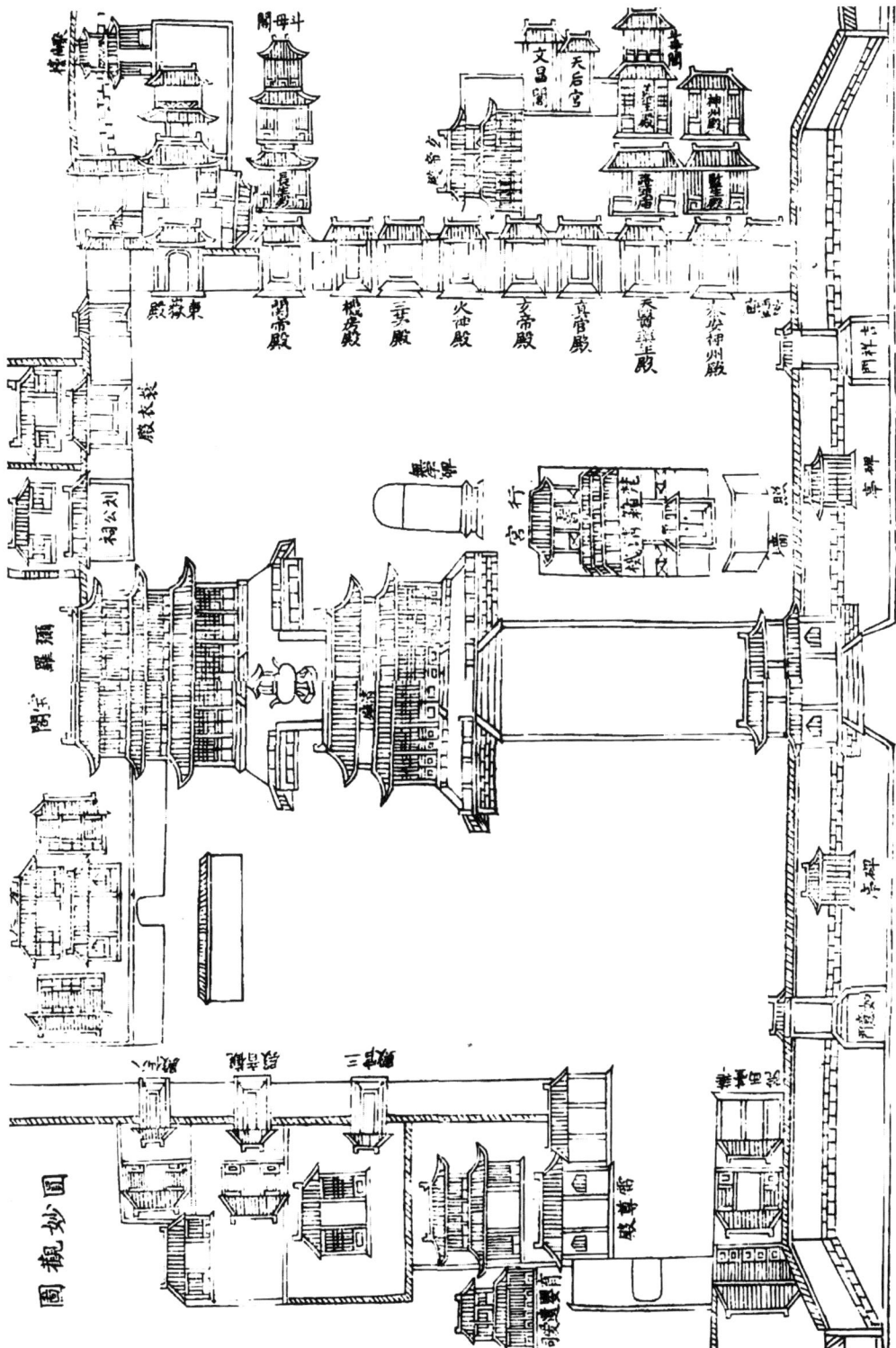

圆妙观图

沧浪亭图

重修姓氏

提调

　　长洲县知县　　　　　　许　治

　　长洲县知县　　　　　　贵中孚

督修

　　长洲县儒学教谕　　　　王廷暠

　　元和县儒学训导　　　　程元基

总裁

　　太子太傅礼部尚书　　　沈德潜

编纂

　　长洲县监生　　　　　　顾诒禄

　　举人　　　　　　　　　张曾彙

采访

　　候选训导　　　　　　　汪虞炳

　　候选知府　　　　　　　汪鼎煌

校阅

　　长洲县廪贡生　　　　　汪美基

　　元和县学生员　　　　　汪词垣

原修姓氏

提调

　　长洲县知县　　　　　　　李光祚

督修

　　长洲县儒学教谕　　　　　王廷曧

总裁

　　礼部右侍郎　　　　　　　沈德潜

　　翰林院侍读　　　　　　　宋邦绥

编纂

　　长洲县监生　　　　　　　顾诒禄

分辑

　　长洲县拔贡生　　　　　　褚廷璋

　　长洲县副贡生　　　　　　陈基成

　　长洲县学生员　　　　　　周　准

　　吴县学生员　　　　　　　徐曰琏

　　元和县学生员　　　　　　张　仲

校对

　　长洲县举人　　　　　　　徐　伸

　　钱塘县学生员　　　　　　朱　点

　　元和县学生员　　　　　　宋来绥

　　长洲县学生员　　　　　　宋思仁

　　长洲县学增生　　　　　　夏大霖

　　长洲县学生员　　　　　　姚　升

长洲县志卷之一

建置 附沿革

帝王疆理天下,因时制宜。黄帝始建九州,有虞分为十二,夏殷复合为九,《周礼》所载,《尔雅》所纪。疆域分合,不必尽同,时异势殊也。吴中古无长洲,建自唐代,盖取诸《吴都赋》"佩长洲之茂苑"语。厥后,宋元明因之。我世宗宪皇帝,虑户口之庶盈、赋税之繁重,又析其半为元和,而长洲一邑,犹得视远省大郡。大抵古之立制也犹疏略,今之立制也倍精详;古民淳俗朴而事易理,今人满地冲而政日烦。况经我朝百余年来,厚泽深仁,休养生息,其殷阜尤非自昔可比,盖有不得不分之势也。溯历代之相沿,观当今之损益,体国经野,诚足为万世不易之良法。沿革附载,以备考稽。志建置。

唐万岁通天元年,割吴县地置长洲县。

唐乾元二年,改长洲县为长洲军。

唐大历五年,仍改长洲军为长洲县。宋元明因之。

雍正二年六月十九日,两江总督臣查弼纳题为请分大县以收实效事:窃照江南赋税甲于天下,苏松所属大县,额征地丁漕项杂税银米,多者至四十余万,是一县粮额与四川、贵州一省之额数相等。况州县钱粮纳户零星,款项繁杂,民情巧诈,百端诡隐,征比倍难,加以人情好讼,盗贼窃劫,刑名又极纷繁,县令征比钱粮、办理钦部案件,日夜匆匆,不得休息。力既疲惫,才难兼顾,安有余力除弊?故莅任未几,动多罣误,升迁者少,获罪者多,非尽其才不逮,实亦力不能周也。夫人之材力不甚相悬,岂他省之吏干济独优,而苏松之官材能偏拙?良以事务殷繁,则才短于肆应;而赋税难清,则政拙于催科。官既不能久任,吏遂夤缘舞法,蚀课蠹民,奸弊百出,亦事势之必然也。臣闻琴瑟不调,取而更张;流之不洁,在澄其源。大县难理,莫若分而为二,则银少易征,上有益于国课;事简易从,下有裨于民生。此亦因地制宜、补偏救弊之一术也。查苏州府属之长洲、吴江、常熟、昆山、嘉定五县，太仓一州，松江府属之华亭、娄县、青浦、上海四县，常州府属之武进、无锡、宜兴三县，额征银米多者至四十余万，少亦不下二三十万。以此十三州县各分为两，其钱谷、刑名尚与大省之中府相等，经理亦非易易。然较之未分之前，仅为得半，中材或可奏效矣。至大县既分，官役、俸工、仓库、城池亟应筹画。臣查苏州府有同知三员、通判一员，松江府有同知二员、通判二员，常州府有同知一员、通判三员，三府共同知六员、通判六员，其名虽有捕盗、管粮、海防、水利之不同，而其事实堪兼理，原属冗员。今每府止留同知一员、通判一员，以捕盗者兼司海防，以管粮者兼司水利，其余同知三缺、通判三缺尽可裁汰。请将三府现任同知、通判，拣选才堪牧民之同知三员、通判三员以摄新分之县，仍照原衔升转，将来遇有事故缺出，仍听部选知县治理。再长洲、吴江、昆山、华亭、娄县、青浦、上海，此七县皆有县丞二员。夫县有一丞佐理足矣，何必有二？此七缺亦应裁去。再此外之首领佐杂，现遵谕旨议裁具奏。今新分之县，只添设知县一员、典史一员，将以上所裁之官役、俸工，尽足以供新县之用，俸不须增、役无多添而足用。至城池，则臣于上年查海之时亲历边海地方，见武职驻札之处多有城垣，新设沿海之县令其与武职同城，如常熟所分之县应驻福山，嘉定所分之县应驻吴淞，上海所分之县应驻川沙，华亭所分之县应驻青村，娄县所分之县应驻金山卫，皆现有城垣，无庸兴筑。再苏、松二府附郭俱有两县，常州府城内独止武进一县，今将武进所分之县即驻府城，与武进分理，比照苏属之长、吴，松属之华、娄，正复相等。常州通判三员，原有衙署在府，即改作新分县署，不特城不必建而衙署已备，仓库亦易为力。此外长洲等七县，即各择该县境内地方紧要、人民殷庶之市镇居住。查江南属县亦有未经建城之处，此新分之七县，应否即行建城、统听部议遵行。至仓库衙署，如有公所，即行修整居住；如无公所，酌量建造，均请动支正项钱粮应用。臣遴委谙练道府大员料估督造，其分县疆域自某某处至某某处归旧县管辖，某某处至某某处归新县管辖，以及田亩若干、钱粮若干，内地州县应居何处市镇之处，并一切应行事宜，统候俞旨允行之日，分晰条议具题。再太仓一州，现在请改直隶，倘蒙恩准，即将该州所分之县并崇明、嘉定及嘉定所分之县，均归该州管辖。所有新分之十三县，听部颁县名，以垂永久。微臣刍荛管见，未必有当，仰请圣主睿鉴。缘系分县事理，贴黄难尽，伏乞皇上全览，敕部议覆施行。

七月初八日，奉旨九卿会议具奏。初九日，抄出到部，户部等衙门会议，得两江总督查弼纳奏称"江南赋税甲于天下，苏松所属大县，额征地丁漕项杂税银米，多者至四十余万，纳户零星款项繁杂，征比倍难，加以盗案刑名又极纷繁，查苏州府属之长洲、吴江、常熟、昆山、嘉定五县，太仓一州，松江府属之华亭、娄县、青浦、上海四县，常州府属之武进、无锡、宜兴三县，额征银米多者至四十余万，少亦不下二三十万，以此十三州县各分为两"等语。查江南为财赋重地，而苏、松、常三府之州县尤为繁剧。一州县之钱粮，多者至四十余万，少者不下二三十万，兼之民情巧诈，讼狱繁多，为牧令者即有肆应之才亦难治理。今该督请将苏州府属之长洲、吴江、常熟、昆山、嘉定五县，太仓一州，松江府属之华亭、娄县、青浦、上海四县，常州府属之武进、无锡、宜兴三县，凡十三州县各分为两。夫以难理之地，责之一人，虽长材不能兼顾，分而为二，但勤职即可奏功，此诚因地制宜之良法也。应如该督所请，将长洲等十三州县，各分立一县。

又疏称"将苏、松、常三府所有同知六员、通判六员，各裁去三员，每府止留同知一员、通判一员，以捕盗者兼司海防，以管粮者兼司水利，将三府现任同知、通判内拣选六员，以摄新分之县，仍照原衔升转，将来遇有事故缺出，仍听部选知县治理。其长洲、吴江、昆山、华亭、娄县、青浦、上海七县皆有县丞二员，亦应各裁其一，新分之县只设知县一员、典史一员，将以上各项所裁之官役、俸工供新县之用"等语。查苏、松、常三府同知、通判十二员，其职掌原可兼顾，而长洲等七县各多一县丞，尤可裁省，其所分十三县止设知县十三员、典史十三员，已足办理县务，又以所裁同知三员、通判三员、县丞七员之官役俸工银两，移为新设二十六员之俸工，既无增于经费，复裁并其冗员，亦应如该督所请，将苏、松、常三府同知、通判各裁去其三员，长洲等七县县丞各裁去其一员，其新分之县各设知县一员、典史一员。

又疏称"边海地方武职驻札之地多有城垣，新设沿海之县，令其与武职同城，如常熟所分之县应驻福山，嘉定所分之县应驻吴淞，上海所分之县应驻川沙，华亭所分之县应驻青村，娄县所分之县应驻金山卫，皆现有城垣，无庸兴筑。武进所分之县即驻常州府城，与武进分理，其所裁同知、通判之衙署，即作新分县署。此外长洲等七县各择该县境内地方紧要之市镇居住，江南属县亦有未建城之处，此应否即行建城，统听部议"等语。查江南州县或有未建城之处，然系地僻粮少、讼简刑清之州县，故虽无城郭之固，亦可保无虞。今长洲等七县以钱粮重大，故分为两县，所分之县钱谷、刑名与大省之中府相等。仓库、牢狱关系重大，是必不可不建立城池者也。然建立工费浩繁，且江苏之大市、大镇虽人烟凑集，而其中多溪河水港，且田畴阡陌错杂其间，若于此建立城池，形局不能方整，又不无侵占田亩。臣等愚见,窃谓长洲等所分七县,其设立官吏宜照附郭两县之例,与旧县同城而治。其太仓州分出之县,即为太仓州之附郭,则既无建立之费,又有城垣之守。而百姓之纳粮完赋者,虽分两邑,原在一城,与昔无异。将来分进生员之肄业者,即附于旧县之学宫,则学宫亦可不必另建,似为省便。至常熟之福山、嘉定之吴淞、上海之川沙、华亭之青村,虽有城垣,系分汛驻防之地,其规模狭小不称,建设大县,又居民寥寥,藉欲所居成邑,非数年迁徙不能,恐滋烦扰。且沿近海边,兵民杂处,亦有未便。而华亭之金山卫,自有学宫、仓库,虽系卫所,实与一县无异。不便又将一县并入,似应将常熟等五县新分之县所设官吏,亦与旧县同城而治。其武进所分之县,应如该督所请,即驻府城,与武进分理,则吏治得分县之利,百姓无分县之烦矣。

又疏称"分县疆域自某某至某某处归旧县管理,自某某至某某处归新县管理,以及田亩若干、钱粮若干,一切应行等事宜,统候俞旨允行之日,分晰酌议具题"等语。查苏、松、常三府地亩皆分属区图,而区图之地犬牙相错,非履亩按域不能清界,而钱粮有花户甲户,一县田亩多者至三十余万顷,纳粮花甲名姓即有数百余万,其分疆划界,推收图甲,诚非月日可办。今立法之始,必期尽善无遗,方可永行无弊。应令该督选择才干道府大员,将此十三州县田亩、疆域、钱粮、刑狱案卷,一一详查,分晰清楚,应归旧县、新县,确然分定,纤悉无遗,详造清册具题。一面将仓库、衙署或以公所修整,或作何建造,斟酌妥议,再请皇上特赐新县嘉名。分县既定,该督将拣选才能之员,题请署摄,将来缺出,仍听部选。至太仓州分出与嘉定县分出之县,该督业经题请太仓州改为直隶,现在户部议覆,恭候命下之日,应如该督所请,均归太仓州管辖可也。

九月初一日题,本月初四日奉旨依议。于是长洲居旧县之半矣。

按:苏州自唐虞、夏、商皆扬州境,周泰伯、仲雍来奔,始号勾吴,《汉书》颜师古注:句音钩,夷俗语之发声。城无锡之梅里。至仲雍五世孙周章,武王克商,封为吴子。周敬王六年,周章十六世孙阖闾始城姑苏都之,是为吴国。周元王三年,越灭吴,吴入于越。周显王三十五年,楚威王灭越,吴又入于楚。楚考烈王元年,以其地封春申君黄歇,歇使其子城故吴,为假君。秦并天下,始皇二十六年置三十六郡,以吴为会稽郡,郡治吴,始置吴县。二世元年,项梁与兄子籍起兵于吴,杀假守殷通,遂有其地。汉高祖五年,灭项籍,将军灌婴定会稽,以其地属楚王韩信。六年,废楚王韩信,分其地,以淮东等五十三城为荆国,封兄子贾为王,都吴。十一年,贾为英布所杀，国除，复为郡。十二年，封兄子濞为吴王，复为吴国。景帝三年，濞反，伏诛，国除，复为郡。后汉顺帝永建四年，分浙江以西为吴郡，领县十三。吴、海盐、乌程、余杭、毗陵、丹徒、曲阿、由拳、永安、富春、阳羡、无锡、娄。以东为会稽郡，治山阴，领十四县。三国属吴，亦曰吴郡，领县十五。吴、娄、海盐、嘉兴、富春、建德、桐庐、新昌、盐官、新城、阳羡、永安、临水、乌程、余杭。晋平天下，分为十九州，吴属扬州刺史，领县十一，吴、嘉兴、海盐、盐官、钱塘、富阳、桐庐、建德、寿昌、海虞、娄。与吴兴、丹阳号为三吴。建武元年，改为吴国，置内史，行太守事。刘宋永初二年，仍为吴郡，领县十二。增新城一县。元嘉中，属司隶校尉。大明七年，割属南徐州。八年，仍属扬州。齐因之。梁亦曰吴郡，又分娄县地置信义郡。陈祯明元年，又改为吴州。隋开皇九年，平陈，废吴郡，改州曰苏州，领县五，吴、昆山、常熟、乌程、长城。苏州之名所由起也。十一年，移治横山东。大业元年，复改为吴州。二年，仍为郡。唐高祖[1]武德四年，复为苏州。武后万岁通天元年，割吴县置长洲县，长洲之名所由起也。玄宗天宝元年，改苏州为吴郡。肃宗至德二载，复为苏州。范成大《吴郡志》[2]作"乾元二年"。代宗大历十三年，以苏州为雄州，领县七。吴、长洲、嘉兴、海盐、常熟、昆山、华亭。唐末，杨行密与钱镠互争其地。后梁贞明三年，吴越自称苏州为中吴府。后唐同光二年，升为中吴军。宋开宝八年，仍为苏州。政和三年，以徽宗常[3]镇于此，升为平江府。至元十四年，改为平江路，置总管府，属江浙等处行中书省。至正十六年，张士诚据之，改隆平府。十七年，复为平江路。明太祖吴元年，改苏州府，领州一太仓。县七，吴、长洲、昆山、常熟、吴江、嘉定、崇明。国朝因之。雍正二年，升太仓州为直隶州，割嘉定、崇明属之，复析五县而为九，吴、长洲、元和、昆山、新阳、常熟、昭文、吴江、震泽。因分长洲之半为元和，此沿革大略也。县在郡附郭，即郡之沿革为沿革，因备载焉。

---

① "高祖"，底本作"高宗"，据文意改。

② "《吴郡志》"，原作"《吴县志》"，今改。

③ "常"，其他诸志均作"尝"，是。

长洲县志卷之二

疆域附分野

先王经理天下，封疆异域，观分野以考星，别区界以辨土，居四民而就地利，故《周礼》大司徒建邦之土地之图，汉世有司空郡国舆地图，疆域分而后治功可奏也。长洲旧割吴地之东，今复与元和分治，则四境之程途、铺界，邑中之街巷、桥梁，郭外之都图、村镇，析之宜精，志之宜详，有条不紊，斯了若列眉。今分类备书而统于疆域，附以分野，可以观躔次之灾祥、验人事之得失焉。志疆域。

乡都

长洲县乡十三、与元和合者十。都二十二、图三百三十七。

长、元二县城内二十二图及城外附郭十四图，俱属半十九都。

乐安上乡仁寿里管图二：

  文字一图县治北。 元字一图县治北。

上元乡全吴里管图二：

  文字二图县治北。 仁字二图县治。

东吴上乡颜安里管图一：

  地字一图县治南。

乐安下乡仁寿里管图二：

  元字二图县治北。 亨字三图县治北。

凤池乡澄胥里管图二：

　　　　亨字一图_{县治东。}　　　　亨字二图_{县治北。}

大云乡庆云里管图一：

　　　　利字二图_{县治北。}

道义乡守节里管图一：

　　　　贞字二图_{县治北。}

彭华乡功成里全。在县西北，管都五。

一都各图，坐落县境西乡，地名西津桥、白马涧、高景山、枫镇等处：

正扇一图	四图	六图
七图	八图	九图
十图	上十一图	下十一图
十六图	十八图	十九图
二十二图		
副扇二图	三图	五图
十二图	十三图	十四图
十五图	十七图	二十图
二十一图	二十三图	

二都各图，坐落县境西北，地名射渎、罐山、关镇上塘等处：

正扇一图	上五图	下五图
八图	十一图	十三图
十四图	十五图	十六图
十七图	二十图	
副扇二图	三图	四图
六图	七图	九图
十图	十二图	十八图
十九图		

三都各图，坐落县境西北，地名羊山、恩山、顾山、祝巷、通安桥等处：

　　正扇六图　　　　　　九图　　　　　　　十一图

　　　十二图　　　　　　十三图　　　　　　十四图

　　　十五图　　　　　　十六图

　　副扇一图　　　　　　二图　　　　　　　三图

　　　四图　　　　　　　五图　　　　　　　七图

　　　十图

　四都各图,坐落县境西北,地名金墅、张市、甑山等处:

　　正扇一图　　　　　　二图　　　　　　　三图

　　　四图　　　　　　　五图　　　　　　　六图

　　　上八图　　　　　　下八图　　　　　　北十三图

　　　十五图

　　副扇七图　　　　　　上九图　　　　　　下九图

　　　十图　　　　　　　上十一图　　　　　下十一图

　　　上十二图　　　　　下十二图　　　　　南十三图

　　　十四图　　　　　　十六图

　五都各图,坐落县境西北,地名望亭、太湖头等处:

　　正扇四图　　　　　　七图　　　　　　　上八图

　　　下八图　　　　　　九图　　　　　　　十图

　　　十二图　　　　　　十五图　　　　　　十六图

　　副扇上一图　　　　　二图　　　　　　　三图

　　　下一图　　　　　　五图　　　　　　　六图

　　　十一图　　　　　　十三图　　　　　　十四图

　武丘乡采云里,在县西北,管附郭图六、都五:

　　　昌一图郭西。　　　昌二图郭西。　　　昌三图郭西。

　　　昌四图郭西。　　　昌五图郭西。　　　昌六图郭西。

　东六都各图,坐落县境西北,地名白豸山、下王等处:

　　正扇上一图　　　　　下一图　　　　　　三图

　　　上北五图　　　　　下北五图　　　　　十图

　　　十一图　　　　　　上十二图　　　　　下十二图

副扇上二图　　　　　　下二图　　　　　　四图

　南五图　　　　　　　上十七图　　　　　下十七图

　上十八图　　　　　　下十八图

西六都各图,坐落县境西北乡,地名东西蠡桥、望亭下塘等处:

　正扇十三图　　　　　上十四图　　　　　下十四图

　十五图　　　　　　　十六图　　　　　　二十图

　副扇上六图　　　　　下六图　　　　　　上七图

　下七图　　　　　　　上八图　　　　　　下八图

　上九图　　　　　　　下九图　　　　　　十九图

七都各图,坐落县境西北乡,地名凌桥、绞车、横泽、车轮桥等处:

　正扇一图　　　　　　二图　　　　　　　三图

　四图　　　　　　　　八图　　　　　　　上九图

　下九图　　　　　　　十三图

　副扇六图　　　　　　上七图　　　　　　下七图

　十图　　　　　　　　上十一图　　　　　下十一图

　十二图　　　　　　　十四图

八都各图,坐落县境西北乡,地名关镇下塘、白坊、白豸山、枫镇下塘等处:

　正扇八图　　　　　　上十一图　　　　　下十一图

　十二图　　　　　　　上十四图　　　　　下十四图

　上十五图　　　　　　下十五图　　　　　上十六图

　下十六图　　　　　　上十七图　　　　　下十七图

　二十一图

　副扇一图　　　　　　上三图　　　　　　下三图

　四图　　　　　　　　上七图　　　　　　下七图

　九图　　　　　　　　十图　　　　　　　十三图

　二十图　　　　　　　二十二图

九都各图,坐落县境西北乡,地名虎丘、新塘桥、长荡、十房庄等处,除分设元和县外,本县存管:

　正扇九图　　　　　　十一图　　　　　　十四图

　上十五图　　　　　　下十五图　　　　　十六图

十七图	二十一图	二十五图
二十六图	三十图	三十一图
三十三图	三十四图	
副扇一图	六图	七图
十图	十八图	上二十二图
下二十二图	二十三图	二十四图
三十二图		

儒教乡从化里全。在县北,管都四:

十一都各图,坐落县境东北乡,地名黄埭、下堡等处:

正扇上一图	下一图	三图
四图	五图	七图
十一图		
副扇二图	上六图	下六图
上八图	中八图	下八图
上九图	下九图	十图
十二图		

十二都各图,坐落县境东北乡,地名永仓、芮埭、漕河等处:

正扇上一图	下一图	五图
六图	七图	十八图
十九图	二十图	二十一图
副扇二图	三图	四图
八图	上九图	下九图
十二图	十六图	

西十三都各图,坐落县境东北乡,地名冶长泾、鞋庄、南北桥等处:

正扇五图	七图	上八图
下八图	上十一图	下十一图
十三图	十六图	上北十七图
下北十七图	二十二图	
副扇一图	上二图	下二图

三图	四图	上六图
下六图	十四图	上十五图
下十五图	南十七图	

东十三都各图,坐落县境东北乡,地名凤凰泾、洋荡下、石家浜等处:

正扇一图	四图	九图
上北十图	下北十图	十一图
十二图		
副扇八图	上南十图	下南十图
十三图	十四图	十五图

金鹅乡金栖里全。在县北,管附郭图二、都三:

| 齐一图 | 齐二图 |

上十四都各图,坐落县境东北乡,地名蠡口、萝卜铺等处:

正扇上十一图	下十一图	上十六图
下十六图	上十九图	下十九图
二十一图	二十二图	二十八图
后一图		
副扇上十二图	下十二图	十五图
十七图	十八图	二十图
二十七图		

下十四都各图坐落县境东北乡,地名渭泾塘、永仓泾、芦盛墩、岳田浜等处:

正扇三图	五图	六图
上十图	下十图	上十四图
下十四图	二十三图	上二十五图
下二十五图		
副扇上二图	下二图	七图
上九图	下九图	十三图
二十四图	上二十六图	下二十六图

十五都各图,坐落县境东北乡,地名陆墓、长荡、庄基:

| 正扇上二图 | 上五图 | 上九图 |

十图	十五图	中三图
中四图	中六图	下五图
下九图	上西一图	下西一图
西七图	新八图	
副扇上三图	上八图	十一图
十二图	十六图	十七图
东一图	东二图	西二图
西三图	西四图	西六图
半六图		

益地乡金生里,在县东北,管都四:

下十七都各图,坐落县境东乡,地名太平桥、长板纤等处:

正扇一图	三图	十四图
十六图	二十四图	二十九图
副扇二图	二十五图	二十六图
二十七图	二十八图	三十三图
三十四图		

中十八都各图,坐落县境东北乡,地名相城、太平桥、南塘等处:

正扇四图	五图	十图
三十二图		
副扇六图	七图	八图
九图	三十图	

东十八都各图,坐落县境东北乡,地名洋澄、高家湖底、施家兜等处:

正扇十二图	十三图	十四图
南十七图	北十七图	
副扇十五图	十六图	三十五图

西十八都各图,坐落县境东北乡,地名太平桥、大船头、西庵等处:

正扇十九图	上二十图	下二十图
上二十一图	下二十一图	二十二图
三十七图		

副扇十一图　　　　　　十八图　　　　　　二十三图
　　三十一图　　　　　上三十六图　　　　下三十六图

依仁乡仁义里,在县东,管都一:
北十九都各图,坐落县境东北乡,地名强芜、车垛上等处:
　　正扇一图　　　　　　二图　　　　　　　三图
　　　　四图　　　　　　五图
　　副扇六图　　　　　　七图　　　　　　　上八图
　　　　下八图　　　　　五十三图

桥梁

府城吴、长洲二县合治桥:
天灯桥在府学东南。　　　　　　卧龙桥在府学龙门南。

饮马桥在卫治东。宋淳祐六年,知府魏庠建。

乐桥吴赤乌二年建。元至正六年,李道宁重修。

鱼行桥宋绍兴四年重建。　　　　黄土塔桥有黄土曲,故名。

禅兴寺西桥即周太保桥,宋庆历三年建。　禅兴寺后桥

张马步桥　　　　　　　　　　　祥符寺桥宋嘉祐四年建。

章家桥以上八桥俱在卧龙街。　　东石塘桥在报恩寺东。

永定桥今名香花桥,在报恩寺前。

府城长洲、元和合治桥:
平桥在旧子城前,元大德间建。　永定桥今名西小桥,在平桥东。

义役仓桥俗名仓桥,在县治西,傍有落星石。

福民桥在县治前。　　　　　　　木杏桥在五龙堂巷南。

乌鹊桥在县治东,古有乌鹊馆,故名。唐白居易诗"乌鹊桥红带夕阳",谓此。

带城桥在乌鹊桥东。宋嘉泰元年重建。卢《志》:桥迤逦近本府南城,故名。今讹为"戴城"。

甫桥在濂溪坊西。　　　　　　　马津桥在甫桥西。

篠桥俗名竹篠桥,在马津桥西。　草桥在篠桥西。

胡书记桥在竹堂寺前。　　　　　金鼓桥

自平桥至金鼓桥俱在东南隅。

兵马使桥在钱都衞桥北。　　　　　　曹胡徐桥在苑桥北。

花桥在曹胡徐桥西北。唐白居易诗"扬州驿里梦苏州，梦到花桥水阁头"，即此。

白塔子桥在花桥北，旧名东章家桥。　　　　任蒋桥在善耕桥北，宋嘉定四年建。

临顿桥在任蒋桥北。临顿，吴时馆名。《吴地记》：吴王征夷，尝顿慰宴军士，因此置桥。唐陆龟蒙居此。

定跨桥俗名跨塘桥。《吴地记》：吴王阖闾造。　　广化寺桥在旧县治西。

四通桥在广化寺桥西。　　　　　　　　　　金狮子桥在皮市西。

中路桥在天妃宫前，元大德元年建。　　　　庙堂桥在资福桥东。

迎春桥俗名周通桥，在华阳桥西。　　　　　做伞桥在迎春坊东。

自兵马使桥至做伞桥并在东北隅。

府城东南隅长洲县桥：

乘鱼桥在旧子城西北。《图经续记》：桥故传为琴高乘鲤升仙之地。宋至和元年，僧达本重建。

金母桥在天王寺西。本朝康熙六年修。

夏侯桥在卫治东北。卢《志》：相传唐夏侯司空所作，或云居此桥傍。今有夏侯庙。

帝师桥俗名帝师连桥，在义役仓桥东。宋咸淳间建。

燕家桥在燕家浜旁，有燕国夫人庙，故名。　　施家桥在府学龙门东。

南星桥在大云桥东。　　　　　　　　　　　大云桥在施家桥东。

太平桥在大云桥西侧。　　　　　　　　　　俞家桥在燕家桥东南。

尤桥在草桥边。　　　　　　　　　　　　　阊桥在宫巷东，元延祐二年重建。

蒋家桥在竹堂寺西。　　　　　　　　　　　香花桥在竹堂寺前，明万历八年建。

贤至桥在濠股上。宋熙宁四年建。　　　　　竹隔桥在乘鱼桥侧。

府城东北隅长洲县桥：

顾家桥在临顿里。《吴地记》：汉顾悌仕吴为虎头将军，父亡五日，绝浆而死。郡人感之，造桥。明嘉靖间，张冲重建。

大郎桥在顾家桥北，宋庆历二年建。　　　　青龙桥在大郎桥北。明嘉靖间，推官张滂建。

钱都衞桥在青龙桥东北，吴赤乌间建。明隆庆四年，里人张瀚修。

醋坊桥在青龙桥北。　　　　　　　　　　　平化桥在醋坊桥北。

顾周桥在醋坊桥西北。　　　　　　　　　　徐贵子桥在醋坊桥北。

仁寿桥在碎金巷东。　　　　宫桥在圆妙观前。旧为紫极宫，故名。

永福桥在宫桥南。　　　　　瓶场桥在永福桥南。

红炉子桥在富仁坊巷内。　　李师堂桥

天心桥在旧织染局前，宋郑起潜所居。　北仓桥在北察院东。

金师堂桥

鹤舞桥在金狮子桥北。《吴地记》：夫差葬女，鹤舞市中，故名。

灵鹫寺桥在鹤舞桥北。

祥符寺东桥　　　　　　　　马黄桥

迪胜桥　　　　　　　　　　管家桥

院子桥　　　　　　　　　　跨塘桥在临顿桥西侧。

苏军桥在众善桥东侧。　　　程桥一近娄门，一近齐门。

城外长、吴二县合治桥：

探桥在北洞子门。明洪武间，筑月城建。

虹桥即阊门钓桥。初，虹桥架木为之。元泰定二年，郡人邓文贵捐资易石。明洪武初，改石堍木梁。成化十年，知府邱霁葺，更名永济。正德七年毁，吴县知县胡文静重建。万历十八年毁，知府石昆玉重建。崇祯十一年毁，巡抚张国维重建。本朝顺治二年毁，巡抚土国宝重建。十一年巡抚周国佐再建。康熙三年，巡抚韩世琦再建。九年圮，吴县知县韩敬所重建。十年，巡抚马祜修。十四年重建。五十二年毁，重建。

渡僧桥在阊门西，跨运河。孙吴时，民为舟以济商。有僧呼渡，舟子弗应，僧折杨柳枝浮水而渡，众惊异罗拜，愿借神力成此桥。遂募建，不日而成，以渡僧名。

上津桥在渡僧桥西，跨运河。　　枫桥在阊门西七里。

江村桥在枫桥西南。　　　　　　西津桥一在国安桥，一在江村桥西。

上龙塘桥在通安桥西。　　　　　下龙塘桥在贡河口。

城外长、元二县合治桥：

通贵桥在山塘桥西。明弘治初建，崇祯十三年修。

新桥在通贵桥西。　　　　　　　望山桥旧名便山桥，在虎丘山前。

李王庙桥

钱万二桥在李王庙桥东。介阊、齐二门间。《姑苏志》作钱卖女桥，俗名钱万里桥。宋末建，明正统间知府况锺再建。嘉靖十一年，刘茹苓重建。

引善桥	孙板桥
谢家桥	十房庄桥
普济桥本朝康熙四十九年建堂，因以名。	杨庵桥
资福桥	青龙桥

城外长洲县桥：

闻德桥在石牌巷西。

月盘桥在枫桥西。本朝康熙五十年，郡人章豫重建。

射渎桥通阳山诸泾，明万历九年重建。	杜庄泾桥去射渎一里。
百亩桥	南余桥
北余桥	锦帆泾桥明万历丁巳陆金重建。

兴贤桥在浒墅分司南，跨运河。明万历三十六年建，申时行记。

崇福桥在分司右。	南新桥在分司北，跨运河。

普思桥在南新桥西，跨运河，俗名北新桥。明弘治九年建。

竹青塘桥在分司左。	南马桥
北马桥	南胜桥
北胜桥	金泾桥
南陈店桥	瓜泾桥
南青石桥	北青石桥
北陈店桥	双白桥
尤六马桥	柿木泾桥王《志》作"市"。

杨家桥北塊属无锡。

自闻德桥至此，俱阊门官塘至无锡县交界。

山塘桥

虎西桥一名西郭桥。明万历四十年，邑人徐冲伯重建，后圮。本朝康熙十五年重建，分司主事刘廷献记。

二桥并阊门外山塘至射渎界口。

大宁桥即齐门外钓桥。	普利桥俗称井亭桥。

朝天桥在朝天湖口，故名。亦名齐福桥，旧以木为之。明宣德中，知府况锺始易以石，俗名南

马路桥。

义成桥对马路口，俗名北马路桥。本朝康熙间，督粮道刘鼎重建。

油车桥	无量桥在无量寺前。
青石桥	潘家桥
杨泾桥	广惠桥
宋泾桥	南市桥
中市桥	北市桥
新造桥	南湖泾桥
北湖泾桥	樊庄桥

以上七桥并在陆墓南北。

西蠡塘桥	东蠡塘桥

以上二桥并在蠡口。

南薛泾桥	北薛泾桥
济民塘桥	谷木桥

出水溇桥北塊属常熟县。

自大宁桥至出水溇桥，俱齐门外官塘至常熟县交界。

通吴桥旧名通波，跨乌角溪，本木桥，宋至和二年始易以石。嘉泰二年，里人陶光大重建，改今名，有记。

双板桥	思家桥
杨木桥	尚书桥

西龙桥在枫桥西一里。本朝康熙五十七年，里人程文焕创建。

黄路桥在慈圣寺西南。	范蠡桥《姑苏志》：世传蠡自此出娄江。
百家桥	白头公桥
谈家桥	长塍泾桥
蠡湖桥	通安桥在竹青塘。
性通桥	何家桥
谈道桥	支家桥

永乐桥在通安桥西。

望仙桥在阳山前。《姑苏志》：故传丁令威升仙处。

爪山桥在爪山趾。	许家桥

叶巷桥	张巷桥
象山桥在象山趾。	黄泥泾桥
万安桥在金墅市心。	吴师泾桥
琴桥	薛市泾桥
上珠桥	下珠桥
金波桥	玉箫桥
白豸山桥在白豸山趾。	括雪桥
王庄桥	王家桥
戈庄桥	王御史桥

周庄桥在北长荡口。

　　自通吴桥至周庄桥，俱在阊门外村镇。

方桥	姜桥
荣善桥	周巷桥
邢泾桥	许泾桥
石狮泾桥	梨泾桥
永昌泾桥	永福桥

永禄桥

永寿桥三桥并本朝顺治七年，里人王之屏建。

安荣桥	孟登桥

衣锦桥三桥并王之屏修。

　　以上七桥并在永昌村。

沛泾桥	众安桥
金块泾桥	南桥在冶长泾。
车滨桥	官泾桥

　　自方桥至此，俱在齐门外村镇。

通仙桥	济民桥

　　二桥并在相城。

通济桥在阳城湖新洋里。本朝康熙中，尧峰僧道洵募里人朱莹卿建。

逢仙桥在娄门外。

梅里泾桥一名通济，在葑门外。明弘治十年，里人卢珪建，吴宽记。

管家浜渡在枫桥西北。

浒墅关户部分司设此，连巨舟以济行人。详见《公署》及《榷税》。

街巷

花巷	双井巷
张古老巷	周司徒巷俗名周孝子巷。
鼓角营巷	盐仓巷
柴巷	阊桥巷
濠股巷	晋宁坊巷
槐树巷	

乐营堂巷旧传宋绍兴中，知州贾青造乐籍堂于此。今讹为乐营堂。

廿八钱巷	胡书记巷
张泥金浜巷	孔夫子巷见《坊》，兼隶元邑。
颜回巷	庞耆巷
旌义坊巷见《坊》。	孝友坊巷见《坊》。
通津巷	翁家巷
东杨家巷	五圣巷
五龙堂巷互见《庙》。	石皮巷东西各一。
富仁坊巷见《坊》。	吉由巷

大酒巷旧名黄土曲。唐时有富人修第，其间植花、浚池，建水槛、风亭，酝美酒以延宾旅，其酒价颇高，故以名巷。

条坊巷	塔儿巷
九胜巷	宝积寺后巷
大云坊巷宋林虑所居。见《坊》。	宫巷今圆妙观，唐紫极宫，故名。
闾丘坊巷宋闾丘孝终所居。见《坊》。	丁家巷宋丁谓所居。
祥符寺巷	乔司空巷
周将军巷宋周虎所居。见《坊》。	乘鲤坊巷兼隶元邑。
故市巷	章家桥巷
南王家巷	北王家巷
王武功巷	平家巷兼隶元和县。

张家园巷	石塘巷
乐鼓巷	官沙巷
车栏巷	花桥巷互见《桥》。
碧凤坊巷	临顿路兼隶元和县。
百家巷兼隶元和县。	迎春坊巷见《坊》。
周通桥巷互见《桥》。兼隶元和县。	珍珠巷
碎银巷俗呼谢衙桥，兼隶元和县。	油巷

以上俱在城内。

袁家巷	叶家巷
小郏巷	平家巷
曹家巷	木梳巷
东汇巷	鲍家巷
悟真巷	马路巷

以上俱在城外。

市

大市《姑苏志》：在乐桥，称为市心。古有东、西市，今名存市废。

黄埭去县北四十里，有把总。

相城去县东北四十里。先传吴王阖闾先于此相度筑城，故名。

镇

浒墅去县西北二十五里，亦名许市。《图经》云：秦皇求吴王剑，白虎蹲于丘上，逐之，西走二十五里，失剑不能得，地裂为池，因名其地曰虎疁。唐讳虎，钱氏讳镠，改浒市。明有巡检司，后裁，设户部分司钞关。今仍之，有把总驻防。雍正九年，移吴塔司巡检于此。

陆墓在齐门外六里，因宣公墓为名，居民多造窑及织汗巾为业。

蠡口在县北十二里。其西为长荡、黄埭荡，接漕湖，通无锡界；北逾治长泾、永仓、敌楼，抵常熟界；东北经彭堰、阳城湖、施泽湖，通昆山界，为郡之北门。

金墅去县西北五十里，有千总驻防。

望亭去县西北五十里，有汛。《图经续记》云：在吴县西境，吴先主所立，谓之御亭。隋置驿，唐改今名。盖孙吴时长洲未分，故在吴县境也。互见《古迹》。

村

射渎有汛。	张由巷
徐家	水东
余村	祝巷
秦村	虞家
捍村	翁里巷

以上一都至五都。

丁家	冯巷
谢家	严巷
江巷	董巷
白坊	宋巷
曹巷	新塘
南杨家	西袁李
南王巷	

以上六都至九都。

永昌	东禧
西禧	钱巷
李村	马保
奚庄	芮埭
杨思巷	谢家庄
新城	

以上十一都至十三都。

凌甸

十四都。

杨庄	曹村
万巷	殷巷
石巷	周巷
曹窑	

以上十五都至十六都。

芦窠	邢垫
王巷	荻扁《鹖冠子》云：四里曰扁。

以上十七都。

西庄	陆墓晋陆云衣冠葬处。

以上十八都。

莲花垛	西洋村

以上北十九都。

滕巷

十九都。

四境

东出娄门，由元和县境至界浦四十里，亦名界牌，抵昆山县境。

西出阊门，至来凤桥十里。西北由元和县境至虎丘西山庙十里。

南出葑门，由元邑境至夹浦桥十八里，抵吴江县境。

北出齐门，至薛泾四十五里，抵常熟县境。

程途

东至昆山县境七十里。

西至吴县境二里。

南至吴江县境四十里。

北至常熟县境一百二十里，元和县境一里。

东南至松江府华亭县境一百二十里。

西北至常州府无锡县境一百里。

京师顺天府陆路三千三百四十里，水路四千七百八十里。

省城江宁府陆路五百里，水路五百四十里。

附分野

黄帝分星次：斗十一度至婺女七度曰须女，又曰星纪。于辰在丑，谓之赤奋若。于律为黄钟。

《春秋纬·文耀钩》云：蒙山以东，至南江、会稽、震泽，徐、扬州，属权星。

《尔雅》：星纪，斗、牵牛，吴分野。

《史记·天官书》：二十八舍主十二州，吴楚之疆，候在荧惑，占为鸟衡。《正义》云：荧惑、鸟衡皆南方之星。鸟衡，柳星也。或曰张也。

《汉书·天文志》：斗，江湖；牵牛、婺女，扬州。

《汉书·地理志》：吴地斗分，越地牛女分。

《晋书·天文志》：自南斗十二度至须女七度为星纪，于辰在丑，吴越分野，属扬州。费直说《周易》：起斗十度至女五度。蔡邕《月令章句》：起斗六度至女二度。皇甫谧《帝王世纪》：起斗十一度至女七度。

《唐书·天文志》：南斗、牵牛，星纪也。初，南斗九度，余千四十二，秒十二太；中，南斗二十四度；终，女四度。自庐江、九江，负淮水，南尽临淮、广陵，至于东海。又逾南河，得汉丹阳、会稽、豫章，西滨彭蠡，南涉越门，讫苍梧、南海。逾岭表，自诏[1] 广以西、珠崖以东，为星纪之分也。古吴、越、群舒、庐、桐、六、蓼及东南百越之国。南斗在云汉下流，当淮、海间，为吴分。牵牛去南河浸远，自豫章迄会稽，南逾岭徼，为越分。

《宋史·天文志》：天市垣二十二星，东、西各列十一星，其东垣南第六星曰吴越。

《元史·天文志》：斗，四度三十六分六十六秒入吴越分，星纪之次，扬州之分。

《明史·天文志》：分野始斗牛者，以星纪为首也。斗三度至女一度，星纪之次也。苏州属斗分。

本朝《星纪宫交度西法》：赤道自箕三度七分至斗二十四度二十分，黄道自箕四度一十七分至牛一度五分。苏州府九县分野总属斗六度；长洲县西南隅入斗六度九分，起至二十八分；长洲西北隅入斗六度二十九分，起至六十分。

---

① "诏"，新、旧《唐书·天文志》皆作"韶"。

长洲县志卷之三

城池

金城汤池，王公设险以固圉。吴城筑自阖闾，夙称壮丽。三邑并隶而分治，吴西长东，后分元和，处东之南。长洲处东之北，濒海临湖，舟车云集，江南一大都会也。申画郊圻，慎固封守，保障之责，故备列雉堞楼橹多寡坚瑕，壁垒濠堑高卑广狭，俾得因时浚筑焉。虽然，城郭为有形之捍卫，礼义为无形之城郭，二者不容偏废，是在司土者。志城池。

长洲为郡附郭，分辖府城。府城即阖闾故城也，诸樊始徙都于此。迨阖闾时，子胥谋国，相土尝水，法天象地，以筑大城，周回四十二里三十步。《越绝书》：吴大城周四十七里二百一十步二尺。小城周十里。陆门八，以象天之八风；水门八，以象地之八卦。门之名皆子胥所制，东曰娄，《吴地记》：松江东北入海为娄江。《图经续记》：娄县名盖因其所道也。曰匠；又名干将门。阖闾使干将于此置冶铸剑，故名。今葑、娄之间有匠门塘，东有欧冶庙、干将墓，或省称曰将门。南曰盘，《吴地记》：旧作蟠，改字为盘。《图经续记》：以尝刻蟠龙之状，或曰水陆相半、沿洄屈曲，故谓之盘。曰蛇；今久废。《吴越春秋》：立蛇门以象地户。西曰胥，《越绝书》：姑胥门又云胥门，外有九曲路，阖闾造以游姑胥之台，以望太湖。《图经续记》：子胥居其旁，民以称焉。夫差伐齐之役，胥门巢将上军，盖当时以巢所居为号也。门外有胥门塘。曰阊；《吴越春秋》：立阊门者以象天门，通阊阖风也。阖闾欲西破楚，楚在西北，故立阊门以通天气，因复名之破楚门。《图经续记》：吴属楚，复曰阊门。北曰齐，注见后。曰平。注见后。时周敬王六年也。

自后历代皆从其旧。至隋开皇中，杨素徙城横山东，今所谓新郭也。唐武德初，复还旧城，乃分城之东置长洲县，以卧龙街为界。自阖闾始造至此历一千二百余年，附郭止吴邑，唐置长洲，则长、吴分隶焉。乾符二年，王郢之乱，刺史张抟重筑罗城，八门悉启，雉堞称雄。五代梁龙德①二年，吴越加以砖甓，高二丈四尺，厚二丈五尺，里外浚濠。宋初，门已塞二，惟阊、胥、盘、葑、娄、齐六门。后胥门亦废。政和中，复修治之，其故废塞者，皆刻名于石以志之。宣和五年，诏加重甓。

建炎兵燹。淳熙中，郡守谢师稷以郡中羡钱四十万缗缮完之。至开禧间，隳圮殆半，而城隍亦多为菱荡、稻畦侵啮。时史弥远为常平，图复之。嘉定十六年，弥远在相位，遂奏请得赐钱三万缗、米三万石，郡守赵汝述、沈皞相继修治，为一路城隍之最。宝祐二年，郡守赵汝历增置女墙，补建葑、娄、齐三门楼。开庆元年，诏复增修。景定末，风坏娄、齐二楼。咸淳初，重建。

元定江南，凡城池悉许夷堙，故民杂居遗堞之上，虽设五门，荡无关防。至正十一年，兵起汝阳，所在云扰，诏天下缮完城郭。平江路廉访使李帖木儿谋于监郡六十、太守高履城之，筑垒开濠，倍加深广，掘土姑苏驿下，得石镌"胥门"二字，重辟胥门。城高三丈三尺，下地累石三层，加以大甓，凡厚三丈五尺，面广一丈六尺，仍甃巨瓦为水沟。每门上建戍楼，下作蛾眉甬道，周回夹以长濠，视昔有加焉。至张士诚入据，增置月城。

明平吴，更加修筑，为苏州府城，西自阊门，南至胥门，得六百三十九丈五尺。自胥门南至盘门，得三百八十八丈七尺。自盘门东至葑门，得一千一百二十八丈。自葑门北至娄门，得八百六十四丈二尺。自娄门北至齐门，得五百八十丈。自齐门西至阊门，得八百九十二丈二尺五寸。总计四千四百八十二丈六尺五寸，而为一万二千二百九十三步九分。南北一十二里，东西九里，城内大河三横四直。各门上为画楼，周循雉堞，每十步为铺舍，内外夹以长濠，濠广至数丈，门皆有钓桥以通往来，规制为极备矣。

方故吴时，东方不启，欲以绝越也。唐时八门悉启。宋初惟阊、胥、盘、葑、娄、齐六门。《寰宇记》云：水陆十有二门。后胥门又废，迨元而复。各有水陆门，惟胥无水门。明因之，门置官军，昼夜守卫启闭，卫指挥使司其锁钥。嘉靖末，汪直勾引东寇掠扰江浙，同知任环治城堡以严防御。崇祯间，流氛四起，诏饬修练储备，知府陈洪谧、署长洲县事牛若麟设法整修。此城之旧制也。

本朝顺治二年，平定江南。六月，下苏州，卫废，更属府总捕官掌之。康熙元年，巡抚都御史韩世琦改筑城垣，拓女墙。今城周四十五里，长五千六百五丈，高

①"龙德"，底本原作"武德"，似当作"龙德"。

二丈八尺，广一丈八尺。女墙高六尺，门仍旧制为六：阊、盘、葑、娄、齐、各有水陆门。胥。有陆门，无水门。每门有楼，置官厅、营房、军器库。凡铺一百五十七，敌楼五十七，雉堞三千五十一。

始秦置吴县于郡城，唐析置长洲县。本朝雍正三年，又析长洲地置元和县。自是附郭有三县，其旧治之葑门、娄门悉隶元和，惟齐女一门仍属长邑。齐门，吴之北门也。《吴越春秋》云：阖闾十年，既破齐，齐女为质于吴。吴为太子波聘之。齐女少，日夜号泣。阖闾乃造北门，令女往游其上，因名望齐。又一名齐女门。是门启。平门一名巫门。《吴地记》云：平门水陆并通，出毗陵等道。吴伐齐，从此出军，因号平门。今有平门塘。一云巫咸所葬，故又号巫门。是门宋初已塞。

子城附

子城在大城内东偏，相传亦子胥所筑，周十二里，高二丈五尺五寸，厚二丈三尺。《越绝书》：小城门三，皆有楼，其二增水门，其一增柴路，今呼为柴巷。历汉、唐、宋皆以为郡治。旧谯楼西小石桥是子城泄水沟，石上所刻隶书有"唐乾符二年七月十四日建"并勾当料匠等姓名。今废。张士诚僭窃时为太尉府，继经败毁，城堙圮略尽，旧独存南门颓垣，上置官鼓司更，列十二辰牌，按时易之。郡人呼为鼓楼。久废。城四面旧有河，即所谓锦帆泾也。今亦淤。其东尚存故迹，称濠股云。城中多隙地，俗称王废基者是。

旧有东天王堂、西天王堂今废。雍正间，敕建长、元两邑节妇祠。嗣又敕建福吴富农龙神庙。乾隆初，迁育婴堂于东天王堂之西，置义学于龙神庙后，庐舍栉比，街衢连络，虽旁有町畦，而居民成市矣。

长洲县志卷之四

官署

国家分地设官，建立堂廨。临民之地，政教号令之所从出也。体统尊则规模不容以弗整，观瞻肃则制度不容以弗宏，况夫钱谷所储有库，逮捕所系有狱，则防范尤不容以弗密。《周礼》以八法制官府，郑锷注谓："百官所居曰府。"岂徒高其闬闳、厚其墙垣、饰为观美而已哉？长邑官署自明移置，若令，若丞，若簿、尉，中外秩然。他若守备之府、巡检之署，俱不可以不备书。至于行台公署，同在郡城而非所辖者从略焉。其旧治遗迹尚可考者附录之，不令久而湮没也。志官署。

县治，在府治东南一里乌鹊桥西。县始分于唐万岁通天元年，旧治在府治后东北三里。元大德六年，徙附府治谯楼内左隅。至正末，张氏迁于本县学宫之西，即宋时旧基也。明洪武元年，移置今所。相传为义役仓故址，卑隘不称。二年，始广厅事及两庑、传舍，而堂宇犹逼，岁久且敝。正德①元年，丞黄本正摄县事，白知府况锺请于朝，撤而新之。弘治元年，令邢缨辟地筑室，广亭舍，以居民之应役者。嘉靖二年，令郭波重建门屏。三十三年，海警，令莫抑即赞政左厅改为甲仗库。三十八年，毁于火。令柳东伯始建层楼，轮奂周美。四十四年，令周良臣仍故基加葺，规模始备。万历三年，令陈用宾建公余清署于后。本朝顺治二年，毁于兵。康熙二十一年，令祝圣培重建。二十二年，徐弘炯改作，仍复其旧。汪琬记。厅事五楹，中三楹为正堂，东、西为架阁堂，左为甲仗库。堂前为露台，前立戒石亭，分两翼为六房吏办事所。堂后为川堂，两掖为簿书所，西为永盈库。北为后堂及诸斋舍。

丞厅，在县治内东偏。

主簿，在县治内西偏。

---

① 据《明英宗实录》，况锺卒于正统七年十二月三十日。又据《姑苏志》，况锺于宣德七年至正统七年任苏州知府。故"正德"疑作"正统"。

典史司，在县治内东南隅。旧在西隅，明季移今所。

巡检司，在浒墅，旧在吴塔村。元吴塔、浒墅二所，明浒墅、陈墓、吴塔三所。后移蠡口。浒墅以宣德四年建钞关裁。隆庆初，并陈墓、吴塔二司。雍正九年，移建今所。

教谕署，在文庙西。详见《学宫》。

左营中军守备署，在察院前。

右营中军守备署，在皮市街鹤舞桥北。

城守营参将署，在川心街。

城守营中军守备署，在乔司空巷。以上详见《兵防》。

户部分司，在浒墅。元为抽分竹木场，明宣德四年始设。本朝因之。署前左右设钟鼓楼，楼额曰“明远”。署内有冰玉堂、阅帆堂、敬士轩、自公楼、振统轩、聿修堂，皆历任督监先后增建。

委官厅，在便民桥右。不拘职任。

阴阳学，在乔司空巷，即元漕运府千户所。明洪武初设，岁久圮废。今司其事者皆本籍人，各就所居。

织造南局，在孔副使巷。

织造北局，在天心桥东。

军器局，在亨二图萧家巷。

道纪司，在圆妙观。

养济院，在平桥西北。旧一在花桥西，一在谯楼东。明成化三年，移为一所。

历代旧制

旧府治，在吴子城。初，秦置会稽郡，即楚春申君黄歇子假君所居，为郡廨。汉因之，相沿称黄堂。《郡国志》云：因数失火，涂以雌黄，故云。更始时，为太守许时烧。唐乾宁元年，成及建大厅。宋初，为节度使治所。皇祐五年，李仲偃修。嘉祐间，王琪复新之，陈经继作子城门。元丰六年，章岵以大厅之前、戟门之后廊庑卑隘，易以修廊，覆以重屋，二楼对立，楼各八楹。又修戟门，高于旧三丈。建炎兵燹。绍兴初，命漕臣营治为行宫。七年，诏赐守臣复为府治。元初，为平江路总管府。至元二十年，就置浙西提刑按察司。未几罢，复府治。大德五年，为暴风所坏，总管董章复葺谯楼、仪门、设厅及两庑吏舍。至正末，张氏据为太尉府。及败，纵火焚之。于是，唐宋迄元旧制无一存者。

旧县治，在旧府治后东北三里。《祥符图经》：在州东西一里二十步。唐方干有《题陈明府小亭》诗。宋雍熙三年，令王禹偁记。绍兴初，令石珵重建。元移附府治，废。张氏重建于此。

通判东厅，在旧郡治西。宋绍兴九年，守白彦惇建。元改为录事司。

通判西厅，在子城西南隅。范《府志》作"东南隅"。宋嘉熙初，翁逢龙修。王遂记。淳祐三年，谢堂重修。吴邀记。

金判厅，在旧府治仪门西，旧名都厅。宋宣和间，诏避尚书省厅名，改名金厅。淳熙十三年重建。元大德中，改为推官厅。

节度推官厅，在通判东厅西。宋嘉定三年重建。

观察推官厅，初在州衙门内西偏，后迁子城南隅。宋绍熙间，以平桥南旧酒库改为之。嘉泰三年，吕伯闿重修。李卞记。元初，改为官医提领所。大德间废。

府院，在子城内东南谯楼东。《祥符图经》：州院在州衙内东偏。

司理院，在子城内西南隅。《祥符图经》：今移在子城外西南隅。前志云：在谯楼西。宋宝庆三年，林介、章巽亨建。元改为司狱司。

司法厅，旧在子城内。后以平桥南旧醋库改为之。宋绍定三年，赵汝渠重建。

司户厅，在府院西。宋庆元二年重建。

丞厅，在旧县治西。宋淳熙初，赵后仪重建。方籽记。

主簿厅，在旧县治西。宋绍兴十七年，知县尹机建。庆元六年，黄士特重建，自为记。

尉厅，在齐门外，去县三里。或云在齐门外缘塘一里许。宋淳熙十一年，曾复重建。

宋浙西提刑使司，范《府志》作"提点刑狱司"。在乌鹊桥西北。建炎四年置使，绍兴初建。乾道九年，添置武提刑使司于旧司之东，撤干官廨宇，以其地为东厅。

都水庸田使司，在谯楼东。大德二年设，七年罢。至正元年，复设乘鱼桥，后迁于江淮财赋提举司基。

明北察院，在闻德坊，即元海道都漕运万户府。洪武九年改建，后有池、亭，东为射圃，其右则元渠堰所，亦称北西察院。

杂造局，在蒋家桥南。洪武六年，移于章家桥南。

砖厂，在陆墓。

义局附

育婴堂，在圆妙观内，西即灵雨坛旧址。本朝康熙十三年，绅士许定升等捐建，收弃孩，给乳母衣食。督粮道卢纮记。四十四年，圣祖仁皇帝南巡，御书"广慈保赤"额以赐。乾隆二年，奉旨拨给没官房价银一万二千两有奇置产，又绅士助置田三顷七十亩有奇。四年，移建子城基东天王堂之西。

锡类堂，在大云寺东。雍正十三年，郡绅宋照请于知府姚孔钘建，为董理掩埋之局，设法详密。乾隆三年，安徽按察使刘柏奏请拨给吴江县没官田五顷七十九亩五分有奇、震泽田八亩二分、房价银二千八百五十两。义冢，因旧十六所，隶本县者二。一在齐门外十五都，地一顷二十二亩七分二厘一毫；一在阊门外一都，地一顷二十四亩六分八厘八毫，并因明巡抚张国维所置广孝阡，勘存实数。新置十一所，隶本县者五。一在九都六图菜字圩圆明浜内，地七亩九分；一在五都上一图佳佑字圩，地八十四亩五分三厘四毫；一在十五都上二图辱字圩，地九十亩八分三厘五毫；一在四都八图水字圩，地十四亩九分九厘九毫；一在二都一图短字圩，地七亩。

广仁堂，在半十九都亨二图清真观东偏。乾隆二年，邑人朱楫等建。先是，雍正十年，费廷俞等举埋骼会。盛师修建文昌阁，为会聚所。沈德潜记。十三年，同会徐泓、盛谦、顾进改创广仁会，代葬自有坟地贫不克葬之棺，以补锡类堂所不及。郡绅习寯、邵泰总其事。至是，因阁前地建堂，规模始备。总督尹继善记。巡抚邵基奏拨没官房价银置本县田一顷六十九亩五分有奇、元和县田七十五亩九分有奇，又绅士助田一顷四十亩有奇。八年，巡抚陈大受奏拨上元县没官新涨芦洲四十三顷六亩有奇。

种德堂，在虎丘山塘。地隶元和。乾隆二年，邑人王国俊建义冢三所，并隶本县。四民义冢，在九都七图师字圩，地十亩一分二厘四毫；无属义冢，在八都一图地字圩，地六亩一分四厘八毫；续增义冢，在九都十四图罪字圩，地一亩五分六厘九毫。

永泽堂，在浒墅。乾隆二年，建义冢一所，隶本县。在八都十一图洪吕字圩，地十七亩五分九厘。

积功堂，在阊门外洞泾桥内圣堂桥。乾隆五年，徽人黄道恒、汪国钧、汪念祖建，专葬新安旅榇，兼及本郡停棺，男女分埋。其丧可归者，设屋贮待，立法详备。郡浙绅士陈天钰、诸葛履、许勋、程琜复捐银一千两增地。原置义冢十四所，隶本县者五。一在八都上十一图洪位字圩浒墅关北，地三亩二分，又靠南地一亩九分；一在九都十一图水字圩虎丘斟酌桥，地七分三厘四毫；一在十五都上三图抗极字圩陆墓堰头，地四亩九厘九毫；一在九都六图阙字圩六房庄，地五亩六分零。

永仁堂施棺局，在山塘韩公祠。乾隆十七年，郡人周振绪、张云龙等建。侍郎沈德潜记。巡抚庄有恭拨给吴县没官田三十亩。

范氏义庄，在文正书院东。地隶吴县。宋皇祐间，文正公仲淹奏置义田千亩赡族，岁出纳于此。其田隶本县金鹅乡等处者大半。明洪武十七年，义庄主计世孙元厚违误秋粮没田入官。天启五年，十七世孙云南学道允临续置田千亩，其隶本县者已分属元和。本朝雍正七年，二十世孙大同知府瑶增置田千亩，隶本县者四顷四十八亩五分六厘七毫。乾隆九年，二十世孙兴概又增置田一顷，隶本县者五十九亩三分八厘三毫。皆循例十月开征，优免徭役。

浔阳义庄，在半十九都元二图乘鲤坊巷。雍正九年，候选员外郎陶篠偕族从诸生尚滨等举敦族会积资，于乾隆八年置赡族义田一顷五十亩。十一年，篠自捐田一千亩，复捐金千八百两，建屋三十三楹为义庄，立庄正一人掌其事，二人副之，佐以司会、司庄各一人。其制按口而算，计日而给，丧葬婚嫁有助，鳏寡疾废有恤，贮经史诸书，许子姓之能读书者取阅，通经则月给膏火，略仿范庄遗意。旁立宗祠，祀迁吴始祖明苏州卫正千户从征交阯咸子关死事俊，以篠之父赠奉直大夫世魁配。十五年，总督黄廷桂、巡抚觉罗雅尔哈善、学政庄有恭合词奏闻。

汝南义庄，在上津桥施家浜口。候选光禄寺署正周谆临终遗言，以腴田二千亩命侄候选主事怀仁经理，岁收其入以赡族之老幼，设立规条，略仿范文正公遗意。生有所养，死有所葬，婚嫁有所赖，通族蒙其惠焉。谆孝友端方，不仕，奉母扶持抑搔，二十年不怠。性笃友于，事兄如严父，交朋忠信，然诺必践，乡里重之。

长洲县志卷之五

学宫

王临川云："天下不可一日而无政教，故学不可一日而亡于天下。士朝夕所见所闻，无非治天下之道。一日取以备公卿百执事之选，不待阅习而后能。"洵笃论也。长洲人材甲于东南，地之灵欤？人之杰欤？抑涵濡于教泽者深也？学宫建自宋景定间，辟广舍，增学田，累代有加，作人图治意良厚矣。身列士林者，务敦行修身、稽古力学，为治平之本，异时任国家天下之事，举而措之，不啻行所无事然也。若夫文翁之于蜀、胡瑗之于苏湖，真能兴起教化以率励其弟子者，是在为师儒者责矣。义学以启蒙，辅翼乎学者也，得附书焉。志学宫。

长洲县初未有学，附于府庠，名丽泽斋。宋景定三年，制诏天下县设主学，时宋楚材以选至，叹曰："官以主学名而居无庐，士无廪，师倚席不讲，可乎？"请于太守陈均，即广化寺改建焉。建讲堂曰礼堂，魏文靖公篆。建四斋曰富文、贵德、广业、博学。两浙西路提点刑狱公事俞琰记。企慕范文正公，因又建景文堂。通判平江军府赵与鉴记。建友德堂，绘学中士登大魁者黄由、阮登炳像于壁。此立学之始也。八年，提刑洪起畏拓地辟门面南，寻毁。

元初，以县之驿舍为孔子庙。大德六年，县徙丽郡治，移驿材构县故址为学。至元三年，达鲁花赤元童俾教谕顾元龙、耆儒边景元，礼劝郡人前徽州路教授陆德原，见学宫库隘简陋，输赀营建，周以长垣，辟以广庭，翼以邃庑，前为礼殿，后为两斋、为讲堂、为庖庾，塑先圣、四侑、十哲之像，绘群贤从祀之位，置良田以为养士资，学制始备。同知制诰兼国史院编修官陈旅记。

明洪武七年，知县宋敏文、张翔辟学门于庙右，又立先贤祠，祀季札、韦应物、陆龟蒙、范仲淹、魏了翁、文天祥，久之俱废。成化九年，巡按御史郑铭、提学御史戴珊、郡守邱霁又拓东南地改建。左为大成殿，夹以两庑，右为明伦堂，周伯琦篆。东、西两斋曰进德、修业。夏时正记。正德十六年，知县郭汲建尊经阁。嘉靖十五年，知县贺府修葺，增名宦乡贤祠。此立学之再，即今所谓旧学也。二十年，教谕萧文佐以地隘不称，白巡按御史舒汀、知府王庭，相与规度。适有诏毁浮图之非敕建者，乃即城东之福宁寺迁而新之，则今之学宫也。二十二年，巡按御史徐恪修。四十三年，知府徐节重修。隆庆二年，知县周良臣、教谕李国珍建腾蛟起凤塞门。万历中，巡抚都御史陈道基更营之。

顺治十一年，提学侍读石申、教谕王瑀踵修。寻有镇帅居之，殿堂、启圣祠、尊经阁悉毁坏。康熙二十一年，邑人侍讲彭定求力谋兴复，自巡抚以下各捐俸，委教谕姚文焱、训导王玢、诸生钮希文重建。而启圣祠后十余年始成。定求记。四十四年，邑人马俊重建尊经阁、道山亭。定求记。

雍正三年，析置元和县，遂为长洲、元和二县学。五年，元和知县江之炜、长洲教谕邹增、元和训导孔传爌倡修庙殿。九年，巡抚都御史尹继善莅视缮完。

乾隆六年，郡人蒋楫、蒋棨助修。乾隆十五年，长洲教谕王廷晶、元和训导吴中衡重葺。其地在县治东北里许，前为起凤街，东南为升龙桥。旧此桥跨河，而北直对棂星门，后移建今地。东为玉带桥、兴贤坊，旧名圣域坊。西为茂苑桥、达材坊。旧名贤关坊。先师庙居左，前立万代宗师坊，直入为棂星门。门内两旁为东、西庑，中则先师庙，右行折而西为夹道。道之右为儒学，越河而南有田廿亩，中浚一方为外泮池，池南筑万仞宫墙，拱照学门。自大门入为礼门，中为明伦堂，东为进德斋，西为修业斋。斋南北为号舍。堂之后为后堂，旁为事友轩。东号舍后有小路二岐，一折而北为名宦祠，一折而北过飞虹桥为乡贤祠。西号舍后折而北为射圃，中有观德亭，西夹道折而东当先师庙，后为启圣祠。祠附礼、乐二库，东北为聚奎楼，北为尊经阁，阁后为道山亭。亭北有桥曰望阙桥，跨玉带河，东为蔬圃，稍西为桃李园。由园而北为敬一亭，由尊经阁而东为会馔堂，又东为俸廪仓。自仓而南有路二岐，一南行通夹道，一东行为跨玉桥，过桥北折为游息所，又北为嘉树馆。南折而东有小池，池上有桥名折桂。过桥而东为春宴园，又东南为小淇园，其宰牲所在。东南隅教谕厅在会馔堂南，后教谕廨废，即后堂、事友轩为斋舍。今亦废。训导廨一在儒学门之右、明伦堂西南，中为斋堂，西为书舍，后为敬一亭。王澍书额。今教谕居之。一在旧教谕廨东北，从东夹道入，今训导居之。启圣祠视旧址缩数武，正殿五楹，奉至圣先师孔子神位，悬圣祖仁皇帝御书"万世师表"及世宗宪皇帝御书"生民未有"、皇上御书"与天地参"匾额。座前石牌二，为圣祖仁皇帝御制《孔子赞》《四子赞》，左右列四配神位,东配复圣颜子、述圣子思子,西配宗圣曾子、亚圣孟子,稍后列十哲神位,东哲先贤闵子、冉子、端木子、仲子、卜子、有子,西哲先贤冉子、宰子、冉子、言子、颛孙子、朱子。

康熙五十一年二月,大学士九卿奉圣祖仁皇帝上谕:朕自幼冲即好读书,亦好写字,一切经史,靡不遍阅成诵。在昔贤哲所著之书,间或字句与中正之理稍有未符,或稍有瑕疵者,后儒即加指摘,以为理宜更正。惟宋之朱子注明经史、阐发载籍之理,凡所撰释之文字,皆明确有据而得中正之理。今五百余年,其一字一句莫有论其可更正者。观此,则孔孟之后,朱子可谓有益于斯文,厥功伟矣!朕既深知之而不言,其谁言之?朱子宜如何表章崇奉,尔等与九卿会同具议以闻。

于是,大学士九卿公同集议,仰惟皇上统绍勋华,道宗邹鲁,礼明乐备,治定功成,勤劳万几,间有余暇,手不释书,心惟志学。躬圣神文武之德,契濂洛关闽之传。宝翰亲题,昭文明于天壤;云章永焕,树仪表于人间。彰显遗徽,甄录嗣裔,既光前而耀后,洵振古而超今。而尤于朱夫子之全集,沈潜研究,实践敦行。尝谓朱夫子发明圣道,轨于至正,高不入于虚无,卑不杂于刑名,使六经之旨大明,圣学之传有继。孔孟以来,为功弘巨。今特谕臣等会议优崇之典。臣等谨查朱子在孔庙东庑先贤之列,相应仰遵谕旨,移于大成殿十哲之次,配享先圣,以昭我皇上表章先贤之至意,因升朱子位卜子下。乾隆三年,奉旨升有子位卜子下,移朱子位颛孙子下。两庑从祀位,历朝各有增迁。

康熙二十四年,奉旨改称宋儒周、邵、二程、张、朱六子为先贤,位次左氏下。五十五年,以学臣余正健请,增祀范仲淹。雍正三年,奉旨复祀蘧瑗、林放、秦冉、颜何、郑康成、范宁,增祀牧皮、县亶、公都子、乐正克、公孙丑、万章、诸葛亮、王通、尹焞、罗从彦、黄干、陈淳、魏了翁、何基、赵复、王柏、金履祥、许谦、陈澔、罗钦顺、蔡清、陆龙其凡二十八人。故今之位次,东庑先贤蘧瑗、澹台灭明、原宪、南宫适、商瞿、漆雕开、司马耕、巫马施、颜辛、曹恤、公孙龙、秦商、颜高、壤驷赤、石作蜀、公夏首、后处、奚容蒧、颜祖、句井疆、秦祖、县成、公祖句兹、燕伋、乐欬、狄黑、孔忠、公西蒧①、颜之仆、施之常、申枨、左丘明、秦冉、牧皮、公都子、公孙丑、张载、程颐,先儒公羊高、孔安国、毛苌、高堂生、郑康成、诸葛亮、王通、司马光、欧阳修、胡安国、尹焞、吕祖谦、蔡沈、陆九渊、陈淳、魏了翁、王柏、许衡、许谦、薛

---

① 原作"孔西蒧",据《乾隆苏州府志》改。姓公西名蒧,字子尚,鲁国人。"蒧"通"点",故又作公西点,孔子弟子。

瑄、王守仁、罗钦顺、陆龙其,六十一位。西庑先贤林放、宓不齐、公冶长、公晳哀、高柴、樊须、商泽、梁鳣、冉孺、伯虔、冉季、漆雕徒父、漆雕哆、公西赤、任不齐、公良孺、公肩定、鄡单、罕父黑、荣旂、左人郢、郑国、原亢、廉洁、叔仲会、公西舆如[①]、邽巽、陈亢、琴张、步叔乘、秦非、颜哙、颜何、县亶、乐正克、万章、周敦颐、程颢、邵雍,先儒穀梁赤、伏胜、后苍、董仲舒、杜子春、范宁、韩愈、范仲淹、胡瑗、杨时、罗从彦、李侗、张栻、黄干、真德秀、吴澄、何基、赵复、金履祥、陈澔、陈献章、胡居仁、蔡清,六十二位。

　圣祖仁皇帝御制《孔子赞序》曰:盖自三才建而天地不居其功,一中传而圣人代宣其蕴。有行道之圣,得位以绥猷;有明道之圣,立言以垂宪。此正学所以常明、人心所以不泯也。粤稽往绪,仰溯前徽,尧、舜、禹、汤、文、武达而在上,兼君师之寄,行道之圣人也。孔子不得位穷而在下,秉删述之权,明道之圣人也。行道者,勋业炳于一朝;明道者,教思周于百世。尧、舜、文、武之后不有孔子,则学术纷淆、仁义湮塞,斯道之失传也久矣。后之人而欲探二帝、三王之心法,以为治国平天下之准,其奚所取衷焉?然则孔子之为万世一人也审矣!朕巡东国,谒祀阙里,景企滋深,敬摘笔而为之赞曰:清浊有气,刚柔有质。圣人参之,人极以立。行著习察,舍道莫由。维皇建极,惟后绥猷。作君作师,垂统万古。曰维尧、舜,禹、汤、文、武。五百余岁,至圣挺生。声金振玉,集厥大成。序书删诗,定礼正乐。既穷象系,亦严笔削。上绍往绪,下示来型。道不终晦,秩然大经。百家纷纭,殊途异趣。日月无逾,羹墙可晤。孔子之道,惟中与庸。此心此理,千圣所同。孔子之德,仁义中正。秉彝之好,根于天性。庶几夙夜,勖哉令图。溯源洙泗,景躅唐虞。载历庭除,式观礼器。摘毫仰赞,心焉遐企。百世而上,以圣为归。百世而下,以圣为师。非师夫子,惟师于道。统天御世,惟道为宝。泰山岩岩,东海泱泱。墙高万仞,夫子之堂。孰窥其藩,孰窥其径。道不由人,克念作圣。

　《颜子赞》:圣道早闻,天资独粹。约礼博文,不迁不贰。一善服膺,万德来萃。能化而齐,其乐一致。礼乐四代,治法兼备。用行舍藏,王佐之器。

　《曾子赞》:洙泗之传,鲁以得之。一贯曰唯,圣学在兹。明德新民,止善为期。格致诚正,均平以推。至德要道,百行所基。纂成统绪,修明训词。

　《子思子赞》:于穆天命,道之大原。静养动察,庸德庸言。以育万物,以赞乾坤。

---

① 原作“公西与如”,据《乾隆苏州府志》改。公西舆如,字子上,春秋末期鲁国人,孔子门下弟子,七十二贤之一。

九经之重,大法是存。笃恭慎独,成德之门。卷之藏密,扩之无垠。

《孟子赞》:哲人既萎,杨墨昌炽。子舆辟之,曰仁曰义。性善独辟,知言养气。道称尧舜,学屏功利。煌煌七篇,并垂六艺。孔学攸传,禹功作配。

崇圣祠,在圣庙之后,祀肇圣王木金父公、裕圣王祈父公、贻圣王防叔公、昌圣王伯夏公、启圣王叔梁公,以先贤颜无繇、曾点、孔鲤、孟孙激配,先儒周辅成、张迪、程珦、朱松、蔡元定从祀。旧名启圣祠,止祀启圣公。

雍正元年三月,内阁礼部奉上谕:至圣先师孔子道冠古今,德参天地,树百王之模范,立万世之宗师,其为功于天下者至矣!而水源木本,积厚流光,有开必先,克昌厥后,则圣人之祖考宜膺重厚之褒封,所以追溯前徽,不忘所自也。粤稽旧制,孔子之父叔梁公于宋真宗时追封启圣。自宋以后,历代遵循。而叔梁公以上,则向来未加封号,亦未奉祀祠庭。朕仰体皇考崇儒重道之盛心,修崇德报功之典礼,意欲追封五代,并享烝尝,用伸景仰之诚,广慰羹墙之慕。内阁礼部可会同确议具奏。钦此!

该臣等谨议:至圣先师孔子秉生安之至德,集金玉之大成,德备一身,教垂万世,历代虽有尊崇之礼,而自启圣公以上,封位未加,祀典未备。我皇上作君作师,传心传道,孝思不匮,弘施锡类之恩,慕德无穷,推广报功之典,以孔子为百代之师,晋先世以尊崇之号。特颁谕旨:追封五代,并享烝尝。此诚旷古未有之异数也。

臣等谨稽典礼,详考世系。孔子之五世祖木金父公自宋迁鲁,始姓孔氏,高祖祈父公、曾祖防叔公、祖伯夏公、父叔梁公,凡五代。除叔梁公应照旧封启圣公外,木金父公至伯夏公四代,皆应追封公爵。臣等谨拟木金父公追封为肇圣公,祈父公追封为裕圣公,防叔公追封为贻圣公,伯夏公追封为昌圣公。即于启圣祠内安设神牌,按昭穆位次,每年春秋致祭。其牲牢酒醴、笾豆簠簋,每神位前各照启圣公例陈设。其启圣祠向系专祀叔梁公,故以启圣为名。今圣朝异数合祀五代,拟更名曰崇圣祠。候命下之日,将追封字样通行国子监、顺天府、直省、府州县卫学及衍圣公一体遵行。至钦奉上谕一道,应颁发国子监及阙里勒石庙庭,以光盛典。其追封诰命,交与内阁撰拟。国子监之启圣祠改造扁额、添设神牌、祭器等项,交与工部,俟造完之日,交钦天监,择吉入庙。其余各省,行令该地方官各行办理可也。

四月,大学士马齐等启奏:奉上谕,五伦为百行之本,天地君亲师,人所宜重。而天地君亲之义,又赖师以彰明。自古师道无过于孔子,诚首出之至圣也。我皇考崇儒重道,超轶千古,凡尊崇孔子典礼,无不备至。朕蒙皇考教育,自幼读书,心切景仰，欲再加尊崇，更无可增之处，故敕部追封孔子以上五代。今部议封公，上考前代帝王皆有追崇之典，唐明皇封孔子为文宣王，宋真宗加封至圣文宣王，父叔梁纥为齐国公。后加封孔子为大成至圣文宣王，加封齐国公为启圣王。至明嘉靖时，犹以王系臣爵，改称为至圣先师孔子，改启圣王为启圣公。王、公虽属尊称，朕意以为王爵较尊。孔子五世应否封王之处，着问诸大臣具奏。钦此！

该臣等会议得：明伦阐教，治世之大经，崇德报功，右文之盛典。历稽史册纪载之文，皆有推尊孔子之礼。圣祖仁皇帝重道崇儒，典章明备。我皇上因心仁孝，好古敏求。统道法之渊源，以光大为继述。谓伦常为百行之本原，至行立万世之师表。特谕追封五代，典礼已极优隆。犹以公爵之尊未若王爵，复降谕广赐咨询。臣等钦奉之下，深服圣裁允当，众议金同。请自叔梁公以上至木金父公凡五代，并追封为王爵，谨拟追封木金父公为肇圣王，祈父公为裕圣王，防叔公为贻圣王，伯夏公为昌圣王，叔梁公为启圣王。至入庙之日，国子监及阙里各遣大臣一员，读文祭告。祭文翰林院撰拟，祭品照例备办，余俱照原议，仍将追封王爵上谕一并颁发勒石可也。

随通行到本学。雍正二年秋，如制安奉。

明伦堂，五楹，屏门书《大学》圣经一章。雍正五年，元和县知县江之炜恭制扁额，敬书圣祖仁皇帝御制《训饬士子文》悬于正中，其词曰：国家建立学校，原以兴行教化，作养人材，典至渥也。朕临驭以来，隆重师儒，加意庠序。近复慎简学使，厘剔弊端，务期风教修明，贤才蔚起，庶几朴械作人之意。乃比来士习未端，儒教罕著。虽因内外臣工奉行，未能尽善，亦由诸生积锢已久，猝难改易之故也。兹特亲制训言，再加警饬，尔诸生其敬听之：

从来学者，先立品行，次及文学。学术事功，原委有序。尔诸生幼闻庭训，长列宫墙，朝夕诵读，宁无讲究？必也躬修实践，砥砺廉隅。敦孝顺以事亲，秉忠贞以立志。穷经考义，无杂荒诞之谈；取友亲师，悉化骄盈之气。文章归于淳雅，毋事淫华；轨度式于规绳，最防荡轶。子衿佻达，自昔所讥。苟行止有亏，虽读书何益？若夫宅心不淑，行己多愆。或蜚语流言，胁制官长；或隐粮包讼，出入公门；或唆掇奸猾，欺孤凌弱；或招呼朋类，结社要盟。乃如之人，名教不容，乡党弗齿。纵幸脱襕扑，滥窃章缝，返之于衷，能无愧乎？况乎乡会科名，乃抡才大典，关系尤巨，士子苟有真才实学，何患困不逢年？顾乃标榜虚名，暗通声气，夤缘诡遇，罔顾身家。又或改窜乡贯，希图进取，嚣凌腾沸，罔利营私。种种弊端，深可痛惜。

且夫士子出身之始，尤贵以正。若兹厥初拜献，便已作奸犯科，则异时败检逾闲，何所不至？又安望其秉公持正，为国家宣猷树绩，膺后先疏附之选哉！朕用嘉惠尔等，故不禁反覆惓惓。兹训言颁到，尔等务各体朕心、恪遵明训，一切痛加改省，争自濯磨，积行勤学，以图上进。国家三年登造，束帛弓旌，不特尔身自荣，即尔祖父亦增光宠矣。逢时得志，宁俟他求哉？若仍视为具文，玩愒弗警，毁方跃冶，暴弃自甘，则是尔等冥顽无知，终不能率教也。既负栽培，复干咎戾。王章具在，朕不能为尔等宽矣。自兹以往，内而国学，外而直省乡校，凡学臣师长，皆有司铎之责者。并宜传集诸生，多方董劝，以副朕怀。否则职业不修，咎亦难逭，勿谓朕言之不预也。尔多士尚敬听之哉！

宋置主学、直学、学长、学谕、学宾、斋谕。元置学正，生徒来学，不限多寡。明制教谕一员、训导二员，生徒始有定额。

本朝教谕、训导各一员，廪膳生员二十名，增广生员二十名，附学生员不限额。文生遇岁科两试，各取二十名。雍正三年，诏增五名。武生岁科并试取十五名。雍正四年，析置元和县，教谕司长洲县学，训导司元和县学，廪膳生员十名，增广生员十名。文生岁科两试，各取十三名。武生岁科并试，取八名。

名宦祠，旧在明伦堂后。康熙二十四年，巡抚汤斌毁淫祠，以其材建于圣庙之东，祀唐太子中允、前长洲县令盐官岑仲翔，县令萧审，侍御史、前县令滕遂，县尉曲阿谈戬；宋翰林学士、前县令钜野王禹偁，翰林学士、前县令王嘉言，禹偁子。县令临江刘立言，两浙提刑、前县令鞠真卿，大理寺丞、前县令邛州常安民，中奉大夫、前县丞永嘉项公泽，主学眉山宋楚材；元长洲令元童；明知县宋敏文，兵部职方员外郎、前儒学教谕庐陵周岐凤，知县张翔，县丞修武刘幹，都御史、前县令内江余金，教谕庐陵彭道，监察御史、前县令新昌俞集，知寿州、前教谕莆田林僖，延平知府、前教谕京山裴椿，监察御史、前县令济宁李尧民，江西右参政、前县令山阴祁承煤，县令莱阳宋继发；国朝礼部尚书、前提督江南学政海宁许汝霖，内阁学士兼礼部侍郎、前提督江南学政磁州张榕端，都察院左副都御史、前提督江南学政古田余正健，总督河道、兵部右侍郎、前苏州知府谥恪勤湘潭陈鹏年，共二十八位。

乡贤祠，旧在明伦堂后、飞虹桥之北。巡抚汤斌撤淫祠之木石，改建于圣庙之东，与名宦祠并列，祀唐望江令鞠信陵，右补阙陆龟蒙；宋敷文阁学士、少师谥献惠胡元质，刑部尚书黄由，秘书少监阮登炳，著作佐郎王蘋，兴化军助教方惟深，枢密院编修兼太学博士朱长文；元广平路总管、轻车都尉、封京兆郡侯浦源，万户侯宋通；明翰林院修撰申屠衡，贵州参议尤安礼，翰林院侍讲王琎，太子太保、刑部尚书俞士悦，山西金事刘珏，浙江道监察御史练纲，总镇两广右都御史谥襄毅韩雍，礼部尚书、赠太子太保谥文定吴宽，都察院右副都御史沈林，布政使沈杰，山西参议胡琮，温州府知府文林，右春坊右谕德沈泰，温州府同知程遵，鸿胪寺寺丞钱贵，都察院右副都御史朱纨，江西右参议王庭，国子监博士王敬臣，湖广副使金世龙，通政司右通政顾九思，太子太傅、兵部尚书顾其志，浙江参政袁一虬，湖广金事管志道，刑部郎中钱有威，和州学正文嘉，生员私谥贞孝朱祖文，霍山县教谕龚元祥，广西副使张文奇，赠礼部主事、原任上饶知县李鸿，崇德知县陈允坚，詹事府少詹事、赠礼部右侍郎谥文毅姚希孟，广东参议伍袁萃，广西道监察御史私谥孝介顾宗孟，文学私谥真文陈元素，礼部右侍郎兼东阁大学士、赠礼部尚书谥文肃文震孟，国子监祭酒、赠詹事府詹事谥文庄陈仁锡，处士沈周，兵科给事中吴适；国朝赠山阴县知县顾所载，庐陵县知县陆在新，吏部考功司员外郎顾予咸，宗人府府丞、前巡抚河南兵部右侍郎顾泗，日讲起居注官、翰林院侍讲彭定求，共五十三位。

忠义孝悌祠，在文庙东。雍正元年诏建，祀宋朱良明、盛昶、刘政、龚元祥、徐谦、王光裕、龚炳衡、周尚贤、盛王赞、邓汝南、徐道、王文禄、孙永正，本朝归圣脉、顾天朗、程大儒、朱之劢、李汉、孙鼎钟、邱存礼、程文焕、黄农、盛建极、孙丰毅、施灏、张文魁、徐国揎、顾惟灏、杨成懋、吴中英、江国正。

舒公祠，旧在训导廨东，祀明巡按御史侯官舒汀，今改于明伦堂后事友斋故址。

谈公祠，在舒公祠后教谕廨旧基，祀唐长洲县尉谈戬。

土地祠，在名宦祠之东，祀翰林院庶吉士宋照。吴弘文记。

徐公祠，在圣庙东、名宦祠之北，祀明詹事府少詹事徐泗。许琰、顾所受祔。

邓公祠，祀明清河王谥武顺邓愈。

彭公祠，在徐公祠北，祀翰林院彭定求。

讲院，在训导堂东旁，祀乡贤五人。

吕荣公、成公合祠，在明伦堂仪门西。

乾隆三十年，长洲邑侯许治、元和邑侯周凤岐、教谕举人王廷嵩、训导举人程元基，见学宫颓坏，邀请宫傅尚书沈德潜、阖邑诸绅士建议重修。德潜首出银壹百两以为倡，董事岁贡生汪虞炳、候选知府汪鼎煌合输银五百两，预备物料，劝募诸绅士捐银壹千贰百余两，犹不足，德潜重请之大中丞明公山，再委长邑侯贵中孚、元邑侯周凤岐劝输各商典，共输银壹千五百余两，总用白金肆千两，缺则虞炳、鼎煌垫之。监生金三才、举人庄诚立、生员徐凤喈住学督工。大成殿、东西贤庑、朝房、戟门、棂星门、明伦堂、舒公祠、泮宫门、崇圣祠、尊经阁、道山亭、东西两斋房、牌坊、乡贤、名宦诸祠，撤蠹楷倾，以次修葺。于训导堂东增设讲院三间，延宫傅尚书沈德潜春秋讲学其中，上悬御赐"诗坛耆硕"匾额。于讲院西设广乡贤祠一间，祀翰林院编修汪琬、礼部尚书谥文懿韩菼、太学生私谥恭文顾希喆、贵州学使翰林院检讨张大受、广东学使翰林院侍读惠士奇。于明伦堂、仪门西，书役吕日起自为捐资，即其家建远祖吕荣公希哲、成公祖谦合祠三间，宫墙巍焕，顿复旧观矣。

学田，始于宋景定、咸淳间，知府陈均、季镛拨废寺没官田四顷有奇充学廪。俞琰记。元至元三年，郡人陆德原助置田若干亩以养士。明成化十年，郡人华垕助置习义乡二十三都九图田二十一亩。吴宽记。万历二十五年，知县江盈科置田一顷一十亩。三十六年，知县祁承爜置田五十亩。岁久籍亡。康熙五十九年，布政使杨朝麟核实在田一十一顷四十三亩七分九厘八毫。雍正二年析县，存田七顷五十四亩三分二厘九毫，坐落一都十三图遐字圩三斗七升五合则田二亩五分七厘四毫；二都下五图才字圩三斗七升五合则田十九亩二分一厘九毫；十六图欠字圩三斗七升五合则田七亩七分七厘九毫，内一斗荡六亩八分六厘五毫、五升荡二亩九分一厘五毫；十七图女字圩三斗七升五合则田二十亩；十八图汤字圩三斗七升五合则田九亩二分三厘六毫，内二斗则田六亩九分一厘；七都九图受妇二字圩三斗七升五合则田二十九亩三分一厘六毫，内二斗八升则田七亩六分、一斗则荡六亩九分四厘一毫；九都廿五图朝字圩三斗七升五合则田五十二亩一分六厘一毫，内二斗则田六十六亩五分六厘一毫；下十七都二图眠夕二字圩三斗七升五合则田八十亩二毫；三十三图南接字圩三斗七升五合则田四十亩；十四图炜字圩三斗七升五合则田八十亩三毫；中十八都四图矫悦二字圩三斗七升五合则田十八亩八分三厘六毫；五图祭豫二字圩三斗七升五合则田一顷四十六亩九分四厘七毫，内复熟三斗七升五合则田五亩六分六厘；六图祀字圩三斗七升五合则田一顷四十四亩八分四毫，现在官收官办每年应完条银七十八两六钱一分五厘，遇闰加增。漕粮一百三十七石七斗二升，遇闰加增。外又解额设学租银一百五十两三钱五分五厘。

文星阁，旧名钟楼，在学宫之东南。初，巡按御史舒汀改建新学，形家以兑方双塔并峙，谓为文峰，巽方亦宜高耸为左翼，以壮文明之象。万历十五年，周中丞继、李侍御尧民、陈令其志始基之。又八年，江令盈科再迁今地。续修者祁令承燨、韩令原善、许令尔忠，久之渐圮。崇祯五年，郡人陈仁锡、文震孟以文为导。明年，涂令必昌遂捐俸成焉。祀周、李、陈、江于阁下。陈仁锡记。

国朝康熙间，邑人彭进士珑、吴训导愉、宋赠郎中德宏相与讲学其中，遂为士子肄业之所。每月朔望，集阁下会课，绅士缪彤、顾沂、彭定求、吴承励、汪铨频修之。珑没，弟子立祠于西偏，又祀愉于阁下，祀德宏于彭祠之南。定求与诸门人计久远，乃撤旧宇，重建堂室，奉三先生而合祀焉，缪彤、王喆生有记。而以高第弟子六人：彭侍读宁求、汤进士传楶、张庶常孝时、张孝廉孝扬、郑进士驷、董庶常麒侑享，后于弟子中复益三人：诸生蒋济选、顾咨揆、学博张映葵。

甫里书院，在长洲县治东。初，元至顺中，总管钱光弼因唐陆龟蒙故居奏建书院于甫里。元统二年，龟蒙裔孙德原移建于郡城而增广焉。有宣圣燕居殿及龟蒙专祠。又辟明伦堂、大小学二斋，设山长主教事。今废。

平江学舍，在王废基。

浒墅关义学，在二都七图关署西北，基六亩三分一厘。明嘉靖中，榷使方鹏建，监生沈完、榷使张世科先后捐田。历代关督屡有增修，规制宏备。春秋丁祭、塾师膏火，俱动关项。本朝康熙中，为典守者所踞，诸生王嘉等控巡抚张伯行清复。乾隆十七年，社长谋设社仓其中，举人沈道然等控知府刘慥严檄禁止，学宇得全。

长洲县志卷之六

坛祠

《王制》言：天子祭天地，诸侯祭社稷。社祭土神，稷祭谷神，为民祈报也。而山林、川谷、丘陵能出云，为风雨，见怪物，皆曰神，诸侯在其地则祭之。其次有功德于民者亦祀焉。他若乡先生没而祭于社，仰其功烈、嘉其行谊也。吴中自狄梁公、汤文正公后，淫祀尽息，俎豆所在，咸合祀典。有其举之，莫敢废也。其不统于有司，或世远隐翳而其人可传者，并著于编，咸秩无文，亦《洛诰》之遗意乎？志坛祠。

社稷坛，在吴县阊门外义慈巷，府坛统祭。初，宋建县治西南四十九步。庆元四年，知县黄宜一重修。孙应时记。淳祐元年，知县赵汝砺广其地。李心传记。元代因之。明废县坛，统祭于阊门外石牌巷府坛，地隶县疆。宣德八年，知府况锺移建今所。本朝乾隆二年，敕修坛制，累石为之。纵横各三丈，高四尺二寸，凡为阶三，各三级。前为拜坛，高尺许。东西三丈二尺，南北二丈四尺。坛之西南为神厨，南为宰牲所。前有池，斋房东西相向各二所。坛之内垣东西三十五步，南北三十三步。外垣深二十四步，广六十二步。北出为大门一、仪门三。石主二，一埋坛南正中，一卧于地，长四尺二寸，径一尺二寸。神碑二，高三尺三寸，曰"府社之神"，曰"府稷之神"，岁春秋仲月上戊日致祭。乾隆十二年，巡抚安宁题准，均编二祭共银二两一钱八分九厘三毫四丝六忽。

风云雷雨、境内山川、城隍神坛，在吴县盘门外一都，府坛统祭。宋初，建吴县治西南四里。元徙葑门外，地隶县疆。明洪武间，移建今所。弘治十四年，知县邝璠修。本朝乾隆二年，敕修坛制，累石为之。东西三丈六尺，南北三丈七尺，高四尺二寸。东、西、南、北各有阶，阶各三级。坛之东北为宰牲所，前有池，又前为库斋房二：一在坛东南，一在坛西南。坛之内垣东西三十五步，南北三十六步。外缭以短垣，基凡二十四亩。大门一、仪门三。同坛神位三，曰"风云雷雨之神"，曰"境内山川之神",曰"府城隍之神"。岁春秋仲月,择吉致祭。乾隆十二年,巡抚安宁题准,均编二祭共银二两一钱八分九厘三毫四丝六忽。

先农坛,在县治南南新桥西,府坛统祭。本朝雍正五年,敕建坛制,在耤田后,累石为之。高二丈一尺,宽二丈五尺。坛之正北中一室,供先农神牌。东房贮祭器、农具,西房收耤田米谷。东配房置办祭器,西配房为看守农夫所居。外缭以垣,门南向。耤田制四亩九分,岁仲春亥日,致祭先农之神礼毕,耕耤田,巡抚秉耒,知府播种,知县执青箱。如县正印官秉耒,则佐贰官执青箱播种。并以耆老一人牵牛,农夫二人扶犁,九推九反。农夫终亩耕毕,官率耆老、农夫望阙行礼。农具用赤色,牛黑色,箱青色,籽种以土之所宜。乾隆十二年,巡抚安宁题准动耤谷粜价致祭八蜡,即先农坛祀之。本朝雍正十一年,诏有司岁十二月上戊日致祭,先啬、司啬居正位东上,余六神稍后一尺,分设左右。常时供先啬、司啬神牌于先农神牌之东西,并南向,余六神列两旁,东西相向。常雩礼即先农坛统祭。乾隆十二年,巡抚安宁题准,均编一祭银一两九分四厘六毫七丝三忽。

厉坛,在元和县虎丘山前,府坛统祭。初,长洲有邑厉坛,在白莲桥后,久废,因附祀今所。坛制,累石为坛,纵横各三丈,高四尺。岁清明、中元、十月朔三祭,以仪从迎府县城隍神至请所,钦依祭文祭阖郡无祀鬼神,府官主祭,县官陪祀。乾隆十二年,巡抚安宁题准,均编三祭共银三两二钱八分四厘一丝九忽。

城隍庙,在吴县武状元坊、府城隍庙仪门左。明万历中建,编祭银统在山川城隍坛内。

火神庙,在清嘉坊,明万历间建。本朝康熙五十二年修,乾隆七年拓地增建。知府觉罗雅尔哈善记。地隶吴县。元和、吴县并祭于此。乾隆十二年,巡抚安宁题准,均编一祭银一两九分四厘六毫七丝三忽。

文庙大成殿,四配、十一哲两庑从祀。

崇圣祠及配位。

名宦祠。

乡贤祠,乾隆十二年,巡抚安宁题准,均编祭银四十八两一钱二厘。崇圣及配祀以下,俱统于文庙均编银内动祭,无庸另设。又编香烛正银二两五钱七分三厘八毫,闰月银六分一毫。余见学宫。

阙里分祠,在文一图通关坊,祀先师暨肇圣、裕圣、贻圣、昌圣、启圣五王。初,圣裔开国男传从宋高宗南渡。元至正间,裔孙涛宦居吴地。明宣德间,巡抚周忱请建祠于吴县唐桥。本朝康熙四十四年,圣祖仁皇帝南巡,赐额"圣迹遗徽",赐联:"泽衍鲁邦,四海人均化育;裔分吴会,千秋世永蒸尝。"巡抚张伯行议移今所。雍正二年,布政司鄂尔泰并拓天主堂地,裔孙兴豫捐建。乾隆二年,给帑修,知府觉罗雅尔哈善立下马石于祠前。每岁二祭,长、吴两县轮支学租银五两。兴豫复捐祭田五十亩。

关帝庙,在卧龙街周太保桥北。宋淳熙中建。庙神为汉汉寿亭侯。本朝顺治九年,敕封忠义神武关圣大帝。雍正五年,敕封神曾祖光昭公、祖裕昌公、父成忠公,增设神牌于后殿,岁春秋二仲月吉日及五月十三日致祭。乾隆十二年,巡抚安宁题准,动支地丁银六十两,照旧办理。不在均编数内。

刘猛将军庙,在中街路宋仙洲巷。宋景定间建。本朝乾隆八年,知府觉罗雅尔哈善修。有《记》。地隶吴县,三县并祭于此。乾隆十二年,巡抚安宁题准,均编二祭共银二两一钱八分九厘三毫四丝六忽。

忠义孝弟祠。乾隆十二年,巡抚安宁题准,均编二祭共银二两一钱八分九厘三毫四丝六忽。余见《学宫》。

节孝祠,在旧府治子城基,祀长、元两邑贞节妇女。本朝雍正元年诏建。七年,即甘露废寺为之。元和并祭。乾隆十二年,巡抚安宁题准,均编二祭共银二两一钱八分九厘三毫四丝六忽。

天后宫,在郡北中路桥,即宋章粢家庙改建。神林姓,莆田人,宋元祐以来庙食于闽,利济海洋,历著灵应。宣和五年,赐庙额"顺济"。绍兴二十六年,封灵惠夫人,赐庙额"灵应"。三十年,封"灵惠昭应夫人"。乾道二年,封"灵惠昭应崇福夫人"。淳熙十一年,封"灵惠昭应崇福美利夫人"。绍熙三年,封"灵惠妃"。庆元四年,封"灵惠助顺妃"。嘉定元年,封"灵惠助顺显卫妃"。十一年,封"灵惠助顺显卫英烈妃"。嘉熙三年,封"灵惠助顺嘉应英烈妃"。宝祐二年,封"助顺嘉应英烈协正妃"。三年,封"灵惠助顺嘉应慈济妃"。四年,封"灵惠协正嘉应慈济妃"。是年,又封"灵惠协正嘉应善庆妃"。景定三年,封"灵惠显济嘉应善庆妃"。元世祖至元十八年,封"护国明著天妃",寻加"显祐"号。大德三年,封"辅圣庇民天妃"。延祐中,封"护国庇民广济明著天妃"。天历二年,加"灵感助顺福惠徽烈"号,赐庙额"灵慈"。明洪武中,封"昭孝纯正孚济感应圣妃"。永乐七年,封"护国庇民妙灵昭应弘仁普济天妃"。本朝康熙十九年,平定台湾,神涌潮济师,敕封"护国庇民妙灵昭应弘仁普济天妃"。五十九年,检讨海宝、编修郡人徐葆光册封中山王还朝，奏请春秋致祭。乾隆十二年，巡抚安宁题准，拨地丁银一十四两四钱，照旧办理。不在均编数内。

龙王庙，在旧子城基。本朝雍正六年敕建，赐号"福吴富农龙神"。乾隆十二年，巡抚安宁题准，均编二祭共银二两一钱八分九厘三毫四丝六忽。

徐孺子祠，在利二图，祀汉征士稚。即南宫祠。

陆内史祠，在相城益地乡，祀晋大将军右司马云。云为郡人，因督粮过吴娄地，见岁祲，以所督粮尽赈饥民。云后遇害，民感其惠，以衣冠葬此，立祠祀之。明成化中，里人沈贞吉重建。

陆宣公祠，在齐门外六里十五都东二图欣字圩，祀唐宰相赞。公贬忠州，卒，归葬于苏。其地至今称陆墓。墓旁有塔院，明吏部尚书吴一鹏尝塑公像其中，岁久为僧所鬻。嘉靖十一年，工部郎中张问之来吴，檄县追复之，仍增拓祠宇，修设像位，题其堂曰"仰贤"，朱希周、吴一鹏并有记。后复圮。本朝乾隆十六年，给帑修，巡抚庄有恭记。一在五龙堂巷。

谈县尉祠。见《学宫》。

苏学士祠，在沧浪亭南，祀宋集贤殿学士舜钦。本朝康熙三十二年，巡抚都御史宋荦建。

邹公祠，在卧龙街乐桥北，祀宋吏部侍郎浩。

吕荣公祠，在阳山，祀宋荣公希哲。今移明伦堂西。

韩蕲王庙，在南禅寺左，祀宋太师蕲国忠武王世忠，俗称韩家园。初在吴县灵岩山西麓，绍兴二十年敕葬于此，因立庙祀之。后废，碑仅存。明成化十年，知府邱霁奏入祀典，而祭无定所。弘治七年，知府史简以王旧宅在寺傍，就寺中为位而祭。十一年，知府曹凤复立庙灵岩山，张习记。寻废。嘉靖二年，知府胡缵宗仍立庙寺左。黄省曾记。本朝顺治十六年，为寺僧所毁，教授程邑重建。

吕东莱祠，祀宋儒吕祖谦。旧在亨二图圆妙观前，今移明伦堂西。

昭泽侯祠，在阊门方基，祀宋礼部尚书宋文献公恭，明洪武间建。

邓公祠，旧在唯亭，今移建学宫，祀明宁河王赐谥武顺邓愈。

刘提举祠，在干将坊，祀宋平江榷茶提举顺之。

俞太保祠，在卧龙街元二图，祀明刑部尚书士悦。

韩襄毅公祠，在郡学东地一图，祀明两广总制、右都御史雍。嘉靖二十三年，巡抚御史吕光洵建。自为记。

瓜泾徐公祠，在地一图沧浪亭南，祀明山东巡抚都御史源，孙靖安知县烈祔。

徐方伯祠，祀明广东布政司右参政祯，在瓜泾祠内。

王仁孝先生祠，在卧龙街关帝庙右，祀明征国子博士少湖先生敬臣，祭酒陈仁锡建。伍袁萃记。明征士朱篁祔。

顾御史祠，在卧龙街，祀明行人其国。

宋公祠，在沧浪亭，祀本朝巡抚都御史荦。

彭侍讲祠。见《学宫》。

以上祠祭皆在本县者。乾隆十二年，巡抚安宁题准，每祠均编二祭共银二两一钱八分九厘三毫四丝六忽。

医王庙，在清真观前，祀伏羲、神农、黄帝，以僦贷季、岐伯、伯高、鬼臾区、少俞、少师、雷公配。祭编元和。

言子祠，在元一图干将坊。初祀于学道书院，在府城东北隅旧长洲县学南。宋咸淳五年，知府赵顺孙建于武状元坊北普贤子院故址，知府黄镛继成之。七年，知府常楙建先贤祠于讲堂西，祀颜、曾、思、孟，左次澹台子羽，两序列程、周以下九贤。元初，总统杨琏真伽据为僧司。至元二十九年，山长祖宗震、金德修市徐贵子桥高氏园地改建。寻废。明嘉靖四年，知府胡缵宗以景德寺改建，门额曰"东南邹鲁"，堂曰"学孔后讲堂"，堂后弦歌楼。十八年巡按御史赵继本、十九年巡按御史施汀踔修。徐缙记。三十年，知府金城改为督粮道署。万历十二年，申文定公时行重建今所。本朝康熙四十四年，赐御书"文开吴会"额。乾隆二年，给帑修，祭编吴县。

郑子祠，在吉由巷，祀孔门弟子国，唐赠荥[①]阳伯，宋加封朐山侯，明改称先贤郑子，祭编元和。

灵济庙，在阳山澄照寺，祀白龙神母。相传东晋隆安中，缪氏女遇老人，有娠，产龙，惊母死。凭巫求祀，乡民建庙山巅。宋太平兴国中，移建山南曹巷。熙宁九年，又迁于此。建炎中，僧觉明修。绍兴二十九年，以祷雨应，赐今额。乾道四年，郡守姚宪奏封龙母为"显应夫人"。胡伟记。后屡封龙神为忠烈昭应广惠灵丰公，龙母为显正孚顺圣善妃。绍定间重建。元元贞间，寺僧守淳募参政张暄修。胡应白

①荥，底本作"荣"，误。

记。明仍额"灵济"。弘治三年，郡守孟俊重修。<small>吴宽记。</small>祭编元和。

沈戎公祠，在清溪，祀汉九江从事述善侯。祭编元和。

胡安定先生祠，在正二图潘树巷，祀宋苏湖教授瑗，裔孙昌虞祔。旧在章家桥巷，康熙间移今所。祭编吴县。

滕公祠，在文一图草桥北，祀宋龙图阁学士章愍公甫、工部侍郎忠节公茂实、京西路转运副使忠惠公膺、明户部尚书忠愍公德懋，明敕建。本朝乾隆九年，给帑修。祭编吴县。

张明公祠，在亨三图报恩寺东，祀宋横渠先生载。父殿中丞迪祀于寝，又公裔孙明张应奎聘妻烈女沈氏亦祔祀，明万历三十六年建。本朝顺治十三年，裔孙提学佥事能鳞修。祭编吴县。

朱文公祠，在元二图祥符寺巷，祀宋先贤朱子。<small>陈鹏年记。</small>本朝乾隆十二年，给帑修。祭编吴县。

灵惠祠，在旧子城基西，祀宋常熟孝子周容。容事母有至行，没为神，能保护乡里，有驱虎、除蝗、救水旱、攘盗贼诸显迹。宋淳熙间，赐额灵惠，祈祷接踵，隘不能容。成化七年，里人王英募卫千户陈俊割地以广其址，庙制始备。旁浚井，病者汲井投紫苏煎饮即瘥。<small>吴宽记。</small>祭编元和。

礼贤祠，在间丘坊巷，祀明章庄愍公溢，旧在吴县支硎山，后移今所。祭编吴县。

刘靖节祠，在元一图干将坊，祀明举人政。万历初建，今圮，移祀刘提举祠中。祭编元和。

袁氏六俊祠，在圆妙观东，祀明临江通判表、国子生褧、礼部员外郎衮、文学褒、广西提学佥事袠、贡士裘。本朝康熙二十五年建，<small>彭珑记。</small>三十六年，以袠子提学副使尊尼、褒子陕西按察使年裘、孙孝介先生麟祔。祭编元和。

矫文献祠，在阳山，祀明参政顺。祭编元和。

徐文靖公祠，见《学宫》。祭编元和。

于清端公祠，在金母桥西天王堂，祀本朝两江总督成龙。祭编元和。旧有祀田，为守僧盗卖。乾隆十四年，元和训导吴中衡详宪清理，实在册田一十二亩八分九厘一毫。<small>巡抚觉罗雅尔哈善记。</small>

马清恪公祠，在旧府治基东天王堂，祀本朝巡抚都御史祜。祭编元和。

以上祠在本境、祭编他县者。乾隆十二年，巡抚安宁题准每祠二祭，共银二两一钱八分九厘三毫四丝六忽。

朱司农祠，在干将坊东，祀宋司农少卿寿昌，每岁二祭，动支浒墅关羡余项下银四两。

徐文端公五贤祠，在府学东地一图，祀宋两浙转运使文端公奭、赠太师忠懿公师闵、延康殿学士铸，明赠光禄寺少卿忠烈公谦、仁孝先生道。旧有祠圮，明宣德间重建。万历三十年，知府朱燮元修。有记。本朝乾隆十二年，裔孙国揩拓地重修。督学尹会一记。每岁二祭，动支本县学租银八两。

范文正公祠，在浒墅关桥北武丘乡广福庵左，祀宋参知政事文正公仲淹。旧有祠在关南彭华乡榷部公署。相传为公降灵，土人因立祠祀，后废。明嘉靖十年，户部郎方鹏榷关务，始建今所。春秋祀典，载在榷部。方鹏记。万历二十二年，主事张立爱重建。三十三年，十七世孙参议允临谋之部使者王之都重修。编修冯梦祯记。崇祯十七年，奉祀世孙可维增建三太师堂。本朝康熙四十二年重修。主奉能浚记。乾隆八年，族孙大同守瑶以广义庄储粟修葺，建义塾于旁，以课族俊。瑶记。

叶吴西祠，在徐贵子桥，祀明礼科给事中初春。本朝康熙二十七年建。叶燮记。湄仙公子循、愚庵公子徵祔。每岁二祭，动支本县学租银四两。

朱中丞祠，见《学宫》。每岁二祭，动支本县学租银四两。

以上祠在本境，动支学租、关项给祭，未入编额者。

朱忠孝祠，在东禅寺前至行坊，祀东汉尚书、益州刺史穆，唐太子洗马仁轨。本朝乾隆二年，给帑修。地隶元和。

二戴祠，在虎丘东，祀汉信都太傅德、九江博士圣。本朝康熙二十六年建。地隶元和。

陆甫里祠，在甫里保圣寺之白莲院，祀唐处士龟蒙，即其宅，或云卒后葬其旁，遂庙食焉。宋嘉定十七年，钱塘龚时俌别建祠于左。元至元间，县尹马玉麟重建养鸭池、桂子轩，日久渐圮，营汛居其中。本朝康熙二十一年，里人吴志宁、严开熊募修。二十三年，巡抚汤斌下檄撤而新之。先是，元至顺间，尝以龟蒙故居为书院，后迁郡城。详见《书院》。祠地隶元和。

刘公祠，在角直，祀唐史官知几。地隶元和。

刘刺史祠，在角直，祀唐刺史禹锡，与知几合祠。地隶元和。

周濂溪祠，在半十九都正一图弦歌里，祀宋先贤周子。旧在吴县胥台乡。嘉定间，四世孙和州观察使兴裔驻札平江，奏建。后遭兵火，其裔孙文英、南老屡复而卒废。明正统元年，裔孙浦、渊等始迁于家，在万寿寺西，故以濂溪名坊，有崇本堂。_{王直记}。万历四十八年，移建今所。本朝乾隆九年，给帑修。地隶元和。

朱忠节祠，在地三图乐圃祠旁，祀宋海盐尉良。有祭田若干亩。_{布政司辰垣记}。祠地隶元和。

宋三贤祠，在仁寿里，祀宋朝议大夫孙载、大理寺评事孙临、朝散郎孙察，裔孙明苏州通判理祔。地隶元和。

尹和靖祠，在虎丘云岩寺西，祀宋肃公焞。嘉定中，知府陈芾即先生尝所读书处建。_{黄幹记}。九年，郡人孟猷等移于上方通幽轩之南。_{黄士毅记}。提举吴格割公田四十亩为岁修费。端平间，提举曹豳即其地为和靖书院。元初，为寺僧所据。延祐元年，移置县治东乌鹊桥北，后废。明嘉靖二年，知府胡缵宗以龙兴寺废基改复书院，后亦废。十七年，吴县知县汪旦仍建祠于故址，左有读书台。地隶元和。

李延平祠，在娄门外道观衖，祀宋文靖公侗。旧在县治东。明永乐四年建，后废。本朝康熙二十八年，改建今所。地隶元和。

魏文靖公祠，在南宫坊，祀宋参知政事秦国公了翁。明弘治中，后裔长洲民芳请即鹤山书院为祠，诏从之。_{吴宽记}。地隶吴县。

张崇公祠，在郡学东南正二图，祀宋崇国公九成。地隶吴县。

刘屏山祠，在正三图李基巷，祀宋文靖公子翚。六世孙榷茶提举顺之占籍于吴，因建，后废。本朝康熙二十五年，提学侍读学士李振裕重建，顺之祔。地隶元和。

袁忠愍祠，在府城隍庙西北利二图，_{亦名芥隐书院}。祀宋工部侍郎忠愍公枢，又祀汉司徒邵公安、晋吴国内史忠介公崧、宋京西提刑襄简公珦、明吏部尚书安节公洪愈。旧各有祠，今废，并祀于此。

城隍庙，在半十九都九图。嘉靖三十二年，同知任环建。地免税。

张忠文祠，在府学前，祀宋龙图阁学士叔夜。地隶吴县。

周观察祠，在弦歌里濂溪祠内，祀宋和州观察使驻札平江兴裔。地隶元和。

金仁山公祠，在胥门外十一都二十二图，祀元儒履祥。地隶吴县。

陈公祠，在悬桥巷，祀明翰林检讨继。地隶元和。

皇甫公祠，在葑门海慧庵旁，祀明顺庆知府录。地隶元和。

吴文定公祠，在天赐庄，祀明礼部尚书宽。地隶元和。

陈中丞祠，在丁香巷，祀明都察院左副都御史操江瑺。专祠始建华山。康熙四十八年，巡抚张伯行重建今所。子赠兵部员外键、五世孙儒士允昌、七世孙别驾源益祔。地隶元和。

韩公祠,在亨四图沙河塘,祀明礼部侍郎世能。地隶元和。

顾太保祠,在旧学前,祀明太保、兵部尚书其志。地隶元和。

顾孝介祠,在天赐庄,祀明御史宗孟。地隶元和。

五人祠,在山塘,祀颜佩韦、马杰、杨念如、沈扬、周文元。地隶元和。

张赐闲祠,在府学前,祀明保定知府枳。地隶吴县。

张巡抚祠,在虎丘山塘,祀明巡抚都御史国维,崇祯十三年建。本朝乾隆十年,署知府赵锡礼重修。有记。地隶元和。

筼谷祠,在侍其巷,祀明隐士过龙。地隶吴县。

莱阳二姜祠,在虎丘养鹤涧旁,祀明礼科给事中埰、行人司行人垓。地隶元和。

蒋参议祠,在虎丘山塘,祀明天津兵备道布政司参议灿,孙封中书舍人之逵祔。本朝康熙五十五年建。地隶元和。

金文通公祠,在虎丘山,祀本朝太子太傅之俊。地隶元和。

方公祠,在虎丘金粟房,祀本朝分守苏松常道国栋。地隶元和。

韩宗伯祠,在娄门内,祀礼部尚书文懿公菼。地隶元和。

尹公祠,在元一图大井巷南,为赠太仆寺卿尹明廷立。祭编吴县。

张孝廉祠,在县学东,祀本朝履素先生庆孙。地隶元和。

以上祠在他境、祭编本县者。乾隆十二年,巡抚安宁题准每祠二祭,共银二两一钱八分九厘三毫四丝六忽。

朱逸民三贤祠,在葑溪地三图。每岁二祭,支本县学租银五两。

先贤益都侯樊子祠,在县学旁,支学租致祭。

临濮侯祠,在利一图双塔寺东,祀先贤施之常。旧在阊门外施家巷,久废。国初,移建太平桥南。雍正十三年,改建今所。地隶元和。每岁二祭,动支本县学租银四两。

宋公祠,在盘门泮环巷,祀元万户侯文杰公通。闻士公兆鹤、喜墨公照祔。地隶吴县。每岁二祭,动支本县学租银四两。

都城隍庙,在泗洲寺西泮环巷。乾隆十四年,巡抚觉罗雅尔哈善重修。地隶吴县。每岁住持在司库支香火银十二两。

以上祠在他境,动支本县学租等款,未入编额者。

羊太守祠，在乌鹊桥南，祀刘宋时太守元保。元保治行廉洁，有德于民。民为立祠。

锺公祠，在郡学东，祀唐司农绍京。裔孙明孝子正斋祔。义祭田一十九亩零。

顾文敬公祠，在张果老巷，祀唐兵部尚书少连。

沙贞惠公祠，在九都采云里，祀明太医福一。洪熙中，奉敕即墓所建。裔孙舜臣、起宝、祚远祔。福一、舜臣见《人物》。起宝，字惺心，少孤，孝友著于乡，葺宗祠，修族谱，尤好施予，宗党赖之。祚远，字尚煏，幼值岁荒，忍饥觅食养父。父殁，抚弟成立，人称笃孝。

五坞先生祠，在春和坊，祀明陕西参议卢襄。隆庆四年建。

舒御史祠。见《学宫》。

徐宝庆祠，在韩家园，祀明宝庆府同知应骥。

五贤侯祠，在卧龙街关帝庙左，祀明知县邓凌霄、祁承爜、胡士容、韩原善、叶成章。

文待诏祠，在府学东，祀明翰林院待诏徵明。内建亭，供奉御制题像诗、御书"德艺清标"匾额。乾隆十七年建。

埭川宗祠，在下堡。明通政司顾九思建。邑令江盈科记。

二周先生祠，在姚马里，祀明正孝先生尚贤，追祀本生始祖茂叔。浦城派子孙置祭田若干亩。知府黄鹤鸣勒石。

诚孝先生祠，在仁寿里，祀明孝子孙永正、子士璜，置祭田若干亩。知府黄鹤鸣记。

顾氏宗祠，在黄埭镇西，太学生顾濂建。

张孝子祠，在学宫乡贤祠东偏，祀孝子文魁。沈侍郎德潜记。

育婴遗爱祠，在圆妙观雷尊殿西。康熙中，郡人蒋德埈等创育婴局于此。乾隆九年，改祠祀巡抚都御史慕天颜、宋荦，布政使丁思孔、刘殿衡、杨朝麟，知府高晫，郡人顾天朗、蒋维城、蒋德埈、许定升、许王俨、许虬、张遇恩、顾溥、黄璠、汪彬、吕垣、王炎午、周陈范、朱滢、施铼兴、陈绍美、马守强、杜镶、於启礼。巡抚陈大受记。

徐纯孝先生祠，在沧浪亭北，祀孝子国擂。子孙置祭田四十亩。

陶氏宗祠，在因果巷，祀明世袭龙骧卫千户咸子关死事俊。

唐孝子祠，在虎丘山塘，为孝子唐肇虞建。子礼置祭田一百二十亩，子淳、瀚、澄、渊、浩等，岁供俎豆。曾孙文栋奉渊命置义田五百亩，文槚增置田一百亩，并渊祔祀。

顾贞孝祠,在齐门内利二图花溪,祀赠布政使、明贡士顾国本。礼部尚书沈德潜撰祠田记。

韩贞文先生祠,在文二图西竹堂寺东偏,祀明太学韩馨。子樵、孙骐袽。乾隆二十八年,曾孙键、是升建。太学士陈弘谋、尚书沈德潜有记。

以上各祠,春秋委官致祭,未列编项者。

交让王庙,在干将坊,祀周仲雍,俗称乐安上乡土地神。

古江东庙,在元一图调丰巷,建置无考。庙后民居楼下旧有莲花石座二,疑当时全属庙基,后为民居所占,仅留一廛栖神像。雍正间,有得断碑于地下者,仅辨识大业年月。相传神为西楚霸王羽,起兵江东,故名。然无碑碣可证。王鏊《姑苏志》:报恩寺西,江东神姓石,名固,秦人。汉高祖六年,灌婴略定江南,至赣城,神现于某山,告以捷期,士卒骇异。凯还,立庙赣江之东。孙吴时,迁神于吴境,颇著灵异。

萧王庙,在卧龙街乐桥上。相传桥近市曹戮人处,以萧何制律,故祀之。

任王庙,在潘树巷。相传祀梁新安太守昉,俗称道义乡土地神。

施相公庙,在乔司空巷,俗以为江湖之神。

五龙堂,在县东南五龙堂巷。唐贞元中建。李绅记。宋淳熙十年,郡守耿秉以久旱祈雨。越三日,有小龙如蜥蜴见于神位前香案果钉上。秉与约:"三日内雨,当奏请庙额。"明日,大雨。事闻,诏赐灵济。自是,遇水旱,投铁牌于祠前潭中,必应。绍兴四年,敕封第一东灵侯、第二西成侯、第三中应侯、第四南平侯、第五北宁侯。吴中疾疫者,祷之,颇灵。相传十八日神诞,先期赛社,必虔焉。一在晋宁坊,名乐营堂。

金龙四大王庙,在阊门外北濠。

玄坛庙,在圆妙观前,祀神赵姓,名郎,字公明。

水仙庙,即古苍龙堂,在府治东南,祀神柳姓,名毅,俗以为上元乡土地神。

燕国夫人庙,在府治东南燕家桥。吴孙权乳母陈夫人舍宅为通元寺。后唐同光中,移今所。今开元寺亦有其祠。

夏侯神庙,在夏侯桥侧。相传神即唐夏侯司空。宋皇祐四年建。明正德八年,里人沈杰、县丞何懋重修。

以上土俗所祀、不列祀典者。

张仲祠，在齐门外。明毁。

春申君庙，旧在子城内西南隅，祀楚黄歇。唐天宝十载，采访使赵居贞修。有记。明初，移在吴县王洗马巷。

琴高祠，在旧子城西北乘鲤桥。今废。

汉任使君祠，在天庆观，即今圆妙观。祀会稽都尉延。延在官，聘高尚，勉孝行，周穷乏，多有善政，故祀。今久废。

金天王庙，在城东南隅杨和王赐第园中。王即唐所封华山神也。园为正觉寺庙，久废。

翰林王公祠，祀宋翰林学士禹偁，在县旧治及虎丘。禹偁，雍熙初为县宰。天禧四年，子嘉言复宰长洲，作堂祀之。又建贞堂于虎丘。范仲淹及欧阳、苏、黄俱有诗赞，后废。淳熙九年，知县曾栗复之。黄由记。庆元间，知县黄宜更作企贤堂于县治东偏，祀之。由复为记。今并废。

章庄敏公祠，在报恩寺东，即章太师棨家庙。棨，泾源御夏寇有功，徽宗赐庙怀德军，额曰忠烈。嘉定末，其孙请立于此。后子孙因权要侵其地，遂献于官，改建天妃庙，而移家庙于侧。今亦废。

都南张公祠，旧在乘鲤坊东，祀宋平江路通判、赠节度使日中。日中，字尚丰，横渠七世孙，建昌军南城人，端宗朝进士，初任平江，倡义卫民。寻迁兴化军。文信国开督府勤王，帅师以应，复吉、赣等州。信国师溃，日中奋力拒战，身受数创，犹刃敌十余人，被执死。信国哭之，有"绝域耻为吴地辱，封疆甘作宋臣忠"句。其子洛居吴，因建祠。明崇祯间，以裔孙适、枳、朝仪、慕渠祔。本朝康熙间，移建吴县状元坊。

顾原鲁先生祠，旧在阳山大石坞，祀元隐士愚。明嘉靖中，督学御史锺继英建达善书院，即其中祀之。后移建报恩寺东。地隶元和。裔孙启明、存仁祔。

陈文庄公祠，旧在卧龙街关帝庙右，祀明南京国子监祭酒仁锡。崇祯三年，仁锡宣诏过家，置附郭田三顷，设义庄以赡族人。岁出纳亦于此。本朝康熙十九年，移建元和县虎丘望山桥。

以上旧在本境、今移建者及诸废祠。

长洲县志卷之七

仓庾

《禹贡》：甸服有赋无贡，故纳秷、纳秸分地远近。后世赋而不贡，廪禄、匪颁、祭祀、军国之需，皆取给焉。故仓廪者，国之大命。长邑赋甲东南，岁当秋成，俟民所入，达之天府。谨盖藏，审燥湿，不可不慎也。邑有六仓，在城东者五，其一特设城西，以就民之居西者。地皆傍水，便转输。元和分县，析东仓三以属之。后复改西仓为民居，而尽设于东。长之仓曰宝成、曰万庆，不复如曩制矣。四境分设社仓，以备凶荒。其出纳之法，略仿朱子遗制，附记于编。志仓庾。

本县仓场六：青丘、席墟、荻溪、苏巷、济农五仓在娄门内东城下，总名东仓。旧有四仓：在葑门外王墓村曰东仓，在阊门外九都曰西仓，在葑门外二十五都曰南仓，在娄门外二十四都曰北仓。明宣德间，周文襄公忱移建于此。所构廒宇轩豁，垣墙周峻，前后凿垣为门，门皆临水，中架木杠以通往来，连络如贯，役人便之。其曰济农者，文襄与郡守况钟专为赈恤农人设也。其仓不贮区粮，乃奉朝命以官钞平籴，及劝借民间之米，贮积以备凶荒。宣德六年，遭旱。九年，又大旱。发粟赈济，赖以全活者甚众。此法向后渐弛，更名预备仓，割数区以隶焉，收贮与诸仓等。

文襄改建后，墙垣再仆，廒屋倾颓。至嘉靖十五年，县尹渭南贺府白于抚按侯公位、郭公宗皋，乃经画旧制，裁而新之。青丘六联，联为廒十二；预备十二联，联为廒十二；苏巷十一联，联为廒二十二。席墟、荻溪合为一仓，共廒十二联：四联，联二十八间；八联，联九间。各仓廒上揭楼疏棂以通米气，下横木铺板以远地湿，故米不至红腐。

每仓厅事三间，庐室咸备，惟预备仓厅事前建亭二，左立碑，右覆井，后亭亦废，门道筑楼三楹，中栖仓神，左县鼓。青丘中又有城仓一所，乃三十九年城民杨钦等白于巡抚赵公忻，遂得创建，以贮城中及附郭粮税。此仓既立，城居之民有坟墓籍于乡者，乡民不得累之矣。预备仓中仍有济农仓，收贮杂色米谷，以待赈济之用。浒溪仓在阊门内，又名西仓，亦文襄所建，岁久渐圮。嘉靖十五年，贺府改作，裁制如东仓，厫屋十二联：二联，联十间；十联，联六间，以便西境各都输纳。

本朝雍正三年，析青丘、席墟、苏巷三仓属元和县，止存预备、荻溪、浒溪三仓。乾隆九年，知县冯景曾为仓厫东西迢隔，白粮赁房春办，以漕、白仓厫亟宜归并，具详改建云：卑县征收漕米向有三仓：一曰浒溪，共厫一百七十二间，建于阊门；二曰预备，共厫八十六间；三曰荻溪，共厫九十五间，并建于娄门。阊在西北，娄在东南，相距十余里之远，而娄门之预、荻二仓又相隔里许，不相联络。至春办白粮，则向无仓厫，历租齐门外之民栈，每年租银六十两，于存县三分漕费内给发租赁。查征收漕粮印官，例应亲驻仓场督察办理，今四散骛远，难以稽查，胥役因而舞弊，况阊门一带地窄人稠，设风烟起于仓猝，官胥重负愆尤。又水次两傍，千樯万艘，当征兑集于河干，军商咸多不便。在昔阊门建此浒溪一仓，便西北输将，意非不善。不知田亩虽在西北，完粮业户或居城内，或往别乡，并不尽居于西北之都图，且浒溪仓厫亦不敷堆贮西北乡之漕米。往岁常有仓厫贮满之后，续来粮户无空厫可以上纳，复将漕米运至娄门，是欲便民而转不便于民。至娄门之预、荻二仓，相隔亦有里许，且夹杂元邑漕仓。如卑县荻溪仓之南即系元邑之席墟仓，中间仅以短垣堵塞，而卑县之预备仓内又有元邑之小席墟仓附于南首，盖当日俱属长邑仓厫，分县时始析为二，又仅按册籍区图，彼此划分，未经计及错综之未善。卑县管见，似应将浒溪一仓移建娄门，更应先将娄门之预备仓与元邑之席墟仓两相易换，两仓各有仓署，事属均平，一为转移，则元邑之小席墟仓联络一气，两邑仓厫不致错综，官民咸为便益。卑县札商元和张令，随准札覆"换仓之举，洵属两善"等语。换仓之后，即将荻溪、席墟两仓内之空闲余地填筑平实，照浒溪仓厫之数建造新仓，并建白粮仓厫数十间，置备碓臼等项，则漕、白仓厫均得归并一处，官之耳目可周，民之输将亦易。且娄门地广河宽，漕粮收贮无意外之虞，兑运丁船免拥挤之患。其为便益，实非浅鲜。更将旧仓之幽僻者改为明显，曲折者易为直捷，俾稽察了然，藏奸不易。所有阊门浒溪旧仓，历年久远，木朽瓦薄，不堪拆动，若移建娄门，其料物均需另备。是以卑县议照浒溪仓厫之数建造新仓，其阊门浒溪旧仓并仓基即变价抵办工料，如仍有不敷，先动项垫办，分年于存县三分漕费内节省扣还归款。在卑县每年原于存县漕费内给发春办白粮租栈银六十两，今请建白粮仓于娄门，则此项栈租可省，亦可抵还建造漕、白仓费。若分年之内遇有新旧交代，接任官一体接受,于漕费内扣还归款,不得诿卸。除现在确估建造漕、白二仓间数、工料并置备碓砘等项造册绘图,及估计阊门旧仓仓基价值,另文续报外,合先通详。随据苏州府傅椿转详云:长、元两邑仓廒,四散隔绝,犬牙相错,出纳未便。两邑旧仓内将元邑之大、小席墟仓改作长邑之仓,以长邑之获溪仓改作元邑之仓,庶各得毗连,不致彼此错杂。旧廒统行拆卸,另建新廒,所需工料,不许动支库项。长邑以阊门内之浒溪仓基变价抵办,元邑以青丘仓基易办,不敷,于长邑变卖浒溪仓基价余剩银内支办,则两邑仓廒均得整齐收兑漕粮,官民咸便等情,奉各宪批允,勘估办理。共计料工银五千五十两一分一厘五毫,即将浒溪旧仓基地变价抵办。

乾隆十年九月,建造工竣,以向设之预备仓改建宝成仓,计造房屋共一百二十八间,内除仓门、官厅、仓署倒串房屋三十五间外,实在贮米廒房九十三间,分编"文行忠信"四字号。易换元和县之大席墟仓,改建万庆仓,计造房屋共一百四十间,内除仓门官厅神舍房屋八间外,实在贮米廒房一百三十二间,分编"礼乐射御书数"六字号。易换元和县之小席墟仓,改建长洲之白粮仓,计仓门、官厅、砘房、廒房共四十七间。所有两仓坐隶完漕都图开后。

宝成仓坐隶

一都正扇:一图、四图、六图、七图、八图、九图、十图、上十一图、下十一图、十六图、十八图、十九图、二十二图。

副扇:二图、三图、五图、十二图、十三图、十四图、十五图、十七图、二十图、二十一图、二十三图。

二都正扇:一图、上五图、下五图、八图、十一图、十三图、十四图、十五图、十六图、十七图、二十图。

副扇:二图、三图、四图、六图、七图、九图、十图、十二图、十八图、十九图。

三都正扇:六图、九图、十一图、十二图、十三图、十四图、十五图、十六图。

副扇:一图、二图、三图、四图、五图、七图、十图。

四都正扇:一图、二图、三图、四图、五图、六图、上八图、下八图、北十三图、十五图。

副扇:七图、上九图、下九图、十图、上十一图、下十一图、上十二图、下十二图、南十三图、十五图、十六图。

五都正扇:四图、七图、上八图、下八图、九图、十图、十二图、十五图、十六图、上一图、下一图、二图、三图、五图、六图、十一图、十三图、十四图。

东六都正扇：上一图、下一图、三图、上北五图、下北五图、十图、十一图、上十二图、下十二图。

副扇：上二图、下二图、四图、南五图、上十七图、下十七图、上十八图、下十八图。

西六都正扇：十三图、上十四图、下十四图、十五图、十六图、二十图。

副扇：上六图、下六图、上七图、下七图、上八图、下八图、上九图、下九图、十九图。

七都正扇：一图、二图、三图、四图、八图、上九图、下九图、十三图。

副扇：六图、上七图、下七图、十图、上十一图、下十一图、十二图、十四图。

八都正扇：八图、上十一图、下十一图、十二图、上十四图、下十四图、上十五图、下十五图、上十六图、下十六图、上十七图、下十七图、二十一图。

副扇：一图、上三图、下三图、四图、上七图、下七图、九图、十图、十三图、二十图、二十二图。

九都正扇：九图、十一图、十四图、上十五图、下十五图、十六图、十七图、二十一图、二十五图、二十六图、三十图、三十一图、三十三图、三十四图。

副扇：一图、六图、七图、十图、十八图、上二十一图、下二十一图、二十三图、二十四图、三十二图。

万庆仓坐隶

十一都正扇：上一图、下一图、三图、四图、五图、七图、十一图。

副扇：二图、上六图、下六图、上八图、下八图、中八图、上九图、下九图、十图、十二图。

十二都正扇：上一图、下一图、五图、六图、七图、十八图、十九图、二十图、二十一图。

副扇：二图、三图、四图、八图、上九图、下九图、十二图、十六图。

西十三都正扇：五图、七图、上八图、下八图、上十一图、下十一图、十三图、十六图、上北十七图、下北十七图、二十二图。

副扇：一图、上二图、下二图、三图、四图、上六图、下六图、十四图、上十五图、下十五图、南十七图。

十五都正扇：上二图、上五图、上九图、十图、十五图、中三图、中四图、中六图、下五图、下九图、上西一图、下西一图、西七图、新八图。

副扇：上三图、上八图、十一图、十二图、十六图、十七图、东一图、东二图、西二图、西三图、西四图、西六图、半六图。

半十九都副扇：文一图、文二图、仁二图、地一图、元一图、元二图、亨一图、亨二图、享三图、利二图、正六图。

又副扇：昌一图、昌二图、昌三图、昌四图、昌五图、昌六图、齐一图、齐二图。

东十三都正扇：一图、四图、九图、上北十图、下北十图、十一图、十二图。

副扇：八图、上南十图、下南十图、十三图、十四图、十五图。

上十四都正扇：上十一图、下十一图、上十六图、下十六图、上十九图、下十九图、二十一图、二十二图、二十八图、后一图。

副扇：上十二图、下十二图、十五图、十七图、十八图、二十图、二十七图。

下十四都正扇：三图、五图、六图、上十图、下十图、上十四图、下十四图、二十三图、上二十五图、下二十五图。

副扇：上二图、下二图、七图、上九图、下九图、十三图、二十四图、上二十六图、下二十六图。

下十七都正扇：一图、三图、十四图、十六图、二十四图、二十九图。

副扇：二图、二十五图、二十六图、二十七图、二十八图、三十三图、三十四图。

东十八都正扇：十二图、十三图、十四图、南十七图、北十七图。

副扇：十五图、十六图、三十五图。

中十八都正扇：四图、五图、十图、三十二图。

副扇：六图、七图、八图、九图、三十图。

西十八都正扇：十九图、上二十图、下二十图、上二十一图、下二十一图、二十二图、三十七图。

副扇：十一图、十八图、二十三图、三十一图、上三十六图、下三十六图。

北十九都正扇：一图、二图、三图、四图、五图。

副扇：六图、七图、上八图、下八图、五十三图。

以上各图，现在田亩、平米实数详载《赋税卷》中。

常平仓，在县治内。东仓十八间，西仓二十三间。

社仓，明郡守蔡公国熙议建，各区以贮社米，募士民出粟万斛，分贮各社仓。

每岁五六月间散之农人，至冬复敛入本仓。花息二分。十年后，渐减其息。今长邑置有社仓四：一在枫桥镇，廒十三间；一在浒墅，廒十二间；一在陆墓镇，廒八间；一在蠡口镇，廒八间。

附记

前代仓场，吴两仓。西仓名曰均输，东仓周一里八步，春申君所建。时未置长洲，而东仓则长洲境也。汉、唐无考。

宋南仓，在子城西。北仓，在阊门侧。今城内有南仓桥、北仓桥，是其遗迹也。又户部百万仓，东、西各一，在阊门里。西仓，开禧三年创。东仓，嘉熙末创。朝廷命官专掌，以都司提领，以宪司措置。久废。

元分百万西仓为二仓，曰西成，曰泰和。又分百万东仓为二仓，曰大德，曰和丰。今吴县和丰仓尚袭其旧。

义役仓，在县治西。明宣德间已废。嘉靖四十一年，巡抚周公如斗复议役米随秋粮带征，收贮各仓以助差。役仓不复置。

义仓，在东城下。今废。

长洲县志卷之八

职官

秦废封建,始立郡县。县有令,有丞、尉。汉、唐因之。宋益主簿。明改令为知县、尉为典史,丞、主簿如故。乡镇有巡检之司,仿《周礼》鄙师、酂长。学有教谕、训导,犹古大胥之属、党正之伦,其权统于县,司牧养,平讼狱,掌钱谷,弭盗贼,任綦重也。唐开元中,除县令于宣政殿,亲问理人之策。宋建隆间,以朝臣为知县,参用京官幕职。长洲政剧讼繁,元和丞、簿不全设而长洲备之。教谕、训导分司两学,居其位,当思尽其职。昔柳浑令永丰,争讼自息;王猎为蓝田簿,士赖安全;赵方为蒲圻尉,多决疑狱;胡瑗教授湖州,学多秀彦,抚字先而刑罚后,教化洽而礼乐兴,庶几无愧古循吏欤!志职官。

知县唐制,曰县令。宋建隆后称知县。元,上县设达鲁花赤一员、县尹一员。明复号知县。本朝因之。

唐
萧审,永泰初任。

岑仲翔,盐官人。

滕遂。

孙士杰。

宋
袁仁镞,太平兴国三年任。见王禹偁《县治记》。旧志失载。

王禹偁,元之,钜野人。

曾栗,淳熙间任。

仲并,江都人。

吕存中,淳熙五年任。

石埕,绍兴初任。

章频,简之,浦城人,天禧初任。

王嘉言,仲谟,禹偁子,天禧初任。

邵饰,去华,丹阳人,天圣中任。

刘立言,禹昌,临江人,天圣末以殿中丞任。

鞠真卿,颜叔,庆历中任。

夏噩,公酉,池州人。

王几,彦城,江都人。

翟涛,丹阳人。

常安民,希古,邛州人。

唐桱,植父,无锡人,绍圣初任。

虞宾,舜臣,山阴人。

陆宷,元珍,政和中任。

祝拱卿,德良,建安人,绍兴中任。

王彦融,彦弼,江州人,绍兴中任。

尹机,绍兴中任。

黄宜,庆元间任。

邵轵。

李机。

龚濂,深父,高邮人,淳祐间任。

李念祖,宝祐间任。

宋楚材,眉山人,景定三年任。

赵汝涛。

史显卿。

李堪。

石莹中。

何九龄,景定间任。

陈应角,轩伯,连江人。

元

元童,河陇人,后至元元年任。

赤塔失帖木儿。

奄都剌可林。

雅纳实里。<small>蒙古氏。</small>

燕只歌。

张元亨。

马玉麟,海陵人。

干文传,寿道,承务郎任。

周舜臣,至正二十五年任。

明

宋敏文,洪武元年任。

张翔,洪武六年任。

李广祐,建宁,洪武二十七年任。

周伯陵,武义人,洪武三十年任。

王敬,襄阳人,洪武三十二年任。

郭庸。

韩瑄,德州人,宣德八年任。

王瑾,荣昌人,正统四年任。

张旻,临汾人,监生,正统十年任。

李灼,宁晋人,监生,正统十四年任。

常春,武城人,监生,景泰五年任。

陈灏,济宁人,天顺元年以御史调任,以忧去。

苏铎,萍乡人,举人。天顺八年任,升高邮知州。

唐素,京山人,进士。成化三年,由昆山县改任。六年,召为御史。

余金,贡之,内江人,进士,成化六年任。

赵文盛,交城人,进士,成化十年任。

刘辉,云翰,孝感人,成化十四年任。

蒋昺,邱县人。弘治元年,以御史徙任,后调知庆阳。

邢缨,黄梅人,进士,弘治元年任,召为御史。

郑瑾,兰溪人,进士,弘治五年任,升楚雄通判。

刘珂,公佩,兴国州人,进士,弘治十一年任。

邝璠。

欧阳光,永明人,进士,弘治十五年任,十八年以忧去。

李珏,开州人,进士,正德元年任。

吾翕,正德八年任。

任舜臣,临潼人,进士,正德七年任,卒于官。

俞集,新昌人,进士,正德八年任。

高第,公次,绵州人,进士,正德十一年任。

郭波,闽县人,进士,正德十六年任。

程嘉行,东平人,进士,嘉靖三年任,改国子博士,升刑部主事。

田定,四川人,举人,嘉靖四年任,黜去。

郑朝辅,鄞县人,丙戌进士,嘉靖六年任,升知州。

黄大廉,莆田人,壬辰进士,嘉靖十一年任。

邢某。名缺。嘉靖八年任,旧志失载。闽郡人赵同鲁《送长洲令邢侯内召序》,深美其贤。

贺府,中甫,渭南人。

赵九思,敬夫,闻喜人,己丑进士,嘉靖十五年任,卒于官。

万夔,大章,新建人,癸未进士,嘉靖十七年以御史徙任。

吴世良,元良,遂安人。

赵忻,子乐,螯屋人。

俞及时,伯雨,新昌人。

苗敏学,以勤,平定人。

周秀,实卿,永康人,庚戌进士,嘉靖三十年任,擢御史。

莫抑,允升,马平人。

柳东伯,孟卿,武陵人。

冯珊,印鸣,藁城人,进士,嘉靖三十八年任。

马会,元明,南部人,进士,嘉靖四十年任,调去。

周良臣,相季,公安人。

吕若愚,子明,新昌人,进士,隆庆元年任,调去。

张德夫,子成,浮梁人。

陈用宾,道亨,晋江人。

李尧民,汝化,济宁人。

刘怀恕,士行,东明人。

曾凤仪,舜征,莱阳人,万历十一年进士,本年十月任,调去。

邓鹤,子皋,洛阳人,进士,万历十三年三月由临朐改任,十五年升户部郎中。

王之彦,仲美,浚县人,丙戌进士,万历十六年四月任,十八年调去。

陈其志,公衡,晋江人。

江盈科,进士,桃源人。

邓云霄,元度,东莞人。

关善政,心毅,渑池人,甲辰进士,万历三十三年十月任,三十五年以忧去。

祁承爜,尔光,山阴人。

韩原善,继之,卢龙人。

胡士容,仁常,广济人。

蒋友筠,菉淇,长兴人,丙辰进士,万历四十三年任,四十五年调去。

叶成章,慕同,同安人。

张茂梧,春卿,临桂人。

宋继发,华之,莱阳人,戊辰进士,崇祯元年十月任,二年八月以忧去。

孙谦,抑之,莱阳人,戊辰进士,崇祯三年八月任,四年十一月劾去。

涂必弘,印海,南昌府人,辛未进士,崇祯五年七月任,九年十一月召为御史。

唐九经,豫公,宛平籍会稽人,丁丑进士,崇祯十年四月任,十一年十一月大计去。

叶承光,咸庵,湖口人,庚辰进士,崇祯十三年任,十五年二月调去。

谢良瑾,芝烟,全州籍安福人,庚辰进士,崇祯十五年七月任,十一月以病去。

李实,如石,遂宁人。

国朝

沈以曦,旭轮,湖广临湘人,庚辰进士,顺治二年七月委任,十二月实授,三年二月升本府推官。

田本沛,毂溪,陕西富平人,癸未进士,顺治三年八月任,四年三月以忧去。

赵瑾,懿侯,山西阳曲人,丁亥进士,顺治四年八月任,五年七月劾去。

郭经邦,启元,奉天广宁人,生员,顺治五年十二月任,七年八月劾去。

李廷秀,显萃,锦州镶红旗生员,顺治八年正月任,九年八月劾去。

宋聚奎,木天,陕西耀州人,乙酉拔贡,顺治十年四月任,十一年六月劾去。

王任,师尹,奉天广宁人,拔贡,顺治十一年十月任,十二年九月劾去。

邱应鳌,龙山,湖广钟祥人。

周仲达,祯如,山东莱阳人,拔贡,顺治十四年六月任,十六年六月大计去。

孙继,达卿,山东德州人。

刘令闻,以公,直隶大兴人,贡生,正黄旗教习,顺治十七年八月任,十八年十一月劾去。

苏仁,长人,陕西蒲城人。

周明珥,缜文,山东武定人,辛卯恩贡,康熙元年九月任,二年八月劾去。

董定国,宁寰,奉天辽阳人,镶红旗荫生,康熙二年九月任,三年十一月为粤饷迟解劾去。

彭士奇,平人,直隶蠡县人,拔贡,康熙四年二月任,五年八月劾去。

金巽,若水,直隶宛平人,岁贡,康熙六年二月任,七年十二月劾去。

蔡时光,木轩,福建晋江人,辛丑进士,康熙八年八月任,九年十二月劾去。

沈思举,谦能,福建连城人。

任俊,千之,河南祥符人,贡生,康熙十一年十二月任,十二年十二月劾去。

薛泰飏,赓先,浙江上虞人,贡生,康熙十三年六月任,九月奉文相视山陵,改知南阳。

李敬修,念兹,奉天正黄旗监生。

刘兴汉,圣新,山东德州人,贡生,康熙十八年四月任,十九年六月劾去。

鲍积朝,存宁,陕西潼关卫镶黄旗监生,康熙十九年九月任,二十年十月以忧去。

祝圣培,思益,湖广应城人。

徐弘炯,长旭,浙江嘉兴人,监生,康熙二十三年十二月任,二十六年十一月劾去。

姚应凤,康熙二十六年十一月以本府督粮同知署任。

刘邦伟,宁远正蓝旗人,康熙二十七年五月以崇明丞署任。

刘玢,含章,山西安邑人,例监,康熙二十七年七月任,二十九年正月以委讯盗案降去。

梁廷桂,月岩,奉天正红旗监生。

李若毖,康熙三十年闰七月以本府总捕同知署任。

杜溥,山东济南府历城人,监生,康熙三十年九月任,三十一年十月劾去。

何振,康熙三十一年十月以本府督粮同知署任。

李敬胜,正黄旗监生,康熙三十二年二月任,三十六年闰三月以盗案降调。

张友宓,康熙三十六年闰三月以本府总捕同知署任。

邱琳,广东广州府连州人,贡生,康熙三十六年九月任,十月以病去。

张友宓,康熙三十六年十一月再署任。

祖兴乾,正黄旗奉天宁远人,监生,康熙三十七年六月任,三十九年八月劾去。

张学周,安邑人,贡生,康熙三十九年以常州海防同知署任。

高怡,仲友,武康人,康熙戊辰进士,升任郴州知州。

周锡玙,镶白旗荫生,康熙四十年十二月以本县丞署任。

陈治策,正黄旗贡生,康熙四十一年三月任,四十二年十二月劾去。

王廷灿,康熙四十二年十二月以吴县署任。

马星耀,奉天人,康熙四十三年五月以靖江丞署任。

吴玥,镶红旗甲戌进士,康熙四十三年八月任,四十四年十月升腾越知州。

姜弘绪,康熙四十四年十月以本府督粮同知署任。

严云,福建福州府侯官人,庚午举人,康熙四十五年正月任,四十八年三月劾去。

李之起,沧州人,贡生,康熙四十八年三月以本县丞署任。

鹿永铉,山东登州府福山人,监生,康熙四十八年十月任,五十一年二月劾去。

唐之稷,密云人,贡生,康熙五十一年四月以松江同知署任。

陈勤宣,福建福州古田县人,庚午举人,康熙五十一年六月任,五十二年十二月劾去。

郭朝柱,镶红旗监生,康熙五十二年十二月以常州总捕通判署任。

许承彭,同安人,监生,康熙五十三年三月以松江海防同知署任。

高钤,康熙五十三年五月以本府海防同知署任。

王儒,镶黄旗监生,康熙五十三年六月以松江水利通判署任。

许遇,福建福州侯官人,监生,康熙五十三年九月任,五十八年八月卒于官。

赵敬礼,泰州人,监生,康熙五十六年八月以吴县丞署。

陈绅,康熙五十八年八月以本府督粮同知署任。

鲍学沛,山东兖州府滕县人,监生,康熙五十九年二月任,八月以忧去。

梁穆，康熙五十九年九月以本府知府署任。

王三谦，康熙五十九年十二月以本县丞署任。

蒋丕琮，陕西西安府咸宁人，监生，康熙六十年任，雍正元年八月卒于官。

蔡永清，雍正元年九月以本府知府署任。

薛仁锡，顺天府大兴人，贡生，雍正二年二月任，三年六月劾去。

徐永祐，雍正三年七月以吴江县署任。

张福昶，福建漳州府南靖县人，乙酉举人，雍正三年十一月以元和县署任，五年七月劾去。

刘发华，高安人，举人，雍正五年七月任，十月调去。

罗继洪，吉水人，举人，雍正五年由署吴县调任，六年五月劾去。

朱尔介，单县人，贡生，雍正六年六月以嘉定县署任。

董涌，直隶永平府卢龙县人，贡生，雍正六年八月任，七年七月劾去。

王宸俊，钱塘人，监生，雍正七年七月以宝山县署任。

刘绍琦，镶黄旗监生，雍正七年闰七月以常州总捕通判署任。

林瑛，山海卫人，贡生，雍正八年二月以溧阳丞署任，十年四月升知沭阳县。

沈光曾，士行，秀水人，监生，雍正十年四月署任，十二年八月调署昆山，十三年二月再任，乾隆三年七月调知山阳。

丁铨，雍正十二年以昆山县署任，十一月降调。

胡应葵，息县人，拔贡，雍正十二年十一月署任。

卫哲治，我愚，河南怀庆府济源人，拔贡，乾隆三年八月任，六年八月以引见去，十月再任，七年十月升海州知州。

黄建中，乾隆六年八月以元和县署任两月。

王允谦，济光，深泽人，拔贡，乾隆七年十月以金匮县署任。

冯景曾，圣锡，长安人，举人，乾隆八年三月任，十一年闰三月以病去。

陈莫缤，乾隆十一年由常熟县降调引见，仍以知县用，本年闰三月署任。

金鸿，直隶保定清苑人，庚戌进士，乾隆十一年十月由甘泉县调任，十二年六月升淮北盐运通判。

郑时庆，山西太原文水人，癸丑进士，乾隆十二年六月由金匮县调任，十四年以忧去。海州州同方鲁署任。

李光祚，江西建昌府广昌县人，癸丑进士，乾隆十四年九月任。

杨魁，正黄旗汉军，监生，捐纳通判，乾隆十八年六月署事，十一月卸事。

陈焱，陕西鳌屋县人，监生，本府督粮同知，乾隆十九年四月署事，八月卸事。

刘若洙，镶红旗汉军，监生，捐纳州同，乾隆十九年八月任事，二十一年赴京引见去。

汪邦宪，浙江钱塘县人，考取明通，奉发江苏试用，乾隆二十一年五月任事，九月卸事。

郑毓贤，河南归德府夏邑县人，监生，捐纳县丞，题补桃源县，调补长洲。乾隆二十四年十月任事，二十八年正月因公被参去。

孙耀德，直隶宣化府怀来县人，乙卯科举人，二十四年八月署事，被参离任，二十八年四月重题复任，二十九年三月赴京引见，六月回任，三十年四月升滁州去。

潘恂，安徽桐城县人，壬戌科进士，本府督粮同知，乾隆二十八年正月任事，四月卸事。

崔国栋，直隶真定府获鹿县人，丙辰科举人，乾隆二十九年三月署事，六月卸事。

许治，湖北德安府云梦县人，戊午科举人，己未科进士，由元和县丁艰，服满留江，调补长洲。乾隆三十年四月任事，三十一年二月因公被参去。

周凤岐，温州永嘉县人，壬申科举人，分发江苏，署理江阴，题授阜宁，调繁元和，三十一年二月署事。

教谕 官制详《学宫》。

宋

宋楚材，景定三年任。

潜说友。

元

汤弥昌，师言，后为鄱江、清献两书院长，迁建康路学教授，转瑞安州判官致仕。

黄季伦，鄱阳人。

朱琼，廷玉，邑人，由无锡教谕改任，至顺二年卒于官。

杨牖。

顾元龙，至正初任。

吴季实，至正三年任，秩满去。

明

周岐凤。

华宗善，洪武间以经明行修为崇德司训改任。

吴司玉。

吕继。

周敏，逊学，邑人，洪武间以荐举任。

葛敏。

陈京。

张居彦。

王祐。

聂大年，景泰初任。

鲍刚。

萧栾，季清，泰和人。

吴楷。

欧阳思。

陈裕，有容，鄞县举人。

裴弼。

彭道，成化间任。

王蕃，宗盛，毕节卫人。

朱文魁，莆田人，举人，升通判。

杨竹，士悦，余姚人，举人。

林僖，待受，莆田人，举人，正德间任，升知州。

吴楠，希用，黄岩人，举人。

刘汝清，闽县人，举人，正德十五年任。

裴椿，永年，京山人，举人，由丹阳教谕改任，升南京户部主事。

孙景时，成叔，仁和人，举人，升攸县知县。

李弘，克宽，江西广昌人，举人，升池州府教授。

萧文佐，子周，万安人，举人，嘉靖十七年任，升衢州府通判。

祝永顺，太康人，嘉靖二十一年任，升永和知县。

闵相,鄱阳人,嘉靖二十四年任。

黄润,常德卫人,嘉靖三十一年任,升淮庆教授。

闻济,鄞县人。

欧阳宽,分宜人,嘉靖三十八年任,升永兴知府。

李国珍,滕县人,贡生,嘉靖四十三年任,升万全都司教授。

黄教,荆门人,举人,隆庆二年任,升广州推官。

倪良材,宜山人,举人,隆庆三年任,升惠来知县。

周安叔,新淦人,贡生,隆庆四年任。

黄文伟,安仁人,举人,万历元年任,升沭阳知县。

许日良,澄海人,岁贡,万历四年任。

冯汲,荆州人,岁贡,万历七年任,升冀州学正。

薛应和,江宁人,举人,万历十一年任,升成安知县。

吴良治,临川人,岁贡,万历十三年任,升益州教授。

雷时泽,怀远人,拔贡,万历十九年任。

黄承旬,南城人,举人,万历二十年任。

谢应麒,休宁人,举人,万历二十六年任,升临安知县。

洪大德,歙县人,举人,万历二十九年任。

王三元,宣城人,举人,万历三十三年任,升南京翰林院孔目。

彭学孟,蠡县人,岁贡,万历三十八年任,升开平卫教授。

魏任杰,桐乡人,举人,万历四十年任,升澄县知县。

邓京,新城人,举人,万历四十九年任,以忧去。

周明伦,上海人,举人,泰昌元年任,卒于官。

吴麟徵,嘉兴人,举人,天启二年任,升翰林院孔目。

王化振,滁州人,举人,崇祯三年任,升国子监助教。

史明载,金坛人,举人,崇祯六年任,升桐城知县。

边彦昌,无锡人,岁贡,崇祯九年任,升建昌教授。

王锤彦,华亭人,举人,崇祯十一年任,升国子监博士。

刘永锡,魏县人,举人,崇祯十七年任,后隐居不归,能励志节。

国朝

胡尔伟,江宁上元人,贡生,顺治二年七月任,四年十二月劾去。

荆镇，镇江丹阳人，己卯举人，顺治六年八月任，十一年八月升肇庆推官去。

陶之溧，江宁溧阳人，丁卯举人，顺治十一年八月任，十五年正月会试离任，六月劾去。

吴谧，镇江丹阳人，辛卯举人，壬辰会试副榜，顺治十五年八月任，十八年闰七月以忧去。

王瑀，江宁人，辛卯举人，康熙五年二月任，七年十一月卒于官。

陈二雅，奏廷，凤阳五河人，岁贡，康熙八年六月任，十七年闰四月升丽水知县。

姚文焱，彦昭，安庆桐城人，举人，康熙十七年正月任，二十六年十月升峡江知县。

赵统，宗远，溧水人，丙午举人，康熙二十六年十二月任，四十二年卒于官。

盛安义，靖江人，举人，康熙四十三年任，四十五年以忧去。

黄元铵，和州人，举人，康熙四十六年任，四十八年以忧去。

侯文熺，康熙四十八年任。

刘贞吉，上海人，举人，康熙五十一年任，五十三年卒于官。

倪典学，山阳人，举人，康熙五十四年任，五十九年卒于官。

邹增，山阳人，举人，康熙五十九年任，雍正八年以病去。

潘建功，楚坡，山阳人，举人，雍正八年任，乾隆二年卒于官。

吴弘文，敬亭，娄县人，举人，乾隆三年五月任，十四年卒于官。

王廷晿，襄峈，徽州歙县人，乾隆丙辰举人，壬戌会试明通，由浙榜改归，乾隆十四年十二月任。

训导

元

金，失名。德进，嘉定人。

李弘善。

朱斌。

杨椿。

魏俊民。

边景元，邑人，至正间任。

黄从正。

明

傅箕。

曲。_{失名。}

郦常。

王滋,四川人。

边节。

冯谊,四川人。

蔡衍。

赵超,漳浦人。

朱瑾,会稽人。

钱如埙,克谐,慈溪人,举人,升河南提学佥事。

邵怀义。

刘济。

宋楷。

成公器,麻城人。

叶载。

司马公辅,世辅,山阴人。

陈仲余。

蒋褒,福建人,举人,升惠州通判。

邓安遇。

骆巽,廷顺,山西人。

龚商玉,永丰人。

赵崇仁,长葛人。

韩洪,新郑人。

宁拱,福建人。

能永昌,以弼,酆都人,举人。

郑鹏,于汉,闽县人,举人,升武进教谕。

杨科。

丁濂,希周,云南金齿卫人,举人。

张一鸾,应祥,乾州人。

高凤瑞,应期,丰城人。

陆辂,万程,顺德人,举人。

熊魁,士元,安仁人。

卢俭,德永,临朐人。

潘佐,乌程人,升王府教谕。

夏淮,伯桐,汝州人,升周府教授。

王彦云,九霄,高安人。

魏天瑞,休徵,邢台人。

华镒,遂昌人,岁贡,嘉靖二十二年任。

张廷珍,平凉人,岁贡,嘉靖二十三年任。

张良材,新建人,岁贡,嘉靖二十六年任。

杨泰,海阳人,岁贡,嘉靖二十九年任,升新化教谕。

刘子苏,南昌人。

徐湖,余姚人。

王希皋,清宛人,岁贡,嘉靖三十六年任。

谢宗德,绵竹人,嘉靖三十九年任。

闵汝闿,泸州人,嘉靖四十年任。

罗天民,龙泉人,岁贡,嘉靖四十五年任。

宋承禄,诸暨人,岁贡,嘉靖四十五年任。

游文信,南平人,岁贡,隆庆三年任,升海丰教谕。

章益,新淦人,岁贡,隆庆四年任。

周云,清州人,岁贡,隆庆四年任。

吕明哲,新昌人,岁贡,万历元年任。

张咏,六安州人,岁贡,万历二年任。

胡明礼,新喻人,岁贡,万历五年任。

叶铿,南城人,举人,万历五年任,升黄梅知县。

秦鎜,慈溪人,岁贡,万历六年任,升於潜教谕。

张沛,瓯宁人,举人,万历八年任,升湖州通判。

龚缙,龙游人,岁贡,万历十二年任。

林应符,莆田人,岁贡,万历十二年任,升淮安教授。

马称良,宜君人,举人,万历十四年任,升罗江知县。

周养中,盱眙人,岁贡,万历十七年任,升瑞金教谕。

蓝水,霍山人,岁贡,万历十八年任。

袁本,太湖人,拔贡,万历二十三年任。

陈朝东,邮县人,岁贡,万历二十三年任。

王策,归德人,岁贡,万历二十八年任。

王用汲,零县人,岁贡,万历二十九年任。

张江,温州人,岁贡,万历三十二年任。

刘希文,泰州人,岁贡,万历三十五年任。

黄文尉,湖口人,岁贡,万历三十七年任。

唐公绅,兰溪人,岁贡,万历四十一年任。

杨绍科,上海人,岁贡,万历四十二年任。

俞耿光,平湖人,岁贡,万历四十三年任。

虞九皋,丹阳人,岁贡,万历四十五年任。

王崇儒,寿州人,岁贡,万历四十六年任。

杨名世,上元人,岁贡,天启元年任。

王金章,上海人,岁贡,天启三年任,升松溪知县。

林燨,晋江人,岁贡,天启四年任,升东安知县。

齐云翰,上元人,岁贡,崇祯元年任,以忧去。

浦孟煦,无锡人,岁贡,崇祯三年任。

杨应宗,贵州人,岁贡,崇祯四年任。

范滂,丹徒人,岁贡,崇祯五年任,大计去。

李存光,大理人,岁贡,崇祯七年任。

姜大球,丹阳人,岁贡,崇祯八年任。

朱肇牧,靖江人,岁贡,崇祯十年任,卒于官。

林有芝,华亭人,岁贡,崇祯十一年任,升歙县教谕。

邵晋英,仁和人,岁贡,崇祯十四年任,卒于官。

成一跃,海门人,岁贡,崇祯十六年任。

国朝

任国宝,玉符,萧县人,岁贡,顺治四年八月任,八年辛卯乡试中式去。

柏鹤鸣,九皋,扬州高邮人,岁贡,顺治九年十二月任,十六年闰三月大计去。

周维垣,价人,庐州巢县人,岁贡,顺治十六年七月任,康熙元年五月大计去。

王玢,达士,安庆桐城人,拔贡,康熙十六年七月任,二十七年三月升南阳府经历去。

钱元祺,仁山,扬州江都人,拔贡,康熙二十七年任,三十二年升上元教谕。

白其章,邳州人,贡生,康熙三十三年任,五十五年以病去任归。

陈于堂,江都人,贡生,康熙五十六年任,雍正四年改任元和学。

自雍正四年分元和县,以本学训导分任,长洲只教谕一[①]员。

县丞 自唐以来,县设丞一员。逮本朝康熙二年,添设一员,共二员。今一员,拨属元和县。

宋

项公泽,永嘉人,淳祐间任。

明

刘幹,修武人。

窦胤。

黄子威。

邵昕。

俞宪甫。

马思诚。

国朝

周锡玙。

李之起。

王三谦。

施安,镶红旗人,监生,考授州同,降选。康熙四十九年四月任,雍正三年卒于官。

王堪,顺天府文安县人,贡生,原任保定府容城县教谕,改补。雍正四年四月

---

① "一",底本原缺,据本书卷五《学宫》及《乾隆苏州府志》卷三十五补。

任,八年四月卸事。推升休宁县,年老告休。

徐斌,顺天府宛平县人,内阁供事。雍正八年十月任,十三年去。

王定远,顺天府大兴县人,供事。雍正十三年八月任事,乾隆二十一年六月在任病故。

陈逢霖,绍兴府会稽县人,乾隆二十一年六月任事,二十二年八月卸事。

杨茂迁,浙江金华府东阳县人,拔贡,考授县丞,乾隆二十二年八月任事,二十六年三月丁忧卸事。

王璐,安徽和州含山县人,乾隆二十六年四月任事,十月卸事。

徐勋,顺天府大兴县人,乾隆二十六年十月任事,二十七年二月卸事。

穆自悦,甘肃秦州人,廪生,拔贡,乾隆二十七年二月到任。

主簿顺治四年裁,九年复设。

宋

陈康伯。

陈资深。

明

喻秉。江《志》无邝璠、窦胤、喻秉三人名。按,祝《志》:弘治九年,水利工部主事姚文灏筑娄门东沙湖堤,垂成,移疾去。十一年,傅潮重督水利,堤遂成。郡人吴宽《记》谓:姚、傅两君相继协力,得以完告。其知县刘珂、邝璠,县丞窦胤,主簿喻秉三人劳绩并著,皆有可书,因登之。

国朝

常文谟,山东东昌府馆陶县人,康熙五十二年四月任,雍正二年十二月去。

沈铎,顺天府宛平县人,雍正三年八月任,五年七月去。

左区枝,广州府[①]新宁县人,雍正六年正月任,八年五月去。

钱佩,顺天府大兴县人,雍正九年任,乾隆八年三月卒于官。

张世友,湖北宜昌府归州人,拔贡,考授州判,借补主簿,乾隆十三年八月任事,委署崇明县知县,十四年正月卸事。

施渓,江苏司狱,乾隆十四年二月署事,八月卸事。

马鹏飞,乾隆十六年七月任事,十二月卸事。

---

① "广州府",底本原作"广东府",当作"广州府"。

吴瀜，乾隆十八年三月任事，十九年四月卸事。

刘民牧，安徽颍州府颍上县人，吏员，考授正九品职衔，乾隆十九年四月任事，奉委扬关查税，闰四月卸事。

锺佩，乾隆十九年闰四月任事，二十年六月卸事。

刘以辉，乾隆二十年十二月任事，二十一年四月卸事。

倪弘昌，乾隆二十三年十一月任事，二十四年六月卸事。

刘廷元，乾隆二十八年三月任事，五月卸事。

张芯臣，直隶天津府静海县人，监生，诗经馆誊录官，议叙主簿，乾隆二十九年二月任事，三十年七月卸事。

胡本英，湖南长沙府宁乡县人，监生，乾隆三十年七月任事。

典史 典史，即唐宋县尉。元制，上县尉、典史兼设。明废尉，设典史。本朝因之。

唐

谈戬。

刘。 缺名。

元

谈。 缺名。

国朝

马六积，顺天府固安县人，吏员，康熙六十一年任，雍正三年去。

陆震和，顺天府宛平县人，吏员，雍正四年四月任，六年去。

苏天禄，河间府任丘县人，礼部儒士，雍正六年十一月任，十年九月去。

陶岳屏，顺天府宛平县人，吏员，雍正十一年九月任。

葛文英，顺天府宛平县人，乾隆六年任，捐升县丞，十一年闰三月去。

冯鹤翔，宁波府慈溪县人，内阁供事，乾隆十一年八月任，十二年十月去。

倪弘昌，直隶永平府临榆县人，吏员，乾隆十四年九月任事，二十八年正月被参离任。

周峰，直隶河间府任丘县人，监生，二十八年正月任事，六月卸事。

马钺，山西解州安邑县人，监生，乾隆二十八年六月任事，八月升授宝山县主簿去。

何维增，顺天府大兴县人，监生，乾隆二十八年八月任事，九月调嘉定县典史去。

袁煜蒋,江西袁州府分宜县人,乾隆二十八年十一月任事。

吴塔司巡检 巡检始宋代,即古游徼。明初重之,实兼武事。本朝裁损弓兵,已与武备无关,故列此。旧志失载。

国朝

张植,康熙间任,雍正元年去。

沈应宿,雍正元年十二月任,二年七月去。

彭光裕,长沙府宁乡县人,雍正三年四月任,十年六月去。

杨太初,河间府宁津县人,雍正十一年四月任,乾隆十年八月去。

顾永诜,顺天府大兴县人,内阁供事,乾隆十年十二月任,十四年调上海县吴淞司巡检。

金广敩,浙江绍兴府会稽县人,刑部书吏,乾隆十五年四月任事,二十二年十二月卸事。

高慧,镶黄旗汉军,监生,捐纳吏目,乾隆二十二年十二月任事,二十七年七月卸事。

张尔宁,山西汾州府介休县人,吏员,乾隆二十七年七月任事,二十八年十二月卸事。

周峄,河间府任丘县人,监生,乾隆二十八年十二月任事,二十九年四月卸事。

刘用中,四川忠州梁山县人,监生,捐吏目,乾隆二十九年四月任事。

长洲县志卷之九

兵防

《易·萃》象曰："除戎器，戒不虞。"《周礼》："仲春教坐作进退之节。"兵备之设，由来旧矣。国家文教覃敷，承平日久，而讲武之法未尝一日废弛。长邑所辖辽阔，北接常熟，西至无锡，俱系往来要冲。五方杂处，奸宄易滋，则严保甲，精简阅，增塘汛，广巡哨，是在守土者所宜绸缪而备豫之也。志兵防。

苏州城守营本抚标左营。　康熙元年改设。

参将一员，原额游击一员。雍正十年改设。

中军守备一员，原额守备一员。掌巡本城六门、府县仓库、狱囚。

左军守备一员，雍正九年增设，掌西城长、元、吴三县错壤之境，布坊、踹匠、盗贼、盐枭等项，与苏州府经历会治。

右军守备一员，雍正五年增设。分辖昆山。

千总二员，原额。一辖长、吴二县汛，驻防吴县枫桥。一分辖元和、昆、新。

把总七员，原额五员。一辖本县汛，驻防浒墅关；原额。一辖本县汛，驻防黄埭，雍正九年增设。一隶左军守备，巡西城，分辖元、吴汛。驻防社坛，雍正九年增设。余四员分辖他境。

外委千总二员，雍正七年增设，协同经制千总分防。

外委把总七员，雍正七年、九年增设，协同经制把总分防。

马战兵六十三名、步战兵一百五十八名、守兵九百九十五名，原额马兵四十名、步兵一百五十名、守兵七百六十八名。康熙二十二年，裁兵三十三名，拨兵一百名入海州营。二十五年，裁五十九名。五十四年，裁五名。雍正二年，裁七名。五年，添马步战守兵二百四十六名。九年，又添马步战守兵一百九十一名、巡盐壮丁五十名。官坐马三十八匹、原额二十四匹。战马六十三匹、原额四十匹。康熙二十二年，裁减马一匹。二十五年，裁一匹。雍正二年，添设官坐战马十八匹。

九年，添设官坐战马二十一匹。巡船五十八只，原额四十八只。雍正九年，添设十只。岁需俸薪饷乾连闰银一万九千九百两五钱二分四厘、米四千七百三十四石六斗，生息营田八百九十八亩。

铺递　汛

射渎铺。

浒墅铺。

张公铺。

白鹤铺。

无量铺。

周泾铺。

罗坝铺。

船场铺。以上急递铺八所。

白马涧汛。

射渎汛。

金鸡汛。

望亭汛。

东隅汛。

南隅汛。

北隅汛。

西隅汛。

无量铺汛。

周泾铺汛。

萝卜铺汛。

船场铺汛。

王家角汛。

黄埭汛。

泗港口汛。

谢家角汛。

淋桥汛。

新桥汛。以上汛十八所。

太湖营　在江南提督标下。雍正二年,因江浙太湖营析置。

副将一员,原额参将一员。乾隆十二年改设。

左军守备一员原额,辖他县。

右军守备一员,雍正二年增设,分辖本县金墅汛,兼辖他县。驻防宜兴县周铁桥。

千总二员,原额一员。一辖本县金墅汛,兼辖他县。驻防马迹山。一驻鲇鱼口,辖他县境。

把总四员。辖他县境。

外委千总二员,雍正七年增设,协同经制千总分防。

外委把总四员,雍正七年增设,协同经制把总分防。

马战兵五十名、步战兵二百二十名、守兵六百六十名、官坐马三十二匹、战马五十四、沙船三只、大快船七只、吧唬船十六只、小快船三十二只,岁需俸薪饷乾连闰银一万五千三十八两七分、米三千三百四十八石。

汛

金墅。右营驻防马迹山,千总所辖。

前代军制

宋

威果第二十八指挥,在万寿寺北本县界内,原额五百一十人。康定初,置宣毅军。庆历中,募健勇为之,或选厢军为之。苏州一指挥,熙宁三年改威果。嘉祐四年,诏置禁军三指挥,其新招禁军以威果为额。

威果四十一指挥。在吴县界。

威果六十五指挥。在吴县界。

雄节第九指挥,在府学南,本县界内。原额五百一十人。

全捷第二十一指挥。在吴县界。大观二年,诏望郡别屯一千人,一为威果,一为全捷,并以步军五百人为额。四年,拨杭州威果第二、第三指挥苏州驻札。宣和二年,仍以全捷两指挥为杭州东南第三将驻札。宣和五年,置威果、全捷指挥,隶侍卫步军。以上禁军。

崇节第九指挥。镇兵隶本城,专给役,内总于侍卫司,兵部掌其政令。天禧初,本城老浙军额崇节。熙宁二年,两浙厢军曰崇节,加"数阅"二字于军额。四年,并不教阅厢军为一额,每指挥毋过五百人。元丰四年,自捍江而下并改号崇节。

崇节第十指挥。

崇节第十一指挥。

崇节第十二指挥。

横江指挥。绍兴五年,置水军,教习战船,以五百人为额。

宁节第三指挥。养老将校,初与牢城为一。乾道九年改名。

北城指挥。熙宁八年置。元丰三年,敕北城兵士五十人专充修城。大观元年,帅府置北城兵士四百人,列郡三百人。

中军鼓角指挥。原额二十五人。

作院指挥。元额一百人。熙宁元年置,与北城并隶工部。以上厢军。

忠顺官寨。淳熙二年建。在吴县境。

御前拱卫水步军寨。在北寺东,本县境内。

御前游击军寨。元额三千人,或五百人。在吴县界,宝祐中建。

御前忠劲军寨。元额一千五百人。在吴县界,宝祐中建。以上水军寨。

吴长寨,在阊门外西北浒墅,去县二十七里,本县界内。此为乡兵,建炎后置,即巡检寨土军一百四十四名,保伍中取之,三丁籍一,亦名义兵。岁以十月起聚,教至正月中散,人日给钱百、米二升。

牧马寨大寨八、小寨十七,散在城内。每岁四月,差统兵官总辖牧放,九月回。

按,宋军制,多辖统府,如禁、厢诸军,御前诸寨,不专属县事,而一代之典存焉,不可不纪。乡兵山水寨如角头、福山、许浦、白茆等,有地可稽,自应从略。牧马寨分大、小,当时自按县分属,今莫考。

元

镇守平江十字路万户翼镇抚所。在卧佛寺西,理本府军务。

奥鲁翼,在草桥北,本县境内。杭州、益都万户府所委,管领平江新附官军。

按,别有淄莱、东平、大明、广平、真定、大都、河间新军,河间旧军,济南新军,济南旧军十翼,并在万户府左右设置,各治本处所附军府事。

明

苏州卫指挥使司。在吴县境。吴元年，以所俘张士诚军士建，命指挥掌之，领左、右、中、前、后五千户所，统军五千六百名，隶中军都督府。指挥使三员，内掌印一员、同知六员、佥事十二员、镇抚二员、经历一员、千户十员、百户五十员。

陆营。万历十六年，取各县民壮置东营守备一员、兵四百名，西营守备一员、兵四百名。

水营。崇祯元年，募水兵分隶苏州六门。淳河东塘把总一员、兵二百名，西塘把总一员、兵二百名。

团营。天启二年，抽选陆营兵置守备一员、兵四百名。

标营。都司一员、兵三百名。以上在巡抚标下。

按，抚标营既不在当今之制，似旧制亦宜从阙。然今之左、右营无分隶之职，明如水营则分管六门，不宜略也。别有兵备道标下四营，职非分隶，详府志，不复采入。

蠡口巡检司。洪武二年置，旧在吴塔，移齐门外蠡口，专司巡逻，管阊门下塘、山塘并娄、齐二门外。原置弓兵三十名。隆庆二年，巡抚裁存二十四名。

长洲县志卷之十

风俗

吴俗多奢少俭，嫁娶凶丧，华缛相尚，外似殷繁，内实雕瘵。士或好议论而鲜笃实。习俗使然，非性定也。

圣天子轸念元元，观风问俗，首以崇淳朴、黜奢华为训，殷勤诰诫，三致意焉。吴中虽习尚浮靡，顾幸生道德齐礼之世，还淳返朴，转移有机，是在司牧者体是意而训行之耳。士大夫为庶民表率，移风易俗，亦与有责焉。班固云："刚柔缓急，系水土之风气，谓之风；好恶取舍，随君上之情欲，谓之俗。"胪而采之，所以资考镜也。志风俗。

吴中地既旷远，四隅风气习俗不齐。城东多储田产，勤职业；城西多阛阓，百货所集，冠盖所经，其人闻见广而用度奢，侈靡之习或不免焉。长洲地居东偏，错出于西之金阊。俭则示之以礼，奢则示之以俭，风俗所当调剂也。

吴自泰伯、季札先后让国，教化渐摩，至今礼让相先，纷争为耻。延陵季子请观周乐，识十五国盛衰，太史公美其见微而知清浊，又称为宏览博物君子。东南文学，非仅子游倡之也。

《汉书·地理志》云："吴粤之君皆好勇，其民好用剑，轻死易发。"《郡国志》云："俗好用剑，轻死，盖湛卢、干将、要离之遗风。"今观吴人工文词而薄骑射，多柔弱而少勇健，岂前言不足信欤？抑风气与古异也？《隋书·地理志》云："俗以五月五日为斗力之戏，各料强弱相敌，事类讲武。"旧志言本朝文教渐摩之久，如五月斗力之戏，亦不复有，此其证矣。郡志谓君子重清议，而所病者好名；小人喜事端，而所幸者畏祸。论最平允。

东汉吴太守糜豹问功曹唐景风俗所尚，景曰："处家无不孝之子，立朝无不忠之臣，文为儒宗，武为将帅。"时人善其对。

陆士衡《吴趋行》美其山泽藏育，土风清嘉，文德礼让，多士济济。谢灵运《会吟行》："两京愧佳丽，三都岂能似。层台指中天，高墉积崇雉。飞燕跃广途，鹢首戏清沚。"知风俗由来有自。

前明士大夫并敦气节，有汉党锢诸贤风，小人亦发愤好义。愚氓习俗相延，有时或罹法网。

魏阉攻东林君子，而东林社息后，复社继起，吴中极盛。主坛坫者杨廷枢维斗、顾梦麟麟士、杨彝子常、张溥天如诸正人也。其意以明经学、立人品、绍述东林为主。乌程温体仁党屡欲戕之，后社中诸君子能致命成仁，不欺其志，可云无负所学矣。入国朝，有慎交、同声二社。慎交重敦行，同声重硕学，经明行修，指不胜数。今二社久息，而流风余韵犹在人间。谈往事者，有彼都人士之慕焉。

吴下士大夫多以廉耻相尚，缙绅之在籍者无不杜门扫轨，著书作文，以勤课子弟为务；地方官吏非有公事，不轻通谒，盖素所矜惜然也。士子读书，咸知自好，有终身不履讼庭、只字不入公门者。富厚之家，踊跃输将，惟恐后时。此固教化之隆，亦足以觇风俗之厚矣。

《颜氏家训》曰：邺下风俗，多以妇持门户；江东妇女，绝无交游。此风俗醇浇之一大关系也。吴中诗礼之家，闺门整肃，不失古意，多有遵"内言不出，外言不入"之训者。

《吴都赋》："竞其宇区，则并疆兼巷；矜其宴居，则珠服玉馔。"夸豪好侈，自昔已然。高堂宇，广园囿，夏非绮罗不衣，冬非羔裘不服，燕客必穷极珍错，始则富贵之家行之，继则舆台贱隶稍有赀财者行之，甚或极贫之户，家无担石储，虚而为盈，百计营求，尤而效焉。将富者不思节用以致贫，贫者更多妄费而愈贫矣。

吴俗丧葬尤侈，竭赀财，邀贵介，轩盖络绎，酒食欢呶，非是则诮为不孝。清门旧族或以无力，兼有惑于风水，致累世不葬者。此风所宜劝以速革者也。

吴自支遁、慧晓之徒倡法群山，人尚事佛。僧道昧其宗旨，惟修饰梵宫琳宇，引诱愚蒙，以希施舍。诚如孙樵《复佛寺奏》所云：群髡饱必稻粱，衣必绵縠，居则邃宇，出则肥马，中户不十不足以活一髡者。阜民之财，宜革其俗。

吴俗尚神而信鬼，一人疾病，遍处祷赛，有因以破家者，乡镇尤盛，病则不问医而问巫。宜如金世宗太定之制，禁用女巫杂觋，淫祀违礼。

古者像不土绘，祀以神主。洪武三年，诏天下城隍止立神主，上称某府某州某县城隍之神。今吴中土谷之神，分配古贤名姓、塑像奉祀，如任彦昇、蒋子文之类，亵莫甚焉。宜依洪武之制,革其陋习。

吴人风气选懦,然颇有好讼之风。奸险之徒,主持其间,名曰讼师,往往架空凿虚,舞文弄法,交通吏胥,朋比作奸,迨至中饱其私橐,而两家俱败坏不可支矣。历今当事者严为访缉,而风不可熄,贻毒莫甚于此。

优伶者,耗财之源,其品最下。吴中色艺高者,远方罗致,岁必数百金。士大夫宴饮,或优接之,里巷艳羡,以为美谈。此风俗之薄也。又有慕作门楣,多重财货而轻骨肉者,此又君子所不忍道矣。转移风化者,急宜加之意焉。

吴中无业资生之人开设茶坊,聚四方游手,闲谈游嬉,因而生事。盗贼假以潜踪,始则寺观庙宇有之,今且遍于里巷,最为风俗之害。莅兹土者,所宜急除也。

苏城戏园,向所未有,间或有之,不过商家会馆,借以宴客耳。今不论城内、城外,遍开戏园,集游惰之民,昼夜不绝,男女杂混。此奸盗之原,风俗之最敝也,宜亟禁止。

赌博之风,因近禁甚严,士夫稍知防检,而游民无赖竟有倡为压宝者,聚集下流,昼夜为之,成群结党,不计其数,往往流为盗贼。此风断不可长,宜亟惩之。

吴中坊贾编纂小说传奇,绣像镂板,宣淫诲诈,败坏人心,遂有射利之徒,诵习演唱街坊场集,引诱愚众,听观如堵。长淫邪之念,滋奸伪之习。风俗凌替,并宜救正。

吴、长、元三邑皆附郭。吴邑饶地产,山有松薪,树有果实,圃有瓜蓏,种桑饲蚕,四五月间,乡村成市,故赋税易完。长邑田多额重,农作外无他业,必待秋成,可完官课。兼之污莱水区,所收无几。逋欠岁积,日受扑挞,非民有淳顽,地势异也。

东城之民多习机业,机户名隶官籍,佣工之人计日受值,各有常主。无常主者,黎明立桥以待唤,缎工立花桥,纱工立广化寺桥。又有以车纺丝者曰车匠,立濂溪坊。什百为群,日高始散。

苏布名称四方,习是业者在阊门外上、下塘,谓之字号。漂布、染布、看布、行布各有其人,一字号常数十家赖以举火。中染布一业,远近不逞之徒,往往聚而为之,名曰踏布房。此辈尤易生事,司牧者当思患而预防之。

吴地厥土涂泥,非天时不为功。老农望岁量晴较雨,探节数时,咸有口诀,谓之田家五行。每岁元旦占候风云:风自东南来,岁大稔;东风次之,东北又次之,西则歉，西北有红云气则稔，白黑则歉。谚云："岁朝乌溓秃，高低^①田稻一齐熟。"元旦立春最佳。谚云"百年难遇岁朝春"。立春日宜晴暖。谚云："春寒多雨水。春暖百花香。"八日为谷日，俗呼上八，是夜看参星过月西则旱，否则多水。谚云："参星参在月背上，鲤鱼跳在镬橛上。"又云："上八不见参星，下八不见红灯。"自元旦至十二日，当一岁之月，以瓶汲水，日准其轻重，以卜水旱。重则是月水，轻则旱。正月十五夜月明时，建木表于地，计长一尺五寸，据表之长而中分之为七寸半者，二月影适及为丰，不及则旱，过则水。二月十二日为花朝，晴则百物成熟。谚云："有利无利只看二月十二。"三月亦喜晴，麦乃有秋。谚云："三月沟底白，莎草变成麦。"上巳日听蛙声占水旱，午前鸣者高田熟，午后鸣者低田熟。唐人诗："田家无五行，水旱卜蛙声。"四月八日夜雨则伤小麦。谚云："小麦不怕神共鬼，只怕七日八夜雨。"十六晴则水，大雨则旱，惟阴云为佳。芒种后逢壬日为入梅，一作霉。梅天多雨，雨水极佳，蓄之瓮中，水味经年不变。《稗雅》云："四五月间，梅欲黄落，蒸湿而雨，谓之梅雨。"天寒主旱^②。谚云："黄梅寒，井底干。"夏至日起，时时分三节，共十五日，三日为头时，五日为中时，七日为末时。梅雨时雨，田所必资也。方梅而雨则主旱，时尽而雷则主涝。谚云："高田只怕迎梅雨，低田只怕送时雷。"中时而雷谓之腰鼓报，亦主多雨，名倒黄梅。五月忌甲申、乙酉雨，雨则大水。《道山纪闻》云："春夏甲申日雨，占为米贵。秋甲子雨，则稻禾吐芽，亦主谷贵。"《便民图纂》又云："春甲子雨，撑船入市；夏甲子雨，赤地千里。秋甲子雨，禾头生耳；冬甲子雨，雪飞千里。"又五月朔旦为旱禾本命日，忌雨。四月二十日为小分龙，五月二十日为大分龙日，前此雨必遍及。自分龙后，或及或不及，若有分之者。谚云："夏雨隔田晴。"分龙次日雨则主丰稔。六月初不宜雨。谚云："初一落雨井泉枯，初二落雨井泉浮，初三落雨连太湖。"小暑日若东南风及成片白云起，则有舶趠风，主退水兼主旱。苏东坡诗："三时已断黄梅雨，万里初来舶趠风。"三伏宜晴宜热。谚云："六月弗热，五谷不结。"立秋日忌雷。谚云："秋孛辘，损万斛。"秋后虹见为天收，虽稔亦减分数。处暑日喜雨。白露日雨主歉收。八月二十四日为稻藁生日，雨则藁多腐。谚云："烧干柴，吃白米。"八月露下而雨为淋露雨，九日霜降而云为护霜云。秋分在社前则田有收而谷贱，分在社后则无收而谷贵。谚云："分后社，白米遍天下；社后分，白米像锦墩。"九月九日晴，冬无雨雪。又谚云："九月十三晴，钉靴挂断绳。"霜降日有霜则米贵，小雪日有雪

---

① "高低"，底本原作"高氏"，据《乾隆元和县志》改。

② "主旱"，底本原作"主早"，据《乾隆元和县志》改。

则米贱。十一月十七日为弥陀佛生日，东南风则米贵，西北风则米贱。冬至后逢第三戌为腊，腊前三番雪谓三白，谚云："若要麦，见三白。"又云："腊雪是被，春雪是鬼。"主来岁丰，杀蝗虫子。谚云："一寸雪入泥一尺，一尺雪入泥一丈。"苏东坡诗"遗蝗入地应千尺"。明吴令袁宏道《岁时纪异》云：偶阅旧志，见范、王二公书吴中岁时，未尝不叹俗之侈靡日渐而月盛也，因两载之，曰此范书宋时事，此王书近代事。要之今古相沿，大同小异，兴废亦时有焉。如立春日迎春于东郊，竞看土牛。元旦爆竹三声，然后启户。家之长幼列拜神祇，谒祠堂祖宗像，后拜尊长，以次贺岁，作春盘，啖节糕。佛寺烧香，礼年忏。今俗尚拜年，有从未识面而互相投帖拜贺，以多为荣者。然守礼清门，尚无此风。五日祀五路神以祈利达。上元食油餢、粉丸，采松枝、竹叶结棚于通衢。昼则悬彩，杂引流苏；夜则燃灯，辉煌火树。朱门宴赏，衍鱼龙，列膏烛，金鼓达旦，名曰灯市。此风因岁歉民贫，久衰歇矣。妇女走历三桥，云可免百病。二月始和，即命楼船箫鼓游山览胜。十九日，相传观音大士诞辰，游支硎山，士女连袂进香。清明插柳扫墓。四月八日，浮屠以释迦诞，作浴佛会。端午为龙舟竞渡，户帖朱符，食角黍、石首鱼，饮雄黄菖蒲酒，簪榴花、艾叶，以辟邪。取蚕茧剪虎形，簪于髻右，名茧虎。今则绸为之，或并用金丝，又加以蒜粽之类，并为人以坐虎背，名曰健人。六月二十四日，游荷花荡。七夕乞巧穿针。今将面作花油煎，名巧果。十五日中元，修斋荐亡，为盂兰盆会，谓之鬼节。八月朔，取露磨墨，点小儿额、腹曰天灸。中秋，倾城游虎丘，笙歌彻夜。十八日昏时，登楞枷山望湖亭，看石湖中串月。二十四日，以新秋米为糍饵，祀灶。重阳登高，游治平寺。袁中郎云："苏州三件大奇事：六月荷花二十四，中秋无月虎丘山，重阳有雨治平寺。"寺中牵羊赌采，为摊钱之戏。饮黄花酒，作骆驼蹄食之。今以糕代，名重阳糕。十月朔下元，再谒墓。冬至，尊长处贺节。入腊，舂一岁粮藏之蘽囷，呼为冬舂米。今人多用仓廒，其米之杵多而好者曰四糖，次米冬舂，间有七日即黄者，此为发极。十二月观傩于市。初一日，扮男女灶王，向人家跳舞乞钱，至二十四日止。八日，以菜果入米为粥，曰腊八粥。二十四日，拂屋尘，祀灶。是夕，爆竹，旧志注引范成大《爆竹行》，直是火烧竹耳，今之所谓爆竹者，非是物也。以硝黄等类火药数种，用纸数十层，名曰炮杖，极小如豆，极大至尺许，有一声、双声至数十声者，声多者名霸王鞭，又名子孙炮杖，迎娶者用之。各燃火炉于门外，焰高者喜，谓之粝盆，今谓之松盆。田家烧长炬，名照田蚕。除夜，复爆竹，焚苍术及辟瘟丹，饮守岁酒，夜分祀瘟，今祀井、祀门有之，祀瘟则无。易门神，更春帖，接新岁灶神，封井泉，插松柏、芝麻于檐端，画石灰于道，象弓矢以射祟。今亦有画米囤、飞钱之类于室中。一岁风俗，大抵如此。

五方音各不同，里语方言绝然各异。《世说》：刘真常见王丞相，既出，人问："见王公云何？"答曰："未见他异，惟闻作吴语耳。"然著书作文，古人亦有用土音者。《公羊》多齐言，《淮南》多楚语。今录吴下方言，备审音者察焉。如相谓曰侬，自称我侬，称人你侬、渠侬，隔户问人云谁侬？《湘山野录》记钱武肃王歌云："你辈见侬的欢喜，在我侬心子里。"谓不慧曰呆，《唐韵》："小呆大痴，不解事者。"谓嬉戏曰薄相，薄音勃。谓不任事曰缩朒，《汉书·五行志》："王侯缩朒。"骂佣工曰客作，《汉书·匡衡传》："乃与客作而不求价。"谓贪纵曰放手，《后汉书》："残吏放手。"谓绣帨之蕊曰苏头，晋挚虞云："流苏者，缉鸟尾垂之若流然，以其蕊下垂，故曰苏。"谓茸理整齐曰修妮，妮音捉。《唐书》："修妮部伍。"谓责人而姑警之曰受记，警谕以俟其悛改也。责人曰数说，如汉高之数项羽。谓语不明曰含胡，《唐书·颜杲卿传》"含胡而绝"。谓指镮曰手记，《诗·郑笺》："后妃群妾以礼御于君所。女史书其日月，授之以镮。当御者著于左手，既御者著于右手。"今俗亦称戒指。谓以醝腌物曰盐，去声。内则屑姜与桂以洒诸上而盐之。谓搬运曰捷，力屑切。《南史》："何远为武昌太守，以钱买井水，不受钱者捷水还之。"谓虹曰螮，许候切。谓不侚悦为眠娗，《列子》"眠娗諈諉"注：眠，莫典切；娗，徒典切。惡缩不正之貌。谓凑合无罅隙曰吻缝，吻，美韵切，合唇也。缝，去声，唇合无间。谓甓曰甋砖，《尔雅》"瓴甋谓之甓"注：甋，砖也。谓苇席曰芦薕，宋琅邪王敬彻遗命："以一芦薕藉下。"谓众多曰多许，许字音若黑可切。谓所在亦曰场许。语尾每曰那，那，乃贺切。《后汉书》："公是韩伯休那。"谓死曰过世，《晋书·秦苻登传》："陛下虽过世为神。"嘲笑人曰阿齝齝，招呼声。《辍耕录》："大家齐唱阿齝齝。"窥曰张，看曰望，不齐曰参差，参音挓，差音叉，七参八差是也。事已了将了皆曰哉，《左传》"诺哉""与君王哉"。走曰奔，睡声曰惛涂，北人曰打呼惛涂，疑即呼字反切。孔曰窟笼，团曰突栾，冷暖适中曰温暾，唐王建诗："新晴草色暖温暾。"发粘曰腤，音织。《考工记》"弓人"疏。羞曰钝，扶曰当，去声。按曰钦，去声。转曰跛，浮曰氽，流曰倘，盖曰匭，捧曰掇，藏避曰伴，藏物曰园，稠密曰[1]猛，布帛薄者曰浇，门之关曰闩，美恶兼曰暧，见陵于人曰欺负，非常事曰咤异，喜事曰利市，忧事曰钝事，物完全曰囫囵，揖曰唱喏，阶级曰僵磢，所居曰窠，坐托盘曰反供，此处曰间边，彼处曰个边，谓人不能曰无张主。不便利曰笨，亦曰不即溜。自夸大曰卖弄，事之相值曰偶凑，六畜总曰众平声。生，数钱五文曰一花，觅利曰赚钱，锄地曰倒地，首饰曰头面，鞋袜曰脚手。器用曰家生，亦曰家伙。

按：《风俗志》，志其概耳。古今时势异，风俗亦不异而自异。昔之言吴俗者云：

---

① 底本原衍一"曰"字，今删去。

习尚奢华，吉凶仪典多弥文。又曰：其民多劲悍，好剑，轻死易发。是二者，今皆不尽然。忆曩昔公车三过此，亦每叹羡为繁华世界。洎宰此数年来，始知此地所谓繁华者，止缘水陆四达之衢，山海百物之聚，附郭市廛阛阓之际，四方巨商富贾鳞集之区，灿若锦城，纷如海市，一切歌楼、酒馆，与夫轻舟荡漾、游观宴饮之乐，凡皆行户商旅之迭为宾主，而本郡士民罕与也。就郡城三邑计之，吴邑商贿所集，元和富室稍多，独长邑瘠而贫，读书之家稍自给者，更不以封殖为学殖累，贫者砚为田，曾未见绅士之日从事于遨游宴乐，亦并未见其吉凶仪礼之弥文侈荡也。市民室鲜盖藏，日逐蝇头为朝夕计。乡民则力田、捕鱼、佣作、操舟而外，罕有携数百金贸迁于外者。男妇衣履多鹑结芒鞋，触目不胜感叹。原其故，盖缘户口日益繁、米价岁益昂、生计日益艰且窘，故风景日益阒淡萧条，即欲求所谓繁华者，而不可得矣。惟妇人多不事女红，又往往借入庙烧香以游览名胜，此则习之最陋，固地方官禁令所必严，而尤贵缙绅巨室之端本澄源，俾闾巷皆知所则效，自亦各晓敬姜劳逸之戒耳。民体质多脆弱，罕能负重致远，非真如所谓劲捍好勇者，顾性不耐忿，片言微忤辄瞋目呶呼，乡曲无赖又往往以数月前雀角因病死而诬控人命者。予于此等一验其虚，即坐诬而重创之，俾晓然于为所诬者之立邀镜雪，而诬控者止自悔噬脐。迩来此风则既息矣。惟睚眦衅隙，词锋顿起，铢两钱物，讼牍纷来。既废时而失业，亦殚力以耗财。甚至邻好自此而参商，亲谊由兹而断绝。是好讼之风实人心之蠹而祸胎所自，则讼师之职为厉阶，有真堪投畀者也。予数载痛加惩创，虽势难骤返，而锋亦稍敛。谨录示如左，亦似可为维俗之一助云。知县李光祚识。

禁讼师示

为严指讼师之害，直开聋瞆之蒙事，照得天水之象，讼本终凶，险健之风，害非浅鲜。查民间惟真正命盗及豪棍、奸徒恣强不法等情，自当立时控理。至田土界畔口角忿争细故，未尝不有亲邻劝解。无如奸棍暗地相帮，隐发冰山之焰，讼师居中唆弄，遂兴鳄水之波，构词砌控。官或据理批斥，彼又申辩澜翻，甚至字句之间隐藏胁制之语。披阅则字字飞霜，究系雪桥空架，钩刺则针针见血，直使泡影浮光恣叠。控之不休，必掣准而后已。一经准理，彼遂夸功。既现获润笔之资，又预讲将来之谢。更有巧商腹党，曲肆其奸，勾引被告，亦入其局。于是一手握定，两议谢金。遇理直而获胜者，棍既撞岁肥囊；其审输而抱怨者，彼又巧词卸过。或捏谤官司枉断，或诬指谁某说情。唇若剑铓，舌同蜂虿。又或唆控上宪，东话西指，波谲云横。

原告既入迷中，累月经年，废时荒业；被告为所拖累，耗财殚力，饮泣吞声。嗟此愚民，隐遭螫噬而不觉；惟尔孽辈，力扬祸水以无涯。本县前任闽疆七载，竭力痛惩，凡属谎词，力加根究，遂尔讼风日戢，因之良善获安。今莅兹剧邑，自愧才疏德薄，惟期息讼宁人，稔知讼狱繁兴，实由若辈嗾主。言之切齿，时用痛心。为此示仰合邑士庶及讼棍、状师人等知悉，尔等既能操笔，曾已读书，何不稍动天良？顾乃自甘作孽！须知唆讼包讼，总之丧德丧心，况久肆鸱张，究恐难逃法网。即一时免脱，必且阴伏冥诛。历观此等无良，每及身丧败，或子孙零落，是皆报应不爽。惟人心共愤，即天理必彰。设一清夜自思，宁不通身汗下？本县宅心岂弟而执法风霜，盖欲植嘉禾，必痛除稂莠。此示乃晨钟暮鼓，尚猛然觉梦回头。如敢笔端锋锷，仍堆纸上蜃楼，一审虚诬，立拏重究。至祖证即，挑讼之人，定亦立行枷责，万不能姑息养奸，任若辈上累官司，下贻民害也。凛之慎之。

长洲县志卷之十一

土田_{人丁附}

《周官》：体国经野，辨以土宜。有经畛涂道以正其疆界，有沟洫浍川以宣其水泽。安氓以田里，利氓以兴锄，劝氓以时器，任氓以疆宇，故曰"行仁政必自经界始"。顾田有肥瘠之殊，赋有重轻之异，必核其实，而后不至为累于虚。长洲赋甲吴郡，膏腴之壤固有世业，然而其间高则卤、低则污，甚有濒江绕湖之区，地已沦为巨浸，籍犹挂于版图者。积荒公占，芦荻不生，而充赋如故。产去粮存，日久弊端必至均摊，均摊不足必至飞洒。征比无从，归于积欠。此经界不清而催科之所以乏善术也。别土壤之高下，按科则之多寡，厘然不紊，勿漏勿侵，荒熟以次附列，是在司牧者之考图而经理焉。志土田。

雍正四年，于请分大县等事案内划分元和县外分，存实征田、地、山、荡、溇、堑共七千一百七十八顷七十六亩七分一厘五毫。_{内实熟田地山荡溇六千七百五十二顷八十二亩四分二厘七毫，原荒田地山荡溇堑四百二十五顷九十四亩二分八厘八毫。}

计田地六千五百七十八顷三十八亩七分四厘九毫。_{内实熟田地六千一百九十二顷四十亩二厘，原荒田地三百八十五顷九十八亩七分二厘九毫。}

三斗七升五合田五千八百一十三顷三十九亩五分二厘二毫。_{内实熟田地五千六百五十六顷四十七亩八分。又由单刊报颜、言二祠复熟田八顷五十四亩七分五厘五毫，原荒田一百四十八顷三十六亩九分六厘七毫。}

三斗田二十三亩五分三厘七毫。_{实熟田。}

二斗八升田四百八十三顷三十四亩六分一厘六毫。_{内实熟田三百八顷三亩三分六厘九毫，原荒田一百七十五顷三十一亩二分四厘七毫。}

二斗六升田四顷二十六亩六分六厘六毫。_{内实熟田一顷五十二亩二厘七毫，原荒田二顷七十四亩六分三厘九毫。}

二斗五升田六十亩七分二厘二毫。实熟田。

二斗三升田四亩六分一厘二毫。实熟田。

二斗田九十九顷三十一亩一分一厘二毫。内实熟田八十二顷五十三亩二分八厘,原荒田一十六顷七十七亩八分三厘二毫。

一斗八升田三十一顷一十八亩四分二厘二毫。内实熟田六顷六十八亩七分八厘八毫,原荒田二十四顷四十九亩六分三厘四毫。

一斗六升田一十九顷二十五亩五毫。内实熟田四顷二十亩八分五厘八毫,原荒田一十五顷四亩一分四厘七毫。

一斗五升田一十二顷六十八亩七分七厘二毫。内实熟田一十二顷五十亩五分八毫,原荒田一十八亩二分六厘四毫。

一斗四升五合田一十亩一厘七毫。原荒田。

一斗四升田五顷三十二亩五分二厘七毫。内实熟田三顷九十七亩六厘五毫,原荒田一顷三十五亩四分六厘二毫。

一斗三升六合七勺田一顷八十三亩一分二厘六毫。实熟田同。

一斗三升田三顷六十六亩一分三厘七毫。内实熟田三顷六十五亩二分九厘二毫,原荒田八分四厘五毫。

一斗三升三合水堼一十九亩二分。实熟水堼。

一斗二升田四亩八分九厘五毫。实熟田。

一斗一升一合田九亩二分五厘九毫。实熟田。

一斗九合田九十四亩五分六厘八毫。内实熟田三十五亩一分九厘六毫,原荒田五十九亩三分七厘二毫。

一斗三合五勺田八亩七分八厘三毫。实熟田。

一斗三合田五顷七十二亩五分九厘二毫。实熟田。

三斗七升五合地八十九亩五分九厘六毫。实熟地。

二斗八升地四顷五十七亩七分八毫。内实熟地四顷五十三亩四分五厘四毫,原荒地四亩二分五厘四毫。

五斗地二分。实熟地。

一斗三升一合五抄地九十顷五十七亩一分五厘五毫。内实熟地八十九顷六十一亩一分六毫,原荒地九十六亩四厘九毫。

计荡五百三十三顷八十二亩八厘五毫。内实熟荡四百九十三顷八十六亩五分二厘六毫,原荒荡三十九顷九十五亩五分五厘九毫。

一斗荡一百二十一顷六分九厘。内实熟荡八十一顷四十五亩三分八厘二毫,原荒荡三十九顷五十五亩三分八毫。

七升荡七顷六亩七分一厘二毫。实熟荡。

六升五合五勺荡二十六亩八分二厘九毫。实熟荡。

五升荡九十七顷八十八亩二分九厘五毫。内实熟荡九十七顷七十八亩三厘三毫,原荒荡一十亩二分六厘二毫。

四升四合荡一十七亩五分一厘一毫。实熟荡。

四升一合荡六十六顷一十九亩五分七厘八毫。实熟荡。

三升五合荡二顷九亩二分三厘二毫。实熟荡。

三升三合荡六亩一分八厘八毫。实熟荡。

三升荡五十四顷二十二亩一分八厘六毫。实熟荡。

一升五合山荡一百八十四顷八十四亩八分六厘四毫。内实熟山荡一百八十四顷五十四亩八分七厘五毫,原荒山荡二十九亩九分八厘九毫。

止征山荡六十六顷五十五亩八分八厘一毫。实熟山荡。

一斗荡一十九亩九分九厘一毫。实熟荡。

五升荡四十二顷二十三亩七分一厘二毫。实熟山荡。

三升荡二十四顷九亩六分二厘六毫。实熟山荡。

二升荡二亩五分五厘二毫。实熟荡。

后魏制

男夫十五以上受露田四十亩,妇二十亩。民年及课则受田,老免及身殁则还田。诸桑田不在还受之限。

唐制

初定租[①]庸调法。田制,二百四十步为亩,亩百为顷。男十八以上人一顷,八

---

① 原误作“祖”。

十亩为口分，二十亩为永业。凡庶人徙乡及贫无以葬者，得卖世业田。自狭乡而徙宽乡，得并卖口分田。已卖者不复授，死者收之以授无田者。

潘游龙曰：唐兴，因元魏、北齐制度而损益之，与周制多不合，而其弊则起于使民得自卖其田。盖前此虽不立法，其田不在官，亦不在民。唐世虽有公田之名，而有私田之实。其后，兵革既起，征敛烦重，遂杂于民。远近异法，内外异制，民得自有其田而公卖之，天下纷纷，遂相兼并，不得不变而为两税矣。

宋制

充进军仓者曰公田。

傍江湖水浅处筑围为田曰围田。

民自经理沙涨地为田曰沙田。

民垦耕草地为田曰成田。

民用工力耕种在公闲田曰营田。

给与文武官员养廉地，召民佃种曰职田。

断没各项田土曰没官田，亦曰常平田。

乡民出助保正差役者曰义役田。

官买民田，岁储备荒曰局官租田，又曰社仓田。

给养鳏寡孤独、老幼残疾曰养济局田，亦曰居养院田。

官发以充囚食者曰囚粮田。

嘉祐五年，令苏、湖、常、秀作田塍，位位相接，以御风涛，令县官教诱殖利之户自作塍岸，定其劝课。

政和六年，立管干圩岸、围岸官法。三年无隳损湮塞者赏之。平江府修围田二千余顷。

绍兴元年，诏议修圩官赏罚。

绍兴二年，诏守令到任半年，具水源湮塞合开修处以闻。任满日，以兴修水利图进，其劳效明著者赏之。

乾道六年，监进奏院事李结献《治田三议》：一曰敦本，二曰协力，三曰因时。司农丞郏亶议云：古人治塘浦阔深者，盖欲取土以为堤岸，非专为决积水。若堤岸高厚，令大水之年，江湖之水高于民田五七尺，而堤岸尚出于塘浦三五尺，故虽大水不入于民田，民田既不容水，则塘浦之水自高于江，而江之水亦高于海，不须决泄而水自湍流矣。此古人治低田之法也。若知决水而不知治田，则所谓开浚之地，不过积土于两岸之侧，霖雨荡涤，复入塘浦。不五七年，填淤如旧，前功尽弃。为今之务，莫若专务治田。乞诏监司守令相视苏、湖、常、秀诸州水田塘浦，紧切去处，发常平、义仓钱米，多寡量行，借贷与田主之家，令就此农隙作堰车水，开浚塘浦，取土修筑两边田岸，立定丈尺，众户并力，官司督以必成。且民间筑岸，所患无土。今既开浚塘浦，积土自多。而又塘浦阔深，易以流泄。田岸既成，水害自去。此臣所谓敦本之义也。百姓非不知筑堤固田之利，然而不能者，或因贫富同段而出力不齐，或公私相咎而因循不治，非协力不可。百姓所鸠工力有限，必赖官中补助。官中非因饥歉，难以募民，兴役非因时不可。

宝祐五年，行经界推排法。

元制

田用围法，长洲通县田共一千七百八十八围。

元世祖颁《农田辑要》之书于民，立司农司，专掌农桑、水利，分布劝农，及知水利者巡行郡邑，察举勤惰。所在牧民长官提点农事，岁终第其成否，转申司农及户部，户部考之以为殿最。又颁农桑之制一十四条于民。

至元二十二年，买江南土田。

皇庆元年，敕两淮民种荒田者，如例转输。

延祐元年，限民四十日以其家所有田自实于官。然期限迫猝，贪刻用事，富民黠吏并缘为奸，以无为有，虚具于籍。于是人不聊生，盗贼并起。三年，罢之。

泰定二年，行区田法。

明制

洪武初，长洲县实征田土一万一千一百三十八顷九十六亩零。

洪武二十年，进鱼鳞图册。先是，命户部核实天下田土，富民畏避差役，以田产诡寄亲邻、佃仆，奸弊百出。上闻之，遣国子监生武淳等往各处，随其税粮多寡定为几区，区设粮长四人，使集粮户、耆民躬履田亩以度量之，图其田之方圆，次其事，悉书主名及田之四至，编汇成册，其法甚备，谓之鱼鳞图册。至是成，上之。

宣德七年，巡抚侍郎周忱清造田地拖圩册，赋则始清。

弘治十六年，长洲县实征官田地九千七百六十顷、民田地三千七百九十二顷有奇、学田一十四顷有奇。

嘉靖十七年,巡抚欧阳必进、知府王仪仿嘉兴知府赵瀛均田之策,令官民田调剂之。仪因督同通判蒙俏等履亩清量长洲县田地等项,原额一万二千四百八十六顷有奇,今清出五百一十二顷有奇,共实科一万二千九百九十八顷有奇。

万历八年,诏行丈量田地,科则一清。

万历四十八年,长洲县实征田、地、山、荡、溇共一万三千二百六十二顷一十六亩六分一厘五毫。

天启六年,长洲县实征田、地、山、荡、溇共一万二千九百六十一顷六十五亩五分三厘,内田、地凡三十五则共一万二千二十四顷三十二亩五分三厘三毫,山、荡、溇凡一十九则共九百三十七顷三十二亩九分九厘七毫。

邓元锡《函史》云:洪武初,定天下土田为二等,曰官田,曰民田。官田如职田、如学田、如没入田,皆谓官田,准官田则起科,而没入官田有一没、再没、至三四没者,等则递增,科米一石,仅折银二钱五分以宽之。民田如新开、如沙塞及民间所买之田,与夫寺观田,皆谓之民田,准民田则起科。租二等,曰夏税,曰秋粮,有本色,有折色。

《续文献通考》云:张士诚据姑苏,常遇春等统兵攻之,久不下。太祖怒其附寇,籍没义兵头目田及遍赐功臣田,悉照租额为税额,立其名曰官田,每亩起科至七斗五升。而民田则不过五斗起科。

元邑志云:按,洪武初,官田凡一十一则:七斗三升、六斗三升、四斗三升、三斗三升、二斗三升、一斗三升、一斗、五升、三升、一升,又功臣还官田、开垦田俱名官田,上则一石六斗三升。又抄没田凡六则:七斗三升、六斗三升、五斗六升、五斗三升、四斗三升、四斗。又民田十则:五斗三升、四斗三升、三斗三升、二斗六升、二斗三升、一斗六升、一斗三升、五升、三升、一升之不同。是官民田之轻重,又未可概论矣。

又云王鏊云:洪武初,官田重额止于七斗三升,而今民间乃有一石三斗、一石六斗或二石者,盖莫知其所始,岂所谓抄没官田者乎?固非定则也。观此则知明初之田制在当时已不可考矣。

顾炎武《日知录》云:官田,自汉以来有之。

《宋史》:建炎元年,籍蔡京、王黼等庄以为官田。开禧三年,诛韩侂胄。明年,置安边所,凡侂胄与其他权倖没入之田及围田、湖田之在官者皆隶焉,输米七十二万一千七百斛有奇、钱一百三十一万五千缗有奇而已。景定四年，殿中侍御史陈尧道、右正言曹孝庆，监察御史虞处、张晞颜等言，乞依祖宗限田议，自两浙江东西官民户逾限之田抽三分之一买充公田，得一千万亩之田，则岁有六七百万斛之入。丞相贾似道主其议，行之。始于浙西六郡，凡田亩起租满石者予二百贯，以次递减。有司以买田多为功，皆谬以七八斗为石。其后，田少与硗瘠亏租，与佃人负租而逃者，率取偿田主。六郡之民多破家矣，而平江之田独多。元之有天下也，此田皆别领于官。

《松江府志》言：元时，苗税公田外，复有江淮财赋都总管府领故宋后妃田以供太后，江浙财赋府领籍没朱清、张瑄田以供中宫，稻田提领所领籍没朱国珍、管明田以赐丞相脱脱，拨赐庄领宋亲王及新籍明庆、妙行二寺等田以赐影堂、寺院，诸王近臣又有括入白云宗僧田，皆不系州县元额。而《元史》所记赐田大臣如拜住、燕帖木儿等，诸王如鲁王琱阿不刺、郯王彻彻秃等，公主如鲁国大长公主，寺院如集庆、万寿二寺，无不以平江田，而平江之官田又多。至张士诚据吴之日，其所署平章、太尉等官皆出于负贩小人，无不志在良田、美宅，一时买、献之产遍于平江，而一入版图，亦按其租簿没入之。已而富民沈万三等又多以事被籍。是时，改平江曰苏州，而苏州之官田多而益多，故宣德七年六月戊子知府况锺所奏之数长洲等七县秋粮二百七十七万九千余石，其中民粮止一十五万三千一百七十余石，官粮二百六十二万五千九百三十余石。是一府之地土，无虑皆官田，而民田不过十五分之一也。且夫民田仅以五升起科，而官田之一石者奉诏减其什之三而犹为七斗，是则民间之田一入于官而一亩之粮化而为十四亩矣。此固其极重难返之势始于景定，讫于洪武，而征科之额十倍于绍熙以前者也。于是，巡抚周忱有均耗之法，有改派金花官布之法，以宽官田，而租额之重则一定而不可改。

若夫官田之农具、车牛，其始皆给于官而岁输其税，浸久不可问，而其税复派之于田。然而，官田，官之田，国家之所有，而耕者犹人家之佃户也。民田，民自有之田也。各为一册而征之，犹夫《宋史》所谓“一曰官田之赋，二曰民田之赋”，《金史》所谓“官田曰租，私田曰税”者，而未尝并也。相沿日久，版籍讹脱，疆界莫寻。村鄙之氓未尝见册，买卖过割之际，往往以官作民，而里胥之飞洒移换者又百出而不可究。所谓官田者，非昔之官田矣。乃至讼端无穷，而赋不理。于是，景泰二年，从浙江布政司右布政使杨瓒之言，将湖州府官田重租，分派民田轻租之家，承纳及归并则例。四年，诏巡抚直隶侍郎李敏均定应天等府州县官、民田。嘉靖二十六年，嘉兴知府赵瀛创议田，不分官民，税不分等则，一切以三斗起征。苏、松、常三府从而效之，自官田之七斗、六斗，下至民田之五升，通为一则，而州县之额各视其所有官田之多少、轻重为准。多者，长洲至亩科三斗七升；少者，太仓亩科二斗九升矣。

国家失累代之公田，而小民乃代官佃纳无涯之租，赋事之不平，莫甚于此。然而为此说者，亦穷于势之无可奈何。而当日之士大夫，亦皆帖然而无异论，亦以治如乱丝，不得守二三百年纸上之虚科，而使斯人之害如水益深而不可救也。

抑尝论之，自三代以下，田得买卖，而所谓业主者，即连陌跨阡，不过本其锱铢之直，而直之高下则又以时为之。地力之盈虚、人事之赢绌[1]，率数十余年而一变，奈之何一入于官而遂如山河界域之不可动也。且景定之君臣，其买此田者，不过予以告牒、会子虚名不售之物，逼而夺之，以至彗出民愁，而自亡其国。四百余年之后，推本重赋之繇，则犹其遗祸也。而况于没入之田，本无其直者乎？至于今日，佃非昔日之佃而主亦非昔日之主，则夫官田者亦将与册籍而俱销，共车牛而皆尽矣。犹执官租之说以求之，固已不可行，而欲一切改从民田以复五升之额，即又骇于众而损于国。有王者作"咸则三壤"，谓宜遣使案行吴中，逐县清丈，定其肥瘠、高下为三等，上田科二斗，中田一斗五升，下田一斗。山塘涂荡，以升以合计者附于册后，而概谓之曰民田，惟学田、屯田乃谓之官田，则民乐业而赋易完，视之绍熙以前犹五六倍也，岂非去累代之横征而立万年之永利者乎？

国朝

顺治二年，平定江南。其土田科则悉以前朝万历中为准。

康熙三年，清造鱼鳞册。长洲县实征田、地、山、荡、溇等项共一万三千二百六十一顷六十五亩五分四厘，内学田一千六十四亩、塘工田五十亩、旧义役田一千八百五十亩、新义役田一千五百五十六亩、西宁侯禄粮田二千七顷四十一亩零、龙兴寺田一十九亩零。

田、地凡五十七则，共实征一万二千三百二十四顷三十二亩五分四厘三毫。

山、荡、溇等项凡二十二则，共实征九百三十七顷三十二亩九分九厘七毫。

康熙十五年，巡抚都御史马祜、布政司慕天颜详请题委长洲县知县李敬修清

---

① 底本原作"赢绌"，误。

丈,造鱼鳞图册,至十七年告竣。

原额田、地、山、荡、溇共一万三千二百六十一顷六十五亩五分四厘,今丈见一万三千二百七十顷一十四亩七分一厘二毫。

又额外龙兴、禄粮二田地荡共三十七顷四十三亩一分五厘五毫。

通共长洲县田、地、山、荡、溇、堑一万三千三百一十六顷五十七亩八分六厘七毫。

今分去元和县,存实征田、地、山、荡、溇、堑共七千一百七十八顷七十六亩七分一厘五毫。

古先王之治,地无弃地,亦无尽地。田间之涂九轨,留余道也。自宋代围湖占江,而洿下麟薄之区皆成重赋。东南本称泽国,土涌沙涨,随处而有。愚民贪目前之利,不顾百世之害,占而为田,乍得播种,恐有争夺,即为升科。淫潦一降,尾闾莫泄,化为无有,而赋不可减,岂能索稽秸于烟波浩淼之中?因之逃徙他方,永为一圩之累。

考洪武旧制,有能开垦,即为己业,永不起科。今请严禁乡民,其有关河道通泄者,不得壅土筑沙以塞水利。其无碍旷土可用耕稼者,亦必十年成熟,视潦岁不淹,方许升科。是亦息贪弭累之一法也。至阳城、漕湖、长荡诸区,其间田亩风浪所啮,日削月侵,昔之高腴半成巨浸。产没赋存,富者因之破荡,贫者徒受鞭笞。合于府属内遴选一官,如府佐之属,分县轮转清勘,三年一丈。果属坍没,急与报销,则虚赔之患可豁,而惟正之供无悬矣。

附人丁

雍正四年,分存实在定额当差人丁四万九千二百九十六丁,共应征银一千九百三十七两九钱一分七厘四毫五丝五忽八微四纤七沙五尘九渺三漠八埃五逡七巡,遇闰加编银七十四两五钱五分七厘二毫七丝一忽二微四纤二沙一尘四渺九漠二埃三逡二巡。自雍正六年为始,题定随田摊办。其编审滋生人丁,钦遵康熙五十二年恩诏,永不加赋。

一、杂办项下匠班一千一百二十二名,该银三百一十两七钱,于雍正七年为始,题定统归田亩项下摊征。

明

成化十四年,人丁一十六万三千三百丁有奇。

崇祯末年,人丁一十四万八百九十九丁。

国朝

顺治初,额编人丁一十万五百七十二丁。

顺治十四年,原额人丁一十万五百七十二丁,编审新增人丁九百四丁,实在人丁一十万一千四百七十六丁。

康熙五年,原额人丁一十万一千四百七十六丁,编审新增人丁七百六十五丁,实在人丁一十万二千二百四十一丁。内除优免乡绅举贡生员应免本身一丁,该一千一百一十五丁。

康熙十一年,原额人丁一十万二千二百四十一丁。内除优免人丁一千一百一十三丁。先于十一年审减人丁一千一百二十六丁,实在当差人丁一十万二丁。

康熙十六年,原额当差人丁一十万二丁,审增人丁三千六十九丁,开除老故人丁二千五百二十七丁,实在当差人丁一十万五百四十四丁,每丁计科丁银三分七厘九毫零。

康熙二十年,原额人丁一十万五百四十四丁,又优免追改人丁一千一百一十三丁。至康熙五十年,七次审减人丁二千六百二十六丁,实在定额人丁九万九千三十一丁。

雍正四年,增设元和县。本县分存实在定额当差人丁四万九千二百九十六丁。_{应征银数详见前。}又自康熙五十五年后,五次审增本县滋生人丁八千七丁。

按,《周礼·司寇》:献万民之数于王,王拜受之,诚以民为邦本,本固邦宁也。故班、范史书最详户口。自明代专事赋役,于是人丁重而户口无暇稽矣。

国家重熙累洽,引养引恬,滋息之众,远逾两汉。圣祖仁皇帝厚泽深仁,永蠲续生之赋,斯民何幸而遇此熙皞欤!有人此有土,故将丁数附土田之后而并列,有明原额,于以考蓄耗而验生聚焉。

长洲县志卷之十二

赋税

《禹贡》"则三壤,以成赋中邦"。《周官》以九赋敛民财什一之制,盖为万世不易之常道焉。吴中赋税,前代以没入官田依租起额,遂为重困。洪武中,天下赋额总二千九百四十三万石,而苏州一府二百八十万九千余石,是居天下什分之一矣。

本朝圣圣相承,俯恤民瘼。圣祖仁皇帝轸念吴郡赋额过重,宽租之诏,岁不绝书。世宗宪皇帝特减苏松浮赋三十万,湛恩汪濊,浃于蔀屋。我皇上再沛殊恩,减赋二十万,复轮年蠲免全省钱粮。近又奉旨蠲除积欠一百七十万,吴郡之被泽居多焉。长洲实为望邑,久苦征输,何幸而涵濡煦育,沦浃于鸡陂、鹤市之间?从此士食旧德,农服先畴,切好义之谊,殚输将之忱,崇俭斥奢,食时用礼,所当仰体抚绥之至意而臻于康阜也。首录通邑全数,后载历代税法,以见我朝之度越千古焉。志赋税。

雍正四年,分得实征田、地、山、荡、溇、堲共七千一百七十八顷七十六亩七分一厘五毫,共科平米二十三万九千六十三石七斗六升一合九勺七抄四撮五圭。

三斗七升五合则,实熟田五千六百五十六顷四十七亩八分,平米二十一万二千一百一十七石九斗二升五合。

又由单刊报颜、言二祠复熟田八顷五十四亩七分五厘五毫,平米三百二十石五斗三升三合一勺二抄五撮。原荒田一百四十八顷三十六亩九分六厘七毫,平米五千五百六十三石八斗六升二合六勺二抄五撮。

三斗则,实熟田二十三亩五分三厘七毫,平米七石六升一合一勺。

二斗八升则,实熟田三百八顷三亩三分六厘九毫,平米八千六百二十四石九斗四升三合三勺二抄。原荒田一百七十五顷三十一亩二分四厘七毫,平米四千九百八石七斗四升九合一勺六抄。

二斗六升则，实熟田一顷五十二亩二厘七毫，平米三十九石五斗二升七合二抄。原荒田二顷七十四亩六分三厘九毫，平米七十一石四斗六合一勺四抄。

二斗五升则，实熟田六十亩七分二厘七毫，平米一十五石一斗八升五勺。

二斗三升则，实熟田四亩六分一厘二毫，平米一石六升七勺六抄。

二斗则，实熟田八十二顷五十三亩二分八厘，平米一千六百五十石六斗五升六合。原荒田一十六顷七十六亩八分三厘二毫，平米三百三十五石五斗六升六合四勺。

一斗八升则，实熟田六顷六十八亩七分七厘八毫，平米一百二十石三斗八升一合八勺四抄。原荒田二十四顷四十九亩六分三厘四毫，平米四百四十石九斗三升四合一勺二抄。

一斗六升则，实熟田四顷二十亩八分五厘八毫，平米六十七石三斗三升七合二勺八抄。原荒田一十五顷四亩一分四厘七毫，平米二百四十石六斗六升三合二勺五抄。

一斗五升则，实熟田一十二顷五十亩五分八毫，平米一百八十七石五斗七升六合二勺。原荒田一十八亩二分六厘四毫，平米二石七斗三升九合六勺。

一斗四升五合则，原荒田一十亩一厘七毫，平米一石四斗五升二合四勺六抄五撮。

一斗四升则，实熟田三顷九十七亩六厘五毫，平米五十五石五斗八升九合一勺。原荒田一顷三十五亩四分六厘二毫，平米一十八石九斗六升四合六勺八抄。

一斗三升六合七勺则，实熟田一顷八十三亩一分二厘六毫，平米二十五石三升三合三勺二抄四撮二圭。

一斗三升三合水堑则，实熟田一十九亩二分，平米二石五斗五升三合六勺。

一斗三升则，实熟田三顷六十五亩二分九厘二毫，平米四十七石四斗八升七合九勺六抄。原荒田八分四厘五毫，平米一斗九合八勺五抄。

一斗二升则，实熟田四亩八分九厘五毫，平米五斗八升七合四勺。

一斗一升一合则，实熟田九亩二分五厘九毫，平米一石二升七合七勺四抄九撮。

一斗九合则，实熟田三十五亩一分九厘六毫，平米三石八斗三升六合三勺六抄四撮。原荒田五十九亩三分七厘二毫，平米六石四斗七升一合五勺四抄八撮。

一斗三合五勺则，实熟田八亩七分八厘三毫，平米九斗九合四抄五撮。

一斗三合则，实熟田五顷七十二亩五分九厘二毫，平米五十八石九斗七升六合九勺七抄六撮。

三斗七升五合则，实熟地八十九亩五分九厘六毫，平米三十三石五斗九升八合五勺。

二斗八升则，实熟地四顷五十三亩四分五厘四毫，平米一百二十六石九斗六升七合一勺二抄。原荒地四亩二分五厘四毫，平米一石一斗九升一合一勺二抄。

五斗则，实熟地二分，平米一斗。

一斗三升一合五抄则，实熟地八十九顷六十一亩一分六毫，平米一千一百七十四石三斗五升二合九勺四抄一撮三圭。原荒地九十六亩四厘九毫，平米一十二石五斗八升七合二勺二抄一撮四圭五粟。

一斗则，实熟荡八十一顷四十五亩三分八厘二毫，平米八百一十四石五斗三升八合二勺。原荒荡三十九顷五十七亩三分八毫，平米三百九十五石五斗三升八勺。

七升则，实熟荡七顷六亩七分一厘二毫，平米四十九石四斗六升九合八勺。

六升五合五勺则，实熟荡二十六亩八分二厘九毫，平米一石七斗五升七合二勺九抄九撮五圭。

五升则，实熟荡九十七顷七十八亩三厘三毫，平米四百八十八石九斗一合六勺五抄。原荒荡一十亩二分六厘二毫，平米五斗一升三合一勺。

四升四合则，实熟荡一十七亩五分一厘一毫，平米七斗七升四勺八抄四撮。

四升一合则，实熟荡六十六顷一十九亩五分七厘八毫，平米二百七十一石四斗二合六勺九抄八撮。

三升五合则，实熟荡二顷九亩二分三厘二毫，平米七石三斗二升三合一勺二抄。

三升三合则，实熟荡六亩一分八厘八毫，平米二斗四合二勺四撮。

三升则，实熟荡五十四顷二十二亩一分八厘六毫，平米一百六十二石六斗六升五合五勺八抄。

一升五合则，实熟山荡一百八十四顷五十四亩八分七厘五毫，平米二百七十六石八斗二升三合一勺二抄五撮。原荒山荡二十九亩九分八厘九毫，平米四斗四升九合八勺三抄五撮。

止征一斗则，实熟荡一十九亩九分九厘一毫，平米二石一斗三升九合。

止征五升则，实熟荡四十二顷二十三亩七分一厘二毫，平米二百二十五石九斗六升八合六勺。

止征三升则，实熟荡二十四顷九亩六分二厘六毫，平米七十七石三斗四升九合。

止征二升则，实熟荡二亩五分五厘二毫，平米五升四合六勺。

共应征本色起存米、麦、豆一十一万八千一十五石九斗一升五合四勺六抄三撮八圭六粟一稞六粒四黍二稷五糠八秕四庚七禾。遇闰加征米一百六十一石七斗四升五合三勺六抄二撮五圭四粟二稞八粒九黍九稷七糠四秕二秕七庚一禾。应扣蠲免、坍荒、义冢、减则等项米、豆二千五百七十七石九斗二升三合七勺八抄五撮六圭三粟九稞二粒三黍二糠九秕三秕四庚二禾。遇闰增扣米三石五斗三升三合一勺四抄三撮四圭七粟八稞九粒五黍三糠四秕二秕三庚七禾。实征米一十一万五千四百三十七石九斗九升一合六勺七抄八撮二圭二粟二稞四粒一黍二稷二糠一秕五秕五禾。遇闰加征米一百五十八石二斗一升二合二勺一抄九撮六粟三稞九粒四黍九稷四糠三庚四禾。

本色起解支销数

一、漕粮兑运正耗米九万三千石五升一勺三抄九撮三圭六粟八粒八黍；加增乾隆二一年起以南改漕米五千一百五石五斗四升二合二勺；加增乾隆二十九年起白粳改征漕粮正耗米二十四石一斗六升九合六勺；应除乾隆三十年起改编局粮米一千七百六石一斗三合一勺，遇闰加编米一百四十八石四斗六升七合八勺；应除蠲免、坍荒、义冢、减则等项米二千一百三十石二斗五升八合二勺三抄，遇闰增扣米三十六石四斗五升四合九勺九抄；实征米九万四千二百九十三石四斗六勺九撮三圭六粟八粒八黍，遇闰应除折征并蠲免、坍荒、加编局粮等米四百一十五石六斗二合二勺九抄。

内漕粮正兑正米六万三千二百七十石五斗九升六合一勺二抄八撮五圭三粟四稞四粒；遇闰应除折征并蠲免、加编等米二百九十五石三斗六升四合六勺；加四耗米二万五千三百八石二斗三升九合三勺九抄一撮四圭一粟三稞七粒六黍，遇闰应除折征并蠲免、加编等米一百一十八石一斗四升五合九勺九抄；漕粮改兑正米四千三百九十五石八斗一升七合八勺五抄三撮三圭九粟四稞四粒，遇闰折征米一石六斗九合；加三耗米一千三百一十八石七斗四升五合三勺五抄六撮一粟八稞三粒二黍，遇闰折征米四斗八升二合七勺。

一、漕赠五米四千六百五十石二合五勺六抄九圭六粟八秭四黍四稷；加增以南改漕五米二百五十五石二斗七升七合一勺，加增白粳改漕五米一石二斗八合四勺七抄六撮五圭五粟五秭四粒；应除改编局粮米八十五石三斗五合二勺，遇闰加增米七石七升三合三勺七抄三撮；应除蠲免、坍荒、义冢、减则等项蠲免米一百六石五斗一升二合九勺五抄五撮一圭七粟六秭九粒三黍九稷七糠八秕二粞五禾，遇闰增扣米一石八斗二升二合六勺五抄八圭二粟三秭六黍二糠二秕七粞九庚五禾；实征米四千七百一十四石六斗六升九合九勺八抄二撮三圭四粟六秭五粒四稷二糠二秕七粞九庚五禾，遇闰应除改折并蠲免、加编等米二十石七斗八升四抄二撮八圭二粟三秭六黍二糠二秕七粞九庚五禾。

一、起运白粮正耗并春办等米四千八百八十石三斗四合，内白粮正米二千六百七石，白耗米七百八十二石一斗，给军一耗米二百六十石七斗，存县盘用一耗米二百六十石七斗，春办米七百八十二石一斗，运船水手饭米一百八十七石七斗四合。

一、解镇江仓黑豆八十三石九斗八升三勺七抄六撮六粟八粒八黍七糠六秕一粞二禾，应扣蠲免、坍荒、义冢、减则等项豆一石八斗三升四合七抄三撮五圭九粟一秭八粒九黍三稷五粞一庚九禾，实征豆八十二石一斗四升六合三勺二撮四圭六粟八秭九粒六黍七稷七糠五秕五粞八庚三禾。

一、南糙粳并苏、太、镇等卫所军储、新升复熟、拨充兵粮共米七千六百八十二石二斗九升三合三勺三抄九撮四粟[1]。粟四秭四粒六黍七稷七糠四秕七粞四庚五禾。又裁减白粳夫耗、充饷米二十一石三斗一升七合五勺八抄四撮三圭二秭二粒四黍。又裁减黑豆夫耗、充饷米二十七石九斗九升一合九勺一抄三撮二圭二粟九秭八粒三黍。又裁减局粮余剩充饷米二百九十二石八斗六升六合八勺六抄七撮六圭八粟八黍，遇闰加裁米二十四石二斗五升。又裁减恤孤余剩充饷米一百一十一石一斗八升七合八勺八抄五撮二粟二粒六黍，遇闰加裁米九石二斗二升五合。应除坍荒、义冢、减则等项蠲免米二百六十七石四斗二升四抄一粟四秭九粒五黍一稷六糠一粞二庚，遇闰减除米三十八石一斗一合二勺八抄六撮一圭四粟三秭三粒九黍二稷一糠七秕九粞八庚七禾，应除乾隆二十年起以南改漕米五千三百六十石八斗一升九合三勺一抄，实征米二千五百七石四斗一升八合二勺三抄九撮二圭六粟一秭九粒二黍六稷一糠四秕六粞四禾，遇闰加征米七十三石六斗七升四合七勺

---

[1] 此后疑底本有缺漏。

五抄五撮四圭八粟八稞一粒一黍八稷三糠七秕二秠八庚一禾。

一、省卫行月米一千八百五十四石二斗二升三合二勺二抄四撮一圭五粟八颗四粒六黍。

一、扬州仓米七百九十一石六升一合五勺八抄三撮四圭八粟七颗六粒五黍，应除坍荒、义冢、减则等项蠲免米七十三石六斗五升四合一勺四抄九撮二圭三粟七颗一粒五黍六稷三糠八秕五秠四禾，实征米七百一十七石四斗七合四勺三抄四撮二圭五粟四粒九黍三稷六糠一秕四秠九庚六禾。

一、镇江仓麦改征米二百二十三石八斗五升七合一勺九抄六撮六圭一粟六颗四粒五黍。

一、苏、太、镇三卫运军行月米二千一百三十七石三斗七升三合四勺七抄一撮三圭七粟七颗二黍，应除坍荒、义冢、减则等项蠲免米一石六斗一合一勺二抄六撮四圭一粟七颗五粒七黍一稷九糠二秕三秠一庚三禾，实征米二千一百三十五石七斗七升二合三勺四抄四撮九圭五粟九颗四粒四黍八稷七秕六秠八庚七禾，遇闰加征米一百八十八石九斗二升五合。

一、局匠口粮除减该米一千八百四石七斗二升七合三勺，遇闰加征米一百五十一石三升五合四勺二抄七撮。

一、加增乾隆三十年起漕粮改编局米一千七百九十一石四斗八合三勺，遇闰加征米一百四十八石五斗四升一合一勺七抄三撮。

一、恤孤口粮米四百二十九石三斗，遇闰加征米三十五石七斗七升五合。

共应征折色起存等银七万二千一百三十四两五钱一分九厘七毫四丝六忽七纤一沙七尘七渺五漠三埃五逡五巡四须，遇闰加征银九百五两四钱三分八厘七毫九丝二忽七微八纤一沙四尘七渺三埃六逡九巡三须。内除坍荒、义冢蠲免银二百八十两六钱二分七厘八毫三忽一微一纤九沙八尘一渺五漠七埃一逡四巡二须八庚，遇闰加增银三两一钱六分五厘五毫九丝四忽三微二沙九尘五渺五漠九埃一逡四巡六须五庚三清。内除减则田地豁免银一千一百八十一两二钱二分九毫一丝六忽五微五纤三沙二尘五漠八埃一逡二巡八须，遇闰加增银一十四两三钱一分七厘二毫四丝二忽八微五纤八尘四渺九漠二埃七逡八巡七须。实该银七万六百七十二两六钱七分一厘二丝六忽三微九纤八沙七尘五渺三漠八埃二逡八巡三须二庚，遇闰加征银八百八十七两九钱五分五厘九毫五丝五忽六微二纤七沙六尘六渺五漠一埃七逡五巡九须四庚七清。

折色起解支销数

布政司项下

一、起存拨饷地丁银三万一千八百三十六两八钱九分七厘四毫六丝八忽九微五纤九沙五尘二渺一漠七埃四逡二巡九须。内除加编抚都院位下俸银二十五两于俸工项下增入外，又增奉文裁归号船水手工食充饷银三百八十二两二钱六分九厘六毫、仙船水手工食充饷银三十六两；又河工项下并归地丁起解正银七百七十八两一钱八分八厘七毫、解费银一十三两四钱九厘八毫五丝四忽。共银三万三千二十一两八钱五厘六毫二丝二忽九微五纤九沙五尘二渺一漠七埃四逡二巡九须，遇闰加增银三百二十三两一钱八分六厘三毫七丝九忽二纤一沙四尘七渺三埃六逡九巡三须，又增仙船水手闰月工食银三两。内除坍荒、义冢银一百四十八两二钱九分二厘九丝八忽五微七纤八沙七尘六渺五埃七逡一巡三须八庚，遇闰加增银一两七钱七分三厘七毫三丝三忽四纤七沙九尘二渺五漠七埃三逡八巡四须三清；内除减则豁免银六百二十四两一钱九分二厘三毫五丝二忽四微八纤五尘二渺四漠五埃六逡七须，遇闰加增银八两一钱八分九厘六毫二忽六微九纤八沙二尘六渺三漠六埃一巡一须。实该解司地丁银三万二千二百四十九两三钱二分一厘一毫七丝一忽九微二尘三渺六漠六埃一逡八须二庚，遇闰加银三百一十六两二钱二分三厘四丝三忽二微七纤五沙二尘八渺一漠二逡九巡七须九庚七清。

一、支给扛银八百一十四两五钱一分四厘二毫九丝三忽一微二纤八沙六尘九渺八漠，闰月银七两七钱七分四厘八毫。

苏粮道项下

一、随漕轻赍席木正扛费银八千九百七十一两六钱二分五毫九丝四忽六微七纤一沙八尘五渺三漠九埃。

一、正改兑本色三分席木费银一百六十三两四钱四分一厘九毫九丝八忽六纤一沙五尘八渺八漠三埃，遇闰减银四钱一分三厘三丝一忽一微一纤。

一、工部题用灰石改折漕粮银二千三百二两七厘八毫六忽八微七纤，遇闰加微银二百八十五两六钱二分八厘四毫三丝一忽一微一纤。内除坍荒、义冢蠲免银一百二十四两四钱六分七厘三毫五丝八微六纤三沙二尘九漠六逡二巡四须，遇闰加增银一两四钱二分三毫七丝四忽三微三沙一尘一渺八漠五埃三逡三巡六须；内除减则豁免银五百二十三两九钱九厘二丝三忽三微八纤六沙四尘六渺四漠七埃四逵二巡九须,遇闰加增银六两二钱四分七厘六毫五丝七忽五微一纤五沙一尘六渺六漠二埃九逵八巡四须。实该银一千六百五十三两六钱三分一厘四毫三丝二忽六微二纤三尘二渺六漠一埃九逵四巡七须,遇闰加增银二百七十七两九钱六分三毫九丝九忽二微九纤一沙七尘一渺五漠一埃九逵八巡。

一、漕赠十银九千三百两五厘一丝三忽九微三纤六沙三渺二漠,遇闰减银二十三两七钱六分七厘九毫八丝。

一、扬州仓米折正扛费银四百五十四两四厘六毫七丝五忽四微一纤六沙五尘二渺六漠。

一、镇江仓麦折正费银九十八两九钱二分三厘三毫五丝二忽三纤。

一、苏、太、镇三卫浅船民七料正费银一百二十一两七钱四丝四忽九微一纤五沙。

一、苏州卫军储银一千七十二两六钱二分九厘五毫八丝,遇闰加增银九十二两三钱五分。

一、军三银三百一十五两三钱二分六毫。

一、太仓卫军储银九百一十八两六分九厘八豪三丝四忽,遇闰加增银四十两九钱六分。

一、镇海卫军储银八百一十二两一钱六分一厘七毫四丝,又贴运银二百二十八两七钱二分三厘六毫,遇闰加增银四十两九钱六分。

一、白粮项下给军经费银二千二百七两三钱一分二厘九毫九丝四忽一微六纤五沙五尘五渺一漠三埃六逵二巡五须。

一、束包夫工食银七十二两。

一、节省经费充饷银四千九百四十八两九钱五分九厘七毫六丝七忽七微六纤一沙三尘一渺一漠。

江安道项下

一、过江六升米折银一千三百四十七两二钱三厘八毫六丝九忽四纤九沙三尘四渺六漠四埃,内除坍荒、义冢蠲免银七两八钱六分八厘三毫五丝三忽六微七纤七沙八尘四渺六漠八逵五须,遇闰减银二分八厘五毫一丝三忽四纤八沙八渺八漠三埃五逵七巡三须五庚;内除减则蠲免银三十三两一钱一分九厘五毫四丝六微八纤六沙二尘一渺六漠五埃九巡二须,遇闰减银一钱二分一丝七忽三微六纤二沙五尘八渺六埃二逵八须。实该银一千三百六两二钱一分五厘九毫七丝四忽六微八纤五沙二尘八渺三漠八埃一逡三须，遇闰加增坍荒、义冢、减则少蠲银一钱四分八厘五毫三丝四微一纤六尘六渺八漠九埃七逡八巡一须五庾。

一、凤阳仓米麦折正扛费银六百七十五两二钱一厘六毫三丝一忽三微。

一、额拨漕项裁扣银七百一十七两四钱六分。

存留支给项下

一、姑苏驿轿扛等夫工食银三百四十八两三钱九厘四毫。

一、额编各衙门官役俸工银三千二百二十九两一钱四分一厘三毫二丝七忽八微六沙三尘四渺六漠六埃五逡，又奉文地丁银内拨入加增抚都院位下俸银二十五两，共三千二百五十四两一钱四分一厘三毫二丝七忽八微六沙三尘四渺六漠六埃五逡。内除仙船水手工食汰归地丁项下充饷银三十六两。实该银三千二百一十八两一钱四分一厘三毫二丝七忽八微六沙三尘四渺六漠六埃五逡。遇闰加增银一百三十八两七钱六分一毫九丝三忽七微六纤，内除仙船水手工食银三两，实该遇闰加增银一百三十五两七钱六分一毫九丝三忽七微六纤。抽扣各役小建项下银二十九两一钱四分三厘三毫三丝内抵。

一、巡道铺兵军夜红衣等役工食银八两八钱八分七厘二毫七丝三丝。

一、本府库夫工食银二十两二钱七分六毫。

一、恤孤小建银二两八钱五分一厘八丝七忽。

右分县后，复经恩减浮赋，现在实征之额。屯田芦课类附于左。其榷税、杂税诸项另载卷末云。

屯田

苏州卫屯田，除勘豁坍没外，实在田三百三十七顷七十一亩一分五厘九毫，内坐落长洲县田七十七顷九十五亩七分八厘二毫。

芦课

长洲县额，该腹地草荡二百一十亩七分九厘五毫，每亩科银六厘六毫一丝一忽三微九纤，共课银一两三钱九分三厘六毫四丝七忽九微五纤五沙五渺，系解司报部充饷。

历代税法_{蠲赈附}

宋

《中吴纪闻》：初，钱氏国除而田税尚仍其旧，亩税三斗，浙人苦之。太宗乃遣王赟为转运使，均两浙杂税。赟悉令亩税一斗，至今便之。

建隆二年，遣使度民田以定岁租，尽削白配之目。

《文献通考》：宋之岁赋其类有五：曰公田之赋，官庄、屯田、营田赋，民耕而收其租者是也；曰民田之赋，百姓各得专之者是也；曰城郭之赋，宅税、地税之类是也；曰杂变之赋，牛羊、蚕丝、食盐之类，随其所出变而输之者是也；曰丁口之赋，计丁率米是也。其输有常处，而以有余补不足，则移此输彼、移近输远，谓之支移。其入有常物，而一时所须则变而取之，使其直轻重相当，谓之折变。其输之迟速，视收成早晚而宽为之期，夏有至十月、秋有至明年二月者，所以纾民力也。自祖宗承五代之乱，王师所至，务去民疾苦，苛细之敛划革几尽，尺缣斗粟无所增益。一遇水旱，徭役则蠲除倚阁，殆无虚岁。倚阁者后或岁凶，亦辄蠲之。而又田制不立、畎亩转易、丁口隐漏、兼并伪冒者，未尝考按，故赋入之利视古为薄。丁谓尝曰："二十而税一者有之，三十而税一者有之。"盖谓此也。

太平兴国中，遣左补阙王永、太仆寺高象先均定田税。凡田则中、下二等，中田一亩夏税钱四分四文，秋米八升；下田一亩夏税钱三分三文，秋米七升四合。

宋初，取民之额甚轻。自熙丰更法、崇观多事、靖炎军兴，乃随时增益焉。

大中祥符八年，复诏禁诸仓羡余。

元丰二年，平江府苗额三十四万九千斛，帛八万匹，纩二万五十两，免役钱八万五千缗有奇。

淳熙十一年，平江府苗额三十四万三千二百五十六石，夏税折白钱四十三万九千三百五十六贯，上供诸色钱一百二十三万一千二百八贯各有奇。

宝庆元年，诏诸路、州、军变纳苗米，不许过数增入，多量斗面，令转运司觉察。

宝祐五年，定平江府苗额三十万三千三百八十石有奇。自后，岁实征税管三十五万六千五百贯，关子苗米二十八万三千九百石；续管二万三千三百石，赡军米九千四百石，各有奇。

元

《续文献通考》云：元之取民，大率以唐为法。其取于内郡者曰丁税、曰地税，此仿唐之租庸调也。取于江南者曰夏税、曰秋税，此仿唐之两税也。丁税、地税之法自太宗始行之，至丙申年，乃定科征之法。令诸路验民户成丁之数，每丁岁科粟一石，驱丁[①]五升，新户丁驱各半之，老幼不与。其间有耕种者，或验其牛具之数，或验其土地之等征焉。丁税少而地税多者纳地税，地税少而丁税多者纳丁税。工匠、僧道验地。

至元十九年，用姚元之请，命江南税粮依宋旧例，折输绵绢杂物。又用耿左丞言，令输米三之一，余并入钞以折色，以上百万锭为率。其输米者止用宋斗斛，以宋一石当今七斗故也。

元贞二年，始定征江南夏税之制，于是秋税止命输租，夏税则输以木棉、布绢、丝绵等物，其所输之数，视粮为差，皆因其地利之宜及人民之众，酌其中数而取之。其所输之物，各随时估之高下以为直，独湖广则异于是。初，阿里海牙克湖广时，罢宋夏税，依中原例改科门摊，每户一贯二钱，盖视夏税增钞五万余锭矣。又江南民户有田一顷之上者，于所输税外，每顷量出助役之田，岁收其入以供助役之费，谓之助役粮。

延祐四年，行经理法，悉以上中下三等八则计亩起科。平江府夏税丝二万二千四百斤，秋租粮八十八万二千一百石[②]，轻赍一千二百锭。度所入，与宋倍蓰。《元史》。

明

洪武初，平江府夏税丝二十五万四千三百两，大麦正耗一万一百石，小麦五万一千八百石，豆一十七石，菜子二十七石。粮糙粳九十四石，钱钞一万九百八十贯各有奇；秋粮正耗二百一十四万六千六百石，黄荳二千二百八十石，各有奇。花椒八斤七两五钱。

七年五月，上以苏、松、嘉、湖四府租税太重，特令户部计其数，如亩税七斗五升者除其半，以苏民力。

十三年，又奉上命，比年苏、松各郡之民困于重赋，而官不知恤，其重者宜悉减之。于是，旧额田亩科七斗五升至四斗四升者减十之二，四斗三升至三斗六升者俱

---

① "驱丁"，原作"验丁"，据《元史》改。

② 原作"秋租银八十八万二千一百百"，据《乾隆元和县志》改。

止征三斗五升。以下仍旧。自今年为始，通行改科。

建文二年，均江浙田赋，诏曰：国家有惟正之供，田赋不均，民不可得而治。江浙赋独重而苏、松准私租起科，特以惩一时之顽民耳，岂可为定例，以重困此一方民？宜悉与蠲免，照各处起科，亩则不过一斗，苏、松人仍得任户部。按：永乐继统，尽革建文之政，仍照洪武则例，卒不得减。

宣德五年，减苏府赋七十二万石有奇，从巡抚周忱、知府况钟之言也。

七年三月，奉旨但系官田塘地，税粮不分古额、近额，悉依宣德五年六月二十四日敕谕恩例，每田一亩纳粮自一斗至四斗者各减十分之二，自四斗一升至一石以上者各减十分之三，永为定例。

巡抚侍郎周忱清造《田地拖圩册》，赋则始清。长洲县原额科米四十一万二千七百三十一石有奇，清出隐蔽科米一万五千五百一十二石，共正米四十二万八千二百四十三石有奇。

八年，巡抚周忱奏定加耗折征例。洪武、永乐中，税粮额重，繁费滋多，每正米一石征平米二石而犹不足。忱尽除宿弊，设法通融。二年后，逋欠悉完。至是着为定例。

正统元年，行在户部奏浙江、直隶、苏松等处减除岁粮数目已命重覆，尚多不实，请移文各处巡抚、侍郎并司府县官，用心覆实。其官田准民田起科，每亩秋粮四斗一升至一石以上者减作二斗一升，二升至二斗者减作一斗。明白具奏，送部磨勘。

四年，奏准苏、松等府官民田地，因水坍涨去处，有司丈量。涨出者给附近小民承种，照民田例起科，坍没者悉与开豁税粮。

弘治十六年，巡抚都御史魏绅、知府林世远详定实征册，通府夏税丝三十二万八千四百六十两有奇，麦五万三千六百六十四石有奇，钞二万一千九百六十三贯七百七十二文；秋粮正米二百三万八千六百四十石，连耗米共三百五万六千一十四石，各有奇。通府秋粮运解南、北两京白糙等米连耗三十七万九千四百四十五石；兑军运北京计正米六十五万五千石，耗米五十七万七百二十七石；王府白熟米连耗一万一百七石；淮安改兑正耗米五万五千四百四十石；折色京库金花银折米五十七万四千五百石；阔白棉布折米一十五万一千石；凤阳、扬州二府折银米一万四千五百一十八石。

嘉靖三年，知府胡缵宗著《田赋考》，条目有八：一原额，一原坐，一岁征，一岁科，一岁办，一每岁不时加派数略，一验派征粮法，一验派运粮法。

十七年，知府王仪核摊田粮斗则，轻重始均。巡抚都御史欧阳必进、知府王仪核造经赋册，以八事定税粮：一曰以原额稽其始，二曰以事故除其虚，三曰以分项别其异，四曰以归总正其实，五曰以坐派起其运，六曰以运余拨其存，七曰以存余考其积，八曰以征一定其额。又以八事考里甲，一曰丁田，二曰庆贺，三曰祭祀，四曰乡饮，五曰科贺，六曰恤政，七曰公费，八曰备用。又以三事定均徭，曰银差，曰力差，曰马差，著为定例。自是，民间输纳止入本折二色，里中及均徭应纳官者并入折色征之。

二十五年，总理粮储工部尚书李充嗣言：苏、松、常、嘉、湖五府，正德年间以内府新添小火者五千三十二名，岁用食粮，各府增派共二万四千一百四十八石，余解进供用库及节年所派南京酒醋局等衙门复不下数千通，加耗共一十三万七千余石。岁比不登，小民重困，乞敕该部核免。户部题覆从之。

三十三年，加编练兵银六万九千四百八十六两四钱一分一毫。

三十六年，加征工部四司工料银二万三千三百四十六两有奇。

万历十七年，巡抚周继、知府石昆详定经赋册，长洲县除西宁侯禄田外，实征田、地、山、荡一万三千二百五十九顷一亩零，平米四十五万四千三十九石零。

二十年，征东募兵，议增府属田税每亩加编银三厘。

万历四十八年，长洲县实在田、地、山、荡、溇共一万三千二百六十二顷一十六亩六分一厘五毫，内听祁知县官置役田五十一亩七厘五毫，设立官役、津贴役费外，实征官民田、地、山、荡一万三千二百六十一顷六十五亩五分四厘，内六斗地一分、五斗地二分、四斗地二分五厘、三斗七升五合官田一万一千三百一十八顷四十八亩九分，平米四十二万四千四百四十三石三斗三升七合五勺。

上则三斗七升五合地一十六顷八十二亩三分八厘六毫，平米六百三十石八斗九升四合七勺五抄。

三斗田五顷五十四亩二分二毫，平米一百六十六石二斗六升六勺。

二斗八升民田五百六十一顷一亩七分六厘七毫，平米一万五千七百八石二斗一升四合八勺。

中则二斗八升地四十六顷三十九亩八分三毫，平米一千二百九十九石一斗四升四合八勺。

二斗六升一合七勺田二十五亩九分五厘六毫，平米六石七斗九升二合七勺。

二斗六升田一十顷一十九亩四分四厘四毫, 平米六百二十五石五升五合四勺。

二斗五升田二十八亩八厘五毫, 平米七石二升一合五勺二抄。

二斗三升田二十二亩八分三厘, 平米五石二斗五升九勺。

二斗九合田一亩五分, 平米二斗五升八勺。

二斗田地一百六十五顷八十二亩七厘九毫, 平米三千三百一十六石四斗一升五合。

一斗九升一合田三十亩, 平米五石七斗三升。

一斗八升七合五勺田四十八亩二分, 平米九石三斗七合五勺。

一斗八升田五十顷六十一亩五分七厘八毫, 平米九百一十一石八升四合。

一斗六升田二亩, 平米三斗二升。

一斗五升三合五勺田四亩一分五厘一毫, 平米六斗三升七合二勺。

一斗五升一合五抄地一亩二分三厘, 平米一斗八升五合七勺九抄。

一斗五升田三顷二十九亩三分五厘三毫, 平米四十九石四斗三合。

一斗四升五合田一十亩, 平米一石四斗五升。

一斗四升田三顷一十亩五分九厘三毫, 平米四十三石四斗八升三合。

一斗三升七合六勺田二顷三亩六分六毫, 平米二十七石八斗三升二合九勺。

一斗三升三合水墅三分五厘, 平米四升六合五勺五抄。

下则一斗三升一合五抄地一百二十八顷九十三亩三厘九毫, 平米一千六百八十九石六斗三升二合七勺五抄。

一斗三升田二亩七分二毫, 平米三斗五升一合一勺六抄。

一斗二升五合八勺田九亩七分九厘, 平米一石二斗三升一合六勺。

一斗二升五合田二顷六十五亩八分七厘九毫, 平米三十三石二斗三升四合八勺二抄。

一斗二升二合潆一亩, 平米一斗二升二合。

一斗二升田三顷二十亩九分四厘一毫, 平米三十八石五斗一升二合九勺。

一斗一升九合田四十四亩六分六厘, 平米五石二斗一升四合四勺。

一斗一升三合田一顷六亩二分二厘二毫, 平米一十二石三合一勺。

一斗一升一合田六亩九厘四毫, 平米六斗七升六合四勺。

一斗九合田二顷二十九亩六分八厘八毫, 平米二十五石九斗三升六合。

一斗三合五勺田一十八亩七分五厘二毫, 平米一石九斗四升八勺。

一斗三合田二十六亩三分六厘七毫，平米二石七斗一升五合八勺。

一斗田、地、荡二百一十九顷四十二亩四分七厘四毫，平米二千一百九十四石二斗二升七合四勺。

七升荡二顷五十九亩七分九厘，平米一十八石一斗八升五合三勺。

六升五合五勺荡三十一亩七分四厘，平米二石七升六合六勺。

六升四合田一亩一分一厘四毫，平米七升一合三勺。

五升田、荡一百二十三顷七十二亩三分二厘二毫，平米六百一十八石六斗一升六合六勺。

四升四合荡一亩一分三毫，平米四升八合五勺。

四升二合荡四亩四分二厘，平米一斗八升五合六勺。

四升一合荡一百四十六顷九十九亩五分六厘五毫，平米六百二石六斗八升二合一勺六抄。

三升五合荡二十亩，平米七斗。

三升三合荡三十二亩二分，平米一石六升二合六勺。

三升荡五十七顷二十九亩四分五厘七毫，平米一百七十一石八斗八升三合七勺。

二升荡七十二亩九分五厘五毫，平米一石四斗五升九合一勺。

一升六合山六亩五厘八毫，平米九升六合九勺。

一升五合山、荡二百二顷五十三亩一厘八毫，平米三百三石七斗九升五合二勺七抄。

一升一合荡六亩，平米六升六合。

一升荡二十六亩，平米二斗六升。

不等则荡、田一十二顷一十亩三分八厘一毫，平米五十八石一斗三合九勺。

河田三十二亩五分，平米九斗二升八合。

水面税粮浮长等米五十二石七斗七合八勺。

止征不等山、荡一百七十顷三十一亩九分三厘六毫，平米八百三十三石二斗三升五合七勺。

另不料粮地一分四厘六毫。

又减则平米四百四十石七斗五合五勺。

右通县额征平米四十五万四千三十九石九斗九升八合五勺，将应征增减扣算外，实每平米一石、验派本色米四斗八升八合五勺九抄零，内兑军民运米四斗五升九合六勺零，军储、恤孤米二升八合九勺七抄零，折色银二钱四分六厘九毫。

该减免派剩米一升七合四勺二抄。另编练兵银二分八厘三毫零，贴役解扛银一分一厘一毫九丝。

每人丁一丁编派均徭银二分一厘六毫零，里甲银一分六厘一毫零。

每田一亩编派均徭银七厘二毫一丝，里甲银五厘三毫九丝，暂编辽饷银三厘五毫，又扛银四丝九忽。

每不等斗则荡、溇一亩概派均徭银三厘六毫六忽，里甲银二厘六毫九丝，暂编辽饷银一厘七毫二丝，又扛银二丝四忽。

泰昌元年，加派编饷银五厘五毫。

天启六年，知县张茂梧详抚请立便民碑记。

验派田地

三斗七升五合田，每亩本色一斗八升五合四抄，折徭一钱二分七厘二毫零。

三斗田，每亩本色一斗四升八合七勺五抄，折徭一钱六厘二毫零。

二斗八升田，每亩本色一斗三升八合八勺三抄，折徭一钱六毫零。

二斗六升一合七勺田，每亩本色一斗二升九合七勺六抄，折徭九分五厘四毫零。

二斗六升田，每亩本色一斗二升八合九勺一抄，折徭九分五厘六忽零。

二斗五升田，每亩本色一斗二升三合九勺六抄，折徭九分二厘二毫零。

二斗三升田，每亩本色一斗一升四合四抄，折徭八分六厘五毫零。

二斗九合田，每亩本色一斗三合六勺三抄，折徭八分七厘九忽零。

二斗田，每亩本色九升九合一勺六抄，折徭七分八厘一毫零。

一斗九升一合田，每亩本色九升四合七勺，折徭七分五厘六毫零。

一斗八升七合五勺田，每亩本色九升二合九勺七抄，折徭七分四厘六毫零。

一斗八升田，每亩本色八升九合二勺五抄，折徭七分二厘五毫零。

一斗六升田，每亩本色七升九合三勺三抄，折徭六分六厘九毫零。

一斗五升三合五勺田，每亩本色七升六合一勺一抄，折徭六分五厘一毫零。

一斗五升田，每亩本色七升四合三勺七抄，折徭六分四厘一毫零。

一斗五升一勺五抄地，每亩本色七升四合八勺九抄，折徭六分四厘四毫零。

一斗四升五合田，每亩本色七升一合八勺九抄，折徭六分二厘七毫零。

一斗四升田，每亩本色六升九合四勺一抄，折徭六分一厘三毫零。

一斗三升三合水垫,每亩本色六升五合九勺四抄,折徭五分九厘四毫零。

一斗三升六合七勺田,每亩本色六升七合七勺八抄,折徭六分四毫零。

一斗三升田,每亩本色六升四合四勺五抄,折徭五分八厘五毫零。

一斗二升五合八勺田,每亩本色六升二合三勺七抄,折徭五分七厘三毫零。

一斗二升五合田,每亩本色六升一合九勺八抄,折徭五分七厘一毫零。

一斗二升二合溇,每亩本色六升四勺九抄,折徭五分六厘三毫零。

一斗二升田,每亩本色五升九合五勺,折徭五分五厘七毫零。

一斗一升九合田,每亩本色五升九合,折徭五分五厘四毫零。

一斗一升三合田,每亩本色五升六合二抄,折徭五分三厘七毫零。

一斗一升一合田,每亩本色五升五合三抄,折徭五分三厘二毫零。

一斗九合田,每亩本色五升四合四勺,折徭五分二厘六毫零。

一斗三合五勺田,每亩本色五升一合三勺一抄,折徭五分一厘一毫零。

一斗三合田,每亩本色五升一合七抄,折徭五分九毫零。

一斗三升一合五抄地,每亩本色六升四合九勺七抄,折徭五分八厘八毫零。

六斗地一分,本色二升九合七勺五抄,折徭一分八厘零。

五斗地二分,本色四升九合五勺八抄,折徭三分二厘四毫零。

四斗地二分五厘,本色四升九合五勺八抄,折徭三分三厘五毫零。

验派山荡

一斗田地荡,每亩本色四升九合五勺八抄,折徭三分九厘零。

七升河荡,每亩本色三升四合七勺,折徭三分六毫零。

六升五合五勺荡,每亩本色三升二合四勺七抄,折徭二分九厘四毫零。

六升四合田荡,每亩本色三升一合七勺三抄,折徭二分九厘零。

五升荡,每亩本色二升四合七勺九抄,折徭二分五厘零。

四升四合荡,每亩本色二升一合八勺一抄,折徭二分三厘三毫零。

四升二合荡,每亩本色二升八合二抄,折徭二分二厘八毫零。

四升一合荡,每亩本色二升三勺二抄,折徭二分二厘五毫零。

三升五合荡,每亩本色一升七合三勺五抄,折徭二分八毫零。

三升三合荡,每亩本色一升六合三勺六抄,折徭二分三毫零。

三升荡,每亩本色一升四合八勺七抄,折徭一分九厘四毫零。

二升荡,每亩本色九合九勺一抄,折徭一分六厘六毫零。

一升六合山，每亩本色七合九勺三抄，折徭一分五厘五毫。

一升五合山，每亩本色七合四勺三抄，折徭一分五厘二毫零。

一升一合荡，每亩本色五合四勺五抄，折徭一分四厘一毫零。

一升荡，每亩本色四合九勺五抄，折徭一分三厘八毫零。

河田，每亩本色一升四合一勺五抄，折徭一分九厘零。

止征不等山荡，每亩本色二升四合二勺五抄，折徭二分四厘七毫零。

不等则田荡，每亩本色二升三合八勺，折徭二分四厘五毫。

验派人丁

额编人丁一十四万八百九十九丁，每丁徭里银三分八厘九毫零。

崇祯元年，加编因粮输饷银九千四百两二钱八分五厘三毫。

九年，加编因粮输饷银四千五百五十一两七钱九分三厘。

十年，改编因粮输饷为均粮并溢地银共四千二百七十九两三钱四分九毫，加入条编，按亩均输。

十二年，加编练饷银三万八百一十六两二钱九分九厘三毫。

十三年，免征均粮溢地剿饷。

十四年，加给苏州陆营兵月粮一钱，该银五十六两二钱五分五厘四毫。

十五年，诏免加派练饷。

国朝

顺治二年，平定江南。上念苏松赋重，其额征悉准前朝万历中为则，以苏民力。仍诏蠲本年税粮十分之七、兵饷十分之四。其明末无艺之征，悉永除之。

三年，巡抚都御史土国宝照前朝巡抚王希宪所奏题，行白粮官运，计亩均编役费。

四年，复征九厘地亩银三万三千六百六十三两六钱五分三厘九毫四丝八忽。巡抚都御史土国宝题改织局口粮俱征本色。

九年，总督漕运沈文奎题定加编白粮正耗米。工部题加都水司料价银[①]二千七百二十三两七钱四分五厘五毫四丝三忽。

十四年，免各卫仓加编席竹等米。巡抚都御史张中元编定《赋役全书》。

---

① "料价银"，底本原作"科价银"，据《乾隆元和县志》改。

十七年，改折解北南运白粮米七十九百一十五石一升七合八勺一抄，该折征银一万一千八百七十二两零。

顺治十八年三月，上谕：查洪武以来，因有仇怨，或一处钱粮征收甚重，或一处不许牛耕，教人自耕，此等情由，尔部察议奏。

康熙元年，总督漕运蔡士英题加扬州仓本色米，工部题用灰石于漕粮内改折正耗米起解，每石折银一两二钱，仍征五米六分十银一钱。

康熙三年，长洲县原额平米四十五万四千三十九石九斗九升八合五勺，内除前朝会计有积荒、祭田等米七千四百九十三石二斗七升零，续奉各院道详允公占、祠寺、义冢、版荒、坍没田粮等米一万四千五百四石二斗五升九合，共荒平米二万一千九百九十七石五斗三升零，俱照本色每石征折银五钱。又科练兵银三分七忽零，共该银一万一千六百七十二两七分零。另征外实熟平米四十三万二千四十二石四斗六升四合八勺，照依新订经制起存钱粮实征验派，每平米一石派征条折兵饷银三钱一分八厘四毫零，该银一十三万七千五百八十八两五钱九分七厘零。又科本色米豆五斗一升三合六勺零，该米豆二十二万二千一百二十七石四斗九升一合八勺零。又科本色麦一合一抄零，该麦四百三十九石五斗六升一合二勺四抄。又将前山荡二亩准田一亩，共该折净田一万三千七百九十二顷九十九亩二厘一毫，每亩科九厘地亩银九厘一毫零，该银一万一千六百六十八两八分八厘一毫零。又将前田内除优免乡绅举贡生员等户田五百三十顷四十九亩三分，该优免银六百六十六两六钱五分零。又解部充饷不算外，实存折净田一万二千二百六十二顷四十九亩七分二厘二毫，每亩科徭里银一分二厘一毫零，该银一万五千四百三两五钱九分九厘一毫零。

右五项，共银一十七万六千九百九十九两五厘零。

原额人丁一十万五百七十二丁，内除乡绅举贡生员优免人丁二千五百五十三丁半。今奉文止免本身一丁，该一千一百一十三丁，余存丁一千四百四十丁半并吏承不免，该银五十四两三钱六厘六毫零。又编审新增人丁九百四丁，该银三十四两八分六毫零。解部充饷外，实在当差人丁九万八千一十八丁半，每丁科徭里银三分六毫，该银三千六百九十五两二钱八分二厘二毫零。

合田地、人丁二项，共银一十八万七百八十二两六钱七分四厘五毫零。

以上折色征收总数。

户部本折银七万六千一百八十七两七钱二分九厘四毫零。

礼部本折银四百九十九两六钱七分九厘三毫。

兵部折色银七百一十二两七钱五分。

工部本折银八千六百三十八两四钱七分零。

四部本折滴珠垫扛解费银四千一十九两九分七厘二毫零。

轻赍、芦席等银二万九百四十八两三钱二分九厘三毫零。

白粮募船水脚银一万四千四百二十二两四钱二分四厘九毫零。

解南改解北部银三十七两九钱四厘一毫零。

协济河工并各仓米麦折银三千七百六十一两七钱七分八厘九毫零。

协济站银二千四百一十两二钱。

南糙贴役银五百九十二两四钱四厘一毫零。

解南折色兵饷银四千二百四十二两四钱二分二厘五毫零。

本府各营兵饷银一万六千六十九两九钱七分三厘零。

存留折色军储银六千六百二十五两三厘八毫三丝。

存留支给银一千七百六十两五钱八分八厘八毫零。

新定经费俸工等银二千六百七十五两六钱四分九厘,实余剩银一百九两八钱五分九厘六毫零。

白粮经费工食银一千九百二十两一钱七分一厘五毫。

本县支给银九千六百四十四两七钱九厘六毫零。

裁省并解费银三千七百四十八两四钱九分一厘五毫零。

优免丁粮解部充饷银七百五十五两三分七厘四毫零。

以上折色起解支销总数。

额征本色夏税麦四百五十九石五斗六升一合二勺四抄。

额征本色秋粮米二十二万一千九百六十二石五斗九升六合八勺零。

额征黑豆一百六十四石八斗九升五合。

兑军正米一十二万五石四斗六升五合,加四耗米四万八千二石一斗八升六合。

改兑正米七千六百九十五石七合,加三耗米二千三百八石五斗二合一勺。

白粮正米一万一千九十四石一斗七升三合一抄五撮,耗米五千二百六十六石四斗六合八勺一抄六撮,春办米二千四百八十六石二斗一升二合八勺三抄,运船米、一饭米七百九十八石七斗八升四勺五抄七撮八粟。

协济扬州仓米七百七十六石六斗五升五合七勺零。

协济镇江仓米四百三十九石五斗六升一合二勺四抄。

解南各卫仓白粳正米一百九十二石一斗二升九合四勺三抄,耗米三十八石四斗二升五合八勺零,春办米四十六石一斗一升一合六抄零,夫船米七十六石八斗五升一合七勺零。

兵粮糙粮米一百六十二石三斗五升二合五勺。

黑豆夫船米五十四石九斗六升五合。

各卫仓糙粳米八千五百四十一石三斗七合八勺五抄。

存留本色一万四千四百一十二石六升四合四勺。

以上本色起解支销实欠。

又折色绫纱科价银一千三百六十二两一钱五分五厘六毫零。

四年,巡抚都御史韩世琦请征白粮本色,科臣杨雍建相继具疏,准永不改折。是年,因星变,尽蠲顺治十八年以前积欠。是年,苏松等府水灾,蠲银米、停征有差。

九年,水灾,将被灾田地漕白米摊征,仍蠲起运改折十分之三。

十年,田、地、山、荡一万三千二百六十一顷六十五亩五分四厘,共科平米四十五万四千三十九石九斗九升八合五勺,内荒平米二万一千九百九十七石五斗三升三合七勺,实熟平米四十三万二千四十二石四斗六升四合八勺,派征本色米二十二万二千四百七十七石四斗二升五合七勺零。豆一百六十四石八斗九升五合,麦四百三十九石五斗六升一合二勺四抄,折色银一十七万七千五百三十七两六钱七分五厘二毫零。每平米一石,派本色米五斗一升四合九勺零,豆三勺八抄零,麦一合一抄零,折色银三钱二分五毫四丝零。一另项优免银六百六十六两六钱五分一毫零。

原额新增人丁一十万一千四百七十六两,共派征银三千七百一十三两一钱四分一厘一毫零。又另项优免等银八十八两三钱八分七厘二毫。

又康熙五年审增人丁七百六十五丁,该科银三十一两五钱二分五厘五毫。

又不在丁田内匠班一千一百二十二名,该银六百八十一两三钱。

又宝带桥罾网银二两五钱。

右正杂各项总计征本色米、麦、豆二十二万三千八十一石八斗八升一合三勺一抄,折色银一十八万二千七百二十三两一钱七分九厘三毫零。

本色起运存留数

起运地丁米二十万六千五百一十二石四升九合六勺一抄。

起运地丁豆一百六十四石八斗九升五合。

存留地丁米一万五千九百六十五石三斗七升五合九勺一抄，遇闰加米八百四石二斗三升二合五勺。

存留地丁麦四百三十九石五斗六升一合二勺四抄。

折色起运存留数

起运地丁正垫滴珠银九万三千一十五两三钱六分四毫，扛银一千五百六十七两四钱八分九毫，解费银一千八百一十九两一钱一分三毫，遇闰加正垫滴珠银九十九两九钱四分四厘九毫，扛银一十五两二钱八分一毫，解费银一两七钱四分四厘二毫。

存留地丁银八万五千九百六十三两五钱九分九厘七毫，遇闰加银一千一百一十六两八钱八分一厘五毫。

办料数

本色北绢二十八匹一丈三尺六寸三分三厘一毫。每匹原价银一两五钱。

本色南绢二匹九分四厘七毫。每匹原价银七钱。

本色颜料等项共料二千二百二十二斤一十一两四钱二分七厘。

以上办料三项俱改折。

另附轮编各项折色绫绢料价并解，费银一千三百六十二两一钱五分五厘六毫。

每五年奉工部题准派征钱行，会试举人每名酒席、盘缠银三十两；新中式举人每名坊仪银一百五十五两二钱，花红、旗匾、牌坊、酒席及各上司行贺通在此内。新中进士每名行贺、酒席、牌坊等银共一百二十四两，新中武进士每名坊仪银五十一两。旧科武举人会试，每名路费二十四两。新科武举人同。府、州、县宴待应试生员，每名盘缠银三两，舟金五钱，卷资三钱、宴待、花红、酒席二钱八分二厘，共四两八分二厘。

又复编姑苏驿纤夫银四百三十二两，部议归并漕项十银与地丁，一例征收。

十二年，以苏、松等六府连年灾荒，将十三年地丁蠲免一半。

十七年，江南水灾，蠲停地丁、漕项银两有差，又动帑赈济。

十八年夏秋，不雨，飞蝗蔽野，禾稼俱尽。巡抚都御史慕天颜题准灾轻重，蠲折有差。又题准自康熙十三年起至十六年止，一应钱粮俱分年带征。民困少苏。

十九年，水，大灾。巡抚都御史慕天颜具题准，循例照灾轻重，蠲减地丁钱粮有差。

二十年,荡平三逆,颁赦十七年以前钱粮,尽行蠲复。

二十一年,巡抚都御史慕天颜再疏请减浮粮。

二十三年九月,上谕江南、浙江等处地方,缘前兵兴转饷繁苦,特加轸恤。二十四年起运二十三年漕米概免十分之三,府属除嘉定改折、崇明存留外,余六州县原漕米七十九万四千七百三石二斗一升三合八勺,内除常熟留漕五万六千八百七十七石八斗四升八勺外,征运米七十三万七千八百二十五石四斗九合,内蠲米二十六万四千九百一石七升一合二勺。又圣驾东巡,谕所过地方宜加轸恤,蠲免长、吴二县二十四年丁银七千八百七十九两四钱四分一毫零。

二十四年十月,巡抚都御史汤斌请减浮粮。

二十六年,圣恩蠲免苏州府二十七年应征地丁各项钱粮并二十六年未完钱粮尽行蠲免。上谕户部:朕惟古帝王统御万方,乂安九有,殚心怀保,节爱攸先,期于物力充裕,爰以振业黎元,俾膏泽旁流,咸蒙美利。朕自御极以来,轸恤民依,力图休养。惟理财为裕国之大经,蠲贷为爱民之实政。历年敦崇节俭,严核浮冒,盖欲为布德行惠之资。频年以来,各省钱粮虽已次第蠲免,但江苏所属各州县为财赋重地,额征钱粮甲于他省,且累岁输将供亿,效力维勤。兹用大沛恩膏,除漕项钱粮外,所有康熙二十七年应征地丁各项钱粮俱著蠲免。二十六年未完钱粮,亦悉与豁除。又陕西省钱粮,前虽已行蠲免,但念该省人民用兵之际,转输馈饷,效力可念,再宜加恩,以弘乐利。其康熙二十七年应征地丁各项钱粮及二十六年未完钱粮,亦著俱与蠲免。尔部速行该地方官,通行晓谕,务使小民均沾实惠,以副朕爱育苍生至意。如有不肖有司官吏借端朦混,及私行重征者,该督抚指名题参,从重治罪。如该督抚徇隐,不行纠举,或经察奏,或被告发,定行一并从重治罪。尔部即遵谕行,特谕。

二十七年,重编《长洲简明赋役全书》。

一、旧《全书》内开载各部寺衙门钱粮十有余条,此等钱粮俱已并归户部,今俱删除,止存地丁、起运、存留、漕项、河工等切要款目编入《全书》,以便稽查。

一、银米尾数自忽、撮以下径行截去,银三两四钱二分八厘一毫六丝,米九石九斗一升九合六勺四抄。

一、本县地亩七十一则、人丁二则。如新增人丁、开垦地亩俱应照原编等则起科,毋得另立科则,致轻重不符。

一、旧《全书》内田地,每亩科平米若干,每平米一石科税粮银若干、漕赠银若干、南漕米各若干，又每田一亩派徭里银若干、九厘银若干。今将此等名色俱合作一处，止开每亩征银若干、征米若干，不耗外加耗，以致多派累民。

一、起运漕米原有定数，遇闰年，灰石折银数多，起运漕粮数少；不遇闰年，灰石折银数少，起运漕米数多，以致由单奏销册内漕项、银米、钉船等数每岁增减不一，难以稽查。今将增减款目删去，惟按旧《全书》原额定数编造，俾本折银米岁岁划一，以便稽查。

一、旧《全书》内开载本色物件。康熙二十三年十二月内九卿会议，已经定价在案。今将原编本色物件银两归入起运银内，办价之时，该县照九卿会议定价，在于起运银内动用。嗣后如有增办物料，亦照会议定价，在于起运银内动用。

一、廪生饩原额，每名一十两，遇闰加一两。顺治十四年，裁三分之二。康熙二年，又将所留之一全裁。于二十四年五月内，仍复三分之一在案。该县将应支之数在起运内支给。

一、文武科场银两，向系每年预将数目编定，存贮州县，届科举年，始解藩司供用。今归入起运内，遇宾兴年，藩司径按应用之数于起运银内动用。

一、旧《全书》内共征米二十万余石、豆一百余石、麦四百余石，每田地一亩征米一斗几升，又征豆一勺几抄、麦几勺几抄，百姓难以输纳。今将此豆、麦名色除去，一概征米，以便输纳。

一、驿站钱粮原额银二百八十八两。该县照应需之数，即于本县起运银内径行支销。如岁额钱粮不敷，藩司即于本府附近州县起运银内径行拨给，永停隔属拨征米、征银数。

原额田、地、山、荡、堑、漊共一万三千三百一十六顷五十七亩八分六厘七毫，分七十一则征收。

一则三斗七升五合熟田一万一千七十七顷七十一亩九分五厘一毫，每亩征银一钱六分九毫一丝，共银一十七万八千二百五十一两五钱八分四厘六毫三丝；每亩征米一斗九升七合八勺四抄，共米二十一万九千一百六十一石六斗二合七勺八抄。

一则三斗七升五合荒田三百一十一顷三十七亩三厘一毫，不派本色，每亩征地徭银二钱二分一厘六毫六丝，共银六千八百八十六两二钱六分五厘七毫七丝。

一则三斗熟田一顷九十二亩七分七厘七毫，每亩征银一钱三分三厘二毫一丝，共银二十五两六钱七分九厘八毫二丝；每亩征米一斗五升八合二勺七抄，共米三十石五斗一升八合一抄。

一则三斗荒田一十九亩一分一厘五毫，不派本色，每亩征地徭银一钱八分一厘四毫一丝，共银三两四钱六分七厘六毫五丝。

一则二斗八升熟田三百顷一十三亩三分四厘四毫，每亩征银一钱二分五厘八毫二丝，共银三千七百七十六两二钱七分八厘九毫四丝；每亩征米一斗四升七合七勺二抄，共米四千四百三十三石五斗七升一合一勺七抄。

一则二斗八升荒田二百五十九顷八十二亩一厘六毫，不派本色，每亩征地徭银一钱七分八毫一丝，共银四千四百三十七两九钱八分八厘一毫五丝。

一则二斗六升一合七勺熟田二十五亩二分五厘七毫，每亩征银一钱一分六丝，共银三两七分九丝；每亩征米一斗三升八合七抄，共米三百四斗八升七合二勺三抄。

一则二斗六升熟田一顷八十一亩八分九厘九毫，每亩征银一钱一分八厘四毫三丝，共银二十一两五钱四分二厘二毫九丝；每亩征米一斗三升七合一勺七抄，共米二十四石九斗五升一合八勺。

一则二斗六升荒田五顷三十三亩四分二厘二毫，不派本色，每亩征地徭银一钱六分二毫一丝，共银八十五两四钱五分九厘五毫三丝。

一则二斗五升熟田二顷五十七亩九分八厘三毫，每亩征银一钱一分四厘七毫四丝，共银二十九两六钱九毫六丝；每亩征米一斗三升一合八勺九抄，共米三十四石二升五合三勺七抄。

一则二斗五升荒田一十四亩八分一厘七毫，不派本色，每亩征地徭银一钱五分四厘九毫一丝，共银二两二钱九分五厘三毫。

一则二斗三升熟田一顷五十一亩八分，每亩征银一钱七厘三毫五丝，共银一十六两二钱九分五厘七毫三丝；每亩征米一斗二升一合三勺四抄，共米一十八石四斗一升九合四勺一抄。

一则二斗三升荒田三亩六分八厘五毫，不派本色，每亩征地徭银一钱四分四厘三毫一丝，共银五钱三分一厘七毫八丝。

一则二斗熟田一百四十三顷七十二亩一分三厘五毫，每亩征银九分六厘二毫七丝，共银一千三百八十三两六钱五厘四毫三丝；每亩征米一斗五合五勺一抄，共米一千五百一十六石四斗三合九勺六抄。

一则二斗荒田三十三顷一十亩一分二厘二毫，不派本色，每亩征地徭银一钱二分八厘四毫一丝，共银四百二十五两五分二厘七毫六丝。

一则一斗八升七合五勺熟田三十七亩三分三厘五毫，每亩征银九分六毫六丝，共银三两四钱二分二厘一毫；每亩征米九升八合九勺二抄，共米三石六斗九升三合一勺七抄。

一则一斗八升熟田一十一顷六十三亩四分四厘八毫，每亩征银八分八厘八毫九丝，共银一百三两四钱一分八厘八毫九丝；每亩征米九升四合九勺六抄，共米一百一十石四斗八升一合二抄。

一则一斗八升荒田三十七顷一十亩三厘八毫，不派本色，每亩征地徭银一钱一分七厘八毫一丝，共银四百三十七两七分九厘五毫七丝。

一则一斗六升熟田一顷七亩一分七厘三毫，每亩征银八分一厘五毫，共银八两七钱三分四厘五毫九丝；每亩征米八升四合四勺一抄，共米九石四升六合四勺七抄。

一则一斗六升荒田一十六顷一十九亩一分三厘四毫，不派本色，每亩征地徭银一钱七厘二毫一丝，共银一百九十五两二分九厘三毫五丝。

一则一斗五升熟田一十六顷八十八亩三分八厘六毫，每亩征银七分七厘八毫一丝，共银一百三十一两三钱七分三厘三毫一丝；每亩征米七升九合一勺三抄，共米一百三十三石六斗一合九勺八抄。

一则一斗五升荒田三十六亩九分四厘一毫，不派本色，每亩征地徭银一钱一厘九毫六丝，共银三两七钱六分四厘六毫五丝。

一则一斗四升五合荒田一十亩一厘七毫，不派本色，每亩征地徭银九分九厘二毫六丝，共银九钱九分四厘二毫八丝。

一则一斗四升熟田一顷八十二亩八分九毫，每亩征银七分四厘一毫，共银一十三两五钱四分七厘九毫七丝；每亩征米七升三合八勺六抄，共米一十三石五斗二合二勺七抄。

一则一斗四升荒田三顷四十八亩五分一厘二毫，不派本色，每亩征地徭银九分六厘六毫一丝，共银三十三两六钱六分九厘七毫四丝。

一则一斗三升六合七勺熟田一顷八十三亩一分二厘六毫，每亩征银七分二厘，共银一十三两三钱四分九厘八毫八丝；每亩征米七升二合一勺二抄，共米一十三石二斗七合四抄。

一则一斗三升三合熟垦六亩三分，每亩征银七分一厘五毫三丝，共银四钱五分六毫三丝；每亩征米七升一勺七抄，共米四斗四升二合七抄。

一则一斗三升熟田三顷五十七亩五分七毫，每亩征银七分四毫二丝，共银二十五两一钱七分五厘六毫四丝；每亩征米六升八合五勺八抄，共米二十四石五斗一升七合八勺三抄。

一则一斗三升荒田五十五亩二分二厘三毫，不派本色，每亩征地徭银九分一厘三毫一丝，共银五两四分二厘四毫一丝。

一则一斗二升五合八勺熟田九亩七分八厘，每亩征银六分八厘八毫七丝，共银六钱七分三厘五毫四丝；每亩征米六升六合三勺七抄，共米六斗四升九合九抄。

一则一斗二升五合熟田二顷六十六亩六厘二毫，每亩征银六分八厘五毫七丝，共银一十八两二钱四分三厘八毫七丝；每亩征米六升五合九勺四抄，共米一十七石五斗四升四合二勺二抄。

一则一斗二升二合熟溇田六分三厘五毫，每亩征银六分七厘四毫七丝，共银四分二厘八毫四丝；每亩征米六升四合三勺六抄，共米四升八勺六抄。

一则一斗二升熟田二顷七十一亩四厘一毫，每亩征银六分六厘七毫三丝，共银一十八两八分六厘五毫六丝；每亩征米六升三合三勺一抄，共米一十七石一斗五升九合六勺。

一则一斗一升九合熟田四十八亩二分八厘五毫，每亩征银六分六厘三毫六丝，共银三两二钱四厘一毫九丝；每亩征米六升二合七勺八抄，共米三石三升一合三勺三抄。

一则一斗一升三合熟田二顷一十六亩一分二厘七毫，每亩征银六分四厘一毫四丝，共银一十二两八钱六分二厘三毫八丝；每亩征米五升九合六勺一抄，共米一十二石八斗八升三合三勺三抄。

一则一斗一升熟田二亩九分五厘三毫，每亩征银六分三厘四毫，共银一钱八分七厘二毫二丝；每亩征米五升八合五勺六抄，共米一斗七升二合九勺二抄。

一则一斗一升一合荒田六亩三分六毫，不派本色，每亩征地徭银八分一厘二毫，共银五钱一分二厘二毫九丝。

一则一斗九合熟田九十亩八分二厘七毫，每亩征银六分一厘六毫六丝，共银五两六钱九分一厘二毫一丝；每亩征米五升七合五勺，共米五石二斗二升二合五勺五抄。

一则一斗九合荒田八十一亩八厘，不派本色，每亩征地徭银八分一毫一丝，共银六两六钱六分一厘三毫五丝。

一则一斗三合五勺熟田八亩七分八厘三毫，每亩征银六分六厘三丝，共银五钱三分二厘五毫一丝；每亩征米五升四合六勺，共米四斗七升九合五勺五抄。

一则一斗三合熟田三顷八十七亩七分一厘三毫，每亩征银六分四毫五丝，共银二十三两四钱三分七厘二毫五丝；每亩征米五升四合三勺四抄，共米二十一石六升八合三勺二抄。

一则三斗七升五合熟地四顷一十四亩三分二厘一毫，每亩征银一钱六分九毫一丝，共银六十六两六钱七分一毫六丝；每亩征米一斗九升七合八勺四抄，共米八十一石九斗七升一合四勺四抄。

一则三斗七升五合荒地一十一亩一分七厘三毫，不派本色，每亩征地徭银二钱二分一厘一毫六丝，共银二两四钱七分一厘。

一则二斗八升熟地八顷六十八亩一分九厘六毫，每亩征银一钱二分五厘八毫二丝，共银一百九两二钱二分四厘三毫四丝；每亩征米一斗四升七合七勺二抄，共米一百二十八石二斗四升九合九勺四抄。

一则二斗八升荒地六亩三分二厘九毫，不派本色，每亩征地徭银一钱七分八毫一丝，共银一两八分一厘五毫。

一则一斗三升一合五抄熟地一百四顷六十五亩三分三厘二毫，每亩征银七分八毫一丝，共银七百四十一两五分一毫五丝；每亩征米六升九合一勺四抄，共米七百二十三石五斗七升三合五抄。

一则一斗三升一合五抄荒地二顷四十二亩一分七厘，不派本色，每亩征地徭银九分一厘八毫七丝，共银二十二两二钱二分八厘一毫五丝。

一则六斗熟地一分，每亩征银二钱四分四厘，共银二分四厘四毫；每亩征米三斗一升六合五勺五抄，共米三升一合六勺五抄。

一则五斗熟地二分，每亩征银二钱七厘七丝，共银四分一厘四毫一丝；每亩征米二斗六升三合七勺九抄，共米五升二合七勺五抄。

一则四斗熟地二分五厘，每亩征银一钱七分一毫四丝，共银四分二厘五毫三丝；每亩征米二斗一升一合三抄，共米五升二合七勺五抄。

一则一斗熟田、地、荡、溇二百八顷二十四亩四厘六毫，每亩征银四分八厘一毫三丝，共银一千二两二钱六分一厘三毫三丝；每亩征米五升二合七勺五抄，共米一千八十八石四斗八升八合四勺二抄。

一则一斗荒田、地、荡六十七顷二十九亩九分四厘一毫,不派本色,每亩征荒折地徭银六分四厘二毫,共银四百三十二两六分二厘二毫一丝。

一则七升熟荡八顷三亩二分七厘一毫,每亩征银三分七厘五丝,共银二十九两七钱六分一厘一毫九丝;每亩征米三升六合九勺三抄,共米二十九石六斗六升四合七勺九抄。

一则六升五合五勺熟荡二十六亩八分二厘九毫,每亩征银三分五厘五毫九丝,共银九钱四分九厘四毫七丝;每亩征米三升四合五勺五抄,共米九斗二升六合九勺四抄。

一则五升熟地、田、荡、溇一百九十七顷三十亩六分二厘一毫,每亩征银二分九厘六毫七丝,共银五百八十五两四钱七厘五毫二丝;每亩征米二升六合三勺六抄,共米五百二十石二斗九升六合四勺七抄。

一则五升荒田荡一顷四十五亩七分,不派本色,每亩征地徭银三分七厘七毫,共银五两四钱九分二厘八毫九丝。

一则四升四合熟荡一十七亩五分一厘一毫,每亩征银二分七厘四毫五丝,共银四钱八分六毫七丝;每亩征米二升三合二勺一抄,共米四斗六合四勺三抄。

一则四升二合熟荡二十亩九分二毫,每亩征银二分六厘七毫一丝,共银五钱五分八厘二毫九丝;每亩征米二升二合一勺五抄,共米四斗六升二合九勺七抄。

一则四升一合熟荡九十五顷九十八亩四分七厘六毫,每亩征银二分六厘三毫四丝,共银二百五十二两八钱二分三厘八毫五丝;每亩征米二升一合六勺三抄,共米二百七石六斗一升五合三勺。

一则四升一合荒荡九分六厘三毫,不派本色,每亩征地徭银三分二厘九毫三丝,共银三分一厘七毫一丝。

一则三升五合熟荡二顷三十二亩四厘三毫,每亩征银二分四厘一毫三丝,共银五两五钱九分九厘;每亩征米一升八合四勺六抄,共米四石二斗八升三合五勺一抄。

一则三升三合熟荡二顷八十亩七分一厘一毫,每亩征银二分三厘三毫九丝,共银六两五钱六分五厘八毫三丝;每亩征米一升七合四勺一抄,共米四石八斗八升七合一勺七抄。

一则三升熟荡七十四顷一十五亩四分九厘五毫,每亩征银二分二厘二毫八丝,共银一百六十五两二钱一分七厘二毫二丝;每亩征米一升五合八勺二抄,共米一百一十七石三斗一升三合一勺三抄。

一则三升荒荡二十九亩一分五厘二毫，不派本色，每亩征地徭银二分七厘一毫，共银七钱九分四丝。

一则二升熟荡九十四亩九分九毫，每亩征银一分八厘五毫九丝，共银一两七钱六分四厘三毫五丝；每亩征米一升五勺五抄，共米一石一合二勺八抄。

一则一升五合熟田、山、荡、溇一百九十三顷一十五亩六分五厘八毫，每亩征银一分六厘七毫，共银三百二十三两三钱四分四厘一毫四丝；每亩征米七合九勺一抄，共米一百五十二石七斗八升六合八勺五抄。

一则一升五合荒田、荡五十五亩三分六厘五毫，不派本色，每亩征地徭银一分九厘一毫五丝，共银一两六分二毫一丝。

一则一斗熟荡二十二亩八分六厘一毫，每亩征银五分七毫二丝，共银一两一钱五分九厘五毫；每亩征米五升六合四勺五抄，共米一石二斗九升五勺。

一则五升熟山、荡六十五顷九十二亩一分四厘五毫，每亩征银三分九毫六丝，共银二百四两九分二厘八毫；每亩征米二升八合二勺二抄，共米一百八十六石三升三勺三抄。

一则三升熟山、荡二十六顷四十五亩七分三厘八毫，每亩征银二分三厘六丝，共银六十一两一分七毫一丝；每亩征米一升六合九勺三抄，共米四十四石七斗九升二合三勺四抄。

一则二升熟荡二亩五分五厘二毫，每亩征银一分九厘一毫一丝，共银四分八厘七毫六丝；每亩征米一升一合二勺九抄，共米二升八合八勺一抄。

以上共地丁银二十万四百三十八两一钱九分一厘二毫三丝，遇闰加银一千九百十四两七分一厘三毫九丝；共米二十二万八千九百一十三石九斗一合八勺五抄，遇闰加米八百四石二斗三升二合五勺六抄。

征丁银数

人丁九万八千一十八丁五分，每丁征银三分九厘一毫三丝，共银三千八百三十五两四钱六分三厘九毫。

又复优免绅衿本身丁九百一丁五分，未据报免，仍每丁征银三分九厘一毫三丝，共银三十二两八钱四分一厘六毫四丝。

以上共丁银三千八百六十八两三钱五厘五毫四丝，遇闰加银一百四十九两七钱八分二丝。

又不在地丁之内,另征网租银二两五钱。

又匠班银六百八十一两三钱。

起运存留银数

通共征银二十万四千九百九十二两九钱九分六厘七毫七丝,遇闰加银一千二百三十三两八钱五分一厘四毫一丝。

一、起运银一十三万七千九十七两四钱一分六厘一毫一丝,遇闰月加银五百五十五两三钱七分三厘五毫四丝。

一、漕项银六万一百三十二两九钱八厘九毫七丝,遇闰加银三百四十二两五钱。内轻赍银一万五千六百五十两一钱六厘五毫二丝;易米银七十七两一钱九分三厘九毫六丝;芦席银六百七十八两九钱五分七厘六毫三丝;木板银二百七十六两八钱八分七厘三毫八丝;扛解银四百八十两一分五厘九毫三丝;过江六升米折银二千六百五十四两九钱九厘五毫三丝;灰石米折银四千五百一十七两五钱八分七厘二毫;漕赠银一万七千四百八十一两七分六毫;白粮经费银七千七百二十七两九钱三厘五丝;凤阳仓米麦折银一千二百九十七两一钱五分七厘八毫,扛解银二十九两八钱三分四厘六毫一丝;扬州仓米折银八百七十三两四钱八分七厘九毫四丝,扛解银一十八两七钱七分九厘九毫九丝;镇江仓麦折银一百九十两六钱四厘七毫,解费银三两八钱一分二厘九丝;苏、太、镇三卫浅船民七银二百三十四两四钱九分六毫四丝,解费银四两六钱八分九厘八毫六丝;苏、太、镇三卫军储银六千一百二十八两二钱四分八厘七毫九丝,遇闰加银三百四十二两五钱,贴运银四百四十九两五钱二分八毫;江宁省卫行月银一千三百五十七两六钱。

一、河工银一千五百四十八两一钱一厘七毫六丝。工部核销。

一、存留银六千二百一十一两八钱六分九厘九毫三丝,遇闰加银三百三十五两九钱七分七厘八毫七丝。

巡抚俸银二十九两六钱四分五厘。

钞关巡捕官廪粮银二十四两,遇闰加银二两。

知府俸银六十二两四分四厘。

海防同知俸银八十两。门子二名,工食银一十二两,遇闰加银一两。皂隶一十二名,工食银七十二两,遇闰加银六两。步快八名,工食银四十八两,遇闰加银四两。轿、伞夫七名,工食银四十二两,遇闰加银三两五钱。灯夫二名,工食银一十二两,遇闰加银一两。

司狱俸银三十一两五钱二分。皂隶二名，工食银一十二两，遇闰加银一两。

府学教官俸银三十一两五钱二分。膳夫二名，工食银四十两，遇闰加银三两三钱三分三厘三毫。门斗三名，工食银二十一两六钱，遇闰加银一两八钱。

知县俸银四十五两。门子二名，工食银一十二两，遇闰加银一两。皂隶十六名，工食银九十六两，遇闰加银八两。民壮五十名，工食银三百两，遇闰加银二十五两。轿、伞、扇夫七名，工食银四十二两，遇闰加银三两五钱。灯夫四名，工食银二十四两，遇闰加银二两。库子四名，工食银二十四两，遇闰加银二两。斗级四名，工食银二十四两，遇闰加银二两。禁卒八名，工食银四十八两，遇闰加银四两。

县丞俸银四十两。门子一名，工食银六两，遇闰加银五钱。皂隶四名，工食银二十四两，遇闰加银二两。马夫一名，工食银六两，遇闰加银五钱。又添设县丞一员，官役俸工支给同。

主簿俸银三十三两一钱一分四厘。门子一名，工食银六两，遇闰加银五钱。皂隶四名，工食银二十四两，遇闰加银二两。马夫一名，工食银六两，遇闰加银五钱。

典史俸银三十一两五钱二分。门子一名，工食银六两，遇闰加银五钱。皂隶四名，工食银二十四两，遇闰加银二两。马夫一名，工食银六两，遇闰加银五钱。

巡检俸银三十一两五钱二分。皂隶二名，工食银一十二两，遇闰加银一两。弓兵二十一名，工食银一百一十一两六钱，遇闰加银九两三钱。又陈墓巡检一员，官役俸工支给同。

儒学教官俸银三十七两五钱二分。斋夫三名，工食银三十六两，遇闰加银三两。膳夫二名，工食银四十两，遇闰加银三两三钱三分三厘三毫。门斗三名，工食银二十一两六钱，遇闰加银八钱。

一、看司门子二名，工食银七两二钱，遇闰加银六钱。

一、听事义民一十三名，工食银一百四两，遇闰加银八两六钱六分六厘六毫。

巡盐巡捕民壮二十名，工食银一百四十四两，遇闰加银一十二两。

河下皂隶一百二十名，工食银八百六十四两，遇闰加银七十二两。

河下灯夫八十名，工食银三百七两一钱三分六厘，遇闰加银二十五两五钱六分四厘六毫七丝。

河下吹手二十四名，工食银二百一十六两，遇闰加银一十八两。

本府钟鼓夫一名，工食银三两，遇闰加银二钱五分。

龙衣船水手，工食银八十七两六钱二分七厘六毫六丝。

仙船水手一十名,工食银七十二两,遇闰加银六两。

本府铺兵九名,工食银八十一两,遇闰加银六两七钱五分。

本县铺兵九十九名,工食银八百九十一两,遇闰加银七十四两二钱五分。

孤贫二百九十九名,口柴薪布花银二百九十九两。

表笺银一十八两三钱一分四厘六毫五丝。

习仪拜牌等银二十两。

文庙香烛银三两六钱。

各坛庙祭祀银二百一十两。

乡饮银一十七两五钱。

龙衣船修理银一十一两二钱四分六厘九毫三丝。

各营船械银五百一十三两一钱九分五厘八毫四丝。

岁终新书七十两。

司府造册纸张工费银六十三两三钱九分三厘。

青田长单银二十两。

修理监仓银五两。

一、二年一办银:本府岁贡盘费银一十七两一钱四分二厘八毫;本县岁贡盘费银六十两。

一、三年一办银:会试举人盘费银四十一两三钱三分三厘三毫三丝;进士牌坊银六十六两一钱三分三厘三毫三丝;武进士牌坊银六两六钱六分六厘六毫六丝。

一、学租银一百三十六两三分六厘。学院报销。

起运存留米数

通共征米二十二万八千九百一十三石九斗一合八勺五抄,遇闰加米八百四石二斗三升二合五勺六抄。

漕粮正兑正米一十一万七千八百四十七石九斗四合四抄,耗米四万七千一百三十九石一斗六升一合八勺。

改兑正项米七千五百五十六石六斗四升六合二勺,耗米二千二百六十六石九斗九升三合九勺。

漕赠五米八千七百四十石五斗三升五合三勺。

白粮正项米一万一千一百九十九石四斗六升四合七勺五抄,耗米五千二百八十三石一斗五升九合八勺。

春办米二千四百九十四石一斗二升一合七勺三抄。

运船水夫饭米八百一石三斗二升一合四勺六抄。

江宁省卫行月米三千六百五十二石四斗九升四合九勺六抄。

苏、太、镇三卫行月米四千二百一十石二斗五升一合三勺八抄，遇闰加米三百七十一石三斗。

扬州仓米一千五百五十八石二斗五升二合七勺五抄。

镇江仓麦易米四百四十石九斗五升九合五勺三抄。

一、存留米五千二百一十一石七斗一升七合二勺四抄，遇闰加米四百三十二石九斗三升二合五勺六抄。

局匠口粮四千一百三十一石八斗九升三合一勺，遇闰加米三百四十三石二斗三升二合五勺六抄。

孤贫口粮米一千七十九石八斗二升四合一勺四抄，遇闰加米八十九石七斗。

一、应存米一万五百八十石九斗一升六合六勺五抄，候拨兵粮。

康熙二十八年，圣驾南巡，谕江南督抚将全省积年民欠一应地丁钱粮、屯粮、芦课、米麦豆杂税，概与蠲除。

上谕江南督抚曰：朕南巡以来，轸念民依，勤求治理。顷至江南境上，所经宿迁诸处，民生风景较前次南巡稍加富庶。朕念江南财赋甲于他省，素切留心。因尚有历年带征钱粮，恐为民累。出京时，曾讯户部，知全省积欠约有二百二十余万。今亲历兹土，访知民隐，无异所闻。除江南正项钱粮已与直隶各省节次蠲免外，再将江南全省积年民欠一应地丁、钱粮、屯粮、芦课、米麦豆杂税概与蠲除。自此，民免催征，官无参罚。尔督抚务须切实举行，俾均沾实惠，副朕爱恤民生至意。如有以完作欠、侵收肥己等弊，一经发觉，定行从重治罪。夫民为邦本，足民即以富国。朕平日躬行节俭，一丝一粟未尝轻费。所以如此简约者，无非爱养物力，为优恤元元之地。在民间惟正之供，军国所需，岂易骤言蠲免？迩年国用少裕，故能频沛恩施，总期藏富于民，使家给人足，则礼让益敦，庶几渐臻雍穆之治钦！著速行传谕，令咸知朕意，特谕。

二月初四日，上幸虎丘，苏属士民刘廷栋等、松属士民张三才等，候驾幸万岁楼，出二山门，伏奏云：圣谕亲览民情，钦遵上达大听。上驻驿垂问。奏云：苏松浮粮，明太祖怒百姓附张士诚抗师固守，加罚重粮，叩求圣恩酌减。上命内侍收进，本日回銮。奉旨，九卿科道汇议。

二十九年三月二十一日,上谕户部:着九卿等集议,量减苏松浮赋。

三十年十二月初四日,上谕户部:将起运漕粮自三十一年始,逐省以次各蠲免一年。

上谕户部:朕抚驭区宇三十年以来,夙夜图维,惟以爱育苍生、俾咸臻安阜为念。比岁,各省额征钱粮业已次第蠲豁,其岁运漕米向来未经议免。朕时切轸怀,所有京通仓米谷樽节支给,数载于兹。今观历年储积之粟,确足供用,应将起运漕粮逐省蠲免,以舒民力。除河南省明岁漕粮已颁谕免征外,湖广、江西、浙江、江苏、安徽、山东应输漕米,著自三十一年始以次各免蠲一年,至江宁、京口、杭州、荆州大兵驻防地方,亦应预行积贮,著将三十一年起运三十年漕米截留十万石,存贮仓廒,令该地方官敬慎守视,以备需用。尔部即遵谕行。特谕。苏州漕粮于三十四年输免。

三十二年九月,奉旨,江苏、安徽夏旱,免本年漕粮三分之一,俟至应蠲年分补还。

三十八年三月,奉旨,江苏、安徽所属旧欠带征钱粮,除康熙三十三年恩诏内已经赦免外,其三十四、五、六年一应地丁、米麦豆杂税,俱著蠲免。

四十年,奉旨,江苏省州县除漕项外,将四十一年地丁、钱粮尽行蠲免。

四十五年十月,奉旨,江苏、安徽等省自康熙四十三年以前未完地丁银米通行豁免,其旧欠已完在官而见年钱粮未完足者亦准扣抵。

四十六年,江苏等处旱。十月,奉旨,本年所征漕粮每州县或留八九万石或十万石,酌量赈给。

十一月,奉旨,康熙四十七年江南通省人丁额征银两悉行蠲免。其本年被灾安徽巡抚属七州县、三卫,江宁巡抚属二十五州县、三卫,应征地亩银共二百九十七万五千二百余两、粮三十九万二千余石,一概免征,所有旧欠带征银米并暂停追取。

四十七年四月,奉旨以江西、湖广漕粮三十余万石至苏松,减价平粜。十月,以江南水灾,蠲免通省地丁银四百七十五万四百两有奇,旧欠银米亦暂停追取。

五十年,上谕升平日久,国用充盈,将天下一应钱粮分三年次第蠲免,以纾民力。江苏省地丁于五十二年轮免,并免历年旧欠。

五十三年,江南等处田麦歉收,奉旨将漕米三十万石分贮江宁、苏州、淮扬、杭州、开封诸府,以备赈济。

五十四年,以苏、松等处水灾,蠲免地丁银、米有差,仍赈济饥民。

五十六年十一月,奉旨豁免安徽、江苏等处带征地丁、屯卫银两,其带征漕项银、米麦豆免征各半。

五十八年，奉旨截留江南漕米，分贮苏、松诸府，以备赈济。

六十年，总督常鼐、巡抚吴存礼准里民呈丁随田办，于是以长邑丁银三千八百九十三两四分一毫零均入通邑实熟田地平米中，照衣各则，每石加银八厘九毫五丝八忽九微四纤二沙八尘六渺九漠六埃三逡七巡。

是年，赈济江苏松、常、镇、扬所属州县饥民。

雍正元年六月，奉旨蠲江苏各属康熙十一年至五十年未完地丁银七百二十九万六千二百九十两零、米豆四十三万七千二百二十石零，又芦课等银一十九万二千七百三十三两零。

是年，江苏常、镇、淮、扬六府属内二十二州县，秋禾被旱，虫伤。诏各准被灾分数蠲免地丁银有差。

二年六月，特恩蠲免江南全省康熙四十六年至五十年旧欠地丁银六十三万三百余两、米麦二十六万八千六百七十余石。

十二月，蠲免苏、松、常、镇、淮、扬所属十五州本年被灾地丁银七万三千八百五十余两、米豆六千五百四十余石，仍赈济饥民，缓征漕米。

又奉上谕：浙江、江南沿海地方七月十八九日海潮泛溢，田禾无不损坏。朕轸念灾黎，惟恐失所，业经饬两省督抚发仓赈济，多方抚恤，但杭、嘉、苏、松等府人稠地狭，向来出米无多，虽丰年亦仰给他属。今沿海被灾，恐将来米价腾贵，小民艰食。河南、山东接壤江南，收成丰稔，可即动司库银两，山东买米六万石，河南买米四万石，选委廉干贤员陆续运交苏州巡抚平粜，所粜之银移还补库，特谕。

三年三月十七日，管理户部事务怡亲王等折奏：钦惟我皇上念切苍生，勤求民隐，惜闾阎之疾苦，咨稼穑之艰难，赈济蠲除有加无已，赐租减赋动盈数千百万。德洋泽溥，凡海隅日出之所无不被沾浩荡仁心实政，诚亘古史册所未有也。臣等伏查苏、松田税，宋时每亩输赋一斗，元时水田不过五升，明太祖因苏民为张士诚固守不降，尽籍诸豪族及富民田以为官田，按私租簿为税额，每亩四五斗、七八斗至一石以上，苏州一府秋粮至二百七十四万六千余石，时民田仍照元时之额，岁输仅十五万石，余皆征之官田。松江官田略少，秋粮亦至一百三十余万石。计苏州田、地、山、荡、滩、娄等共九万九千九百余顷，松江田、地等四万八百余顷，以宋时均税一斗合算，苏、松正额只应一百四十万余石，乃加增二百六十四万余石，几二倍于原额矣。至宣德时，以苏、松官田租额太重，递减二分、三分，苏、松二府减七十余万石。巡抚周忱定均耗之法，以官田税额摊派民田，每亩税额少者一斗九升，多者三斗六七升不等。其后，以二府额粮太多，地产米石不敷，始于平米内改征条折，此地丁等项^①折银所由始也。嘉靖时，增江浙赋税百二十万，苏、松又在加增之内。嗣后，东南被倭，又有额外提编之加。万历时，又每亩加增九厘，后于九厘外再加三厘。自宣德递减之后，嘉靖、万历时复递增浮额三十余万，于是二府之民，终明之世，困于重赋。我朝平定海内，悉除前明苛政，各省赋税凡嘉靖以后加增者概行蠲免，洪恩浩荡，万民乐业。惟苏、松二府明代屡增之额，因未经详晰奏请，至今仍旧。伏查苏州府条折兵饷、徭里、人丁、匠班、随漕经费等项岁征银一百六十二万六千九百两零，松江府条折兵饷、徭里、人丁、匠班、随漕经费等项岁征银八十三万三千五百三十两零。苏州府正耗漕白等项岁征米九十七万五千二百三十石零，松江府正耗漕白等项岁征米四十一万八千五百八十石零。其岁征额米，历年以来，民间输纳完者居多。且天庾正供，兵食攸关，无庸请减。惟额征地丁银项，每至次年奏销之期，苏州一府民欠必至三十余万两，松江一府民欠必至十五六万两，积累数年，动至三四百万。幸遇圣朝时施旷典，蠲免宿逋至数百万，而数年之内，粮户日受追比之苦，地方官亦因承追而罢去者多矣。此虽有额征之名，而无征收之实也。我皇上心周蔀屋，洞照万里。雍正二年，江西南昌府属明初加增浮粮已蒙恩旨酌减宽免。今苏、松浮粮事同一体，但从来加浮之额为数太多。国家经费浩繁，理难照减。查苏州地丁银一百二十九万五千余两，松江地丁银六十七万四千余两，或应酌减几分。臣等不敢擅拟，仰候皇上钦定。此实出自^②圣主旷代特恩，非苏、松二府臣民所敢冀望。倘蒙俞允，伏祈敕下江南督抚、布政司将所减银两作何分减之处，秉公均派，无少偏枯，则二府十二州县百万黎元之子子孙孙咸豕戴高天厚地于千万世矣。臣等谨将苏、松二府每年实征地丁等项银两数目、漕白等项米石数目并自康熙五十七年至雍正元年民欠地丁钱粮数目开单呈览，为此谨奏请旨。

　　本月十九日，奉上谕：览管理户部事务怡亲王等所奏，具见勤求民隐、为国推恩之意，正应户部办理之事。苏、松之浮粮，当日部臣从未具奏。尝廑皇考圣怀屡颁谕旨，本欲施恩议减，乃彼时大臣以旧额相沿已久，国课所关綦重，恐损上益下，非理财之道，数以不应裁减固执覆奏。凡国家大事，因革损益，必君臣计议画一，始可举行。若皇考违众独断，既非询谋佥司之义，且恐一时减免，倘后来国用不足，

---

① "等项"，底本原作"等项"，据《乾隆元和县志》改。
② "出自"，底本原作"出目"，据《乾隆元和县志》改。

又开议论之端，只得从众议而中止。然圣慈轸念苏、松诞敷渥泽，屡蠲旧久，以纾民力，其数较他处为多，是亦与裁减正额无异也。今怡亲王等悉心筹画，斟酌奏请，甚为可嘉。朕仰体皇考爱民宽赋之盛心，准将苏州府额征银蠲免三十万两，松江府额征银蠲免十五万两。《论语》曰：百姓足，君孰与不足？《周易》曰：损上益下，民悦无疆。朕但愿百姓之足，时存益下之怀，用是特沛恩膏，著为定例，俾黎民轻其赋税，官吏易于催科，可饬令该地方知之。钦此。

时布政使鄂尔泰查照旨内事理，钦遵施行。查得苏属额征除杂办并人丁外，实该田地项下每两应减蠲银二钱三分五厘一丝五忽四微九纤六沙三尘二渺五漠六埃四逡七巡，其通行合属官吏、绅衿、士民、粮里人等知悉。

雍正四年，大水，田畴多没。奉旨，被灾州县俱照该府所题分数减免有差。又诏以从前积贮米分路煮粥赈饥。自四年十二月始，至来年闰三月止，复出米，分路减价平粜，民忘其饥。又命抚臣动支库银四万两，委员往湖广、江西运米平粜。又特开捐贡监例，大县二万石，中县一万石，小县八千石，将米谷分贮各邑，以备赈。

上谕：江南地方今岁秋冬雨水稍多，低洼之处未免减收。目前米价虽平，恐明岁青黄不接之时，价值不免昂贵。朕心轸念，预为筹画，已特遣专官将从前截留粮米一一清查，会同该督抚商酌，以济地方之用。又令该督抚动用正项钱粮，委员于邻省采买米谷，以备积贮平粜之需。朕思苏、松、常、镇四府地广人稠，需米甚多，而四府所属漕兑共一百四十余万石，居七省漕粮三分之一。今州县既有被水之区，恐小民输纳匪易。著将成灾五分以上之地亩应出漕米缓征一半，约计将及二十万石，俾闾阎既宽正额之输，将来地方又有多余之米粟，则编户穷黎当不虑其乏食矣。其缓征一半漕米，著于雍正五年秋收后带征完纳。其不成灾之地亩仍照额征之数，准其红、白兼收。著将此速谕该督抚遵行，钦此。

十年三月，奉旨以康熙五十一年起至雍正四年官侵、吏蚀、包揽钱粮分为十年带征。完纳之分数为次年蠲免之分数。

十一年十二月，奉上谕：江苏雨水稍多，收成歉薄。著将乙卯年起运漕米截留二十万石，于被水州县平粜。新旧条银及本年南漕等米缓至来年麦熟开征，仍令动支仓谷，分别赈济。又将本年漕米一半折征。每石折征银一两。

十三年九月，皇上初即位，上谕：各省民欠钱粮十年以上者已于恩诏内概予蠲免。其余未完民欠尚有应征者，朕思缵绪方初，惟当继述我皇考惠养黎元之至意，俾服畴力穑之人均沐恩膏，积逋全释。若未蠲之项尚事征收，民间不无烦扰。兹特再行降旨,于恩诏外,将雍正十二年以前各省钱粮内曾有官侵、吏蚀二项乃从民欠中分出者,比时差往大臣官员办理,原不妥协,亦著照民欠例宽免。此朕仰体皇考诚求保赤之仁,深念吾民厚生正德之意。各省军民人等身受国恩至渥,自应感动天良,屏除陋习,明守法奉公之大义,循则壤成赋之常经,共为良民,免追呼之扰累。倘疲玩性成,不知悛改,则是我民中最为愚顽之人,既无畏威之念,亦鲜怀德之心,国法具在,朕亦不能为之宽贷也。尔等即交部遵行。钦此。

十月,豁免各处漕项、芦课及学租杂税等银。

十二月,豁免雍正十二年以前带征、缓征漕项本折银米。

乾隆二年四月,上谕:苏、松浮粮前已蒙世宗宪皇帝特降谕旨裁免四十五万两以纾民力,但江省粮额尚有浮多之处,著再加恩免额征银二十万两。该督抚确查详核,务使均匀,俾民同沾实惠。钦此。

当经巡抚邵基以江省或系江南全省咨部请示,准部覆,此项蠲免悉照雍正三年恩例遵行。于是苏、松二府及从苏州分出之太仓州暨昭文、崇明二县,划隶通州沙地额征折色银两于本年钦奉恩诏之日为始,除去匠班、人丁不减外,其余将二十万两之数按额验算,均匀摊派,计田地项下每正银一两应蠲减银一钱三分三厘六毫五丝三忽一微四纤二沙三尘。时急公之户先已多完者,即将溢完银两留抵下年钱粮。

又奉上谕:每年所需白粮不过十万石,仍照常征收外,其余十二万著漕运总督会同该督抚酌行改征漕粮。其经费银米俱照漕例征收,以纾民力。钦此。

乾隆四年,特旨蠲江南正赋一百万两。

乾隆十年六月初九日,上谕:我朝列圣相承,深仁厚泽,无时不加意培养元元,以期家给人足。百年以来,薄海内外,物阜民康,共享升平之福。朕临御天下十年于兹,抚育蒸黎,民依念切,躬行俭约,薄赋轻徭,孜孜于保治之谟,不敢稍有暇逸。常守节用爱人之训,凡以为民也。今寰宇敉宁,既鲜縻费之端,亦无兵役之耗,所有解部钱粮原为八旗官兵及京员俸饷之所需,计其所给,较之宋时养兵之费,犹不及十之一二。至于各处工程,为利民之举者,亦只取给于存公银两。即朕偶有巡幸赏赍所颁,亦属无几。是以左藏尚有余积,数年来直省偶有水旱,朕加恩赈济,多在常格之外。如前年江南被水,抚绥安插,计费帑金千余万两。此皆因灾伤补救而沛恩泽者。朕思海宇乂安、民气和乐、持盈保泰,莫先于足民,况天下之财,止有此数,不聚于上即散于下?仰惟我皇祖在位六十一年,蠲租赐复之诏,史不绝书。又曾特颁恩旨,将天下钱粮普免一次。我皇考旰食宵衣,勤求民瘼,无日不下减赋宽征之令。如甘肃一省征赋，全行豁免者十有余年，此中外所共知者。朕以继志述事之心，际重熙累洽之候，欲使海澨山陬一民一物，无不均沾大泽。为是特降谕旨，将乾隆丙寅年直省应征钱粮通行蠲免。其如何办理之处，着大学士会同该部即速定议具奏。钦此。廷臣议准普天下钱粮分三年轮免，遂于乾隆十一年免江苏省钱粮。

乾隆十六年上谕：朕巡幸江浙，问俗省方，广沛恩膏，聿昭庆典。更念东南贡赋甲于他省，其历年积欠钱粮虽屡准地方大吏所请，分别缓带，以纾民力，而每年新旧并征，小民终未免拮据。朕宵旰勤劳，如伤在抱。兹当翠华亲莅，倍深轸切，用普均沾之泽，以慰望幸之忱。着将乾隆元年至十三年江苏积欠地丁二百二十八万余两、安徽积欠地丁三十万五千余两悉行蠲免，俾官无罣误，民鲜追呼，共享升平之福。夫任土作贡，岁有常经，自应年清年款。江苏积欠乃至二百二十余万之多，催科不力，有司实不能辞其咎。而玩疲成习，岂民间风俗之浇漓尚有未尽革欤？朕以初次南巡，故特加恩格外，嗣后该地方官务宜谆切劝谕，加意整顿。其在小民，亦当湔除旧习，勉效输将，勿谓旷典可希冀屡邀而惟正之供任其逋负也。其浙江一省虽额数略少于江苏而节年以来并无积欠，岂犬牙相错之地不齐，乃至是欤？此具见浙省官民敬事急公之义而江苏官民所宜怀惭而效法者也。朕甚嘉焉。着将本年应征地丁钱粮蠲免三十万两，以示鼓励。该督抚其仰体朕惠爱黎元之意，严饬所属实力奉行，使闾阎咸沾实惠。倘有不肖官吏以完作欠，希图侵蚀，察出即行纠参，从重治罪，并将此通行晓谕知之。钦此。

当经户部奏明恩旨，蠲免江省民欠钱粮，其实欠在民者自应遵照谕旨，即行豁免。所有未完役蚀银两，应请查照乾隆十二年四月军机大臣议覆前任江督尹继善奏，将役蚀银两勒限监追原案，仍分别着追，奉旨依议。

乾隆二十年，田禾被灾。恩旨蠲免地漕银一千八百八十九两二钱二分八厘八丝一忽七微、米六百六十五石一斗六升一勺五抄七撮七圭。

乾隆二十二年，圣驾南巡，恩旨蠲免二十二年地丁银三万八百四十三两三钱一分七厘二毫八丝九忽五纤七埃四漠七巡七须、二十一年地丁银七千一百五十八两一钱六分六厘四毫一丝七忽九微七纤一漠一巡、二十年地丁银五千一百五十五两九钱六分七厘八毫一丝七尘五渺二漠九埃。

乾隆二十四年，田禾被灾，恩旨蠲免地漕银六千三百二十七两八钱八分六厘五毫五丝九忽、米一万七百八十九石二斗八升三合七勺八抄。

乾隆二十六年，田禾被灾，恩旨蠲免地漕银三千七百四十两五钱六分三厘五毫五丝七忽二微、米六千三百四十石六斗二升七合二勺一抄六撮六圭。

乾隆二十七年，圣驾南巡，恩旨蠲免二十七年地丁银三万一千五百二十二两九钱一分六厘八毫四丝六忽三微六沙六尘六渺五漠三埃一逡一巡四须五庾、二十三年地丁银一百二十五两三钱一分四毫八丝五忽二微五纤、二十四年地丁银一千三百八十一两八钱五分五毫五丝九微。

乾隆三十年，圣驾南巡，恩旨蠲免三十年地丁银三万一千二百八十九两三分八厘四毫七丝一忽六微四纤七沙四漠四浚六须、二十六年未完灾田漕项银二百八十一两九钱七分七厘三毫四忽九微八纤九渺六漠九巡、二十四年未完灾田漕项银一千二百七十四两二钱九分六厘六毫五忽二微六纤四逡九巡二须五庾、二十年未完灾田漕项银七百四两二钱一分一毫八丝九忽九微五沙七尘九埃九巡。

乾隆十六年，长洲县李光祚具详核减开垦报熟银米，奉巡抚庄有恭"俟勘详具题"。略曰：窃查长邑复熟减则田地自康熙十七年清丈，查有高岗地角水区低瘠不可种稻，列为版荒，止征折银，不科漕米。出息甚微，不能抵办，积欠累累。雍正元年四月二十六日，奉谕旨劝民开垦旷土，照依水田五年、旱田十年，报升之例。雍正七年，侍郎常条奏开垦荒田，将原额荒田计作十分，令州、县、卫于一年内劝谕开垦三分者议叙等因。雍正八年，前县林瑛令各图地圩将荒田开垦报熟，计共劝垦田荡一百七十顷一十九亩零，升增粮米一千八百余石。雍正十年间，详题入额起科。雍正十二年九月，奉督宪赵开准户部咨开内阁学士凌如焕条奏，开垦田地恐地方有司垦少报多，希图增课，以邀议叙。行文督抚，覆加详核，如有坍塌更改之处，具题请豁。雍正十三年六月，前县沈光曾奉文查勘，复熟田地雨水稍多，低田淹没，审度情形，似难转则，通详各宪。乾隆元年二月，奉督宪赵行查各属开册通报，前县沈光曾援照昆、新减则之例详府，转详各宪批行藩宪议详，奉布政司张饬委吴县查勘。乾隆二年七月，详覆奉行取结。乾隆三年九月，前县卫哲治覆勘结报奉，将乾隆二年起各年粮米按户注册缓征，详请缓拨兵糈，以纾民力。乾隆五年五月间，将复熟田地并版荒田荡一并详府，转详奉宪饬行，分案具详，将复熟田地归入一件。钦奉上谕：事减则案内详报。乾隆九年十月间，奉督宪尹批委太湖厅王履勘，复奉藩宪爱详奉前抚宪陈批饬，委员按丘亲勘确实，除实在成熟外，其余低瘠田荡一万五千五百五十八亩零，分晰高下等则情形。乾隆十年三月，折报藩宪，奉藩宪安批定，各委员出勘结核详。乾隆十四年三月，奉藩宪辰饬，取近今年月印结署县方具结申送。续奉藩宪永造册，转详奉抚宪王于乾隆十六年闰五月二十六日将上元等州县卫减则田地减征银米一并造具册结保，题请自十六年为始，按照减则征输。复奉藩宪郭饬行，将十六年银米给单注缓计，共减征银一千一百六十八两六分一厘六毫，减征米二千一百九十二石三斗七升三合零、豆一石五斗六升一合二勺零，遇闰减征银十四两一钱六分四厘六毫零、米三石七合八勺零。其十五年以前旧欠银米，查照完欠，另详题蠲等因，是以十六年银米遵奉注缓其各年旧欠，现在饬查造报，于十六年十二月初五日接奉苏抚部院庄宪行内开。乾隆十六年十月初七日，准户部咨，上元等十六州县卫减则田地所减银米何致减征十分之九，其中有无虚捏？在部无凭查核，再行委员详细确勘具题。

按，《禹贡》："扬州之域，厥田惟下下，厥赋下上，上错。"自唐天宝后，递增课额而江南赋税遂甲天下。宋初，苏郡岁额三十万石。元延祐中，增至八十余万。明洪武，因张士诚久据郡不下，迁怒苏民，岁增至三百余万石。后乃减至二百七十余万，视宋、元犹倍蓰也。初有本折二色，折色视所折之项为差等，每米一石轻者折银二钱五分，重者折银五六钱止耳。后又改折色为本色，困乃益甚。自熙朝定鼎，即尽去天、崇末无艺之征，重累已苏。继以列圣相承，恩波频溢，草野之民，虑无不沐浴咏歌，输将恐后。然积逋常至数百万者何？盖积重之势，虽经力返，而较他省郡邑税额仍不啻倍之。长邑境东西七十里耳，歆南迤北才九十里，迨分其半为元和，计壤地仅同至小之邑，而征赋经屡减之后，米尚一十一万七千有奇，银尚七万二千有奇，与他省一大郡等，真若此地寸寸皆金粟者。其实高下异形，肥瘠异壤，沟塍渠港之际，浜汊崎角之间，高者旱即无收，最洼者随莳随没，又雨旸岁岁不齐，大有不数书统。常岁收成计之，大抵中年，约六七八分不等，富室取租于佃，不无丐减减矣。仍不无尾欠，而输赋则丝粒有程，田多者其力尚纾，小康之家力亦几半竭矣。然此皆历无逋负者。惟乡农小户春所假贷，甫刈获即就近索偿，仅余者暂饱目前。虽赋课无出，不暇计，亦不能计也。延至改岁，地总催役，按册征求，错愕莫措，丐其稍缓，不能不予以饭食脚力之需，屡催复然，计所费已逾正供，而逋负如故也。又乡民无山壤茔穴，方家有数亩时，父母死，营墓于田，至贫窘以鬻他人，必减除其课额，还令自输，始以为数无几，不甚经意，岁久则积少为多，力愈难偿。或死徙他乡，莫知所去，尤难向累累荒冢而问之。又有田间构茆舍数椽，田售而留以栖宿，延宕不能完者，亦类此。凡此比比，皆有计。各欠则为数甚微，统计则累百盈千。又有荒坍条银四千五百余两，名曰板荒，例以十月启征。既荒坍矣，征又安能符额？其逋愈久而愈多，愈多而难尽偿，非官实惰征，亦非民尽冥顽，甘受鞭笞而不自惜。其种种不获已之情形备具于前巡抚汤、陈二宪前后三疏暨雍正三年怡贤王之一奏，是皆力回天听，泽被民生。仆则一介微员，惟每读郡乘时，恻然于衷，徒瞻高山之仰止耳。忆自己巳秋待罪于兹，以至愚极陋之质膺至繁最剧之邑，百务倥惚，纷若乱丝，日奔走如雨骤风驰，每饥躯偶一回署，则呼号盈耳、公牍盈几①，甫欲理绪，或喘未息而又趣之出矣。每夜分，择公事最要者竭力勾当，稍稍讫，乃程较积欠银则九万余两、米亦三万余石，皆零星散户，比牍盈尺，听比者率多疲癃尫弱。常有寡老妪穷且独，隶白积逋甚多，更无亲属。予叱曰："拘此何为者？"慰遣之使去。又或老弱幼稚单衣破裤，觥觥如结缕，寒慄声渐渐。予悯然投笔而起，曰："是尚忍敲扑为耶？且敲扑究何益者？宁我罢降调去耳。"姑释之，谕且力苦求生，不再尔追迫也。余察其尚可，拮据者婉谕之，亦严戒之曰："若皆父母遗体，奈何日受比责，且催役追呼？"又多妄费，但旧例按比，每三日一周，则奔走不暇。今与若等期以六日，多数日措办，又省数日旅食，自可随数输将。倘恃恩宽，妄希延置，必倍处不尔贷也。嗣是，稍亦源源投柜。又漕、兵二米，旧例，按某户若干斗石印定，服串必全完乃截给，勿听零星输纳，或力艰则欠愈甚。予谕以此后为变通之法，不拘升斗，随所输给一印照，俟如额再换给版串，否亦无重征虑。由是乐其易从，亦多陆续就输。计自履任以来，虽情势万难澄底，而积欠银米合计亦征至三万有余，至本任所征，则较从前历任每年欠数才半耳。于此见民非无良，非真无耻，而催科者之不徒恃乎鞭棰从事也，抑今尤有至足庆者。乾隆五年前，抚宪徐疏请江苏应减则者十余县，我长邑请减条银一千一百八十余两、米一千八百石。乾隆十六年，抚军王再申其请，经部议，饬勘实覆行，随蒙抚宪庄、藩宪郭檄照请减之数先行注缓，随委官履勘如初。予与委官吴县主簿更细加核实，今已具结，详请照议减免。盖苏民有福，今各大宪之勤恤痌瘝，皆与陈、汤二宪后先一德，行将据情摅达，荷圣天子深仁厚泽，叠沛隆恩，计自此减则之后民困益纾，将来岁供渐免亏缺。生斯土者之幸，抑亦官斯土者之厚幸也。上好仁而下好义，冀我编氓感激兴奋，共矢尊亲之至意，勉为盛世之良民，其庆泽而蒙麻者讵有艾欤！至于体恤有方，征输有法，缓急有宜，宽猛有道，禁地总之包收，戒乡民之听揽，俾胥役无中饱之端，黔赤免追呼之扰而税赋无亏缩之虞，庶几官民胥庆，丰阜长贻。予愧不德，多所未逮，深有望于后之同志者。乾隆十八年正月，知县李光祚识。

①"盈几"，底本原作"盈凡"，据文意改。

附榷税

浒墅关

元至正间，始于长洲县浒墅置抽分竹木司，分办于昆山、太仓，以客商往来、货物多寡为额。明洪武初，设官置场于本府阊门、葑门、太仓，抽分竹木、柴炭、茅草、芦柴等物，寻革罢，止设巡检司盘诘。宣德四年，始设钞关，收商船料钞。初以本府或县官监收。景泰后，专差户部主事，一年而代。本朝因之，每岁轮差，部属督理。雍正元年，归并江苏巡抚，委地方官监收。二年，苏州织造管理。乾隆六年，布政司兼管。十一年，巡抚带管其所辖口岸。旧有三桥、七港及徐六泾等处，又添设常熟之严塘庄桥、横塘桥，金匮、常熟交界之杨尖、黄庄，金匮之鸭阵桥、九里桥、六市桥等处，其征收则例船料，按梁头广狭及货物粗细、纳银多寡，递有等差。康熙二十五年，榷司桑格题定梁头丈尺，分别货色，立为规制。雍正六年，不分梁头、小贩，俱按石征收，轻重画一，刊榜晓示，商民称便。

原额税银一十一万三千九百四十六两八钱七分五厘，历年溢额五万四千七百六十二两二钱二分，今额定正银一十六万八千七百九两七分五厘。

额解铜斤脚价归正银二万二千四百四十两二钱一分二厘五毫。

杂税

一、田房税，每价一两，输银三分，给发契纸，尽收尽解。

一、牙户，长洲县五百五十一户，额银一百六十五两三钱。

一、典铺，长洲县八十户，税银四十两。

一、牛羊猪税，长洲县二两七钱。

以上各项杂税俱解布政司报部充饷。

盐课

长洲县岁行嘉、杭二所盐一万二千一百三十五引，额收盐规银九十七两八分，额征水乡盐课六两七钱八分一厘一毫。

积贮

常平仓,长洲县贮谷二万八千石。

社仓,长洲县四所,共贮谷七千四百九十八石有奇。

漕兑

乾隆十七年,长洲县知县李光祚奉巡抚庄有恭饬,刊总督尹继善《漕禁规条碑》。长洲县为特饬议详事,奉苏州府正堂刘、苏太监兑管粮分府杨、宪牌开奉江苏布政司郭、江苏按察司台、粮储道托、分巡道申、宪牌开奉两江总督部堂尹批本司道会详江省州县收兑漕粮积弊多端,自奉宪台于苏抚宪任内厘定章程,并历奉各宪示禁条款,锢弊胪列,议详各宪批饬,勒石永禁等缘由,奉批据详规条,均与从前厘定章程相符,如详通饬州县勒石署前并漕仓处所,俾官吏军民咸知遵守。又南米一项原系随漕一条鞭征,在民完纳,并无区别。州县官以漕粮考成较严,先尽起运,余为南米,遂又另征滋弊,非高浮横取,即重价折收,实为民累,久经本部堂屡檄严禁在案。该司等应摘取简明条款,一并列入永禁,取碑摹送。查,再收漕章程本部堂。前任两江时行据司道会议,详请勒石,以垂永久。业经批准通饬,是否各属并不遵办,仍查明具覆。此番饬行之后有无抗违不遵情事,该管道府一体查察通报,并候漕抚部院批示缴等因。又奉漕运总督部院瑚批开:仰候督抚部院批示遵行,又奉江苏巡抚部院庄批开,如详通饬勒石署前及漕仓两处,永远遵守,取碑摹送查并候督漕部堂院批示具报缴各等因,转饬到县,奉此合行,敬勒永遵,为此示仰阖邑完粮花户并受兑旗丁及漕记书役在仓人夫知悉遵照。后开规条,永远遵守,慎勿违犯干咎须至碑者。

一、下江征收漕粮遵奉督宪尹于苏抚宪任内奏定章程,每石随正交纳费银六分,照现今钱价八折收钱四十八文,不许收银,以杜重戥称收之弊。其所收费钱内给丁二十四文为津贴兑运诸费,存县二十四文内酌留二分为修理仓廒、置备芦席、器具及详定协贴捐项一切杂用,其余一分给发漕总记书为纸张、人工、饭食之用。又每石收脚钱四文,水次离仓远者每十里递加钱二文。此外毋许多收粒米、分文,至钱价低昂无定,仍应随时详报增减。

一、漕粮例应官收官兑,印官驻宿仓场,亲验米色。如果干圆洁净,立时斛收,给串宁家。倘故意憎嫌,筛飏刁蹬,明加暗扣,浮收斛面并在仓呈样。米顺风、米养斛、米鼠耗等米以及借称积谷，按石勒掯，巧立种种名色，娄索分肥者，定行分别参处。

一、漕总记书务选殷实朴诚者秉公佥点，由府核实，加结报道。着办本官，不许勒取朱价、贽礼、册费、随礼门包等项，点定之后，漕总专司文移记书，止许在仓登记收数，印官不得稍授权柄，致使朋比作奸，仍严加查察。如有包揽、浮收、舞弊之事，立即按律究处。倘印官娄收规礼，纵容滋弊，定行严参治罪。

一、木斛遵照部颁小口铁斛制造，送道较准，印烙发用，印官随时稽察。每晚吊存内宅封贮，倘有敲松撬薄、任意大小、暗中巧取等弊，定行官参役处。

一、粮仓遵例辰开酉闭，凡米到仓，插旗编号，挨次斛收。如遇米多，即多开廒口分斛，总在本日斛完，毋许后先搀越、担搁守候。倘有俟至暮夜，米不收完，仍然斛收者，明系弊混，严拿漕记，从重究处。

一、粮户完米务须亲身赴仓交纳，毋许米行铺户揽价买米，包交粮户运米到仓，自行平斛响挡，毋许漕记人等执挡、动斛、脚踢、手捺、嚷闹、抑勒，斛外余剩零米悉令粮户扫回，不许在仓人役擅取颗粒，违者重究。

一、漕粮例禁折干而行，月耗、赠米石亦悉应本色上船过淮，听候漕宪盘验。倘州县希图折干、浮满，预先并廒，各帮违例折收，不行上船者，县帮官吏、弁丁一并参处。

一、州县任胥，雇用积蠹斛夫斗级，盘踞仓场，飞扒走挡，斛成虚角、凹面、鸡窝等弊有累军旗者，历奉上宪严禁，尽行革除。如敢潜藏，察出重究。

一、各帮弁丁赴次兑粮，验明米色干洁，立时受兑，不许借端延掯。每日将上船者若干石，先给钤记，收票一纸，移送州县，俟兑竣之日，即将通关米结径交州县查收，方许开行。如无故违延不兑，或兑竣不交通关米结，许州县通详以凭拿究。至军旗除三分漕费之外，不得多索丝毫。一应兑费心红程仪、铺设样袋、食米通关规例并纲司水手贴银、贴仓、鼠耗尖米合米、席板稳跳、演戏酒席、花红后文等陋规，永行禁革，犯者弁参丁处。

一、监兑厅员遍历水次，亲验米色，稽察县帮弊窦，秉公查究，毋许徇庇，并不许索要兑例心红夫价、铺设样米、通关席面、中伙较斛、提斛跟后、催兑开兑等陋规，违者参处。

一、南米原系随漕一条鞭征，并无区别。乃州县官以漕粮考成较严，将当年征完米石先尽起运，余为南米，续后另征，或浮高斛面，或暗扣明加，甚至重价折干，实为民累。嗣后，征收南米，务照漕粮画一办理。该管府州严加查察，如有浮高、加扣及折收等弊，立即严拿参究。

以上各条系就漕务紧要大端胪列开陈。总之，除额定漕费钱之外，县帮并无应得之银、米。如有多取颗粒、分文者，即属赃私，照所犯轻重，分别参究，不稍宽贷。

乾隆十七年，长洲县知县李光祚申禁漕弊示为开诚布告事。照得漕粮关系綦重，征收务在便民。江南漕政，久经总督部堂尹画定章程，每米一石收存县银三分，以二分为请斛、修仓、修硇、铺垫仓廒并白粮蒲包、绳索暨延请监收幕友及家人等类一切饭食、俸工之费，以一分给漕记各书为雇帮及一切饭食、纸张之用，官吏士民久遵良法。

自旧岁复总制两江，惟恐日久弊生，大张告谕，备极一片婆心。属官进见，面谕谆切，不啻三令五申。又奉抚宪、藩臬、道宪、府宪诰诫提撕，暮鼓晨钟，直令顽廉懦立。本县冰兢素守，从不肯胶民膏血，致为天地鬼神之所不容。旧冬殚尽，愚诚悉心办理，颇幸民皆称便。叨蒙大宪记功，本县感愧交集。今岁收漕，惟有益加奋勉，愈期彻底澄清，断不敢稍有疏忽之念，稍有丝毫滋弊之处。为此，开诚布告，俾我士民人等共知条约，毋听串骗，以祈上副大宪肃吏宁民之至意。所有禁示条列于左。

一、漕记各书，不特官绅嘱托者，即系舞弊之人。即本县自行遴选，若预期佥点，即恐暗中先与地总勾串，亦滋弊端。今本县痛期杜绝，止于将赴仓廒数日之前，将平时熟察，点其家稍殷实及素知畏法之人阄定十名，一面通报，即一面遵照定例预给银一千两，当堂领出，俾得办理优裕，仍各取具。如敢玩法，情愿杖毙，甘结存案。临期，只令聚集官厅，查对易知，单照查收，漕费钱文，并不许一足稍至廒前斛米之处。尔粮户更勿听人绰骗，妄给分文。

一、本县住宿仓廒制斛，俱亲自收贮。每日辰时发出，酉时收入。本县寝处之所，仍逐日加具花押，以防暗地敲松。该粮户上米之时，仍以道宪所颁样斛较对，如多溢勺米，许各高声喊禀，以凭拿究。

一、粮户本系自行执概，固无淋尖之弊。但须平斛响戛，不可飞笆走挡。仍祈各粮户自饬知数栈房，勿雇此等素弄手法之人，滋弊累丁。

一、记书已经本县照例每人给银七十两，以资饭食、纸张，不许借名需索半文。逐日于廒前，眼同本县幕友及亲丁收筹登记，不许稍近粮户，交头接耳。其交收定额钱文，即于仓内大堂收缴。如有以乡谈低语说话，立即鞫讯究处。

一、粮米随到随收，收毕即给廒单，立刻送验。倒截版串至票钱，久奉禁革。如敢索取一文，立拿杖毙。

一、记书每借看米为名，高下其手，或好米故意掯索，或丑米私收，使费亦滥收，致累运丁。今米色俱本县亲自查看，毫不假手。记书如敢捏名收取半文，立毙杖下。

以上数条，皆本县实心实力、严杜弊端，尔粮户人人共晓。如有若辈讲及分文使费，即时喊禀，慎勿听其愚弄。至此外另有弊端数种，亦禁列于左。

一、苏郡完漕，惟近城各户自行兑交，其各乡大户甚少。凡五六石以下零星小户，有两种包揽之人，一曰地总，一曰土地。其地总多住居城内，往乡包收。又本图有惯包漕者，名曰土地，即就本乡包揽，乡民以米石无多，自图省力，愿听包扑。而包扑者，米必溢数，船价盘费亦多浮算，更有浮议价值收折银钱，即就城中以贱价买不堪之米，分肥记书，为之收受。至运丁争论，则记书又量分所得，转给了事。此弊最固结已久。今本县遣心腹于各乡密访，如有仍前包揽者，即时锁拿，通详究拟。尔粮户务须亲自运交，即米数实属无多，尔同乡共井之亲邻自可凑合雇船，慎勿仍听此辈包揽。

一、民情淳顽各异，查苏郡下米之价较上米每石减二钱有余，较中米亦一钱以外。有等尖酸粮户，故将下米搪塞捱交，不收则造谤流言。其稍驯者，则量给记书使费。彼以米价所减甚多，所费更少，自为得计。记书仍视运丁风色，暗为安顿。今本县自看米色，并不信任记书，一切旧弊毫无可作。但米色奉各宪严檄，务要干圆洁净，如糠粃、潮湿混行搪抵，必严押运回，再换好米。是往返多费船钱、运脚，反致自贻伊戚也。

一、绅宦完漕多系家人运交。家人狡黠者多预称，米必多备。又须预求使费，量给记书，以一报三，家主不知，伊实饱囊而怨归官吏。本县旧岁收漕，务使弊根杜绝。合邑粮户，童叟皆知。今岁益加严切，尔记书人等万不得贪其些小，自贻重罪，致为其家人受过而不敢言也。凡我绅宦亦期各用亲信子侄，留心查察。凡遣人赴仓交米，只要米色干圆洁净，斗斛与官斛相合，随到即收。其每石漕费及脚钱，定额五十二文之外，慎勿多给一文，致该家人冒捏报销为幸。

以上三条，又弊端之在地保及各户家人者，亦宜痛除陋习，总期无负大宪恫瘝民瘼之盛心，则本县不胜厚幸矣。各宜凛遵毋违，特示。

右予收漕之法颇见实效者，盖漕赋最重，漕弊尤多。里户重因已久，自制宪尹奏定章程，力期苏累。然积弊已深，终难尽返。且旬日间收米十余万石，官即志恤民艰，而稽核难周。胥吏往往借米色高下其手。予秉性硁守，誓不丝毫逾分，况漕额已重，尤不忍浚民膏血。莅任初，即励志洗涤。然值大差，匆遽间一走离仓所，犹恐未免疏虞。旋廉得舞弊者一二人，重创之。此心犹悬甚。自是时加兢惕，尤细稔其所以作奸之衅而预切防维。一临仓收兑，则旦夜不离米，至即亲验斛收。凡漕记书止集官厅对册核数，不许一足近廒前。即幕友家人，亦不令稍一觌面。夙弊既除，舆情大悦。公志匾额于仓，力却不能禁，虽愧勿敢当，亦足征公道之在人心不泯也。

岁壬申，缘京仓有一二邑米色霉变者，奏请诫饬严甚，运丁先期纷控各宪，务求精洁。论者谓："非向纳户为通融计，必难交兑。"余独念官之口短而民之累长，一启其端，即永贻其害，仍如前榜示盟心，每日督同儿子数人，验可收者即量兑给串，断不令多溢半文、勺米。已而弁丁知予实费苦心，亦各具天良。不十日而兑竣，具文报宪，视他邑更早。

惟此愚衷之自誓，实心实力，故下慰民隐而亦上宽宪虑也。予无德泽及民生，惟此事差觉问心不疚。兹因邑志成，士民咸请附刊原示，敬跋此以质后之同志者。知县李光祚识。

按：漕粮之弊，随革随兴。有明至今，盖凡数变。自昔民收民兑而困最甚，迨民收变为官收而困一纾，至民运变为官运而困尽纾矣。此国朝之宽仁厚泽为民计者，至深远也。然其弊犹有二：一在运弁之肆横，一在胥役之作奸。定例，每一旗军管一运船，领粮四百八十三石，中取加四耗，入京仓者三百四十五石，余一百三十八石。每船卫给屯粮五六户，得米百余石。县给行粮五十余石，月粮三十余石，给原折银一十三两，新增折银一十三两，贴备银二十二两。又题增每船加米二十四石，加银二十四两。约计一军运米三百四十五石，所得官民耗赠不啻倍之，而溪壑无厌，百计搂索，官征于胥，胥征于民，每船有费至百余两者。此运弁之肆横也。查民间运漕诸费归入条编，名曰漕项，久作正额征收，而胥欲奸贪，借言运弁多费，嫁名官长需求，每米一石或加米一二升、加银二三分，逐年渐增，遂有每米一石加米一斗三四升、银一钱三四分者，其故皆由于憎嫌米色、驳回另换。

夫地之土宜各异，谷之种色不同，大户完米至千余石，中户数百石，小户数十石，岂能粒粒选之如编贝贯珠出一色哉？况米极干洁，私赠不足则曰低潮，银色有定，米色无定，完银者数百金，一人可以携持。完米者数石，亦必十余人挑运，道远更须舟楫，时值冬深，雨风冰雪，守候维艰。一遇驳回，费繁人众，不得不隐忍相就。始则偶一行之，继且借为巧取之计，少用趱趄，随加鞭朴，士夫凌辱，编氓囚絷。大户尚可倾囊远籴，小户遂至破产捐家，闾阎嗟怨，孤寡向隅，为丛驱爵，民瘠吏肥，临其地者可为浩叹。此胥役之作奸也。

汤文正公斌抚吴，深悉其弊，每米一石题定贴米一升、贴银一分，官颁铁口制斛，弁不敢指，胥不敢奸，民困大苏。汤公去而制渐更，巡抚张清恪公伯行于收粮之日，仓设二牌，一戒饬官吏，一约束旗丁，而贪肆又戢行。不十年，两公遗制荡然不存。尹公继善开府江南，筹画经营，酌定收漕经费，每石制钱四十八文，给丁二十四文，存县二十四文为修理仓廒、漕总记书纸张、饭食之用，再收脚钱四文，水次离远者每十里递加二文，一切额外加耗尽为革除，军民咸服。今行之又二十余年，禁以久而渐弛，既每石暗增银一二分以至三四分，年来更加至一二钱不等。其或不从，一面驳换，一面签提。则昔之弊在运弁之肆横，今之弊尤在胥役之作奸，而其根株有不可究诘者矣。

李公光祚稔知其弊，不假手胥役，无浮费，无驳回，无酷比，通仓交纳，民独称便。夫子告季康子曰："子帅以正，孰敢不正？"又曰："苟子之不欲，虽赏之不窃。"踵李公之绩，毋隳三贤之制，冀来者之防微，尤冀来者之洁己焉。至绅衿士庶，当思天庾攸关，宜择干圆好米，争先输纳，敬上急公，勿负课，勿累官，庶几两得其道哉！

长洲县志卷之十三

徭役

役法莫详于《周礼》。兵役有伍两、师军之法；徒役有师田、追胥之法。胥役则府、史、胥、徒之有人，乡役则比、闾、族、党之相保。司徒因地之善恶而均役，族师校民之众寡以起役，乡大夫辨年之老少以从役，均人论岁之丰凶以行役，其意总归于恤民，行之既久，遂失创者之意。有宋诸君子所以纷争聚讼也。我朝宽仁，度越前代，数百年厉民之政悉举而廓清之。农安于耕，士安于读，含哺鼓腹，优游太平。处其宇者，于以乐良法之长垂，思国家之美意焉。志徭役。

宋

押录、旧额二人，或事繁冗，增差不定。贴书、州市坊正、祗候。

手分、随按分所，差无定额。贴司、引事、厅子、书司。

手力、即厅子、引事名字，请给于丞厅。乡司、乡戛、戛刺。

当直人、轿番、散番等，请给于县；茶酒、帐设、邀喝，请给于税务。杂职。

弓手、旧额一百六十五名。牢子弓手轮差，每月轮差一名，充狱具。禁子。

市巡、弓子轮差。所由、斗级、斗子、栏头、务司。

酒匠、栅子、直司、脚力。凡保正追会之事。

僧直司。承受寺院事件。

按，宋役制，自熙宁行保甲，罢耆户长、壮丁而法始变。至元祐，复耆户长、壮丁而法大变。及绍圣而后，以耆户长、壮丁钱尽归公上而法尽变。民避役如避寇，举世尽然。端平既正经界，谓按籍选差，终不能无弊。于是因数都义役之旧，一以乾道诏书从事，排年任役，率田供费，条画列之规约，宸旨叮咛，一一具载。曾未二十年，更革几无复遗，而受害者如故。今撺义役省札著之，以见宋时役法、义役差便。即常熟而长洲，可以例见云。

据平江府状据常熟县王爚议申：窃惟赋、役二事关于民生利害最大，本县户版疤乱，吏奸纵横。官督虚籍之赋，民苦破家之役。追维其弊，不忍复言。当职自初到官，亟图所以救之。修复经界，整比版籍。民按实产受常赋，贫富小大，幸就明实。傥不及时团结义役，则作伪者诡寄以自利，尚气者纷纠以伤和。役政不修，赋籍随坏，非特前功尽废，抑恐后患滋多。乃分为乡官效率役产，参合都分主客之势，斟酌地里宽窄之宜，量役费之重轻，准助田之多寡，第其先后，以次充替。经始于端平丙申四月，竣事于嘉熙丁酉五月。除已采摭大要，缮写成帙，申府金印发下外，其间更有数条，事体稍重，关于义役修废，乞从本府备申朝省，札下本县遵守，并札提举常平司照会施行。

一、本县九乡五十都今管义役田地共五万五百二十二亩一角五十八步五尺二寸，岁收租米、麦共二万四千九百九十八石六斗四升一合一勺，已随都分大小分拨与保正长，听其任便收支以助役费。有余不足，官司更不复干预。其田并系常平物业，不许公私典卖，亦不许移易转换，违者按法坐罪。其助田之家，将来富者不加增，贫者不许取，入仕而免役者不给还。

一、本县诸都旧亦各有役田，止缘役首欲擅其利，掩取田租，又虑人告发，或献纳本县版帐库，或献纳常平司，旋即诡名请佃，量纳租钱。官司苟目前之微利，不暇为赤子深谋，多堕其计。今役费日重，民至相率出田助役，求一日之安。上之人能不为之恻然动心乎？今在版帐库者二百余亩，已给还矣。在常平司者，见议申乞所有今来见管义田，日后并不许奸民献纳，官司亦不当收受。

一、保正、长向来充役之费，最为浩瀚。保长既为产去税存、逃亡户绝等户代纳税租。为保正者亦抑之催科，例行陪纳。其他色目尤多，如保正则有科供竹本、科取菽果、科买糟酒、节序灯油、接官器具、检尸定验之费，保长则有著役召保、请给虚限、出豁簿书、七夕冬至二节供送吏胥之费。加以上落牌头、开拆司苗税案，诛求无艺，已一切禁绝蠲免，供具申府及诸司，永与蠲除。后如吏胥更有纤毫科扰，即仰役人与机察纠率众户，经县及经上司理诉。

一、今将各都新排经界田籍备录一本，印押交付机察，谨密收藏。每遇人户典卖田产，并许具状，经县陈乞，送下机察，仰置簿打号，发下保正。役主内系起催夏税以后入状者，即责付新苗。保长内系起催秋苗以后，即责付新税。保长令取责契照及两家砧基，点对保长，类申机察。机察类申本县，送乡夏局，参对官籍，移割其诡名寄产者，缴回元状。

嘉熙元年八月二日，奉圣旨，王爚修复经界、义役职事，修举与转一官，并下浙西提举司、平江府常熟县，永远遵行。

元初，州设坊正，乡设里正，都设主首，专办税事。后改为季役，其次有贴役、杂役，以粮多者为役首。其次为贴役，其杂役则弓手、祗候、禁子、斗子、曳剌、铺兵、船夫、防夫、马夫、盐车、织染匠、杂造。

泰定间，行助役法。《元史·干文传传》：文传为长洲尹，会创行助役法，凡民田百亩，令以三亩入官，为受役者之助。文传谕豪家大姓，以腴田来归。中人之家，自是不病于役。

明

里长、甲首、巡栏、斋夫、膳夫、馆夫、粮夫、库子、斗级、门子、防夫、皂隶、祗候、弓手、检钞夫、马夫、水夫、铺司、铺兵。以上俱均徭金点。

洪武二年，诏置户帖。户部籍天下户口，置户帖，书各户之乡贯、丁口、名岁，以字号编为勘合，用半印钤记，籍于部，帖给于民。令有司点闸比对，有不同者发问充军，官隐瞒处斩。

洪武十四年，编造赋役黄册。每一图十甲，每甲编里长一名，田多者居首，少者次之，每甲攒造。通甲人户老幼、岁年及田房、生产，进贮后湖，岁命太学生检之。

按：明初，以殷实户督其乡租税部输入京，谓之粮长。嗣改军运，粮长止在仓收兑漕米，惟白粮犹解户领解，至明末未已。

永乐十四年，上谕暂借南方百姓买马当差，过三年，仍着土民买马替他。每回来时，钦奉朝命，有司于额粮及人丁编金马头，买马解送各驿。

马头、北京会同馆、二名。南京会同馆。一十二名。

北直隶乐城、富庄、瀛海、阜城、东光、归义、汾水、郑城、新市、涿鹿、固节一十一驿。凡一百三十五名。

南直隶东葛城、云亭、江东、江淮、滁阳、大柳树、红心、濠梁、睢阳、大店、池河、固镇一十二驿。凡二百二十名。

东铜城、荏山、平原、鱼邱、安德、旧县、太平七驿。凡一百六十四名，俱田粮金充。

宣德十一年，巡抚侍郎周忱行均徭法。凡力役里民充任甚难，上官雇拨甚易。忱立法，于田粮验派充雇，上不误公，下不扰民，最为尽善。

天顺间，巡抚都御史崔恭仿侍郎周忱遗法编定均徭。

弘治十七年，巡抚都御史魏绅具题吴民买马解至北驿，尽丧身亡家。奉旨，以后马价编入秋粮项下征银解府，转解各驿买补马匹应用，著为令。

嘉靖十七年，知府王仪立法编金粮解，照田多寡为轻重，凡大小差役，总计其均徭数目，一条鞭征充费雇办，役累悉除。

隆庆二年，知府蔡国熙详定南北运柜收、仓兑等役，并五年一编，与十排里役各别挨轮，每遇编期，核造虎头鼠尾册金点，以田多少定差轻重。府总、县总免金大户，改选书役承充革报库。子城当为雇役。

三年，巡抚都御史海瑞革报府城、附郭总甲于十排年，挨日轮充。

《府志》：《明会典》，隆庆间，瑞将均徭费等银不分银力二差，俱以一条鞭征银在官，听候支解。《明史》云：一条鞭者，通计一省丁粮均派一省徭役，于是均徭里甲与两税为一，小民得无扰，事亦易集。然粮长、里长名罢实存，诸役卒至复金农氓。法行十余年，规制顿紊，不能尽遵也。又云：嘉隆间，一条鞭法数行数止，至万历九年乃尽行之。盖瑞虽为此法，时尚未尽行也。

万历中，知县江盈科置役田二千九十四亩以助白粮解户。

万历三十八年，巡抚都御史徐民式题准均役，绅衿限田优免，余俱一体当差役，分上中下三则，以田多寡为差次。长洲县原额田地一万二千三百二十四顷三十二亩三分八厘七毫，内除官户田及民户零星田不当役外，查出花诡及优免限外，并实在当役之田咸遵新规金五年差役。

上差福府一名，编田三千四百亩。福藩分封河南，应供禄米，坐派本县运解。

中差北运、南运、砖解等，共四十五名，编田五万一千二百亩。砖解。凡营建，例于本县齐门外陆墓窑作造烧大砖，谓之皇砖，点解户运解。

下差柜收一百四十名，编田四万二千九百亩。以上诸役，五年一金点，与十排年役各别挨轮。

经催。轮催钱粮。

见年总甲。承值官府应办、管报、人命、失火、盗逃等事。

总书。攒造本扇通扇人丁、户口、条银、仓粮册并轮造、推收、田地、增减人丁等册籍。

图书。攒造一图人丁、户口、条银、仓粮册并轮造、推收、田地、增减人丁等册籍。

塘长。管修四至官塘。

图长。以上诸役系十排年。自一至十，逐年挨轮。

崇祯十五年，巡抚都御史黄希宪题改白粮民运为官运。

黄希宪疏略：白粮为上供急需，递年佥点，粮长春办解兑，相沿久矣。迩因民穷财尽，百弊丛生，半为包棍侵渔，半为胥役揸索，以及剥浅、守冻、赴京交纳等费，动以千计，一承此役，鲜不家破人亡，遂至靡岁不迟，无邑不欠。院、道、府、县降罚频仍，官民并受其困，而公家正额究无完结之期。若不亟为变计，不几沦胥以亡乎？臣博访舆情，参稽故典，惟通邑照亩均派春办，随漕并征，委以专官，依期督解，庶民间无偏累之虞，而上下无推诿之患。但事经创始，谋贵万全，看得白粮上供也、藩禄也、官廪也，非若漕米之为军糈，故解不用军而用民，重其事也。爰考初制，开征有正米、有耗米，起运有夫船银、夫船米，抵京有车脚银，犹恐不支，更有贴役银，皆编入会计。如苏属正米五万四千七百三十有奇、编耗米一万五千六十八石有奇，此近加三矣。又加以春办米一万七百三十三石有奇，是又加二也。苏属用船一百一十，编夫船银九千六百六十两有奇，夫船米二万一千九百九十有奇，贴役银一万四千二百七十有奇，抵京交纳编车脚等银一万五千七百八十有奇，何其虑之周且详哉！惟恐其病民也。然民运必佥殷实之人，惟其产，不惟其才，所以衰老、冲幼与寡妇之子、占毕之士，皆必佥之。此辈不能亲任间关之劳，必求一人代之，于是包棍得以插身而入。人皆好逸，彼独好劳，其心概可知也。所以公贴之外，又有私贴。私贴每分至数百两之多，未已也，尚有加贴。究竟加贴，亦不能免于赔累，盖给银、领批、挂号、验米、雇船、官胥种种得而抽扣之、勒索之。自此，白粮一事遂为奸棍、官胥所盘踞，间有正身奋然而起，亲领其事，则包棍等多方构陷，使之费苦更倍于雇倩而后已。由是，民之视之如赴汤蹈火，非诡寄于他户，即瓜分为碎。里每当点役之年，胥役到门如市，人情纷纷，夤缘求免。其不免者，无钱之小家耳。以小家不足之产，当大户必避之差，产尽而身随之。今欲苏民裕国，莫善于均征米，而官运之，民无雇倩之费，一便也；官无佥役之难，二便也；钱粮既自官支，胥役无从抽扣，三便也；在船皆官役，船户无敢凌虐，四便也；催攒皆官事，沿途无敢抛撒，五便也；况米属均征，则苦乐之形不立，巧拙之情自化，粮不必诡寄飞洒，差不必避易就难，民心以厚，民俗以淳，六便也。六便既得，则国无亏储，京师实而根本固，民鲜赔累，元气充而盗贼息矣。

本朝

顺治二年，巡抚都御史土国宝禁革柜收，改行吏收官解。往例，户田百亩者编充坐柜收头一，充此役，百费丛集，上柜有费，领票有费，摆柜有费，缴柜有费，书算有费,称手有费。及收毕,交库官有例耗,吏有例除,解扛、倾销皆有额费。更有积蠹包收侵渔花费,累害正身,往往破家。自吏收官解,此累遂息。后巡抚韩世琦又饬行粮户自封投柜称收,科勒之弊亦除。

顺治三年,巡抚都御史土国宝仿前明巡抚黄希宪事例,题行官运白粮。

顺治十四年,巡抚都御史张中元禁革首名粮长并县歇、仓歇蠹役。

顺治十六年,实行官收官兑。

旧府志:初,巡按秦世祯奏准通行官收官兑,而各县阳奉阴违,犹佥民户收粮交兑,积蠹勾引旗军横行需索。十四、五年间,兑粮一石,加耗杂费银多至五六钱。比年,石米不及六钱。承此役者,靡不立尽。抚按科道交章累请,法遂行。

康熙元年,巡抚都御史韩世琦饬行均田均役,严革经催。先是,户科柯耸疏请更定役法,以厘积弊。其略曰:窃惟任土作赋,因田起差,此古今不易之常法。但人户消长不同,田亩盈缩亦异,所以定十年编审之法,则役随田转,册因时定,富者无兔脱之弊,贫者无蚊负之忧,劳逸适均,输将恐后,法至善也。臣五年里居,每见官役之侵渔、差徭之繁重不一而足,其源总由于佥点之不公、积弊之未剔。今前册已满,目下编审届期,此小民身家利害之关,亦胥役张牙吮血之会也。若不彻底更张、痛除宿弊,何以拯民困而垂永久乎?以臣闻见所及,约略五端,谨一一陈之:

一、里甲田亩之额数宜均也。查一县田额若干,应审里长若干,每里十甲,每甲该田若干。田多者独一名,田少者串充一名,其最零星者附于甲尾,名曰花户。此定例也。所以各项差役俱系里长挨甲充当,故力不劳而事易办。独苏、松两府,名为佥报殷实,竟不稽查田亩,有田已卖尽而仍报里役者,有田连阡陌而全不应差者。不特十年之中偏枯殊甚,至年年小审,那移脱换,弊窦多端。田归不役之家,役累无田之户,以致贫民竭骨难支,逃徙^①隔属。务期严敕抚臣,通行两府,及今大造之时,必期田尽落甲,役必照田,务将本区之田,均役本区十甲。倘本区田多,则派入下区,按田起役,不得凭空佥报,以滋卖富差贫之弊,庶几均役而民便矣。

一、花户分子户之积弊宜清也。夫里甲十年一定,田多者佥里长,田少者为花户,固矣。浙省各属有富民串通本里册书,每于编审之年,捏立鬼户分洒田数,则田数既已无多,重役便易脱漏。及至临审缺额,反将贫民瘠产亦复串立应充。是田多者以花分而得卸担,田少者反以愚实而应重役。今后,各县审役悉照上届榜册。

---

① 原作"逃徒",据《乾隆苏州府志》改。

其一应推收必验实,有绝卖兑契,方许分户。如并无户丁诡立花户者查出,其田入官册书,与本人依律治罪,则飞洒之奸绝而田皆归本户矣。

一、诡寄之陋规宜惩也。本朝优免则例,原照品级之大小,派免丁粮之多寡。部覆止免本身丁徭,将优免丁粮悉应付免,则绅衿、庶民久已一体当差矣。但查前册定自顺治八年,时部覆科臣刘显绩之疏,止准免其杂办,不得滥免正赋,致累小民。所以进士、举贡生员犹有各立的名,或书职衔名曰官户、儒户,凡杂项差徭量行豁免。至于正额粮赋,各自照规完纳。但因杂差繁若,未免有亲族人等冒借户名,希图幸免,以致绅衿名下之田半皆影冒。且有乡绅物故已久,生员学册无名并寺观香火、上司书承亦皆各立户名,公然讨免各差。今番造册,务将绅衿的名之田另造一册,达部存案。倘仍借户入册,将田入官,加等治罪,庶诡寄之弊革而小民不致偏累矣。

一、冒籍之立户宜禁也。绅衿即有本色,止免本身丁徭,况系隔属,岂宜冒免?即或邻近各邑间有置买地亩,亦当编入民里,一体应差。乃江浙陋习,竟有隔省邻县并无寸土,偶有亲识往来,便尔捏立册名。冒籍之客户日多,本地之充役更苦。今编审之时,凡有隔属仕宦另立户名希图免差者,本县据实申报,严行处分,则客户不致冒滥,赋役日归画一矣。

一、册书之买充宜革也。江浙各县每于经制吏书之外,每里各有册书一名,或号里书,或称扇书,专司书算,似不可少。然此辈乘大造之时,各出顶手银若干,买定里区,移甲换乙,诸弊皆出其手。更有衙门积棍,名曰歇家,买充数里。每年包纳钱粮,额外私派,俱属歇家掌握。甚至收愚民之额课,而临比不完;包富役之差徭,而散派各户。盘踞难革,积蠹万端。请敕行抚臣,将歇家严檄革除。至各县册书,止许本里公报诚实无过、精于书算者,专管推收书算等事,是革蠹除奸之本也。户部题覆通行。

康熙十三年,江苏布政使慕天颜请立均田均役定制。慕天颜疏略:臣惟则壤定赋,各有应输之科征,而计亩当差,始无偏枯之病累。江南州县,每里为一图,每图有十甲,此历来额定之赋役也。乃民间贫富不等,所有田地多寡不齐。若田多至数十顷而占籍止一图,或穷民仅有田几亩而亦当差于一甲,是豪户避役卸累小民而隐占之弊生矣。又或贫民苦累不堪,将本名田地寄籍于豪强户下,以免差徭,而诡寄之弊生矣。又或蠹胥奸里觇知小民不谙户役之事,包当里递,替纳钱粮,代应比较,而包揽之弊生矣。种种弊端,皆因赋役不能均平之故。夫均田均役之法,通计该州县田地总额与里甲之数,将田地均分每图若干顷,编为定制,办粮当差。田地既均,则赋役自平。此法是科臣柯耸条议,娄县故令李复兴行之最为得宜,松民至今称便。苏、松等属仿照均编,但民间田地卖买不常,每遇编审之期,必应推收过割,恐有积蠹,乘机炫惑有司,变乱成法,则贻害无穷。嗣后推收编审,请照均田均役,听民自相品搭,充足里甲之数,不许多田少役,则隐占、诡寄、包揽之弊可以永清。

雍正八年,署总督尹继善奏革收漕积弊,每石明加漕费钱四十八文,半给运丁,半给州县,为修仓铺垫之用。此外止收水脚四文。水次离仓远者,每十里加二文。互见《赋税》。

《礼记》:"用民之力,岁不过三日。"《周礼·均人》:"均力政,以岁上下。丰年公旬用三日,中年用二日,无年用一日,凶札则无征。"恤民至深也。唐立租庸调之制,岁役民二十日。无事则输绢三尺,谓之庸。然有事而加役二十五日者,免调;三十日者,租、调俱免。较之成周,已为繁矣。由宋及明,徭役之法,厉民尤甚。

国朝鉴宋、明之弊,一切罢免。即有治城郭、涂巷、沟渠、宫庙之役,例有工食代耕。民自急公输赋外,亩贴图书造册银一二分,别无纤悉烦扰。《硕鼠》无歌,村庞不吠,含哺鼓腹,共乐升平,非熙皞之世,安能臻此乎?

长洲县志卷之十四

水利

　　言水利者，当统全势而计之。源有自承，流有所泄，脉络贯通，未可以畛域限也。长洲东、南、北皆连湖泽，西障吴邑众山，泉涧纷纭，溢入境之诸湖，仰泄于吴淞、娄江，一遇淀淤，低乡被患尤烈。如阳城、漕湖、长荡诸巨泽，俱分在长境。使蓄泄寡术，无以治水，即无以治田，惟酌古准今，相脉络，略畛域，统全势而计之。利则循其法而勿变，害则审其要而急图，诚经国裕农之先务也。欧阳子作《唐·地理志》，凡一渠之开、一堰之立，无不详载于其邑之下。天宝以前吏治修而民隐达，故往往以百里之长而创千年之利，后之有农田水利责者宜何如究心焉。志水利。

　　长洲水道，分县以后属长邑者，北则蠡口、冶长泾、东长荡、西长荡、白荡、黄埭、漕湖、鹅肫荡与常熟通，西北则射渎、浒墅、望亭、新安与无锡通，阳城湖半属长洲，元和塘五十四里属长洲，水道似较元和为少。然元和诸水入吴江、下昆山，宣泄者多。长洲障于西北，江流诸水趋纳江海必由长洲而达元和，水势来疾去缓，一遇霪潦，长邑先受其害，矧出海三道，泥沙易壅，浚不及时，则嘉定、太仓、常熟高乡之水反泻元和，归于长洲，而长洲又为巨浸，则治长洲之水道，与元和经联脉贯，非若田亩阡陌此疆彼界，可截然不紊也。故曰当统全势而计之。备载全河，而界限仍自划如焉。

水脉

　　运河，在府城西。《漕渠考》：自吴江县南平望镇，接嘉兴府界，引而北四十里抵吴江县界，又北五十里经府城西，又北三十里达浒墅西，又十五里至望亭接无锡县界。《水利书》：运河即古之邗沟，自嘉兴石塘，由平望而北，绕府城为胥江、为南濠至阊门；无锡北来水，自望亭而南，经浒墅、枫桥，东出渡僧桥，交会于阊门，绝湾湍急，故钓桥为第一洪，三县合治。

阳城湖，广七十里，在府东北二十里，长洲巨浸也。东通巴城湖，出傀儡荡为昆山县界。东北为施泽湖，即阳城湖分流。近昆山、常熟二县界。北过相城湖，入常熟县界。南出娄江，为元和县界。湖自横泾以西、莲花朵以东、彝亭以北、阳城村以南为东湖，莲花朵、阳城村以西、石狮泾、承天庄以东为中湖，官渎在其南，相城在其北，承天庄在其东，邢店港在其西，虽分为三，实一湖也。今东湖之半属元和，余皆本邑。

漕河，在府城西北二十里，接无锡县界，本名蠡湖。《寰宇记》：蠡渎西北去无锡五十里，范蠡伐吴，造此渎。《姑苏志》：唐元和八年，孟简开太伯渎，并导蠡湖，因以渎为孟渎，湖为孟湖，其实古之蠡湖也。故其东有蠡口，西贯无锡之太伯乡，亦有蠡尖口。其称漕湖，不知所始。或云以通漕运故名。其西属无锡，而其浸皆属长洲，东永昌泾、黄埭荡、东钱泾、西钱泾、北冶长泾、鹅肫荡诸水，互流入元和县。

长荡，在府西十里，周二十里。府西诸水多汇于此，潴为巨浸。后多为豪民所据，遏水蓄鱼，河流渐狭。又西北达于运河。《姑苏志》：自胥塘北流，经南濠至阊门钓桥，与北濠山塘水会曰沙盆潭。西流出渡僧桥，会枫桥诸水北流，与虎丘山塘水合曰射渎。其西一水曰白马涧，其东绕出虎丘之北曰长荡。射渎之水横出运河为浒墅，其南为乌角溪，北为柿木泾、白鹤溪，并与运河合流。

射渎。《姑苏志》：在枫桥北十里，相传吴王常射于此，故名。至今两岸无回曲，又名石渎。

白马涧，在府南二十五里，水通阳山。相传晋支道林饮马处。

沙湖，与松江诸水合，而青丘、戴墟二浦自娄门北折，出齐门为杨泾、蠡口、五龙泾、施泽湖，自施泽湖西又为萧泾。其南为至和塘，其西尚泽荡、漕湖。

元和塘，即常熟北来运河，俗讹为云和塘。南属长洲，北属常熟县界，西为尚湖，湖南为柴泾、朱泾、徐墅泾、西湖桥塘、张墓塘、东南白荡，自白荡而出为罗墩荡、六里塘，自张墓塘而出为大和塘，自柴泾而出为南塘，又自大和而出为官禄塘、黄庄塘，诸水互流。其西吐纳江阴、无锡二县诸水，其东仍流入元和塘。

梅李塘之源，自雉浦入耿泾、千步泾，迤逦常熟县东，出许浦，入于海。其西弓连泾、钱泾，其东哮塘，塘之南焦庄泾、黄庄浜、李家浜、西福山塘。

河形

府城河形，横者三，直者四，西城隶吴，不载。东长、元相错，因备书。城中河形如人身血脉，络贯经联。城外河形漕挽商贾所由，宜以时宣泄，故列丈尺、广狭、旧界，为浚修者考。

城北横河，自娄门水关至张香桥，长八十丈有奇，阔四丈有奇。

张香桥至华阳桥，长一百五十丈有奇，阔三丈有奇。以上元和。

华阳桥至周通桥，长七十丈有奇，阔三丈有奇。

周通桥至临顿桥，长八十丈有奇，阔三丈有奇。

临顿桥至中路桥，即天妃宫桥。长一百丈有奇，阔三丈。

中路桥至香花桥，长一百三十丈有奇，阔三丈。以上本邑。西去吴县。

城中横河，自里城河至顾亭桥，长一百丈有奇，阔四丈有奇。

顾亭桥至升龙桥，长五十丈有奇，阔三丈。

升龙桥至尽市桥，长一百二十丈有奇，阔三丈有奇。

尽市桥至白蚬桥，长三十丈有奇，阔三丈。

白蚬桥至甫桥，长一百丈有奇，阔二丈。

甫桥至马津桥，长五十丈，阔二丈。以上元和。

马津桥至篠桥，长五十丈有奇，阔二丈。

篠桥至草桥，长四十丈有奇，阔二丈。

草桥至阎桥，长七十丈有奇，阔二丈。

阎桥至乘鱼桥，长六十丈有奇，阔二丈。

乘鱼桥至乐桥，长六十丈有奇，阔二丈。以上本邑。西去吴县。

城南横河，自葑门水关斜迤至望门桥，俗名红桥。长六十丈有奇，阔四丈有奇。

望门桥至望信桥，旁有迎葑桥，长二百丈有奇，阔四丈有奇。

迎葑桥西转至清道桥，俗名东小桥。长一百丈有奇，阔三丈有奇。

清道桥至南仓桥，再至永安桥，俗名西小桥。长一百五十丈有奇，阔二丈。以上元和。

永安桥至平桥，长六十丈有奇，阔二丈。

平桥至饮马桥，长一百二十丈有奇，阔二丈。以上本邑。西去吴县。

城东直河，自华阳桥至石家角通济桥，长五十丈有奇，阔二丈。以上本邑。

通济桥至庆历桥，长七十丈有奇，阔三丈。

庆历桥至打急路桥，长七十丈有奇，阔三丈。

打急路桥至胡厢使桥，长七十丈有奇，阔二丈。

胡厢使桥至通利桥，长六十丈有奇，阔二丈。

通利桥至众安桥，长四十丈有奇，阔二丈。

众安桥至苏军桥，长七十丈有奇，阔二丈。

苏军桥至积庆桥，长三十丈有奇，阔二丈。

积庆桥至雪糕桥，长三十丈有奇，阔二丈。

雪糕桥至寺后桥，长六十丈有奇，阔二丈。

寺后桥至寺东桥，长三十丈，阔二丈。

寺东桥至苑桥，长四十丈有奇，阔二丈有奇。自此稍西行，越中横河之水，接尽市桥，过此为官太尉桥。

苑桥至官太尉桥长六十丈有奇，阔三丈。

官太尉桥至吴王桥，长六十丈，阔三丈。自此，河形带东向。

吴王桥至延寿桥，长七十丈有奇，阔三丈。

延寿桥至百狮子桥，长五十丈有奇，阔三丈。

百狮子桥至望信桥，长三十丈有奇，阔三丈。自此稍东南行，合城南横河之水入望门桥，出葑门。以上元和。

城中直河，自齐门赌赛桥至北新桥，长一百丈有奇，阔三丈。

北新桥至跨塘桥长一百五十丈有奇，阔二丈。自此稍东行，入城北横河，仍南，入任蒋桥。

跨塘桥至任蒋桥，长五十丈有奇，阔二丈。

任蒋桥至善耕桥，长七十丈有奇，阔二丈。

善耕桥至东章家桥，俗名白塔子桥。长八十丈有奇，阔二丈。

东章家桥至花桥，长四十丈有奇，阔二丈。以上本邑。

花桥至曹胡徐桥，长三十丈有奇，阔二丈。

曹胡徐桥至旧长洲学东桥,长一百丈有奇,阔二丈。

旧长洲学东桥至徐贵子桥,长四十丈有奇,阔二丈。以上元和。

徐贵子桥至醋坊桥,长八十丈有奇,阔二丈。

醋坊桥至青龙桥,长九十丈有奇,阔二丈。

青龙桥至大郎桥,长二十丈,阔二丈。

大郎桥至顾家桥,长四十丈有奇,阔二丈。自此稍西行,合中横河之水,仍南,入竹稿桥。

竹稿桥至金母桥,长一百丈有奇,阔二丈。

金母桥至夏侯桥,长一百二十丈有奇,阔二丈。

夏侯桥越南横河至仓桥,长四十丈有奇,阔二丈。

仓桥南行迤东至帝师桥,长六十丈有奇,阔二丈。

帝师桥过岁有桥俗名福民桥。至乌鹊桥,长一百丈,阔二丈。以上本邑。

乌鹊桥至带城桥,长二百丈有奇,阔二丈。

带城桥至善教桥,俗名新造桥。长一百五十丈有奇,阔二丈。

善教桥至春和桥俗名砖桥。长一百五十丈,阔二丈有奇。

春和桥至葑门水关,合南横河之水,自西北来,合流而出。长六十丈有奇,阔二丈。至龙船嘴倍阔,水自此出葑门。以上元和。

阊门外河,渡僧桥至上津桥,长一百五十七丈八尺,阔三丈。南属吴县,北属本邑。

上津桥至下津桥,长四百一十丈有奇,阔三丈有奇。南属吴县,北属本邑。

下津桥趋来凤桥至枫桥湾,长五百二十丈有奇,阔三丈有奇。马铺桥以西、急水桥以东为元和界,北岸俱属本邑。

枫桥至浒墅关,计二十里,堤长二千六百丈有奇,阔狭不一。

杨庵浜河自三板桥北行转东出通贵桥,长七十七丈,阔一丈七尺。

山塘桥河南接沙盆潭北行至通贵桥,长一百一丈有奇,阔三丈有奇。

通贵桥至通济桥,长三十六丈有奇,阔二丈有奇。

通济桥至半塘桥,长三百丈有奇,阔三丈有奇。此为白公堤之东段。

半塘桥至西山庙桥,长二百五十丈有奇,阔四丈有奇。此为白公堤之西段。

塔影浜等河三道,共长一百六十三丈,阔三丈有奇。

齐门市河，即元和塘运道。南接城濠，北至下纤埠头，长三百丈有奇，阔四丈有奇。

陆墓市河，南自南市桥，北至新泾桥，长一百五十丈有奇，阔三丈九尺。

蠡口河，自南至北尽市，长一百三十丈有奇，阔三丈有奇。

水治

《禹贡》：三江既入，震泽底定。

《史记·河渠书》：禹抑鸿水，功施于三代。自是之后，于吴，则通渠三江、五湖。

周

元王时，越大夫范蠡伐吴，开蠡渎。即今漕河。

赧王五十二年，楚春申君黄歇城故吴墟，内北渎四纵五横。

隋

大业十年，置望亭堰闸。

唐

贞元八年，苏州刺史于頔缮堤防、凿畎浍，列树以表道，决水以溉田。

元和三年，浙西观察使韩皋命苏州刺史李素，长洲县令李暎，摄常熟、吴县主簿李仲方，开常熟塘，自州齐门北抵常熟，长九十里，因名元和塘。今误名云和。

元和间，常州刺史孟简开渎。今称孟渎。

南唐

保太元年，修孟渎水门。

宋

淳化三年，诏废望亭堰。

天禧二年，江淮发运副使张纶督知苏州孙冕疏五湖、导诸港浦。时有水患，经画于昆山、常熟，疏五湖，导太湖水入海。复岁租六十万斛。

景祐元年，知苏州府范仲淹议疏导诸水。

庆历三年，知武进县杨玙浚孟渎。

嘉祐八年，撤望亭堰闸。

熙宁二年，废吕城堰，置望亭堰闸。

元祐六年，诏导苏州诸河。

嘉泰元年，知常州李珏浚漕渠，修望亭上、下二闸。

嘉定元年,知常熟县惠畴筑元和塘,甃石为路以达府。

十年,知平江府赵彦櫎疏锦帆泾以达运河。

元

大德二年,立浙西都水监庸田使司于平江路,专董修筑田围、疏浚河道。

至治三年,开浚吴淞江及诸河渠。

明

洪武九年,苏州设立长洲、常熟、昆山三县吐纳海水堰。<small>以长洲县民俞守仁具状故。</small>

二十七年,浚孟渎。

永乐二年,命户部尚书夏原吉等治苏州等处水。

四年,诏浚孟渎。

宣德九年,巡抚周忱建孟河闸。

弘治四年,提督水利工部左侍郎徐贯开浚苏州府河港。

六年,苏州府水利通判应能浚府城内河,浚枫塘。<small>自渡僧桥至枫桥十里。</small>

八年,巡抚朱瑄浚孟渎等河。

正德七年,提督水利佥都御史俞谏命昆山县方豪相视昆承、阳城二湖旧额。

嘉靖二年,分督水利工部郎中林文沛开苏州府塘、港、河、浦。

万历五年,修浚苏、松、常、镇四府堰、坝、圩田。

二十二年,浒墅关户部主事董汉儒甃石筑枫桥堤二十里。

三十四年,巡抚周孔教浚苏洲府城内河。

三十七年,常熟县知县杨涟筑元和塘。

四十五年,巡抚王应麟浚苏州府城内河。

国朝

顺治十一年,诏地方官疏通水利,以时蓄泄。

康熙二十年,巡抚慕天颜开浚白茆港。

四十八年,总督邵穆布、巡抚于准开浚苏州城诸河渠。

雍正五年,兴修江南水利。

九年,修筑长洲县运河塘,自枫桥起,至望亭通湖桥无锡县界止。

十二年,普修江南渠港。

乾隆二年,重筑元和塘。

四年,重浚府城内诸渠。

十二年，苏州府傅椿重浚府城内诸渠。

水利议 无关长洲者不列

郏亶《上水利书》曰：常熟塘自苏州齐门北至常熟县一百余里，东岸有泾二十一条，西岸有泾十二条，是亦七里、十里而为一横塘之迹也。但自今并皆狭小，非大段塘浦，盖古人之横塘毁坏，而百姓侵占及擅开私浜相杂于其间，即臣所谓某家浜之类是也。谨具目今两岸泾浜之名下项，常熟塘东横泾二十一条：阙墓泾、杨泾、米泾、樊泾、蠡泾、南湖泾、湖泾、朱泾、永昌泾、茅泾、薛泾、界泾、吴塔泾、尚泾、川泾、黄土泾、圃泾、庙泾、卞庄泾、新桥泾、黄母泾，塘西横泾十二条：石狮泾、杨泾、王婆泾、高姚泾、苏宅泾、蠡泾、皮泾、庙泾、永昌泾、冶长泾、潭泾、墓门泾。已上常熟塘两岸横泾三十三条，盖记其略耳。今但乞废其小者，择其大者深开其塘，高修其岸。除西岸自擘画为圩外，其东岸合与至和塘北及常熟县南，新修纵浦交加棋布以为圩。自近以及远，则良田渐多，风涛渐小矣。

又曰：苏州五门旧皆有堰，今俗呼城下为堰下，而齐门犹有旧堰之称，是则堤防既完，则水无所潴容，设堰者恐其暴而流入城也。及夫堤防既坏，水乱行于田间，有所潴容而堰废矣。

郏侨《再上水利书》曰：说者指常熟、昆山枕江之地为可导诸港而决之江，开福山、茜泾等十余浦。殊不知古人建立堤堰，所以防太湖泛溢，淹没腹内良田。今若就东北诸潴决水入江，是导湖水经縣腹内之田，瀰漫盈溢，然后入海。浩渺之势，常逆行而潴于苏之长洲、常熟、昆山，常之宜兴、武进，湖之归安、乌程，秀之华亭、嘉禾，民田悉已被害，然后方及北江东海之港浦。又以水势之方出于港浦，腹为潮势抑回，皆聚于太湖四郡之境，当潦岁积水而上源不绝，瀰漫不可治也。此足以验开东北诸潴为谬论矣。

单锷《吴中水利书状》曰：或者谓昔人创望亭、吕城、奔牛三堰，盖为丹阳下至无锡、苏州地形东倾，古人虑运河之水东下不制，是以创堰以节之，以通漕运。自熙宁、治平间废去望亭、吕城二堰，然亦不妨纲运，何耶？锷曰：昔之太湖及西来众水，无吴江岸之阻，又一切通江湖海故道，未常湮塞，故运河之水常虑走泄入于江湖之间，是以置堰以节之。今自庆历以来，筑置吴江岸及诸港浦，一切湮塞，是以三州之水常溢而不泄，二堰虽废无害。今若泄江湖之水，则二堰尤宜先复，不复则运河将见涸，而粮运不可行。此灼然之利害也。

赵霖《治水利害状》曰：平江之赋多出低乡。当时田圩未坏，水有限隔。今田圩既废，水通为一，遇东南风则太湖、松江与昆山积水尽奔常熟，西北风则常熟之水东赴者亦然，况平江之地低于诸州，惟高大圩岸方能与诸州地形相等。昔人筑圩裹田，非谓得以播植也，将恃此以杀水势耳。至和、元和二塘为风浪冲击，塘岸漫灭，往来者多有覆舟之虞，是皆积水所致。今若开浦置闸，先自南乡大筑圩岸，围裹低田，使位位相接，以御风涛，以狭水源，治之上也。修作至和、元和塘岸，以限东西往来之水，治之次也。凡积水之田，尽令修筑圩岸，使水无所容，治之终也。

任古《上平江水利状》曰：赵子潇昨计料开浚崔浦，系决泄昆承湖及民田内水。南自梅李塘，距浦口迤逦北入大江，今已干涸，缘浦身迁曲，泄水不快，是故积沙高厚，开浚工倍，欲于雉浦口别开一泾，径入福山大浦，通于大江，名曰丁泾。北之崔浦并无回曲，不惟开浚省费，实以泄水为便。

章冲《上浚河置闸状》曰：望亭堰闸置于唐[①]之至德而彻于本朝之嘉祐。至元祐七年，复置。未几，又毁之。臣谓设此堰闸有三利焉：阳羡诸渎之水奔趋而下，有以节之，则当潦岁，平江之邑必无下流淫溢之患，一也；自常州至望亭一百三十五里运河，一有所节，则沿河之田旱岁赖以灌溉，二也；每岁冬春之交，重纲及使命往来，多苦浅涸，今启闭以时，足通舟楫，后免车亩灌注之劳，三也。

谢琛《兴修水利疏》曰：天目诸山西来之水众多深长，皆归之太湖，即古所谓震泽也。震泽之水再流而入于阳城、昆承、淀山、三泖等湖，其性本皆欲东也。三代以前，土广人稀，专以治水为急，故神禹相地分流，疏东北入海者为娄江，东南流为东江，并松江为三江，以分泄之。自海塘一筑，其近江淤肥之地悉成膏腴之田，而东江之故道塞矣。繇是欲之东江之水透迤北旋，会入松江，而趋下之性迟矣。故后人于常熟县之北开二十四浦，疏而导之扬子江，又于昆山县之东开一十二浦分而纳之海，皆所以补东江不通之力也。

吕光洵《兴修水利疏》曰：治水之法，当自要害者始，宜先治淀山等处一带茭芦之地，导行太湖之水，散入阳城、昆承、三泖等湖；又开吴淞江并大石、赵屯等浦，泄淀山之水以达于海；浚白茆港并鲇鱼口等处，泄昆承之水以注于江；开七浦、盐铁等塘，泄阳城之水以达于江；又导田间之水，悉入于小浦，小浦之水悉入于大浦，使流者皆有所归，而潴者皆有所泄，则下流之地治而涝无所忧矣。

---

① “唐”，底本原作“隋”，据《吴中水利全书》改。

方豪《复治水都御史俞谏揭》曰：吴之诸湖，自太湖以下，阳城为大，则吐纳之功多，而疏浚之所宜先者也。湖虽一而实分为三，自横泾以西、莲花朵以东、彝亭以北、阳城村以南，界于昆山、长洲之间者为东湖；东莲花朵、阳城村西有石狮泾、承天庄者为中湖；官渎在其南，相城在其北，承天庄在其东，邢店港在其西者为西湖。中湖为大而东湖次之，西湖又次之。人言湖广七十里，以豪计之，殆不止此。东湖通于中湖，其要者则莲花朵、阳城之间，次则孙墓、白龙庵之间，又次则莲花朵、下营田之间，今惟莲花朵、阳城村之间故道犹在，余皆涨为田荡，凡五顷有奇，而渐成平陆矣。中湖通于西湖，其最要者则南坎、茆塔之间，今涨为田荡者凡二顷，而亦成平陆矣。西湖通中湖之水，惟官渎最大，今则渎口亦有阻矣。东湖去官塘止四五里，其相通非一泾也。近塘者虽通，而近湖者亦多塞矣。其他沿湖之涨固皆足以为碍，而东湖玄珠村之北涨凡五顷，西湖陆墓塘之南涨凡三顷，又其碍之大者也。据豪愚见，当先开孙墓、白龙庵之间，莲花朵、下营田之间，南坎、茆塔之间，使三湖各自相通，次开官渎口及官塘诸泾，使诸水与湖相通，次开玄珠、陆墓塘之大涨，次开沿湖之小涨，以其土加岸，使其岸益高，不时巡逻，以防再侵，庶乎水有吐纳之地，民无旱潦之忧矣。

耿橘《白茆港通塞说》曰：白茆港出常熟县迎春门起，至海，长八十里，皆常熟境也。凡太湖之水自无锡、长洲而下者，若蠡湖，若元和塘，以逮昆山之傀儡荡、巴城湖，皆会于华荡、昆城湖、尚湖，繇白茆入海，故白茆通则长洲、无锡东注之水咸有所泄，太湖底定；白茆不通，则常熟为巨浸，而长洲、无锡诸水与昆山渺漫之一枝皆无所泄，而太湖不定矣。

伍余福《水利论》云：夹苎干者半在宜兴，半在金坛，半在武进，东抵滆湖，北通长荡湖，西接五堰，盖古人以泄长荡湖之水以入滆湖，泄滆湖之水以入大吴渎、塘口渎、白鱼湾、高梅渎四渎及白鹤溪而北入常州运河，以归大江者也。

曹胤儒《东南水利议》曰：白茆、七浦二浦在娄江之北，向因东江塞、淞江微，湖水乃北折并于娄江，而溢于此。二浦于长洲、常熟自西迤北，地势卑处，汇为阳城、昆承等湖。二浦当诸湖之冲，上承湖水入江海为径。昔人以阳城湖水经斜堰之地枝分七浦，则白茆之流少杀，遂筑斜堰，使湖水皆入白茆而七浦渐塞。是宜就堰或疏而为砓，或易而为闸，庶乎其可也。

钱允治《长洲县水利议》曰：苏州当太湖下流。下流之水，吴江县、吴县为之入口，太仓之刘家河、嘉定之吴淞江、常熟之白茆港为之出口。惟长洲县隶郡东界，入口之水至是支分节溉，纵横旁溢，南为尹山湖、澹台湖、车坊湖、金泾漕、朝天湖、吴淞江、独墅湖、镀底潭、姚城湖、陈湖、淀山湖，东为沙湖，东北为彭漕、阳城湖、施泽湖、昆承湖、耆泽湖、段泽湖、上泽湖，北为黄埭荡、长荡、鹅肫荡、漕湖，其通流为官塘支港，其积流为白荡、白漾，盖不下百十之数，皆受太湖之水，渟泓充满，而后出于吴淞江、刘家河、白茅港，大抵邑之诸水犹导河者所谓分为九河也。

王鏊《五湖记》引虞仲翔曰：太湖东通长洲松江，南通乌程霅溪，西通宜兴荆溪，北通晋陵滆湖，东连嘉兴韭溪，水凡五道，故谓之五湖。

张洪《重修七浦塘记》曰：七浦塘可泄阳城湖之余波，尤泾可导巴城之水至于七浦，同入于海。

长洲县志卷之十五

山阜

　　姑苏诸山尽隶吴县，在长洲者惟虎丘、阳山。虎丘以明秀称，阳山以穹高显。今虎丘分归元和，阳山属长洲，为一郡之镇，余山皆其支麓，乃灵岩、天平冈岩连缀，海涌、铁花近在咫尺，游者争趋。阳山去城三十里，非凿幽绝险之地，而罕有幽人逸士登高而赋之者，以其峻而无奇也。然而兀然凌耸，诸山俯伏仰拱，非一郡之镇欤？其余凡列山之数者，皆得备书。志山阜。

　　阳山，一名秦余杭山。《越绝书》：秦余杭山者，越王栖吴王夫差山也。一名万安，在城西北三十里，高八百五十余丈，逶迤二十余里。《郡国志》：万安山下即干隧，擒夫差处。《史记正义》：干隧在万安山西南一里。《吴地记》：四面视之，势若飞动，又名四飞山。顾元庆《阳山新录序》：阳山为吴之镇，以其背阴面阳，故曰阳山。大峰一十有五，而箭缺最高。缺之傍有巨人迹，长五尺许。为岩者四，为坞者六，为泉者七，为洞者三。东北有白鹤岭，以丁令威宅名，亦曰白墡岭。《吴地记》：山有白土，如玉光润，取以充贡，号曰石脂，亦名白垩。一支行东北，过金芝岭曰管山，亦曰罐山。西为阳抱山、青山、寒山、彭山。西南曰温山、图山。北曰鸡笼山，《吴地记》以形似鸡笼，故名。东南曰象山，即福寿山，盘回不绝，至南爪山，过爬石岭，而北为北爪山，南为王宴岭，又南为贺九岭，相传吴王于此庆贺重九。西南为谢宴岭，皆阳山支麓也。

　　箭缺峰，相传秦始皇射于此。岭为镞所啮，故下有射渎。

　　长云峰。

　　韦驼峰。

　　大石峰，怪石耸出山腰，上建佛庐精舍，皆架岩壁。吴文定宽称东南一奇，与史鉴、沈周诸人吟咏其地，诗磨崖勒石。

白莲峰，下有白莲寺。寺今改名澄照，又名澄照山。

松花峰。

草头峰。

香炉峰。

鸡峰。

白鹤峰。

鲤鱼峰。

象鼻峰。

启龙峰。

凤凰峰。

灌峰。

文殊岩，山下有文殊寺。

虎头岩，又名狮子岩。

滴水岩，水从岩间下滴如喷雪，跳珠淙淙，作琴筑声。虽大旱不涸。

夕照岩。

白龙坞。袁宏道《阳山记》：东晋时有白衣翁投宿民家，其家女遂有孕，产一龙，头角宛然，冉冉而升，女遂惊绝。后人立庙祀之。

金牛坞，又名金井。

火丫坞，自巅而下，大冈末作二小支，分而岐出，以形象名。

羊棚白雪坞，高深积雪难融，故名。

栗坞，以产栗名。

启龙坞。

龙湫泉，在龙母冢前，方径千尺，深亦如之，味甘而轻清。

一壶泉，渟涵石上，随取随盈。

云泉。郁大濮《游山记》：大石下有泉二泓，一曰云泉。

龙井泉，在长云之根，深三丈，贴水有门，如梁斜入，莫测底止。当朝暾初升，光射入门内，日华与水色相荡。

仙泉，在澄照寺内。吴越钱氏时，泉发，莫穷其源。引渠灌民田百顷，水旱不加减，名曰灵泉。继改曰仙泉，后因迁龙祠于此，又名龙池。

茶坡泉，在山南，泉之极佳者。

瀑布泉，即滴水岩，又名珍珠帘。

白马涧，在山之东南，属吴县界。

大静涧，在山之半。

上清涧，明太祖驻兵于此，其下有屯甲衖。

徐侯山，在阳山西北十里，一名卑犹。《吴越春秋》：越王乃葬吴王以礼于秦余杭山卑犹。即此山也。

甀山，在四都，与徐侯山相近。山巅有七窍如瓦甀，故名。下有甀山寺。

恩山，在三都，山之名昉于龙母。母有孕，生白龙。越三日，龙来省母于此山之下，以报母恩，故名。

顾山，在恩山北。龙来省母，及去时，不忘其母，回顾不已，故名。

严山。

彭山，在阳山西。山顶有塔，坍颓已久。今基址尚存。

温山、图山，在阳山西南。

阴山，在阳山后。

凤凰山，晋太康二年，掘地得石凤，故名。

白豸山，在浒墅东北，去城三十二里，前临长荡，后迩漕湖。《越绝书》云：故为胥女山。春申君初封吴，更今名。南有小蜀山，春申客卫公子冢也，俗讹为白石。

高景山，在府城西三十里。《越绝书》作高颈山，其西麓崖谷盘拱处曰金盆坞，其南为斜堰岭，亦曰谢宴岭，自吴县天平诸山漫衍数里至此而止，故此山实钟城西诸山之秀。先是，石工采石，山多残毁。乾隆三年，郡人请于巡抚许容，勒石永禁。

长洲县志卷之十六

物产

《禹贡》：九州物产各著。《洪范》：八政食货为先。长邑与元和地虽接壤，而水土之产间有不同，由地气所钟、习业所聚也。兹则异者别以方，同者互为列。使知货不弃地，民无遗力，供遐迩之用，裕间阎之资，是亦阜财之道乎？若重稼穑而轻服贾，兴树畜以滋生息。物土之宜，因地之利，考风者有厚望焉。志物产。

粳之属

箭子稻、品之最高者，粒瘦长，雪色，味香甘，晚熟。六十日稻、四月种，六月熟，米小色白，又名救工饥，又名早红莲。师姑粳、即矮稻，粒圆如珠而大。金成稻、四月种，七月熟，米红而大，性硬。早白稻、五月种，八月熟，皮芒米白。又一种九月熟，曰晚白，又名芦花白。黄粳籼、五月种，九月熟。紫芒稻、五月种，九月熟，紫谷白粒。张方平诗"鲈脍饭紫芒"。天落黄、芋芳黄、二种并色黄而香。金里黄、鸭嘴黄、下马看、一名三朝齐，秀时最易。麻皮粳、作饭，粒长。薄十分、作粥易腻。老来红、包十石、累泥乌、土塘青。

糯之属

金钗糯、粒长，最宜酿酒。鹅脂糯、张方平诗"鹅脂酒清醲"。赶陈糯、四月种，七月熟。粒最长。闪西风、一名早中秋。羊须糯、谷多芒长。香珠糯、有芒。黄瓜糯、无芒。秋风糯、一名官糯。扁蒲糯、无芒。虎皮糯、一名蟹壳糯，色斑。川梗糯、粒大无芒。胭脂糯、壳红粒白。小娘糯、不耐风雨。观音糯。

麦之属

大麦、小麦、磨细为面，宜合酱，或作酒曲。穬麦、磨碎如粞，和米煮饭。荞麦、本弱而翘，然易长收，磨面如麦。西番麦。形如稷而枝叶大，结子累累如芡实。

粟之属

秤钩粟、一名环儿粟，性软。鸡头粟。性硬。

菽之属

蚕豆、九月种，蚕时熟，故名。青豆、自初夏至中秋俱鲜食，或煮熟熏干点茶。晚秋收实。豇豆、李时珍曰：豇豆蔓生，花红、白二色，荚白、红、紫、赤，斑驳数色，长者二尺，开花结荚，两两并垂，煮熟可为糕。又名沿江十八粒。黄豆、黑豆、白扁豆、俗呼为延篱豆，扁阔而甘糯者胜，龙爪紫色者为下。谚云："延篱花开，挟纩子来。"言寒候也。刀豆、以形名，蔓生紫花，堪入酱为蔬。酱瓿有发，入豆即化。豌豆。一名寒豆，其条柔弱宛宛，故得宛名，百谷中最先登者。嫩青色，老则斑麻，故有素斑、麻累诸名。

蓏之属

王瓜、《月令》"孟夏之月王瓜生"，即此。注：王瓜，草挈也。范成大诗："齐民编月令，瓜瓞重王家。"丝瓜、蒂可治痘。香瓜、又名甜瓜，有金、银二色。庾子山诗"甘瓜开蜜筒"。南瓜、一名番瓜。酱瓜、色青而小，入酱为菹醢。蓏有数种，皆蔓生。东瓜、匏、大而扁者可食，小而长细腰者可玩，俗名葫芦。漆为皿盂诸器，殊雅。瓠、亦匏类，锐上丰下，煮熟可食。郑珣瑜所谓"去毛烂蒸，莫拘折颈"即此。生瓜、形细而长。芋、一名蹲鸱，种水田曰水芋，旱田曰旱芋。薯蓣。即山药。

蔬之属

荠菜、俗呼野菜，《淮南子》名水菜，冬水而生，夏土而死。苔菜、冬种春生，苔可食。二月开花，四月收子压油，又名油菜。春菜、俗名水白菜。芥菜、二种，一名黄农芥，一名鸡脚芥，形矮，味辣似菘而毛。三月间，苔长尺余，收其子，捣汁以和他殽，极辛。菘菜、叶大味甘曰牛肚，叶薄味少苦曰紫菘。范成大诗"拨雪挑来塌地菘"。苋菜、《韵会》云：茎叶高而见，故字从见。《尔雅》"蕡，赤苋"注：今菜之有赤茎者。《管子·地员篇》："蕢下于苋，苋下于蒲。"菠菱菜、种出自西国，有僧将其子来，云是颇陵国之种，语讹为菠菱耳。北人呼为赤根菜。塌颗菜、冬月蒸芼，极佳。蕻菜、即箭秆菜，经霜煮食，甚美。秋种，肥白而长，冬日腌藏以备岁。蓬蒿、叶细而尖，春生苔开花后，渐可食。莴苣、俗名苣笋，一名千金菜。落苏。俗名茄子。《尔雅·释草》："荷芙，其茎茄。"

溪毛之属

荇菜、荇,接属也。白茎,紫叶赤色,正圆。径寸余,浮在水面。根在水底,与水浅深等。大如钗股,上青下白。根以苦酒浸之,肥美可按酒。芹。水菜。《尔雅》:"芹,楚葵。" 郭璞云:今水中芹菜。陆佃云:"一名水英,洁白有节,其气芬芳,生春泽中。"

水实之属

菱、一名薢茩,楚谓之芰,秦谓之薢茩。《武陵记》:两角曰菱,四角、三角曰芰,其叶似荇,白花赤实,其花昼合宵开,随月转移。有二种,白者名馄饨菱,红者名老红菱。又一种红身绿蒂,角色鲜可爱,特大而美,名顾姚荡,盖顾、姚两姓合有此荡,故名。芡实、俗名鸡豆。《尔雅翼》:叶如荷而大,叶上蹙如沸,实有芒刺,其中如米。或谓即今之薏子也。扬子《方言》谓之雁头。或谓之鸡头,或谓之乌头,久食宜人,出江田荡。茨菇、即凫茨,各处水田中俱可植之。茭白、即菰也。生水泽中,苗似鬼针,花青白色,子黄黑色,似防风子。各处有之。藕、芙渠行根,如竹行鞭,节生,一叶一花,花叶常偶,故谓之藕。藕生应月,闰月益一节。莲。芙渠之实也。《尔雅·释草》:荷,芙渠。其实莲,谓莲房也,生食清香。

花果之属

樱桃、一名含桃。《吕氏春秋》:鹭鸟所含,故曰含桃。《本草》云:有尖、圆两种,一名朱樱,一名蜡樱。红者朱樱,黄者蜡樱。消梅、松脆异常,入口即化。官城梅、着花最晚,子先熟。杏梅、一名鹤顶梅,实大味甘。水蜜桃、色红白,味甘多汁。寿星桃、树矮,著花,结实大。李光桃、形似桃而光泽如李。林檎、或谓之来禽,木似柰,实比柰差圆,六七月熟。有二种,甘者早熟而味肥美,酢者差晚。《学圃余疏》云:即花红。李、有青脆、紫粉二种。柰、花似李,实皮青肉红,有青、赤、白三种。杏、实味似梅而酸不及,核与肉自相杂。石榴、单叶者结实,子色淡红,味甘鲜。张骞使西域回所得。金柑、圆者为金豆,长者为牛奶柑。实小如弹丸,味带微酸。其本高三尺许,累累金色,一本千颗。梨、陶弘景《别录》云:梨性冷利,多食损人,谓之快果。银杏。即鸭脚子,俗名白果。

笋之属

兰花笋、出阳山岳园笋独肥大,香似幽兰。燕来笋、燕来时生,故名。护居笋、一名哺鸡笋。粉金笋、粉金竹所生。五月贵。诸笋种各不同味,皆鲜美。各处园林、村郭所在皆有之。

木之属

括子松、《字说》：松为百木之长。《姑苏志》：虽产他郡而吴中为多，故家园林中有逾百年者，亦有罗汉松、别牙松之别。柏、《尔雅》：柏，椈也。陆佃云：椈柏性坚致，有脂而香，有扁柏、侧柏、缨络之别，故家园林所在有之。杏树、《管子》：五沃之土，其木宜杏。黄杨、性坚致难长，岁长一寸，闰年则倒减一寸，故云："黄杨厄闰年。"黄连、村落间俱有，树极高大，其苗可食。柽、叶细如丝，俗名西湖柳。似杨赤色，一名雨师。天将雨，柽先起而应之，故名雨师。梧桐、桐有四种，一白桐，可斫琴，叶三岐，开白花，不结子；一荏桐，子可作油；一冈桐，体重不可作琴；一梧桐，今人收其子作果。槐、槐者，虚星之精。《艺文类聚》云："季春五日而兔目，十日而鼠耳，更旬而始规，二旬而叶成。其干似榆，叶细而长，花可染黄。又一种盘结者，名盘槐，多种官署。冬青树、所在有之，子名女贞，实土人种以取蜡。子可入酒，名女贞酒。杨柳、《埤雅》云：柔脆易生纵横，颠倒植之皆生。白居易诗：老来处处闲行遍，不似苏州柳最多。

竹之属

金竹、色如蒸栗，今不多见。蒋堂诗：不见修篁但见金。护居竹、一名哺鸡竹。范成大云：以其蔓延如鸡之哺子也。慈姥竹、丛生，俗名慈孝竹。方竹、每节微有方楞。潇湘竹、有斑。凤尾竹。比潇湘竹又小。诸竹种类不同而枝叶扶疏，独有真态。

花之属

梅、花以惊蛰为候。白者有二种，一名江梅，即直脚梅，花疏瘦而早；一名官城梅，取江梅以佳本接之，花丰腴而迟，名玉蝶梅。各县皆有，惟邓尉山间香雪万重为最盛。又一种名百叶湘梅，花叶至二十余瓣，差小而稠密，不结实。又一种绿萼梅，色纯绿，比之九华仙人绿萼[①]花也。又一种江梅，花类杏。《西清诗话》云：承平时，江梅独盛于江南。又一种色嫩红色，名红梅。蜡梅、与梅类，开在梅花前，色似蜜脾，香亦近似，故名。凡三种：一名九英梅，一名磬口，一名檀香，色深黄如檀，为最佳。桃、种各不同，有单叶、千叶，有碧桃、绛桃，随处有之。惟浅红重叶者名人面桃，为最佳。海棠、皆单叶。别有莲花海棠，重叶丰腴，俗名西府海棠。《旧志》：范成大自蜀移归吴中，遂有此种。玉兰、花如白玉者，名玉兰。人家园林多植之，惟虎丘玉兰房一本，相传是宋时旧植，老干纵横，极其古致。又一种花色紫，名木笔，不甚贵。山茶、《本草》：其叶类茗，故得茶名。深红者名宝珠，浅红者名杨

---

① 原作"仙之绿萼"，据《吴郡志》改。

妃,白者名白菱,花大心繁者名蜀茶。近多洋茶,来自海外,移花接木而成,其品最贵。**牡丹**、宋时,蓝师稷开第东城,手植三百本。今惟胜云红犹存,其种花色丰腴,极其富贵,有天香国色之称。旧志:近时观音红、崇宁红等名,皆不传。惟有玫瑰紫、庆云红、玉楼春、傅家白、新红娇艳、西瓜瓤诸种。又有绿牡丹,自河南移来,种最贵。**绣球**、千花一球,色白如雪。**桂**、八九月花香浓馥,叶冬夏常青。《郡志》云:桂本岭南木,吴地不常有之。唐时,尚少植者。白乐天守郡日,谓苏之东城有桂一枝,惜其不得地,赋诗唁之,有"子堕本从天竺寺,盘根今在阖闾城"之句。今随在有之。**紫薇**、夏开,至秋暮,可三月不尽,故又名百日红。近有蓝、白二种。元熙元年,诏民间园林皆植紫薇,以为压胜。**蔷薇**、红、白杂色,别有金沙、宝相、刺红、紫玫瑰、金樱子、佛见笑,皆其类也。又一种黄蔷薇,格韵尤高。**木香**、细朵白色,垂条迎地,香清可喜。一名酴醾。又一种黄色,花大而香浓。**杜鹃**、自蜀来者名川鹃,红芳夺目。余曰洋鹃,种极多。又名山石榴、山踯躅、暎山红。**莺粟花**、即米囊花,有千叶、单叶之异,连畦植之,五色烂然。**荷**、有红、白、黄、碧、锦边、并头、西番、罗汉、观音诸种,是处池塘俱植之。**木芙蓉**、一名木莲,又名拒霜,多生水傍。又一种名三醉,自晨至夕,色有浅深,变态不一,极为娇艳。**芍药**、一名可离,故将离而后赠之。《本草释名》:芍药,犹绰约也。此花绰约,故以为名。**秋海棠**。有红、白、墨色三种,近时红、白者多,墨色者绝少。

草之属

菩提、叶如粟子,有二种:圆而大者为龙眼,细而长者为凤眼。**芭蕉**、陆佃云:"蕉不落叶,一叶舒则一叶卷,故谓之芭蕉。"背阴植之,绿阴满室,最为清雅。间有开花者,瓣大如莲,浆即甘露。**美人蕉**、叶碧花红,本粤中种。**雪蕉**、叶碧,花白,花如细辛,清香异常。夏日开花,盆盎植之,鲜洁可爱。**鸡冠**、向惟扇面、扫帚二种,今多来自海外,绚烂可夺五色云霞矣。又有短种,名寿星鸡冠,即玉树后庭花也。**老少年**、红者为雁来红,黄者为汉宫秋,红黄者为汉宫春,间色者为十样锦。**凤尾草**、根即贯众。**翠云草**。生阴湿处。

药之属

龙脑薄荷、出府学前南园,岁贡京师,今已无矣。**紫苏**、叶面背俱紫。**白芷**、一名芳香,一名泽芬,一名药香草也。《本草》云:出吴地者良。**乌头**、俗名僧鞋菊,花色可爱。**忍冬藤**、即金银花,性凉,宜夏。**藿香**、有大、小叶二种。**菖蒲**。蒲类之昌盛者。《吕氏春秋》:冬至后五旬七日,菖始生。菖者,百草之先,于是始耕。一寸九节者为菖蒲,粗叶者为菖阳,细如短发者为石菖蒲。

鳞之属

鲤鱼、鲤为鱼中之主形，既可爱，又能神变，乃至飞越山河，所以琴高乘之。有赤、白、黄三种。鲫鱼、冬月味美，吴人有寒鲫、夏鲤之称。又有青鲫，出阳城湖。鲙残鱼、状如银鱼而大。相传吴王江行食鲙，弃鱼而化。菜花土附、菜花时出，附土而行，不似他鱼浮水，故名。虾虎、类土附而腮红，以其食虾如虎，故云。俗名新妇鱼。又一种麦吹风，麦熟时出。鮠鯬。一名鯸鯬，一名蝴鱼，俗名淡水河鈍。

介之属

蟹、诸湖俱有。唐陆龟蒙有《蟹志》。鳖、诸湖俱有，陶朱公呼为神守。畜之池，使鱼不散。蚬。水泽中俱有。

羽之属

黄雀、冬初西风急，千百成群自江外飞至，食稻而肥，又呼稻头雀。鹜、《毛氏》曰：可畜而不能高飞曰鸭，野生高飞曰鹜，出甫里、阳城湖等处。雉。俗名野鸡，以汉吕后讳，故不称雉。

毛之属

獾、类犬。又一种名貒，类猪。俱穴地而窟，肉肥美，其皮可以御寒。狸、俗名香狸，或云即麝香。有数种，大小似狐。文似豹而作麝香气为香狸，即灵猫也。刺猬。俗名偷瓜宵，入药，止心痛。

帛之属

锦、五色成文，有海马、云鹤、宝相、球门诸类，又有紫白、落花流水，充装潢卷轴之用。纻丝、出东城。有素，有花纹，有金缕，其制不一。《禹贡》所谓织文是也。织造府所制上供平花、云蟒诸缎，尤精巧，几夺天工。绢、《左传》杜预注：吴地贵绢，郑地贵纻，有生绢，有熟绢。又有白生丝织成，缜密如蝉翼，可供丹青者，名画绢；稍厚而密者，为罗底绢，皆出东城。纱、素者名银条纱，即汉时所谓方空也。花纹者曰夹织，轻狭而縠纹者曰绉纱。绫。唐时充贡，谓之吴绫。《唐书》：天宝中，吴郡贡纹绫。大历六年，禁织龙凤、麒麟等文，其薄而鸾鹤纹者，充装饰书画之用。

布之属

木棉布、诸县皆有。缣丝布、出郡城。合苎与丝，比而成之。黄草布。缕黄草为之。

杂造之属

藤枕、出齐门外。治藤为之,颇光洁雅致。蒲鞋、卢《志》:土人善以蒲为鞋,草为履。杜荀鹤诗"草履随船卖",则其来尚矣。席、草席自昔著名天下。杂色相间,织成花鸟、人物,为帘或坐。席出浒墅镇,亦出虎丘。麻手巾。出齐门陆墓镇。

酝酿之属

煮酒、唐有五酘酒。宋孙冕守苏州,传酿法于木兰堂,因名木兰堂酒。又有洞庭春、白云泉,今其法不传,惟煮酒以腊月酿成,煮过泥封,经两三岁者,味最醇厚。或加木香、砂仁、金橘、女贞子、佛手、木樨诸品,味更香美。其酿而未煮,旋即沽卖者谓之生泔酒。三白酒、以白面造曲,用泉水浸米,白米酿成,故名。白酒、以草药酿成,置壁间月余,色清味冽,谓之靠壁清。又名竹叶清,又名秋露白,乡间人谓之杜茅柴。以十月酿成者尤佳,名十月白。烧酒。取糟粕蒸之,滴水成酒,名滴花烧酒。加以香料,名五香烧酒,色如琥珀。近今制法不一。

品馔之属

水晶鲙、以赤尾鲤净洗去涎,用新水慢火熬浓,去鳞滓,待冷即凝,缕切之,沃以五辛,俗名脒子。鲈鱼鲙、即张翰所思,其法不传。饧、以麦芽熬米为之,古谓之餦餭。唐人有胶牙饧,今总谓之糖。炙鱼。《吴越春秋》:吴王僚嗜炙鱼,子胥荐专诸于公子光。专诸去,从太湖学炙鱼,三月得其味,因刺王僚。《姑苏志》云:吴地出鱼,吴人善治品,其来久矣。

储用之属

冰窖、在葑门外。冰之为用,《豳风》则咏凿冰,《月令》则记开冰,《左传》则传藏冰,盖以调阴阳之和,使民生无疾苦也。今只充海鲜之用矣。布坊、各处俱有,惟阊门为盛,漂染俱精。油坊。在娄、葑两门。每到春间,堆贮菜子,用以压油。

工作之属

裱褙作、米南宫《画史》有苏州裱褙之名,擅能已久。窑作、在陆墓徐庄。工部官砖亦于此烧造。织作、在东城,比户习织,专其业者不啻万家。工匠各有专能,或素或花,俱以计日受值。其或无主,黎明林立花桥、广化寺桥,以候相呼,名曰唤找。染作。在娄门。亦各处俱有。

长洲县志卷之十七

第宅附园亭

哲人已往，遗韵犹存。表闾式庐，见者生敬。伯通之宅，以梁鸿称；高节之堂，以了翁显。地以人传也。若园亭之适盛于吴中，而撷杞菊以延伫，酌醴泉而盘桓，惟龟蒙之圃、慧晓之池著焉。苟非其人，虽朱第瑶林，一时辉耀，未久而荡为墟莽，郁为榛丛矣。然则君子之所重者，固在名德之可久欤？志第宅。

周

冯煖宅，在弹铗巷，一名长铗巷。唐人云："有坟在侧，碑刻犹存。"煖客齐孟尝君之门，弹铗而歌，因名。

汉

顾训宅，在百口桥东。五世同居，聚族百口。长、元合治。

郁林太守陆绩宅，在临顿里。门有巨石，后移置北察院前。院废，复移树郡学况公祠，即廉石也。

吴

周瑜故宅，在醋坊桥东，旧名九曲墙巷。至宋，为周虎所居，易名周将军巷。

晋

丁令威宅，在阳山，炼丹井存焉。东北有白鹤山，因令威而名。

戴颙宅，即今北禅寺。颙父逵游此，欲居焉。吴下士人共为筑室，聚石引水，植木开涧，少时繁密。唐司勋郎中陆洿继居之，后山人陆去奢楼亭亦其地。

琴高宅，在交让渎法海寺西五十步。法海寺，济阳丁法海舍宅所置，盖令威之裔也。

唐

陆鲁望宅，在临顿里。相传郁林故地。其《幽居赋》曰："地接虎丘，门临鹤市。"皮日休所谓"不出郛郭，旷若郊墅"者也。

皮日休宅，在皮寺街。日休为苏州从事时所居，与陆龟蒙晨夕唱和。

顾炼师草堂，在阳山。

光禄大夫许台宅，在临顿路。

宋

韩蕲王府，俗称韩家园，即章惇旧园也。绍兴初，韩蕲王提兵过吴寓此，作桥两崖之间曰飞虹，张安国书扁。上有连理木，庆元间犹存。山之堂曰寒光，傍有台曰冷风亭。又有翊运堂，耿元鼎记。池侧有濯缨亭，梅之亭曰瑶华境界，竹之亭曰翠玲珑，桂之亭曰清香馆。嘉靖间，郡守胡缵宗即妙隐庵建韩蕲王庙。

进士周沔宅，在县治东北。

沈御医以潜良惠堂，在夏侯桥东，高宗御书额。

叶参卿七桧堂，在天庆观东。叶尝守吴，既谢事，因居焉，作此堂以俟老，见其子清臣至大官。范仲淹有诗。

叶道卿清臣字小隐堂、秀野亭，在城北。苏人多游饮于此。

中隐堂，在大酒巷。都官员外郎分司南京龚宗元所作，取白乐天诗句名之，与屯田员外郎程适、太子中允陈之奇，日为文酒之娱。皆耆德硕儒，挂冠而归者，吴人谓之三老。

五柳堂，山阴簿胡稷言所居，在临顿里。相传即陆鲁望宅故址。其子峰，又取老杜"宅舍如荒村"句，名曰如村。

丁晋公谓宅，在大郎桥。堂宇甚古，有层阁数间临其后，号晋公坊。

贤行斋，在大云坊，林少卿虑所居。朱长文《记》：虑字德祖，号大云翁。

朝议大夫闾丘孝终宅，在张马步桥西北。苏文忠轼所云"苏有二丘，不到虎丘，即到闾丘"也。

读书堂，宋使君晦父所居。

范龙图师道宅，在鹰冠坊。

林枢密希宅,在乌鹊桥南儒学坊。

蜗庐,在城北,中书舍人程俱致道所居。政和间,自监舒州茶场上书论时政不合,来家于吴,葺小屋,号蜗庐。中有常寂光室、胜义斋。其志云:昔张志和结庐会稽东郭,采椽不斫,茨以生草。余结此庐,皆竹椽、松柱,布隙地三两席,稍种树竹,因戏作菊、竹、凤仙、鸡冠、红苋、芭蕉、水青七咏。

杨和王存中府,在和令坊,即今正觉寺。

信安郡王府,在闾丘坊,孟忠厚所居。有静寄堂、清心亭、万卷堂诸扁,皆孝宗御题。后有藏春园。

司录林虙宅,在大云坊。官数月归,屏置朝服,足不践州县。有贤行斋。朱伯原记。

阮状元登炳宅,在南星桥西,有状元坊。

强斋,寓公高之问所居。宝庆元年,魏华父记。

闲贵堂,在醋坊桥东,本萧氏双节堂也。既为周虎所得,遂易今名。后有台,环以古桂数千本,名曰凌霜。宅东有陂陀,立亭其上曰已高。

肯堂,郡人郑起潜尚书所居,在天心桥。又有立庵,皆理宗御书。

静乐堂,在乌鹊桥南,知郡孔元忠所居。有楼储书万卷,叶适以诗赠之。

和致堂,在九胜巷,洛人赵思所居。

叶少蕴旧宅,在凤池乡,前在鱼城桥。政和中,寓布德坊。

策勋亭,郡人王希默所居。希默,库部郎中,贻之仲子也。《清异录》云:"希默,简淡无他好,惟以对镜为娱,整饰眉须,终日无倦。以杜子美有'勋业频看镜'之句,遂作策勋亭。仍自号勋叟,收古今善镜,典衣偿,无难色。居长洲。亲友之蓄异镜者数人,间日聚会乐饮,各出镜,传玩评品,抵掌极欢而罢。乡人目曰镜社。"希默又集载籍凡言镜者成二十卷,号《铜仙传》云。

万华堂,在资寿寺后,提刑蓝思稷所居。师稷,字叔诚,开封人,植牡丹至三千株,多于洛中名品。

郑所南思肖宅,在乐桥东条坊巷。所南不忘宋,终身不向北坐。

贺方回宅,在醋坊桥。方回名铸,本山阴人。有《访僧不遇》诗,为王荆公所称赏。别筑在横塘,方回往来其间。尝作《清玉案》词。黄庭坚诗:"解道江南肠断句,只今惟有贺方回。"

丞相章子厚宅,在州南,即沧浪亭旧址。子厚,建安郑公之裔。徙于平江,有二族：子厚家州南，质夫枢密家州北，两地屹然，轮奂相望，为一州之甲，吴人呼为南、北章以别之。

郑虎臣宅，在鹤舞桥东。居第甚盛，号郑半州。四时饮馔，各有品目。著《集珍日用》一卷，并《元夕闹灯实录》一卷，皆言其奢侈也。即杀贾似道于木棉庵者。

元

参政周伯琦所居，名老相公廨，在干将坊。伯琦使吴被留，张氏构此馆之，极壮丽。明永乐间，为鲁都尉春赐第。

小丹丘，在天心里。至正末，陈基所构。基，台人。天台曰丹丘，故名。

隐士俞琰宅，在俞家桥。中有咏春斋、盟鸥轩。今为薛征士雪扫叶庄、水南居。

周上卿宅，在濂溪坊。尝作存心丹，于市南卖药。一异人过其庐，语终日。至暮，留宿。时方雪，积已半尺，人见其屋，赫然有光赤，屋上雪独不聚。授以秘术，竟委蜕云。

明

户部侍郎高启宅，在吴城东北。张士诚据吴，启避于青丘。洪武中，召用归。郡守魏观尝同史馆，因徙之，居夏侯里。

布政徐贲宅，在齐门外。故自号北郭生。

皇甫信宅，在南仓桥之西七十步。皇甫氏，宋南渡时，自朝那徙居。以汉太尉食邑槐里，树两槐曰槐树巷，四传至信。六世孙冲为《居第记》。

石田先生沈周宅，在相城，名有竹居。

韩襄毅雍亘古楼，在沧浪亭东。

阳山草堂，山人岳岱结隐其中，花木翳然，修竹万挺，新笋味绝吴下。

德光堂，通政顾九思所居，在花桥西里。武功伯徐有贞书额。

范提学允临宅，在临顿桥北。有芝兰堂，子检讨必英读书处。

参议尤安礼宅，在乐桥南孝义坊北。

工部侍郎孔镛宅，在清道桥南。后圃有泉曰墨池。今称孔夫子巷。

顺庆知府皇甫录宅，在孔夫子巷，即孔镛故庐。子冲、涍、汸、濂皆居此。

乐安知县顾兰宅，在临顿里。

张孝廉凤翼宅，在圆妙观前小曹家巷。

高士顾元振、元新宅，在碧凤坊。

吏部郎陆稷宅，后筑圃，名素园，有四虚亭、媚独楼、心远阁。

国朝

汪编修琬苕华书屋，在陆宅巷。康熙甲子，圣祖仁皇帝南巡，特赐御书一轴，以悬于堂。

孙祭酒岳颁赐第，在竹篠桥。康熙四十一年，御题其堂曰"墨云堂"。

书种堂，在花桥巷，顾太学希喆授经处。张詹事鹏翀绘图。

诒白轩，在乘鲤坊，汪孝廉均读书处。

附园亭

唐

褚家林亭，皮、陆皆有诗。

宋

沧浪亭。苏舜钦子美官大理评事，为小人王拱辰谗构，贬谪苏州，因买木石，作沧浪亭于南园。高阜耸峙，曲水环之，与一时贤俊饮酒赋诗其中，欧阳公有诗记其事。后章惇据为宅，后又归韩蕲王世忠。自宋至国朝，荡为荒墟已久。宋中丞荦抚吴，重为修葺，仍复旧观。今建圣祖仁皇帝御书亭于其中，视宋中丞时又复改观矣。

醒心亭，熙宁间，曹偁履中所葺，在葑门内，有土阜对峙水际，虽巨浸弗没，因号浮墩。后避讳改名浮丘。今放生池即其地。

明

寄傲园，在齐门外。刘金事珏于宅傍累石为山，颇多幽胜。尝仿卢鸿一《草堂图》，厘为十景，曰笼鹅阁[1]，曰斜月廊，曰四婵娟堂，曰螺龛，曰玉局斋，曰啸台，曰扶桑亭，曰众香楼，曰绣铗堂，曰旃檀室。图成，各系以诗。

郑景行南园，在阳城东湖，前临巨浸，后据亩丘，聚奇石为山，环以花竹，有撷芳径、观鱼槛、听鹤亭。

顾家青山，在大石左麓，顾元庆贮书所也。山中名胜有八，元庆自为记。

拙政园，在娄、齐二门之间。嘉靖中，王御史献臣因大宏寺废地营别墅，文待诏徵明记。其子以搏蒲负失之，归里中徐氏。后为海宁陈相公之遴得之。陈以罪籍官，为驻防将军府。旗军撤，迭居营将。又为兵备道馆。既而为王永宁所有，复籍官。康熙十八年，改苏松常道新署。苏松常道缺裁后，散为民居。今东偏归蒋司马棨，名复园。西偏归叶副使士宽，名书园，中有庋书阁、读书轩、行书廊、浇书亭，皆昔年废地，士宽所新构者。

归田园，邻拙政园，王侍郎心一构。中有兰雪堂、泛红轩、竹香廊。

五松园，在城东北隅。嘉靖间，有势家占狮子林寺为之园，有五松皆生石上，故名。今寺属元和，园隶长洲。

无梦园，在孔夫子巷，陈文庄公仁锡别墅，有息浪、见龙峰诸胜。

徐冏卿泰时有东园、西园，在阊门外下塘。石屏高三丈，阔二十丈，玲珑峭削，周生时臣所垒也。堂侧有土垄，垄上太湖石一座，名瑞云峰，高三丈余，相传为朱勔所凿取，才至舟中，石盘忽沉湖底，觅之不得，遂不果行。后乌程董姓购去，载至中流，船亦覆没。董氏募善没者取之，须臾忽得其盘，石亦离水而出。后为徐氏移置园中。

紫芝园，在阊门外上津桥，徐太学墨川园也。文待诏、仇十洲为之布画，后归项詹事煜。甲申为火毁。

园溪鱼乐，在沙头镇，瞿逢祥隐居。

国朝

花溪，在郡城东北。齐关当其后，北寺浮图峙其右，一望平畴绿野，流水绕门，有城市山林之致。明青霞居士顾凝远居此，后归徐学使炯，为苏城之胜：曰古松堂，曰平野堂，曰耕古居，曰覆花轩，曰贪佛阁，曰景戴楼，曰半阁，曰香兰亭。

---

[1] 原作"笼鹅馆"，本志卷三十四作"笼鹅阁"，且有刘珏《寄傲园小景十幅仿卢鸿一草堂图诗自题十首》诗之一为证"谁知轩后阁，宛在水之滨"，据改。

顾都宪汧凤池园,在銮驾巷。汧自中州归,得顾氏旧圃,重修治之。中有梅岭、桂亭、岫云阁、芙蓉涧诸名胜,自有记及十二咏。

苍翠亭,明中丞章焕旧宅,北平黄少宰叔琳尝侨寓于此。

依园,在乘鲤坊,新会令顾嗣协别墅。中有妙严台,梁妙严公主墓在其下。

顾嗣立秀野园,在依园东,导以回廊,穿以曲径,垒石为山,捎沟为池,树坛坫,娱宾客,堂曰秀野草堂,轩曰梧语轩,王司农原祁绘图,朱检讨彝尊为记,远比文选之楼,近追玉山之堂焉。

渌水园,在碧凤坊,布衣朱襄侨寓于此。

长洲县志卷之十八

古迹 _{附坊表、冢墓}

吴中自春秋时多保障之区、游观之所，废址颓垣，皆成往迹。经其地者，有余忾焉。其君公贤士之所归藏，沧桑屡变，或在或亡。千载而下，观乎九京。其人不作，寻碑甍于陵谷之余，抚松楸而申樵采之禁，宁非昔贤之幸乎！至表厥宅里，树之风声，成周旌淑之意也。仰瞻绰楔，深我景行，汇存于左。志古迹。

太公城、章祈城，并在县东北。章祈疑即鹤鸐，陆童之后，聚族于此。

舸城，在平门外。疑即柯城。今黄埭名舸城。

阳城，在县治东北。环绕有湖，谓之阳城湖。

阖闾冰室，巫门外冢也。

长洲苑。《图经》云：在县西南七十里。孟康曰：以江水洲为苑。韦昭云：长洲在吴县东。枚乘说吴王濞曰：汉修治上林，杂以离宫，佳丽玩好，不如长洲之苑。刘濞时嗣葺吴苑，其盛如此。

麋湖西城，越宋王城也。《吴越春秋》云：平门外麋湖西城者，麋王城也。与越王遥战，越杀麋王。麋王无头骑马还武里，乃死，因留葬武里城中。以午日死，故至今午日不举火。

射台、华池、华林园、南城宫、石龙。《吴越春秋》云：阖闾既立夫差为太子，使将兵屯守而自治宫室，立射台于安平里，华池在平昌，南城宫在长乐里。阖闾出入游卧，秋冬治于城中，春夏治于城外。治姑苏之台，射于瓯陂，驰于游台，兴乐石城，走犬长洲。《越绝书》云：射台二：一在华池平昌里，一在安阳里。《吴地记》云：华池在大云乡安昌里，华林园在华林桥，南宫城在干将乡长乐里。"卢《志》云：石龙在坛里，今乌鹊桥东。射台或云在横山。《越绝书》所谓"一在安阳里"者，则吴县横山未可知也。

桃夏宫，楚春申君所建。《越绝书》云：今太守舍，春申君所造，后壁屋以为桃夏宫。今宫，春申君子假君宫也。

太守府大殿，秦始皇刻石所起也。更始元年，太守许时烧。六年十二月乙卯，凿官池。元狩年间，朱买臣载故妻到太守舍。即此地。

黄堂，春申君子假君之殿也。后太守居之，以数失火，涂以雌黄，遂名黄堂。天下郡治名黄堂，昉此。或谓春申君姓黄，以此名堂。

谯楼，即鼓角楼。唐节度使入境，州县立节楼，迎以鼓角。或谓宋淳化二年，诏州府监县一应所受诏敕，并藏敕书楼，即今之鼓角楼是也。建炎兵燹后，董章重建之。

齐云楼，在郡治后子城上，即古月华楼也。唐曹恭王建，白居易改名齐云。后伪吴之败，遣嫔御悉自经楼下，钥户举火，荡为灰烬。楼前旧有芍药坛，每花开，太守宴客，名芍药会。

郡圃，在府宅北。前临池光亭、大池，后抵齐云楼。端平初，张嗣古改名同乐园。嘉定十三年，綦奎浚池，环以土山，辇西斋之石益而为之，立四小亭于上，曰棱玉、苍霭、烟岫、清漪。

木兰堂，又名木兰院。白居易有《寄题木兰西院》诗。《岚斋录》云：唐张抟自湖州刺史移苏州，于堂前大植木兰花，当盛开，燕郡中诗客，即席赋之。陆龟蒙有诗。

北池，又名后池。唐时，在木兰堂后，池中有坞，坞上有白公手植桧。宋皇祐间，蒋堂增葺池馆。嘉定十四年，綦奎作白桧轩于池上。

东楼，唐有之。宋开庆元年，马扬祖建小楼于熙熙堂侧，扁曰"清芬"。

西楼，在子城西门上，后更名观凤楼。《图经续记》：元微之《寄白乐天》诗："弄潮船更曾观否？望市楼还有会无。"望市楼，苏之胜地。今观凤楼为近市，殆即此耶？宋绍兴十五年，王暎重建。二十年，徐琛篆额。下临市桥，曰金母桥。取向西之义。淳祐间，魏峻取白公诗，表其下曰"柳桥槐市"。咸熙间，黄万石改作，如临安丰乐楼之制。

池光亭，在郡宅后，即北亭。白居易命名。

东亭，唐有之，亦名东斋。

西亭，唐有之，亦名西斋。

涌泉亭、洗马池。《祥符图经》："在州衙内。"

云章亭，在旧凝香堂西南。绍兴间，洪遵命名。内有真宗赐丁谓诗、仁宗赐陈经飞白书"端敏宝文阁"佛字石刻、奖谕经敕、高宗书千文。

思贤亭,在木兰堂之左,以祠韦应物、白居易、刘禹锡三刺史,改曰三贤堂。绍兴二十八年,蒋璨重建。三十二年,洪遵益以王仲舒、范仲淹像,复更曰思贤堂。

瞰野亭、见山阁,宋皇祐初蒋堂建。

双莲堂,在木兰堂东,旧芙蓉堂也。宋至和初,吕居简以后池开双莲,故名。

山阴堂,宋宝元初张亿建。

凝香堂,在思贤堂西。宋绍兴三年,迁瞻仪堂诸郡守画像于此,即以其地为瞻仪堂。初,吴俗贵重太守,每来者必绘其像,春、秋陈于齐云楼之两掖,令吏民瞻礼。三十二年,洪遵始作堂于郡治西北,以藏弄诸像,名曰瞻仪。及沈揆迁诸像,移凝香堂旧额于黄堂后庑。庆元二年,郑若容图像堂壁,而以旧像庋之阁上。

初阳楼,在郡中池上。宋废。

北轩,在郡宅后。宋宝祐五年,重建于木兰堂后,东庑曰爱莲,西庑曰听雨。

樱桃园。皮、陆有诗。

介庵,在木兰堂南凌云台下。宋庆历八年,梅挚建。

四照亭,在郡圃东北。宋绍兴十四年,王晥建。

介轩,宋熙宁间,韩朴植二怪石于便厅后,榜以是名。

月台,在城西北隅。宋元丰间,晏知止葺故亭,名之。以上亭台系旧府治故迹,故不列第宅园亭。

罘罳,在巫门外。春申君去吴,子假君所思处也。

鹤市,吴王夫差葬女,舞鹤于市,聚观者而殉葬焉。《越绝书》:杀生以送死。今故市巷有鹤舞桥。

干将乡,吴王命干将与其妻莫邪铸剑于此。

交让渎,在子城北。今堙为民居。有交让巷,立交让祠于此。

临顿,吴王尝逐东寇,顿军于此,设饷宴之,故名。今呼临顿里,有临顿桥。《续图经》载:古馆凡八,曰全吴,曰通陂,曰龙门,曰江枫,曰升月,曰乌鹊,曰临顿,曰彝亭。临顿馆,宋时犹有存者,今已不知其处矣。

郁林石,在临顿里。孙吴时,郁林太守陆绩罢政归,官廉,无行装,舟轻不能道海,取石为重,世号廉石。

锦帆泾,即子城濠。相传吴王于此张锦帆以游。今乐桥、章家桥、灵鹫寺桥湮废河道皆其故址,惟子城东一河尚存,称濠股。

石幢,在郡城北数里。唐徐浩书,郡守陈师锡徙置府第。乡人夜过河上者,多见鬼物。乃相与请于州，复置旧处，怪遂绝。

吴道子画老君像碑，颜真卿书赞，在圆妙观大殿。

蠡口，在齐门北。又蠡塘，在娄门东。相传范蠡乘舟出五湖于此，遣人驰书招文种。

射渎，在枫桥北十里。世传秦始皇尝射于此，又名石渎。

浒墅，在郡西二十五里。《图经》云：秦始皇求吴王剑，白虎蹲于丘上，遂西走二十五里，失剑，不能得，地裂为池，因名其地为虎疁。至吴越时讳镠，因改云浒墅。

望亭，在县西境。吴先主所御亭。隋开皇九年，置为驿递。唐常州刺史李袭誉改今名。

纪恩亭，在南望亭五都一图。乾隆十五年五月，苏州府绅士、军民立碑，刻乾隆二年四月十六日恩免苏松浮粮、乾隆十年六月初九日普免天下钱粮上谕二道。详载《赋税》。

附坊表

古坊

干将坊，宋绍定二年重立，在鱼行桥西。

豸冠坊，宋直龙图阁范师道所居，以其出入台谏有声，故名。然范公之前已有豸冠市，盖仿古也。绍定二年重立，在仁王寺前。

必大坊。

循陔坊。

仲吕坊。

富仁坊，宋绍定二年重立，在鱼行桥东。

释菜坊。

开冰坊。

南政坊。

布农坊。

八貂坊。

建善坊，宋绍定二年重立，在干将坊巷。

青春《图经》作"阳"。坊。

崇义坊,宋绍定二年重立,在禅兴寺桥南。

和令坊,宋绍定二年重立,在槐树巷杨和王府前。按:杨存中追封和王,谥武毅,或云因此名坊。非也。

太元坊。

儒教坊,宋绍定二年重立,在饮马桥北。

旌孝坊。

黄鹂坊。《图经续记》:黄鹂市之名见白公诗"黄鹂巷口莺欲语,乌鹊桥头冰未消"。

玉铉坊。

立义坊,宋绍定二年重立,在北寺西。

夷则坊。

宋

孝义坊,绍定二年重立,在东憩桥巷。

绣锦坊,绍定二年重立,在饮马桥北。

旌义坊,绍定二年重立,在蔡汇头。

孝友坊,绍定二年重立,在南园东巷。

晋宁坊,绍定二年重立,在濠股口。

积善坊,绍定二年重立,在旧府治西。

阜通坊,绍定二年重立,在夏侯桥西。

真庆坊,绍定二年重立,在天庆观巷。

大云坊,林虑居此,故号大云翁。在天庆观西。

乘鲤坊,绍定二年立,在张马步桥西。

间丘坊,朝议大夫间丘孝终所居,故以表之。绍定二年重立,在张马步桥北。

碧凤坊,绍定二年重立,在天庆观南东巷。

庆源坊,丁谓所居,旧名晋公坊。嘉泰初易名。绍定二年重立,在大郎桥东。

鹤市坊,淳祐初,寓公郑定大卿请立,在故市巷口。

表忠坊,嘉熙中,知府吴潜以表里人焚香祝圣人寿者。在祥符寺西桥北。

大慈坊,以大慈寺为名。宝祐中,知府赵与篱书立。

道义坊,在旧县治左。

乐安坊，在旧县治右。

状元坊，阮登炳所居。咸淳中，知府陈均立，留梦炎书扁，在南星桥西。

觉报坊，旧以觉报寺表于巷曲，章巽享题。咸淳中，林祖恭书改。

明

大光禄坊、大中丞坊，并为章焕立，俱在西白塔巷。

观风两浙坊，为黄钟立。

进士坊、方伯坊，并在饮马桥北，为沈杰立。

太史坊、进士坊，并在县治东，为沈焘立。

清忠风世坊，崇祯元年，为恤赠太常卿周顺昌立，在林家巷。

国朝

徐孝子国播纯孝坊，在沧浪亭北。

宫傅尚书坊，在半十九都地一图、文待诏祠堂之西，为太子太傅、礼部尚书沈德潜立。

旌节坊，蒙世宗宪皇帝、我皇上阐幽表微，蔀屋穷檐，俱得上陈母节，随在建坊，故不备载。

附冢墓

商

巫咸墓，在平门东北三里。旧传有墓于此。平门又名巫门，为此故也。

周

吴王夫差墓，在阳山。《吴越春秋》：越王乃葬吴王以礼于秦余杭山卑犹，越王使军士集干戈，人一隰土以葬之。宰嚭亦葬卑犹之旁。

琼姬墓。与夫差墓相近，夫差女也。

申公巫臣墓。《吴地记》：在巫门外。

孙武墓。《越绝书》：巫门外大冢，吴王客齐孙武冢，去县十里。《后汉书》引《皇览》云：在吴县东门外。《吴地记》：在平门西北二里，地名永昌。

越王史墓。《越绝书》云：巫门外冤山大冢，故越王史冢也。去县二十里。

麋王墓。在平门外武里。

庆忌墓。《吴地记》云：在齐门外。今十四都有庆忌庙。或云在吴县东北二十五里，今云庆坟。

卫公子墓。《越绝书》云：胥女南小蜀山，春申君客卫公子冢也。

汉

豫章太守陆烈墓，在秦余杭山东二里。《祥符图经》引《吴地记》：虎丘山西北十里有水名白坊，又北十里有胥屏亭，东岸有汉豫章太守陆烈墓。

山阴令陆寂墓，在陆烈墓东三里。

颍川太守陆宏墓，在平门西北三里，或云在华亭县。按：宏，绩长子，会稽南郡都尉。其为颍川太守者曰阂，乃宏八世祖耳。今仍卢《志》。

吴

左丞相陆凯墓，在凤凰山。

偏将军步隲墓。卢《志》：在吴县东北三里一百步。今临顿东南。或作左威将军。

晋

庐江太守阙臻墓，在齐门东北二里。今有阙墓村。臻德行清高，封关内侯。见《吴地记》。

梁

妙严公主墓，在乘鲤坊，即妙严尼寺后大土丘也。相传梁武帝之女出降郡人孙场，此寺即其故宅。场祀之，称为妙严公主寺。西百步许河滨有石马，号石马汇。今在顾氏依园。

唐

陆宣公赟墓，在齐门外六里。陆辅之《吴中旧事》：吴郡城北五六里有一大冢，在官塘之西。相传为陆宣公墓，故其地名陆墓，水名陆塘。淳熙间，有于墓旁得遗刻，与所传合。郡人周虎、张震发皆记其事。或谓公虽郡人，生于嘉兴，宝华寺乃公故宅，自贬忠州别驾，卒于忠州。《忠州图经》：陆宣公墓在玉虚观南三十步。岂尝藁葬于此？又谓：公已归葬，而忠州特设虚冢尔。或云系陆文通墓。

鲁国夫人墓。《怪奇志》云：嘉泰中，齐门外采莲里窑户起土于古冢侧，得方石，题云"周军鲁国夫人墓"，又云"长庆三年四月十四日葬于陆墓里通贤乡之原"。按："周军"疑作"周君"。

宋

镇东将佥判王斗文墓，在彭华乡浒墅分司后。王庚孙志，主事方鹏重封，有记。

滕章敏公元发墓，在阳山栗坞。苏轼铭。

朝散大夫、知温州周奕墓，在阳山白龙坞，曾孙炳文祔。

朝议大夫孙载墓，在高景山，大观三年葬。鲍钦止铭。

枢密资政王伦墓，在阳山大石坞。伦奉使金国，留之河间六年，不受伪官，自缢死。其子述闻之，擗踊号绝，勺饮不入口者五日。冒死与从兄遵同北方豪侠访得父骨于河间。绍熙中，敕葬于此。

司农少卿高溶墓，在阳山。溶先任平江粮料院。

魏文靖公了翁墓，在高景山金盆坞。嘉熙元年葬，史绳祖撰神道碑。子承奉郎嘉惠，孙元南陵县主簿华发，曾孙起、福州录事英、吉安路儒学教授贤，皆祔焉。

奉议郎郑时发墓、兵部尚书郑起潜墓，并在阳山西。淳祐中，理宗御书"锦峰"二字以表其地。

浙西安抚魏克愚墓，在阳山栗坞。子军器监丞华国、大理司直华远、淮西机宜文字华敷皆祔。

刘宣教墓，在高景山。孙教谕义、曾孙勉并祔。

郑虎臣墓，在阳山西白龙祠南。

处士姚原墓，在徐侯山。

平江府通判高晞远墓，在齐门外。卢《志》称：照庵先生，晞远字也。

真州司法参军朱梦炎墓，在彭华乡福星泾。

元

江浙行省参政王清献公都中墓，在阳山金井坞。欧阳玄撰神道碑。

郭妃墓，在张士诚府基南。居民掘地得碑，刻"郭妃墓"三字。_{疑士诚妃。}

明

宫保大学士郁新墓，在阳山西麓，赐葬。

处士顾伯仁德瑞墓，在十一都九图师字圩叶公浜。

起居注陈栈墓，在阳山东之爪山。

河南道御史练则成墓，在凤凰山。子赠御史哲、孙浙江道御史纲皆祔。

赠通议大夫、礼部左侍郎韩永春墓，在十五都上三图极字圩。

指挥使朱良墓，在白马涧。

诚孝先生孙永正墓，在九都廿一图罪字圩传溪桥李家浜。

礼部侍郎周诏墓，在小茅山本觉海庵。嘉靖二年赐葬，改为墓。

处士沈周墓，在相城西牒字圩。_{王鏊撰志。}

河南怀庆府武陟县知县姚圭墓，在九都六图海字圩。_{希孟祖。}

翰林院侍读曾燨墓，在阳山。_{王瑺铭。}

王文靖公璲弟翰林院侍讲玼墓，在阳山凤凰峰下。

都御史朱纨墓，在射渎桥北。_{自撰生志。}

御史盛昶墓，在三都三图芝环山。

参议吴子孝墓，在高景山。

太仆寺卿顾存仁墓，在阳山大石坞。_{王世贞铭，皇甫汸记。}

通政顾九思墓，在黄埭十一都五图帝字圩，旁建家庙。_{江盈科记。}

张孝子文魁墓，在九都七图羽字圩虎阜西。

迪功郎、上林苑署丞张习之墓，在十五都十六图荷字圩。

征士王稺登墓，在白马涧。_{自为生志。}

陈文庄公仁锡墓，在射渎。_{黄道周铭。}

礼部儒士贝启祚墓，在九都三十四图凤字圩。_{配节孝程氏祔。}

徐文靖公汧墓，在二都十二图阳山东。

赠翰林检讨徐铨墓，在二都十二图北因字圩。

国朝

吏部尚书吴一蜚墓，在凤凰山麓。

处士金俊明墓，在爪山万字圩。

少微真人韩馨墓，在十五都半六图宠字圩。

翰林院编修汪倓墓，在射渎。

王太学圣传墓，在九都十四图罪字圩。

周赠君稼墓，在三都二图佐字圩。

礼科给事中王铨墓，在齐门外五都上一图藏字圩。

赠承德郎陈嘉谟墓，在一都二十图凤土圩香幽巷。子天钰即墓左建祠。

赠中宪大夫、翰林院侍读、庶吉士宋照墓，在九都六图昆字圩。

赠奉直大夫陶世魁墓，在中十八都五图且字圩。

赠奉政大夫唐渊墓，在东六都上十八图阙字圩。

翰林院编修徐葆光墓，在八都四图夜字圩。

赠奉直大夫、乡饮宾贝弒墓，在八都下三图奈字圩。

处士张亮采墓，在十二都三图英字圩。

王太学世纶墓，在一都十六图已字圩白马涧内紫云山。

顾碧川墓，在虎丘山后富家巷。

赠福建布政司文学顾端墓，在西十三都十一图盘字圩。冯勖撰志，沈廷芳撰碑。

金孝子焕墓，在一都七图翔字圩。

金孝子瑞凤墓，在象山。

赠奉直大夫唐澄墓，在八都三图奈字圩七字浜。

郭翰林孙顺墓，在十五都十七图宠字圩，地名古巷。

进士顾沈士墓，在十一都五图帝字圩。

长洲县志卷之十九

科目

选士、造士、进士之制,昉于成周。汉时尚循乡举里选,而制科始焉。唐时诸科多至五十余目,而秀才、明经、进士特重。宋王安石改为经义,专重进士一科。明定乡、会两试。本朝因之。虽制科间行,非常选也。吴中人文渊薮,科第相望其间,掇取大魁及乡、会第一者,指不胜屈,彬彬乎称极盛矣。

思国家设科目以求士,而士之魁奇、磊落、忠孝、节义者,胥出其中,则文章为经国大业,不朽之盛事,洵非虚语也。士之列是选者,当思由不朽之文以蕲至为不朽之人,庶无忝于科目之名。若徒纡金拖紫,以声华自负,其当时则荣,没则已焉者比比矣。然则科目以人重耳,人果以科目重哉!汉以下无可考。唐宋以来,长邑之列科第者,至为繁盛,编而列之,至于恩拔、副岁俱得备书,犹明经之遗意也。志科目。

诸科

唐

明经科,归崇敬。

贤良科,归登。

进士

唐

天宝十载辛卯侍郎李麟榜

　　归崇敬,博通坟典科对策第一。翰林学士、兵部尚书。

大历五年庚戌侍郎薛邕榜

　　归登,崇敬子。大历中,孝廉高第,补四门助教。贞元元年,贤良方正能直言极谏科及第，工部尚书，封长洲县男。

元和七年壬辰兵部侍郎许孟容榜

　　归融，登子。兵部尚书，封晋陵公。

开成三年戊午侍郎高锴榜

　　归仁晦，融子。

大中十一年丁丑侍郎杜审权榜

　　归仁翰，融子。

咸通十年己丑侍郎王凝榜

　　归仁绍，融子。

咸通十四年癸巳侍郎裴瓒榜

　　归仁泽，融子。

大顺二年辛亥侍郎裴贽榜

　　吴仁璧[①]，廷贵。

年分无考

　　陆宾虞。

　　归仁宪，融子。

宋

淳化二年辛卯陈尧叟榜

　　刘少逸。

淳化三年壬辰孙何榜

　　丁谓，公言，天禧中相，进司徒，封晋国公，以罪贬崖州。

　　凌咸。

天圣二年甲子宋郊榜

　　叶清臣，道卿，第一甲第二人。

天圣八年庚午王拱辰榜

　　林茂先。

　　林龚明，茂先弟。

　　元绛，厚之，本姓危，再第。

---

① 吴仁璧，一作"吴仁壁"，本志底本中混用，现统一为前者。

庆历六年丙戌贾黯榜

范钧，君佐。

嘉祐八年癸卯许将榜

凌民瞻。

熙宁三年庚戌叶祖洽榜

凌民师，民瞻兄。

熙宁六年癸丑余中榜

林程，茂先子。

熙宁九年丙辰徐译榜

林稙，茂先子。

元丰二年己未时彦榜

林种，茂先子。

元祐六年辛未马涓榜

林虞。

绍圣元年甲戌毕渐榜

林稴，茂先子。

富钧，严孙。

绍圣四年丁丑何昌言榜

林虑，虞兄。

崇宁二年癸未霍端友榜

杨懿卿，疑即杨懿儒，字彝甫，特奏名。

重和元年戊戌王昂榜

林玙，茂先孙。

宣和六年甲辰沈晦榜

凌遭，改名达。

凌哲，民师侄、遭弟。

建炎二年戊申李易榜

凌揆。

绍兴二年壬子张九成榜

尤著，少蒙，承议郎。

凌景夏，一甲二名。

绍兴十八年戊辰王佐榜

胡元质，长文，给事中。

胡百能，少明，左奉议郎。

林光祖。

朱江。

绍兴二十一年辛未赵逵榜

顾发，休文，唐弟。

隆兴元年癸未木待问榜

胡元功，元质弟。

乾道二年丙戌萧国梁榜

周建。

乾道五年己丑郑侨榜

林璞，伯振，稷孙，知武昌县。

林琰，玉圭，璞弟。

辛机，应仲。

淳熙二年乙未詹骙榜

姚济，子齐。

淳熙五年戊辰姚颖榜

胡坦。

淳熙八年辛丑黄由榜

黄由，子由，状元，正奉大夫。

淳熙十一年甲辰卫泾榜

吕申。

嘉定元年戊辰郑自诚榜

徐鼎。

嘉定十六年癸未蒋重珍榜

凌云，揆侄孙，朝散郎，知柳州。

宝庆二年丙戌王会龙榜

徐章，鼎弟。

咸淳元年乙丑阮登炳榜

赵与沇,景阳,玉牒,寄居。

阮登炳,显之,状元,秘书正字。

赵崇恦,思诚,玉牒,寄居。

科分无考

胡天质。

沈埤。

乡贡

宋

科分无考

方惟深,子通,省元。自泉州徙家长洲。兴化军助教。

元

至正二十五年乙巳

赵麟。

谢徵,玄懿,洪武初国子助教。

王燧,浙省中式,汝玉后,以字行。永乐初翰林院检讨。

进士

明

自洪武三年庚戌开科,乡试连试三科停止。其后定以子、午、卯、酉年乡试,辰、戌、丑、未年会试。十七年甲子,复举于乡。明年试天下士于礼部,遂为定制。故进士表断自乙丑科始。旧志。

永乐二年甲申曾棨榜

曹鼎,原器。

吴文华,贵和,行人。

杨旻,景辉,安福知县。

周文郁,可尚,丰城知县。

永乐四年丙戌林环榜

陈逵,履善,行人,王府纪善。

高庸，季常，知县。

永乐九年辛卯萧时中榜七年己丑会试，以北征至是年会试。

金庠，养士，御史，刑部侍郎。

永乐十三年乙未陈循榜

李义，唯中，工部郎中。

俞士悦，仕朝，太子太保，刑部尚书。

李蕡，茂实，兵部侍郎。

永乐十六年戊戌李骐榜

孔友谅，信伯，会魁，翰林院庶吉士，刑科给事中。

周燧，景明，左府都事。

沈善，复初，御史。

永乐十九年辛丑曾鹤龄榜

缪让，孟谦，御史。

陈融，季和，中书舍人，安陆判官。

永乐二十二年甲辰邢宽榜

顾巽，顺中，未授官卒。

宣德五年庚戌林震榜

赵忠，行恕，御史，陕西参议。

张枳，起韶，保定知府。

正统元年丙辰周旋榜

顾瞳，德明，翰林院庶吉士，御史，福建副使。

周观，公望，大理寺副。

正统四年己未施槃榜

祝颢①，惟清，会魁，刑科给事中，山西右参政。

周贤，用希，浙江参政。

正统七年壬戌刘俨榜

韩雍，永熙，提督两广军务，右佥都御史，谥襄毅。

黄鉴，克明，兵部郎中。

---

① 祝颢，一作"祝灏"，本志底本中混用，现统一为前者。

正统十三年戊辰彭时榜

陈鉴,缉熙,榜眼,国子监祭酒。

任孜,懋善,琼州知府。

景泰五年甲戌孙贤榜

蒋昂,用章,乐陵知县。《登科考》作"庚辰"。

孔镛,韶文,工部右侍郎。

杜庠,公序,攸县知县。

天顺元年丁丑黎淳榜

刘瀚,约之,陕西副使。

张蓥,汝振,云南按察使。

天顺四年庚辰王一夔榜

徐傅,起岩,兵部主事。

沈锺,仲律,山东提学副使。

天顺八年甲申彭教榜七年癸未,场屋火。八月会试,是年殿试。

周观,民表,大理评事。

成化二年丙戌罗伦榜

胡琮,文德,御史,河南参议。

赵祯,汝吉,袁州知府。

成化八年壬辰吴宽榜

吴宽,原博,会元、状元,礼部尚书,赠太子太保,谥文定。

顾余庆,崇善,河南参议。

沈铠,仲威,工部主事。

文林,宗儒,温州知府。

王经,允常,广东佥事。

吴琳,廷章,贵州参议。

成化十一年乙未谢迁榜

徐源,仲山,副都御史,巡抚山东。

刘杲,世熙,贵州按察使。

成化十四年戊戌曾彦榜

陈璚,汝玉,一作玉汝,翰林院庶吉士,给事中,南京左副都御史。

沈元，善之，深州知州。

蒋廷贵，原用，乐亭知县。

王钦，上元籍，长洲人。

成化十七年辛丑王华榜

薛英，朝英，福建副使。

孙霖，希说，刑部员外郎。

沈林，材美，右副都御史。

顾景祥，瑞卿，临江同知。

顾源，逢原，都御史。

成化二十年甲辰李旻榜

沈杰，良臣，河南布政使。

邱镐，会周，复姓曹，韶州同知。

成化二十三年丁未费宏榜

陆完，全卿，会魁，太子少保，吏部尚书。

文森，宗严，御史，右佥都御史。

蒋浤，惟深，吏部郎中，江西参议。科未详。

弘治三年庚戌钱福榜

张约，守之，工部郎中。

丁佩，见《登科考》。

弘治六年癸丑毛澄榜

沈焘，良德，右春坊右谕德，出使安南。

徐翊，中行，广西左参政。科未详。

吴一鹏，南夫，南京吏部尚书，太子少保，谥文端。

弘治九年丙辰朱希周榜

皇甫录，世庸，顺庆知府。

陈言，于朝，刑部主事。

弘治十二年己未伦文叙榜

陆应龙，翼之，礼部主事。

史鉴，公甫，御史，河间知府。

周道禾，公庆，嘉兴同知。科未详。

弘治十五年壬戌康海榜

　　刘布,时服,工部主事。

　　盛锺,秀夫,礼部主事。

　　朱衮,子文,御史。_{科未详。}

弘治十八年乙丑顾鼎臣榜

　　沈环,德佩。

　　顾应祥,惟贤。_{科未详。}

　　郁浩,子渊。_{科未详。}

正德三年戊辰吕柟榜

　　郑谏,信之,两淮盐运使。

　　倪玑,公在,兵科给事中,山西佥事。_{科未详。}

　　薛瑞,舜辑,尚宝少卿。_{科未详。}

　　尤橚,宗杨,吏部郎中,光禄少卿。

正德六年辛未杨慎榜

　　祝续,遥绪,翰林院庶吉士,广西左布政使。

　　徐明,文陟,工部郎中。_{科未详。}

正德十六年辛巳杨维聪榜。_{十五年庚辰会试,是年世宗即位,殿试。}

　　朱纨,子纯,副都御史。

　　查应兆,瑞徵,广东布政使。

　　李松,节夫,御史。

嘉靖二年癸未姚涞榜

　　刘炯,文韬,汀州知府。

　　王庭,直夫,江西右参议。

嘉靖五年丙戌龚用卿榜

　　陆粲,浚明,一作子潜,会魁。翰林院庶吉士,工科给事中,赠太常寺卿。

　　查懋光,允谦,刑部主事。

嘉靖八年己丑罗洪先榜

　　王毂祥,禄之,吏部郎中。

　　吴子孝,纯叔,翰林院庶吉士,贵州布政使。

　　张裕,士弘,刑科给事中,谪理问,累官礼部郎中、襄阳知府。

皇甫汸,子循,南京吏部郎中,云南佥事。

嘉靖十一年壬辰林大钦榜

徐祯,世兆,广东布政使。

皇甫涍,子安,右春坊司直兼翰林检讨,浙江佥事。

顾存仁,伯刚,礼科给事中,太仆寺卿。

嘉靖十七年戊戌茅瓒榜

章焕,茂实,"茂",传作"懋"。右副都御史,总督漕运。

倪瑗,公引,知县,陕西咸宁籍。科未详。

嘉靖二十年辛丑沈坤榜

徐履祥,子旋,尚宝司卿。

徐岱,为岳,参政。

袁祖庚,绳之,副使。

金世龙,孟阳,湖广副使。

嘉靖二十三年甲辰秦鸣雷榜

查懋昌,允之,工部主事。

皇甫濂,子约,会魁,工部主事。

刘凤,子威,广东佥事。

嘉靖二十六年丁未李春芳榜

张勉学,益甫,吏科给事中,湖广参议。

郭仁,子静,御史。

嘉靖二十九年庚戌唐汝楫榜

邱鹏,志弘,丁未会魁,吏部主事,户部员外郎。

刘畿,朝宗,浙江总督,兵部右侍郎。

嘉靖三十二年癸丑陈谨榜

邹察,明卿,工部郎中,知府。

徐君楫,巨川,更名仲楫,御史。

归大道,懋庸,吏科给事中,云南副使。

嘉靖三十五年丙辰诸大绶榜

杨成,汝大,太子少保,南京兵部尚书,谥庄简。

嘉靖四十一年壬戌徐时行榜

顾润泽,具川,本姓马,湖广参政。

郭谏臣,鲲溟,江西参政。

王问臣,剡川,河南副使。

嘉靖四十四年乙丑范应期榜

袁尊尼,鲁望,山东提学副使。

蒋梦龙,子徵,浙江参议。

陆士鳌,巨卿,刑部主事,赠员外郎。

金应徵,懋德,云南参政。

陆肇,豸屏,未廷试卒。

隆庆二年戊辰罗万化榜

徐显卿,检庵,吏部右侍郎。

韩世能,存良,礼部左侍郎。

冯时雨,化之,给事中,浙江按察使。

汤聘尹,国衡,吏科给事中,广东副使。

阙成章,斐川,兵部员外郎。

顾梁材,复春,礼部郎中。

刘倬,原检,御史,湖广参政。

隆庆五年辛未张元忭榜

顾其志,冲吾,右都御史,兵部尚书,赠太子太保。

丁元复,应阳,南道御史,浙江参议。

顾九思,与睿,给事中,右通政。

刘玉成,谷帘,湖广参政。

万历二年甲戌孙继皋榜

陆橄,羽行,山西提学副使。

韩国祯,柱甫,御史,大理寺右少卿。

金和,余山,兵部郎中。

万历五年丁丑沈懋学榜

张文奇,日观,广西副使。

张鼎思,睿甫,翰林院庶吉士,吏科给事中,江西按察使。

徐申,文江,御史,通政使。

　　吴安国，文仲，广东参议。

　　黄锺，律元，御史，太仆少卿。

　　徐桂，茂吴，袁州推官。《甫里志》作"甲戌进士，字子芳。"

万历八年庚辰张懋修榜

　　陆汴，吏部主事。

　　徐泰时，大来，太仆少卿。

　　邹龙光，彦为，中书舍人。

　　褚九皋，鹤台，武昌推官。

　　尤锡类，孝徵，贵州布政使。

　　吴之佳，公美，刑科给事中，赠太仆少卿。

万历十一年癸未朱国祚榜

　　周子文，岐阳，兵部主事。

万历十四年丙戌唐文献榜

　　姚尚德，南溟，福建参议。

　　孙承荣，山东左布政使，四译馆籍。科未详。

　　顾时化，雨之，南宫知县。

　　李大武，仲吉，翰林院庶吉士。

　　陆经，诚庵，兵部主事。

万历二十年壬辰翁正椿榜

　　金士衡，秉中，南京工科给事中，太仆少卿。

　　管廷节，凝初，龙门知县。

万历二十三年乙未朱之蕃榜

　　李鸿，渐卿，上饶知县，赠礼部主事。

　　陈允坚，贞甫，崇德知县。

万历二十六年戊戌赵秉忠榜

　　曹尔桢，纪元，太子太保，户部尚书。

万历二十九年辛丑张以诚榜

　　王世仁，元夫，湖广左布政使。

　　徐镆，元范，陕西参政。

万历三十二年甲辰杨守勤榜

孙承禄,韦涵,知县助教。

凌汉翀,存莪,御史。

万历三十五年丁未黄士俊榜

刘锡元,玉受,陕西参政。

万历三十八年庚戌韩敬榜

金汝嘉,赤城,山东副使。

万历四十一年癸丑周延儒榜

俞琬纶,君宣,西安知县。

周之桢,以宁,会魁,朝阳知县。

万历四十七年己未庄际昌榜

顾宗孟,岩叟,御史。

汪邦柱,如石,湖广参议。

天启二年壬戌文震孟榜

文震孟,文起,状元,东阁大学士,礼部左侍郎,赠礼部尚书。南都立,谥文肃。

华允诚,凤超,吏部员外郎。

陈仁锡,明卿,探花,国子监祭酒。南都立,谥文庄。

许成章,弢穉,广东参政。

天启五年乙丑余煌榜

管玉音,振之,工部郎中。

冯云起,君含,湖广副使。

崇祯元年戊辰刘若宰榜

蒋灿,韬仲,会魁,山东参议。

徐汧,九一,詹事府少詹事。

曹荃,元宰,漳州知府。

徐行忠,荩伯,刑部主事。

崇祯四年辛未陈于泰榜

沈几,去疑,福宁知州。

宋学朱,用晦,御史,赠大理寺卿。

钱位坤,与立,兵部郎中。

　　管正传，元心，赣县知县。

　　彭国祥，天毓，改名歌祥，礼部员外郎。

　　许士扬，子明，行人。

崇祯七年甲戌刘理顺榜

　　周大启，开美，黄州知府。

　　沈肩元，曲雨，浮梁知县。

崇祯十年丁丑刘同升榜

　　吴适，幼洪，兵科给事中。

　　汤有庆，麟兆，山东武德道。

崇祯十三年庚辰魏藻德榜

　　董来思，方扬，历城知县。

崇祯十六年癸未杨廷鉴榜

　　顾之俊，仲容，奉化知县。

　　刘曙，公旦，南昌知县。

举人北榜外籍附

明

洪武十七年甲子科解元廖孟瞻，江西临川人。

　　顾岠，教谕。

洪武二十六年癸酉科

　　陈应奎，给事中。

洪武二十九年丙子科解元尹昌隆，江西泰和人。

　　赵宗礼，耐庵，兵部郎中。

　　宋圮，教谕。

　　王永年，守义，萧山训导。

　　沈熊，御史。

建文元年己卯科解元刘政。

　　刘政，解元。

　　陆祯，大理寺正。

　　浦陟，公进，一作"公信"，府学，高苑教谕。

姚思聪,知府。

尤安礼,文度,本姓钦,贵州参议。

永乐元年癸未科解元王仲寿,江宁人。壬午年靖难兵起,是年补试。

　　高庸,见《进士》。

　　季晔,铭仲,府学,曲阜教谕。

　　曹鼎,见《进士》。

　　周翰,惟翰,府学,武城教谕。

　　周文郁,见《进士》。

　　陈逮,见《进士》。

　　吴文华,见《进士》。

　　杨旻,见《进士》。

　　成允,公恩,辰州教授。

　　吴颙,检讨。

永乐三年乙酉科解元朱璃,华亭人。

　　金庠,见《进士》。

　　倪文富,好礼,饶州知府。

　　郑宗,主善,府学,训导。

永乐六年戊子科解元黄寿生,福建莆田人。

　　邱达,成章,府学,平阳教授。

　　施骥,训导。

　　陆彝,县丞。

永乐九年辛卯科解元徐则宁,江西金溪人。

　　凌盛,至善,府学,公安教谕。

　　吴著,则明,府学,训导。

　　周伦,公叙,府学,知州。

　　周启,文迪,府学,衡州推官。

　　陈融,见《进士》。

　　仰瞻,宗泰,府学,大理少卿致仕。

　　吴文贵,知县。

　　徐俌,辅德,府学,给事中,湖广右参政。

俞士悦，府学。见《进士》。

沈善，见《进士》。

永乐十二年甲午科解元谢瑶，吴县人。

金垲，教谕。

顾巽，府学，见《进士》。

李蕡，府学，见《进士》。

周璲，见《进士》。

李义，见《进士》。

永乐十五年丁酉科解元杨琪，上海人。

袁谊，教谕。

孔友谅，府学，孔子五十七世孙，见《进士》。

永乐十八年庚子科解元缪让。

缪让，解元，府学，见《进士》。

吴璐。

周观，公望，见《进士》。

郭璘，孟润。

刘铉，宗器，顺天中式，少詹事，谥文恭。

成规，孟周，允子，顺天训导，擢御史，尝劾大臣三十余员，降典史。

成矩，叔度，规弟，宁波教授。

永乐二十一年癸卯科

王黻，汝明，府学，襄府长史。

杨谨，教谕。

陈逊，希敏，府学，教谕。

张杲，寅宾，府学，新城知县，理问。

钱永，永源，府学，训导。

沈源，教谕。

王铠，教谕。"学志"名"镗"，"贤书"作"铠"。

王文美。

宣德四年己酉科解元沈德，常熟人。

赵忠，见《进士》。

张枧,府学。见《进士》。

王恭,存中,海盐教谕。

夏思义,公宜,府学,训导。

宣德七年壬子科解元谢瑶,丹徒人。

凌宗政,宗正,府学,教授。

顾曈,巽子,府学。见《进士》。

李文敬,训导。

陈希孟,知县。

宣德十年乙卯科解元郭纶,华亭人。

邹顺,克和,顺天中式,辰州知府。

祝颢,经魁,府学。见《进士》。

练纲,从道,经魁,御史。

郑钢,德新,宁府长史。"钢",一作"纲"。

宋盛,德隆,裕州知州。

正统三年戊午科解元徐瑄,嘉定人。

徐纲,知县。

孟澂,元洁,柘城教谕。

周贤,府学。见《进士》。

周泰,景通,乐会知县。

刘珏,廷美,山西佥事。

黄鉴,兵部郎中,苏州卫籍。见《进士》。

正统六年辛酉科解元钱博,华亭人。

顾璓,宗善,府学,沈府长史。

王让,存谦,恭弟,德兴教谕。

顾昌,德辉,淮府长史。

韩雍,见《进士》。

正统九年甲子科解元刘昌,吴县人。

谢会,维贞,府学,有学行,召为御史,未行卒。

沈晔,文华,长史。

盛箴,仲规,教谕。

正统十二年丁卯科解元周舆，华亭人。

　　陈鉴，顺天经魁，辽东盖州卫籍。见《进士》。

　　任孜，见《进士》。

景泰元年庚午科解元章表，常熟人。

　　李镛，起韶，府学，训导。

　　刘瀚，铉子，府学。见《进士》。

　　陈颀，永之，阳武训导。

　　刘浩，秉彝，鄱阳教谕。

景泰四年癸酉科解元叶琦，祁门人。

　　李应祯，贞伯，太医院籍，南京太仆少卿。

　　张俌，惟善，府学，南道御史。

　　蒋昂，见《进士》。

　　孔镛，友谅子。见《进士》。

　　杜庠，见《进士》。

　　尤淳，公厚，安礼孙，铅山、永年知县。

　　张矞，府学。见《进士》。

　　陈震，起东，府学，历任教职。

景泰七年丙子科解元吴启，江阴人。

　　查文，仲学，府学，怀庆同知。

　　陈祯，仲福，惠州教授。

　　沈锺，应天籍。见《进士》。

　　惠荣，以仁，府学，上虞教谕。

　　陈政，有恒，府学，乌程教谕。

天顺三年己卯科解元张文，泰州人。

　　徐濂，宗濂，府学。

　　徐傅，府学。见《进士》。

　　周观，民表，府学。见《进士》。

　　金昶，顺天中式，沔阳州同知。

天顺六年壬午科解元任彦常，应天府人。

　　顾祯，以诚，汉州知州。

成化元年乙酉科解元金简，常州府人。

　　徐源，府学。见《进士》。

　　赵祯，见《进士》。

　　施文显，焕伯，府学，信阳知州。

　　顾余庆，曤子，府学。见《进士》。

　　文洪，功大，一作"公大"，吴县学，涞水教谕。

　　胡琮，见《进士》。

成化四年戊子科解元贺恩，吴县人。

　　吴宽，经魁，府学，岁贡。见《进士》。

　　陈璃，府学。见《进士》。

　　王锐，如襄，一作"柳夫"，府学，陈留知县。

　　顾源，见《进士》。

　　文林，洪子。见《进士》。

　　沈铠，钟弟。见《进士》。

　　刘海，用涵，府学，岁贡，汉阳推官。

　　吴琳，见《进士》。

成化七年辛卯科解元濮晋，武进人。

　　蒋廷贵，经魁。见《进士》。

　　王经，见《进士》。

　　孙霖，府学。见《进士》。

　　施悌，天禄，一作"希禄"，府学，姚安知府。

成化十年甲午科解元王鏊，吴县人。

　　吴瑄，原璧，府学，岁贡，顺天中式，黄州通判。

　　吴谦，益之，莱芜知县。

　　沈林，见《进士》。

　　刘杲，见《进士》。

　　陈洪谟。

成化十三年丁酉科解元刘继武，江阴人。

　　沈元，见《进士》。

　　浦应祥，有徵，府学，高州同知。

茹昂，思德，府学。

成化十六年庚子科解元贡钦，宣城人。

徐津，有源，一作"永源"，府学。

沈杰，府学。见《进士》。

邱镐，府学。见《进士》。

周诏，希正，泰子，府学，兴化记善，累官少詹事，赠礼部右侍郎。

薛英，府学。见《进士》。

张约，矞子。见《进士》。

成化十九年癸卯科解元储罐，泰州人。

陆完，经魁，府学。见《进士》。

郭忱，谨仪，府学，鸿胪寺丞。

成化二十二年丙午科解元陈镐，应天府学。

徐芸，廷芸，府学，岁贡。

沈焘，府学，杰弟。见《进士》。

陈言，见《进士》。

程遵，原道，温州同知。

文森，林弟。见《进士》。

吴一鹏，府学。见《进士》。

弘治二年己酉科解元靳贵，丹徒人。

杨绅，守中，溆浦知县。

奚纯，天性。

弘治五年壬子科解元顾清，华亭人。

吴龙，世应，府学，耒阳、弋阳知县。

刘桐，世材，铉孙，府学，汤溪知县。

祝允明，希哲，颢孙，府学，应天通判。

皇甫录，府学。见《进士》。

张朝仪，大臣枳孙，知县。

郭鞰，汝载，泉州通判。

郑谏，应天籍。见《进士》。

弘治八年乙卯科解元王昶，华亭人。

沈冕，文中知县。

史鉴，见《进士》。

弘治十一年戊午科解元唐寅，吴县人。

陆山，子仁，经魁，都察院司务。

尤槚，淳子。见《进士》。

钱贵，元抑，鸿胪寺丞。

陆钟，子杰，长史，一作"字人杰"。

沈谯，良望，府学，杰弟。

徐昇，子渐，府学，芸子，工部员外郎。

顾兰，荣夫，乐安、于潜知县。见孙祖辰传。

王俸，公爵，工部员外郎。

吴建，寅正，瑄子。

陆应龙，完从兄，府学，岁贡。见《进士》。

弘治十四年辛酉科解元陆深，上海人。

刘布，珏曾孙，府学。见《进士》。

蒋焕，允章。

盛钟，昆山学。见《进士》。

弘治十七年甲子科解元眭弦，常州府人。

沈环，上元籍。见《进士》。

正德二年丁卯科解元吴仕，宜兴人。

伊伯熊，臣举，乘子，上元籍，柳州同知。

周箕，潮州府通判。

祝续，允明子。见《进士》。

正德五年庚午科解元孙继先。浙江余姚人。

都咨，子问，府学，知州。

俞瓒，朝器，府学，清平知县。

刘梅，世鼎，顺天中式，汀州通判。

正德八年癸酉科解元王大化，仪真人。

王庭，见《进士》。

王用，明受，南雄通判。一作"韶州府"。

查应兆，文孙，府学。见《进士》。

刘炯，呆子，府学。见《进士》。

正德十一年丙子科解元崔桐，海门人。

周镗，振之，高安知县。

胡坛，良材，府学，宁波同知。

正德十四年己卯科解元潘潢，徽州人。

李松，世节。见《进士》。

陆南，青田教谕。

王金，世兼，府学。

朱纨，府学。见《进士》。

王涣，文通，嘉兴通判。

嘉靖元年壬午科解元华钥，无锡人。

赵磬，振之，知县，处州教授。

李椿，世年，松弟，府学。

吕德，时新，府学，禹城知县。

吴子孝，一鹏子，府学。见《进士》。

马奇，文会，郓城教谕。

嘉靖四年乙酉科解元袁裘，吴县人。

陆粲，经魁，完侄。见《进士》。

张裕，见《进士》。

陈天贵，克修，工部主事。

王毅祥，见《进士》。

皇甫汸，录子，府学。见《进士》。

许僎，宾佐，万载知县。

水杞，材甫，府学，永福知县。

姚资，之深，重庆知府。

刘璧，朝完，炯子，东阳知县。

查懋光，应兆子，太医院籍，顺天经魁。见《进士》。

查懋昌，应兆侄，太医院籍，顺天中式。见《进士》。

嘉靖七年戊子科解元许仁卿，浙江临海人。

皇甫涍,录子,经魁,府学。见《进士》。

皇甫冲,子浚,录子,府学。

陈津,道通,璚孙,府学,岁贡,南京兵部郎中。

张㳒,应霖,府学,顺天中式,台州推官。

嘉靖十年辛卯科解元赵汴,太仓人。

杨潜,克慎,昆山学,高阳教谕。

金世龙,府学,昆山籍。见《进士》。

吕潜,德弟。

徐祯,源孙,府学。见《进士》。

章涣,府学。见《进士》。

宋溥,乐平知县。

顾存仁,府学,太仓籍。见《进士》。

嘉靖十三年甲午科解元郑维诚,祁门人。

裘邵,子高,府学,知州。

皇甫濂,录子,府学。见《进士》。

徐履祥,见《进士》。

朱才就,世良,府学,苏州卫人,大名通判。

龚庶,近道知县。

钱圻,顺天中式。

倪瑗,陕西咸宁籍。见《进士》。

嘉靖十六年丁酉科解元王讽,祁门人。

邱鹏,府学。见《进士》。

施霖,廷用,一作"廷相",遂安知县。

郭仁,子静。见《进士》。

嘉靖十九年庚子科解元赵钺,桐城人。

徐岱,府学。见《进士》。

袁祖庚,见《进士》。

陆本枝,武康知县。

杨成,府学。见《进士》。

陈大训,天贵子,知县。

查懋昭,懋昌弟,顺天中式。

嘉靖二十二年癸卯科解元尤瑛,无锡人。

陈大清,知县。

胡应奎,聚岳,浦城知县。

袁尊尼,裘子,府学。见《进士》。

刘凤,梅子,府学。见《进士》。

陆宏,顺天中式。

嘉靖二十五年丙午科解元袁洪愈,吴县人。

刘璞,经魁,建昌同知。

徐君楫,见《进士》。

张勉学,见《进士》。

邹懋昭,知县。

刘畿,府学,见《进士》。

薛鸣谦,养威,英孙。

邹察,见《进士》。

嘉靖二十八年己酉科解元唐一廪,常州府人。

陆象闰,知县。

王问臣,见《进士》。

程大廉,常熟人,大经从弟,荆州通判。

陈冠,知县。

张慕渠,知县。

顾中和,顺天中式。

宋纯仁,孝甫,府学,南京刑部郎中。

陆自得,俸子,肥乡知县。

嘉靖三十一年壬子科解元孙溥,江西丰城人。

张明经,知州。

刘田,柘县知县。

归大道,顺天中式。见《进士》。

嘉靖三十四年乙卯科解元张世熙,舒城人。

顾润泽,本姓马。见《进士》。

钱应龙,后湖,顺天中式。

褚元珂,文甫,府学。

陆士鳌,府学,常熟人。见《进士》。

赵世贞,起元,府学,推官。

嘉靖三十七年戊午科解元余毅中,铜陵人。

吴中立,知县。

毛公瑾。

潘熙。

王之陛。

张炳,仲宣,更名炳忠。府学,经魁,都匀知府。

周环,礼之,府学,知县。

马瞻,德威,浙江籍,安顺知州。

嘉靖四十年辛酉科解元许国,歙县人。

陈大淳,大清弟。

金和,见《进士》。

陆肇,见《进士》。

庄日强。

王立道。

蒋梦龙,府学。见《进士》。

丁元复,府学。见《进士》。

郭谏臣,顺天中式。见《进士》。

嘉靖四十三年甲子科解元沈位,吴江县人。

顾良材,常熟人。见《进士》。

张凤翼,伯起,府学,例监。

卢锷,子剑,雍孙,工部主事。

金应徵,见《进士》。

张燕翼,叔贻,凤翼弟。

汤聘尹,嘉定籍,经魁,府学。见《进士》。

韩国祯,府学。见《进士》。

徐三锡,更名泰时,履祥子,府学。见《进士》。

汤钦闻,敬修,府学。

隆庆元年丁卯科解元周汝砺,昆山县人。

阙成章,见《进士》。

褚九皋,见《进士》。

徐显卿,见《进士》。

冯时雨,昆山人。见《进士》。

刘玉成,见《进士》。

蒋茂才,改名育馨。

韩世能,府学。见《进士》。

刘倬,府学。见《进士》。

徐桐,鸣岗,余杭籍,九江通判。

隆庆四年庚午科解元吴汝伦,无锡人。

顾其志,恩贡。见《进士》。

王锡命。

陆业。

顾九思,府学。见《进士》。

陆樞,府学。见《进士》。

尤锡类,府学,安礼裔孙,本姓钦。见《进士》。

韩养蒙,承亨,府学,苏州卫人。

张鼎思,府学。见《进士》。

徐桂,桐兄,余杭籍。见《进士》。

顾时化,府学。见《进士》。

万历元年癸酉科解元江文明,徽州府人。

陆经,见《进士》。

张文奇,见《进士》。

顾彬,顺天中式。

黄钟,见《进士》。

陆汴,见《进士》。

范志仁。

陆仁。

陆士鳟,士鳌弟,常熟人,工部主事。

陈光祖,河间知府。

周子文,府学,无锡人。见《进士》。

吴安国,子孝孙,府学。见《进士》。

邹龙光,府学。见《进士》。

万历四年丙子科解元顾宪成,无锡人。

徐申,履祥侄。见《进士》。

周佐。

吾从周,冲庵,袁州推官。

查志标。

杨大润,成子,梧州同知。

陆承,时钦,府学。

孙承禄,四译馆籍,顺天中式。见《进士》。

丁世昌,顺天中式。

万历七年己卯科解元陆大成,太仓人。

姚尚德,见《进士》。

胡允文。

徐熙载,懋成,府学,例监黜。

姚光胄,世昌,府学,湖州同知。

潘大行,敏甫,府学,安州知州。

陈应亮,经邦,府学。

吴之佳,府学。见《进士》。

万历十年壬午科解元王士骐,太仓人。

汤一龙,云辅,聘尹子,永明知县。

褚大忠,赓廷,永宁知县。

蒋锜,公鼎,梦龙子,副使。

文从龙,梦珠。

蒋国器,用卿。

钱龙祯,寓屏,光化知县。

金士衡,应徵子。见《进士》。

刘朝宰,元辅,苏州卫人,府学,博野知县。

刘陞,初旸,府学。

孙承荣,顺天中式。见《进士》。

万历十三年乙酉科解元周继昌,无锡人。

李大武,苏州卫人,府学。见《进士》。

邱近义,正甫,府学。

万历十六年戊子科解元周应秋,金坛人。

张九苞。

管廷节,见《进士》。

王倬,改名禹声,鏊曾孙。见《进士》。

姚光祚。

沈有行,顺天中式。"行",一作"珩"。

顾有祯,元开,九思子。

李鸿,顺天中式,昆山人。见《进士》。

万历十九年辛卯科解元汪鸣鸾,婺源人。

陈允坚,见《进士》。

许尚志,叔达,府学。

曹尔桢,兴州后屯卫籍,顺天中式。

万历二十二年甲午科解元龚三益,常州府人。

文从鼎,后改名震孟,林玄孙。见《进士》。

王世仁,见《进士》。

周植成。

薛兆魁,抡之,道生从弟,肇庆通判。

郑继学,叔行,府学,经魁,灵川知县。

徐镆,岱孙,府学。见《进士》。

万历二十五年丁酉科解元吕克孝,清浦人。

金汝嘉,和子。见《进士》。

陈仁锡,允坚子。见《进士》。

胡光祖。

冯时范,汝金,时雨弟,府学,选贡,顺天中式。

万历二十八年庚子科解元李允昌。

　　张国伟，知县。

　　凌汉翀，选贡。见《进士》。

　　夏昌明，庄浪知县。

　　周宪时。

万历三十一年癸卯科解元王纳谏，江都人。

　　王腾程，雄飞，严州推官。

　　许士扬，府学。见《进士》。

　　徐钺，太仓籍，真定同知。

　　徐冽，仲容，申子，顺天中式。

　　徐行恕，仁仲，桐子，余杭籍，德化知县。

万历三十四年丙午科解元邹之麟，武进人。

　　周之桢，见《进士》。

　　汪邦柱，见《进士》。

　　韩治，君理，黄岩[①]知县。

　　张芳春。

　　刘锡元，府学。见《进士》。

　　徐行忠，桐子，行恕兄，余杭籍。见《进士》。

万历三十七年己酉科解元尹嘉宾，江阴人。

　　俞琬纶，道生子。见《进士》。

　　吴士俊，吁卿。

　　张懋举，选之。

　　张如城。

　　蒋镶，公鸣，梦龙子，保定同知，一作"福州府"。

　　王鼎隆，尔殷，府学。

　　王新政，澹人。

万历四十年壬子科解元张玮，武进人。

　　姚希孟，见《进士》。

---

① "黄岩"，底本原作"黄严"，似应作"黄岩"。

褚承慈，更名穀诒，字香荪，饶州推官。

严楗，子开，常熟人，讷孙、治子。

陈继华，芝房，光祖子。

王仲圣，克仲，腾程子，更名佐圣，府学，遵义知县。

许成章，府学。见《进士》。

徐文衡，以平，府学，祈阳知县。

万历四十六年戊午科解元盛文琳，常熟县人。

吴肇康，安汝，经魁。

顾宗孟，见《进士》。

李凌云，季翎。

金浑，穆之，英德知县。

宋廷策，圣简。

天启元年辛酉科解元陈组绶，武进人。

蒋灿，育馨子。见《进士》。

周大启，见《进士》。

华允诚，无锡人。见《进士》。

杨凤仪，叔来，兖州同知。

天启四年甲子科解元周镳，金坛人。

徐文坚，季柔。

冯云起，时范孙。见《进士》。

董卿邻，后改名来思。见《进士》。

钱震翀，仲远，府学。

管玉音，见《进士》。

朱时荃，复姓曹，名荃，府学，无锡县人。见《进士》。

周必达，君荣，改名玉邻。

天启七年丁卯科解元沈几。

沈几，解元。见《进士》。

徐汧，源五世孙。见《进士》。

汪膺，元御，禧孙、起凤侄。

潘国础，润生，顺治中任黟县教谕。

黄扉,君宰,恩平知县。

沈肩元,府学。见《进士》。

崇祯三年庚午科解元杨廷枢,吴县人。

郑敷教,士敬,府学。

管正传,志道曾孙。见《进士》。

顾绳诒,敬承,其志子,仁寿知县。

宋学朱,纯仁曾孙。见《进士》。

钱位坤,有威曾孙,常熟人。见《进士》。

许元溥,孟宏。

彭国祥,顺天中式。见《进士》。

崇祯六年癸酉科解元桂伸,石埭人。

陈宗之,玉立,继华子。

杨懋官,九复,本姓何,青浦籍,论削。

崇祯九年丙子科解元章旷,华亭人。

李之蕃,衍卿,本姓邱,士芳子,府学。顺治中,任寿宁知县。

吴适,之佳孙。见《进士》。

李栋隆,衷虚,光泽知县。

张其光,颖甫。

汤有庆,见《进士》。

汪厦,均万,起凤子,改名希汲。康熙四年任沂州知州。

崇祯十二年己卯科解元汤斯祐,宣城人。

申诒芳,维清,顺治中任怀远教谕。

秦钦翼,顺天中式,无锡人。

管宗曾,子韦,志道孙,顺天中式。

崇祯十五年壬午科解元卢象观,宜兴人。

范公柱,石夫。

徐枋,昭法,汧子。

周公轼,见《本朝进士》。

顾之俊,吴江人。见《进士》。

刘曙,诵孙。见《进士》。

韩沐，君源。

郭熊，忠宁子，改名佩瑈。见《本朝进士》。

李楷，蓉山，顺治中任工部员外郎。

明贡生

由府学贡

洪武至正统间未详年次。

姚炯，文潜，刑科给事中。

黄缙，仲绅，西安知县。

陈英，岳州同知。

顾昌，昌国卫经历。

何继儒，岳州教授。

施颢，文瑞。

蒋能，士杰，福建盐运司经历。

钱进，训导。

韩祯，彦庆，金溪县丞。

滕垲，汝明，南京国子监助教。

项良，以忠，汉州同知。

吴亮，彦明，兴化同知。

永乐间

王确，处常，四年选取。纂修《大典》，工部主事。

正统间

潘实，仲诚，济宁州判。

孙凰，一作凤。士仪，石门县丞。

郑遵，循道，龙岩主簿。

沈源，以清，高阳训导。

沈清，宗源。以上俱十一年选取。

景泰间

管漺，以川，二年贡，蜀府教授。

陈复，思颜，三年贡，广信府通判。

沈盛,公茂,四年贡,义乌教谕。

杨珊,一作琏。宗盛,五年贡,南留守卫吏目。

魏晟,公明,七年贡,石门教谕。

天顺间

何耕,希尹,元年贡,乐会知县。

史原善,余庆,二年贡,陵县教谕。

陈镛,克和,四年贡,公安知县。

谢缙,朝用,五年贡,安仁知县。

严繡,用文,六年贡,葭州学正。

朱苐,廷章,新蔡训导。

杨朴,希仁,长沙县丞。

顾镛,声远,瑞金知县。

管镛,以韶,靖海卫教授。

锤玑,廷度,政和训导。

夏寅,以敬,浦城县丞。

陆节,用直,教读。以上七人俱六年贡。例取廪生,年四十五以上准贡。

吴瑄,七年贡。见《举人》。

吴宽,八年贡。见《进士》。

成化间

陈伦,志道,元年贡,辽海卫训导。

沈祚,天锡,二年贡。

刘海,二年贡。见《举人》。

仰璿,彦政,一作文。瞻孙,五年贡,滨州同知。

吴完,公美,六年贡,岷府教授。

朱昂,颐甫,纨父,八年贡,景宁教谕。

王洪,从大,九年贡,滕县训导。

杭焕,有文,十二年贡,慈溪主簿。

王晟,子明,十三年贡,靖安训导。

冯清,师廉,十四年贡,襄府教授。

金瑄,良璧,十六年贡,州判。

蔡昂，惟中，本姓顾，十八年贡，九江推官。

弘治间

徐澄，季止，源弟，元年贡，南昌经历。

皇甫信，成之，录父，二年贡。

吴宣，廷辉，四年贡，靖安教谕。

周讲，廷学，诏弟，五年贡，通道知县。

金冕，式周，六年贡，弋阳教谕。

缪𬭸，宪章，八年贡，宜春训导。

王颐，汝高，九年贡，处州训导。

姚丞，存道，九年贡。

郑潘，晋吉，十年贡，饶州训导。

陆应龙，十一年贡。见《进士》。

赵汴，崇本，十二年贡，崇仁训导。

刘节，之亨，十二年贡，沅江军民府判。

吴鸣凤，朝阳，十三年贡，乌程训导。

陈钛，以鼎，十五年贡。

正德间

邹宝，遵善，三年贡，贵溪训导。

沈龄，天与，六年贡，惠安教谕。

沈颜，宜学，六年贡，泰和训导。

管箫，鸣凤，八年贡，永丰训导。

顾豫，介玉，八年贡。

韩勋，承宗，雍孙，九年贡，河东运使同知。

徐明，明甫，十三年贡，训导。

时旸，景寅，十五年贡，训导。

徐钺，民威，十六年贡。

嘉靖间

沈时雍，章甫，二年贡，训导。

娄元贞，正之，四年贡，教谕。

陈津，七年贡。见《举人》。

汤珍,子重,聘尹祖,十年贡,崇德县丞。

许文献,履元,十一年贡,东昌通判。

陆芝,幼灵,十一年贡,攸县知县。

朱幸,希直,十二年贡,嘉兴教授。

姚厚,应乾,十四年贡,沂州判官。

宋泰,克徽,十五年贡,教授。

吕昆,元定,十六年贡,古田知县。

沈鳌,俊卿,十七年贡,训导。

叶沂,尚新,十八年贡,教授。

刘桐,十八年贡。见《举人》。

龚雷,明威,十九年贡,知县。

许祺,文徵,二十一年贡,训导。

吴俸,子修,二十二年贡,训导。

姚圭,禹信,希孟祖,二十三年贡,武陟知县。

时兆文,与徵,二十六年贡,训导。

陈国祥,道徵,二十七年贡,训导。

吴鸢,云翔,三十一年贡,训导。

赵文灏,清臣,三十二年贡,训导。

屠云凤,仰晖,三十四年贡。

姚时敏,惟学,三十八年贡。

俞文聚,子学,四十年贡,杭州训导。

沈田,有获,四十三年贡,昌化教谕。

方仪,四十三年贡,国子博士。

王敬臣,以道,四十三年贡,国子博士。

刘琯,朝鸿,炯子,四十四年贡,西安教谕。

彭天翔,四十五年贡。

隆庆间

文元发,子飞,徵明孙,二年恩贡,卫辉同知。

华子宪,六年贡。

万历间

王钺,元年,恩贡。

丁世臣,子忠,元年贡,华亭教谕。

高儒化,二年贡,太平教谕。

尤至复,士辨,四年贡,沭阳教谕。

惠迪,五年贡。

吴尚俭,恭先,六年贡。

严星,八年贡。

何章,九年贡。

周重庚,十年贡。

蒋学孔,十一年贡。

朱文韬,道光十二年贡,国子典籍。

徐文,十三年贡,华亭训导。

周华国,叔文,一作元。十四年贡,常州教授。

赵世隆,十五年贡。

丁文蔚,仲理,元复侄,十六年贡,马龙知州。

吕应宫,十七年贡。

徐陛扬,远闻,十九年贡,训导。

马汝范,"汝",一作"时"。二十年拔贡。见《举人》。

许梦芝,子徵,二十一年贡,虞城知县。

陈善道,子敬,本姓郭,忠宁父,二十二年贡,衢州教授。

周维新,伯文,二十三年贡,仪真训导。

韩时行,永通,二十四年贡,盐城教谕。

张淳德,二十六年贡,常州训导。

宋道光,文吾,二十七年贡,泗州学正。

夏之则,二十八年贡,庄浪知县。

郁士彦,伯美,三十一年恩贡,安庆教授。

王新德,一作德新。养谦,三十三年贡。

张益谦,懋光,三十五年贡,镇江训导。

陆种德,迈甫,三十七年贡。

陆承德,仲养,三十八年贡。

邱必达,德甫,四十一年贡,福宁州训导。

天启间

谈我蕴,无奇,三年贡,西安教授。

张桂芬,言若,四年贡,推官,有文行。

崇祯间

陆仲龙,飞仲,五年贡,青浦训导。

陈启祥,瑞侯,八年贡。

蔡璠,昆璧,十年贡。

本县学贡

天顺间

虞琛,天润。

成化间

赵琼,良玉,一鹤五世祖。二年贡,吉安通判。

孙鸾。

蒋儒,平定,州判官。

沈勋,汝忠,十七年拔贡。

潘纯,粹中,御史,阳信知县,一作永乐间贡。

弘治间

谢表,训导,苏州卫指挥使。

王泰,推官。

戴冠,章甫,绍兴训导。

正德间

周同人,训导。

沈注,博卿。二年贡。田州府推官。土酋岑猛谋逆,遇害。

刘用,训导。

谢睦,教谕。

楼翊。

蒋廷棨。

陈溁,训导。

陈训,训导。

唐潜。

皇甫仮,十二年贡。

赵昊。

杨清,一作"青"。十四年拔贡,通判。

谢麟,教授。

严铠,推官。

周镗,见《举人》。

李鹍。

薛应祥。

沈容。

李方,俱训导。

都翼,知县。

施大经,教谕。

嘉靖间

文徵明,徵仲,林子,翰林待诏。

郑泰,晋弟,教谕。

皇甫鈇,录弟,惠州推官。

徐烈,世光,源孙,靖安知县。

陈天植,天贵弟,训导。

徐国华,皇甫志云"浙江中式"。

严录,铠弟,训导。

毛复亨,训导。

郁彰。

沈恺。

沈洵,允卿,十八年恩贡。

陈大雅,天贵子,知县。

徐元禄,训导。

俞国振,训导。

周琦,建宁推官。

徐仕。

顾效,训导。

金镛,训导。

练同寅。

钱应龙,见《举人》。

文彭,寿承,徵明子,国子博士。

文嘉,休承,徵明子,和州学正。

朱乔。

王泮,训导。

李襘,教谕。

严仪,教谕。

刘琅。

隆庆间

顾其志,元年恩贡。见《进士》。

陆桢,庐峰,副榜贡,饶州通判。

顾彬,见《举人》。

万历间

张烛,元年恩贡。

蒋坪。

钱应奎。

李伦。

归大宾,台麓,济宁知州。

王道。

陆滨,县丞。

汤钦止。

陆瑜。

周谅。

吴正谊,敏修,原名存道,二十二年拔贡,石城知县,太平府通判。

冯时中,时雨弟。

凌汉翀,拔贡。见《进士》。

胡宁臣,振嶙,应轸子,江都县学选贡,延安同知。

许有光。

王太原。

程万里，扶九，休宁人，嘉兴府通判。

朱国栋，绍阳，二十八年贡，高淳教谕。

顾九成。

沈鼎。

沙中孚。

钱公迈，见《举人》。

郑寿光。

章镛。

刘仿。

杨必清。

徐士廉，敏庵，四十七年贡，通判。

管珍，恩贡。

薛梦熊，君亮，汉阳知县。

汪其洋。

蒋秉铨。

王素。

曹伯英。

天启间

顾缵诒，敬修，其志子，元年恩贡，石屏知州。

崇祯间

沈明抡，伯叙，元年恩贡，六年顺天副榜。

徐汝鎏，仲美，助教。前为宜兴教谕，擒山寇有功。

吴季友，友于，监贡。

施匪躬。

吴世英，人千，拔贡。

彭之焘。

顾延祚，君迓。

金世廉。

褚笈,受书,九年副榜。

卢源材,河生,十二年副榜。

顾世埈,君升。

顾延周,孝侯,十五年副榜。

曹世芬。

秦钰,见《进士》。

王明铨。

杨肇祉,昌孟,十七年贡。

国朝

制科

康熙十七年戊午,圣祖仁皇帝诏内外诸臣荐举博学鸿儒。十八年己未三月,召试体仁阁下。钦取彭孙遹等五十人,特授翰林,苏州八人、内长洲县四人:

汪琬,苕文,翰林院编修。

范必英,原名云威,翰林院检讨。

尤侗,展成,翰林院检讨,后加侍讲。

冯勖,方寅,翰林院检讨。

国朝进士 外籍附

顺治四年丁亥吕宫榜

何栋,与偕,邵武推官,山西提学道。

顺治六年己丑刘子壮榜

周公轼,端明,广东参议。

范龙,云生。本姓王。仪封知县。

顺治九年壬辰邹忠倚榜

周允钦,宗尧,复姓张,翰林院侍读。

陆寿名,处实,宁国教授。

顺治十二年乙未史大成榜

宋德宜,右之,文华殿大学士,谥文恪。

秦鉽,克绳,会元,探花,翰林院编修,江西按察使。

汪琬,见《制科》。

申絃祚，维久，推官。

顺治十五年戊戌孙承恩榜

　　郭佩璆，鸣吉，榆次知县。

顺治十六年己亥陆元文榜

　　陆元文，复姓徐，官大学士。

　　邹象雍，狱宫，武涉知县。

　　彭珑，云客，长宁知县。

顺治十八年辛丑马世俊榜

　　蒋德埈，公逊，戊戌中式。

　　顾宏，子长。复姓陈，户部员外。

康熙六年丁未缪彤榜

　　赵炳，明远。

　　吴一蜚，翼生，吏部尚书。

康熙九年庚戌蔡启僔榜

　　孟亮揆，端士，翰林院侍讲学士。

　　陈二酉，秦逸。

康熙十二年癸丑韩菼榜

　　韩菼，元少，是科会元，礼部尚书，谥文懿。

　　吴瞻，琇弁。

　　顾泲，伊在，河南巡抚，宗人府府丞。

康熙十五年丙辰彭定求榜

　　彭定求，勤止，是科会元，翰林院侍讲。

　　丁璪，湘佩，本姓顾，弋阳知县。

　　陆德元，益孙，陕西提学道。

　　顾藻，懿朴，工部侍郎。

　　顾焞，阆公，福州知府。

康熙十八年己未归允肃榜

　　郁裴，肇名。

康熙二十一年壬戌蔡升元榜

　　彭宁求，文洽，探花，翰林院侍读。

顾用霖，雨若，宝庆知府。

尤珍，慧珠，右春坊右赞善。

康熙二十四年乙丑陆肯堂榜

陆肯堂，澹人，是科会元，翰林院修撰。

张孟球，夔石，河南按察使。

宋大业，念公，内阁学士。

宋景琇，尔星，本姓陈，知县。

金居敬，穀似，灵丘知县。

蒋埴，旷生，辛丑中式，乐清知县。

张如锦，汉孙，壬戌中式，知县。

张道源。

康熙二十七年戊辰沈廷文榜

汤传榘，子方，清流知县。

何炯，倬云，云南佥事道。

康熙三十年辛未戴有祺榜

张嘉麟，鲁黻，户部主事。

邵观，见可，奉天府尹。

蒋勋，景陶，本姓汪，戊辰中式。

康熙三十三年甲戌胡任舆榜

陈璋，锺庭，翰林院侍读学士，顺天学政。

康熙三十六年丁丑李蟠榜

郑骃，汉崔。

陈发，衮侯，本姓徐，知容县，户部主事。

康熙三十九年庚辰汪绎榜

董麒，观三，翰林院庶吉士。

顾三典，有常。

顾楷仁，晋裴，监察御史。

韩孝基，祖昭，翰林院庶吉士，菼子。

沈从隆，苍程，邹平知县。

姚馩，祇清知县。

康熙四十二年癸未王式丹榜。是科何焯、常熟蒋廷锡钦赐殿试。

　　钱晋珏，梦得，户部郎中。

　　吴廷祯，山抡，左春坊左谕德。

　　汪份，武曹，翰林院编修。

康熙四十五年丙戌施云锦榜

　　顾秉直，西垣，翰林院庶吉士。

　　陆赐书，宣颖，川东道。

　　何煜，章汉，南阳知府。

　　嵇曾筠，松友，大学士，谥文敏。

　　皱奕凤，环西，湖广学政。

　　顾开陆，元臣，遵义知县。

　　王允文，枚先，本姓马，枣强知县。

康熙四十八年己丑赵熊诏榜

　　韩孝嗣，祖语，葵子。

　　张大受，日容，翰林院检讨，贵州学政。

　　张学庠，师序，云南学政。

　　张绍贤，方宜，保宁知府。

　　邵锦江，南浦，长宁知县。

康熙五十一年壬辰王世琛榜。是科潘葆光、顾嗣立、郭孙顺钦赐殿试。

　　王世琛，宝传，詹事府少詹事。

　　徐天球，璋五，本姓黄。

康熙五十二年癸巳王敬铭榜

　　顾之樽，彝先。

　　蒋杲，子遵，廉州知府。

　　冯昌，孟容，壬辰中式，翰林院编修。

康熙五十四年乙未徐陶璋榜昆山籍。

　　李锦，絅文，会元，翰林院侍读。

　　李文锐，鼎臣，司经局洗马。

　　顾沈士，丽天。

康熙五十七年戊戌汪应铨榜

习寯,载展,詹事府少詹事。

宋照,谨涵,翰林院庶吉士。

徐模,文表。

康熙六十年辛丑邓锺岳榜

蒋恭棐,维御,翰林院编修。

邵泰,峙东,翰林院编修。

汤万炳,孔卓,乙未中式。

雍正元年癸卯于振榜

邵锦涛,彦介,户科掌印给事。

雍正五年丁未彭启丰榜

彭启丰,翰文,会元,兵部尚书。

雍正八年庚戌周霈榜

韩彦曾,沥芳,棻孙,洗马。

周范莲,效白,翰林院编修,绍兴知府。

沈元阳,宪南,本姓谢。

高约祺,雨采,本姓熊,揭扬知县。

唐濂,山传,本姓孙,靖安知县。

嵇璜,尚佐,工部侍郎。

李作楫,若舟,本姓施,河津知县。

慕泰生,彙士,湖北知县。

雍正十一年癸丑陈倓榜

陈尧叟,粤稽,华容知县。

冯元钦,载赓,翰林院编修,户科给事。

乾隆二年丁巳于敏中榜

宋邦绥,逸才,翰林院侍读,湖广学政,广西巡抚。

汤永祚,修来,丙辰中式,江西德兴县知县。

谈思永,企坚,松江府学,教授。

乾隆四年己未庄有恭榜

沈德潜，确士，礼部尚书、太子太傅。[①]

乾隆七年壬戌金甡榜

　　陆桂森，廷仪，上林知县。

　　慕豫生，崇士，庚戌中式。

乾隆十年乙丑钱维城榜

　　蒋元益，希元，会元，翰林院编修，御史。

　　庄学和，介南，雅州知府。

乾隆十六年辛未吴鸿榜

　　朱光发，潜夫，礼部学习。

　　沈世晋，接三，刑部学习。

　　胡端北，端季，本姓褚。

乾隆十九年甲戌科庄培因榜

　　钱策，万言，兵部主事。

　　汪大经。

乾隆二十二年丁丑科蔡以台榜

　　彭绍观，溶若，翰林院编修。

　　陈铨，念劬。

　　彭绍升，允猷。

　　蒋国华，逊时。

乾隆二十五年庚辰科毕沅榜

　　吴泰来，企晋，中书。

乾隆二十八年癸未科秦大成榜

　　褚廷璋，左莪，庶吉士。

国朝举人北榜外籍附

顺治二年乙酉科解元张九徵，丹徒人。

　　顾予升，南征。

　　沙衍中，圣传，桐城教谕。

　　王化明，蜚台，本姓邹，嘉定人，府学，兴安知县。

沈昇初,东生,府学,户部员外郎。

顺治三年丙戌科解元范龙。

范龙,无锡人,解元。见《进士》。

缪植,芸仙。

王熊瑞,兆京,内黄知县。

何棟,崇明籍。见《进士》。

顺治五年戊子科解元袁大受,金坛人。

秦鈗,无锡人。见《进士》。

汤乐,伯乐,无锡人,略阳知县。

毛钟彦,树卿,通城知县。

宋德宜,崇明籍,府学。见《进士》。

顺治八年辛卯科解元袁孟义,丹徒人。

蒋德埈,见《进士》。

陆寿名,见《进士》。

李雅,肆宵。本姓刘。

周允钦,见《进士》。

吴悦,星归,府学,本姓戴。

朱实颖,既庭,本姓宋,顺天中式。

宋德宏,畴三,顺天中式。

徐愈,元将,顺天中式。

顺治十一年甲午科解元朱朝幹,句容人。

陆元文,昆山人。见《进士》。

汪琬,见《进士》。

赵炳,见《进士》。

刘维烈,武进籍。

申絃祚,顺天中式。见《进士》。

张庆孙,曾余,嘉定籍。

顺治十四年丁酉科解元蒋钦宸,镇江人。

沈晋初,康生,河阳知县。

俞振奇,宗一。

郁裴,见《进士》。

邹象雍,见《进士》。

蒋垓,兆侯,府学。

彭珑,太仓籍,顺天中式。见《进士》。

范云威,顺天中式,更名必英。见《制科》。

王佶,公辅,顺天中式,广德州学正。

顺治十七年庚子科解元申樾,吴县人。

董元恺,子康,武进人。

蒋埴,府学。见《进士》。

康熙二年癸卯科解元马晋锡,六安州人。

吴一蜚,见《进士》。

顾奕荣,懿兴。

陆坤,处厚。

刘宾廷,迪简,顺天中式,御史。

康熙五年丙午科解元储方庆,宜兴人。

陈二酉,见《进士》。

陆在新,蔚文,庐陵知县。

支宪,令宜,府学,常熟人。

丁璨,昆山人,顺天中式。见《进士》。

康熙八年己酉科解元牛奎渚,扬州人。

过于飞,振鹭,丹阳教谕。

吴瞻,见《进士》。

孟亮揆,府学,见《进士》。

顾沂,大兴籍。见《进士》。

康熙十一年壬子科解元陆奂,宜兴人。

彭定求,见《进士》。

顾焯,嘉定籍。见《进士》。

韩菼,顺天中式。见《进士》。

康熙十四年乙卯科解元施震铨,吴县人。

尤珍,见《进士》。

陆德元,府学。见《进士》。

张道源,常州人,府学。见《进士》。

吴谌,慎旃,顺天中式,高邮州学正。

顾藻,崇明籍。见《进士》。

康熙十六年丁巳科解元潘麒生,溧阳人。

张孟球,府学。见《进士》。

张如锦,见《进士》。

蒋勋,本姓汪。见《进士》。

彭宁求,见《进士》。

张绪,青嵊,兵马司指挥。

秦渊,缄三,本姓杨,无锡人。

申朝栋,峻祈,华亭教谕。

汤梁,宥宏,无锡人。

顾煇,孝顾。

张嘉麟,府学。见《进士》。

吴世恒,予载,本姓陆,无为州籍,顺天中式,苏州教授。

张登第,赓俞,顺天中式,武进教谕。

顾用霖,顺天中式。见《进士》。

宋宓,御之,顺天中式。

申赓,宫雍,湖广中式。

康熙十七年戊午科解元宋衡,庐江人。

张霖,礼畊。

康熙二十年辛酉科解元胡任典,上元人。

陆肯堂,经魁。见《进士》。

姚田修,德中。

金居敬,顺天中式。见《进士》。

姚馪,顺天中式。见《进士》。

康熙二十三年甲子科解元潘宗洛,宜兴人。

邵观,大兴籍。见《进士》。

魏一川,东之,昆山人。

宋景琇，本姓陈。见《进士》。

汤传榘，见《进士》。

宋大业，顺天中式。见《进士》。

康熙二十六年丁卯科解元张兆鹏。吴县人。

蔡王桢，浣文。

何炯，见《进士》。

管忱，佩贞。

顾楷仁，顺天中式。见《进士》。

康熙二十九年庚午科解元刘辉祖，桐城人。

董麒，见《进士》。

顾三典，见《进士》。

管学淮，天若，本姓郭，常熟人，新津知县。

陈璋，见《进士》。

钱晋钰，见《进士》。

张台，寿南。

张大受，经魁，嘉定籍。见《进士》。

康熙三十二年癸酉科解元盛度，靖江县人。

顾兹智，逊愚，六安州学正。

顾开陆，无锡人。见《进士》。

康熙三十五年丙子科解元朱士履，上元人。

何煜，见《进士》。

陈发，见《进士》。

郑骃，见《进士》。

王焜，大生，昆山人，丹徒教谕。

顾秉直，顺天中式。见《进士》。

康熙三十八年己卯科解元方苞，桐城人。

韩孝嗣，见《进士》。

沈从隆，见《进士》。

汪份，见《进士》。

卢阶升。

吴廷桢,陕西籍,革后召试复。见《进士》。

顾嗣立,顺天中式。见《进士》。

严密,宏道,常熟人,顺天中式。

张学庠,见《进士》。

张绍贤,顺天中式。

韩孝基,顺天中式。见《进士》。

康熙四十一年壬午科解元吴楚奇,凤阳人。

褚愈,圣弗。

张睿思,匡九,本姓陈,宣城教谕。

郭苕传,履年,兵部员外。

汪钧,右衡,句容教谕。

嵇曾筠,无锡人,顺天中式。见《进士》。

王允文,吴江人,顺天中式。见《进士》。

王德修,用仪,顺天中式。

朱铉,桓升,本姓丁,顺天中式,建平教谕。

何焯,崇明籍,钦赐举人。见《进士》。

冯喁,府学。见《进士》。

康熙四十四年乙酉科解元赵音,无锡人。

蒋学海,科盈。

陆赐书,见《进士》。

邹弈凤,无锡人。见《进士》。

程有则,诒士,府学,太湖教谕。

俞仪,彦抢,顺天中式。

康熙四十七年戊子科解元惠士奇。

惠士奇,府学,解元。见《进士》。

郭森桂,南英,本姓陆,府学。

张六造,顺天中式,改名企麟,户部郎中。

邵锦江,大兴籍。见《进士》。

康熙五十年辛卯科解元刘捷,江宁人。

李文锐,见《进士》。

蒋杲，见《进士》。

徐天球，无锡人。见《进士》。

顾之樽，见《进士》。

宋照，见《进士》。

马士龙，革。

王世琛，顺天中式。见《进士》。

邵泰，大兴籍。见《进士》。

康熙五十二年癸巳万寿恩科解元许溯中，江都人。

王朝幹，云上，金坛教谕。

李锦，见《进士》。

顾方开，悦斯。

宋喆，旦明，竹溪知县。

彭景泽，毅迪。

蒋恭棐，顺天中式。见《进士》。

徐修仁，用晦，昆山人，顺天中式，普洱知府。

邵锦书，洛畴，大兴籍。

李作楫，宛平籍。见《进士》。

康熙五十三年甲午科解元方文炳，丰县人。

金淑，天宜，经魁，分水知县。

刘机，本姓程。

尤秉元，昭嗣，乐至知县。

习寯，府学。见《进士》。

吴汝干，惠中。

张俊临，常熟人。

杨世佼，昌龄，本姓汪，江都教谕。

汤万炳，无锡人，顺天中式。见《进士》。

徐模，顺天中式。见《进士》。

韩御李，祖寄，顺天中式，内阁中书。

邵临，猴山，大兴籍。

邵锦堂，湘洲，大兴籍。

邵锦涛,大兴籍。见《进士》。

钱阿英,炳文,本姓顾,顺天中式,翰林院待诏。

顾沈士,浙江籍,顺天中式。见《进士》。

康熙五十九年庚子科解元施陛锦。

施陛锦,祖诚,解元,镇雄知州。

任时懋,又莘。

许廷铼,子逊,顺天中式,武平知县。

沈廷珍,企之,顺天中式,宁化知县。

叶士宽,荫亭,山东籍,顺天中式,浙江宁台道。

雍正元年癸卯恩科解元王晋原,泰州人。

顾廷桓,双栗,太仓人,府学,顺天中式。

张景祁,京少,砀山教谕。

邵锦潮,赐笏,大兴籍。

雍正二年补行癸卯正科解元吴黻,常州人。

谢有辉,立夫,缙云知县。

唐濂,无锡人。见《进士》。

冯元钦,见《进士》。

韩孝洁,仁山,镇安知府。

韩光曾,茂根,顺天中式,邳州学正。

沈元阳,常熟人,顺天中式。见《进士》。

邵锦旃,星浦,大兴籍,东乡知县。

雍正四年丙午科解元黄淮,铜陵人。

徐埙,宜吹,内阁中书。

周天式,斯璜,府学,绩溪教谕。

彭启丰,府学。见《进士》。

韩曾,续古。

高约祺,青浦籍,两中副榜,钦赐举人。见《进士》。

沈虹,渭梁,顺天中式,句容教谕。

韩彦曾,顺天中式。见《进士》。

慕豫生,三原籍。见《进士》。

雍正七年己酉科解元沈戍开,金山卫人。

  沈谦,去争,内阁中书。

  张楷厚,颐宾,复姓沈,内阁中书。

  李沅,秋药。

  陈尧叟,见《进士》。

  张师良,宏受。

  蒋元益,见《进士》。

  周范莲,顺天中式。见《进士》。

  陈瑢,湛文,本姓孟,顺天中式。

  慕泰生,三原籍。见《进士》。

  程闰生,秋佩,顺天中式。

  嵇璜,无锡人,钦赐举人。见《进士》。

雍正十年壬子科解元郭长源,江都人。

  宋邦绥,顺天中式。见《进士》。

雍正十三年乙卯科解元吴镇宛,休宁人。

  干令仪,景樊。

  汤永祚,顺天中式。见《进士》。

  王恺伯,叙揆,顺天中式,四川永宁道。

  张一鸣,龙客,顺天中式。

  张曾彙,集成,顺天中式。

乾隆元年丙辰恩科解元梅理,宣城人。

  庄学和,府学。见《进士》。

  任志尹,若衡,府学。

  谈思永,见《进士》。

  彭尚祁,昌嗣,瓯宁知县。

乾隆三年戊午科解元陶绍景,江宁人。

  沈德潜,经魁,见《进士》。[①]

  江宗岳,静山。

---

① 此条,底本中被人为抹去,据上海图书馆藏本补。

邵元龄,右房,大兴籍,大荔知县。

乾隆六年辛酉科解元龚锡纯,金匮人。

　　陆桂森,府学。见《进士》。

　　黄裳,训常。

　　李绳,绵伯。

　　叶申,见《进士》。

　　王廷士,汉芬。

　　邵一联,敦之,大兴籍。

乾隆九年甲子科解元薛观光。

　　薛观光,尚宾,解元。

　　韩莱曾,绪书。

　　汪嘉济,雨良,府学。

乾隆十二年丁卯科解元徐步蟾,扬州人。

　　彭绍观,颙若,府学。

　　朱光发,见《进士》。

　　彭绍谦,济光。

　　韩承源,熊占,顺天中式。

　　胡端北,本姓褚,顺天籍中式。见《进士》。

乾隆十五年庚午科解元梅戬,元和县人。

　　沈世晋,见《进士》。

　　江瑛,宝成。

　　时敷五,振宜。

　　孙其武。

　　蒋国华,逊时,顺天中式。

　　何尔昌,顺天中式。

　　褚寅亮,搢升,府学,十六年召试,钦赐举人。

乾隆十七年壬申皇太后万寿恩科解元仲鹤庆,泰州人。

　　徐伸,宁寰。

　　王志仁,安士,顺天籍中式。

　　顾祁,淄文,顺天籍中式。

乾隆十八年癸酉科解元胡溶。

　　钱策，见《进士》。

　　朱朝琛。

　　顾颛遇。

　　陈铨，顺天中式。

　　汪大经，顺天中式。

乾隆二十一年丙子科解元柳簪。

　　蔡学乾。

　　彭绍升，见《进士》。

　　郭廷采。

　　褚廷璋，见《进士》，召试，钦赐举人。

乾隆二十四年己卯科解元孙全敞，高邮人。

　　庄诚立。

　　韩袭祥。

　　江麟。

　　吴泰来。

　　章棠，顺天中式。

乾隆二十五年庚辰恩科解元仲嘉德，常熟人。

　　薛起凤。

　　陈基德，顺天中式。

　　陈庸。

乾隆二十七年壬午科解元吴钰，歙县人。

　　江筼。

　　汪元亮。

　　江琅。

　　陆锡嘉。

　　朱栋。

　　江玭。

　　胡士震。

乾隆三十年乙酉科解元孙登标，昆山人。

沈镢。

彭希韩。

沈维熙,钦赐举人。

韩畅,顺天中式。

蒋学文,顺天中式。

国朝贡生 外籍附

由府学贡

顺治年

彭珑,八年拔贡。见《进士》。

康熙年

孙鸿基,升之,本姓沈,二年岁贡。

顾英,九年岁贡。

汤栗,季栗,无锡人,十一年拔贡。

蒋凝锡,日宣,十四年副榜贡,宜兴训导。

王沆,禄绥,本姓张,十七年副榜贡,东安知县。

袁德馨,椒圃,十八年岁贡。

顾嗣雍,虞士,二十一年岁贡,常州教授。

张士琦,天申,二十三年副榜贡。

蒋瑛,懋旆,三十四年拔贡。

顾时奇,本姓王,无锡人,二十七年岁贡。

韩绳武,俊求,三十年岁贡。

凌云凤,赞元,四十四年岁贡。

顾价倍,四十八年岁贡,五十年复中副榜贡。

顾日成,五十六年岁贡。

江鸿,景瞻,六十一年拔贡。

周械,皇士,六十一年岁贡。

雍正年

陆谦,道宜,元年恩贡。

王嘉,令宜,元年岁贡。

顾复,介存,二年岁贡,旌德训导。

习廷直,汉汲,六年拔贡。

沈楷,万远,八年岁贡。

韩景曾,步君,葵孙,十二年岁贡。

乾隆年

徐预,茗发,三年岁贡。

汪曾,愿宏,三年副榜贡。

蒋宁,四年岁贡。

王岐,斗文,五年岁贡。

陆桂森,六年拔贡。见《进士》。

王永和,十年岁贡。

本县学贡

顺治年

张瑗,琢甫,二年岁贡,江宁教授。

华闰璜,二年恩贡。

顾天朗,开一,三年副榜贡。

朱隗,云子,四年岁贡。

尤侗,拔贡。见《制科》。

朱实颖,本姓宋,五年副榜贡。见《举人》。

宋德宏,五年副榜贡。见《举人》。

钱尔远,开倩,七年岁贡,安庆训导。

冯瑄,玉宣,八年岁贡,华亭训导。

汪廉,简常,八年恩贡,鄞县知县。

褚士杰,汉三,八年拔贡,江山知县。

陈谟,典生,十年岁贡,泗水知县。

范云威,十一年拔贡,见《举人》。

朱来光,祈年,本姓许,桐乡籍,十一年拔贡。

丁璪,十一年副榜贡,见《进士》。

许定升,升年,十一年副榜贡,禹城知县。

施阶,恒占,十三年岁贡,蒙城训导。

汪潭,处默,十四年副榜贡。

刘庚,梦白,十五年岁贡。

金汝鍊,粹候,十七年岁贡。

康熙年

陈方炯,盈令,本姓张,元年恩贡。

查维典,羽宸,元年岁贡,高淳训导。

施燮,炳六,九年岁贡,丰县训导。

王志宁,用康,本姓钱,十一年岁贡。

蒋维城,公表,十一年岁贡。

汤万耀。

吴谌,十一年拔贡。见《举人》。

宋广业,性存,崇明籍,十一年拔贡,济东道。

高芳,青文,十三年岁贡。

宋骏业,声求,十四年副榜贡,兵部侍郎。

蒋揆,子叙,十五年恩贡。

吴愉,敬生,十五年岁贡,溧水训导。

俞符,圣揆,来安训导。

吴福绥,南履,十七年岁贡。

顾溥,凌苍,十七年副榜贡,如皋教谕。

顾学迁,克宣。

黄石,成子,十九年岁贡。

顾怀,紫茵,黟县训导。

汤光肇,伊圣,二十一年岁贡。

钱开远,建安,二十三年岁贡。

张映葵,勤若,二十四年拔贡,天长教谕。

何焯,崇明籍,二十四年拔贡。见《进士》。

秦锦,大千,无锡人,二十五年岁贡。

凌永祚,紫澜,本姓顾,昆山人,二十七年岁贡。

王天偕,升吉,二十九年岁贡。

王铨,东发,二十九年副榜贡,礼科给事中。

金禄,三十一年岁贡。

王桢,三十三年岁贡。

宋师曾,怀祖,三十五年副榜贡,直隶巡道。

曹铉,鼎吉,三十五年岁贡,江宁教谕。

申嗣文,山文,本姓江,三十六年拔贡。

顾南式,三十七年岁贡。

范浚,深源,三十八年副榜贡。

朱曾,鲁若,三十九年岁贡,江阴训导。

王天锡,用敷,四十一年副榜贡。

陈汝璟,四十一年岁贡。

蒋学锦,四十三年岁贡。

吴正仪,四十四年副榜贡。

蒋阶,四十五年岁贡。

汪世玟,方璧,四十七年副榜贡。

高寅,建初,四十七年岁贡。

王肇业,愚谷,本姓马,吴江人,四十九年岁贡。

顾嵩龄,峻岳,五十年副榜贡。

汤万炳,五十一年岁贡。见《进士》。

金本仁,在人,五十三年副榜贡,来安教谕。

吕简材,丹篆,无锡人,五十三年岁贡。

顾光世,岸霄,五十五年岁贡。

陆秉瑛,同采,五十六年副榜贡。

张灏,五十七年岁贡,宁国训导。

陈序辉,五十七年恩贡。

陆从吉,五十九年岁贡。

黄敏,五十九年副榜贡。

丁英发,五十九年副榜贡。

管恺,咸中,六十一年恩贡。

顾熙志,巽来,六十一年岁贡。

沈元阳,六十一年拔贡。见《进士》。

雍正年

王景熙,殷畿,二年岁贡。

王樟,虞尊,本姓杨,华亭学改归本籍,四年副榜贡,分宜知县。

王禄,无锡人,四年岁贡。

凌国柱,培公,八年岁贡。

嵇瑛,无锡人,十年副榜贡。

张凤孙,少仪,华亭籍,十年副榜贡。

夏一理,性天,十年岁贡,临淮训导。

陈柄,元一,十三年拔贡,会宁知县。

李若泌,侯邺,十三年副榜贡,东平州判。

乾隆年

俞万选,步青,元年副榜贡,鹤峰州州同。

秦叠青,元年岁贡。

张弘浚,三年副榜贡,霍丘教谕。

吴正伦,孝则,五年岁贡。

蒋光宗,思质,六年副榜贡,颍上教谕。

吴泰来,企晋,九年副榜贡,宿松教谕。

傅岩,惠直,九年副榜贡。

张凤孙,九年副榜贡。见前。

徐大荣,大兴籍,九年副榜贡。

徐颙,彦抡,九年岁贡。

沈光熙,十六年恩贡。

褚廷璋,十八年拔贡。

周郘烈,十九年岁贡。

陈基德,二十一年顺天副榜。

夏廷衡,二十三年岁贡。

陆锡嘉,二十五年副榜。

顾诶,二十七年恩贡。

夏王鼎,二十七年岁贡。

沈杲之,三十年顺天副榜。

俞玉，三十一年岁贡。

长、元分县，两学廪生序食饩年深者先贡，故自乾隆九年后，皆贡元和。十七年七月，奉部文改长、元。四年一贡，每学各出一名。

陈基成，紫沾，十五年副榜贡。

张光焯，南吉，十五年副榜贡。

附武举

明

天启元年辛酉科

施英，明甫，总兵。

柳适。

天启四年甲子科

金玉。

天启七年丁卯科

王之翰。

朱元俊。

程周祐，孟雄，崇明副总兵。甲申后，隐居阳抱山终。

崇祯三年庚午科

蒋秉鉴。

杨时华。

罗英。

崇祯六年癸酉科

徐本伦。

钱士选。

国朝武进士

顺治三年丙戌郭士衡榜

熊兆梦。科无考。

顺治六年己丑金抱一榜

　　　　李圣祥,西美,榜眼,杭州游击。

　　　　汤本济,儒宏,江西都司。_{科无考。}

　　康熙九年庚戌张英奇榜

　　　　丁伟,异公,贵州前卫守备。

　　康熙十二年癸丑郎天祥榜

　　　　张芹,亮臣。

　　康熙十五年丙辰荀国梁榜

　　　　宋振业,嘉芑,贵阳城守游击。

　　　　顾浩,山望。

　　康熙五十一年壬辰

　　　　汪萧,蓼洲,侍卫,福建游击。

　　雍正八年庚戌齐大勇榜

　　　　范廷卫,紫飞,侍卫,湖广汉阳游击。

国朝武举_{北榜外籍附。}

　　顺治二年乙酉科_{解元张邦宪。}

　　　　朱泰,阆若。

　　　　张元哲。

　　　　吕兆熊,公望。

　　　　徐元珲。

　　顺治五年戊子科_{解元胡泰清。}

　　　　李圣祥,见《进士》。

　　　　李发祥,君长。

　　　　俞允,绥公。

　　顺治八年辛卯科_{解元刘潜。}

　　　　周彪,虎文。

　　　　杨章,仲章,本姓沈。

　　顺治十一年甲午科_{解元李玉瓒。}

　　　　沈荀藓,祉繁,太仓人。

　　　　凌模远,君长,浙江籍。

顺治十四年丁酉科解元高长善。

　　韩琦，佩音。

康熙二年癸卯科解元李御虹。

　　罗淳，孔昭，德川管河千总。

　　马全，声泗，本姓陈。

康熙五年丙午科解元陈鹗立。

　　凌永言，寿及。

康熙八年己酉科解元俞倬。

　　张贵胜，晋侯。

　　陆戡，洺荷，本姓朱，无锡人。

　　曹全斌，霖士，本姓金，休宁人。

　　丁伟，见《进士》。

　　陆镇，山公，顺天中式。

　　董祥，熊占，本姓朱，太仓籍。

　　于灏，友淳，湖广籍。

康熙十一年壬子科解元杨郁文。

　　马良，均宜。

　　张芹，见《进士》。

　　顾溶，天如。

　　曹烁，声九。

　　王洪，瞻生。

　　吴钊，珠三。

　　宋振业，见《进士》。

　　张葵，翊公，本姓郭。

　　朱拱垣，宿若。

康熙十四年乙卯科解元史阁。

　　顾浩，见《进士》。

　　钱化鹏，玉培，本姓陈。

　　武亮工，亮夫，本姓陶，吴江人。

　　倪洪，万侯，崇明人。

黄庭,蕺山。

顾淮,桐源。

康熙十七年戊午科解元王廷英。

黄纮,声谐,崇明人。

王绶,彩士。

汤万里,眉生。

康熙二十年辛酉科解元王龙纶。

张文鉴,冰友。

归天锦,云孙。

康熙二十三年甲子科解元陈循。

顾质,雨帆,本姓戴。

顾湄,濡遐,本姓卢。

康熙二十六年丁卯科解元徐景元。

张文钦,重华。

丁渭,本姓周。

程国监,勖三。

彭宛,伊中。

康熙三十五年丙子科

张起,在青,本姓陆。

康熙四十四年乙酉科

谢嗣凤。

康熙五十年辛卯科

汪萧,顺天中式。见《进士》。

康熙五十六年丁酉科

汪溥。

雍正四年丙午科

钱湄。

乾隆十二年丁卯科

吴三源。

乾隆二十六年辛巳科

袁进礼。

乾隆二十七年壬午科

梅戬。

乾隆三十年乙酉科

奚锦玺。

长洲县志卷之二十

宦绩

　　班、范《汉书》俱为循吏立传，或谨身率先，居以廉平；或通于世务，明习文法；或仁信笃诚，使人不欺；或明发奸伏，吏端禁止。故所居民富，所去见思。后世顾恺之为山阴令，务简而事理；冯元叔历清漳、浚仪、始平三令，右善去恶，人称神明。丞、尉而实心抚字，好协缔衣，唐临、员半千是也。司学之官如胡瑗、邹浩，千古艳称之。莅斯土者，自唐至今，廉洁自持，与民休息，代不乏人。纪其政绩，以为后事之师。志宦绩。

唐

　　萧审，工部尚书旻子。永泰初，除长洲令，严而不苛，简而有则，邑人惮之。

　　岑仲翔，盐官人，宰相文本孙。为长洲令，端谨饬躬，宽和及物。时兄羲为金坛令，弟仲林为溧水令，均有治状。宰相宗楚客语监察御史曰：“毋遗江东三岑。”历官太子中允、陕西刺史。

　　谈戭，曲阿人。长洲县尉，负才风雅，有诗名。与包融等十八人为诗友，殷璠汇次为《丹阳集》。

　　滕遂，贞元二十一年举明经及第，又书判登科。历大理评事，除宰长洲。治才警敏，兼摄吴篆。时人歌曰：“朝判长洲暮判吴，道不拾遗人不孤。”擢侍御史供奉，赐绯。

宋

　　王禹偁，字元之，钜野人。九岁能文，毕士安见而美之，称为小友。太平兴国八年，擢进士，授成①武簿。一作咸武。改大理评事，知长洲。宽平淡洁，不以追呼

──────────
① 成，底本作“城”，据《宋史·王禹偁传》改。

过督。尝贮金偿税，以风雅饰吏治者，推禹偁为最。其自序曰："禹偁，名利之流也。一身之计，有亲族、妻、子焉。虽内无妾、外无仆，不可去者凡百指。晨有炊爨，夕有脂烛，伏腊庆吊。居其外，月得俸金，大半长物。是以从官三年，徒行而已。一邑之政，有租、佣、税、调焉。土甚瘠而民不懈，吏好欺而赋愈重。廉其身而浊者忌之，直其气而曲者恶之。苦无知音，动有变畏。去年多稼不登，编户艰食，赋敛之数，有乖其期，而民部督成于郡，郡侯归罪于县，鞭笞之人日不下百数辈，菜色在面而血流于肤，读书为儒，胡宁忍此？因出吏部考课历，纳质于巨商，得钱一万七千，市白粲而代输之，始可免责。春夏以来，民有归其值者，盖三分有其二焉。"时同年生罗处约[①]宰吴县，相与赋咏，人多传诵。太宗召试，擢右拾遗，直史馆，赐绯。故事，给银带，上特命以文犀带赐之。屡迁翰林学士。元之在朝，尝上疏曰："臣旧知苏州长洲县，七千余家，自钱氏纳土以来，朝廷命官七年无县尉，使主簿兼领之，未尝阙事。三年增置尉，未尝立一功，以臣详之，天下大率如此。诚能省尉三千员、减俸数千万，以供边备、宽民赋，亦大利也。"出知滁、阳二州，徙蕲州，卒。子嘉言。

章频，字简之，建州浦城人。举进士，累迁监察御史，坐不时具狱，降监庆州酒，徙知长洲县。天禧初，以选召对称旨，擢监察御史，迁侍御史，历刑部郎中，使契丹。卒，累赠司徒。

王嘉言，字仲谟，禹偁子。天禧中，知舒城事。方服阕，会真宗观书龙图阁，得禹偁章奏，美其切直。访其后，宰相以嘉言对。召问，擢大理评事。旋知长洲，廉仁有父风。县既禹偁旧治，嘉言年与官又皆同，士大夫赋诗荣之。擢大理寺丞。

仰饰，字去华，丹阳人。资政殿学士亢之子。天圣间，知长洲，所至吏畏民爱。历知宣、苏、明三州。

鞠真卿，字颜叔。庆历中，知长洲，有威名。嘉祐中，守苏州，不为苛察，人益惮之。廷内寂然，无告讦者。除两浙提刑，后贬南安军。过郡，人犹慑息不敢望。舟泊五日，不闻喧声。

夏噩，字公酉，池州人。庆历末，中材识兼茂科，试光禄寺丞，知长洲。性亢直，遇事辄发无隐，人多惮之。提刑陈善古恶其轻傲，诬以私贷民钱，坐废十年。文彦博为白于朝，复官。

王几，字彦成，江都人。知舒城，未赴，丁父忧。王安石知其才，选为长洲令。

长洲故号难治,令刚则折,弱则废。凡能平其政,张弛以时,卒慑服豪强。岁饥,赈救有方,人用安堵。权势欲侵挠之,执不屈。治声闻京师。

翟涛,丹阳人。通"三传",专于礼、乐,一时硕儒好礼者推之。知长洲。后以孙汝文贵,赠太子太傅。

常安民,字希古,邛州人。年四十,入太学,有俊名。时取士宗王氏之学,安民独不为变,第进士。元丰六年,知长洲。邑中权豪肆横,讼牒日数千。安民先正纪纲,图籍以立政。本省文移,追呼以清。讼源始至,求乱政者,得何平、丁文通、朱钧花三人,杖而屏之,终其任,不敢至讼庭。县故多盗,安民籍赏犯者,书其衣,榜其门,约能得他盗乃除,盗为之息。催科不事鞭扑,预为信限,揭实数于县门,使自输,辄先他邑办。负坊场责者,户率十数人督之,坐食其家。安民悉纵之使归,茸坊事,与约,分所负为三年,自输之。安民为亲受,部使者闻,愕曰:"常平法敢尔缓耶?"安民曰:"异时以昔较今,倘增益,不敢自以为能。"已而偿,数果倍。岁旱,农盗决运渠以溉田,法当徒,犯者且众。安民白郡守曰:"水所溉谷成,当得赋入数十万。今未至荡舟而置人于法,坐失数十万之入。以此较彼,孰利孰害?请释勿治。"是岁,吴大旱,惟长洲中熟。及安民去官,犯者论如法,皆号呼田间曰:"安得常公活我?"元祐初,陈季常、孙觉、范百禄、苏轼、鲜于侁连章论荐,擢大理鸿胪丞。时奸党分布中外,安民遗书吕公著,引喻明确。及章惇作相,其言遂验。安民正直敢言,蔡京用事,入党籍。后谥敏节。

虞宾,字舜臣,山阴人。以宣德郎知长洲县事。县多富室大姓,素负强乱法;黠吏横索无度,率倚公以渔民,二千石无敢成其罪。宾张设耳目,尽得奸状,治之,一县屏息。岁大祲,民无盖藏。部使者犹急宿负,檄下曰必办。宾阁束文书不问,民赖以生。会去邑,民遮道愿借留虞君,部使者表民言荐之。累迁比部员外郎。

陆宷,字元珍。政和中知长洲,时县政治久棼。宷从容区画如无事,而邑大治。以最迁郎,寻判真州。

陈康伯,字长卿,弋阳人。宣和二年进士,调长洲簿。端悫亮直。报最,擢京畿运司属官。后拜左丞相,封鲁公,卒谥文正。

祝拱卿,字德良,建安人。慷慨负气节,出入张循王幕下,雅重之。绍兴中,为长洲宰,卒于官。

王彦融,字炎弼,江州人。枢密副使韶孙。绍兴中,除知长洲县。通敏有干略,刺史能之,兼摄崇德、德清,皆有政可称。

陈资深,常州人。除长洲簿,醇厚而优于吏治。洪迈为礼部侍郎,荐其性资开明,问学纯粹,为政务在便民,不为利诱,使膺百里之寄,必有卓然可观。以最迁。

尹机,绍兴中以赵鼎门客恩补长邑宰。刚正,不能干以私。忤奏桧,以赃坐免。桧死,复原官。

项公泽,字润泽,永嘉人。以童科登第。淳祐间,授邑丞。爱民礼士,有贤声。后官至中奉大夫。

陈应角,字轩伯,连江人。咸淳三年,知丹阳县。清强刚介,治声翕然。窜豪民,辨诬枉,行乡饮,旌孝义。泊去官,邑民为立生祠。历长洲,改提刑司,主管文字。

龚溙,字深父,高邮人。侨居镇江,授长洲令。生平尚节概,治邑事皆有纲纪。历官司农卿。国亡,士大夫居班行者随例北上。溙至莘县,不食卒。

宋楚材,眉山人。经明行修,景定三年,除长洲令。为政以养民、教民为先。常领学事,始创建学宫,造士子。都人士尸祝之,祀于学。

元

元童,河陇人。后至元元年,为长洲达鲁花赤。县岁输秋粮三十六万石、夏税丝八万二千两,童以民困已极,亲至野次,相田高下,定腴瘠,教民谨浚塞、厚壅植,其濒江湖者更科以荡课,民力始苏。先是,至治初,行津助役法,民田亩十抽一以助役。二十余年,田屡易主,而役法仍旧,甚为民病。童考定有无,均征之。又于旧治创建县学,募民捐田以养士。遂昌郑元祐为作遗爱碑,记其事。

干文传,字寿道,平江人。登延祐二年乙科,授同知昌国州事,迁长洲县尹。长洲为文传乡邑,徙榻公署,无事,未尝辄出,亲旧莫敢通私谒。会创行助役法,文传谕豪家大姓以腴田来归,中人之家自是不病于役。累官至礼部尚书。

黄季伦,鄱阳人。长洲教谕,杨维桢《修学记》称其有文学治才。为郡守萧侯所敬礼。

汤弥昌,字师言,湖广浔阳人。平生笃志义理之学,以文章名。

明

宋文敏,洪武元年,除长洲县。当开创之初,能宽仁抚字,有功德于民。祀名宦。

张翔,洪武六年,继文敏为长洲县,能以文敏之心为心,加意抚绥。学宫圮,设法修整,教养兼至。

李广祐,建宁人。洪武二十七年,以进士知长洲,廉谨子谅,卒于官。

周伯陵,武义人。洪武三十年,以人才辟宰长洲。政尚宽平,狱讼清简,民安其治。调江西布政使副理问。永乐五年,复任本县。

王敬,襄阳人。知长洲,孝悌廉谨,著称于时。永乐二年,应求贤诏,升知泗州。

黄子威,进贤人。洪武三十三年,以儒士授邑丞。莅事勤敏,力洗繁苛。永乐元年,秩满,升刑部员外郎,历松江知府。

周岐凤,初名鸣岐,以字行,庐陵人。洪武间,以儒士授桐城司训,改任长洲。历太学教谕、兵部员外郎。作新髦士,以身为教。祀名宦。

刘幹,字孟祯,修武人。先授岷府纪善。永乐初,浙西大水,幹从夏尚书元吉来治,改长洲丞,兼理农事。秩满,以母忧去,士民遮道泣留。事闻,复任。宅心仁厚,持操廉洁。每出劝农,周行塍垄,呼老农问疾苦。所至,民欢迎曰:"父母来矣!"岁馑,民输后期,上官谴之。幹曰:"此丞之怠也,请代其罚。"人有过,当笞,惟喻以理,终不下鞭棰。无不心服。衙舍不蔽风雨,敝衣恶食,处之泰然。洪熙元年,卒于官,无以为殓,邑人严思敬等殡之,顿郭西僧舍。将归葬,士民陈奠道旁,悲悼若丧所生。士人郭仪留其衣冠于半塘侧,聚土葬之,名曰刘公墩。郡人楼文渊撰记。

邵昕,字宏启,余姚人。永乐中,以荐辟授长洲丞。长洲赋重,前丞悉坐催科之累,或至厉民以求称职。昕独以德化,召诸大姓,开谕利害,鞭笞不施而岁额如期办集。九载秩满,巡抚周忱、知府朱胜上章交荐,擢昆山知县,改除赣县,复除休宁县,所在有政绩。

余金,字贡之,内江人。成化初,以进士知长洲。勤慎诚悫,不以粉饰吏治为工。群吏作奸,金以苦言严诚,不率者重创之。吏服其诚,皆为改行。俗好讦,金不设钩距,一以公平裁决,无不当,讦者皆引去。间有终讼者诣上司,上司曰:"汝有贤令,毋庸至我。"其人亦愧谢去。徭役、丁夫恒患吏胥颠倒,自置手籍,默视,咸得其平。后擢监察御史。

陈裕,字有容,浙江鄞县人。由举人成化间任长洲学谕。性至孝,以身教士,门下多闻人。升临江教授,占籍光州。

聂大年,字寿卿,临川人。博通经史,攻诗古文,用荐授长洲、仁和教官。景泰六年,征诣翰林修《实录》,卒于京师。

彭道,字贵三,庐陵人。成化间贡士。初任吴县教谕,改长洲。清操笃行,有石刻遗像。祀名宦。

李珏，开州人。进士。正德元年，知长洲。强毅明辨，解民疾苦，摧抑豪右，人吏畏惧。升主事，历迁都御史，巡抚山西，坐法谪戍。后起官大理卿。

刘辉，字云翰，孝感人。成化十四年，以乡举知长洲。平易近民，每断狱，必求生全，不为锻炼，而其情伪卒无所隐。有周复盛者，被诬劫掠，连逮多人，辉皆白其冤。值大荒，章练塘之民以饿索食，吏深文论死。辉请于部使者，减从窃盗律。陈湖有顾姓，泛舟江淮，诱商贾儳舟，劫其贷。辉尽擒而戮之。岁赋征输不前，辉兼准他邑，以宽其逋。又发粟作粥饲饥。中官王臣肆虐，辉首挫其锋。一贫民不能娶，诣县求解婚约。辉助金成礼。后生子，名之曰刘。在任十年，致仕去。

吾翕，开化人。正德四年，以进士知长洲。峻厉不能容物，胥吏有过，辄严治之，无敢有舞文弄法者。升应天通判。

刘珂，字公佩，兴国州人。弘治十一年，以进士知长洲。兴学校，禁赌博，垦民田三千余亩，兴水利七百十处，置义冢三，毁淫祠十，复张阿保等三百余户。工部以浚河奏征郡属雇役钱，珂力言于上官请免，岁省费十万余，吴人德之。后迁太仆寺丞。

俞集，新昌人。正德八年，以进士知长洲。吴俗尚侈，集性朴素，躬甘疏粝。贵津往来，未尝设具，所司供馈皆节缩，不妄费一钱。人亦知其清操，不较也。其他赈济、平反，惠政不一。召为监察御史。

高第，绵州人。进士。正德十一年，知长洲。蠲涤繁苛，力敦儒雅，文士多被礼接。升工部主事，历吏部郎、云南副使。

郭波，闽县人。进士。正德十六年，知长洲。性英敏，民间事琐屑必知。豪宗皆手籍之入者，未尝少纵。升工部主事。

俞宪甫，定海人。正德戊辰，以贡士入太学，授长洲丞。督通税，催征有叙，虽顽民皆知畏而乐输委。讯讼牍，能以理开谕，两造辄自献其诚，不敢终讼。值岁饥，民逃徙委曲，抚绥缓征急散，民忘困而感德。嘉靖改元，以疾告致仕。

马思诚，宜阳人。正德末，以贡授长洲丞。淳谨朴茂，持己以洁，绳下以严。历二考，其贫犹韦布。巡抚李充嗣尝委以勘灾，思诚简核甚精，里胥无敢因缘为奸者。

郑朝辅，鄞县人。丙戌进士。嘉靖六年，知长洲。平易和缓，不事声色，事无不治。擢州守。

黄大廉，莆田人。壬辰进士。嘉靖十一年，知长洲。以严治称，敢决。被谪去，时论深惜焉。

贺府,字中甫,渭南人。嘉靖十二年,以进士知长洲。贞介醇亮,不事威严而人詟服。知府王仪清理田赋,府悉心佐之,搜剔隐蠹,宿弊尽除。邑有东区者,本明初没官田,额既重,且多滨江苦潦,与他乡同重役,民间指为子孙害。府悯之,请于抚按,免其重役。又区处图头,宽立限法,民皆便之。十四年,以艰去。后升兵部主事。尝欲陈三事,其一宽吴积逋,会谪去,不果。

吴世良,字元良,遂安人。甲戌进士。嘉靖十八年,知长洲。性通明,雅爱儒术。遇贤士大夫,倾身下之。旧学宫陋隘,请于台监,移置故寺。士贫者,复厚周之。时劝课其业,尤精经义,所授皆有闻于时。

赵忻,字子乐,蛰屋人。嘉靖二十二年,以进士知长洲。英敏廉明,人吏在廷,若履冰上,每一顾问,无不股栗。清身苦体,刻意立政。岁歉,循田野,辨壤肥瘠,令上田输米,下田纳银,咸以为便。升刑部主事,历金都御史。

俞及时,字伯雨,新昌人。集子也。丁未进士。嘉靖二十六年,来知长洲。浑厚简朴,绰有父风。以忤按使意调去。

苗敏学,字以勤,平定人。庚戌进士。嘉靖三十年,知长洲。性耿介,不为苟同,多惠政,以忧去。

莫抑,字允升,马平人。癸丑进士。嘉靖三十三年,知长洲。时师旅繁兴,军符羽檄旁午,转输供亿皆非额储,督趣甚亟,上下相迫。抑因时干济,无不办给。召为侍御史。

柳东伯,字孟卿,武陵人。癸丑进士。嘉靖三十五年,来知长洲。性机敏,有谋略。值闾巷少年蚁聚,暴起探丸。东伯授意逻卒,掩捕平之,民赖以安。未几,调去,人思其功。

周良臣,字相季,公安人。乙丑进士。嘉靖四十五年,来知长洲。才略通济,邑政棼杂,厘剔有条,一切裁以法。诸豪猾素侵蚀,悉核令自实以偿。册籍环案,主者盈庭,一一勾较,无敢欺隐。诸泛役浮费,减节殆尽。津路一无馈遗,人亦惮,不敢索。以忧去。

张德夫,字子成,号梅潭,浮梁人。嘉靖乙丑进士。初任丹阳尹。己巳十月,除知长洲。性宽厚,不乐纷更,能于催科寓抚字,人咸德之。旧未有邑志,延礼名士,哀集成书。征文考献,非俗吏所能为也。擢刑部郎,终张秋河道。

李弘,字克宽,江西广昌人。由举人任升池州府学教授。博文雅度,日与生徒讲学不辍。

陈用宾，字道亨，晋江人。隆庆辛未进士。除知长洲。严重英敏，案无留牍，力刷宿弊。始县秋粮折色，民多积欠，部檄旁午，长吏多负谴。用宾征比有法，税粮完至八分。万历三年，召为御史。历任外台，抚滇南，有声。

李尧民，字汝化，济宁人。万历二年进士。知长洲。初尚威严，后稍和恕。征粮有法，裁决如流，籍籍称良吏。未几，丁外艰去。后擢为御史。丙戌，按吴，搜剔奸蠹，加礼耆硕。历官应天府尹。

刘怀恕，字士行，东明人。万历五年进士。六年，知长洲。是岁，即遭螟螣。明年大水，又明年复水，继又水、螣并作，时诛求之令甚于束湿。怀恕先穰区，次殷户，立限取盈，其水乡单民姑缓之，以故额不甚亏。邑多污莱，前政虽尝议补，经制未一。至是丈田，得羡余粮，议以衰各良田，亩三合。怀恕曰："此于良田不足为恩，曷若通行污莱之为便乎？"议上，得允，遂为定制。怀恕继李尧民为政，因其严肃，县之钱粮积弊历李至怀恕，厘革殆尽。十一年，召为御史。

陈其志，字公衡，晋江人。万历十一年进士。初，除永嘉知县，丁外艰。十八年，自奉化移知长洲。吴士之以文见者，无不延接，评骘艺文各当。至其利钝淹速之故，一一悬断。后皆如其言。簿书期会，又未尝不治办也。秩满，授南户部郎，历兵、吏、礼三部。

江盈科，字进之，号蓼萝，桃源人。万历二十年，以进士知长洲。持身廉慎，接物冲和，处心尤推诚不疑。居常带星而出，夜分而息，不辞劳瘁。厘正庶绩，抚字催科，并行不悖。高才能文，倚马立就。与吴邑令袁宏道风雅相尚，著有《雪涛》等集。升吏部考功司主事，历四川提学道佥事。

邓云霄，字元度，东莞人。万历二十六年，以进士知长洲。赋性明察，事至，立照而行。法严毅，毫无假借。点审差役，厘然允当。修塘、筑圩、履亩，不辞僻远。吴中词讼多无情，而人命尤甚。云霄创一词式，凡殴期、死期、殴所、死所，造意下手何人？凶器何物？一一列明。凡捏空者，不能措手。而初词既定，后虽反覆百出，莫可游移。事多画一，可垂永久。擢南户科给事中，历官广西参议。

祁承㸁，字尔光，山阴人。万历三十二年进士。除宁国令，调长洲。性既端直，才复周练。属岁荒，议赈议蠲，苦心调剂，免民沟壑。差解繁苦，捐俸置义田助役。又悯邑田为豪右兼并，条议更张，不果行。升南刑部主事。后其子彪佳按吴，精于举核。寻复巡抚江南，以靖节终。

韩原善,字继之,卢龙人。万历丁未进士。除青浦令。三十八年,以才调繁长洲。持躬庄慎,盛暑退食,必衣冠以处。文牒必手自裁决,听断执法不摇,虽津要不能干。然与士民相见,则春风穆如,几不知为长吏也。初,役法繁苛,率诡寄花分,役贫而漏富,力请均役,民累以苏。擢户部主事,终开元兵备。

胡士容,字仁常,湖广广济人。万历庚戌进士。除嘉定,调任长洲。天资刚正,治事有经济才。时吴下有恶少年,结盟称天罡者。甫下车,廉得其人,悉置以法,俗为翕然。能折节下士,姚宫詹希孟、张孝廉世伟时为诸生,慕其人,咸造请焉。邑塘自娄门抵昆山,梗塞不通,又中连金沙湖,风翻浪涌,为行旅患。士容力为布算,设法筑至和塘五十里,甃石筑岸,陆道始平,至今称胡公塘。

叶成章,字慕同,福建同安人。万历四十七年,以进士任长洲。甫至,浑穆不省事,群呼"叶木头"。三越月,而纤悉利弊烛照数计,拔其奸之尤者重创之,群吏屏息。钱粮征比,恒至达旦,不轻差一人,亦不轻议一重辟,狱讼清息,胥吏有衣敝踵决者。天启五年,擢侍御史,巡按宣大,士民德之,立祠县治东。

张茂梧,字春卿,广东临桂人。天启壬戌进士,以贵池调繁长洲。威严若神。时权珰播焰,抚军为立祠塑像,倾城若狂。茂梧独贞介有守,惟以省徭赋、息狱讼为心,不少阿上台意。七年,擢侍御史。

李实,字如石,四川遂宁人。崇祯癸未进士。除长洲令。直谅性成,遇事有执,而畜众以惠。初莅任,即辞属员迎风宴曰:"国家多故,至尊旰食,非臣子宴饮时也。"催科征比止设滚单,勾提止用一役,不添差。非奸淫,不容妇女对簿。巡按嘱毙一囚,对以朝廷无此法。摄吴篆,巡抚檄改鹤山书院为射圃,力言:"此时习射已无及,徒废先贤赐祠,不可。"妄男子上言:"洞庭西山宜开煤厂,太湖宜征鱼税。"中涓来勘。实谓:"西山,金陵后脉,开厂恐伤祖陵。太湖盗薮,征税是激之变也。"事俱得寝。国亡,弃官,隐居葑门外上清港,垂五十年卒。士民留葬于吴,崇祀名宦。

刘永锡,字钦尔,魏县人。崇祯丙子举人。选长洲教谕,署崇明县事,廷无留狱。遭鼎革,以君命不敢归,隐居相城。妻女织席,永锡携席市中,见者呼"席先生"。食不继,时不举火,尚书钱谦益念其穷,招之往。永锡曰:"尚书为党魁枚卜时,天子以伊傅期待,岂忘之耶?"卒不往。后妻病死,女以不得归夫家,徒遗父累,自经死。子归魏县,坠车死。永锡卒以穷饥死于相城,有采薇高风焉。弟子徐晟、陈三岛、沈钦圻葬于虎丘之山塘。

国朝

邱应鳌，字龙山，湖广钟祥人。由恩贡授邑宰。才资敏赡，文牒一目了然，事虽久远能办。御下以宽，不轻加督责。及法令所在，则皎然不易其志。师旅杂沓，邻邑张皇无措，独处之裕如。盖负文材而优于吏治者。

孙继，字曰可，号书台，德州人。顺治乙未进士。授长洲。时邑有渔户数辈为仇者，属他盗入之至死。继甫受事，上官吏来，趣辞成，速上之。继立吏于庭，出诸渔者，曰："谓若辈盗者，涂之人皆盗矣！吾何爱一官，陷良民于死？"吏感动，首触地，屈服，悉直之。有橐金四千求断狱，杀其所怨者，唾其面，斥去之。同官某以事被劾，夜邀继，指所藏金曰："第为计无恙，尽以寿君。"笑而颔之，为谋追还所上章，卒不受一钱。以迟解金花银去官，留县不得归，民爱之，米盐细碎争相输送，十余年无间。道遇六岁儿曰："此大器也。"乞以归为孙，后成进士，入翰林，为太常卿，即勷也。宗伯韩菼志其墓。

苏仁，字长人，陕西蒲城人。政尚宽简，雅好儒术，乐与乡士大夫交。故旧偶游吴门，坚谢去曰："邑民赋役不聊，不能以膏脂饫宾客也。"逋税祸起，毗陵最严刻，有因而雉经者。仁闻之曰："奉行若是其峻耶？"因用情于法，曲存士体。学校至今思之。

沈思举，字谦能，汀州人。顺治丁酉举人。康熙十年，除长洲属。吴中大水，漂没田庐。思举加意抚绥，不事鞭扑，课亦及额。县役素横，乃立需索单于里甲，每月填报有无，舆皂敛迹。是岁，复旱蝗。思举斋戒步祷，蝗不害稼，雨亦随降。以邻邑失盗，坐累去。百姓攀辕泣送，祀之前令叶成章祠，题为"双清书院"。

李敬修，字念兹，奉天人。康熙十三年，由兵部笔帖式知长洲。邑中田赋明季以来多隐蔽混淆，会巡抚奏请清厘，敬修以此事非亲履田间，弊终难除，遂请解任，专督丈量，循行四乡，无间寒暑。因荒熟以更定斗则，豁除坍没公占，所造鱼鳞册犁然可考，官民始免赔累。自十五年八月至十七年六月，事竣乃还任。寻以不催旗员耿继训归旗，降调去。

祝圣培，字容山，应城人。以进士知长洲。行政宽仁，崇尚儒雅。长洲岁输额几五十万，积逋累欠又几十数万。圣培以诚相劝，不事鞭扑，而额得无缺。勤于听讼，昧爽盥漱，坐堂皇，至夜分不卧。慨邑志未修，采询旧闻，诠次编辑。折节下士，士亦爱其和易，咸乐就之。以催科不力去，吴民至今思之。

梁廷桂，字月岩，长白人。为长洲令。性刚方，不畏强御，爱民如子。有优人李姓者，依权门势，横行乡里，屡辱寡妇之子。讼于县，优不赴审，捕治之。优亢傲不服，转以恶言加。廷桂置以重刑，下于狱毙焉。自是，优不敢横。继以盗案去官。

高怡，字仲友，号鹤州，武康人。康熙戊辰进士。令长洲，慈惠明慎，守己尤洁。长邑旧欠钱粮，例待蠲赦。为令者按时征比，民徒出代杖费，于正供无益。怡呼民情谕曰："与其耗于吏，何若输于官？尔民苟能按季输十分之一，吾当缓比徐征。"民皆感动乐输。民有溺水死者，怡往验，其妻哭而不哀，疑焉。明日，减从至其地，察之，果与邻有私，相与杀其夫而投之池者。怡一询即服。为令九月，礼部侍郎韩菼、兵部侍郎宋骏业交章荐其能，升郿州知州，治如长洲。行取擢御史，巡视西城，贫不能得马，常步行燕市，台中徒行自怡始也。六十年，科道十三人继大学士王掞合疏建储，怡与焉。谪戍口外军台，后赦归，没于家。

许遇，字不器，侯官人。为政宽和，不事苛细，而听讼详慎，赏罚各当。政暇，邀邑中士大夫载酒沧浪亭，杯把赋诗。工画竹、石、兰、梅。故乡客至，辄写方曲贻之，曰："唐刘崇龟为节度使，亲旧有所干求，写《荔枝图》与之，亦此意也。"盖县令中之风雅者。

卫哲治，字我愚，济源人。在任五年，详豁版坍荒田，捐通欠十余万两平米价，劝积谷，民困以苏。道过望亭，有民孔兴循河而泣，询之，父恚其好赌，令自投水死。哲治曰："尔能改过，我活尔。"呼其父，谕曰："父子天性，奈何以一时忿绝祖宗嗣？"父感悔，携归。兴后为善士。升海州去，为大司空，殁。

黄建中，字懋德，咸宁人。以选贡发江苏试用，历知震泽、嘉定、吴县、元和、无锡、阳湖事，最后知长洲。方严事上，慈和爱民，廉洁持己，实心任事，合邑德之。檄审江阴刁民诬武进陈甲奸事，得实，请昭雪。大吏以狱具难之，建中曰："覆谳所以冀平反，若以狱具而任其冤，抑是覆谳为虚名，而曹摅不得出孝妇、钱若水不得活富民也。"卒如建中议。升海州知州。卒，丧归，士民敛钱路祭，执绋者千万人。

李光祚，字磐奕。慎刑宽课。长邑坍荒，有赋无田，久为民累。光祚详请豁免。乾隆十六年，征收漕米，诸邑有意苛求，动辄驳换，粮户至有破家者。光祚独随到随收，邑人感之，立碑仓门，颂其德。长洲邑志自康熙初祝令圣培修后越八十年，继者无人。光祚延请绅士，开局纂修，文献有征，为功尤大。

孙耀德，居心平和，不为刻核，治狱审慎。尝谓："居官理案，不在依违二三，而在虚心体察，不假手吏胥，吏胥无由因缘为奸。"收漕宽厚，粮户德之。

许治，字均宁。由华亭调任元和，抚字催科，务宽厚清静。事父至孝，每治狱，父必从屏后听。治悉心问曲直，兢兢惟恐失。无滥刑，无苛责。父工帖括，格准先民，为文老而不倦。治于治事之暇，时构一篇以娱亲意。养廉外，不取民间丝粟。丁父艰，贫无以为扶枢费，取之于家，乃得归。既服阕来吴，大吏以其材，题授长洲。长洲为九邑之首，号称烦剧。治与民休息，持守益廉，听断益和。讼庭阒寂，囹圄空虚。尝曰："吾纵不能利民，惟思不扰民。"以经术润饰吏治，可以颉颃汉之循吏云。

侯文熺，字浴日，无锡人。康熙甲子科举人。授长洲教谕。为人廉正，肯任事。四十八年，岁饥，郡中设厂施粥，分曹董其事。各厂就食少而米尝不给，文熺所董就食独多而米尝余。明年，大疫，死者相枕藉。知府陈鹏年循视四境，惟文熺从，按户亲问，至手调汤药，全活无算。辛卯，同考浙江乡试，所荐拔皆孤寒。以劳成疾卒。

刘贞吉，字固斋，上海人。课士有方，文章准则先民，喜与士大夫结文酒之社。清俸所入，不足供苜蓿盘。善岐黄术，治人辄效，用以补其不足。贫者招之必往，不索酬。遇疫，赤日奔驰，得疾以终。

王廷晷，字冀屿。勤以课士，廉以持己。性极和易，遇纲常伦类，侃侃不阿，正色直言，凛然难犯。新进薄贽，贫者不取，富者不计。士之有文品者，为之延誉，劣者诲以改行。任事十六年，其所造就最多。庆吊非素交不往。监紫阳书院，大吏与院长交重之。初，修邑志，搜罗采辑，廷晷之力居多。

程元基，字兰渚。文章有先民矩矱，诸生皆从之游。乙酉科试，诸生居前列者半出其门。集童子十六人，日与讲贯，补博士弟子者十二人，时称盛事。元基初莅事，见宫墙之南，舆侩射利，剜田为厕，通详惩责禁革，填土实之，以绝后患，得免秽亵先师。修学之议，实自元基倡之。汪翰林琬子孙凌替，冢墓尽为人占。元基竭力清出之。署长洲篆，课士一如元和，不以分邑岐视。

长洲县志卷之二十一

人物

吴中山水清嘉,人文荟萃。自八族四姓显名汉、晋,文德武功,忠臣烈士,代不乏人。旧志所载起唐天宝,而六朝以前阙如。兹考核东汉以来湛深经术、崇尚名节者,稍益七人。其自明至今,名公巨卿、宏才硕德,实有轶事可征,必使垂之不朽。而高人遗韵,孑立不阿,才士失职,坎坷不偶,亦宜传其节概,俾阅者深低徊感叹云。但所增录,皆准是非于锱黍,衡取舍以公平,于此辨人品之邪正,陈风俗之盛衰。前可为程,后足以鉴矣。志人物。

东汉

顾综,字文纬。明帝时,历尚书令。帝幸辟雍,延为三老,设几杖,从之乞言。吴丞相雍,其后也。

顾训,仕太原太守。五世同居,聚族至百口。岁时,子孙悉坐,依次行酒,三岁以下并自知位次。居旁之桥,今名百口桥云。

吴

顾雍,字元叹。蔡邕避怨于吴,见雍,异之曰:"卿必成致,今以吾名与卿。"故字元叹。弱冠,为合肥长。孙权领会稽太守,以雍为丞,讨除寇贼,郡界宁静。权为吴王,迁大理奉常,领尚书令,封阳遂乡侯。拜侯还寺,而家人不知。不饮酒,寡言语。权常曰:"顾公在坐,使人不乐。"政职所宜,辄密以问江边诸将,多陈便宜。有所掩袭,权以访雍,雍曰:"臣闻兵法戒于小利,此等所陈,欲邀功名,非为国也。"断中书典校吕壹狱,和颜色,问其辞状。临出,又谓壹曰:"君意得无欲有所道?"壹叩头无言。时尚书郎怀叙面詈辱壹,雍曰:"官有正法,何至于此?"为相十九年,卒,谥曰肃侯。

步骘，字子山，临淮淮阴人。世乱，避难江东，单身穷困，与广陵卫旌同年相善，俱以种瓜自给，昼勤四体，夜诵经传。孙权辟为治中从事。权称尊号，领冀州牧，荐达屈滞，救解患难，权时采其言，多蒙济赖。赤乌中，代陆逊为丞相，犹诲育门生，手不释书，被服居处，有如儒生。卒，葬临顿东南。

陆绩，字公纪，庐江太守康子。六岁，于九江见袁术。术出橘，绩怀三枚，拜辞堕地，术曰："陆郎作宾客而怀橘乎？"绩跪答曰："欲归遗母。"术大奇之。孙策在吴，张昭、张纮、秦松为上宾，共论四海未泰，须当用武治而平之。绩年少末坐，大声言曰："昔管夷吾相齐，桓公九合诸侯，一匡天下，不用兵车。孔子曰：'远人不服，则修文德以来之。'今论者不务道德怀取之术，而惟尚武绩，虽童蒙，窃所未安。"昭等异焉。孙权建国，辟曹掾，以直道见惮。出为郁林太守，加偏将军，虽在军旅，著述不废。比归，无装，舟轻不可越海，取石为重，人称为廉石。

陆凯，字敬风，为永兴、诸暨长，所在有治迹。手不释书。除儋耳太守，讨朱崖有功，累迁至征北将军，领豫州牧。孙皓立，迁左丞相。皓政事多谬，黎元穷匮。凯上疏直谏，指事不饰，忠恳内发。建衡元年，疾病，皓遣中书令董朝问所欲言，凯陈："何定便辟佞巧，不可任用；姚信、娄元、张悌等皆社稷之桢，愿访以时务。"卒年七十二，葬凤凰山。《吴书》载凯谏皓二十事中，如中官万数，不备嫔嫱。外多旷夫，女吟于中。征调州郡，竭民财力。土被元黄，宫有朱紫。老成苦口，言与涕零。

顾荣，字彦先，雍孙。与陆机兄弟同入洛，时人号为三俊。赵王伦篡位，伦子虔以荣为长史。荣与同寮宴饮，见执炙者状貌不凡，荣割炙啖之曰："岂有终日执之而不知其味者？"伦败，荣被执，将诛，而执炙者为督率救之，得免。齐王冏召为大司马主簿。冏擅权骄恣，荣惧祸及，终日昏酣，不综府事，以情告友人冯熊。熊谓长史葛旟曰："荣为主簿，委以事机。今府大事殷，非酒客之政，可转中书侍郎。荣不失清显，而府更收实才。"旟遂白冏，以为中书侍郎。在职，不复饮酒。人或曰："何前醉而后醒耶？"荣惧，乃更饮。长沙王乂为骠骑，复以荣为长史。又败，转成都王颖丞相从事中郎。惠帝西迁长安，还吴。荣践危亡之际，恒以恭逊自免。广陵相陈敏反，欲诛士人。荣说解焉。敏仍遣甘卓出横江，坚甲利器，尽以委之。荣私于卓曰："敏既常才，政令反覆，子弟骄矜，其败必矣。而吾等安受其禄，事败之日，函首送洛曰'逆贼顾荣、甘卓之首'，辱及万世，可早图之。"卓从之。明年，周圮、纪瞻与荣及卓起兵败敏。荣舟在南岸，敏率万余人出，不获济。荣麾以羽扇，其众溃散。事平，还吴。元帝加散骑常侍。六年，卒官，赠侍中、骠骑将军，谥曰元，追封公。墓在朝天湖南，其西有祠曰顾将军庙。

唐

归崇敬，字正礼。治礼家学，多识容典，擢明经。遭父丧，孝闻乡里。调国子监直讲。天宝中，举博通坟典科，对策第一，授左拾遗。肃宗次灵武，迁集贤校理。代宗幸陕，召问得失，崇敬极陈生民疲敝，当以俭化天下，则国富而民可用。大历初，充吊祭册立新罗使。海上风涛，舟几坏，众议以单舸别载。崇敬曰："今共舟数百人，我何忍独济哉？"少选，风息。及归，囊橐惟衣食，东夷传其清德。迁国子司业。崇敬言："司业之名，非学官所宜。业者，簨簴大板，今学不教乐，于义无当。请以祭酒为大师，司业为左师。"议不行。以兵部尚书致仕，卒。

归登，字冲之，崇敬子。举孝廉高第，补四门助教，又举贤良方正。贞元初，拜右拾遗。裴延龄宠幸，德宗欲以为相，右补阙熊执易疏论之，以示登，登动容曰："愿附署吾名，雷霆之下，君难独处。"同列有谏正，登辄联署，无所避讳。转右补阙，僚类多在其后而得显官。登凡十五年，不以淹滞有慨于怀。顺宗为皇太子，登父子侍读。及即位，迁工部侍郎。宪宗朝，以徙职入谢。上问："政所宜先？"登劝以顺纳谏争，中外传为说言。进工部尚书，封长洲县男。卒，谥曰宪。

归融，字章之，登子。元和中进士。事文宗为翰林学士。开成初，拜御史中丞。湖南观察使卢周仁以南方屡有火灾，取羡钱亿万进京师。融劲奏："天下一家，中外之财，皆陛下府库。周仁陈小利、托灾异，公违诏令，徇私示恩，恐海内效之，因缘渔刻[①]，生人受弊，请责还所进，代贫人租入。"诏置钱河阴院以备水旱。历兵部尚书，卒。子仁晦、仁翰、仁宪、仁绍、仁泽，皆登进士第。

陆龟蒙，字鲁望，元方七世孙。少高放，通六经大义，尤明《春秋》。尝至饶州，三日无所诣。刺史蔡京率官属就见之，龟蒙不乐，拂衣去。举进士，不第。辟苏、湖二郡从事，退居松江甫里，多所论撰。虽幽忧疾痛，赍无十日计，不少辍也。文成，窜稿箧中，或历年不省，为好事者取去。嗜茶，置园顾渚山下，岁取租茶，自判品第，不喜与流俗交。或乘舟赍束书、茶灶、笔床、钓具往来湖上，时谓江湖散人。后以高士召，不至。

张从师，忘怀乐道，如浮云无心、野鹤独立。上元二年，葬武丘山。张说为撰铭，

---

① 原作"因缘渔利"，据《新唐书·归融传》改。

称"唐逸士张从师之墓"。子惟俭、惟静，弱岁皆通左氏、穀梁《春秋》。

五代

吴仁璧，字廷实。天顺二年进士。喜属文，善星学。初学于庐山道士，时于古松、流水间独坐终日，神专气寂。道士曰："能学仙乎？"仁璧曰："能。"居久之，似不忘求名意。道士曰："一第犹拾芥尔，但他年勿干英雄。"仁璧既成名，吴越王钱镠待以客礼，访求天文，固辞，非所知。欲辟入幕，又辞。天复初，镠母秦国夫人水邱氏殂，具礼币请为志文，不从。镠怒，沉之江中，时人怜之。有诗一卷。

宋

刘少逸，年十一，文辞精敏，有老成体。从其师潘阆谒长洲令王禹偁、吴县令罗处约，因以所作为贽。二令名重当时，疑其假手，未之信。因与之联句，略不涉思，凡数十联，皆敏妙。二令惊异，闻于朝，赐进士及第，官至尚书员外郎。

叶清臣，字道卿。幼敏异好学，善属文。举进士，知贡举刘筠奇其策，擢第二，宋进士以策擢高等自清臣始。授太常寺奉礼郎。京师地震，上疏极言时政及大臣专政，仁宗嘉纳之。宝元初，请外，为两浙转运副使。时太湖有民田，豪右据上游，水不得泄，民莫敢诉，遂请疏盘龙汇沪渎入于海，人赖其利。以翰林学士知澶州永兴军，浚三白渠，溉田六千顷。复为翰林学士，权三司使。时清臣以河北乏兵食，自汴漕米由河阴输北道者七十余万，又请发大名库钱以佐边籴，而安抚使贾昌朝格诏不行，清臣固争，乃徙昌朝郑州。卒，赠谏议大夫。

叶梦得，字少蕴，清臣从曾孙。嗜学早成。徽宗朝，用蔡京荐，召对，上异其言，特迁祠部郎官。大观初，蔡京在相位，向所立法度已罢者复行。梦得言："若徒以大臣进退为可否，无乃陛下有未了然于中者乎？"上喜曰："迩来士多朋比媒进，卿言独无观望。"除起居郎，极论士大夫朋党之弊，专于重内轻外，且乞身先众人补郡。蔡京初欲以童贯宣抚陕西，取青唐。梦得言："遽除贯节度使，天下皆知非祖宗法，此已不可救，今又付以执政之任，使得青唐，何以处之？"京有惭色。

林虙，字德祖。父旦。虙少颖悟绝人，能传父祖业。伯父希尝获古镜，背有"龙翔"二字。虙从旁曰："是非唐大帝时物乎？"希异之曰："是儿眉过于目，当复以文名世，可继其祖矣。"遂以德祖字之。入为太学录，时方以三舍取士，乃身为功率，从者风靡。大观三年，廷试常士，预选者五十三人。上赐诏曰："进贤受上赏，知州教授特转一官。"虑由奉议郎改宣德郎,知州徐申遂于学之南立进贤坊、荣赐亭以崇之。在职六年,陛对,请加邹、兖二国公谥。除开封府左司录,乞归。

林璞,字伯振。乾道中,与弟琰同举进士,为长兴簿,寻知武昌县。尝云:"交代有子孙之契,不宜交恶。金谷傥有亏欠,当即与交头,无令滞其批书。"时人称其长厚。琰,字玉圭,善篆书。

胡元质,字长文。父珣,倚所亲治生事,负金万数,珣焚其书,待之如常。元质少颖悟,亦尚行义。初寓临安,闻邻有贫士夜哭,乃为人责偿,鬻其女与别。元质慨然倾橐予之。光宗即位,用荐入为太学正,历秘书省正字、校书郎、给事中。尝极论人主言动不可不谨,至累百言。帝书之坐右,恩眷特厚,为书王褒《圣主得贤臣颂》及亲制《大才论》以赐。出守和州、太平、建康,皆有政绩。淳熙中,四川制置使知成都,奏减蜀盐虚额,又请蠲夔路九州民间岁置金银重币,蜀人德之。历官敷文阁学士、吴郡侯,致仕。既归,杜门自适。其居即程公辟南园故址也。卒,赠金紫光禄大夫。平居,未尝疾言遽色。及评人短长,或告以人之倾己,辄俛首欲寐。人服其长厚。家资多推予诸弟。子绾、纲、绛,皆有名。

黄由,字子由。弱冠,有声太学。宁宗在嘉邸,尝书"成齐"二字赐之。淳熙八年廷对,时甘昇为入内押班,见知用事,招权市贿,与曾觌、王抃相盘结,由对策及之,遂举进士第一。吴自有科目以来,由始冠多士,时人荣之。授南安府金判。秩满,判绍兴府,往新嵊督行荒政。由改粜为赈,擅发米五万石予民,不取其直。除正字,迁著作佐郎。使金还,迁将作监、嘉王府赞读。绍熙五年,孝宗疾亟,光宗不能视疾,人情恐惧。由请嘉王过重华宫问安,孝宗为之感动。宁宗即位,擢吏部侍郎,知锦州。王沇上疏乞置伪学之籍,于是赵汝愚以下凡五十九人皆得罪。由上言:"人主不可待天下以党与,不必置籍以示不广。"为浙东安抚使。嵊县旧有虎患,讹言岁久有神,善变化,莫可踪迹。由设法歼之,民赖以安。除刑部尚书、正奉大夫。卒,赠少师。

周武仲,字宪之,辟知淅川县事,有惠政。及代,民留不得,为图像僧舍以祀。擢监察御史,赈饥淮南,全活不可胜计。

胜岁,字季度,居子城后阎桥。沉敏好学,淹贯经史,不乐仕进,安于退处。淳熙中,以贤良征,不应。后屡有荐者,视之泊如。晚家齐女门,贫穷僻处,士大夫知其贤,多就见之,清谈竟日,一语不及私。叶适奏其学行,特授为廉靖居士。

王玠,字介玉。倜傥负气节。孔彦舟为舒蕲镇抚使,厚礼聘玠,奏为幕属。凡捍蔽冲要，抚循乡井，玠悉启彦舟行之。及彦舟有异志，问计于玠。玠正色曰："岂可负朝廷，自陷不义？"谕以逆顺凡数百言。彦舟怒，囚之。越数日，复问之。玠曰："君不能与韩公争先立功以报君父，顾乃甘心与逆贼为比而虑其见图，君诚欲反，幸先杀我，孰谓王玠而从贼邪？"彦舟竟沉玠于龙眼矶，与妻、子俱死。

元绛，字厚之。其先姓危氏，钱镠恶其姓，易为元。绛举进士，以廷试误赋韵，得学究出身。再举登第，调江宁推官，摄上元令。民有被酒相殴击，甲归卧，夜为盗断足，妻称乙，告里长，执乙诣县。甲已死，绛敕其妻曰："归治而夫丧，乙已服矣。"阴使人迹其后，望一僧迎笑私语。绛命絷僧，诘妻奸状，即吐实。人问故，绛曰："吾见妻哭不哀，且与伤者共席而襦，无血污，是以知之。"范仲淹为安抚使，表其材，知永新县。邑豪龙聿诱少年周整饮博，以技胜之，计其赀折取上腴田立券。久而整母始知之，讼于县。县索券为证，则母手印存，弗受。又讼于州，到击登闻鼓，皆不得直。绛至，母来诉。视券，呼谓聿曰："券年月居印上，是必得周母他牍尾印，而撰伪券续之耳。"聿骇谢，即日归整田。入为度支判官。时侬智高反岭南，宿军邕州，而岁漕不足。绛出为广东转运使，建濒江水寨数十以待逋寇，治十五城楼堞，器械皆备，军食有余。以功迁工部郎中，至资政殿学士致仕。与程师孟等为九老会。有居第在带城桥。知州章岵为建衮绣坊。

胡稷言，字正思。少学文于宋祁。性忼爽，敢谈天下事。献时议于范仲淹，复受经于胡瑗，以特奏补官，调晋陵尉，历鄞县主簿、山阴丞，自以不能究其所施，遂乞致仕。即所居临顿里陆鲁望遗址筑圃凿池，追陶靖节之风，作五柳堂，清修寡欲，延纳后进。日晡后，不复饮食。客至，萧然具汤一杯而已。

杨懿儒，字彝甫。其先自浦城徙长洲，与方惟深同时，号"吴中二老"。懿儒少孤力学，朝无夕储，未尝有忧，虽闾里不尽知其贫。崇宁二年，特奏名，后调南昌簿。居一岁，忽载妻子告老归吴，以承奉郎致仕。不入州县，不事乡里请谒，间一诣所亲，岁不过数四。虽尝出仕，而人犹谓隐者。

方惟深，字子通。早通经学，为乡贡第一。试礼部，不中，即弃去。有田一廛，与弟躬耕之。居常以文雅自娱，尤工于诗。时王荆公以知制诰卧钟山，得所作诗，称其精淳警绝。文学行义与朱长文^①同为乡人所重。崇宁中，郡将以遗逸应诏，不

---

① 原作"先长文"，据《吴门补乘》改。

赴。以年格得兴化军助教，未几即去官。年四十，无子，而弟有子，以为先人[①]有后足矣。预知死期，丧葬皆有治命。

王楙，字逸夫，著作王蘋从孙。少失父，奉母以孝闻。及长，刻苦于学。尝著《野客丛书》三十卷，门分类聚，钩隐抉微，考证经史、百氏，下至骚人墨客佚言，细大不遗。子德文，字周卿。孙犾，字行父。

王谊，字正仲，一字汉臣，蘋之侄。师事杨中书邦弼，以学行鸣于时。秦桧当国，忌天下能者。谊因众忿，为《罢相论》以刺之。桧怒，贬象州，十年乃归，遂不仕。

间丘孝终，字公显。东坡谪黄州，时孝终为守，与之往来甚密。未几，挂冠归，与诸名人为九老会。东坡过苏，必见之。常云："苏州有二丘，不到虎丘，即到间丘。"

方万里，字子万。嘉定四年进士。教授江阴军。储义廪，置小学，谨礼仪。累迁太常簿。问学履行，远近敬之。赵汝述守平江，遇之甚至。汝述卒，宾客皆散去，万里独为护丧，时人义之。

颜直之，字方叔。生而端厚颖悟，好读书，以弓矢应格，差监省仓，即丐祠养亲，主管建昌军仙都观，自号乐闲居士。作退静斋，幅巾危坐焚香，意泊如也。工小篆，得诅楚文笔意。

姚原，字子东。七岁而孤，不借师长，自能读书。常应举，即弃去，曰："穷达有命，无妄求。"由是杜门著述，号北窗居士。

张庆之，字子美。少有志，为举子业。逮长，弃不习，出入经史、百氏，精思积年，拟"太元"作《测灵》。绝意仕进，为山水之游，著《虎丘赋》。因号海峰野逸，作《海峰遗民传》，以伯夷、蒋诩、陶潜、司空图自况，且谓沉冥似海，峻厉似峰，时人尚其狷介。

元

浦源，至正间，仕至大中大夫、广平路总管，封京兆郡侯。常为同金阿扎刺室人童氏作《祠记》，闳博怪特，字画遒劲。子玉田，建德路儒学教授。孙舆，介休知县。

边景元，字长卿，宋朝奉大夫珣八世孙。端谨好学，世习《春秋》，常指"世麟"二字以示子孙，曰："此文丞相天祥手书以美吾祖者也，愿后人睹此，益淬砺于学。"

---

① 原作"朱人"，据《吴门补乘》改。

廷臣交荐，为国子伴读，以病辞。居乡里，教授生徒。见长邑学宫颓废，乃劝说巨室度材庀工，重加兴建。子昌，字伯盛。张士诚据吴，以礼招致，授以官，弗就。

袁易，字通甫。其先汴人，宋西京提刑珦从高宗南渡，卒葬长邑赭墩，因之占籍。父权，娶濮安懿王孙女为郡马，与元军拒，举家被害。有仆负之以窜，易由是得免。为徽州路石洞书院山长，辞章为世所重。与郭麟孙、龚璛友善，赵文敏称为"吴中三君子"，常作《袁安卧雪图》贻之。晚隐吴淞之滨，筑静春堂。壅水成池，池上累石如山，堂中有书万卷，悉经手校。时或棹小舟浮荡波际，高歌扣舷，萧然自得。朝臣交荐，弗就也。子泰，字仲长；孙养福，字能伯，行洁清，负才气。洪武时，持宪闽中，与高启交，常以诗赠行。

俞元变，字邦亮。少贫，养母甚孝。通《蔡氏传》，博采群说，著《集传》十卷、《或问》二卷，郡士以专经师焉。受其学者，即以疏通知远之义属之，不沾沾章句。常谓其徒曰："宋亡举子，余习非经本旨，文极则反质矣。朝廷取人材，而不求诸义理之实乎？"终身不与省试。

金可文，城南人。少负经世才，自晦于众，以邱园科召，不赴，曰："有庐一区可避风雨，有田一丘可给衣食。学圣贤道，终身自乐，不愿仕也。"赐号贞逸。

陈深，字子微，别号宁极。少习举子业，宋亡，弃故习，笃志古学，闭门著书。有《读易编》《诗编》《春秋编》。弟子受业者，户履恒满。江浙参政王都中亦出其门。尤善笔扎。天历间，奎章阁臣以能书荐，潜匿不出以终。终时，惟饮酒诵白乐天诗，谓子植曰："吾中无所愧，惟全归而已。"植，字方叔，负才气，喜与倜傥之士游，而折节读书，力行孝义，晨夕躬事庖馔。亲之中裙、厕牏，手自浣濯。后更世变，以琴书自娱，辟召不起。

陆德原，字静远，龟蒙裔孙。平生以振兴学校为志，常请于郡，以龟蒙故址创甫里书院，建斋立师。事闻于朝，即署德原为山长。大德六年，移长洲县学。见宫墙颓坏，德原以己赀重建，焕然一新。又葺子游道南祠。迁徽州路儒学教授。徽学亦久废，出家资，会郡檄来吴购良材、募善工以修。后以疾归，卒于家。

李世英，字伯英。专工小学，以字为本，以音为干，以义训为枝叶。自一而二，井井不紊。十年，成《韵类》三十卷。从子文伯，亦本《说文》作《字鉴》，辨点画，正讹谬，时谓能世其家学。

虞堪，字胜伯，宋丞相允文后。徙家吴淞江，隐居行义，不乐仕进。藏书甚富，手自编辑。为诗清润流丽，间写山水，亦有思致。闻有先世雍公手迹，不惮千里访求。编定从祖伯生遗稿。洪武初，以荐强起，任云南府儒学教授，卒。

张介福，字子祺。先世自覃怀徙吴中，家蔀、娄间。安贫守洁，寒不能具夹襦，怜之者遗以纩絮，坚不受。张士诚欲官之，不可。使其弟往问，语以"无乐乱，无贪天祸，无失人心"。兵入其家，危坐不为起。命导之他所，弗应。以刀斫其面，伤仆地。既醒，复取冠戴之不动。兵怪，以为白昼见异物，群惊走。

吴淳，字伯善。与兄同居，兄疾废，卧床几二十年。元末兵乱，淳负兄行，遇寇，寇斫兄，淳以身蔽之，曰："吾可杀，兄不可害。"与兄各被数创，昏仆于地。兄竟兵死。淳苏，独身遁卑由山，鬻墨以终。

宋通，字文杰，号彦英。居平好读书，慕古人奇节。元统间，以督征有功，获侯封，食邑万户。继隐居不出。壬辰兵起，尽施家赀，保障一方。洪武初，以贤良屡征，不赴。尝曰："吾家世有隐德，不敢望富贵。吾子孙得为善人，永保诗书之泽，足矣。"吴宽为之赞。妻沈氏，富民万三女也。预知家难，妆奁概辞之，时称奇女子。通居吴邑之枫江，邑人德通保障功，为请乡贤，置专祀，至今春秋编祭弗替云。

长洲县志卷之二十二

人物二

明

高启，字季迪，号槎轩。于书无所不通，尤粹史学。元末，张士诚据平江，承制以淮南行省参政饶介为咨议参军。介见启诗，惊异，延为上客。启谢去，隐于吴淞之青丘，自号青丘子。洪武初，诏修《元史》，与谢徽同被召。《史》成，启、徽皆以布衣入直，除翰林编修，甚见宠。帝欲大用之。又除户部侍郎。启辞以未习握算，与徽俱放还。先是，启在馆时为学士魏观所知。魏观出知苏州，为启徙居夏侯里，交接甚密。改修府治，启为作《上梁文》，有"龙蟠虎踞"语。观由是得罪，连坐及启，遂见法，年三十九。启为诗驰骋百家，开阖变化而不拘一体，有《槎轩》《凫藻》《吹台》《缶鸣》《江馆》《凤台》等集。时蜀人杨基、徐贲，浔阳张羽，皆流寓于吴，与启齐名，号"吴中四杰"。

谢徽，字元懿。博学多闻，与高启居同里。洪武初，以人材征，与启同被召修《元史》。《史》成，徽以布衣入内府教胄子，旋命汪广洋召徽，授以翰林编修，与启同职。后迁吏部郎中，徽辞焉，时启亦辞户部侍郎之命。帝各赐帛金放还。二人乃相与连船归吴。复起国子助教，卒于官。有《兰庭集》。弟恭，字元功，亦能诗，有《蕙庭集》。

申屠衡，字仲权。少从杨维祯学，通《春秋》。为古文，有法度。元季，不仕，自号树屋佣。洪武三年，征至京师，草谕蜀书，旨授翰林院修撰，以病免。寻谪居濠上。著有《叩角集》。

陶琛，字彦珩。有文学。洪武初，以荐授儒学官。志尚高洁，工古文，书多得籀法。子继，字承伯，枝江知县，亦能书。

傅著，字则明。元季乡试乙榜。洪武初，召修《元史》。《史》成，归为常熟教谕。

魏观行乡饮酒礼,长洲教谕周敏侍其父南老,著侍其父玉,皆降而北面立,观者以为盛事。官潞州知州,卒。有《味梅斋集》。

施宗义,字景仁。洪武初,科举法未定,诏选富人入官。有初命方岳牧守者,号曰人材,宗义时在选中,知闽之建宁。任三载,荐拔皆得其人。后谪戍龙山,以老疾归。子礼,字尚仪,与父相继被征,同时人材有沈玠,官仓曹,不受禄;徐子祥,以荐官御史。

宋克,字仲温,居南宫里,自号南宫生。少任侠,好走马、击剑,学兵法。张士诚欲罗致之,不就。几中以法。性忼直,以气自豪。与人议论,期必胜。援古切今,人莫能难。自辟一室,置周彝、汉鼎、唐琴、宋砚其间,尤喜学书,碑版罗列座右。元季,学书多宗赵承旨,克独不受绳缚。时有宋广,字昌裔,亦善书,时称"二宋"。克任凤翔府同知,卒。

赵文,字宗文。洪武中,举人材,以母老归养。永乐五年,以翰林典籍梁时荐,知鄱阳县。不阿权倖,坐谪,久之赦归。著有《慎独斋集》。尝过金山寺,题诗云"淮海西来三百里,大江中涌一孤峰",杨士奇叹为绝唱,渡江访之。时有周谷宾,名兴,甫里人,能诗,与宗文齐名。姚广孝荐授博士,辞不获,自残一足乞归,号跛樵。

刘以礼,字德让。洪武初,以明经荐授沛县儒学教谕。时学徒久废,以礼力以兴举为己任,乃举乡人张伦为训导,协心教之,多所成就。沛学至今祀之。

刘敏,字孟功,以礼子。学问纯笃,少随父于任,凡可以悦亲者,为之恐不及。亲殁久,言及辄泪下。仲弟敬,久疾,药饵必手治,弗假仆从。有司闻其贤,荐授德清令,民甚怀之。后以善书征入翰林,擢中书舍人。

刘政,字仲理,以礼季子。生有至性,常以忠孝自矢。天质明敏,博学好问,研讨经义,尤精于《春秋》。自少擅文誉。建文元年,学士方孝孺主南畿试,以"托孤寄命"为题,得政卷,叹曰:"此鸟中孤凤,当虚左待也。"遂置第一。政感孝孺知,益读书,思所以自奋,凡礼乐制度、兵刑、河渠靡不究心。会靖难师起,闻孝孺以不草诏被刑,愤极,恸哭,不食死。

沈绎,字成章。其先自汴徙吴。宋高宗书"良惠"二字赐之。绎精医,善诗文。洪武间,谪戍兰州卫,保任肃府良医正。与昆山丁晋、钱塘杨志善,俱以齿德重于时,号"金城三老"。所著有《绘素》等集。从子以潜,名玄,以字行。宣德初,召为医士,用院判蒋用文荐,进对称旨,擢御医。上谓:"用文能知人,以潜不负所举。"八年,卒官,赐金还葬。著有《潜斋诗集》。

　　韩奕，字公望，生于元文宗时。少目眚，筮得蒙卦，知目不可疗，因号蒙斋。绝意仕进，与王宾友善，皆隐于医。建文初，姚善守吴，造请之。奕不逾中门，于布帘内答云："不在。"一日，伺宾在，掩入其室。奕走楞伽山，善随至，则泛小舟入太湖。善叹息曰："韩先生所谓名可得闻，身不可得而见也。"

　　王宾，字仲光，号光庵。博综经史，于医尤精，不肯与富贵人医。里巷贫窭及方外士求医者，趣往诊视，与药饵。不乐仕进，且母老不忍离。或劝之出，曰："吾惮为牺也。"郡守姚善贤而造之，映门，语曰："勿惊吾母。"逾墙逸去。善他日屏车骑更往，始接焉。年七十，先母卒，已死，复苏，呼母连声，始绝。葬后，夜二鼓，室中曳履拄杖，连呼："娘！娘！"母应之曰："我在此。"声乃息。著有《光庵集》《吴中名贤纪录》《吴下古迹诗》。

　　周敏，字逊学，南老子。少岁以儒士选，备顾问。太祖问："小儒生何籍？"曰："苏州。""有父母乎？"曰："臣父母年七十。"太祖令为长洲教谕，俾就家养亲。魏观移府治，忌者蜚语上闻。上使御史张度往觇，度诡为日者，主敏。斋落成，僚属诣府贺，敏不往。御史问焉，曰："上命训诸生，贺上官，非吾分也。"后观罹罪，贺者皆不免，敏得脱然。迁安都尉，以谨慎称。

　　张适，字子宜，载九世孙。幼颖悟，十岁能赋诗、弹琴，时称奇童。元季，天下乱，遂隐居不仕。洪武初，以秀才召，擢工部都水郎，以病免。后复以明经荐，授广西布政司理问，调滇池鱼课司大使，改宣课司大使，卒。适博学攻诗文，与高启、杨基齐名。所著有《乐圃》《江馆》《南湖》《滇南》《甘白》诸集。孙枳，宣德庚戌进士，授大理评事。正统初，上疏言：畿甸旱蝗，乞暂停征税、放免匠役、蠲除倒死马匹，以苏民困。后坐事左迁处州知事，升保定知府。

　　许原让，字克谦，家郡城望齐门北。当张氏据吴时，坚不仕，隐处终身。洪武末，拜户部度支员外郎，辞不受禄。

　　梁时，字用行。少读书会稽山中，博学能文，气格遒上。洪武中，以善书选岷府纪善，寻迁翰林典籍，修《永乐大典》，充副总裁。有《噫余集》。

　　王汝玉，名璲，以字行。颖敏强记，年十七，中浙江乡试。洪武末，以荐摄应天教授，擢翰林五经博士。永乐初，进检讨，再进赞善。仁宗在东宫，与学士解缙等应制撰《神龟赋》，汝玉居第一名，大振出诸老臣上，为众所忌，竟以缙事牵连，下诏狱论死。洪熙初，赠太子宾客，谥文靖。汝玉为文兼古今体制，而赋尤赡丽，诗隽永得唐人风格，举笔千言，顷刻立就。兄琎，字汝器。洪武壬子，简会试七十八人,授编修,肄业文华堂,命宋濂为师,琏在选中。后为吏部主事,卒。弟琜,字汝嘉,少坐累谪戍,遇赦归。后举明经,为武昌训导,升大庾教谕。召修《永乐大典》,又修《五经四书性理大全》,授翰林五经博士,进侍读。洪熙初,开弘文阁,命杨溥、陈继及琜日直其中。汝玉居东宫时,荐同县人潘纯才征之往,纯曰:"君老不奉世子,古人言之矣。"不往,得免于祸。人服其识。

王行,字止仲。髫时,从其父为南市。人市药籍药物,应对如流。迨晚,为主妪演说稗官词话,背诵至数十本。主人翁异之,授《鲁论》。翌日,即成诵。乃令遍阅所庋书,年未弱冠,辞去。授徒于城北望齐门,议论踔厉,贯穿今古。家徒壁立,几无留册。询所学,曰得之药肆翁。洪武初,郡庠延为经师。时训导无常禄,犹儒生衣巾。弟子员心易之,以"五经"杂进问难,肆应不穷,皆吐舌叹服。晚年,谢生徒,居石湖之滨。郡守魏观徒行访之,不肯出。洪武二十六年,凉国公蓝玉谋叛,止仲以西塾连坐,并其子伏诛。

练则成,字声伯。洪武中,以文学聘授左春坊司直,充东宫经筵讲官,劾大臣不法事,上嘉之,改河南道监察御史。则成幼以气节自负,与众少合。及居言路,务尽其职。僚辈忌之。出为云南、广西推官,为其下所毒死,年三十有七,人皆惜之。孙纲。

陆童,字纯之。性豪雄,负才略,佐太祖平定海内。张士诚据吴,童出奇破城,擢为殿前都指挥使。后乞骸骨归,守始祖象山祠,赐里鹑鹕城。裔孙金,字敬斋,值倭乱,捐赀筑陆泾坝,据险扼要,赞成任环灭倭之绩,俗呼为陆金坝云。

陈迪,字景道。洪武中,辟郡学训导,常为郡撰《万寿贺表》,上览而奇之,问何人撰?郡以迪对,即召拜翰林编修,进侍讲,擢山东参议。捕蝗弭盗,民甚德之。迁云南左布政,击破乌撒乌蒙,赐金绮,召为礼部尚书。建文二年,条陈清刑狱、恤流民等事,多见采纳,加太子少保。文庙入金陵,欲官迪,抗辞不屈。遂与子丹山、凤山等六人同日被诛。子孙俱尽。迪既杀,人于衣带中得《五噫词》,词并悲烈。苍头侯来保其遗骸归葬之。

赵友同,字彦如,系出宋南阳侯。父良仁,工医。友同沈实温雅,有行谊。自少笃学,尝从宋濂游。洪武末,授华亭学训导。永乐初,秩满当迁,会姚广孝言其深于医,遂授太医院御医。又有言其知水事者,诏从夏原吉治水浙西。其后大臣数荐其文学。及修《永乐大典》,遂用为副总裁。又与修《五经四书性理大全》,书成,当迁翰林,以母丧去,卒于家。弟友泰,子季敷,孙同鲁,俱世其学。

徐谦，字允高，宋徐奭十二世孙。登乡荐，任中书舍人，升光禄寺寺丞。建文中，丁母艰，服阕，将赴都，会诏勤王。谦募士数千，约姚善等集五郡兵为援，赴仪真，与燕兵战，胜之。寻援兵不继，战死。子道，求遗骸，有神指其处，得负归。道字益津，博学励志节，晦迹奉母，孝养终身。福王时，谦赠少卿，谥忠烈。道谥仁孝。

俞士悦，字仕朝。少负大志，敦节概。常夜独行野中，遇异物，为罔两状，厉声叱之，异物急走避，自知不凡。益厉志读书，不为章句学。永乐十三年进士，为监察御史，长身铁面，声如洪钟，人望而畏之。升湖广按察副使，纲纪整肃。有神明称所部火灾将及，臬署吏皆走避。士悦肃衣冠向火再拜，天为返风。进浙江参政，浙多黠法吏，士悦佯不问，已而尽得其奸状，穷治之，政为一清。正统壬戌，倭寇犯境，士悦设洔、澈二浦戍，至今赖之。召入为大理。己巳之变，虏薄都城，士悦为御史，佐都督营德胜、安定二门，虏为之却。迁刑部尚书，旋进太保。南城复辟，谪戍铁岭。成化初，赦还复官，而年已老矣。生平侃侃有古大臣风，八十余卒。

高庸，字季常，甫里人，季迪从子。永乐四年进士。尽子道，一出入，必禀命于父。父命课耕，执犁锄，立陇畔，竟日杂佣保中，时已成进士也。授莆田县，视政或小有失平，父击版厅事后。庸入，即趋跪受训。故境无冤狱。丁内艰归，改令余姚，卒于官。

仰瞻，字宗泰。永乐中，以乡贡进士授虎贲卫经历，迁大理寺左寺丞。正统间，宦官王振用事，百司多奔走其门，时大理卿薛瑄、少卿顾惟敬及瞻独不往。某指挥死，振从子山欲娶其妾，妻不许，诬妻以药毒夫，煅炼成狱。瞻辨其诬，振怒。又与辨蔚州卫兵沈荣冤狱，益忤振，遂谪成大同。景泰初，刑部尚书俞士悦、左都御史陈镒言其以鲠介受审，召为右寺丞，持法愈坚，在位者多不合，遂引年归，加大理少卿致仕。少师事郡学训导夏时，后经其门，必下车趋而过，虽暮夜亦然。

刘铉，字宗器，号假庵。少孤力学。永乐中，以善书征入翰林。明年，中顺天乡试，授中书舍人，修《三朝实录》成，进翰林侍讲。正统戊辰，选进士为庶吉士，命铉教之，日有程限，诗文经改窜者，一字未稳，阅旬为易之。寻升侍讲学士，会大旱，遣祀济渎，有司馈遗，皆峻却之。用少傅高谷荐，为国子祭酒。天顺改元，擢为少詹事，卒于位。上闻，嗟悼曰："安得学行醇笃如斯人者耶？"成化初，谥文恭。铉为人端介静退，未常一造权门要路，官位已崇，犹僦居隘巷，为杨士奇、杨溥所推许"有古君子之目"。著有《假庵稿》。子瀚，天顺丁丑进士，仕至宪副，有吏才，亦谦谨有父风。

陈祚，字永锡。永乐间进士，选庶吉士，御笔授河南右参议。言事，谪太和佃户，与妻王躬耕饘饷十年，处之晏然。宣德初，召为御史，按江西。时帝留意狗马声色，祚驰疏劝勤圣学，谓："宋儒真德秀《大学衍义》，凡圣贤格言靡不具载，愿于听朝之暇，命儒臣进讲，使知孰为忠贤？孰为邪佞？古今若治若乱？政事若得若失？必能开广聪明、增益德业，而邪佞之以奇巧荡志者，自见疏远矣。"上览疏，震怒曰："竖儒谓吾未读太学耶？"逮至京，籍其家，连父母、妻子禁系五年。同时，有主事郭循直谏。上手射之，下之狱。英宗立，复祚循官。祚再按湖广，益持风节。辽王贵焰淫酷，祚与巡抚吴政劾之。上怒，俱械至京，谕死。未几，言俱验，得释。改南院御史，言事如故。寻迁福建按察佥事，引疾归。前此，父母死，稿葬。归，始葬成礼。茸屋荜门郊外，与氓庶伍。慕邢处士量，时挟册质疑。居四年，卒。薛文清瑄曰："佥事无一亩之宫以芘其身，无一金之产以惠其家，屡偃屡起，夷险迭更，而劲操苦心如金，百炼无改色。"柯修撰潜谓："其人类卫史鱼、汉汲黯，而所履之危则又过之。"而吴人概称为冷铁御史。

徐俌，字辅德。永乐辛卯举人，授安吉训导，擢给事中，封驳无所避。历官湖广右参政。平生厚德长者。时同郡潘纯字粹中、徐杰字以立、周贤字用希、郭璘字孟润、陆嗣昌字宗盛，居官为政，皆清介醇谨，而望亚于俌。

沈澄，字孟渊，以字行。永乐初，以人材征，寻引疾归。周文襄抚吴，常就澄访时政得失。澄雅善诗，尤好客，海内知名之士无不造之。居相城之西庄，日治具待宾客。或令人于溪上望客舟，惟恐不至，人以顾仲瑛拟之。翰林金问坐事系狱十年，衣食皆澄周之。问尝谓人曰："吾微孟渊，为痩鬼矣。"子贞，字贞吉，号南斋；恒，字恒吉，号同斋，隐迹尚义，有父风，俱能诗。恒吉尤善画，即石田之父。兄弟自相唱和，下至僮仆，皆谙文墨。

尤安礼，字文度。父义，元末，辟枢密掾，遭乱，屏居山野。洪武中，以人材征。著《元史绪要》。安礼少纯谨，从父寓武昌，与杨翥、杨士奇相善，履方蹈规，行不径窦。常行委巷，有姝若献笑者，安礼亟引去，后不复过。有同学生，当远戍，泣告安礼曰："吾必不还，妻少当更嫁矣，奈弱息何？"安礼曰："我在，无虑也。"已而，友人死戍所，果赈其妻，得守节。将聘其女为子妇，弟难之曰："如女病何？"安礼曰："吾已心许之矣，可负我死友耶？"卒娶之。安礼教谕崇安，得训士法。秩满，当去，诸弟子诣阙请留，上命增秩还任。已用杨仲举尚书荐，召拜祭酒，辞，改授中丞，又辞，乃参议贵州。致仕，归而谢客却扫，人罕识其面。太守况锺闻其名，亟欲识之，往来隘巷，不得其门，物色良久，一妪曰："是家有纱帽挂壁或者是耶？"始入门拜谒，为具宾主礼，遗以金，不受。卒老死陋巷。时人材张进官诸暨令，后张绪凌复并以荐得官，有名。

李赍，字茂实。永乐十三年进士，释褐，除兵部武选司主事，历员外郎。在武选二十年，受知于尚书方宾，升太仆寺少卿。靖远伯王骥征麓川，奏赍为佐。事竣，升工部侍郎。以兵部尚书邝埜荐，改兵部侍郎，卒于官。赍勤敏有吏材，习知兵事，所在著声。性沉厚不苟，居乡里，未常以贵加人。每出，必步过里门上马，终其身如一日。

孔友谅，永乐十六年进士，选庶吉士，出知四川双流县。双流之民，初未知学，友谅拔其秀者，亲为讲解，士习稍变，科第多得人。时邻县有剧寇，越过双流。友谅行境上，掩捕之。宣德间，赴考吏部。上命内阁集天下县令，当考者七十六人，试以歌赞、赋策诸题，拔用七人，而友谅居首，分置六科，未及选而卒。

顾巽，字顺中。少好学，读书厉行，受《易》于乡儒周传。为文敷腴华畅，理趣兼得，行辈敬服之。从巽受经者甚众，而贺廉、孔友谅、顾恂辈，皆取高第，魁其经。吴中《易》学实始于巽。中永乐甲辰进士，未授官卒。

赵忠，字行恕。宣德庚戌进士，授监察御史，出按四川。时松磻寨商巴剌麻叛，忠亲诣之，开示祸福，且劾边将激扰之罪，叛者遂服，边境以宁。再按浙江，适倭人入寇海上，忠命慎修兵防，黜其玩寇者，倭不为患。升陕西参议，以疾归。忠风度凝远，文亦瞻丽。其归也，族子弟已卖其居，囊无余资，携家假其友朱仲余屋以居。

练纲，字从道。祖则成，洪武时御史。纲举乡试，入国子监，历事都察院。郕王监国，上《中兴八策》。也先将入犯，复言："和议不可就，南迁不可从，有持此议者宜立诛。安危所倚惟于谦，石亨当主中军，而分遣大臣守九门，择亲王忠孝著闻者，令同守臣勤王。檄陕西守将调番兵入卫。"帝悉从之。都御史陈镒、尚书俞士悦皆纲同里，念纲敷陈时政有声，遂荐之，授御史。景泰改元，上《时政五事》。巡视两淮盐政，驸马都尉赵辉侵利，劾奏之。三年冬，偕同官应诏陈八事，并允行。复偕同官上言："吏部推选不公，任情高下，请置尚书何文渊、右侍郎项文曜于理，尚书王直、左侍郎俞山素行本端，为文曜等所罔，均宜按问。"帝虽不罪，终以纲等为直。时御史左鼎善为章奏，而纲以敢言名京师。语曰："左鼎手，练纲口。"自公卿以下，咸惮之。明年，命出赞延绥军务。自陈名轻责重，乞授金都御史。帝曰："迁官可自求邪？"遂寝其命。初，京师戒严，募四方民壮，分营训练，岁久多逃，或赴操不如期。廷议编之尺籍。纲等言："召募之初,激之忠义,许事定罢遣。今辗转轮操,已孤所望,况其逃亡,实迫寒馁,岂可遽著军籍?边方多故,倘更召募,谁复应之?"诏即除前令。五年,巡按福建,与按察使杨珏互讦,俱下吏。谪珏黄州知府,纲邠州判官。纲不愧祖风,而以言被祸,后先一辙。

刘珏,字廷美,号完庵。少警敏,太守况锺闻其材,推择为吏,谢弗愿,愿就博士学,遂举乡试,以材荐授刑部主事,历官山西按察佥事。年甫艾,即致政归。凿池艺花,闭户却扫,图史间列,觞咏其中。遇所得意,挥洒性灵,雕搜物态。诗长于七言,而书画出入吴兴、黄鹤间。每见长缣巨幅,经营林壑,藻缋入神,虽王宰能事不过也。吴原博每制一艺,则交相题识,咏叹绝伦。珏在刑部,有莆田丞犯法当讯,丞投黄金二百,珏曰:"吾方怜若,若罪自实矣。"遂致之理。家居,与直指善,一毫不干以私。女兄寡,子幼,迎养终其身。母痫,亲吮之。孺慕无间,至今吴中士夫尚称完庵先生云。

顾暲[①],字德明,进士巽子。中正统丙辰进士,授翰林庶吉士,调行人,用台臣荐为御史,巡按山东,治盐荚。值岁大祲,暲为亭,设法赈之,活者无算。常议狱赎锾以佐荒政。时太保王文为御史大夫,数称其材。期满当代,民泣留,从之。已而按察七闽,闽大治。又为赣州守,赣近岭南,多洞穴,穴中氓顽犷,民苦剽掠,郡守匿不报。暲谓:"是不一惩而云抚,适愈骄之,令蚕食无厌也。"乃用兵,捣其穴,平之。诏赐金绮。暲长于为理,人不能欺。后王文成公抚赣,多设城堡,控制洞蛮,民赖以安。赣人祀文成,因并祀暲。

顾昌,字德辉。正统辛酉乡荐,授襄城教谕,升淮王府长史,转思恩府同知。清介绝俗,平生未常受人一蔬之馈。晚岁致仕,诣人家,从不饮食,虽远去数里,宁饥渴而归。文章简洁,似其为人。

刘溥,字原博。祖彦敬,父士宾,皆以医得官。溥八岁赋《沟水诗》,时目为圣童。长侍祖父游两京,研究经史,兼通天文、历数。宣德时,以文学征。有言溥善医者,授惠民局副使,调太医院吏目。耻以医自名,日吟咏为事。其诗初学西昆,后更奇纵,与汤允绩、苏平、苏正、沈愚、王淮、晏铎、邹亮、蒋忠、王贞庆号"景泰十才子",溥为主盟。著有《草窗集》。

顾亮,字寅仲。好读书,探幽抉奥,必尽其蕴。郡守况锺因木兰堂旧址创书塾,

---

① 原作"暶",据本志卷十九及本传后文改。

聘为师。亮固辞，锺躬诣起之。时周文襄公巡抚江南，访以得失。亮上数千言，皆兴利革弊之事。

邹亮，字克明。少善属文，才思藻丽，受知周文襄忱。正统初，用郡守况锺荐，擢吏部司务，迁监察御史。能诗，时政有阙失，尝作《新乐府》数十章上于朝，人谓之诗谏。酷嗜书，积至千余卷。著有《鸣珂》《漱芳》集，撰《诗宗韵海》未就。诗为刘原博所推。弟顺，字克和，宣德乙卯举人，仕至辰州知府。

施悌，字天禄，宗义孙，礼子。少岁补郡学生，二十一领乡荐，屡试礼部不第，就选得湖广永州同知，会守缺人，署府事。清惠相济。时大吏以峻刻绳人，至悌，弗能吹毛也。尝受檄勘事彬州，道遇徭贼，问姓名，从役欲更名应之。悌曰："政欲贼知，我名何更也。"贼曰："吾闻施公善抚民，吾忍犯耶？"解散去。任满，擢宗人府经历，久之，出守姚安。姚安远在滇南，夷獠相杂，剽悍易动。悌一以礼法、恩信示之，修学校，明伦纪，课桑麻，除顽犷，奖善类，革火葬，蒸蒸向风。乞致仕归，已治装矣，疾作，遽卒。同知高凤，土官也，于悌卒哭之甚哀，獠民有乞衣冠葬者。枢归葬尹山之阳。

盛寅，字启东，居长洲之平江路，从王宾学医，精其术。永乐中，治内侍蛊症，有奇效，授御医。尝扈从北征。东宫妃张氏十月经不通，众医以为有身也，而胀愈甚。一日，上谓曰："东宫妃有病，往视之。"疏方皆破血剂。东宫怒曰："早晚当诞皇孙，此方何也。"不用。数日，病益急，乃复召诊之，曰："后三日臣不敢用药矣。"仍疏前方。乃锁之禁中。既三日，妃服药，下血数斗，疾乃平。宣宗即位，殊见敬礼。卒年六十有七。著有《流光集》。

王敏，字时勉，宾从孙。宣德时人，治病多奇中。总戎某尝宴客，伶人为女子妆，侑酒，时无疾，敏谓帅曰："伶明年当死。"帅诘之，曰："颊赭面青色，形羸气微促，肺经受病。肺，金也，火能克金，火令司天，其殆矣。"明年六月，呕血死。一千户年二十，患病，体热频咳，昏愦作谵语，众以伤寒治。敏曰："此痘也。"与药而痘出。一人疽发背，不起疡。医言："疮起可治。"敏曰："脉击指起，亦不治。"三日果死。其神效类此。时同邑钱瑛，字良玉，晋府良医正宗道子，宣宗时入太医院。宁阳侯孙生九月，惊悸数啼，多汗，百方不治。瑛命坐儿于地，使掬水为戏，啼顿止。人问故。曰："时当春暮，儿丰衣帷处，不脱保母怀抱，郁热难泄。近水则火邪杀，得土气则藏气平。儿无事矣。"不药愈。同时又有张颐，以瞽人治病，能豫刻年月，决人生死，并有名吴中。

周泰,字景通。正统戊午举人,由教谕知东惠县,有惠政。时海寇窃发,泰鸠集武勇,触冒炎瘴,治兵剿捕,寇赖以平。而泰竟以疽发背殁,民奔走号泣,争愿出地葬之。其配楼夫人,奉遗骸,间关岭表归。县人乃敛衣冠,聚土为冢,岁时祀之。

祝颢,字惟清。少读书,不应举子试。有司强之,遂连隽。正统初,举进士。一日,入左掖门,有巨珰以旨召试及同年四人,颢问故,曰:“上知若等名,姑试一诗,欲使教习中贵人书耳!”颢不应,竟出授刑科给事。颢素通达国体,章奏多所纠正,而未尝细碎苛察。内艰归,适土木之变,上欲夺情以御史召,不应。服除,迁山西参政。晋壤硗瘠,加以兵后益虚耗,迁徙者猬集,征输不给。颢为鸠集缮安,又虑边郡少文,民不知义。临汾、阳曲间,民犹左衽,立更之。为立皋陶祠,又祀裴晋公、赵忠简于闻喜祠,程先生颐于泽州,为延他郡师教导之,曰:“诗书、法律各随其才,不强所能也。”时汾州有妖贼作乱,相聚千人。颢擒获数辈,悉平之,全活无算。以大中大夫终其官。孙允明,自有传。

韩雍,字永熙。正统七年进士,授御史,以才略称。录囚南畿,多所平反。出巡河道已,巡按江西,黜贪墨吏五十七人。邓茂七反,福建巡按御史汪澄牒邻境会讨,俄以贼议降止兵。雍不可,趣进。贼果叛,人以是服雍识。景泰二年,擢广东副使,旋以右佥都御史巡抚江西。首请追谥文天祥、谢枋得。岁饥,奏免秋粮。劾宁王不法事,王府官皆得罪。时雍年甫三十,才望赫然,所规画咸可为后法。天顺初,改山西副使。宁王以前憾,诬劾雍下狱,夺官。寻复为右佥都御史,巡抚宣大,晋兵部右侍郎。宪宗立,坐累,贬浙江左参政。广西猺獞流剽广东,所在残破。成化元年正月,命都督赵辅将兵十六万讨之。兵部尚书王竑荐雍才,改雍左佥都御史,赞理军务,雍集诸将议方略。先是,编修邱浚建议贼在广东者宜驱,在广西者宜困,诸将主其说,请分兵扑灭。雍曰:“不然,贼已蔓延数千里,而所至与战,是自敝也。当全师直捣大藤峡,巢穴既倾,余迎刃解耳。”乃倍道趋全州,破阳峒苗。至桂林,破修仁荔浦。十月,至浔州,或谓:“峡天险不可攻,宜以计困。”雍曰:“峡延广六百余里,安能使困?兵分则力弱,师老则财匮,贼何时平?吾计决矣。”命总兵官欧信等为五哨,攻其北;身与辅等为八哨,攻其南;参将孙震等为二哨,从水路入;而别分兵守诸隘口。贼大恐,立栅山南固拒。十二月朔,雍等督诸军水陆并进,拥团牌登山,殊死战,连破诸巢,直抵横石塘及九层楼。诸山贼复立栅数重,凭高死守。雍诱贼发矢石,度且尽,躬督诸军缘木攀藤上,别遣壮士从间道,据山顶举炮。贼不能支,遂大败,生擒贼魁侯大狗。先后擒斩四万有奇,坠溺死者无算。

峡有大藤如虹，横亘两崖间。雍斧断之，改名断藤峡，勒石纪功而还。贼平，进左副都御史，提督两广军务。寻以忧归。明年，两广盗复起，起雍右都御史，总督如故。雍抵任，遣将分讨，应时灭。镇守中官黄沁素骄恣，雍遇之，不为礼。又自奉尊严，三司皆长跪白事，布政何宜、副使张敦皆衔之。九年，柳浔诸蛮叛，雍遣将俘斩九百人。方更进而贼破怀集，兵部遽劾雍失机，沁因讦雍滥赏妄费。帝遣官往勘，宜、敦共酝酿其罪，竟命致仕。雍洞达闿爽，用兵如神。临战，率躬亲矢石，不目瞬。军门设铜鼓数十，仪节详密。裨将以下，绳桦无所假，蛮民畏慑，寇盗浸稀。粤人念雍功，尤惜其去，为立祠祀。家居五年，卒，年五十七。正德间，谥襄毅。

陈鉴，字缉熙。父润，谪戍盖州，道遇故人范叔瓒，以鉴托之。久之，叔瓒家人不能容，乃依道士王一居为弟子。一日，命索责浙东。责无所问，从师受学，一居奇之，使卒儒业。正统中，赐进士及第，授编修。景泰初，使祀北镇，请于朝，迎父榇归葬，并迎母归。旋充讲官。天顺间，使朝鲜，预修《英宗实录》。居母忧，有诏起。鉴上疏恳终制，允之，迁祭酒。初，国子月给钱为会馔费，然多不时给，则贮为公费。会有不快于前祭酒邢让者，言让以公钱入己，并及鉴。会官廷问，鉴曰："吾为祭酒，安能对刀笔吏掉口舌？"竟不吐一辞，与让俱除名。未几，卒。鉴平生无声色之奉，惟多藏法书、名画。其使朝鲜，以妓女侍，作诗却之。彝人敬服。著有《方庵集》。

王肆，字敏道。正统中，以贤良举为湖州安吉丞，解官归，授徒为业。父穆，字仲远，筑东郭草堂，王汝玉为之记。皆吴中宿儒也。

钦谦，吴县人，移居宝光寺侧，官太医院判。宣宗数召见，索秘方，三问，以"不知"对。最后谦伏地曰："臣以医受禄职，在保护圣躬，陛下承祖宗洪业，宜兢兢自爱。若此等方药，先贤不传，臣死不敢承旨。"宣宗愧怒，命武士以旃裹头付诏狱，囚窟室中。久之，上悔悟，释出，复其官。正统末，随驾出关，殉土木之难。

谢会，字维贞。中正统甲子乡试，应得教职，不就。景泰初，以廷臣荐，特起为御史。命下，先一日卒。著有《容园集》。

王懋明，字仅初。早岁英爽，读书过目成诵。裒集旧闻，多所撰述，人称为"经笥"。客锡山，与华学士子潜为知交，华赠诗曰："达人能固穷，朝夕恒晏如。"即此可以观懋明矣。

陈震，字起东。少颖异，数岁属对警绝，时目为奇童。弱冠，领景泰癸酉乡荐，授教职，训士有声。御史张瑄荐于朝，不报。以例改江山县，卒。震为人类简率而清慎不苟。先是，震常受知于郡守朱胜。震后考浙江乡试，其子怀金投之，震峻拒不与见。

盛昶，字允高。景泰辛未进士，授监察御史，清理山东马政，称职。出按广东泷水，贼颇炽。昶单骑入贼垒，谕降之。使还，劾巡抚揭稽不法，又劾镇守两广王翱失当轴意。会内苑翠被饰馀艎，张水嬉。疏谏，上怒命予杖，谪古田典史。天顺改元，迁罗江令。邑寇胡元昂乱，缉平之。流寇赵铎聚徒数万，所至屠戮。巡抚陈惟事招抚，贼益猖獗。昶上章，直陈事势，即自剿捕杀贼，贼大败，川蜀赖以安全。特升叙州府，又值戎人洪筼高土猺叛，朝廷命内外大臣统兵讨之。昶在陈后，见前军却，突出冲击，流矢贯两耳，血流肩背，益力战，斩获百级，创甚昏绝，得救苏。使者列上功，未报。以病废致仕。朝廷遣使赏玺书、金币、宝钞赐于家。

陈顼，字永之。景泰元年，领乡荐。明年，以乙榜授湖州府学训导。内艰，改荆州。祖母丧，改武阳。年五十五，致仕。清修介特，博学工古文。其文典赡有法，好论议而必根于理。在湖州，发地得奇石，或劝载归为玩，曰："此非吾家物也。"弃不取。在荆州，钱太守知其贫，赠一官马，他日纳还之，曰："受则伤廉，亦为公污。"著有《味芝集》。

孔镛，字文韶。家本曲阜，父友谅。镛少蕴经济，家故贫，读书山舍，晨炊时乏。有邻媪日以饼啖之。景泰五年进士，令都昌，改连山。连山为粤盗薮，林木深阻。镛至，为剪荆棘，使治稼穑。迁高州守。高有剧贼曰邓公长，合众据茆峒，时出攻高。高城不十里，无可守。镛橐鞭单骑驰入，贼曹露刃相向，镛徐下马，解所佩刀曰："烦为公长喻祸福，即安若等，否则巢燕釜鱼，徒死无为也。"贼犹豫，镛遍历其垒，抚喻数四。众惮镛威严，解散者万余，高藉以安。论功，进按察副使。后迁广西，讨荔浦贼，贼望风溃。寻累迁以右副都御史，巡抚贵州。黔苗阿剌者，黠悍多智，挟其子溪力豪长溪峒间，官兵不能制。镛诇知麾下王通与溪通状，佯与通计事劫之，通伏地谢曰："死罪诚有之，第事不济，则公与我且为鱼肉，必得曾瑞者，乃溪所信，通请为公尝之。幸而济，公角其外，通掎其内，破之必矣。"镛曰："任汝策之瑞，诱溪斗而伏发，一鼓就擒。"时襄毅韩公以杀伐立威名，而镛以蛮夷攻蛮夷，贼遂以平。入为工部侍郎，舟至富阳，卒，年六十三。先是，镛第时邻媪已死，镛葬之，以缌麻临其丧，报壶飱之德。官岭南还，家人携一英石，公取投之水，至今水底犹指"侍郎石"。第后圃有墨池，里人犹呼"夫子巷"云。

尤淳，字公厚，安礼孙。景泰四年，为乡贡士，知铅山县，调永年。前县有冤狱，连坐二十余人。淳至，俱得平反。净慈寺院岁一僧焚身，举国男女奔走，金钱辇集。

淳心动,率伍伯往觇,有僧坐积薪上,手足缠缚,眉额攒蹙。命下之,僧不能言。饮以药,少顷,泣曰:"身系远客,道人挟我来共饮,大醉。醒时,身在薪上,口瘖,无从叫呼,亦不知何由薙发也。"淳鞫得其奸状,诸僧伏法,燔其寺。愚民如梦觉。后以峻直去官。子樾,字宗阳,正德四年中礼部试,累官太仆寺卿,有纯行。

杜庠,字公序,中景泰五年进士,知攸县,即罢归。少受业于昆山张提学和,同学皆轻之。和赠诗曰:"炳蔚虎豹文,卓荦珊瑚枝。"同学乃敬礼焉。尝游赤壁,赋诗,中有"千年忠义出师表,万古江山八阵图"。一日,会饮都下陆孟昭馆中,海内诗人毕集。云间张汝弼揖曰:"此过赤壁题惊人句杜先生也。"持酒前为寿。长安中,因呼为"杜赤壁"云。其《登滕王阁诗》曰:"山截地形横隔岸,江流天影下平湖。鸣銮声断停歌舞,蛱蝶香消冷画图。"一时传写艺苑。

李应祯,初名甡,后以字行,更字贞伯。景泰四年,中乡试,入太学。成化初,用善书选中书舍人,入直文华殿。尝有旨书佛经,应祯上言:"臣闻为天下国家有'九经',不闻佛经也。"不受旨。迁兵部武选员外郎。弘治初,迁职方郎中,转尚宝卿,进太仆少卿。俱官南京。乞休归。应祯赋性刚介,在太学时,中贵人牛玉诣斋舍,延为弟子师,固拒之。居忧时,郡守刘瑀遇潦岁,征敛横暴。一日宴会,守翻羹烂手,痛不能忍。应祯曰:"一手伤且尔,百姓血肉狼籍,奈何?"守甚恨,然按其籍,无尺寸土。诇生平行事,不纤毫污也。守惭服。其立朝尤忼慨敢言,识大体。成化中,流民聚荆襄,在廷议散逐之。应祯言:"逐之只益乱,不若发帑金抚之,且随地安插生聚垦田,国与民并利。"后卒增置府县如其言。凡所建白,均得大体,惜不在谏垣也。学殖博奥,能诗,书法为文徵明所师,卒年六十三。

沈钟,字仲律,泓孙。世居甫里,后徙金陵,以上元籍中天顺四年进士,授验封主事,升提学佥事,进副使,提学湖广、山东,与章懋、罗伦诸人称"十君子"。乞休归时,弟铠仍居长洲,钟往来其间。每当省墓,集故乡亲友,宴饮无虚日,以俸入给期功之贫者。年八十余卒。生平喜为诗,篋衍之富,几与杨诚斋、陆剑南埒。然五言如"风定凉生树,庭空月近人""秋残群木老,野迥乱山高",有中唐风趣,胜人正不在多也。铠字幼威,成化八年进士,仕至工部主事,亦工诗。未第时,与诸兄弟读书于高楼,面临荒江,弃谢人事,不下楼者五年,卒成令名。

胡琼,字文德,成化二年进士,令江陵。江陵有辽王横甚,其下椎埋劫夺,民不能堪。琼一绳以法。王因馈食,袭以金钱,琼峻却。王自此少戢,终琼任,不敢为暴。课最,拜监察御史,以言事左迁为麻城令,升常德府同知,署守事。有大珰自滇还，道经郡，笞击官吏责索赂遗。琼故不为礼，徐召逻卒，声言欲检其橐囊。珰惧，急引去。他日，有诏括金，诸郡檄牒旁午。琼持不下，僚属相继进说，恐阁诏得罪。琼曰："郡贫，岁且俭，又不产金，可赋外征乎？即罪，罪主议者，不以累诸君。"已而诏罢不征。他郡先征发者，闻常德事，甚愧。丁母忧去，再起，补处州同知。处民发地得矿，中官欲奏籍于官。琼争之，不得。乃上疏言："先王之政，取于民有制，盖不欲尽民利也。况与民争利乎？"其言明切恳至，朝廷从之。满考，乞致仕。吏部尚书王恕雅知琼，坚慰留之。琼去意甚决，乃论奏增秩，以山西参议致仕。先是，琼在处州时，彭泽以都御史巡视两浙，常嘱其邑子为丞者。丞不法，琼竟按黜之。泽初不以为忤，益贤琼。及琼去，泽为吏部侍郎，甚惜之。加参议，泽有力焉。卒年七十九。

文洪，字公大。幼好学，家贫，膏火不继，夜坐默诵所习。补博士弟子，为经师，从游者日众。经其指授，多得巍科。洪独屡试不售。成化元年，始中应天乡试，再上礼部，中乙榜，得涞水教谕。在涞四年，训诲有方。未老，解官归。洪常求葬地，术者指一旧冢曰："得此必贵。"其家亦愿迁以售。洪斥不用，予以金，俾封植之。人叹为盛德。子孙多为名臣。

吴宽，字原博。诸生时，欲尽读经史子籍，因弃科举业，不应试。部使迫促，乃入锁院，乡试中第三。成化八年，会试、廷试皆第一，授修撰，迁谕德，进庶子，擢少詹事，进吏部右侍郎兼翰林学士，掌詹事府，直东阁。久之，进礼部尚书。时词臣望重者推宽与谢迁。迁入内阁，欲引宽共政。既引退，举宽自代。有阻抑者，不果用。年七十，卒于位。赠太子太保，谥文定。宽宏亮粹夷，无矫矫之行，然遇事慷慨敢言。侍孝宗东宫时，宦竖不欲太子近儒臣，数移事，间讲读。宽上疏言："东宫讲学，寒暑风雨则止，朔望令节则止，一月不过数日，一日不过数刻，岂容妨以他事？古人八岁就傅，即居宿于外，欲离近习、亲正人。矧太子，天下本哉！"帝纳其言。先是，孝庄钱太后崩，廷议孝肃周太后万岁后并葬裕陵，祔睿庙，礼皆如适。至是孝肃崩，帝恐并祔礼有未安，下礼官议，宽言："《鲁颂·闷宫》《春秋》'考仲子之宫'，皆别庙。汉唐亦然。至宋，始有并祔者。其礼已失，然皆诸帝继室作配。天子非子孙嗣位，尊崇所生也。惟李宸妃殁，仁宗伤痛，始追尊祔祭，非礼不足法。"帝从之，别祀于奉慈殿，此尤关国是者。为文有典有则，工书法，有田数顷，以给族党之困乏者。人有寸长，必极道之，赖以成名者甚众。宪孝间，朝野仰望垂三十年，吴人数吴中往哲文章笔翰，必首匏庵。匏庵，晚年自号，以久居台阁，未竟其用，聊取自况也。别业东庄，与韩襄毅庄第宅相望。

顾馀庆，字崇善，甲辰进士巽孙，丙辰进士暄子。中成化壬辰进士，授工部主事。孝宗朝，吴中大水，馀庆以明习水利奉诏往治，蓄泄有方，时称其能。官至河南参议。里居，尝筑三辰堂，名流皆为赋诗，吴宽为之记。以三世发祥于辰，以为异也。

张翥，字汝振，天顺丁丑进士，累官知南昌府，理冤狱，锄豪强，折服中官之乘传横索者，历河南参政、云南按察使致仕。

浦应祥，字有徵。为诸生，有文誉，中成化丁酉乡试。王鏊修《姑苏志》，应祥与焉，多所撰述。历官高州同知。

文林，字宗儒，洪子。与父同上计偕，洪得乙榜，林中进士，知温之永嘉县，后改博平，有廉平声，升南京太仆寺丞，建言时政十四事。既而告病归，数年，温人思之不忘，用荐为温州府，卒于官。林之赴温也，杨君谦出饯武丘，沈启南为之图，启南、韩克赞。幅巾杖藜昌谷子、畏举子，巾服朱性甫、韩寿椿，青袍方巾，林与君谦，纱帽相对。前辈风流，迄今犹想见云。

徐源，字仲山，居尹山之瓜泾港。少好学，工文，笃于孝友。成化十一年进士，授工部主事，改兵部。山东徂徕等处水溢，诏源相度泉脉修治之。宪庙时，天下武功爵逾数万，坐耗不赀，源为之按籍核实，滥冒一清。天子知源才，出为广东参政。值云桂徭叛，源深入瘴疠，督饷济师，寇赖以平。弘治十四年，升都察院右副都御史，巡抚山东。岁方大祲，道殣相望。阙里文庙适灾，源与敕使侍郎何鉴割临清仓米八万石，分行赈济。明年，将征偿漕额，又为民陈疾苦状，诏悉蠲之。齐鲁之间，民得以苏。期年，重修文庙成，縻白金一十五万有奇。上命阁臣李东阳与源释奠，蒙白金、文绮之赐。源政事、文学为李茶陵、马端肃所推重，而中实介介不阿。先是，逆瑾擅政，权贵请嘱，诸曹郎奉命惟谨，而源阴籍姓名，将入告，权贵为之敛手。泾王就封于沂，以水涸，将陆行之，国大为骚动。源檄所司，亟发卒浚淤，顺流而东，民卒无扰。源从田野登朝，刻厉自苦。少时母病目眚，源朝夕餂之，隔岁而目明。常乙夜读书，膏尽矣，而读不彻，同胞姊窃与膏焉。后成进士，因忆少日两亲治稿瓜泾，姊弟愉愉焚膏继晷，相见未尝不泣下也。至其温粹宽仁，执守坚定，有古大臣风。虽当官案牍山积，未尝一日去书。为诗文朴茂渊雅，当时文章声望在济之、匏庵间。著有《瓜泾草堂诗文集》。

邢量，字用理。隐居葑门，以医卜自给，终身不娶，足迹不出里门。陈金事永锡致政归，移家东郭。性耿介，少延客，独严重量，挟册就质疑难。量终岁不一至其庐。吴少宰宽访之，叩其门，量曰："吾方治饭，无五尺应公，奈何？"吴乃借邻家胡床坐门外，候其终食，然后进。所居三楹，青苔满壁，折铛败席，萧然如野僧。日或不举火，客至，相与清坐而已。郡守某闻其名，托相知传语，令以诗献量曰："古有采诗，未闻献诗。若以是为羔雁，岂隐者所宜守？"致以粟，亦不受。

邢参，字丽文，量从孙。性孤子，早岁丧妻，不再娶。诛茅于野，每日杜门。积书一室，卧起其中，诵读不彻。客至，汲井为供，无茗饮。有时薪火断，以冷食自给。遇大雨雪，客往视之，屋三角渗漏。参把书一束，坐一角不渗漏处。从祖用理尝遗《叱鼠赋》，或谓参君盎中无粟，鼠何用叱？其高风可以想见。晚年尽以所积书卷赠人曰："子孙而哲，不须此也；否则徒覆瓶耳！"人服其达。

沈杰，字良臣，以潜孙。成化二十年进士，知归德州。州当黄河冲，屡决，莫能塞，乃筑长堤，城外五里许，树以榆柳，开白柳等河，导河水入淮，患始息。岁饥，民流，设馈粥、给牛具，归耕者日众。藩府侵民田，抗疏直之。累折邻邑疑狱，人称神明。奏最，赐诰命旌异。入为右军都督府经历，寻出知衢州府。衢多山田，旱潦无备。杰浚池筑堰，修复魁星等闸，水利大兴。仿常平设仓，敛散以剂丰凶。宣圣冢裔在衢，侪于平民，疏请官其嫡嗣曰："彦绳者，五经博士，世袭。"又荐起樊尚书莹，以宋赵抃祀典弗称，请照范仲淹例给田岁祀。擢山西左参政，旋进河南右布政使。忤刘瑾，坐罚米归，卒于家。

沈焘，字良德，杰弟。弘治六年进士，入翰林，教内书馆十六年。诏修《本草》，命为总裁。甫就局，会奸人刘文泰，结司礼监张瑜、掌医院通政施钦等，谋厕名编纂，幸进。焘耻与为伍，因疏辞。十八年冬，与修《孝宗实录》。正德元年，册封安南王，充正使，悉却馈遗，交人叹服。还朝，累迁右春坊、右谕德，卒。著有《东溪稿》十卷。

王琦，字元禹。家世力农，吴人因其地称荻扁王氏。琦好学，尤熟于史。善谈辨，性刚直，有所见闻即笔之，不顾忌讳，号《寓园杂记》。晚益韬晦不出，高隐终身。六岁丧父，其母守节。琦孝养四十年，未尝去左右。

长洲县志卷之二十三

人物三

朱瑾，字良德。其先山东人，以功授苏州卫指挥，遂为郡人。瑾出武胄，能勤苦读书，与儒生埒。都督翁绍宗守三吴，将荐之，瑾辞曰："兄既守官，当勉力家事，使兄无内顾，不敢以菲薄叨一命。"徐有贞、韩雍、祝颢辈皆与交。家有天光云影亭，俯荮溪，清胜可爱。每宴会，诗酒留连，往往达旦。有贞之归也，日奉以游山水，酒馔丝竹之费，倾家不吝。有贞长短句数阕，皆与游时所作。自号玉雪人，称玉雪朱公子。

沈诚，字希明。博学高隐，虽居通衢，邻里莫识其面。朝士有欲过之者，固谢不纳。

沈周，字启南，号石田，晚号白石翁，相城人。贞吉子。少倜傥，天才溢发。年十五，游金陵，作《凤凰台赋》，人以王子安目之。景泰间，郡守以贤良征。筮得《遁》之九五，决意肥遁，以读书治稿为业。筑有竹居，列鼎彝、图史、古法书名画，摩娑讨论，故其诗潇洒简远，间出入于香山、眉山。书逼似山谷，画则董、巨以来未之见也。以布衣而抗卿相，名人长德千里诣门，青帘白舫系缆常满，彷佛玉山顾氏，而生逢太平，优游田野，幅巾布袍荣于簪绂。内行纯备，事继母尽孝，年七十犹有孺慕。王鏊、吴宽皆称莫逆，然入城不轻一至其门，托迹惟精庐兰若间。吾吴故多高蹈之士，可以廉顽立懦者，必推周为首云。

陈璚，字玉汝，号成斋。举成化戊戌进士，授兵科给事中，历刑科，擢大理少卿，进南京左佥都御史，兼督操江诸军。乞休，卒于家。璚未第时，同吴文定公宽为古歌诗、杂文，不屑程式，久困场屋，人咎之，璚不改。会试所射策，以能悉僻事，史馆交重其名。璚曰："此吴先生教我也。"遂师事之。生平所居官，俱佐台事。与法司争论妖僧狱，继论中官及宁阳侯陈辅诸不法事，皆刚正有节概，而自恨不获以文史显，邑邑不乐，为未竟抱负云。所居在陈湖滨，名大姚村，吴中推故家，指屈大姚陈氏,自璃贵始也。

蒋廷贵,字原用。宋有春官侍郎堂守苏,子孙家于吴,居吴淞江之滨。廷贵为诸生,通羲易理。成化七年,举南畿。又七年,成进士,授永平乐亭知县。方视事,岁适大饥,民剥树皮以食。廷贵曰:"我虽位卑,然救民我责也。"请大吏亟具疏奏免什六七,民恃以不转徙。师出建州,道经永平。廷贵承部牒总山海诸关驿,凡车马刍食,于师无缺,于民不扰。乐亭地故僻,前令治率苟且,廷贵举废治缺,狱讼征敛,必躬勘案牍,校量衡,至午夜不休。越二年,境内大治。县治后,故有门吏出入,通馈谒无忌。廷贵塞之。会病作,不便者撼以阴阳、吉凶之说,曰:"人孰无死?即死亦命也,门何预焉?"治事益力,病大作。又撼之,终不动,乃殁。郡守以下皆哭之,民有绘像者。殁后一月,生遗腹男,名焘。焘字仰仁,母徐为武功伯有贞之女。焘四岁,母口授小学,即成诵。八岁,通四子书、诸经。十一属文,能作惊人语,补弟子员。郡庠试南都,自方岳重臣及部使者皆器重,比之江夏黄童。性孝谨,受母教,恭肃如严师。年十七,得疾死,良吏竟无后。

沈林,字材美。成化辛丑进士,除晋州知州,有善政。时年未三十,民呼小沈公。擢南京刑部员外郎,历郎中。出为顺庆知府,初至,谒镇守,见其无礼,不顾而出。询风俗,清告讦,重建府学,兴文教。迁云南参政,或传安南举兵将内向,远近惶攘。林曰:"我无衅,彼何得内侵?"已而讫无事。入贺京师,忤刘瑾,落职。瑾诛,起为广西左布政使,寻擢右副都御史,巡抚贵州,平镇篁、铜仁、乌罗诸叛苗。丁父艰归,服阕,起抚山东,以疾致仕。初,林在顺庆,以郡无城,方凿石量工。会迁去,后守至,遂城之。未几,蓝、廖二寇乱蜀中,所过残破,惟顺庆以有城不能入,民德之,为立生祠。

张玮,字嘉玉。成化二十三年进士,授工部主事,晋郎中。初榷杭关,子希范以公价买民竹篾,立索还之。再治漕河,轨法秉正,不为势挠。中贵人过其地,辄敛戢相戒避张郎中。逆瑾盗权,蹂践士大夫以恐詟海内,玮首罹其祸,荷校一月,几殆。推考无所得,仍落职,戍辽阳。后召还,以故官待次于家,卒。死之日,室无一钱,郡邑为赙赠,始克就敛。

陆完,字全卿,甫里人。为诸生,时中官王敬至苏,以事廷曳诸生。诸生奋击之。完实未与,恶完者中之,敬首列完名上闻。巡抚王恕疏敬罪上,逮敬还,完得免。举成化末年进士,谒选,恕方为冢宰,曰:"是尝击奄人者,当为御史。"已果有声台中。武宗时,累迁至兵部侍郎。时大盗刘六、刘七、杨虎、齐彦明等聚众数万,惠安伯张伟、都御史马中锡讨之,无功。完身请往,进右都御史,假节钺、用军兴法、得诛二千石以下。完率副总兵冯祯、许泰,游击郤永等,败杨虎于霸州。虎死,余贼奔河南,扰山东,完击破之。复突霸州,京师戒严,朝命都御史彭泽、咸宁伯仇钺分讨之,与完三道进兵,贼大败。刘六中流矢死,余党复合,南奔邳州,走湖广,又自黄州抵镇江。完会彭泽军进剿,贼抵通州,遭大风,弃舟走狼山。完夜导兵登山南麓之,旗麾所指,三军奋击。彦明、刘七先后中矢,赴水死,余贼平。还朝,进左都御史加太子少保,再进兵部尚书加太子太保,改吏部尚书加少保。完以书生仗钺立功阃外,遂长中台,领百官。吴中以战伐著者,韩襄毅雍外,莫之或先也。前此在按察时,为宁王宸濠所器重。及为兵部,王陈旧好,欲复护卫并屯田,完答书令以祖制为词,如其言请上,许之。后宸濠反,株累并逮系完,论死。世宗立,以平贼功在八议之列,戍福建靖海卫。初,完尝梦至一山曰大武,及至靖海,有山如其名,叹曰:“数已前定,何所逃耶?”遂卒于戍所,年七十。完立不世功而持守不坚,身名俱败,天下惜之。

文森,字宗岩,林异母弟。成化丁未进士,授庆云知县,再补郓城,视民疾苦一如身受。知庆云时,岁旱民饥,上疏乞免民租,不报。疏再上,语加切,卒免其半。县比不登,民流户减,而额养孳生马如故。上疏极言不均之弊,得通融均给。知郓城时,疏言德王府庄田虐民,士论壮之。超拜御史,会吏部尚书缺,大臣有贪缘求进者,森疏论之,因及刘大夏、周经,下诏狱。上知其直,答而不问。升南京太仆寺少卿,擢右佥都御史,巡抚南赣,以疾乞休。

沈勋,字有虔,号爱筠,采莼溪人。成化十七年恩贡,仕国子助教。端重有师法,时祭酒陈骥以诗教训士,太学靡然从风,相与习为排偶声律之文。勋谓浮华取人,恐长浮竞,宜以笃行实学为主。骥然其说,肄业六堂者一时丕变。商文毅公辂器重之。遭父忧归,服除,不起,文毅公题《竹泉春雨》诗以赠。出入里门必徒步,恐得罪乡党。乡党中子弟有荡佚肆傲者,召之至,与讲古人孝悌、廉洁事,命诸子奉茶侍杖以愧之。遇岁歉,斗米三百钱,道殣相望,毁家纾之,家渐落,不悔。后泛舟吴江简村,被盗,盗中有红帕裹首者,俯首拜曰:“尔非沈助教乎?”群盗皆拜曰:“是尝活百里外人,吾等何忍劫敓?”悉还所有。晚岁习服气吐纳之术,已四五年矣,一夕,幡然悟曰:“存顺没宁自有正理,奈何为左道惑耶?”自是信道弥笃,没时不乱。子济,有古文名。

戴冠,字章甫。颖异嗜古,学为文,具有经术,不为髋髀腐烂之言,曹偶无当意者。屡试被绌，循年资贡礼部，授绍兴府训导，以其学教授诸生称职。参议韩某访水利得失，冠条析今古利弊及兴筑事宜。韩如其言行之，民甚便。未几，为怨家所诬，遂罢归。先是，三原王恕来抚吴，重冠名，召见，每共谈政治。及冠谒选，恕已为大冢宰，讶曰："尔尚举子耶？"因问当今切务，冠条数事，大要以用贤为国家最急，又劝恕当不弃迩言、不恃己见，勿以尝挫折违素志，言论侃侃，多所讽劝。恕每改容纳之，退谓左右："吾于邹汝愚外，目中惟见此人也。"汝愚尝与恕极言治天下大道，反覆数千百言，无一语将顺，故恕语云。然罢官后益究心经济及身心之学。正德七年卒，年七十一。濒死，叹曰："天梦梦耶？世汩汩耶？使豪杰止于此耶？"著有《濯缨子集》凡数百卷。文徵明为作传赞曰："近时以科目取士，凡魁玮杰特之士，胥此焉出？以予观戴先生一第之资，岂所不足哉！迄老不售，以一校官困顿死，殆有司之失耶？抑自有命耶？谓科目不足得士，非也；谓能尽天下之士，谁则信之？呜呼谅哉！"

朱存理，字性甫。世居采蓴溪。幼从学里师，知其业卑浅，乃从杜琼游，自少至老，未尝废学。生平无他嗜好，见人有奇书，必借，借期必得，既得，必手自缮写。自群经诸史，下逮山经地志、稗官小说，无不观览。岁久积数千余卷，所纂集有《经子钩玄》《吴郡献征录》《铁网珊瑚》《名物寓言》《野航漫录》《鹤岑随笔》等书，诗有《野航集》。存理一老布衣，而当时徐武功有贞、祝参政颢、刘参政昌、刘金宪珏，皆折节与交。既诸老凋落，而吴宗伯宽、沈隐君周与之游好无间。同时有朱尧民凯，亦不乐荣利，亦能识前人理言、遗事，亦性喜购书，时称"两朱先生"。正德七年，存理死后一年，凯亦死。文待诏徵明志存理墓，牵连及凯，谓两先生没，吴中故实往往无所于考。若以前朝文献属之两人，有以叹名位不足荣，而枕经籍书者为可久也。德言孔彰，不显而光，君子何从焉？

阎起山，字秀卿。居恒狷介，无他过从，惟日从人家借书，手抄口吟，宵旦不休。所获学俸尽废为书资。家贫，欲质衣以食，而玩其书不忍弃，竟以积劳得疾死。

王观，字惟颙，宾曾孙。高简循矩，有隐人风。治疾审天时地气、五行生克，不胶故方。遇病者以平等，有无告者赈之，人服其道术之良，江南北推上医。

张世华，字君美，颐子。尝入太医院，从征西南诸国，军士渴饥，寒暖不节，多道病，投以药，辄全活。吴中大疫，世华携药囊于通衢，随请而应。有酬以金者，笑而谢之。

张敞，字文理，蓴门郊外人。以田为家，昧爽率佣保趋田中力作，莳艺耘薅，咸有法度，视他农率倍入。初田数十亩，后乃什倍，家用是大昌，一乡举以为赋长。凡赋役，先期办集，邑宰称其能。有疑事，时相质正，敞必以正对。家既赢，能推所有以恤其乡人之不足者，里党称之。性仁孝，痛父早殁，事母薛夙夜敬慎，每吁天祝曰："使吾母享百岁。"既而果然。母寿日，敞拜于前，诸孙曾玄罗拜于后。母顾之，喜呼老儿子不置。母没，敞年七十余矣，祥除之后，悲思不已，遘疾没。古所谓孝悌力田者，敞足当之。

汤珍，字子重。务学耽书，与王履吉兄弟读书石湖治平寺，凡十五年，为蔡羽、文徵明辈所推重。石湖有五贤祠，祀徵明、唐寅、王守、王宠及珍，吴人至今以为美谈。

周诏，字希正。少随父泰令海外乐会，父卒，有欲留娶之者，诏曰："父死之谓何，而又因以为夷乎？"匍匐万里，归其丧。长益饬励，德器弘远，文辞典博。成化庚子举于乡，为兴国纪善。时典则未备，乃本祖训为书数千言以规佐之。及睿宗登遐，寄以后命。因朝夕纳诲，世宗尤见亲信。及入继嗣，历念藩邸旧学，擢詹事侍读。大礼议兴，诸臣不能将顺，屡有诤论，上为赫怒，多见斥辱。诏转移密勿，常谓："陛下制礼尊亲，群臣未达，然不敢阿附，固其忠谅。今若亟罪，彼怀二三者将何罪之？"因免冠请老，上为动色。寻进太常少宗伯，卒。是时张桂用事，不三四年即登三事，使诏曲徇世宗，亦何难，与之上下，乃味其所言，极意调停谏诤诸臣，以示"三谏则去"之义，其不为跻僖公之濮议也可知矣，诏诚秩宗矣哉！

盛应期，字斯徵，号值庵，世吴江籍，徙居长洲。弘治六年进士，官都水主事，辖济宁诸闸。持法矫亢，大珰李广家人市私盐，至畏应期法，投盐水中。广怒，会南京进贡后至，广诬应期阻荐新船，逮下锦衣狱，谪云南安宁驿丞，迁知禄丰县，稍迁顺庆通判。正德初，历云南按察佥事，分巡金沧道。土夷不法，折其角，坐持镇监梁裕骄横事，为裕诬奏，复逮下锦衣狱。值乾清宫灾，言官交章申救，得复职，迁陕西右布政使，进左布政使，复与镇监廖銮掎轧。銮借督造织蠲事，欲中伤应期。应期按得其支破正帑之数逾数万，将上闻。銮惶恐伏地，乃止。时武宗幸榆林，土马坌集，蹂躏纷沓，人情汹汹。应期处之裕如，民不加赋，境不知扰，而供亿悉备。幸帅江彬纵欲，有所苛责，应期以静镇待之，卒亦不能害也。拜都察院右副都御史，巡抚四川，平天全招讨高文林及流贼谢文礼、文义之乱。嘉靖中，再抚江西，总督两广，所至以气压节。帅监军破归善贼及思、恩二夷，先后斩级二千余，俘半之。方论功，而讹议者叠至矣。先是，稽校尺籍，得总兵太监二府脱卒甚夥，并勒归伍而深抑其官属,不令暴横,于是二府禁不得肆,嗾言官屡劾应期,改工部侍郎,理易州山厂,实夺之权也。致仕归。岁丁亥,黄河决徐沛间,特起为右都御史往治河。乃议于昭阳湖东北进江家口,南出留城口,开浚百四十余里,较疏旧河,力省而利永。上可之。大兴役夫,克期六月。工将成,会旱灾修省,言者谓开河非计。帝令罢役。初,应期请令郎中柯维熊分浚支河,维熊力赞新河之议,至是亦言不便。应期上章自理,帝怒,诏与维熊俱落职。后七年,复官,致仕,寻卒。后三十余年,朱衡循新河遗迹疏通运道,世蒙利赖焉。

吴一鹏,字南夫,虎丘山塘里人。弘治六年成进士,改官庶吉士,授编修,进侍讲。中贵刘瑾怒不进谒,会编纂《孝宗实录》成,以更练政务为名,出为南京刑部郎,移礼部郎。瑾伏诛,仍为侍讲,历官至南吏部尚书,致仕归,卒年八十三,谥文端。一鹏居翰林垂二十年不迁,而以史成得南曹郎,尚书、侍郎多故旧,资有在后者,局蹐不安,一鹏抱案自若。及入为侍讲学士,学士故不当祭酒,乃得南祭酒,祭酒不当南太常,乃得南太常。复入为礼部侍郎,升尚书。尚书典内制,不当出理部,乃独出理部。礼部尚书非得罪不南,乃以迁之南。人代为不平,一鹏无几微见词色,不遗禄位,不求速荣,不择美职,譬之大河,不匮不盈。易名文端,有以哉!

徐应骥,字若赤。任德州同知,迁宝庆郡丞。廉干精敏,计擒剧盗,招集流亡,为楚中循良冠。摄府篆两月,卒,官吏民助钱得归。

陈津,字道通,号莪斋,都御史璚孙。笃志力学,绳其祖武。中嘉靖戊子乡试,选授寿宁县。寿宁,闽之僻壤,邑多强宗,桀黠难治。津至,一绳以法,皆惧而自戢。邻邑有山寇曰胡大汉,哨聚为乱。津率众捣其巢,戮渠魁,余党悉平。时矿使四出,至寿宁,津白于台,谓役兴则民不堪命,适令吏因缘为利。役乃止。擢南京工部都水司主事,分司龙江关。升兵部职方司郎中,悉心赞画,官军咸服。移疾归,卒。著有《乙未稿》《莪斋杂抄》。时有椿字子年者,少从雅宜王宠游,有文誉,与津同举嘉靖戊子乡试,登乙未进士,孝行醇笃,官南曹,奉父母与俱,旦夕孺恋不离左右,升荆州守。荆固大郡,人所乐就,椿独念亲老,道远难迎养,再疏乞归。世父早丧,以四岁子枌属抚,椿力为保护,御侮蠲徭,枌得成立。时人高其友于。

皇甫录,字世庸。其先自安定迁吴。登弘治九年进士,由礼部郎为重庆守。明习国家典故、前代制度,损益一时,秩宗倚以为重。又出守夔州,时山寇窃发,蔓延蜀郡,皆按甲不敢出。录独率吏士、具糇粮,疾力穷讨。既平,使者上其功属,已报,罢归。著书以为乐,文章尔雅,萃于一门。子冲、涍、汸、濂,皆传父学,称"吴中四皇甫”，比于“荀氏八龙”“河东三凤”云。

祝允明，字希哲。生而枝指，故自号枝山，又称枝指生。大父颢，官参政，所在有声。允明天才颖发，博极群籍，自为举子已自攻古文词，好为深沉涩奥，效樊绍述之文，辄棘啄不能句。每当胜流翕集，谈笑杂遝，援毫疾书，思若泉涌。诗多言情之作，书法钟、王，下至欧、颜、苏、米，无不精诣。而晚尤横放，张颠、怀素不足多也。常自爱惜，不易书。伺其得意，乃可得。或俟窘时，客至无酒，乞文及书，辄与之。已小饶，更自贵矣。弘治五年，举乡荐，谒选兴宁令，有政声。迁京兆通判，遂乞归。归日，与故人纵酒，务尽其橐中装乃已。年六十七卒。允明为徐有贞外孙、李太仆应祯婿，故书法入神。好奖借后进，终身不言人过。才士尤以为难。子续，亦第进士，仕至广西左布政使。

钱贵，字元抑。领弘治十一年乡荐，试吏部，入格授太常寺典籍。时太常寺用羽士为卿少，贵上言：“秩宗之任典司礼乐，统和神人，职位尊重，不宜以异端参列。”嘉靖初，言太监萧敬贪饕不法，不宜在上左右。又荟萃奸珰王振、曹吉祥、刘瑾事，著《三宦传》上之，世宗时置之袖。其后革镇内臣，贵启之也。进鸿胪寺丞致仕，时贵甫艾，即治冢圹所居之傍，未几卒，人称其知命。

文徵明，初名璧[①]，以字行，更字徵仲，温州守林子。世德清门，少树名业，吴下知名士若祝允明、徐祯卿、唐寅、蔡羽、王宠诸人，皆与为布衣交。每当登高作赋、剪烛论诗，散华落藻，未能或先也。后以岁贡入太学，荐授翰林院待诏，与修国史，回翔禁近，清吟挥洒，词馆诸公皆为倾倒，比于唐之王维、宋之米芾。为文师吴文定，字法李贞伯，画学沈启南，兼众人之长为一代绝艺，片缣尺幅，珍如拱璧。诗出入于元、白、钱、刘，绝去雕琢，温雅自然。著有《甫田集》。年九十，神明不衰，碑版金石，照耀四裔。朝鲜使道吴，望金阊遥拜曰：“此文公所。”庐居有停云馆、玉兰堂，门无荆棘，坐客常满。请求笔墨者，虽倦甚，亦必应之。奖拔后进，宅心和惠。常赴一巨公燕，酒半，公假寐闭室，金厄玉斝罗列。有歌客老而贫，尾之入，怀厄以出，徵明知之。明日，折简谢主人曰：“昨酒具大佳，欲仿款制，已取一付奴子，偶尔忘告，幸相恕也。”其隐德如此。乾隆十六年，礼部侍郎沈德潜赴都朝贺，六世孙诸生含附徵明小像进呈，御题七言律书一章其上，命德潜及南书房臣梁诗正、蒋溥、刘统勋、汪由敦、嵇璜、裘曰修、钱陈群、介福、董邦达、钱维城等十人和之，复

---

① 璧，一作“壁”。按，文徵明兄弟分别名为奎、室，皆为星宿名，故文徵明名为璧更合理。

御书"德艺清标"四字额其祠,异代恩荣,艺林传为盛事云。子彭,字山桥,国子博士;嘉,字休承,和州教授,俱以风雅知名。孙震孟,自有传。

顾兰,字荣甫,临顿里人。晚慕陶处士潜,因号春潜居士。为诸生时,有古文名。弘治十一年举乡试,七上礼部不中,授山东淄川知县,扰民敝政,悉更张之。改江西乐安。乐安俗甚陋,父母死,溺于禨祥,更数岁不葬。男子未弱冠而婚,妇女夫死不成服辄嫁。兰以礼教民,民始苦之。逾年,设诚致行,苦者乃悦。以不善事上官投劾归。性廉洁,在淄时当入觐,徒手无一钱,百姓馈数十缗,力却之。及归,田庐俱废,存荒圃数弓,艺木竹,莳花药,抱瓮灌溉,日循畦数周,非风雨晨弗辍也。宾至,摘蔬果、设茗粥饷之,无几微不自得意。或谓春潜性湛寂寞,乐于潜而潜者也。或谓与时龃龉,退而逃隐,不甘于潜而潜者也。春潜笑不应,人终莫能测。子悫育,字克成,自号少潜。家贫力学,有父风。孙祖辰,字其武,家益贫,青萝绕屋,苔花满阶,炊烟午息,终日静坐。人与相对,如遇秋潭皎月,心骨俱冷。文文肃相国叹其身名俱沈,谓三隐中最高者云。三隐指杜琼、邢量及祖辰。

吴龙,字世应。弘治五年,举乡荐试,宰来阳。值猺寇叛,民多流移,竭心抚循。有诏免民间逋负,而有司征督如故,龙独蠲除如诏,当路贤之。

黄鲁曾,字得之;弟省曾,字勉之。正德丙子,鲁曾举于乡,以《易》魁其经。嘉靖辛卯,省曾以《春秋》魁其经。省曾一再试,不中,辄弃去,以古文词鸣。而鲁曾老于公车,其意若士不成进士,即不能有所设施,有所设施必不能至于公卿,至于公卿而问所由起,赧然蔑以应也。顾生平立志节,不肯诡随。时严嵩欲致之,谓:"苟出我门下,当贵显。"卒莫能屈。年七十五没,至是去省曾没十有五年矣。所撰诗若文词必己出,曰:"吾得于机而发于机,虽吾亦不知所由来也。"有《两汉博闻》《大咍小咍录》等书。省曾少岁与其兄散金购书,喜谈经济学。王文恪公鏊、杨仪部循吉,皆为延誉至称,乡贡时名已满长安矣。王新建守仁、湛甘泉若水先后讲学,游于其门。李空同梦阳以诗文雄河雒间,相与羽翼,大约轻科第、重交游、弃时好、志古学,意趣然也。钱蒙叟谦益訾嗷梦阳,并掎摭省曾,谓勉之兄弟,心折北地,降志以从,而吴中始有北学。因"四皇甫"与黄氏为中表兄弟,连类及之,谓其浸淫俗学,此钱氏门户之见,非笃论也。著有《五岳山人集》《舆地经》《老子玉略》行于世。吴中称"二黄先生"。

彭昉,字寅甫。正德六年进士,知公安县。专意拊循,不以文法自拘,期年而治成文法,吏咸疾之。会盗入城,被执,扱其橐,空无一钱,曰:"廉官也。"舍之。

坐不戢盗，降德庆州判官，再迁新会县知县。时洞獠窃发，节镇大臣不能擒歼，取平民被诬者煅炼成狱。昉不义其所为，用是积忤上官，去其职，而刚方贞白之操有不可诬者。

朱纨，字子纯。登正德十六年进士，知开州，以廉惠干济称。擢南职方，有大奄侵食兵士，纨引法裁之，奄为敛戢。参政江西时，初置东乡县，遏寇盗而奸民避徭役，上公车诉状，勘者大违众心，连岁不决。纨立讯，破其奸，县得不废。移四川威茂兵备，平叛番有功。历广东布政，以剿獞贼功进都御史，抚赣。已移抚浙闽，一平寇于漳州同安，再歼岛彝于定海，三破贼于温盘诸洋。初，海上市舶既罢，凡番货至，奸商多负其债。番索之急，则投于贵人豪姓。番人候久不得食，出没为盗。纨至，力治通海舶者无少贷，诸贵人怨，谋破其所为，至革巡抚为巡视，以损其权。纨上章廷辩，语侵执政，执政亦不善也。会又平佛郎机黑白番舶，擒其首及余众四百人。或言其将为变，纨传令悉诛之。言官劾其妄杀，落职听勘。纨慷慨言："吾贫无贿赂不任狱，患病不任狱，负气不忍诟不任狱。纵天子不欲死我，大臣及两粤人必死我。"乃草生志，仰药死。既卒，中外人摇手不敢言海事。后东南海寇流毒二十余年。

王涣，字涣文，亦字文通。正德十四年，以尚书领乡荐，不中礼部试，卒业太学，释褐，官嘉兴府判，凡三年。改东川军民府。东川隶贵省，在乌撒之西，夷獠杂居，官此土者，比于投窜。涣未尝挂吏议，以疏慢不善事上官，乃易置之。虽云任职，实处之要荒外也。体孱弱，卧疾不赴。未几，卒。涣博通群籍，抒华发藻，能作不经人道语，然操觚立成，非故为刻深钩棘以眩人心目也。作赋得汉人体，诗宗孟郊，后阒入白太傅、陆放翁。与文如二手，方为诸生时，部使者奇其文，称于京师，一时声满庠序，众以天庙器望之。涣亦不肯苟且自待，乃卒落拓一官，至抑郁以死，岂命实靳之耶？或文词之工果足以折损官职耶？纂有《两晋南北奇谈》。

查应兆，字瑞徵。祖文倅，怀庆郡生。应兆中正德六年进士，任虞衡司，遣榷浙江木税，商人感悦。时尚书林俊而下，咸以宦官故罢免。应兆上疏极言宦官罪恶，愿赐诛窜、肃宪典，召还俊等尊显之，以风百官，语甚切直。升广东布政。子懋光、从子懋昌，相继登郎署。

王懋明，字仅初。不乐仕进，性喜裒集旧闻，多撰述。无锡华学士察重其诗，劝侨居锡山，与姚咨、施翼互相倡和，称"锡山四友"。懋明《移家》诗中云："鱼鸟适幽性，水竹澄贫居。开帘峰翠系，停舟潭月虚。"又云："食力愧伯鸾，攻文匪相如。

所长惟达命,天地宁穷予。"心迹妙善,溢为清音,非以声律工也。既老,仍归吴中。

钱同爱,字孔周。祖瑛,精于医。同爱博学好结纳,先与唐寅、徐祯卿、文徵明善。唐、徐既没,又与王宠、汤珍游好。时日不见,辄奔走相觅,见则文酒谈笑,评骘古今,或书所为诗文相讨质。性喜书,每并金悬购,所积甚厚。为文奇崛深奥,尤长尺牍。浮沈诸生者二十年,卒。文徵明志其墓。

刘梅,字世鼎,以礼四世孙。少历燕冀,逾二十始折节读书。家故饶,季独操之,无所问。季日从博少年游,家几荡破,人或告之,梅恐伤季意,终不言。当季疾,梅客游未归,为忧悴废食寝,至老未尝析居。以正德五年举人仕汀、浔二郡推官,皆有惠政。子凤,为御史。

王庭,字直夫。登正德八年乡荐,当计偕,不欲往,父颐强之,中途忽心动而返。未几,父果得疾卒。嘉靖二年第进士,守许州,乞改官养母,不许。寻为刑曹郎,迁按察瓯闽。瓯闽故在山海间,地多珍货,庭一无所染。进江西参议,谢病归。居乡劝诱里中后进,修行立名,身与诸子弟习弦诵、揖让,以感动之。有以他人过失告者,庭曰:"胡不面语之使改而传闻人耳?"温公景葵来守苏,庭于温座主也。温每候庭,庭惟言民间疾苦,或称扬后进,未尝一语及私。家居三十年,门庭如水。子敬臣,善色养,人目为"王曾子"云。

陆粲,字子余,一字浚明,完从弟。幼颖悟绝人,与伯兄焕、季弟采自相师友。中嘉靖五年进士,选入翰林,改工科给事中,历陈大事,最后触上怒,下诏狱,杖三十。寻释之。时张璁、桂萼相继入相,粲历举其纳货赂、树私人,露章劾之。未几,上感动,罢二相,都下哄然,争欲一识陆给事。既而詹事霍韬力言璁、萼,上召二相还,谪粲贵州都匀驿丞,稍迁江西永新令。平冤狱,擒剧寇,以母老乞归。林下十八年,事母极孝。母居恒多戚戚,粲选声伎娱之。母死,一日尽遣去。以哀毁卒。子延枝,博雅清谨,能继其家声。

王榖祥,字禄之。父敏,字时勉,为名医。榖祥始读书,登嘉靖八年进士,选庶吉士,改工部主事,转吏部,代郎中司选事。尚书汪铉秉铨不公,榖祥执法不阿,数与忤,意忽忽不乐,念母老,乞归养,铉以例格之,谪真定通判。归卧里中,不与显者通。有田一顷在东郭,冬春阅耕纳稼,自衣袯襫,与田夫伍,不知为士大夫也。客过,语势利短长者,以他词乱之。后李默为吏部,欲奏起之,榖祥以书辞曰:"岂有青年解绶,白首弹冠者乎?"隆庆初,即家起南吏部,不受。榖祥美姿容,善书画,词致清雅,抄录古文籍至数千百卷,咸精好,令人不忍触手。以书画求者,辄不应。

一室之内，琳琅金薤，谧如也。年六十七卒。

陆师道，字子传。嘉靖十七年进士，廷对射策，故相夏言甚奇之，以第一人进，上移之二甲第五，授工部都水司主事。言奏改仪制司，时言方柄国，师道不乐为所用，累称疾不往见，因母病，请急归侍。久之，母病寝剧，师道谢客隐汤药间，早暮无间。母病目，师道三舐之。会予告过期，政府促之再三，谢不肯出，益肆力于学。工诗文及小楷、古隶，傍晓绘事，罔不精绝。时待诏文徵明里居，师道造门，用师礼礼之，与陆粲、彭年辈茗盌炉香，翛然终日。母终，起南仪部，不赴。再召为膳部郎中，不得已应命，至京，擢尚宝少卿，即上疏告归。师道常受经王吏部穀祥，故其难进易退亦如其师云。有女名卿子，能诗，适赵宧光，以偕隐终。

张昶，字景春。父彦达，性刚介，人有过，辄面斥之，鲜克当意。惟昶能得父心。彦达没，母陈氏孀居四十年，昶行商北都以养，一日心动弗止，俄报母病于家，亟弃贾还，事母终身。母年九十七卒，昶自为状，请吴文定铭之。著有《吴中人物志》。

顾启明，字时颂。自太仓徙长洲。明初有原鲁先生，学宗濂洛，祀乡贤，启明其耳孙也。少读书，即慕原鲁为人，业举子不竟，事父以孝闻，代兄执劳，俾肆力于学，为始兴教谕，有名。白首怡怡，朝夕相对，讽咏古今不辍。子存仁，成进士。

张准，字元平，昶仲子也。习举子业有声，随父客京都，乃弃书策，与人共资而贾。其人利其资，媒戚畹之豪者，敚其肆而据之，准即引避归。家居时方晡食，有仆自远商回报舟覆，计所失数百金，准不问，饮啖如故。闻仲子取解北畿，家人未见其色喜。不为利欲富贵动心如此，为郡守胡缵宗所重。时钱法不行，守将穷治诸肆户，准为条列情势，请毋峻急以惊闾阎。守叹曰："有德之言也。"

吴子孝，字纯叔，文端公一鹏子。登嘉靖八年进士，选庶吉士，出为湖广参议。幼有殊质，颖悟绝伦。历官中外，直道自信，议论英发，言事必究极是非，不能刓曲下人。平居燕坐一室，手不释卷，发为文章，弘衍浩博。著有《玉涵堂集》。

顾元庆，字大有。家近浒市，兄弟多纤啬治产，元庆独以图书自娱，自经史以至丛说，多所纂述。所居曰顾家青山，在大石左麓。山中有胜迹八，自为之记。名其堂曰"夷白"，藏书万卷，择其善本刻之，署曰《阳山顾氏文房》。王穉登往访之，时年七十五，犹吟对不倦。

彭年，字孔嘉。父昉，以忤上官去职。见年习举子业，即以酒沃之，曰："饮酒而已，即读书贵，复作而父何益？"年遂专意古学。书法尤精。以文行举入郡庠，而岁廪之。年不请廪，学使者檄应乡试，年为一之南都，登钟山，望大江而还。生平无失言失色,恂恂退让,口不挂人臧否。预决死期,翛然而逝。著有《龙池山樵集》。

皇甫冲,字子浚,录长子。举嘉靖七年乡试。嗜学不厌,博览独多。好为歌诗,辄立就。多作元嘉以来语,文亦几类齐梁间。高自标置,不妄与人交。常登茅山皇甫谷,飘飘出尘,谓神仙真可学而至,自号华阳山人,众莫测为何如人也。时当武宗即位,法纪凌迟,冲究心世务,为撰《己庚小志》《枕戈杂言》,虽不能用,亦可见其志矣。故"四皇甫"之才,以子浚为冠。

皇甫涍,字子安,录仲子。嘉靖十一年进士,以高第分司议曹郎。时夏言为宗伯,所上章奏皆涍代草,辄中上心。或有故使同舍郎代,即无有当意者。以故言既入相,奏改太子司直,吴人所称"皇甫司直"也。涍天资英敏,智识高远,为师保所倚赖。易干物忌,补外得广平判官,量移南刑部,升浙江按察佥事。至则发奸摘伏,辖内振肃。无何,复坐计吏谪归,郁郁不自得,卒。涍诗篇清丽,时为"七子"折服,而宦屡不达,人咸惜之。同官蔡子木哭之曰:"五字沉吟诗品绝,一官憔悴世途难。"著有《少玄集》。

皇甫汸,字子循,号百泉。七岁能诗,四子中最著者也。弱冠,御史许宗鲁按吴,奇其才。适当汸逆妇东江,以所乘巨舫给传迎婚,官吏护从至三百人,时人艳焉。嘉靖八年,成进士,授国子博士,擢虞部郎。严嵩、夏言诸人皆与酬和,冠带相索,时多忌者。适劾武定侯郭勋夺贾人金事,勋诬以慢旨,下诏狱,寻释,迁黄州司李,已迁工曹,擢司勋。时大计有中伤兄涍者,汸与争辩,为言官所纠,被谪家居。有直指集诟无行,无名子作谣刺之。直指疑出于汸,借他事捕系。久之,得白,移开州别驾、同知处州,迁云南按察佥事。中白简,遂落职。汸归,诗酒自娱,时偕名流宴游湖山,几三十年。至八十乃卒,天之厚汸者不在禄位,在寿考也。著有《司勋集》。汸自言其诗:"于燕京交王慎中、高叔嗣、唐顺之、陈束诸人,为关洛之音;于楚交王廷陈、廖道南、冯世雍三人,为楚音;于留都交王廷干、蔡汝楠诸人,为江左之音;再入都,交王世贞、李攀龙、谢榛,为燕赵之音;最后居滇,交杨慎、张含光,为蜀音。既乃脱弃门户,从吾所好,吾与我周旋,自成一家之言也。"文原本六朝,能谨尺度。

皇甫濂,字子约。嘉靖二十三年进士,授工部主事,典惜薪厂。有贾人伪增数罔利,濂按其罪,杖之。贾人女,司空文明妾也,文召濂切责,濂抗言:"公掌国政,奈何听人侵冒?且欲夺属下吏守法耶?即无司空城旦书,如君上何?"文改容谢,心实衔之。大计，谪河南布政司理问，稍迁兴化府同知，入觐投劾，不赴。里居数年，卒。时吴下有"四皇甫""二黄""三张"之目，二黄：鲁曾、省曾，三张：凤翼、献翼、燕翼也，然终以皇甫氏为最。乃兄弟谪谴，底蕴未措，岂文章憎达有司之者哉！著有《水部集》。无嗣。

徐祯，字世兆，号尧山，源孙。少孤，事母能孝养尽志，绝去纨绮习。常自淡泊，以励其学。年二十二，登嘉靖十一年进士，初任刑曹郎，多所平反，不徇权贵人请属，以是拂当路意，出知滦州，迁贰临江，移刺袁州。时分宜用事，豪暴莫制。祯缚其平头奴首恶者，得以宁辑。及宪副广西，敕理兵务，定东兰之叛，擢参东粤，平黎人之寇，世庙嘉其功，将大用。寻以母老道远，不能迎养，竟挂冠归。治圃城南，凿池种树，尽板舆、觞酒之欢。母寿终，竟以哀毁卒。所谓乡先生没而可祭于社者，祯其一也。垂二百年，绳绳继继，方以明德世其家云。

顾汝玉，字稚圭，号栗如，荨溪人。家故贫，生有异质，读书励行。父为里中豪所讦，隐中以危法。汝玉上书白冤，得释，益下帷发愤，以明经荐，不第。性耿介，不为诡随。大学士申时行，汝玉甥也，时开东阁招致，卒不往，曰："吾岂因人热者？"徙城中临顿里，莳花种竹，吟诵其中。子其志，举进士，方为京朝官，励以廉洁，萧然儒素，未尝以贵加人。让产其兄，独奉母居，克尽孝友。著有《竹梧园集》，自号醉竹居士。

刘凤，字子威，汀州司李梅子。嘉靖二十三年进士，由中书舍人拜监察御史，左迁兴化司李。移吴兴，升河南按察司佥事，罢归，以老寿终。凤学问奥博，苦心复古。所著乐府，动合古音，《拟古》诸篇，咸类其人。五言近体，如"境闲花早落，林静鸟忘还。江路愁难尽，乡园梦懒寻"，哀而不伤，得风人之旨矣。皇甫汸尝称其明允折狱，庭寡诤词；沈静当官，坐惟长啸。又可以想其治术焉。

顾存仁，字伯刚。嘉靖十一年进士，授余姚知县。余姚多豪黠吏，存仁初至，若无能者。暨得其出没状，一日召数吏，数之曰："某弊由某某舞某法，立改之，否者非死即戍矣。"诸吏咸股栗，凤蠹屏迹。每均役，先计邑岁所需，有成则而始按丁盈缩之，卒无浮入者。县有三老，知经赋而属之，不能无所私。存仁若弗属也，朔旦大会，猝召三老，为我第赋长上下，三老出不意，吐实，即令赋长前受牒去，无哗者。入为礼科给事中。会蜀王与都指挥刘永昌相诘，奏永昌故黠，又武定侯郭勋私人。存仁奉刺往勘，尽得其实，竟抵永昌罪。还，疏陈五事，首言宜赦杨慎、马录、冯恩、吕经等，末言叶凝秀何人而敢乞度，帝方崇道家言，以为刺己，且恶其欲释杨慎等，遂责存仁妄指凝秀为释氏，廷杖六十，编管保安州三年。闻母病，请执政，暂归，得视含殓。自此往来塞上，几三十年。隆庆元年，召为南京通政参议，寻进太仆卿，请重太仆丞选，及论马政之弊，聘寺丞归有光草寺志。后乞归，置义庄赡族，卒年七十，予祭葬如例。

袁洪愈，字抑之，宋西京提刑使珦后。珦以汴京人从高宗南渡，卒葬长洲蛟龙浦之赭墩，世为长洲人。十一传至洪愈，以吴县籍举乡试第一。明年，成进士，嘉靖二十六年也。授中书舍人，擢礼科给事中。纠检讨梁绍儒附和权要，文选郎白璧招权鬻官，侍郎葛守礼无行检，尚书李默阿党私人。上切责守礼与默，下璧狱，斥绍儒于外。绍儒，大学士严嵩羽翼也。嵩怒甚，然以清望莫可罪，出为福建佥事。历河南参议、山东提学副使、湖广参政，所在以清节著。嵩败，召为南太仆少卿，迁太常。万历中，迁南工部右侍郎，进右都御史，掌南院事，就改礼部尚书。时御史谭希思建言：请复阁中丝纶簿，宫中置祖制铁牌。语侵内竖，严旨勘讯，将坐以诬罔。洪愈已改官，代者未至，乃具为称引典故，委曲解释，且言："迩者言事之臣，每以不当圣心，重加谴罚。夫天威难犯，人情易摧，如各以言为戒，脱有大故，谁为陛下言者？"上意解，御史得薄罚。洪愈寻上疏请禁干谒，又极陈屯田废坏之害，乞令商人中盐免内地飞挽。皆议行。十五年，就改吏部，未一岁，引年归，加太子少保致仕。年七十四卒，赠太子太保，谥安节，赐葬蛟龙浦。洪愈生平以人事国，前后汲引如曹邦辅、孙铖、于慎行，皆为名臣，而拔海瑞于教授，荐王敬臣为真儒，举王世贞以自代，尤特识也。通籍四十余年，所居不增一椽，出入徒步，得月俸，与兄弟四人共之。子一鹗，以荫官治中，饘粥不继以死。孙徵，字公白，崇祯中拔贡，有声复社中。

张勉学，字益甫。嘉靖二十六年进士，选庶吉士。改吏科给事中，疏驳方士陶仲文不当封爵，忤旨夺俸。二十九年，俺答入寇，奉敕勘边，躬历蓟镇，核伤残之数上闻，并论仇鸾滥杀冒功。鸾衔之，被诬谪内黄丞，迁吉安推官，擢南京刑部主事，转郎中，升湖广荆岳道佥事。长沙大盗李万克聚党为乱，以计擒之。藩府庄田房租税重，豪奴倍收，没人子女为奴婢，勉学悉平其额，岁听知县征解。进参议，分守衡永。先是，道臣所镇地无城，每山水溢，民登高以避。勉学檄郡县发公帑，鸠工筑城。工始竣，而水又至，民有宁宇，名其城曰永安。会有修郤者，蜚语中伤，解任归，林居十余年，卒。著有《宦游集》《湖岳编》及《勘边疏稿》。

宋纯仁，字孝甫。嘉靖己酉举于乡。隆庆五年，除武冈知州。大豪文廷源因奸杀人而灭其尸，狱久不决。纯仁廉得其状，置之法，时称神明。筑济水石防五百丈以遏泛溢，建石梁以通行旅。潭溪蛮仇亮寨与五开蛮相攻，黎平守被执，道路阻绝。巡按御史檄纯仁偕官兵进剿，擒其魁。在州四年，以最迁九江府同知。郡滨江带湖，为盗薮。纯仁选豪敢为逻卒，令乘舴艋昼夜督巡，盗多就擒。又缮治城陴，建澄江楼，增置战舰，清厘九江卫屯田，得豪猾隐占者十四万余亩，归之卫卒，以充军食。郡境沿江诸田，岁苦冲啮，纯仁请于抚按，于桑落洲筑堤八千余丈，植柳四万余株，又凿宿松渠六百丈，泄积潦入湖陂，自是岁获丰收。迁南京刑部郎中，致仕归。

邱宏，更名鹏，字志宏，甫里人。嘉靖二十九年进士，由行人历吏部主事、户部员外郎。在吏部时，尚书李默欲大用之，鹏以默严嵩私人，不为用，卒未显。鹏八岁时即能文，随父谒杨潜，杨问何名？曰："名宏。"杨曰："试以名作一破题。"应声曰："姓同圣人之名，名同圣人之德。"杨曰："珪璋器也。"既长，博通群经，尤邃《易》学。一时名流从之游者，如入马郑门，同里金应徵尤得其传。宏殁，无嗣，身后事皆应徵经纪之，岁时祭祀惟谨；有著述，必援引邱先生云。

刘畿，字子京，号羽泉，铉曾孙。嘉靖二十九年进士，除知瑞安县，以九等别户产，以九则定徭役，邑人便之。岛寇犯黄岩，去邑尚远。畿趣徙旁地子女、货贿纳内城，而增其雉堞，储粮糗，募兵壮为守备。月余，寇果至，无所得，乃遁去。复募壮士并邑中子弟，教之为陆阵，遏贼于飞云江，又歼贼铜岭。入为吏科给事中，进通政司参议，升太仆卿，迁顺天府尹。弹射豪贵无所避。以筑张家湾城功，进右副都御史，巡抚两浙。时矿贼巡婺源，流劫德兴、玉山，遂犯常山，势张甚。畿疏请会直隶江西兵会剿，先发所部兵，由衢州分三道入，大破之，俘斩劲贼七百余人，余悉解散。初，疏上，升畿兵部右侍郎，总督三省军务。会贼已平而止。寻迁南京兵部侍郎，以疾乞归，卒。

岳岱，字东伯。先世以军功隶苏州卫。其父始好读书，辟草堂于阳山，花木翳然，修竹万挺。岱结隐其中，自称秦余山人。中年出游恒、岱诸岳，泛大江，览留都名胜，访丰坊于四明，历览天姥、天台、雁宕、武夷、匡庐而返，遂不复出。性狷介，不妄与人交。能诗善画，尝采时人诗为《今雨瑶华集》传世。

居节，字士贞。少从文徵明游，学书画。家故隶织局，织监孙隆闻其名，召见，不肯往。孙怒，坐以逋帑拘系，破家，僦居半塘，数椽萧然。所与交，多山人、衲子，落落寡谐。每过辰未举火，吟啸自若。年六十，以穷死。著有《牧豕集》。

黄姬水，字淳甫，五岳山人勉之子。以工古文词及书法名。勉之没，兄得之叹曰："吾弟不亡矣。"顾其子河水曰："吾名当不后勉之，今乃尔，得非以尔辈不姬水若耶？"姬水试不利，遂弃诸生。值倭难作，侨居金陵六年，归，田园芜没，至不能自给，而所畜敦彝、法物、古碑版、名画，终不忍舍。晚年谢客，必雅俊嗜古者始延见。诗有中唐人风格，所著《白下集》，词旨凄惋，尤为擅场。河水更名德水，字清甫，撰《国华集》，亦有声，与姬水埒。

杨成，字汝大。嘉靖三十五年进士，授工部营缮主事，迁都水郎中，出为浙江副使，转四川参政。蜀王故贵倨，监司见王恭谨逾节，成据礼争之。复王所侵山林、陂田，还之民。累迁广西左布政使。府江用师，成调画军需，不趣而办。入觐京师，吏请以羡金治装，成不受。擢应天府尹，寻进右副都御史，巡抚江西。时久旱，成至，祷雨，随澍。仍饬有司发粟赈民。溢城、昭武间岁常苦潦，成度地形，创筑堤堰，蓄泄兼施，凿支港以杀水势，水患遂除。巨盗杨凤鸾、李大鸾等，蔓延江楚，成会楚抚夹剿，擒其魁，复以计平积盗叶隆盛等。转工部侍郎，进南京工部尚书，转礼部，乞骸骨归。寻起南京吏部尚书，改兵部。时神宗久不视朝，储位未定，罪奄张鲸夤缘思复用，成偕南九卿上疏请御朝讲、建储位、斥罪奄，语极剀切。年七十，力求去，加太子少保致仕，卒年八十，谥庄简。

郭谏臣，字子忠，号鲲溟。嘉靖四十一年进士，授袁州推官。时严嵩子世蕃已论戍雷州，留家不赴，益治园亭，乘轩服蟒，气焰不少衰。复与其党罗文龙往来计事，谏臣廉得其状，以告巡按御史林润，润驰疏闻，世蕃由此伏诛。入为吏部验封主事，转考功。隆庆改元，诏求直言，谏臣上五事：请削张真人滥秩、停恩泽侯伯袭封、〔正〕衍圣公终丧礼、抑杂流位卿贰久任藩臬郡县，多见采用。转文选，迁稽勋员外郎。会中官殴御史阙下，抗疏谓祖制不可坏，朝廷体统不可失，请竟其狱。前后奏疏数十余。丁艰，服阕，补验封，迁考功郎中，大学士张居正恶其刚直，出为江西参政，累晋郧阳巡抚，未任卒。

王问臣，字剡川。弱冠，中嘉靖四十一年进士，历官吏部文选员外郎。时政府揽权，欲罗致门下，不往，乞养归。有荐起者，或劝之出，曰："吾食朝家禄，焉敢膏肓泉石，效巢由高节哉？多病善忘，为盛世废人，得时餐芝术，保犬马齿，圣恩莫量矣。"杜门却扫几三十年。善书画，尤得写生趣，徐天池、陈白阳莫能过也。

张凤翼，字伯起。少有隽才，涉猎群籍，中嘉靖甲子乡魁，士林推服。著有《处实堂集》《文选注》《史汉评林》。弟燕翼，字叔贻，同榜举人；献翼，字幼于，更名敉，国子生。早擅才誉，见赏于文徵明，读书上方山治平寺，与皇甫汸辈刻意为诗，兄弟竞爽，吴人号称"三张"，而献翼名尤著，晚为盗所杀。

蒋梦龙，字子徵，号鲁山，乐亭令廷贵从侄。登嘉靖四十四年进士，除临川知县。署上考，会贵游某以干请不遂，构蜚语，稍迁金华府同知。捕积盗，雪诬陷，台檄兼理刑狱，平反大辟以下几二百人。寻摄兰溪、东阳及郡事，具有善政。擢南京刑部郎中，逾年出为湖广按察司佥事，辖武昌、荆、岳、常、沔等州，兼控江西宁州。沿江多盗，乘帆劫掠，出没不定，而大围山贼势张甚。梦龙戒所部扼险以守，时出奇兵捣之。平江典史陈某为盗执，告急。时梦龙妻沈殁官舍，视殓毕，不越宿行，设伏山下，诱贼出，一战擒贼首罗朝广，俘馘无算，群丑詟服。已仍置戍大围山麓，以绝祸本。久之，迁浙江布政司参议。梦龙归省继母郁，叹曰："亲老矣，吾不能绝裾而弹冠？"遂请终养。免母丧，两台疏荐以十数，皆不应。家居二十余年，卒。次子鑛，字公鸣，中万历乙酉乡试，知宁远县，化徭民读孔子书。徭建祠峒中，称蒋夫子云。

袁尊尼，字鲁望，褧子。十岁通晓经学，弱冠中嘉靖癸卯乡试，乙丑成进士，授刑部主事，改南礼部，历吏部考功，进郎中。擢山东提学副使，公廉却私谒，所拔皆名下士，持宪体，不折节事抚按，缘是失巡抚意，当论罢，合省举子待试辇下者，欲叩阍为学使讼冤，朝议留之。尊尼意不可强，致仕归，卒年五十二。尊尼性和易，不设城府，好酒穷日夜，而人事亦不废。诗宗眉山，文宗潜溪。其在刑曹时，故相高拱向受知于尊尼父褧，又为尊尼会试座主，数托草青词，尊尼心恶之，遂力乞南，终其身不通一书，人服其有守。

陆士鳌，字云和。家县治东偏，赋性鲁，读书非三百遍不熟。夏月，蚊虻攒肤不辍，然竟以鲁得之。嘉靖四十四年，成进士，谒选，得承天府钟祥县。县，世宗旧邸也，宦竖骄横，每朔望，县令必谒见，见必行跪拜礼。宦或出郊，必远送百里外。士鳌偶相见，长揖径出。宦怒，士鳌曰："县令虽微，然为天子牧民，膝肯为若辈屈邪？"宦转服其劲，屡言于人曰："外僚中偶见此官。"行取入为刑部主事，迁云南道御史，弹击权贵，内外慑服。未几，卒于官。士鳌少时读书海觉寺，后寺僧有干请，贫无以应，解一带遗之，僧名其堂曰"遗带"。

金应徵，字懋德。世居甪直。家贫，刻意问学，不能治脩脯从师，吏部邱宏见而器之，因指授焉。嘉靖四十四年成进士，除奉新令。始至，集僚佐，召父老与约法，务以诚服民，民服教自戢。邑傍山，无城郭，应徵出俸钱城焉。岁大旱，旁邑雩祷多不应，应徵徒跣走郊外，雨大沛。升刑部主事，有中贵以狱为请，正色拒之。

擢员外郎，再迁郎中，恤刑两浙。时张居正当国，尚操切。应徵列矜疑状以请，竟得俞旨，浙人尸祝之。旋备兵赣南，赣南多盗，辄相机宜捣其穴。长宁民有倡乱者，势张甚，或请发兵捕之，应徵持不可，谓此属为饥寒所迫，乃下令谕之，皆投戈伏地。升云南参政，称病归，卒年五十六。

王敬臣，字以道，庭子。为诸生，受业于魏校。性至孝，父疽发背，亲自吮舐。老得瞀眩疾，敬臣卧于榻下，夜不解衣，微闻謦欬声，即跃起问安。事继母如事父，妻失母欢，不入室者十三载。初受校默成之旨，尝言："议论不如著述，著述不如躬行。"居常杜口不谈自见。耿定向语以圣贤无独成之学，由是多所诱掖，弟子从游者四百余人。其学以慎独为先，而亲长之际、衽席之间为慎独之本。尤以标立门户为戒。乡人尊为少湖先生。万历中，以廷臣荐，征授国子博士，辞不行，诏以所授官致仕。二十一年，巡按御史甘士价复荐，吏部以敬臣年高，请有司时加优礼。诏可。年八十五卒，门人私谥仁孝先生。所著有《俟后编》。

韩世能，字存良。世居齐门外云和里。隆庆二年进士，官至礼部左侍郎，掌翰林院事。老疾请告，赐白金、文绮，驰传归。天性孝友，父年八十三而终，世能年已六十矣，哀毁骨立。事继母不异所生，兄弟五人友爱无间。持身廉洁，尝奉使朝鲜、册封楚藩，馈遗一无所受。主顺天乡试及会试同考，所得士皆名流。教习乙丑庶常，会稽陶望龄、华亭董其昌皆其所成就者。著有《云东拾草》。子逢禧，以父任由刑部郎出守雷州，有惠政；逢佑，官浙江按察司理问。崇祯时，俱以老病告归，遭乱，兄弟野服，遁荒以终。

顾其志，字冲吾，号太冲，汝玉子。隆庆五年进士，由南昌倅晋考功郎，以廉洁著。视河张秋，修堤荆南，官办事治，转陕西参政。值边郡屡有哮警，而灵武以东寇尤充斥。其志筹要害处，分符以扼其冲，常单骑冒风雪自花马池直抵灵州，夜将半，后骑始集城中。指挥吴世显首鼠观衅，有反形，以计斩之，危城得安。为同事所忌，调广西。贼平，以功进按察使。丁忧，起补山西，历山东右布政，调陕西左布政。时采权使纵横海内，而秦中税监梁永尤横。其志痛加裁抑，寻以左副都御史巡抚其地，即奏请止矿税、减织造、清邮传、察非常、通商撤关、缉奸禁暴。先是，永憾咸阳知县宋时际、咸宁知县满朝荐持其短，虑为所发，诬奏二令劫税银。帝命逮时际，镌朝荐级。其志上疏极论永贪残状，乃释时际，复朝荐官。已永诬朝荐劫夺上供物、杀人，朝荐被逮，秦民益汹汹。其志连疏论救，会撤税令下，永还关中，始靖。秦藩暴横，辄擅杀人，凌辱长吏，其志具疏陈状，上悉按其罪，一时拘系得释者数百人。关中回纥杂处，每聚众攻掠，其志提兵由乌兰河而北入松山，阅芦塘红水形势，为奏筑永泰、镇虏二城，募民屯种，遂成巨镇。加兵部侍郎，擢总督三边军务。启行之日，父老泣送者万人。其志驭将有法，威严若神。每岁巡边，戎王妇率部落听约束，坐武帐，鞦鞯从事，指麾号令，诸部震慑，有献良马及军租者，但循例勿却，犒军士、充厩乘而已。进南京兵部尚书，卒赠太保，崇祀乡贤。子绳诒，自有传。

丁元复，字仲心，号玉阳。隆庆五年进士，除阳信知县，劝农桑，省徭役，催科听断，具有程法。拜南京山西道监察御史，首劝上讲学，请停织造。张居正夺情，或讽元复疏留。元复曰："众欲做官，我亦欲做人，不能为宰相作私人也。"居正怒，出为四川佥事，缺裁，补福建兵巡道，迁浙江温处道，以法戢诚意伯骄横，远近肃然。因病乞归，观风使者荐之，疏凡十五上，不出。林居三十年，不事私谒。惟里中疾苦病民者，如长、吴二邑门摊银外，复有家资名色，言于巡抚革除之，至今称便。卒祀名宦、乡贤。著《片玉斋稿》。子文起，郡学生；肇亨，万历甲午举人，南京大理司务。

顾九思，字与睿，号韦所。隆庆五年进士，授丰城知县。丰有大盗，盘踞山谷，久为民害，前令莫敢谁何。九思至，请之上台，假兵往捕，身入贼巢，缚其魁，众皆罗拜。谕以祸福，道以礼义，悉释之，使为良善。万历二年，诏举各省廉能官引见会极门，浙江布政使谢鹏举等共二十五人，九思为县令第一。天语嘉奖、赐宴并金币，夕拜户科给事中，条议光禄未尽事，皆有裨国用。旋长礼科，参宗藩冒封，奏东南灾、盗及救荒诸策，几千余言。再补兵科。适郑贵妃生子，传升过多。九思反覆陈论，奉旨后不为例。明年，外戚郑承宪升都督同知，又奏曰："以皇贵妃生皇子，而其父得为都督同知。则生有元子者，其父之官何以别乎？承宪席宠怙势，无所不至，此岂国家福？亦岂承宪福哉？"疏入，留中。他如奏罢浙直织造内臣、劾黔国公违制玩旨，弹射权贵，不避祸患类如此。旋擢太仆卿，改南太常。寻召补右通政，终养归。当九思之在礼科也，值张居正夺情，编修吴中行、检讨赵用贤、主事艾穆纷纷抗疏，九思不欲邀直谏名，因以父疾乞假。居正知其愧己也，恚甚，临行入辞，居正面如铁色，默然无一言。以是侃直之节，著于朝野。归养三载，丁父艰。服除，赴补，自兵科联晋至右通政。天子方向用之，乃以继母年高，再疏请归。优游林下，创宗祠，置祭田，惟以敦本睦族为事。家居二十年，殁年七十九，崇祀乡贤并江西名宦祠。著有《掖垣题稿》。

何万锺，字世禄。其先景陵人，世袭苏州卫指挥使。万锺中武会试，掌卫事，振刷戎政，为巡抚海瑞所称，曰："武臣不朘削以媚有司，仅见此人而已。"用荐补漳汀把总，以擒获盗魁，赐金币。万历初，进都司。倭犯海上，兵未集。万锺选千人，分十营，夜则多举炬火以疑之。倭遂遁。调守兴都，大学士张居正还乡，文武将吏奔走俯伏。万锺不介胄，独以冠服见。居正不怿，当事惧，遂令解任归。俄得疾卒，年仅五十。

朱绂，字文岐，都督先长子。生而颖敏。童稚时，日诵千言。及长，善射，旁通鸟占风角诸书。遵父训，恂恂如寒士，不以将家子自见。父被诬系狱，绂年十七，自苏趋闽，自闽趋京师，间关辛苦，谋脱父。度不即得，则弃诸生，从武试。试捷已，仍占毕。本通《春秋》，改《戴记》，又改《尚书》，必蕲一当。驰驱八年，竟坐劳困卒。既卒，父狱得白，闻者痛惜之。

褚承宗，字蔼云。性诚笃不欺。家贫，读书大报国寺。倭寇薄城，时议遣僧为兵。寺一僧应遣，私谓承宗曰："我存亡不保，有蓄百余金以畀公，我归则半以奉公，不归公可自取。"承宗曰："师可觅隐处藏之，我不利师所有也。"后染疾，妻吴氏操家政。承宗核其称量之数见溢，入谓妻曰："汝不欲怀抱儿成立耶？"卒年三十，吴氏苦节四十余年。子大化。孙于仁，字麟郊，慷慨好义，母舅为假官事牵捕追急，于仁阴以五百金脱其祸。崇祯辛巳，旱蝗大祲，县比贫户粮，日事鞭挞，于仁出千余金代输，全活甚众。官山西潞安府佐，署长子县事，有贤能声，亲老致仕。

陆橓，字羽行。万历二年进士，授工部主事，分署夏镇，以堤束水，以水涤沙，疏浚启闭，亲自经画。尚书才之，进郎中。役竣，推橓首功，迁山西副使，督学政，士习丕变。投劾归，杜门读书，家居二十余年卒。

伍袁萃，字圣起。万历五年进士，授贵溪知县。平赋清徭，惩积蠹，出冤狱，创谢叠山祠，置学田，制大成乐。嗣真人张国祥伪篆事发，廉得其状，具爰书。巡抚曹大埜欲从末减，袁萃坚不易招，曰："官可罢，三尺不可废；腕可断，一字不可易。"升兵部主事，终养归，服阕，起原官。王锡爵再相，奏记建储召对诸大计，时有三王并封事，力引正之。又疏请宜早建元良。升武选副郎，备兵杭严。寻改视学政，力明正学，斥二氏教，拒贵势关节。升湖广布政司参议，分守湖南。榷珰陈奉横甚，力请两台惩之。引疾归。仕宦三十余年，无腴田广宅，所得俸钱，置义田赡族。著有《权书》《贻安堂稿》。

尤锡类，字孝徵，安礼孙。万历八年进士，分较北闱，张居正以少宰司空子为托，咸固绝之。出知真定府，吏进羡金万余，却不受。巡抚橔取例金，持不与，被劾。

部议直之，调襄阳而罢巡抚任。擢贵州副使，值杨应龙叛，署监军事，实伍无一旅。锡类计备土苗，剿抚互用，卒平播贼。晋云南布政，致仕。

张鼎思，字睿甫。万历五年进士，选入翰林，改授吏科给事中，历兵科都给事中。江南水灾，疏请蠲赈。尝有诏取库银十万两，具言边饷所仰给，不宜以供赍予。上为停诏。张真人请帑金修坛庙，执不与。中官出守太和山，欲兼辖军民，援正德中故事，请改敕给旗牌。鼎思上疏力争，事得寝。内艰，服阕，补吏科都给事中。时当大计，条上五事，命著为令。累擢江西按察使。

叶初春，字处元。万历八年进士，知顺德县。时海寇充斥，初春至，建水坝，遏其入路，旋设计擒渠魁，胁从解散。岁饥，设法赈贷，厘正阡陌，清浮赋，葺学缮城，纂辑县志，循良为岭表冠。奏最，擢兵科给事中，转礼科。先是，储位震撼，科臣疏请册立，不得；请出阁讲学，又不许。同官李献可以力争得重谴，莫敢再谏。初春慨然上疏曰："皇长子出阁讲学，系天下人心，仰望皇上之可以对天地而慰人心者在此，臣等之可以效愚忠而事明主者亦在此，臣等诚不敢恋一时之禄位而坐视人心动摇，以负圣恩。天威方赫，斧锧在前，臣等亦人耳，岂不知避讳？顾事关国本，不得不竭愚诚。初非循习故事，为一李献可请宥而已也。幸而愚诚足以挽回圣意，时出内旨，举行盛典，使四方之传闻遂听者共慰快睹之心，则黜一献可固无足惜，并臣等三十三人而尽黜焉亦无足惜。脱或圣意必不可回，是臣等愚诚不足以动皇上，而臣等之所以事皇上者必有所失也。愿与献可同黜。"疏奏，神宗震怒，削职、廷杖，归。逾十年，储位始定。思其言，诏复冠带。又二十年，卒。熹宗即位，追赠光禄寺少卿。初春在披垣四年，所建白悉关国计民瘼，不愧古直臣云。

吴之佳，字公美。万历八年进士，授襄阳县，有善政。擢兵科给事中，历刑科都给事，屡著直言。时册立久稽，礼垣李献可以豫教请，上严谪之。之佳慨然曰："上中坚甚矣，其合词乎？"遂诣同官张栋所，草疏争之。诸臣皆削籍，一时有"东吴三谏臣"之名，谓之佳与栋及叶初春也。天启壬戌，赠太仆寺少卿，予祭。孙适，自有传。

黄钟，字律元，号丽江，更号完斋。万历五年进士，授广东道监察御史，后巡按粤西，更按两浙，还，掌河南道，刷卷京畿，俱有治绩。其按粤西也，猺人窟箐峒，时出剽掠。钟专事抚恤。会府江用兵，严敕将士无妄杀戮，全活无算。行部例具廪馈银，钟峻却之。按两浙时，惩贪墨，剔弊蠹，奸猾屏息。其于谳狱，尤极详慎。迁太仆少卿，告归，额其轩曰"二知"，盖以知足自况也。

丁文蔚，字仲理。万历戊子，以岁贡判南康府事，洁己奉职，其议劝粜、摊湿、详狱、救风诸略，台司刻石为式。迁知云南马龙州。州故牂牁郡，民番杂居，号称难治。文蔚条五事：招流亡，清军伍，浚陂堰，广屯贮，苏马役，上之当道，俱檄行之。未几，岳凤造逆，兵围缅甸，距州四十里，烽火不绝，居民欲奔窜。文蔚于龙兴寺呼父老，泣谕以大义，乃止。亲冒矢石，接战五坡岭，拔五寨。时刘綖以大军进缅连战，缚贼魁，献俘阙下，升赏有差，独不及文蔚。巡按周懋相录其功，上于朝，会有沮之者，奏遂寝。逾年，与部使议不合，解组归。杜门著述，有《礼约家训》《周易解谈》等书。生平不佞佛，尝曰："《大学》絜矩是佛心，《中庸》素位是佛法，馀非所知也。"

姚光祚，字凤梧。万历十六年举于乡，授无为教谕，迁保定府同知。用刑不忍伤人，盗亦自息。岁除，家人进二鸡卵作食，光祚曰："民膏也，敬用之。"尝摄府事，有邑令赴京考绩，进羡金数百。光祚贮之库，以为救荒费。二子来省，布袍归里，竟不能馈粥也。卒于官。

王禹声，字闻溪，鏊曾孙。万历十七年进士，授刑部主事，榷北新关，正羡有程，时称廉吏。擢知承天府，遭税珰肆虐，抄掳富民，逼招产金，祸及学校，诸生吴朝曦等被刃几毙，势如鼎沸。禹声抗不为屈，揭报院道，直陈其恶，遂被珰诬，回籍听勘。后珰败，得白，赠光禄寺卿。

金士衡，字秉中，应徵子。万历二十年进士，授永丰知县，擢南工科给事，兼掌六科事，就进通政司参议，因荐李三才，目为党人。京察，降两浙盐运同知，不赴。后以邹元标荐起兵部郎中，进太仆少卿。天启初，引疾归，卒。士衡以直谏显，官给事时，见中使采矿监税之暴，疏言："刑馀无赖，不知宗社远谋，一旦假以利权，贪饕无餍，如杨荣倡衅于丽江、高淮肆毒于辽左、孙朝造患于石岭，其尤著者也。今水旱、盗贼、兵燹之警所在多有，流离之众易于生乱，忍复横征巧取以蹙之哉？"时边衅四起，举朝泄泄，士衡上疏言："神京资蓟辽为臂肘，蓟镇仗辽左为掎角，辽危则蓟镇不得独安，蓟镇危则京师不得晏然而高枕，此忠臣义士所扼腕痛心者也。"既而甘肃地震，复上疏言："前湖广、顺天、四川、辽东、山东、山西等处，或以天变地陷告，或以牛妖人妖告，今甘肃又以天鸣地裂告，陛下谓治征乎？乱征乎？若知其乱而怠缓从事，是以天下戏也。迩者边军告匮，望阙门而号泣者不可倍数，而大内所积，朽腐自若，陛下何不出帑金数十万，分给九边，俾荷戈之夫效死疆场哉！且税使之出有年于此矣，小民衣食不给，弃坟墓，捐沟壑，而纵横掊克者日夕不止，譬有尪羸垂绝之夫，责以肩重而行千里，鲜有不毙者也。一旦土崩瓦解，莫可收拾，陛下悔之恐无及矣。"疏上，俱不听。士衡清苦自励，作令时，邹元标往晤，见卧具敝坏，馈大布二，叹息而去。曾救总督王象乾起衅，后象乾弟象恒抚吴，意弗谓善也。已廉知士衡清介，称说不置，时人两贤之。

李鸿，字宗仪。万历二十三年进士，授上饶知县。矿监潘相衔命至江西，奸徒陆泰等助其攫噬，鸿多方抵格，凡寝其欲开者六。铜塘山地连闽浙，中多豫章梗楠、铜铁之饶，流民易聚为乱。自宣德以来，禁不得窥足。而泰等说相，必欲违禁开入，鸿力争不从。乃请相先行，按其处，密令人侦山之童者、路险狭不可舆者，偕之步行，预戒邑人敢以食物市者死。相素贵，不胜步，欲还，鸿曰："贵监不信令，疑此山多异材，故至此，不深入，令无以自白。"相不得已行，蹒跚不能进，思饮食又不得，固乞归，惭忿，对其下泣。议遂寝。壬寅四月，有旨停矿税。鸿遂擒泰等三十余人，置之狱。会相过建昌，诸生噪而逐之。遂诬鸿嗾邻郡狂生劫夺税鞘，削职归。上饶民思而祠之。

陈允坚，字贞甫。万历二十三年进士，授诸暨知县。暨俗嫁女竞侈，中户以下至不敢举女，多淹死者。允坚定嫁女式，逾者予上役，其风顿息。兴水利，为民筑堤，远近相度，至夜宿水滨。堤成，民永赖之。治最，转繁崇德。崇邑田以塘东、西分沃、瘠，岁额因之。黠者以沃壤寄籍瘠区，有司恶其诈，均则起科，荒民偿税至鬻卖男女。允坚履亩丈量，次第其额，困乃大苏。去任后，民请祀名宦。允坚通经学，未第时，试每冠曹偶，倡教讲学，士多从之。每乡会榜发，吴中中式者半门下士。及为治，有古循吏风。

汪起凤，字来虞，一号无朋。万历二十九年进士，以县令升工部主事，督木厂。内官王朝不法、纵役盗木，委罪监司。起凤草疏劾奏朝，得罪，晋员外郎，董建正阳门。初，召匠计值估费十八万，起凤请以二万金举事，不敷月，将落成矣。内官衔之，谋以他郎代，竟费不訾，蠹蚀者无算，盖诸珰龉之也。擢江西右参政，时妖言骤起，推孽宗为盟主，将倡乱虔抚间。起凤密捕缚陈鹏等数人杖毙，赣以无事。迁按察使，适虔兵鼓噪，当事者瑟缩惧事，起凤毅然正法，虔赖以宁。时珰焰将炽，崔、魏之党将成。起凤适布政广东，未与杨、左之难，而催办广木络绎乘传，起凤辄枝梧之，中使亦无可如何也。其守正不阿如此。以疾卒于官。

韩治，字君理，号开云，世能从孙。万历丙午举人。数困春官，其学益勤。工楷法，所读书皆手自缮写，人比诸"巾箱五经"。署溧阳县学教谕，造就人材，多成名以去。宅内艰，服阕，补铜陵县学教谕，后谒选知浙江云和县。县僻处深山中，土瘠民贫，复连困水灾，民无所得食，而中原寇急，羽书旁午，方责夙通。治曲意抚绥，日行泥淖中，由是得疾，且出家财代民偿负。居二年，调繁黄岩，云和之民遮道号泣，请留不得，建祠以志去思。黄邑素称繁剧，莅任两月，以旧疾作，卒于官。著有《曲台讲义》。孙焱贵，赠礼部尚书。从弟沐，字君元，号日生，有志操，崇祯壬午举人，国变后堕水死。

刘锡元，字玉受。万历三十五年进士，历官贵州提学佥事。天启元年，永宁宣抚奢崇明反，陷遵义，贵阳大震。巡抚李枟遣锡元与总兵官张彦方等援四川，方告捷，而贵州宣慰同知安邦彦反，连陷诸城，直趋贵阳。时藩臬咸入觐，城中文武无几，李枟与巡按御史史永安分兵为五，令锡元及参议邵应祯等分御各门，学官及诸生亦督民兵分守，贼尽锐攻北城，枟迎战，败之。转攻东门，为锡元所却。乃日夜攻击，城中食尽至食人。锡元议发兵护枟、永安出城，身留死守。会新抚王三善师进，围始解。凡围困三百日，城中十万户，存者千余人，孤城卒定，皆锡元与枟、永安功，进右参政，吏部尚书赵南星等请更优叙，卒无他擢，遂还里。崇祯中，再任宁夏参政。

王鼎隆，字尔殷。领万历己酉乡荐，负文名，端谨惇挚，应贤良方正征，中道堕马，以疾归。研露讲《易》，士多从之游。邑学环绕为玉带河，日久堙塞，科名因之不振，捐橐金浚之。天启甲子，岁大饥，出粟煮糜，全活甚众。工楷书，得“二王”法。

王佐圣，字克仲，大儒里人。父腾程，字雄飞，为王敬臣入室弟子。万历癸卯举人，仕至严州推官。生平破产买书以为乐，多所著述。佐圣举万历壬子乡试，授青浦教谕。崇祯十四年，擢知遵义县。遵义，古夜郎地，向为播寇杨应龙所据。神庙时，始平其地而隶之。地连水西诸苗，以杀戮为耕作。众阻勿往，佐圣曰：“普天率土，无可逃也。”遂叱驭往。既至，嘘枯摧强，民大悦服。相险要地名新站者，筑为新城，曰：“寇至，遏其冲；深入，截其路，城此可以扼夷吭也。”乃招流亡，开边屯，整器械，渭水以西苗夷多受约束。未几，土苗郭士奇、吴尚才拥众入寇，所过焚掠。佐圣督民兵且守且剿，擒郭、吴归，置之狱。遵人举酒相庆。佐圣曰：“决元凶，散余党，祸乃可弭。不然，正未艾也。”上官忌其功，条守御十策，格不行。明年，贼首龙正国、吴尚贤帅大众直薄城下，同官窜走。佐圣冒矢石昼夜拒敌，贼飞梯入城，而郭、吴越狱应之。佐圣知事急，以印付子恪，间道出，命服仗剑坐堂上。贼至，拔剑杀数贼，力屈被害，时崇祯十五年四月也。先是，十里土司王尚明等，听训练，矜奋忠义，闻变，举白旗，进兵追贼于新城，尽杀之。遵城复完，不出佐圣所计画云。

俞琬纶，字君宣，元儒都昌令贞木后，世居南园。琬纶父华六，第进士，延师教纶，阅二岁，略不省。有朱翁者曰："此美玉也，奈何不善雕琢而遣俗工败之？"即留翁与俱。翁任纶所学，纶好左氏、司马书，即与解。期年，曰："是可以为文矣。"纶性机警，文若宿构。举万历四十一年进士，授西安知县。纶治简静，学老氏，民安其所为。公余，挟小胥弄笛，间作诗，吟声相和。或出登高，或扁舟来往，不耐官人体，民益好之。上官谓之曰："卿县事治，稍整饬即可。入台阁，独不可自重耶？"纶以其俗吏，语侵之，因纠纶。纶见弹章云："颇有晋人风度，绝无汉官威仪。"笑曰："君侯之言诚属不谬。"竟挂官归。平生多古文词，书兼晋、唐体。著有《自娱集》。

王心一，字纯甫，号玄珠。万历四十一年进士，由行人司选授江西道御史，累官刑部左侍郎。秉性鲠直，外和内介。天启初，魏奄昵宫姬客氏，权通中外，附膻者夤缘朋比，渐见芽蘖。心一具疏劾奏黜客氏，弹进，忠首发其奸。继又上礼义廉耻疏，纠崔呈秀、倪文焕等数十人危言谠论，历遭降夺，几陷不测，朝右为之缩舌，而心一意气愈奋。崇祯中，以清议掌秋官，多所平反。后知势不可为，因谢政归。筑圃北郭，徜徉亭馆，吟诗作画自娱。值流寇陷京师，吴门诸绅有屈膝贼廷者，心一与詹事徐汧正其罪，未几卒。著有《归田园集》。

龚元祥，字子祯。万历四十三年，以吴县籍举于乡。崇祯辛未，选霍山教谕。时流贼寇江北庐凤间，所在戒严。元祥与训导姚允恭辅县令守御。寇突至，令逸去，元祥率士民固守。或劝之微服遁，毅然曰："食禄而违其难，不忠。临危而弃其城，不义。平日所讲者何事，乃鸟兽窜邪？"城陷，整衣冠危坐。贼缚去，逼令屈节，骂曰："死即死耳，何敢辱我？"贼杀之。子炳衡、婢冬女，亦遇害。越五日，须眉余怒气，以右食指掐心坎中，爪入寸许，允恭泣而敛之。逾日，贼复至，允恭亦死。事闻，赠元祥国子助教，建祠曰忠孝，以炳衡配。元祥尝语门人曰："位无大小，皆可效忠，人亦图所以报国家、利生民耳！"又尝与季子曰："人生当为忠臣义士，形躯有尽，性灵不朽。"其忠孝本之性生云。

陆康稷，字子育，号衷涵。万历四十四年，以吴县籍成进士，除贵溪知县。时龙虎山张真人犯法，康稷捕之急，真人浼权贵人关说，不可夺，卒就捕。调繁庐陵。先是，养济院群丐与富商汪某欧，丐之甲诬汪杀丐，取他丐击毙以证，狱成矣。康稷至，下令覆检。甲召群丐数百，遮道号冤，舆从为不前。康稷念丐且胁制官长，谓汪能死之，无是理。一日，携丐籍按名给粮，竟籍无死丐名。留甲诘责，甲色变，语支吾。康稷大声曰："杀人者汝也。"甲胆落，不能语，一鞫吐实，置之法而立释汪，远近慑服，谓"不愧挫张真人者"。举卓异，议授科员。魏忠贤以邹元标、李邦华荐，恶之，抑授兵部武选主事。故例，锦衣卫考察属兵部，魏良卿掌卫事，疏言："本卫为天子禁，内臣不应属卿贰考察。"事下兵部，尚书不敢议。康稷坚执祖制不便更张，疏遂寝。奉命省山陵，遭忠贤于道，直前与并行，不少让。珰益怒，会廷推文选主事，以名上，矫旨落职回籍。珰败，起主铨政，禁苞苴，别流品。寻以养亲归。南渡后，复起，加太常少卿，仍掌文选郎中。引疾归，年六十卒。

顾宗孟，字岩叟。世居城南之东庄。少孤，读书敦行，事母庄以孝著。万历四十七年进士，除知浙江定海县。县多盗，常探丸相聚为乱。宗孟发伏摘奸，歼其魁，盗悉平。天启初，以卓异征入为监察御史。时珰势猖炽，周顺昌、周宗建相继被逮，宗孟力为挽救，几陷不测。两周公死诏狱，叹曰："有老母在，未敢以身殉也。"遂告归。归之日，母疾方苏，躬亲色养。母性严毅，岁时宗孟衣绣承欢，小不适即命杖宗孟作孺子泣。有巡按御史诣门，门者入告矣，适宗孟长跪北堂，不敢起。御史逡巡移晷，为叹息去。崇祯初，起为福建参议，以母老力辞不赴。年五十二，以母丧逾毁卒，私谥孝介先生。

文震孟，待诏徵明曾孙也。初名从鼎，字文起，号湛持。弱冠举于乡，十上礼部，至天启二年成进士，廷对第一，授修撰。时太监魏忠贤擅权，禁讲学，兴党议，谋尽斥正人。震孟上疏言："勤政、讲学之实，必君臣相对如家人父子，则左右近习无缘可以蒙蔽。"又言："空人国，逐名贤，不减唐宋清流伪学之禁。"忠贤览之，怒，摘疏中语为讥讪，矫旨予杖。辅臣力救免，得降调。未几，以孙文豸《步天歌》事，株累削籍。《步天歌》者，哀熊廷弼诗也。震孟未第时，读书竹坞中，至是归居吴，趋之青瑶屿，与里中周顺昌及甥姚希孟砥砺志节。既顺昌被逮，震孟自度不免，预经理家事，俟缇骑至，即自裁。后竟未及于祸。崇祯改元，复原官，进中允谕德，充日讲兼纂修官。见《光宗实录》皆逆党崔呈秀辈所修，是非乖舛，贤奸莫辨，条列所宜改正数条，疏入，帝御平台，召廷臣议。温体仁、王应熊辈力争，然邪说不胜，卒如震孟所奏。其在讲筵，讲《君使臣以礼》章，反复规讽，帝即出尚书乔允升、侍郎胡世赏于狱。一日，讲《尚书·五子之歌》至"为人上者奈何不敬"，帝时以足加膝，闻其语，即以袖掩之，徐引下。其严惮如此。故事，经筵缺《春秋》。帝以关治道，命择人进讲。震孟讲至"宰咺归赗"，言："咺位六卿之长而坏法乱纪，自王朝始焉。用彼相，大臣为之侧目。"天子额之。八年七月，升少詹事，旋进礼部侍郎兼东阁大学士，入阁辨事。先是，吕纯如为魏忠贤党，已定逆案，后交结吏部，欲借边才起用。震孟纠之，与体仁不合，继又论梃击、红丸、移宫三案不合，方谋中伤而未有隙。既同入直，因深衷俟之。每儗旨，必商之震孟。震孟疏略不及防，后借许誉卿事倾之，遂落职。许誉卿者，故劾魏忠贤者也，官给事中。震孟欲用为南太常，体仁嗾尚书谢升诬誉卿通震孟姻亲申绍芳营求美官，体仁儗削誉卿籍，震孟曰："科道为民极荣事也，公玉成之矣。"体仁露章揭此二语，帝怒，逐震孟归。在内阁止二阅月。归甫半载，值姚希孟卒，哭之恸，未十日亦卒，无恤典。又四年，诏复职赠官，后追谥文肃。

姚希孟，字孟长。数月而孤，事母以孝称。读书修行，负时名。万历四十七年成进士，改庶吉士。天启改元，授简讨，纂修《神宗实录》。五年，分校礼闱，得士为盛。丁母艰，南还。先在官时，魏珰乱政，以千金币欲为母寿，希孟詈而出之。及是，遂以缪昌期党削籍。时钩党之祸，相寻未已，希孟忧伤念乱，尝探林屋，泛具区，思栖土室以自免，遂于墓左构室三楹为泣血之地，精求《礼经》，贞难自守。会珰败，起左赞善，迁谕德。不五年，至少詹事兼翰林侍读学士。希孟在讲幄四年，多所启沃，于用人行政，必三致意焉。文震孟，希孟舅氏也。希孟入翰林，震孟犹未第。后震孟大魁，甥舅同直史馆。熹宗末，又以珰祸俱归林下，至是又同起废入朝。每值讲筵，因事激发，后先侃侃，人谓酷似其舅。寻出为南都掌院，未几，遘疾予告，卒谥文毅。平生为文多华赡，著有《清闷全书》《文毅集》。希孟里第，与文震孟、徐汧俱在吴趋，而隶籍长洲云。

陈仁锡，字明卿，允坚子。年十九，举万历二十五年乡试。闻武进钱一本善《易》，往师之，得其旨要。久不第，益究心经史之学，多所论著。天启二年，以殿试第三人授翰林编修，时第一为文震孟，亦老成宿学，海内咸庆得人。明年，丁内艰，庐墓次，服阕，起故官，寻直经筵、典诰敕。魏忠贤冒边功，矫旨锡上公爵，给世券。仁锡当视草，持不可。其党以威劫之，毅然曰："世自有视草者，何必我？"忠贤闻之怒，不数日，里人孙文豸以诵《步天歌》见捕，坐妖言锻炼成狱，词连仁锡及震孟，罪将不测。有密救者，得削籍归。崇祯改元，召复故官，旋进右中允，署国子司业事，再直经筵，以预修神、光二朝《实录》进右谕德，乞假归。越三年，即家起南京国子祭酒，甫拜命，得疾卒，赠詹事，谥文庄。子济生，字皇士，少师事黄道周、刘宗周，皆传其学，以荫官太仆寺丞。明亡后，隐居奉母，著书甚多，所编《启祯遗诗》皆海内忠臣义士之作，尤有裨世教。卒年四十七，门人私谥节孝先生。

管玉音,字振之,与文震孟、姚希孟俱《春秋》名家,中天启五年进士,历工部营缮司郎中,督造德陵,殚心节费。崇祯己巳冬,京师戒严,议造城上箭帘。大珰欲为破冒,本部尚书张凤翔特荐玉音任之,不日完工,省费巨万。珰衔之,蜚语中伤,廷杖归,养疴数年,卒。犹子定,字子静,邑诸生,少年负才。明亡后,舟山兵变,以名在录中,与刘曙同被执死。

杨大滏,字子澄,兵部尚书成子。为邑诸生,布衣踽步,人不知为贵公子。时王敬臣以理学倡道东南,立说主敬,大滏从之游,与论难,退而沉思,谓:“始终惟慎独,敬臣深嘉起予。”敬臣没后,学者严事大滏。性至孝,居父母忧,哀毁骨立。继丧生母,年及艾,犹孺子泣。兄弟四人,事伯兄如父。仲、季皆早卒,抚其女嫁之。岁饥,死亡相枕藉,买地掩骼,岁以万计。缇绮逮周顺昌并坐赃,大滏置籍为劝输。初,吴人虽急顺昌难,犹惴惴惧及。既见大滏,咸曰:“乃公尚尔,吾属敢后?”咸赴义焉。子廷枢,负盛名,为儒宗,犹中夜立床下,谆谆训诲不少假。年五十九殁,娄东张仪部采曰:“先生庸行皆绝,行孝其大源,而端则其统指也。”因谥端孝先生。崇祯初,祀乡贤。

陈元素,字古白,莽溪人。晚徙塔儿巷。世业儒,为邑名诸生。尝拟解首主司指策中语,颇触时忌,竟抑之,而四方名士益以此重其人。元素长身玉立,言恂恂如不出口,而德器深醇,不妄臧否。经史之外,兼通艺事。书以欧、虞为骨,而出入颜、米。片缣尺牍,人争重之。其蝇头小楷,尤自珍爱。大学士申时行墓碑,时宰叶向高制铭,曰:“必得陈君书,可传我文。”遗以脱粟三百斛,其矜贵如此。间画兰,得子昂法,曰:“此吾作书余技耳。”萧然敝庐,临书答扎,日常无间。年五十余卒,学者私谥贞文先生。从子三岛,号鹤容,有隽才,诗学唐音,早卒,有《雪圃遗稿》。

张丑,字青甫,副使情之孙。父应文,字茂实,博综古今,与王世贞相善,自嘉定徙居长洲。丑少习举子业,不售。潜心古文辞二十年,杜门不出。博览子史,尤嗜太史公书。考订诸家之注,正其讹谬,越十年乃成,名其堂曰“镈史”。又纂《名山藏注》《杜子美集》。晚好法书名画,搜讨古今,上自秦汉,下及当代,为《清河书画舫》十二卷。

严桓,字公介,文靖公讷孙、中书治子。治自常熟移家长洲南仓桥,遂为长洲人。桓幼丧母,五岁绕文靖公膝,见几有《伍行人传》,就阅之,文靖曰:“孺子何知?”桓曰:“易解耳,篇中大义了然。”文靖奇之。会第五子济未有后,命桓后之。桓既出嗣,必数侍其本生父油,油不忍去。念母,辄中夜饮泣。后济生子,桓仍归宗。

念嗣父母抚育恩，暇必往觐。年十二，补诸生，纂述前闻，声誉日起。所交皆当代名人，如文震孟、顾宗孟、姚希孟辈，相与晨夕切磨，后起若徐汧、李模，并以师道事之。自诸公通籍后，未尝轻款其门。有国事来访，则条分缕析，毋少隐。试屡踬，绝意利禄，曰："知遇可忘，书不可不读。"颜其斋曰"困学"，搜历代名贤理学、经济诸书，手自钩纂，积百余帙。卒年六十八。

陈淳，字道复，一号白阳山人，都御史璚孙。少师事文徵明，诗不全佳，殊已动俗。特妙写生，好为奇诡之行。时南院有马姬者，慕淳画，求之不可得。一日，淳游金陵，变名姓访姬。姬盛供张，淳故反其脂盝，遍洒绡幕，姬不怿，淳徐为勾研花叶，点缀苔石，顿觉意趣生动，姬为粲齿。淳曰："何如？"姬曰："画诚大佳，可惜微似陈白阳耳。"淳为大窘。其画格盖脱去徐熙、钱选之习，而变其貌者。子栝，亦能画。

盛环，字龙川。博闻强识，慷慨有才略。神庙初，以贤良征，不赴。授文林郎冠带。吴中赋役不均，吏胥为奸，民多逃亡，朝命清丈田亩。当事辟环任之，民不扰而积弊一清。捐金修郡学，设广文社，俾寒士肄业。又修筑娄塘、匠门塘，为德桑梓甚多。子永，字大年，嗜学，通经史，为郡庠生。入国学，见国事日非，遂归。崇祯十四年，饥疫，出粟赈济。时徭役计丁亩均充，永独倍任，不以及里中下户。生平轻财尚志，周贫赡族。及卒，里人有泣于道者。

袁扉，字雪封，为诸生。幼孤，居祖丧，尽诚尽礼，庐墓三年。母没，亦如之。哭母，气息不属，两目几瞽。或劝之，曰："与其不及情，毋宁过情！予恶夫托先王之礼，以文凉薄也。"遗产悉让诸弟，己与妇晨夕不给，至摘马兰、杞菊为食，妇亦无怨言。族有五丧，未举者代为营葬。妇死，终身不再娶。学使者按部举行优，不受，曰："名教中无一事可质古贤，敢冒滥邪？"旋弃诸生，入深山，教授以终。著有《世范录》《易经阐解》等书。

陈裸，初名瓒，字叔裸，后以字行，号白室。熟精《离骚》《文选》，工山水，一竹一石俱得古人意。名流入吴者，争购裸缣素。晚遁迹虎丘，专于诗。著有《妪解集》。

朱祖文，字叔经，一字完天，诸生。祖先以御倭功，累升都督金事，世袭苏州卫指挥。祖文少孤，母刘励节抚之。及长，读书励行，痛母节未扬，居恒郁郁。周顺昌初未识祖文，文震孟言其状，心怜之，白之当事，得旌。部牒下郡，祖文始知，感激泣下，誓以死报。无何，顺昌忤魏忠贤被逮，时珰焰炽甚，亲友莫之敢近。祖文独诣顺昌所,愿先往为之地,遂间行至都,周旋往来,几为逻者所得。及征赇令急,祖文思贷金完之以缓其死,都门不足,奔走定兴吴桥,告急于顺昌之友鹿善继、范景文等,单骑冒暑,间关千余里,捃摭稍就,而顺昌已毙狱矣。既念弗获视殓,哀恸发病,逾年而卒。弥留之际,犹以顺昌后人为念。有《北行日谱》,记述甚详。当时与吴县朱陛宣称"二朱先生"云。

沙舜臣,字子升。八世祖福一,字春山,有学识,精医理。洪武初,自汴来江南,征入医院,疗军中将士著功效,赐二品服俸。京师大疫,奉命设局拯治,全活无算。福一本儒家,因世乱以医隐官,极为名流所器重。方孝孺为作传。洪熙中,谥贞惠,敕建祠祀。舜臣素尚气节,为诸生,当魏珰矫旨逮周顺昌时,士民坌集,舜臣偕诸生王节、刘羽仪、王景皋、殷献臣、杨廷枢、文震亨等直前,谓巡抚毛一鹭曰:"人情如此,明公独不为青史计乎?曷据实上闻?"一鹭谩应,诸生相与争辨,往复不决。官旗遽呵叱,激众怒,致有群击之事。后狱具,舜臣与王节等诸人并黜。阉败,始释。舜臣事母孝,与弟舜年、舜民晨夕伺颜色、问起居,出门不敢越百里外,时称"一门三孝"。

马士鲤,字云逵。工镌刻。天启间,吴中为魏阉建祠立碑,刻文须能手。巡抚毛一鹭檄府县饬士鲤镌刻,士鲤曰:"安民不列姓名固善,然已污我手矣。"宵遁免。后魏大中被逮,过吴,周顺昌欲以幼女字其孙,仓卒无媒,士鲤任之。子廷,继父业,尝谓:"刀法之有转折,如在人之有廉隅,锋棱一失,柔媚可憎。"近柳诚悬笔谏之论。

徐汧,字九一,源五世孙。幼孤,砥行。天启中,魏大中、周顺昌相继被逮,汧为贷金资其行。崇祯元年,成进士,寻授检讨,中允黄道周以言事贬官,其同年生倪元璐请代谪,不许。汧上疏颂道周、元璐贤,且自请罢黜。疏至再,帝不听,乞假归。还朝,迁右庶子,充日讲官。十四年,奉使益王府,便道旋里。周延儒再柄国,数招汧,汧不应。时复社诸生气甚盛,汧忧之,常曰:"太邱道广,宏奖人伦而标榜名流,易滋物忌,非所安也。"无何,党祸起,识者以为知言。居久之,闻京师陷,一恸几绝。福王召为少詹事,汧以国破君亡,臣子不当叨位,具疏固辞,且痛宗社之亡,由于朋党,移书当事,劝以力破异同之见。既就职,陈时政七事,曰辨人才、课职业、敦寅恭、励廉耻、核名实、纳忠说、破情面。复惓惓以化恩雠、去偏党为言,而安远侯柳祚昌疏诬汧:"朝服谒潞王于京口,有异志,自恃东林巨魁,与复社杨廷枢、顾杲诸奸狼狈相倚,出不臣语,请置之理。"会国事方棘,奏竟寝。汧亦移疾归。

明年,南京失守,苏、常继下。汧慨然太息,作书诚二子枋、柯,自投虎丘新桥下死,年四十九,时闰六月,阅三日,颜色如生,郡人赴哭者数千人。谥文靖。

蒋灿,字弢仲。父育馨,清流知县,以廉惠称。灿中崇祯元年进士,除余姚知县,调上蔡县,修城闉,严保伍,练壮勇,为守御备。流贼不敢犯。升兵部主事,历员外郎中,擢天津兵备参议,缮卫城,作三台于丁字沽、杨村、杨柳青以为捍蔽,保全南浙白粮数万、南直解饷十万、长芦盐课六十万。坐事谪戍福建,赦归。明亡后,杜门养母。母殁,哭泣病目至双瞽,卒年六十九。

宋学朱,字用晦,纯仁曾孙。少警敏,以习《小戴礼》知名。登崇祯四年进士,授南京工部主事,察廉补礼部,改云南道监察御史,侃侃不阿,至为党人所忌。十一年,本朝兵破居庸关南下,适奉命巡按山东至章丘,济南告急,学朱急驰至,条陈方略,上疏求援,而巡抚颜继祖、总督高起潜拥兵不救。学朱叹曰:"此省会重地,且有藩王在而守卫单弱乃尔,吾无死所矣。"亲率疲弱登陴,未几,城陷,偕巡道周之训力战南门城上,死之。长子德宽,匍匐千里,购尸南门下,悉腐骴,不可得,招魂以殓。

顾绳诒,字敬承,葑门人。其志仲子。崇祯庚午领乡荐,授仁寿知县。时流贼张献忠破蜀,据会城。以绳诒循吏,素得众心,遣人说之降。绳诒大声叱曰:"汝不识顾某为何人,吾恨不剚刃贼腹、雪国耻,顾从汝邪?"骂不绝口。说者去,绳诒驰马入学宫拜先圣,复向阙拜,自经死。民感其义,瘗龙脑桥侧。初,绳诒举于乡,与同榜杨廷枢、张溥、陈子龙、郑敷教、盛王赞诸人会于虎丘,廷枢扬觯前曰:"同人中有能为方正学杨椒山其人者,卒此爵。"杨盖自谓,众亦共目杨。顾应声起曰:"绳诒能引爵一饮尽。"众未然之,以顾平日和易岂弟,无赫赫名也,后竟酬其言。南都破后,杨亦不屈死。

周大启,字开美。崇祯甲戌进士,历知黄州府事。流寇屠掠全楚,黄州城已毁。大启至,召民版筑,匝月城完。迁督学,道抵辰州。贼至,率土司及吏民逆于桃源,贼不敢犯。甲申闻变,望阙再拜,不食死。士民哀恸,稿葬于辰州永顺司之小乾溪,立祠祀之。

吴适,字幼洪,之佳孙。少颖异,稍长,从杨廷枢受学,中崇祯十年进士,释褐衢州司李,决狱多所平反。有妇讼夫死于井,牵连无辜,历官不能白。适至,以片言折之,卒实妇罪,郡人呼为"神君"。以卓异征授户科给事中。时遭丧乱,南都马、阮柄政,群小丛集,阁臣姜曰广、御史刘宗周相继去。适愤,极言老臣沦弃可惜,而勋臣赵之龙荐举匪人,壅遏言路,特疏纠之。时适进兵科,而总兵宁南侯左良玉方与马、阮交恶,举兵焚武昌以叛,忌适者谓出适意,指适荐侍郎杨鹗疏中有"与良玉忼慨同仇"语为证,遂下于理。于是,逆党诸臣争欲杀适,狱方急,会南都不守,得脱归,治西园读书。年四十,筑不动轩,自谓有契于孟子之旨。又十年,卒于家。子四:瞻、诜、谌、诵,皆有文。瞻登癸丑进士,谌高邮州学正。

盛王赞,字子裁,本吴江人。少孤露,依外家以长,居阳城,后移居娄门。中崇祯丁丑进士,年已五十余矣。除知兰溪县,发摘如神。邻邑汤溪有奸徒聚众,引漳汀人抄掠,令不能治,巡抚檄王赞办之。比至,服其威名,曰:"龙图包爷也,奈何犯之?"即解散。止缚其魁三四人,境内贴然。素清苦,自食粗粝,妻布素,衙斋中不辍纺织,几莫辨为命妇。举卓异第一,入觐,条地方利弊三事:曰南粮,曰驿递,曰盗贼。上嘉奖之。以忤巡按王范意,弹奏落职。一日,上语阁臣:"盛王赞何以被参?"奏对:"不善事上官。"上曰:"此强项令也。"甲申,吴抚张国维乞为东阳令。国维,东阳人也,遂补官。甫莅任,丁内艰归。鼎革后,仍居阳城,有同年友按吴,延访政治,不答。固问之,曰:"吴中良善,不为强梁辈鱼肉,盛某拜赐多矣。"时直指欲姑纵土豪奸胥某某未决,缘此语,遂置之法。晚岁,不能具饘粥,吴人过兰溪遗爱祠,见守祠僧徒宽然衣食,曰:"盛公转不如也。"其清风可想见云。

刘曙,字公旦。崇祯十六年进士,授南昌知县,未赴。南都失守,归隐蠡口。居父丧时,哀愤赋诗,未尝一至城市。丁亥,上海诸生钦浩通款舟山,疏吴中忠义士二十三人,以曙为首。曙实不识钦也,其书为游骑所获,巡抚土国宝密令知府吴崇宗掩捕,曙从容就缚,口授绝命词别母。既见国宝,不屈,械送江宁,下狱八旬,与昆山顾咸正、松江夏完淳纵横诗酒、谈说忠义为乐。二子蕃、苏亦逮至,系上元狱。曙手书问母起居,勖二子以砥砺名节。九月十九日赴市,连呼高皇帝而死。初,曙以父病笃,割左股,痕三寸许。至是,其仆觅尸,视股痕为验云。时同邑顾珍,兵部主事;顾宗尧,工部主事,并从鲁王,舟山城破,与大学士张肯堂同日自尽。

陈宗之,字玉立。祖光祖、父继华,皆举人。宗之攻苦力学,崇祯癸酉,以《春秋》举于乡。癸未会试,中乙榜,授推官,以亲老辞归。性端方沈笃,邃于古学,博洽多闻,诗文无纤靡之习。著有《持论》《古乐府》《匏园赋草》《山志》等书。

顾熙,字元亮。父兆祯。熙性倜傥,处事井井有条理。父殁,年方十龄,内则孝事大父及曾祖母,外则经理家务,僮仆不敢欺。父喜济人缓急,积券数百金,至是尽焚其籍。既长,承父志,乐施与,往还皆当世贤俊。鼎革后,隐居真珠坞丙舍,名节之士咸就熙避难,熙悉纳之,相与言忠孝不倦。生平伦教自任,不谈禅,不尚游侠,不流畸异,而胸中傀儡幽噫,人莫能识也。殁,乡人私谥孝恭先生。

许元溥,字孟宏。父自昌,中书舍人,以笃行称,构梅花墅,聚书连屋。元溥生而沈静,日出其书,遍观之。于经艺罔不淹通,尤邃于《易》。立高阳社,课子弟。喜购书,自号"千卷生"。崇祯庚午举于乡,不仕,卒,友人私谥曰孝文。

林云凤,字若抚。启祯间,以诗名吴中。其诗稳顺,格在中晚间,不为钟、谭所移。年八十余,卒。著有《自可编》及《诗谈》数卷。

顾凝远,字青霞,九思孙。承祖父荫,绝远纨绮,刻尚风雅,隐居不仕,筑室齐门,即今之花溪。多蓄图书、彝鼎、商周法物,素与文震孟、周顺昌、姚希孟诸人善,时相过从,谈讨古今,置酒欢笑,不复知人间名利事。尤通画理,师小李将军层峦叠嶂、金碧攒蹙,华亭董其昌尝三过而三跋之。晚年,惟以画自娱。后因门下客骤贵,欲引之为重,不屑就,客衔之,将设计倾陷,转徙避地,用是破家,穷愁以卒。

朱寿阳,祖文子。祖文,即以身殉周顺昌之祸者。寿阳少岁补府庠生,世袭应得苏州卫指挥,让于弟寿康。寿康死,让弟寿增,寿增未受也。适遭父大故,家贫,无以给。执友文震孟劝袭职,辞曰:"吾与先子言矣,不可以贰。"坚使弟就官。当父之有疾也,尝刲股肉代药。既殁,一言一行唯恐违。曾祖都督先以御倭寇功建专祠京口,逆阉矫旨变易天下祠院,都督祠亦在毁中。寿阳负病匍匐泣诉当事,祠赖以存。阉既诛,郡县以顺昌故,重其父,推德其子,赠官产五十亩,弗受。又赠金,弗受。人益重之。生平有经世略,尝条十七议于抚臣张国维,时见采用。著有《筹时迂论》。崇祯壬午,诏访庠序岩穴之士,抚臣黄希宪檄府保举,知府陈洪谧以寿阳荐,授五经博士,不就。崇祯末,终于家。

尤挺秀,字实甫,代居斜塘,孝行著乡里。母没,几灭性。事兄递衣公食,兄佻荡,废业负逋,代偿者屡。后割产让之。岁大饥,邑令祁承爌聘主赈济,勤而不私,全活无算。斜塘界吴淞、金镜湖之间,素洼下,遇潦岁,民苦征输。请于令,列版籍、水区,远近蒙惠。太守陈洪谧重其行,举乡饮宾,年八十二没。子沦,字远公,能继父志。置役田,立义冢,赈贷贫者,辄焚券。子七人,仿晋刘殷遗意,分治"五经""二史",名堂曰"七业"。子贵貤封,出入不轩盖,乡人高之,年亦八十余。

薄珏,字子珏,籍嘉兴县学。其学精微奥博,凡阴阳、占步与夫战阵、屯牧、制造、雕刻,皆以口代书,以手代口,无远近皆叹服。然莫测所传授,即他人亦不能传也。崇祯中,流寇犯安庆,巡抚张国维令珏造铜炮,炮发三十里,每发一炮,设千里镜视贼所在,贼先后糜烂。又制水车、水铳、地雷、地弩等器,歼贼殆尽。国维荐于朝,不报。退归吴门,萧然蓬户,室中器具毕备,操觚著书,暇忽煅炼,忽碾刻,忽运斤。尝造浑天仪,周围不逾尺,而环以铜尺,日月之盈缩朓朒、星辰之宿离伏逆,不爽累黍。其法用直线分割圆轮,以有定之角絜无定之边,东西南北,远至亿万里,如在咫尺,即所谓勾股法也。尝论汉、唐、宋诸历家推算,独推郭守敬《授时历》,谓天、地、人各占二千四百一十九万二千,合七千二百五十七万六千为一元,从后推则每年增一,从前推则每年减一,以子半虚六度,积成岁差,每岁差一分五十秒,积成六十年,遂退一度,由是证之邵子元会运世,又上证之汉志章蔀纪元,无不符合。又言:“今世配易于历,皆强为比合,吾与之辨,未必服,然存吾说于后,令崔浩悟高允为是可也。”其名海外亦重之。著有《浑天仪图说》《行海测天法》《天体无色辨》《天形北高南下辨》《素问天倾西北之妄辨》《荧惑守心论》《格物测地论》等书。

许琰,字玉仲。幼有至性,尝刲臂疗父疾。为诸生,磊落不羁。闻京师陷,帝徇社稷,大恸,誓欲举义兵讨贼,走告里中,荐绅皆不应。端午日,过友人,出酒饮之,琰掷杯大诟曰:“今何日?我辈读圣贤书,尚纵酒如平日耶?”拂衣竟去。已聚哭明伦堂,琰衰杖擗踊,号泣尽哀。御史谒文庙,犹吉服,琰率诸生责以大义。御史惶悚,谢罪去。及南都颁监国诏,而哀诏犹未颁。琰益愤恸,趋古庙自经,为人所解。乃步至胥门,投于河。潞王舟至,拯之出,询其故,嗟叹良久。识琰者掖以归,家人旦夕守之,不得死,遂绝粒。寻闻哀诏至,即庭中稽首号恸,并不复言,以六月三日卒。乡人私谥曰潜忠先生,赠五经博士,祀旌忠祠。

顾所受,字性之。幼颖异,为邑令江盈科所赏。年十一,补诸生,从管志道讲学。喜交游,有盛名。然性严重,以礼义自守,学者惮之,称为“东湖先生”。甲申之变,闻许琰死,哭曰:“吾乃不能与君同死,愧君多矣。”为之作传。及南京不守,郡县望风瓦解。所受叹曰:“今日人心如此,皆缘不学。”乃作《卷堂文》,辞文庙,五月二十八日赴泮水死。

顾维寰,字含英。为诸生,喜谈古今忠烈。崇祯甲申四月,帝凶问至吴,诸生哭于郡学蛾集。巡按周一敬谒庙,衣绯衣,鸣金呵殿,扬扬而来。诸生张长澜与维寰奋前直数曰:“此乾坤何等时,犹服此服耶?”指明伦堂额示之,裰其服。一敬惶悚,然犹称流寇为西兵。维寰唾曰:“逆贼逆天犯上,凡带毛发含血气者,皆欲食贼之肉。公称如敌国,意何为?”一敬不敢对,逡巡去。两人叹曰:“祖宗养士三百年,今高爵厚禄者如此，大事可知矣。"是夜，误传长澜自经。维寰曰："我不可后。"越五日，经于祖墓前古松树下。维寰籍学宫时，系赵姓，故或传赵维寰，实一人。长澜虽未死，然亦终身不辱志行。

许王家，字君聘，郡学生。国变，隐居摇城。有吏趣之出，封利剑一，示以期曰："不出则死。"王家曰："死，分也。吾固甘之。"或谓王家："君一诸生，未食天禄，胡遽以身殉？"王家曰："君臣之义，岂论仕不仕耶？吾读孔子书，杀身成仁，求生害仁，已讲之熟，公等勿复言。"以父母属妻，顾曰："尔善事堂上，吾不能终养矣。"父母知志不可夺，含涕谓曰："女行女志，勿念我二人。"王家肃衣冠，再拜，赴湖水死，年三十有九。

卢渭，字渭生，长洲诸生。为督师史可法幕客。初，可法出镇淮扬，渭等伏阙上书言："秦桧在内，李纲在外，宋终北辕。"不纳。居礼贤馆久，可法才渭。渭方岁贡，当得官，不受职，而拟授昆山归昭等二十余人为通判、推官、知县。甫二旬，扬州城陷，渭监守钞关，投于河。归昭等死西门，从死者十七人。

殷献臣，字汝劼，诸生。少与周顺昌、朱陛宣同学友善，一时人望有"五奎"之目。顺昌被逮，献臣奔走周旋，几及于难。国变后，不食死，乡人私谥孝终先生。

蒋若来，字龙江，世居娄门。形材短小，独臂，善骑射，家贫流落，巡抚张国维异其才，拔自行伍，以把总守江浦。流贼薄城，蚁附而上。若来提刀截杀，应手而毙。方坐城楼下，俄见贼金冠紫袍者握大石直前，击中若来面，仆地，贼乘势合围而前，若来奋跃登城，射殪其酋，复发大炮，击杀三千人，以功擢游击。守江浦、六安、宿松之役，无援，败绩。累迁浙江总兵。后与朱大典守金华，城陷，令长子出，集妻妾子女于厅，纵火焚之。提刀巷战，杀四十余人，自刭死。

沈璜，字璧甫，居虎丘之西。善谈诗，长身赪颜，类河朔间人。重气任侠，往往急人之难。尝游辽左，督师袁崇焕延为上宾。崇焕误杀岛帅，璜知为失策，即辞去。崇焕殁后，痛其罪疑辟重，酒阑灯灺，未尝不声泪下也。乱后之乌目山，夫妇为兵所害。

汤传楹，字卿谋，比部本沛长子。少与父志行殊辙，而又难自口出，虽为贵公子、高才生，恒邑邑不自得。善诗歌，得昌谷体。年二十五，值甲申之变，感愤死。妇丁哀恸，越宿死。有《湘中草》行世。同时负才而夭者为陆寿国，字灵长，提学檄孙。母病，昼夜不离侧三年，与弟寿名友爱无间，赴省试，道卒，年二十六，私谥孝简。

陆世廉，字起顽，号晚庵。祖象闰，嘉靖己酉举人。世廉为诸生，有文誉，试辄高等。仪度修伟，长于说经，从学者众。九试乡闱不售。崇祯庚辰，以荐授广州府通判，在南中累迁光禄寺卿。遭乱，崎岖归里门，二十年屡空晏如。著述甚富，年八十五卒。

蒋钅玄，字伯玉，世为蒋圩人。蒋圩故名邓巷，圩由蒋名也。未弱冠，食饩于庠，讲经济学。南刑部侍郎王心一幼与共学，凡军国重务，降心商确。时流寇蜂起，朝命心一修留都所属城，费帑金数万，人役百万余工，心一专委之钅玄，上不费国，下不蠹民，功速而城完，当路者知其才。张国维抚吴，尤敬礼。以四方多难，咨人材于钅玄。钅玄荐布衣程周祜知勇可用，即以兵柄授之，后于六合大破流寇。国维寓书于钅玄，谓："使寇不得渡江而南，皆君荐士力也。"程官至总兵，后为头陀，隐阳抱山。崇祯十二年，诏举贤良方正，国维首荐钅玄。筮《易》，得随之"明夷"繇辞云："日在阜颠，向昧为昏。小人成群，君子伤伦。"蹙然曰："此何时？尚不思韬声匿迹耶？"称疾不赴。同时应辟者皆晋显秩，而钅玄老于诸生。易代后，弃绝世事，年七十六终于家。时陈道立，字企扬，甫里人，于书无不读，尤喜论兵。崇祯辛未，流寇南下，张国维督师御贼，以道立为记室，有调度功。贼退，叙绩题请，不受。国朝初，总督李延龄以人材荐，不起。晚年，以诗酒自娱终。

文从简，字彦可。祖嘉，和州学正。父元善。从简为郡诸生，端方自守。母王穉登女，甘贫守约，能训其子，从简事之甚孝。年逾六十，始以岁贡入京，不就选而归。寻遭世变，隐于寒山之麓，居五年卒。子柟，字端文，女俶，嫁赵均，亦有才名。

卞文瑜，字润甫。工画山水，不名一家。或问所得力，曰："得乎心，运乎气，忘乎机，不求肖古人也。"生平无定居，或寓结草庵，或竹堂寺、东禅寺，炉香茗碗，到处自随。每日二童子侍侧，一供磨墨，一供涤研，俱通画理。有以势力索取者，命童子点笔应之。太仓吴伟业作《画中九友歌》，文瑜与焉。女夫俞丝，亦以画名。

陶唐谏，字正吾，周庄人。性嗜善，壮岁遇乡农某，葬亲于所佃田畔，田主讼之官，将毁冢。唐谏令迁葬己田中，田主甚惭。有地师寓吴，寄白金百金归，后三十年，其孙来吴，询之，两世奄忽矣，哭之恸，以所寄还之，封识宛然，其孙不知也。所居相近有急水港，为往来要津，向无渡船，每风雨辰，民苦不堪。唐谏设方舟济人，捐田以食舟子。晚岁，为善益力。初，年四十余无子，有相者相遇曰："君阴行善，当生令子矣。"四十三，果生子。后年九十一，见四代，与宾筵。考终，邦人谓之"备五福"焉。子天民，字万若，郡学生，有文行，承先志，利济无倦，年亦八十余。同时有张处士士隆,字君茂,张家港人,嗜善不让唐谏。康熙丁巳大疫,村民遍染,人不敢叩门,士隆按户亲给医药,全活甚众。庚申,常州饥,流民至吴,倾困仓活之。唐谏之设渡利涉也,港在长洲县界。而吴江县界亦名急水港,亦旧无渡船,士隆亦割田设渡,并设沈舍港,渡远近杠梁,或葺或建,补唐谏未足。缘此两姓屡通婚姻。士隆燕居必整衣冠,寝疾不敢怠惰。遇盗劫,正襟危坐,盗曰:"君得毋张善人耶?"舍之去。既没,里党思之。

施武,字鲁孙。事亲孝,佯狂玩世。工诗,善草书。崇祯间,游于滇,有《楚游草》《西览篇》。同时有张屈,字醒公,乡里私谥贞节先生。其诗高寒类孟东野,而幽渺过之。

郑敷教,字士敬,光宙子。湛深经术。天启中,吴中倡为文社,敷教与焉。崇祯庚午,与同社杨廷枢、张溥、陈子龙、夏允彝同举应天乡试。是时东南文士统会于吴,号为复社。敷教生徒之盛,亚于廷枢。两人俱为乡里所宗,时人语曰:"前有朱张,后有郑杨。"丁丑,举贤良方正,以母老辞。晚岁隐居教授。著述甚富,尤深于《易》。诗宗杜陵,书法在苏、米间。年七十卒,门人私谥贞献先生。同榜举人陆坦,字履常,自嘉定徙居郡城,有学行,与廷枢、敷教及许元溥称"吴门四孝廉"。明末授南丰知县,不赴,隐支硎、邓尉间。年六十余,以穷饿死。

叶襄,字圣野。少颖敏,父教授江左,从母受学。母张,贤母也,谕襄曰:"子瞻年稚,弗克从明允以游学;邴原家贫,复弗能入乡塾以从师,奈何?"襄闻命,锐志经学,为名诸生。时杨廷枢联复社吴中,襄执经称弟子。甲申后,高隐不出。诗屏钟、谭余论,严持科律,一以唐人为师。

朱隗,字云子。治博士业,尚文藻。天启中,吴中复社聚四方积学之士,隗与张溥、张采、杨廷枢、杨彝、顾梦麟等分主五经,驰驱江表,为一时厨顾。诗宗中晚唐,钱谦益称"为徐祯卿、唐寅之流亚"。晚岁当贡,隐居不出。著有《咫闻斋稿》。弟陵,字望之,亦能诗画。

李魁春,字元英,号筼叟。为诸生,好读书,治《春秋》有声。思陵殉国问至,北向号恸,有死志。家人日夕玩守,不得死,遂弃诸生,凿坏高隐以终。与同邑许琰为莫逆交,琰死节,魁春泣曰:"玉仲死,我何颜独生?玉仲死而我生,我无以妥玉仲魄,我益滋戾。"玉仲,琰字也。收其骨,葬白公堤南,抚恤其家。南都再建,倡同志呈请当^①路，赠琰翰林院典籍。有巡抚御史闻其名，屏驺从过访，劝之仕，径拂衣入，御史逡巡谢去。晚与遂宁李实竹墩、沈钦圻友善，相与徜徉山水，对酒悲歌，以消其抑郁。纂述最富，鼎革时，尽委诸烬。性喜种竹，庭前有竹数竿，清风洒然，颜其斋曰"竹隐"，因又号"竹隐先生"。

程周祜，字宾容，长洲之阳山人。以勇力智略闻。崇祯八年，流寇张献忠攻桐城、潜山、太湖、江浦诸县甚急，巡抚张国维访奇士能战守者于征君蒋铉，铉荐周祜可任使，国维授官守备。周祜与马爌、程龙、蒋若来诸人先后破贼于江浦、六合，斩首数万。献忠遁入庐、霍，国维寓书于铉，谓："使寇不得渡江而南，周祜与有力，君之荐士，真有识也。"拔周祜为副将。后屡立战功，官至总兵。易代后，为头陀，隐居阳山，平剧盗。康熙十二年，逆藩吴三桂畔，耿、尚二逆应之。时巡抚马祜欲奏令周祜出师，先令布阵于广场。周祜错乱方圆首尾，挽强弓未及半，巡抚哂曰："老矣！"以头陀终其身。

---

① "当"，底本原作"富"，据文意改。

长洲县志卷之二十四

人物四

国朝

杨补，字无补，号古农。父润，自江西清江徙长洲。补少好读书，工诗画，性孝谨，重然诺。游京师，馆阁诸公皆与定交。后交金陵顾梦麟、高淳邢昉，刻意为古淡之学。甲申闻变，归隐邓尉山。南都再建，柄国者屡招之，不出。素善徐詹事汧。马、阮用事，修复社怨，购汧急。补慷慨如金陵，诣杨文骢，责以大义，得解。欲予以官，坚辞归。汧靖节，哭之极哀，郁郁数年卒。子焴，字明远，髫岁能诗。乙酉后，弃诸生，奉亲以隐，更字潜夫。

顾廷铸，字佩坚。少有文名。父绳诒，知蜀仁寿县。张献忠破成都，不屈死。廷铸孑身入蜀，遇川水暴涨，遭豺虎，坠深渊，屡濒于死。至成都，不知父瘗埋处，呼号于路。有遵义民怜之，与辗转相寻，始得于龙脑桥侧。扶榇归，往返万四千里，阅四寒暑。抵里门，须发皓然矣。

史兆斗，字辰伯，吴江处士鉴后，徙居长洲。少为诸生，不得意，弃去。肆力于古，博通前明典故。暇则为人称说，并及故家遗老流风佚事，娓娓不倦。尤喜蓄书，积数千卷，斋居萧然，惟事雠校。逮事刘侍御凤、王校书穉登，方矩阔步，危言正论，犹有前贤之遗。性刚直，见少年浮薄者，数叱斥之，其人面发赤，弗顾。苍颜长髯，衣服朴野，对之俨如图画中人。与汪编修琬交，尝告之曰："《长洲县志》绝不称意，中所难者，人物耳，吾删定已久，今当授子。"其后亦竟不果。年八十四卒。贫，无子，藏书散佚。

周茂兰，字子佩，顺昌长子。顺昌被逮，茂兰尾舟徒行至京口。顺昌麾之返，茂兰哭绝江干，良久苏。顺昌死狱，丧还，茂兰泣血。三年，思陵诛逆奄，赠顺昌太常寺卿。故事，赠官死忠谏经恤荫者，其父母、妻室给封而不及祖父母。茂兰曰：

"嗟乎！吾父从福州推官赴行取，尝缝布囊贮所积俸银为禄养献，潸然泪垂，顾茂兰曰：'安得即貤封吾祖若父哉！'今追赠在迩，而例止父母，奈何？"恸哭，翻《会典》，自夜达曙。忽得一例云："凡以死勤事者，恤典取自上裁。"因刺指上血疏，请诛奄党倪文焕，及三代诰命。姚希孟阅之，谓有鼎湖劝进语，以为非所宜言。又悯其十指已枯，劝易墨书。茂兰刺舌血再书以进。帝悉，报可。一时死忠者皆全给。既归，好学砥行，隐居不出，不就荫叙。汤文正公斌抚吴，式庐就见之。殁，私谥端孝先生。弟茂藻，县学生，亦有文行。子靖，孝友，守祖父家法，从当湖陆侍御龙其游，涵养有得，尤精六书之学。著有《篆隶考异》。

彭行先，字务敏，号贻令。父汝谐，万历丙辰进士，未释褐卒。行先淬志于学，欲借科第自奋。会友以场屋事被讦，阴援行先为左证，牵连见褫。或劝其讼诸官，行先曰："功名细事，奈何陨人家声？"乃走京师，上书自雪，未尝归狱其友。以拔贡谒选，考授县令。甲申后，志不求进，肆力于古，尤善书法。晚年从孙定求、孙宁求相继入翰林，家门鼎贵，处之淡如。键户谢客，以图书自娱。与郑敷教、金俊明俱以巨人长德见推士大夫，时称吴中三老。年八十二殁。

顾苓，字云美，太仆卿存仁后。少为诸生，好金石、碑版、鼎彝、刀尺、款识之文，不求仕进。瞿稼轩致命后，捕其子急，苓隐其姓名，育于家，俟禁弛后，明其为稼轩子，以女妻之。筑室虎丘山塘，萧然栠几，暇则临摹秦汉印章，肆力分隶书，时无出其右者。所交皆当代逸民。无子，没后友人葬之。著有《塔影园稿》。

刘龙光，字蓼萧。父廷谔，为益王府长史。遭乱，挈家避兵白石岭下，依其友姚肃甫以居，寻卒。龙光以省试还里，兵后不知父母存殁，徒步至建昌，访益府故旧，无存者。祷张令公祠，夜梦神告以石漈语。觉，询土人，无有知其处者。龙光彷徨道左，遇一尼，谓曰："在闽粤之交，由僻径以往，七日可达。"如其言，越通仙岭一线天，蚁行上下，荆棘蔽道，血渍足踝。一日登山，见山下有村，流泉决决鸣石上。龙光心动，以为石漈也。叩户，则母在焉。父殁逾年，殡板屋中，乃大哭。村民皆来观，曰："宋时孝子王龙山于此见母，故堡以见娘名。今子复见母，是亦孝子矣。"咸助其舁父棺、奉母归里，孝养十余年终。

沈钦圻，字得舆，居葑溪之竹墩。补诸生。南都再建，知时事不可为，即弃去，专力为诗。教谕魏县刘永锡隐居阳城湖滨，织席以食。钦圻授徒其地，时遗之粟，间或相携登荒丘，吊落日，酣嬉歌哭。永锡殁，与陆泓、陈三岛、徐晟经纪其丧，葬之武丘。生平待人以诚。除夕，有黠者以中途被劫，诉非数十金不能治装归，尽检橐中金予之。既知其伪，童仆窃笑，钦圻曰："吾不逆其诳也。"布衣藜杖，莳花灌畦以终。其诗初模刘随州，中年感时伤乱，师杜少陵，后出入乐天、剑南。陆太仆世廉云："钟、谭狂药，毒遍天下，不能毒沈君，大是豪杰之士。"可谓知其深者矣。孙德潜贵，赠内阁学士兼礼部侍郎。

徐汝璞，字我石，号雪渔，居周庄，近白蚬江。性孝友，雅善诗歌。时自棹一艇，绿蓑青笠，吟啸出没于波浪间，见者疑为陆天随、张志和也。弟汝珍，字次玉，与贵池吴次尾、宜兴陈定生交。马、阮用事，逮捕二人，将及汝珍，汝璞乃匿其弟，转徙避地以终。著有《塞斋集》。

俞餐，字受之。幼孤力学，年十七，补诸生，潜心《六经》，尤邃于《易》。晚年隐居山馆，学者称芹庵先生。著有《论语述说》《孟子详说》《大衍说》等书。

沈明抡，字伯叙。少为诸生，精于《春秋内外传》。吴中明《春秋》者不数家，明抡为最。经其指授获隽者不胜数。徐孝廉枋，其高弟也。崇祯癸酉，中北闱乙榜，钱尚书谦益延主讲席。南都破，曾劝尚书殉身曰："公受恩深，毋游移也。"尚书不能从，明抡不复相见。后幅巾布袍，绝意科名，仍以《春秋》教引生徒终。

韩洽，字君望。少有志操，为郡庠生。国变，自投泮水，家人救起之。妻死，不再娶，曰："国亡矣，安用家为？"无子，孑身入阳山，以著述自娱，足迹不入城市。汤文正斌抚吴，慕其贤，欲见之，避去。著有《四书》《仪礼》《礼记因注》《阳山志》《寄庵集》等书。

徐枋，字昭法，号俟斋，詹事汧子。弱冠，通《十三经》。年十九，中崇祯壬午举人。乙酉国变，詹事家居殉节，枋脱身亡命，栖息土室，又为逻者所得，逃东渚。后禁令稍弛，避地上沙之涧上，羹藜饭糗，每至下春不糁，晏如也。终身不入城市，不通宾客，卖字画以给。字仿孙过庭，画师董、巨，诗文出入韩、柳间，长言咏叹，每多危苦悲哀之什。读书外，竟日不出一语。汤文正抚吴，慕其高节，屏驺从诣门，自通曰："中州汤斌求谒。斌亦苏门孙征君门下弟子，幸无相避！"枋遣守门苍头曰："已入秦余山中矣。"文正坐门外久，叹息而去。征君孙钟元，名奇逢，明孝廉，隐居苏门山，讲濂洛之学者也。枋年七十殁，著有《居易堂集》。

徐柯，字贯时，枋弟。枋天质木强，硁硁古道；柯风流爽朗，有翩翩之概。父汧死节，枋逃隐涧上；柯亦弃诸生，浮沉城市，晚僦居齐女门，箪瓢屡空，以土挫瓦盆煎糜煨芋，并日而食。益都孙文定、静海高文端两相国，皆汧门下士，招之不往，间或逍遥山水，跌宕于酒旗歌扇间，枋闻之，意弗善也，然相视仍莫逆。临死，以藏墨一函寄尤检讨侗，属作佳传。侗因比其昆季为首阳之清、柳下之和云。

邵弥，字僧弥，蠡溪口人。清羸顾秀，好学多才艺，诗宗陶、韦，画仿宋、元，草书出入二米，楷法直逼虞、褚，小帧尺幅，人皆藏弆以为重。居曰颐堂，置一榻其中，以药炉茗梡自娱。性舒缓好洁，整拂巾屐，经营几砚，皆人世所不急。烦数纤悉，僮仆患苦，妻、子窃骂，终其身不为改。中年得下消疾，没。长子豫，渡河遇风，船覆死。幼子观，一足不良于行，出家为僧。僧弥虽隐居性僻，居恒于人材消长之故，搤擘抵掌，慷慨极论。尝与吴祭酒伟业登鸡笼山，东望皖楚，忧生伤乱，泣下沾襟，非果于忘世者也。

顾予咸，字小阮，号松交。顺治三年进士，授宁晋县。畿南多盗，廉其魁数人，捕弗诛，厚衣食之，为耳目，他盗悉惊散。县地多不耕，上官征赋如故，力争免之。数月，县大治，调山阴。时浙东初附，山薮未靖，官兵所至，杀平民为功，而俘其妇女，民多逃窜。予咸请于督抚："但罢兵以属令，一月可办。"如其言，兵罢而民归。升考功司员外，移疾归。十八年，世祖大行。遗诏至，巡抚以下大临府治，诸生从而讦吴县令不法，被系五人。翌日，诸生群哭于文庙，复逮系十三人。巡抚朱国治曛令，兴大狱，欲坐诸生重辟，畏予咸刚直，造请求援。予咸正色曰："诸生讦令事皆实，当罪令。"国治愕然去，乃榜掠诸生，傅会坐斩。予咸坐绞，奉旨复官。国治重兴奏销案，落其职。子凡十一，多名人。

何栋，字与偕。顺治三年进士，除邵武府推官，摄福州府篆。海寇郑成功觇闽师，悉赴泉州，经略厦门，率众自海道袭福州。巡抚宜永贵疡发于首，不能视事，栋力请释原任布政司周亮工于狱，共阸险御贼。贼攻城十三昼夜，竭力固守，危城得全。入为户部主事，历江西提学佥事。归。子炯，字倬云；煜，字章汉，并举进士。炯官云南佥事，煜官南阳知府。

宋宓，字御之，侍御学朱长子。学朱殉难山东，宓徒跣达济南。积骸成莽，有小吏指侍御遇害处，宓从灰烬中刺血滴骸骨，昼夜号泣，终不得。乃招魂以敛。伏阙，请恤。归，偕弟德宜、德宏发愤力学，德宜成进士，德宏举孝廉，宓独数入棘围，至丁巳乃举顺天乡试。子广业，令直隶临城，大旱，民悬正额，宓典产代偿，设法赈济，民感之，为立功德祠。广业，字性存，仕至济东道。

韩馝，字诵先，黄岩知县治子。孝友敦厚。父卒黄岩官舍，奔哭千余里，遂咯血终其身。女兄适张，夫妇俱殁，抚其遗孤如己子。外姑老而贫，悉籍曩时奁具归之，曰："故非婿物也。"旋以徭役破其家，携子葵读书吴山中，菜羹粝饭，萧然自得。生母殁，将袝棺父墓。既引扼于势，仍弗得葬。豰为文以哭，其辞引咎甚悲，听者莫不酸楚。及葵大魁，乃克袝焉。豰记问淹博，下笔钩幽剔微，每一篇出，传写讽诵。学使者石申最器重之，每试辄冠其侪。卒不遇，年四十殁。子贵，赠如其官。

章在兹，字素文。为诸生，有声庠序。吴中有慎交、同声两社，在兹为同声主盟，点定甲乙，群悦服，无敢异。久困诸生，丁酉始中乙榜，入成均，谒大司成于彝伦堂。大司成系慎交社友，向同学时受讥弹点定者，乃于众中故严峻其礼，赐之礼物，使拜受、拜谢以摧折之。方谒选，病殁。弟诏，字鹤书；静宜，字湘御；来成，字九仪，皆以高材闻于时。

顾埴，字徐赤。少善属文，号名诸生。仁厚坦易，未尝忤物。喜宾客，时吴中有文社曰慎交，往来率贤豪知名士，咸以文章、行谊推埴。丁父尚迪艰，将葬，术家阻以日干不利。埴曰：“古之葬者，冢人营之墓，大夫掌之礼，有定制，何论利不利哉？”达而知礼如此。殁年五十八。

沈世奕，字韩倬。顺治乙未进士，官翰林，请假归，杜门读书，好弘奖后辈，识尚书韩葵于未第时，人服其精鉴。子旦初，字翔生，高才不售，安庆训导；旭初，字寅生，中丙辰进士，官编修；朝初，字洪生，中己未进士，官侍读学士，并工诗文。

韩馨，治子，字幼明，号清谐。八岁作擘窠大字，书阳山长云峰、虎丘五人墓碣，董其昌、陈元素赋诗以赠。年十三，游郡庠第一。既入南雍，司成王某奇其文，取冠多士。阉党阮大铖居金陵，慕其才，以金帛招致，坚拒归。后兴党人狱，馨名在复社，几陷不测。父为黄岩令，卒官，千余里扶枢归葬。弟豰卒，课侄葵读书，大魁天下。少从刘曙学，曙殉国难，经纪其丧，葬之虎丘。自是绝意进取。家遭寇焚，载栗主逊荒。时平，卜居洽隐园，与郑敷教、金俊明诸遗老结社广生禅院，自号少微真人。殁，私谥贞文先生。著有《绀雪堂稿》《洽隐园遗墨》。子樵，字声谷，性孝谨，乡里称善，与宾筵。

张庆孙，字曾余，世居嘉定。父慎德，徙郡城之东偏。庆孙年十六，即从明季遗老讲究咨访，中顺治甲午举人，三赴公车，退而筑室匠门溪上，教授生徒，藉束脯为养，常不能举爨。胸襟浩然，一有所入，辄济人危急。所与游惟耆儒、方外，势位赫奕，屏不往来。晚年益以赋诗课子为事。殁，子大受即其说经地茸孝廉船，通略衒，建小阁，祀栗主其中，群弟子称之曰履素先生。著有《尚书集要》《侣蛮斋集》。

文柟，字端文，从简子。生而耿介，遗世绝俗。为诸生，操笔成文，岸然孤异。从父相国震孟，最器重之，延至家塾，为二子师。甲申后，奉亲隐居寒山，侍父徜徉山水。父殁,徙居陆墓,与韩孝廉沐、方文学夏结茅耕樵以终。当从简之葬,四方赙赠几数百金,椭尽函还之,亲负土成坟。其耿介如此。

徐树丕,字武子。少为姚文毅希孟所器,妻以女。博览群籍,善楷书,兼工八分。后隐居不出。著有《中兴纲目》《杜诗注》。子晟,字祯起,工诗文,承父志,弃诸生,偕隐授徒以养。父殁,年已六十六,哀毁得疾,卒。著有《陶园诗文集》《姑苏续名贤小纪》。晟子羽仪,言笑不苟。为生徒说经,盛暑必整冠束带,人谓能绳其祖武。

周埏,字载夫。少警敏,颖异过人。弱冠为诸生,忾于庠。省试辄不售。寓居虎丘之梅花楼,博综典籍,朱墨钩稽,穷日夜不辍。古文辞笔清逸,诗情冲澹。尤工行草,出入晋唐间。王校书穉登侨居吴门,为风雅所归,一见心折,与共唱酬。著有《鹦园集》《虎丘杂咏》。

陈匡国,字均宁。沈静澹雅,不汲汲于名利。明社既屋,弃诸生,隐居东郊。辑《吴逸民传》,始自仲雍,终金孝章俊明,捃摭博而去取严,汪编修琬极称之。

顾天朗,字开一。读书著述,务经史根抵之学,于"三礼""三通"尤多疏明考证。举顺治丙戌乙榜,循例应得县令,以母春秋高,不仕。子汧,既贵为九列,而谨饬如寒素,绝户外请谒,惟曲尽子职,身亲燥湿,扶持起居。母年八十七殁,天朗齿近古稀,擗踊号恸,一绝不苏,去母属纩不逾数刻,私谥孝靖先生。

褚篆,字蕃于。洁修好学。有妻妹改适,夫为粤令,濒行,以前夫遗资装巨箧寄姊处,篆坏,墙封之,无知者。粤令殁于任,全家不返。篆呼前夫之子以箧授之,封识宛然。中崇祯丙子乡试乙榜。孙宪,诸生,少请业沈明抡,治《春秋》有声。著有《子云居说书》。

叶子循,字玉仑,初春曾孙。文词博赡,由昆山籍举顺治丁亥进士,历知唐县、郃县、淳安、容县,所至有惠政。淳邑秋粮,民户独畸重。子循裁之,俾绅民画一。郃当荒徼兵燹后,绥辑残黎,尤称良牧。著有《弓雪草》《襄石吟》。第十子台阳,以上舍生应京兆试,京江张文贞公玉书极称之。绩学未售,仿先儒分年日程法课诸子。性耽吟咏,晚尤邃于《易》,手录格言盈几,曰:"吾子孙得行吾所录一二言,不啻奉吾训也。"长子士宽,由定襄令升绍兴府宁绍道,迎养于署。每定谳,辄以"求生不得死,吾无憾"勖之。遇盛暑,出己所饵参术和药,以疗民疾。赠浙江按察副使。

汪琬,字苕文,号钝翁。顺治乙未进士,授户部主事,升员外郎,降西城兵马司,分司大通桥,榷龙江关税。以博学鸿词荐,授编修,与修《明史》,在馆六十日,称疾归。琬为文章,法律谨严。未第时,已岿然揽古文魁柄,自立标望,抗前行而排后劲。既通籍，与新城王士禛、睢阳汤斌、宛陵施闰章辈交相镞厉，蕴酿深醇，久而益茂。根柢乎《六经》，浸淫乎《史》《汉》，反覆乎欧、曾以下诸子，遂为文章楷模。四方贤士大夫为金石、镂刻、传叙之作，示后裔附不朽者，惟琬是归。解组居乡，筑圃丘南。每皋比谭经、篮舆载酒，人比之安昌靖节。吴中士夫竞以制举文相尚，自琬出而始知学古。著有《类稿》一百十八卷。

尤侗，字展成，号悔庵。先世家无锡，始祖衮，以文学政事著。南渡后，徙居长洲之斜塘。侗生而警敏，博闻强记，有才名。以贡谒选，除永平府推官。法绳旗丁，降调。后以博学鸿词征，授翰林院检讨，分修《明史》，撰志传多至三百篇。子珍，成进士，改庶吉士，乃告归家居，以诗文缣素请者盈庭户，挥洒不倦。先是，世祖章皇帝览其文，有"真才子"之目。宏词引见时，圣祖仁皇帝称为"老名士"。己卯，圣驾南巡，侗入见，加侍讲。御书"鹤栖堂"以赐。年八十六卒。著有《西堂文集》《余集》及《鹤栖堂稿》。

蒋德埈，字公逊。世业儒。德器凝重，无疾言倨色。读书穿穴经传，不惮寒暑。中顺治辛丑进士，不乐仕进，归而授徒里中，风雨晨夕，咿哦不辍。家蓄一僮，仅事操作。客至往答，徒步诣门，出刺袖中，言词呴呴，见者易之一笑而已。家临娄水，有石桥将圮，埈出馆金数百成之。岁饥，言于上官设粥，躬自督之。待兄弟友爱，里中豪有与弟争曲直者，德埈往谢，豪俯首服，终身不敢为非。一子能文，竟夭死，人比之邓伯道云。

宋德宜，字右之。明御史学朱子。顺治乙未进士，授编修，迁司业，累升至都御史。上疏请弛海禁，俾滨海民藉田渔资生。又言捐纳授官非经久计，请限以月或以年，而后官方可澄。进兵部尚书。蜀地初定，大军糗粮皆运自陕西，栈道颠踬，秦民大困。德宜言："今大军趋黔，望秦蜀之饷。然征秦，则以道远诿之蜀；征蜀，则以岁饥诿之秦。彼此观望，宜并川陕总督为一，庶可随地调发。"从之。在部三年，滇黔粤蜀以次削平。时俘获贼中妇女，并著籍旗下，德宜言："胁从不与倡乱同罪，宜听收赎。"所释甚众。拜文华殿大学士加太子太傅，卒谥文恪。长子骏业，字声求，善书画，由副榜官兵部右侍郎。次子大业，字念功，康熙乙丑进士，累迁内阁学士。

许虬，字竹隐，中书自昌孙。家居甫里，弱冠，好读书，即交当世名士。顺治戊戌，举进士，观政后授部郎，以廉干称。出为绍兴守。会稽故名郡，山水清嘉，而人多谲诈。虬至，惩老吏之不法者，讼牒不敢上下其手，公府一清。而登临谴赏，宾从杂遝，名篇丽句，往往得之镜湖、禹庙间。晚与汪琬、尤侗辈相善，多所著述，见称文苑。

宋实颖,字既庭。其先有通者,仕元为万户侯。实颖少孤,事母孝,家贫力学,尝于灶北读书,时人比之向诩。弱冠,以文受知徐宫詹沂,与汪琬辈为研席交,挟其能,游学燕赵间。顺治辛卯,举京兆,诸公卿以诗古文相倡酬者,无不倾倒摄席。以奏销案起,不与会试,授扬州兴化教谕。实颖宅心和惠,奖借后进,讲论经籍,必津津尽其源流,著籍弟子皆名人。著有《志易轩文集》。

褚篆,字苍书。前明诸生,以遗老待人叩问,时比之伏生、申公。所居松吟堂,不远市廛,翛然若世外。前人碑版,罗列棐几。暇则作书,求者辄应。己卯,圣祖仁皇帝南巡,召见吴中耆硕,赐坐,命书行草各一幅,上嘉奖,书"海鹤风姿"四大字赐之,逾年卒,年九十四。

吴愉,字敬生。端悫有度,言规行矩。老屋一区,授徒数十辈。常占《五经》为课,日披阅百牍,不少倦。每当省试毕,决售否不爽毫黍,而愉独屡试屡黜。群弟子登三事、跻六卿,几满朝列,愉白首一经,仅循资以岁贡授江宁溧水县训导。年八十卒,门人私谥端仁先生。

赵炳,字明远,徐闻令一鹤孙。成经义,抉微诣奥。少为杨廷枢、徐沂所称。中康熙丁未进士。尝云:"殚心于文,而中式偏以策论;肆力书法,而廷试偏在三甲,此不可解也。"年已老,未仕卒,人恤其位不酬学。今其文已传世行远矣。

彭珑,字云客。顺治己亥进士,除授广东长宁县,革火耗,恤里排,戢衙役,息讼兴文,为政期月,县大治。拂郡守意,诬劾去官。归而以理学教导后生,谓:"《大学》宗旨尽于居敬穷理,《中庸》宗旨尽于戒惧慎独。"建文星阁,朔望课文其下,士因造就得隽者前后相望。年七十七殁。子定求贵,赠国子监司业。门人私谥仁简先生。

宋德宏,字畴三。顺治辛卯举人,重交与,慨前明复社,前为温体仁、后为阮大铖诸奸掊击,名贤沦丧。思继续盛事,与彭进士珑同举慎交社,四方络绎,适馆授餐,德宏诸昆弟任之,倾产弗靳也。为文酝酿深厚,设教城南,生徒云集。殁年三十四,私谥正谊先生。子定业贵,赠兵部武库司郎中。

陆在新,字蔚文。少为名诸生,暗室不欺,常读书荒圃。有祟者爇杯茗相饷,在新厉斥之,反其茗。旦起,污泥溅壁,始知其为妖也。丙午举于乡,授松江府教授。汤文正斌荐为吉安府庐陵县,公廉有声,驭民以慈,终岁不施鞭朴。卒之日,民相聚痛哭,醵钱以殓,江右推循吏第一云。

施敬先，字尔恭。顺治辛卯举人，嗜学工文，与兄学先相师友。自著《尚书讲义》《性理摘要》，教授及门，比之挚恂、郑众。侄震铨中乙卯乡试第一，戊辰进士，选庶常，知学有所本云。

文点，字与也，震孟孙。少以叔父乘殉难，依丙舍以居，无意华膴，肆力古歌诗文词。善画山水，得待诏家法。饘粥不继，怡然自得。汤斌抚吴，就见之，问："何以自苦若是？"曰："菜羹蔬食，足以安人性情、坚人操行，少或有余，将移所守。"斌为叹息。初，文肃字以"与也"，以沂水舞雩望之。点能不负先志云。

文揿，字宾日，枬子，徵明五世孙。志尚高洁，不交当世。初随父隐北郭，后居小停云馆，老屋数楹，纤埃不入。庭植古松一枝，日哦诗其下。几陈先世图书、彝鼎。性尤好研，蓄古研十二，其一为陶隐居物，日洗涤以为乐。暇则手录汉魏唐宋诗文集及国朝典故、山经地里、方药图纬等书。往来惟二三耆旧，有求谒者，先从门间窥之，非所欲见，频叩弗应。著有《十二研斋诗集》。

许定升，字升年，甫里人。敦朴有文，中乙榜，好为善，赎难妇于浙，创育婴堂于苏。偕里中同志，积米备荒，全活无算。谒选得禹城令。禹城，山左孔道，盗贼出没，劫故商贾。定升至，廉得盗薮，入其巢，缚什伍，杖杀之，盗为敛迹。值岁大祲，民持男女易斗米。定升告于邑之富者，随力出粟设粥，四境以赈。出入惟乘驽骑，以一隶自随。后挂冠归。先是，漯河滨有木桥，岁用修葺，民苦劳费。定升易以三环大石，名漯河桥。既归，民追思之，立遗爱碑于桥上。韩宗伯炎作《禹城行》以美之。

张文光，字雅吾。性仁厚。明季，赋役繁重，文光为置义田，助民役，民感其德，勒碑志之。常游邗江，一商遗千金于文光邸舍，文光遣人赍还之。岁凶，民无所赖，文光捐赀建圆妙观雷尊殿，民籍工作以养。好行其德如此。

宋兆鹤，字闻士，号信天，万户侯通裔孙。父王年，以孝友读书称乡里。兆鹤承父训，敦孝弟，研经史无敢少间。弱冠，赴北雍试，辄冠其侪，文誉日著。入秋闱，不售。思以治河致绩。父丧归，痛两亲不及侍养，绝意进取。集汉唐以来《礼记》讲义、笺疏为书，以训后学。葺堂曰有怀，奉父母木主其中，晨夕瞻慕。以子周臣、照贵，赠文林郎，再赠中宪大夫。

韩炎，字元少，号慕庐。祖治，父酚。少从父受学，研精经史，故其为文根柢六籍，贯穿百家，弘深雅健。中壬子乡试，明年会试、殿试皆第一，授翰林院修撰，充日讲，累官至内阁学士。从容侍从，深注宸衷。既因病请假归，筑室西山，超然尘壝之外。家居八年，诏赴阙，总裁《一统志》。凡馆阁制诰、铙歌郊祀诸作，多出焭手。升少宰，掌翰林院，领袖儒林，提携弘奖同官后进，各尽所长。他若议加庶吉士马银，覆鞫保定刘甲弑继母枉，奏大学士达海从祀文庙于礼未合，海关不当设，关税不当增，凡所建议，皆有裨国事。晋大宗伯，再疏求退，未允。以甲申殁，年六十八。平生服膺朱检讨彝尊，常曰：“身跻九列，不如秀水朱十以七品官归田，读书万卷，闲居置酒一壶，饮醉兀然。”其胸抱可想见矣。乾隆十七年二月，上念焭种学绩文，湛深经术，制义开风气之先，因谥文懿。追谥于四十九年后，艺林荣之，感君恩之重而验学术之醇也。子孝嗣，康熙己丑进士；孝嗣子曾，雍正丙午举人，泗州学正；侄省曾，贡生，皆能世其家学。

吴一蜚，字翼生。少孤，以兄愉为师，中康熙丁未进士，授山西山阴县。岁祲，请缓征平粜，邑民赖以无饥。连决疑狱，有《神明颂》。丁内艰，服阕，补洪雅县。旧洪雅额征七百九十四两，时开垦增税，欲加五千两。一蜚力争，得减三千四百两。升工部主事，擢御史，降行人司副，浮沈十余年。圣祖念初御极时，旧臣在朝惟一蜚一人，乃由司别迁鸿胪卿。不一年，晋至刑部尚书。会有重案，一蜚苦心消释，人多阴受其庇。转大冢宰，卒，贫无以殓，赖同朝赙赠得以丧归。

顾汧，字伊在，天朗子。康熙癸丑进士，选庶吉士，授编修，迁左庶子，累升至礼部右侍郎，巡抚河南。时秦中岁祲，诏湖广运粟往赈。河南居秦楚之中，民困转输。上因命水运二十万石入关。汧甫入境，闻即驰赴淅川，酌定运费。又相度水势，疏呈：“荆子关至龙驹寨①数百里，溪滩险恶。”遂命停运。河南诸郡去水回远，岁漕二十五万石，皆赴大名府小滩镇采买，浮费不赀。汧疏请改折官办，民脱重累。迁宗人府丞致仕，卒。弟溥，康熙戊午乙榜，官如皋县学教谕。

冯勖，字方寅，号勉曾。父六皆，远馆闽地。勖奉祖与母居家。岁荒乏食，课徒得脩脯以养。父死古田，耿逆乱闽，道路阻绝。祖与母相继殁。勖仰天叹曰：“挺七尺躯，安能郁郁久居此？”徒步入长安，荐征博学鸿词，中选，授翰林院检讨。请假归，道武夷，过仙霞关，入古田，闻父棺寄破寺中，遗椟纵横，伏地哀号。有老人曰：“墙西有半寸钉者是也。”视之，题识宛然。扶丧归，终身不出。著有《游闽纪略》。

孙岳颁，字云韶，号树峰。自少以能文称，中康熙壬戌进士，选翰林。时滇黔

---

① 原作“塞”，据《乾隆苏州府志》改。

已平，上向用文学之士，岳颁翔步闲雅，修髯若神。书法出入米襄阳、赵文敏，后专师董华亭。上命书御屏，称善。转国子祭酒，课士以宽，士乐循其教。己卯春，扈从南巡。圣祖仁皇帝怜其家贫，命大理寺臣李煦为治第东城，御书"墨云堂"赐之。卒于官。

范必英，字秀实，初名云威。参议允临子。十一岁而孤，家多外侮，母仲氏保护恩勤，延择硕师益友与居处，必英亦感厉向学，举顺治丁酉乡试。戊午，以博学宏词征，授翰林院检讨，纂修《明史》成，谢病归。所居芝兰堂三楹后万卷楼，为柜二十四以贮所藏书，日吟讽其间，怡然自得。尤喜汲引后进，从游二百余人，拔其尤程课之，第其甲乙。吴中起衰裁伪之功，尤推必英云。殁年六十二。

金居敬，字毅似，明谏官士衡孙。士衡直谏类汲黯。居敬少负才名，游京师二十年，屡踬场屋。乙丑成进士，授灵丘县，未几卒于官。居敬深于经史八家，为制举业，独取法震川，故其文溥泓滂濞，不顾世俗。而其生平艰于遇合、困于小官，亦类震川。其沈溺卑邑以死，视震川尤苊郁也。

顾致广，字正则，瀚泾人。有声学校，汤文正斌尤器之。奏销诖误，怅然曰："遇不遇，命也。达人安命，吾何陨获为？"从弟藻，视学直隶，招之再，不出。晚好玩《易》，意与理会，欣然自得。一子早夭，无后。

归圣脉，字薪传，唯亭人。生八月，父卒，母抚育以长。淹贯六籍，有声士林，弟子担簦负笈者自远道至。晚益邃于学，称东南灵光。尤熟掌故，当事重其名，聘修邑乘。痛母苦节，陈情大吏，伏地号哭。大吏感其诚，为代请得旌。圣脉没，亦于乾隆三年旌其孝行。

尤何，字定中；倬，字卓人，兄弟相师友。何举壬子乡试，教谕黔县，以课士最，授神木令。神木地僻民悍，号为难治。何用恩执法，出以至诚，俗赖以革。卒于官。倬闻，命子琦往扶丧归，为营窀穸。倬天性孝友，少慕濂洛之学，凡性理诸书，靡不省录。习静少言，年八十犹与省试，里人以为德征，以岁贡授训导。

惠周惕，字元龙，号研溪。居近东禅寺，寺故有红豆树，数十年一花。沈处士周、文待诏徵明所觞咏处也。花时，周惕折一枝插于庭，树遂成荫，因名红豆山房。父有声，明末岁贡，以九经教授乡里，与徐枋善。周惕传其家学，又从枋游。康熙辛未成进士，入翰林，外调密云县，有善政，卒于官。汪编修琬家居，以古文自命，少许可，至周惕则敛手服，不以丈人行自抗。作诗取裁高、岑、王、孟诸家，既而纵恣元、白间，出入于眉山、剑南，而不失唐人格律。著有《易传》《春秋问》《三礼问》

《诗说》《研溪诗集》。

俞场，字犀月。通经史，上下千百年，征引考据，皆有原本，如烛照数计。吴中才俊之士，凡有著述，皆就场商榷。顾太史嗣立选元诗，皆与场订定者也。所批《昭明文选》及杜诗，传于时。

彭定求，字凝止，号访濂，珑子。禀承家学，键户揣摩。丙辰会试、殿试皆第一，授翰林院修撰，除国子司业。知名士贡入者，必与周旋讲论，洞彻义理，不给者减俸钱资之。迁侍讲，谢病归。茸舍旁茧园数椽，读书静坐，课子孙其中，自号南畇老人。倡修长洲学宫、先贤徐文靖旧祠，镌刻同里《王仁孝语录》，节中州汤潜庵斌遗书。民间政事有不便者，必言于官，请罢之。年七十五，卒。后数年，孙启丰复会试、殿试皆第一，称吴中盛事。著有《南畇诗文稿》。

彭宁求，字文洽，号瞻庭，行先孙。少孤，事母以孝。勤苦力学，寒暑不辍。康熙壬戌举进士，殿试第三人，授翰林院编修。恬澹寡欲，兼工古文辞，善晋唐小楷。母丧，朝夕哭泣缞幕间，罗列《礼经》，编纂成帙，终丧未尝入内寝。服阕，补太子中允，分纂殿阁诸书，卒官，年仅五十。

顾芳菁，字莪在，举康熙丙午举人，授南陵县教谕，捐俸修学宫，来学者，饮食教诲之，多所造就。升汉川令，有廉声。兵乱，弃官归。子焞，字阁公，康熙丙辰进士，由部郎出为广西府绥理，夷夏皆帖服其心。转福州府，留意学校。诸生为有司所辱，哗于学宫。大吏怒，将兴大狱。焞婉曲排解，事得寝。焞子佺，亦敦行能文。

张孝时，字嘉锡。康熙辛未进士，选庶吉士，外调栾城县。县有浧、沙诸河，多水患。孝时至，筑堤加防，列植榆柳，延袤四十里，水患以息。官二载，以荐擢宁州牧，抚绥疲瘵，慎于用刑，疏浚天池以资灌溉，岁因大稔。州有白狼噬人，为牒城隍神，狼遂远窜。以肺疾乞休，未就道卒。弟孝扬，字嘉名，康熙辛酉举人，为旌德教谕，课士有法。

汤传榘，字子方。康熙戊辰进士，除清流县。旧例，驿递派里甲，里甲派民，为民累。传榘至，举驿递归官办，里甲无由扰民。梦溪、芹溪、炭山、罗村诸乡去县治远，历年抗赋。传榘单骑往，谕以普天率土大义，咸感服愿输。有命案连坐者，畏祸远窜，众遂指为凶首。传榘微行，廉得实，释连坐者，邑称神明。母老告归。归为后进讲学，依然儒素。编辑《四书明儒大全》与《四书合参》《春秋讲义》，并行于世。以侍母疾积劳殁，年五十八。

陈学洙，字左之；学泗，字右之，兄弟孪生，容貌、声音、性情、嗜好以至天姿、学问，无不吻合，并工举业，长诗歌、古文词。学泗尝与李漪江庶常游京师，山东朱莱儒庶常一见倾倒，因读学洙文，恨不相识。李曰："子欲识左之即右之是矣。"乃发重币，走三千里，延学洙往适馆授餐焉。学洙举甲子京兆试。戊辰，徐司寇乾学将主文柄，或劝之往，曰："得失有命，而干人乎？且国宪所在也。"后子璋为学士，遂谢公车，安禄养三十余年卒。学泗穷老无所遇，糊口四方以终。晚节不同又如此。

顾希喆，字有典，埴子。敦崇实行，不务名誉，专以孝悌、忠信行于宗党，终身无一妄言，不臧否人物，推诚相与。尝请业汪编修琬，汪门弟子多高自标置，一遇希喆，无不敛手推服。为古文及举子业，悉根据《六经》，取法先正。屡赴棘闱不售，绝意进取。日举《左》《国》《史》《汉》，讫唐、宋、元、明诸名家，剖晰源流同异，用以教授生徒。汪编修殁不数年，家罹忧患，希喆周旋排解，俾不坠家声。年五十八殁。子求懿，字我求，县学生，砥行力学，文章得希喆家法，书类率更。年二十，赴试金陵，疾殁于舟，士林惜焉。

顾三典，字有常。少师兄希喆，为文超旷雄隽，而一绳以法。庚午举于乡，庚辰成进士。前吉水李宗伯振裕视学江南，奇其文，置第一。至是欲荐之入翰林，三典不欲受人恩，婉谢之，幞被南还。方除县令，殁。侄沈士，乙未进士；子福衍，岁贡生，咸能文。

尤珍，字慧珠，号沧湄，侗子。康熙壬戌进士，入翰林。时侗方官检讨，常朝待漏，父子随行，绘而为图，邦人羡之。迁赞善，乞养归。扶持杖履，耽玩林石，补《南陔》《白华》以见志。工诗，以严沧浪"明七子"为归。卒年七十四。著有《沧湄诗钞》《介峰札记》。

陈炳，字虎文。隐居阳山，忼直狷介，不随俗，不干人，亦不一毫挫于人。工诗，出入王、孟间。尤善镂篆，秦章、汉印昼夜镵摹，真行书兼长，时比之"郑虔三绝"。著有《阳山诗集》。与黄中坚为友，中坚以古文名，尝折节于炳。中坚子会，体父志，筑别业阳山岳园西，奉父居其间，与炳徜徉山水，俱以寿终。

王廷铨，字遴汝，明司寇心一曾孙。树品节，不慕人爵，啸傲林泉。家有园曰归田，司寇故居也。竹木环绕，郁然苍翠，名儒硕彦，络绎来游。如朱彝尊、姜宸英辈，辄相与游宴其间。晚岁植素心兰数本，花时嗅香吟玩，每当风日清美，命杂陈唐、宋、元、明墨宝名画摩挲珍赏，外间望之如神仙中人也。孙宗震，府庠生，读书敦行，绳其祖武。心一有孙云，字又龙，年少于廷铨，亦嗜古，《五经》《周礼注疏》皆能背诵。兼善诗古文辞，工书法，年四十游中州，客死。

吴廷桢，字山抡。夙慧，工文，举丙子顺天乡试，旋以寄籍被黜。己卯，圣祖仁皇帝南巡，廷桢献诗吴江，御试称旨。询里居家世，讳误颠末，命复还举人。复询吴中才士未遇者，廷桢以举人张大受、贡生顾嗣立对，奉谕旨召见行在。癸未成进士，选庶吉士，累官至谕德。浙江学政员缺，廷桢俸深宜开列，具折辞免。常纂《佩文韵府》《月令辑要》，以劳卒官。

张大受，字日容，号匠门，孝廉庆孙子。自少凝重明敏，通洽古今，为文千言立就。年十六，赴郡试，郡守高苍岩称为"江左无双"。中庚午乡试，闱墨传诵天下。所居匠门，书楹画舫，翳然林壑。大江左右担簦请业者无虚日，大受亦勤于接引，每与谭经讲艺，经其指授，多通显者。己丑，始中会试，入翰林。官位虽卑，而器量宏远。尝谓："世运隆替在乎人材，善人君子为国家根本。"一正人登于朝，则欣然喜，惟恐其用不尽；一寒士不得其所，则蹙然忧，孜孜引为己责。起诸生至通籍，不为一身一家谋，而以天下气类消长为休戚。主四川乡试，复视学贵州，甄拔真才，建书院，置义田，教黔士以读经史为务，风气一变。独山州民以事株累，羁系数百人，大受察其枉，白当事，得释。州人感恩，画像祀之。世宗宪皇帝闻其有声，命再任三年。疾作，殁于官，年六十四。著有《匠门书屋文集》。

顾嗣立，字侠君，考功郎予咸子。少倜傥，好读书，慕玉山顾仲瑛之为人。稍长，与俞山人玚、刘布衣石龄交，学诗尽得其秘。已而出入于唐、宋诸大家，筑秀野草堂。海内知名士造吴者，无不流连诗酒，缔缟纻交。家故饶，尽斥为宾客谦饮费。己卯，荐京兆。壬辰，第进士，入翰林。朝请暇，惟谈燕赋诗。既归，游岭表，泛闽海，道仙霞，径武夷，陟桂林，登嵩岱，得诗数百篇，总为《秀野草堂集》。尝注韩昌黎、温飞卿诗集，又尝甄综有元一代诗数百家刊行，凡四集，一集未成，殁，年六十。兄用霖，字雨若，康熙壬戌进士，仕至岳州府；嗣协，字迁客，新会令，皆工诗文，居官多善政。用霖子尔昌，起家河州牧，升宁夏府。宁夏地震，死，赠太仆卿，予祭荫。

汪份，字武曹。祖希汲，父绸。少随希汲沂州牧任，希汲以官逋系狱，份侍侧读书，昼夜不休。狱吏奇之。康熙癸未成进士，选庶吉士，授编修，留心掌故。其《黄河考》一书尤关河治，又增订《四书大全》，艺林所传。惟时文选本，转以此掩其实学也。视学云南，未行而卒。弟钧，字右衡，康熙壬午举人，除句容教谕，课士有程。著有《诒白轩文钞》；士铉，字文升，工诗文，尤善书法。康熙丁丑会试第一，授编修，官至左中允。

何焯，字屺瞻，号义门。颖悟强记，长于考订。评阅古人书，指摘讹谬，点勘极严。康熙乙丑拔贡。壬午冬,以李文贞公光地荐,特赐举人。癸未会试下第,再赐进士,选庶吉士,命侍读藩邸。丙戌散馆,得旨再教习三年。丁外艰归。癸巳冬,复荐赴阙。值武英殿,授编修。乙未秋,坐事逮问。圣祖仁皇帝闵其无辜,寻释,以修书积劳卒,年六十二。下诏轸恤,特赠侍读学士,赐金归葬。生平为文,谨法度,一宗先民,书法出入晋、唐,尤为时重。

宋聚业,字嘉升,中康熙丁丑进士,官吏部文选司郎中,执法不阿,为尚书傅所劾,罢归。后,傅转重其刚介,任大将军,征泽旺时荐为参佐,有功,仍入掌铨选。后太保年羹尧为大将军,疾聚业平日不附己,劾其酌拨军需,于数未清,复羁塞上久,风雪中入羊群卧,然接见礼数、言辞折辨,未尝一毫为羹尧挫也。凡五年,卒,籍其产,不满千金。妻孥寄居戚属,朝野惋叹。少岁游惠太史周惕门,发为诗文,皆有根柢光焰。因归棺边庭,散失无有存者。

宋周臣,字霖须,号慎斋。少随父兆鹤于京师,先达咸加器重。康熙癸未春,圣祖仁皇帝南巡,召试,赐御书。明年,补翰林院待诏,后至刑部郎中。当在司务时,上官以周臣才,令与秋曹会审诸谳,决断如流。有副指挥郭藩释商人一案,议抵罪。周臣曰:“商人已完帑矣,藩何罪?”卒复其官。在刑曹有疑狱,求之不得,至对囚而泣。以劳勚得疾,乞假养母归,卒于乡,年六十五。

刘石龄,字介于,孝子龙光子。少颖慧,六七岁时能诵《三都》《两京》。及长,通经史,然高才不试,恒以吟咏自娱。尝北游五岳,南窥衡湘,逾大庾,登罗浮,探奇历险,发于声歌。晚年诗益清远奇丽,韩尚书菼欲荐于朝,石龄以性疏放、非簪绂中人辞。旋殁。著有《瓠容草堂诗》《粤游草》。

郑鈇,字季雅。幼尝为《文信国祠堂记》,尤检讨侗见而赏之。弱冠厌帖括,好为诗,幽隽清远。朱检讨彝尊以书介之往谒新城王尚书士禛,书云:“吴语软,生诗坚。吴人浮,生行狷。”时谓定评。

张孟球,字夑石。康熙乙丑进士,授山东昌乐县。昌乐地瘠民贫,孟球省徭役、课农桑,邑有起色。入为工部主事,升郎中。出视云南学政,著廉明声。补河南粮驿道,升按察司护抚篆。兰阳县有白莲教,煽惑愚民。事泄,孟球檄杞令宁佑扃城严索,尽获其党。有司概拟作叛,孟球以愚民被诱,与谋逆异,止治逆札伪衔者罪。南阳守与游击某有隙,守以赌博责营兵,合营大噪,缚守围总兵署。孟球但严令守御,得倡乱七人,其余自首者免,兵心乃定。人称其得大吏体。内升京堂,归,年八十卒。子学庠、绍贤,皆己丑进士;应造,乙未进士,入翰林;企龄,戊子举人;景祁,癸卯举人,五子并登科甲,吴中称为盛事云。

沈锺彦,字美初,号庄樗,钦圻子。钦圻将没,嘱曰:"吾家德薄,富贵功名不汝望,愿读书自好,乡里称善人。"以是一言一行恐违父训,与人交,有终始。事上接下,不謟不傲。年四十,营葬父母,堪舆家以未得善地,须俟之。锺彦曰:"葬以妥先人,岂为生者求福泽耶?"不摇惑祸福如此。少岁留心绘事、篆刻,尤工分隶,宗法汉人。尝病甚,诸老友咸来视汤药,冯检讨勔作祝文祷于神,此信友之征也。殁年六十六。子德潜贵,赠如其官。

蒋济选,字觉周。以经学教吴中后进,每讲期,听者座满,几不能容。其法于《四书五经》,令先冥心搜索,思路断绝,然后取儒先语证之。为制义,穿穴《六经》,不随风气。日课一文,比于陆务观诗课。辛卯省试,同考首荐,复斥。殁,门人祀之仁简书院。时顾熙志,字逊来,为济选后辈,举动师法济选,规言矩行,为文章有法度,以乡贡终。

张映葵,字勤若。少从彭珑、吴愉游,有文名。吉水李学使振裕选拔贡,入成均。宋相国德宜延训其子长安,公卿咸愿纳交,映葵绝不一诣。选授天长教谕,诲诸生以有体有用之学,旬课月试,寒暑无间,服其教者皆成端人。尝摄县篆,有廉办声,以疾卒官。及归葬,门弟子有千里徒步来送者。

顾元培,字乾育。幼聪颖,读书能强记。年十三属文,受业郭明经沣赀。既冠,能诗,为张大受、徐昂发两学使所赏。孝亲信友,谦谨持躬,轻浮诞傲之习不以染其性。翁嵩年视学广东,知其名,以币聘。时同在学幕者顾进士三典,一见契合,相与讲明隆万理法。元培感其意,赠诗有"进士定裁芳草赋,使君只写荔支图"之句。盖嵩年尤善绘事也。较阅辛勤,以病归,卒,名不挂朝籍,士林惜之。著有《远红楼诗》《远村文稿》。

陈树珏,字禹烈。九岁而孤,学于蒋进士德埈,通《六经》,补学官弟子,益究心程朱之学,自号师晦。生平严公私义利之辨。先是,贫无以养,业服贾,旋悔曰:"计利则害义。"遂弃去,授徒奉母。母卒,十年不茹酒肉,痛母节未彰,常寝殡间地,午夜以衣衽拭棺,及手摩之,辄涕泣。恒以《五经》应举,终不售。年六十五殁。子三,仲灿简,仁孝类父,侍父病,得瘵疾,恐贻父忧,讳不言,遂卒。树珏没后二十四年,长子灿策为祖母请旌,以慰父志。

顾楷仁,字晋装,宗人府丞汧子。中康熙庚辰进士,官云南道监察御史,居官尽职。当稽察钱局商人办铜不以时,因倡收废铜鼓铸之议。楷仁谓:"收毁之间,转多隐弊，不可不虑。"议遂止。秋朝两审，取各省揭帖，摘录小册自随，苟可平反，虽狱成，必力争驳正。父殁，方羁宦京师，恨弗视含殓。服阕，终身不出。初，大父天朗哭母死孝，一日两丧，其礼先儒未详。徐尚书乾学、张相国玉书酌定设位之次、讣帖之序、奠祭之主，得变礼之正，楷仁恐事久失传，著《两丧行礼节略》及《连幕图》，以为遭变之式。年七十一卒。

汤光启，字式九，高士王武弟子也。武为明太傅鏊裔孙，读书避俗，写花卉、翎毛，远师赵昌、边鸾，近法陈淳、陆治。而生平慷慨赴义，家中落，卒为清门。光启写生尽得其传，而好义亦复相似。少岁学击剑，舞时枪箭不能入，人服其能。遇友朋急难，几欲忘身。有钦姓者受枉坐死罪，光启弃家产以救，不济，诉之乡大夫之持正有大力者，卒脱于狱。人争义之。晚岁家荡然，藉笔墨糊其口，几于三旬九食，然略无悔心也。尝论："写生以生动有书卷气者为上，工致而乏天趣，虽贵重不脱匠气。"深此艺者韪其言。

范澍，字深源，文正仲淹十八世孙、检讨必英子。工制举业，中己卯副榜，教习官学期满，当得县令，需次二十年，甫卒而除书下。先是，文正设义庄、置赡族田二十顷以佐族之丧葬、嫁娶、孤寡贫乏。后澍祖允临复益田一十顷，澍掌出纳，见生齿日烦，思助田以广其惠，力有未能，时忧形于色。仲子兴概实成之。兴概待兄弟友爱，其助田一事，尤为善体父意。季子兴谷，江西会昌令，有能声。

褚人获，字学稼，笈子。太学生。慷慨好施与，尝挟三百金从城南暮归，憩井亭，有夫妇对泣，询为官私责所迫，将鬻妻以偿人。获倾囊与之，不足，复家取百金以满其数。晚岁，检亲朋乡里贷券数百纸，尽焚之。好学述古，尤熟史略，购得异书，矻矻手钞数十百种。著有《读史随笔》《退佳锁录》等书。

徐陶璋，字端揆，号蘅圃。中康熙乙未进士，廷试第一，授翰林院修撰。为文依据义理，和平中正，吴中人士赖以折衷。诗古文词，得秀水朱检讨彝尊指授。交朋乐易坦白，无机心械事，人有慢己，辄曰："吾置其不善而思其善，则睚眦不留于胸矣。"分校辛丑礼闱，得山左邓锺岳，廷试亦第一，时谓衣钵相传。以改葬乞假归，家居十三年，闭门扫轨，不交户外一事。丙辰，赴京分修《世宗宪皇帝实录》，编校心劳，得疾殁，年六十五。兄模，字文表，戊戌进士，文行与陶璋埒。弟廷桂，字再诜，国学生，亦能文。

惠士奇，字仲儒，周惕子。年十二，能诗。及长，肆力经史古学。为诸生，有声坛坫。举康熙戊子乡试第一，明年成进士，选庶吉士，授编修，视学广东。粤中士鲜知实学,士奇教以诵习《五经》《三礼》《三传》,士蒸蒸向学,文风丕振,为粤东数十年学臣冠。世宗宪皇帝登极,知其廉能,命再任三年。累迁至侍读学士,旋放还。初,周惕作《诗说》,根据宏博。士奇作《礼说》配之,人谓惠氏诗礼传家。乾隆元年,起补侍讲,纂修《三礼》,以老乞归,殁。既殁,粤东人士奉木主祀于韩山,位昌黎公侧,兴文教也。著有《归耕》《人海》等集。

黄师琼,字愿弘,省曾八世孙。刻苦自励,思以文学显。中康熙壬辰进士,任徽州教授,建敬业、日新两堂,与诸生讲课其中。休宁查生忤邑令,诉守案治,并逮十四人。师琼知其枉,尽脱之。抱印请劾,守贷弗问。艰归,服阕,补镇江教授,升云南广通县。广通官办盐政,例买新煎松盐,俟民自晒,民苦耗折。师琼令先晒以发,而官垫其短,积劳成疾,殁于官。橐无遗金,遗产悉推诸弟。同时有王婺者,字巩文,任清苑县,亦有廉声。

宋安仁,字瑾怀。父敏行,早卒。安仁与兄耔,孝事其母,兄弟不析产。以例授直隶景州牧,实心抚字,选调兰州。时军需旁午,安仁综理微密。其改制河西渡船,为利尤大。擢守临洮,卓异入觐,道经景州,百姓相率遮迎。旋以公事落职,未竟其施。

蒋杲,字子遵。为诸生,务根柢学,不与时趋舍。中康熙癸巳进士,历户部郎中。凡有关赋税、漕运、度支、利弊,无不殚心经画。出知廉州府,剖决明锐,庭无留狱。雪博罗村民挟仇诬攀,平龃政积困,兴学校,裕仓储,以罣误罢。后用荐监修海神庙,工垂竣而卒。

周谨,字亦问,明礼部侍郎诏裔孙。少为文,见知于山阳许给事志进,屡试不售。授怀宁学教谕,见学宫颓坏,捐俸倡修。教诸生有法,举《六经》《三史》,讲习决择,文风一变。当事下其条于属,俾依以行。应升县令,以母老不赴,归。素与黄侍郎叔琳交,叔琳以修筑海塘流寓吴门,谨周旋往来,不以其去官少疏。叔琳对人辄称为"今之公瑾,可以敦薄"。

朱曾,字鲁若。少为彭珑弟子,规言矩步,为人推重。以贡授江阴训导。慨胶庠制坏,佻达成风,教以敦厚,力挽狂澜,士有矜式。

顾求懿,字我求,希喆子、三典侄。谦和孝友,天性淳悫。一言一动,未尝欺人。犯之者不校。文章得父叔指授,受知吴邑令洪岱龄,县试第一,补博士弟子员,为张学使大受婿,四方名流常会于大受之匠门书屋,见者无不倾倒器重。应试白门,得疾,殁于舟,士林痛之。大受尝述其才行于韩进士孝嗣,孝嗣曰:"若是,是君门丧一颜子也。”孙景度，字晋堂，以府试第一为长庠生，端方力学，克似其祖。

谢志发，字云翼。父文昌，通经学，志发绍述之。工诗，晨夕苦吟，一诗必三五易稿，能造古淡。生平布衣疏食，斋名师俭，常以廉教其子。子有煇，字立夫，中雍正甲辰乡试，教谕怀宁，课士有方。五年，膺卓异，典知浙之缙云县，尽革陋规，衙斋萧寂，至种菜自给。凡二年，以勘灾中风寒疾没。缙云数廉吏，至今首屈指焉。

陈景云，字少章；陈震，字彦瑜；陈世治，字师洛，并受业何侍读焯，时称“何门三陈”。景云淹贯群籍，孤介绝俗，一赴京兆试，不售，归而杜门养母，遂不复出。年八十，犹日手一编，考订讹谬。著有《读书记闻》《纲目两汉三国志文选辨误》。震性孝友，笃交谊，诗文书法并工，临川李侍郎绂少来吴中，寡所合，独与震契。震殁，为表其墓。世治即震从子，并出太保僖敏公镒后，孤贫力学，制义为时传诵，经其指授取科第者不胜数，世治独屡试不售。缪少司寇沅视学湖广，聘之主文，卒于其署，年四十四。著有《芙蓉居士集》。

徐夔，字龙友，县学生。高祖为明大银台如珂，值巡抚毛一鹭入告吴民击杀提骑事，欲株连无辜，如珂极力保全者。夔以清门贤裔能文章，兼工诗歌，瑰奇滂濞。后专宗义山，变为缠绵娟好，句襞字绩。家贫，馆谷所入不足养母，乃游京师。然性卓荦，不随时趋，广坐中脱巾高谈，旁若无人，以是落落无所遇，归。惠侍讲士奇视学广南，邀之往，一年而殁于其署，抱才芚郁，士林悲之。尝笺注王尚书士禛《精华录》《李义山诗》。著有《凌雪轩诗稿》，家贫，其女刊以行世。时岁贡生顾绍敏，字嗣宗，与夔友善，年长于夔，好以古文笔法为时艺，以是屡蹶场屋，诗古文皆温雅拔俗，聘修《元和县志》，著有《鹿床集》。

朱奕恂，字恭季。为诸生，经、史、子、集、《离骚》、《文选》能熟精贯串，为文撷英咀腴，试每冠曹，秋试屡摈，无几微不平，作《反穷鸟赋》以见志。殁年六十。奕恂友吴勷，字幼青，性孤介，不随时趋。文以幽折胜；熊蒋楫，字晓分，性和易而中怀介节，取与不苟。文以典赡胜，亦敦行不遇，殁。后奕恂者朱林，字邓云，八岁工文，十三为诸生，试亦屡冠曹，浸淫经史学，乾隆丙辰乡试，已魁其经矣，无三场卷，复失。明年以呕血殁，年二十三。

张锡祚，字永夫。始居南园，徙葑门塘之归村，再徙下沙塘，屋不过三楹，筇屐书卷外无长物，人比之东野移居。客至，不著冠。对素心友齿在己下者，不让坐。性好为诗，终日苦吟，或晨突不烟，咏歌自若。年五十二殁，无子，友人谋葬于灵岩山麓，题其墓碣云“诗人张永夫墓”。陈培脉，字树滋，与锡祚交最久。锡祚好栖息山野,培脉好驰驱四方;锡祚诗以简洁胜,培脉诗以雄壮胜。尝之秦陇、山东、东粤、山西,在秦与征君王山史、高士李雪木讨论经史及胜国时事。晚游恒山,赋诗四章,奇伟超拔。屡试南北不获,穷困以死,贫不能殓,浙抚李馥为治其丧。

彭正乾,字存诚,定求子。恂恂自下,绝去贵介习。独处一室,校辑先儒诸书。屡试省闱不售,人为扼腕,正乾怡怡自得也。居父丧,哀毁几灭性。既葬,犹泣慕不止。教子孙当首立本行,次求学术。本行端,学术醇,则独善、兼善,随穷达而施之。吴中人士奉为格言。邑行乡饮酒礼,延主宾席,观者咸谓能称其实。以子启丰贵,赠刑部侍郎。

宋照,字谨涵,号喜墨,兆鹤子。兆鹤早亡,每读父书,捧之而泣。事母尽孝。辛卯举孝廉,公车报罢,即触暑归。或劝其留京师,曰:“吾禄养不得,反荒色养耶?”戊戌成进士,入翰林,旋归,杜门读书课子。尝言:“经学之失,在析理而不证以事,失之窈渺;史学之失,在综事而不绳以理,失之支离。”因采《礼经》注疏,汇为一编。乾隆二年,诏修《三礼》,高安朱文端公轼荐照编辑,纂研考据,有本有原。劳悴成疾,卒。著有《礼经汇解》《史间》《息轩杂文》等书。子禄绥,字尚迪,九龄,学使者令背讲《五经》《三传》,澜翻贯彻,补博士弟子。年十二食饩,攻诗,有唐人风格。父殁,命工绘《陟岵图》,瞻拜恸哭。哭辄呕血数升,遂不起,盖死孝云。

杨绳武,字文叔,廷枢孙、无咎子。自少能文,朱检讨彝尊来吴,主张大受孝廉船,集四方豪俊。绳武时在座,讨论经义,折中同异,而学益精深。中癸巳进士,殿试二甲第一人,选庶吉士,授编修。居京师,惟汲引士类,一言之善必扬之。丁父艰归,遂不出。主讲浙省敷文书院,再主钟山,所甄拔多入馆阁。台州齐侍郎召南,其一也。论列天地大文,《书·尧舜典》合一,《禹贡》一,《洪范》一,《国语·齐语》一,《左传·城濮之战》一,《邲之战》一,《鄢陵之战》一,《史记·项羽本纪》一,《平准书》一,《封禅书》一,《汉书·高祖本纪》一,《霍光、金日磾传》一,诗《焦仲卿妻古诗》一,赋庾信《哀江南赋》一,共十四篇,为文章鼻祖。著有《古柏轩文集》。平生孝友和介,囊无私财。垂老无负郭田,同堂藉以举火者三四十载,殁年七十六。仲兄继光,字宣仲,岁贡生,工诗古文。著有《楚游稿》。

李锦,字绁文。康熙乙未会试第一。为文融会先儒理蕴,上宗王、唐,历官翰林院侍读。壬子主试湖北,充修《圣祖仁皇帝实录》及文颖馆纂修。尝引《周礼》条奏六事,纳监请在户部收捐,造仓廒以实积贮,广建书院造士,赈饥请兼米银,诏旨俞允。以疾乞归,终岁不见宾客,不涉长吏庭。卒年七十二。著有《文选文粹八家文评》《宋儒要义》。弟文锐，字鼎臣，与锦同举乙未进士，殿试二甲第一人，入翰林，文名相埒。乙卯，典河南试，与锦同修《实录》。尝奏：保举人员及大臣荫子，将有理人之责，必试以策论各一，观其指陈。他日任民人社稷，庶不同刀笔筐箧之吏。上从之。后官司经局洗马，遇病卒。

宋匡业，字鼎来。龆龀时即能曲承父母颜色，人称"孝童"。读书务实学，究心先儒性理诸书，不徒工帖括。身处盛族，淡于荣利。晚惟杜门谢客，勖子孙述祖德而已。以子宗元贵，赠资政大夫。

任时懋，字又新。少为诸生，有声庠序。庚子举乡荐，辛丑试春官不第，归，教授生徒，不复就试。吴中文章风尚渐衰，时懋宗经正轨，不挠不惑，对友朋恂恂如不出口，及临讲席，判剖黑白，洋洋洒洒，不留疑似。生平笃于孝友，婚嫁弟妹，倾橐不吝，人高其行。郡庠生顾章，高才年少，美风姿，已聘室矣，读书古寺中，有贵官女入寺，经其书斋，见著述，欲委身事之，章以非耦，远遁不归免。时懋重其行，礼如严师。章没，为位以哭。著有《可轩剩稿》《四书自课录》。

李果，字硕夫，号客山。祖圣祥，武榜进士及第，浙江杭州营游击。父长根。果十二岁而孤，尝应童子试，旋弃去，入官舍佣书以供养其大母与母。从进士叶燮游，刻苦为诗文，遂有名长沙。陈鹏年官金陵，见而称之。继守苏郡，果不往见。及鹏年讼系京口，果徒步走四百里省视。大理卿李煦视鹾扬州，延之典文章。鹾使固脂膏地，同事或因缘自润，果于馆俸外一无所染。后煦亏帑，幕中多罹祸，果独脱然事外。雍正间，诏求博学宏词及山林隐逸，制府高文良其倬、巡抚宗人雅尔哈善先后欲荐之，皆力辞。雅公为守时，修郡志，以属之。卒年七十三。著有《在亭文稿》《诗稿》。果友蔡家驹，字昂若，善古文，敦行，与果同以诸生终。

曹嘉愈，字通六。九岁丧父，孝事祖母与母。及长，能文章。为诸生，藉束脩养母，非其义道，一介不取。年逾七十，以乡贡选沭阳训导，母畏渡江不往。嘉愈日夕思慕，尝作诗寄母，有"日日潼阳采苜蓿，喜闻释菜得食肉，下箸空惭颖考叔"句。以捕蝗劳勚卒官。嘉愈未就选时，徐中书埙重其文行，延之教两弟，故与埙尤莫逆。埙字宜吹，雍正丙午举人，性孝，丁未就试南宫，闻父病，趣装归视汤药。父殁三年，不涉内阃。兄弟友爱，三十年不异爨。待师友，不以生死易。壬子应江右聘，分校《礼经》。壬戌阁试，授中书。卒年五十二。

严渠成，字师厚。生一岁而孤，长为诸生，念母苦节，无以报，思持身端谨，庶不辱所生，以故一言一动恐越规矩。外母没，恸哭既绝，复苏。自是断荤血，食粗粝，人疑二氏教，弗与辨。遇春秋荐享，哭泣倍哀。友爱兄弟无尔我。雍正初，征孝廉方正士，县令欲荐之。渠成曰："我学不成、行不立，几无以为人、为子，敢膺非分荐耶？"令益重之。四十余未娶，或问其故，曰："我岂不知继嗣为重？然父母未葬，无暇及此也。"积馆谷，葬其先人，请旌母节，俱独任其费。弟兄欲分任，坚却之。年四十六，遇病没。远近失一正士，无不叹惋者。同时有程树，字玉生，年十二，院试，学使者奇其文，命背诵《五经》《三传》《三礼》，如澜翻然。又命讲《文言》及《观》《渐》卦，补弟子员，人目为神童。树，欿然也。稍长，益探理学、经济诸书，以圣贤为必可为，尝榜其楹曰："文以载道，毋玩物丧志；学期济世，勿谋利计功。"即其志可睹矣。年二十一，遭大父丧，遽痛哭，卒。

周廷燮，字赞宸。朴实端谨，孝父友弟，读书以《六经》为根柢。工帖括，先民是程。中甲辰进士，授庶吉士，散馆，改都察院经历，升刑部现审司员外，再升礼部祠祭司郎中。奏请蠲免米税，奉旨俞允。出为陕西延绥鄜道，地当套口，密迩边城，监收兵饷，管理盐茶，素称繁剧。廷燮以镇静治之，夷民和协，廉洁自守，处膏不染，以病告归，萧然幞被，囊无一钱。吴中争延为弟子师，课徒十五年，奔走于风雨赤日中，非公事不乘肩舆。束脩所入，与诸弟共之。对朋友煦煦如春风之和，盖缙绅中之巨人长德云。

许廷铼，字子逊。庚子举人。工诗，与高文良其倬友善，聘主粤华书院，多所造就。今大学士陈公弘谋，其一也。后为武平令，邑与粤之平远接壤，以分水坳为界。平远豪族强占坳北田，争讼数年不决。廷铼按图勘理，界始定。陈公弘谋为之传。

叶士宽，字映庭，号筼洲。庚子举人，钦取中书引见，特授山西定襄县，以经术润饰吏事，为大吏器重。升沁州牧，除积弊，革苛敛，士民安之。升绍兴知府。绍兴故江东剧郡，士宽处刁民以绝诳讼，严比捕以杜盗源，加意拊循善良者数月，而吏畏民怀。调繁金华府，历任杭嘉湖、金衢严、宁绍台道，为治一如绍兴时。以父艰归，杜门读书，与诸兄弟共爨而食，共椸而衣，其孝友又出于至性云。

长洲县志卷之二十五

孝义

欧阳子作《一行传》，于孝义惟录李自伦一人，谓："使不孝不义者见之，可以悛心而易行。"呜呼！五代之际，礼义衰而风俗坏，由上无以导之也。今天子以孝治天下，爱敬尽于事亲，德教加于百姓，刑于四海，僻壤穷乡凓凓然土思敦行，农知报本，况勾吴礼让之遗，渐摩尤有自乎？《记》曰："孝有三，小孝用力，中孝用劳，大孝不匮。"盖行事不必尽同，一德可纪，著以风世焉。志孝义。

宋

陈兴立母嗜阳泾桥糕，离家二十里，兴立每旦致之，几十年。一日，有道人贻一瓢，注水饮人可疗疾，时称孝感。殁，众为立祠。

明

戴君用父福之，洪武中，因监税失火当死。君用上书请代云："朝廷有法，人子有父，天下有伦。"刑官闻于朝，许之。妻吴，能植节。

沈伯刚，本姓孟，少失父母，沈胜五抚为后。胜五法当诛，伯刚年十七，固请代。临刑，明祖怪年少，问其故，贷之，并免胜五死。

朱昱，父年老，当远戍，兄惧累遁，昱愿代遣。有司以昱年幼，不听，追逮其兄。昱榜掠殆遍，肌肉消烂，无怨言。官怜之，改留苏州卫。

宋泰，字克贞。性至孝，事父昶良谨，由选贡任黄阪儒学博士。顾尚书璘抚其地，移文美之。

胡拱，字良器。性孝友，父衰，悉以家事付之，甚当父心。仲弟失火，以己屋授之，不靳。

姚木，娄门郊外人。家贫，事父缺甘脆，时时杂佣保中，收工直养父。冬寒，持罟罶捕鱼,赤脚入波流。遇大鱼,如得异珍,曰:"可作老人馔也。"父好酒,能作诗,尝独行庭中吟哦,作叉手状,木谓妻曰:"汝舅因乏酒,诗未就。"急暖酒进。诗成,父歌呼起舞,木亦随后欢笑。每夜必侍父寝,闻鼻息声,乃入内。父有怒,必跪问,怒不释,跪亦不起。时呼妻同跪,妻亦化之,终年无诟谇声。

张冲,字应和。大父昶,父准。冲母李氏疾,焚香吁天,割左臂一脔置汤药以进,因愈。尝代兄服贾燕京,归途闻父病,乃倍道行。遇盗,砍伤其肱,尽劫所贾金,惟故人所附金未失也。故人子弟来视,创甚,不敢问金。冲云:"盗去吾金,君家金固在。"悉还千金,无吝色。从兄汴、同母兄滂,皆孝谨。

马瑢,事母孝,其配以御穷故劳瘵致疾死,矢不重娶。所亲以瑢年未三十,劝买妾,不听。复劝其母,母命之,不得已,置一女婢,已嫁之,犹处子也。义声闻里党间。有司上其事,以义夫旌。子骥,为翰林孔目。

王良相,郡庠生。年三十,病危,妻忧之,得疾遽死。后或劝之娶,曰:"妻以我病忧死,我以妻死复娶,非人情也。"鳏居四十年,郡守义之。瑢居娄门,良相居甫里,皆嘉靖时人。

朱颢,字景南。父殁,庐墓三年,每闻哭声,乌鸟皆下。邻里有与父母争者,颢痛哭劝之,其人悔恨,卒尽子道。事闻,旌为孝门。

郭琮,字汝祯。少孤,事母孝,友沈周以父通株系,琮为代偿,出之。

顾淳,年弱冠,父患头风,痛不可忍,呼淳与诀,欲自裁。淳祷于天,剪发际肉,投药以进,病立愈。

陆鍙,十岁丧父,哀毁逾礼。后奉母尽孝,两遇寇盗,负母出,哀呼:"勿令吾母受惊。"盗舍之去。

杜遵,家贫苦,佣力养亲。父母相继没,手自穿窀,负土成葬地,乡人绘图以传。

吴中英,苏家巷人。父游燕客死,仆窃金逸去。中英遗腹生,未识父也。长,寻旅椟,负黄袱,赤双踝,往返者三。最后号恸欲绝,誓不得父棺不返。有德州僧指示之,题识如新,奉归,与母合葬焉。

邓汝南,力贫养母,妻以语言触迕,遣之,终身不娶。母有怒,时掌其面,汝南笑而谢曰:"勿伤母手。"母病,刲臂肉进。既殁,肖像事之如生存。

卢士达,字德孚,蒚门塘人。先代于世庙时值倭寇乱,捐赀助军需,旌为义门。士达有至性,父灉病剧,割股肉疗之。母蒋失明,偕其妻陈晨夕互舐,遂复故。父殁,居丧尽哀,每将旦,椎胸恸哭,声彻户外。庐墓三年,不入城市。母殁,士达已老，犹孺子泣。生平好善如利欲，遇事关风教者无不为，有横逆，不校其人，悔辄与分咎。仲子应琦，字景元，为诸生，亦有孝行。先是，士达好施与，家中落，至应琦已为穷人，脩脡不足，辄佣书以供甘旨，得父母欢，曰："吾乐过三公也。"当事重其行，题旌建坊为"父子孝行之门"。孙玉成，少孤，奉母亦尽孝。

邹谷，字谦谷。负文材，孝友，有节概。八岁丧母，擗踊如礼，里中呼为"小孝子"。伯兄徙梅里，朝夕缱绻，凡饼饵鲜荸之属，徒步持筐遗之。与文文肃、姚文毅、周忠介公善。当忠介被逮，势如沸羹，谷为昼夜扶掖不去。后珰败，毁祠灭像，谷奋臂擒其首以祭忠介，见者义之。

孙永正，字玉成，宋朝议大夫载裔。五岁，母丧在殡，邻火，抱棺哀恸，风旋火熄。事继母陆氏如所生。父继康，崇祯间，佐上谷梁公为令太康，时流贼蹂躏中州，太康尤甚。永正闻之，奔省父，昼夜徒跣行百五十里，所过城郭为墟，竟日不得食，饮涧水以饱。一日，遇贼至，匿乱尸下。听炮声，探首觇贼，鬓发俱焚。抵太康，父方与梁公孤城共守，相见号泣。未几，梁公调商丘，乃间关奉父归。归而父病，扶持抑搔无顷刻离。父卒，晨夕拜哭，以头触柱，柱为之破。殁，私谥诚孝先生。祁忠敏彪佳抚吴，重其行，以"险阻备尝"额其堂。雍正十年，巡抚乔世臣列祀忠孝祠。子士璜，太学生，善承父志，恤孤侄、笃宗族，以孝谨称。

郑熙，母孀居四十年，熙曲顺母意，至老如孩稚时。母爱幼孙，系季子出者，熙为之婚娶，俱先己子。

顾爱石，甫里人。幼值母病，夜半赴神庙哀吁，割右臂肉愈母。后父病，割左臂肉亦如之。

金孝子，失名。父末疾，不能行，有所请，必负之往还。家火灾，仓皇中妇已负翁出，孝子误认在床褥也，冒烈焰入，焚死。亦甫里人。

苏应凤，字凤鸣，本姓张，父翱。外大父无子，以为嗣，遂承苏姓。性纯孝，龆龀时，父目失明，旦夕忧泣，频以舌舐，目得复明。父殁，事母和气婉容，惟恐不当母意。生平慷慨侠烈，身历绝塞数年，上安边十策。殁，谥孝侠先生。

张云汉，字东阳，邑庠生，横渠先生后。父宜黄令，早世。事母陆孺人竭诚孝养，病极，刲股医疗。至殁，哀毁骨立。每晨起呼号，两目皆瞽。遇异人，得复明，人以为孝感。

国朝

江大浙，字之白，妻王氏，同禀至性，孝事其亲。大浙抱弱疾，恐遗父母忧，侍亲侧，故为健态。遇鲜果，厚市以娱父母。父固长厚，不善生计，积负累千金。大浙百方那偿，妻为罄簪珥佐之。父疾危，大浙刺血疏祷天，寻起。母病濒危，王氏刲股肉调汤以进，亦立起。巡抚慕天颜旌之曰"夫妇双孝"。

王简，字维文，诸生。父某，与陈元素契。诗筒酒盏，每邀元素俱。简虽困，必蓄旨酒以待。父病，焚香祷药王，刲股煎汤以疗。刃不利，良久始刲下，煎汤进，父得愈。元素为《古道难》以赠之。

顾国本，字君宁，庠生。幼丧母，哀毁如成人。父病亟，祝求身代。父梦吞神药而愈。友人窃卖其千金产，不责偿，并隐其事。

江大济，字经伯。至性过人，事亲以孝闻。父病心疾，大济虔求于天，刲股和药以进，病寻愈。妻黄氏亦有孝行。

袁骏，字重其。早丧父，佣书养母。以贫甚，母节不能旌，乃征海内诗文曰《霜哺篇》，多至数百轴。凡士大夫过吴门者，无不知有袁孝子也。弟孤贫，置产以赡之。母老不能行，庭前花开，骏每负母以赏之，作《负母看花图》。

杨成懋，字振卿。年方孩幼，母施病危，吁天愿代母死，旋刲股肉和药进，母病已。治田摇城江，以所入奉甘脆，侍膳堂下，色怡怡然，务得亲欢心。亲没，几灭性。既葬，筑室于墓，风雨辰必往展视，牧竖感之，弗往牧。事兄友爱，抚孤侄如己子。姊为母钟爱，夫亡，迎姊暨三甥归，教养备至。甥长，以舅姓为姓，志不忘也。里中薰其德，称仁里。年六十六卒。

朱之劢，字德彰。童年事亲，即能愉色婉容，有训则跪听。年十一，父客秦，之劢忽寒颤，因疑父在外衣单，亟制衣寄之，父果于是日失冬衣。家被盗，执母，以身卫之，母得不伤。雍正五年题旌。同旌者又有孝子邱存礼、孙丰毂。

李汉，字韩友。年十岁而孤，母苦节自矢。母殁，屡请旌不得。圣祖仁皇帝南巡，汉赍母行实尾御舟后，叩头哀吁。时触舻相衔，羽卫严列联百里，汉冒突仪仗，长跪稽颡，自虎丘匍匐直至浒墅，每步辄拜，声泪俱咽，侍从皆为感动。久而传旨，令由学臣题请，后终不达，仅祀母于荇溪三节祠，饮恨殁。雍正元年，汉之子乃以节孝并请旌。

胡昌虞，字同升，号希山。父节，授徒于乡。昌虞甫十龄，间日诣父馆，省寒暖，问起居，大风雨必往。父柩在殡，邻家失火，延烧及屋。昌虞自他所归，冒火入，抚棺恸哭，愿与俱焚。天骤雨灭火，停棺室独存。昌虞犯烟焰死，三日复苏。母病剧，稽首北辰，愿减算益母。父母既葬，筑室墓旁，居三年，每一悲号，乌鸟俱下。晚游京师，柏乡魏文毅公重其行，欲荐诸朝。昌虞以父母俱丧，无事禄养，辞归，年七十一殁。

张文魁，字东溪，世居水门桥西。性敦朴纯孝，家极贫，佣工以养父母。主者具肉食，不自食，携归奉亲。父殁营葬，自具畚锸，盖草舍于墓侧，栖其中，晨夕上食如平时，三年始断哭泣。甲申之变，奉母及妹避兵之杭，猝遇兵相失，号泣于浙东西凡二年。有客自严州来，与文魁同舟，知其寻母，故备述于桐庐县见一老妪，自诉乡里与文魁言合。文魁立往，果得母于王姓家，妹亦在，迎归孝养二十余年，始卒。文魁年八十一殁，乾隆三年题旌。

顾鳌，居莘溪之杨枝塘。父仲常，与金瑞夫博。瑞夫以刃刺之，中胁，以手奉胁归，曰："杀我者金瑞夫也。"言讫死，时鳌方二岁。稍长，询母得父死状，淬一刃，挟以出入。年十八，遇金乘马过胥口，鳌尾之行。金顾见鳌，欲疾驰避。鳌跃刺之，金中伤，投入水。鳌亦投水，连刺金。金亦夺刃刺鳌，俱死于水。寺僧救之，并苏。金诬以盗，贿官具狱。兵备王纪讯得实，谓："既杀其父，又诬其子，虽经赦不宥。"金遂伏辜。

盛鼎，字禹公。笃学励行，为名诸生。事父永先意承志，得父欢心。居丧，哀毁。母病，夜吁天，刲股以进。母卒，擗踊哭泣，闻者堕泪。族叔进士王赞令兰溪归，殁，鼎为之殡，复代其遗孤完官逋钱。殁，私谥孝介先生。

盛建极，字用敷，年十二而孤。父临殁，遗命曰："吾父母棺未葬，死有余憾。又吾生平以好施周急为己任，而天夺吾年，汝能继志，吾目可瞑矣。"建极涕泣受命。稍长，葬祖父母棺。凡姻族中婚嫁丧葬，无不佽助，至老不衰。遇事必禀命于母。母最怜长女，既嫁，家贫，建极月给薪水，抚诸甥读书习业。友爱两弟，推产以悦母心。里中有锦帆泾，故迹久湮，雨后沟水泛溢，母于建极少时嘱之曰："汝长，当修治以利行人。"后卒如其言。雍正十年题旌。

顾惟灏，字纯侯。幼丧母，事父镛、继母徐尽孝。父以事往采石，中路遇盗，挟白刃入舟，欲刃其父。灏抱持，泣曰："宁杀我，勿伤我父。"盗刃其肩，血淋漓被体，终不释。盗感叹而去。既随父之浙西，寓中火，灏适归，冒火入，皇遽中湿衣衾蒙父，负而出，灏肤发俱焦。父好施予，亲朋有急难，命子周之，灏多方补苴，不使父知。父母相继殁，灏年几四十，哭泣如童稚。卜葬不惑青乌家言，一准司马温公《葬论》。年六十四卒。

黄农，字古处，五岳山人勉之六世孙，居衮绣坊。母吴遘病，奉侍三载，无倦容。母殁，日夕号恸，经年后，时恍惚作见母状，家人误为痫。父呼与语，问答如常。自是尪弱成疾。父授经于外，距家四五里，晨必往省。父怜其疾，止之。农后谨伺门外，馆僮出，密问起居，知寝食安乃去。先是，有日者谓父寿止五十二，适先一岁冬病笃，农愕然曰："日者言将验耶？"于岁除书《减算益父疏》，元旦遍诣神庙祈祷。忽一夕，惊喜曰："神许我矣。"自是父果愈。后农病笃，时父在馆，戒家人勿惊，告以膳田易银置枕畔，谓妻金曰："吾得侍吾母矣，汝其相兄嫂善事吾父。"妻敬诺，始报。父归，含泪执手殁。父得枕畔银，哭失声，曰："彼死，犹恐贻吾忧也。"农事兄庭尽友爱。既没，身后事兄亦善视之。妻金以苦节闻。

蒋逢源，字深资，太学生廷鉴子。年十三，母病，昼夜不寝者三阅月，母寻愈。兄学海、文河游学四方，逢源偕其弟昕夕定省，父母安之，忘伯、仲之不在侧也。父卒，三年泣血，形体毁瘠。邻家失火，延烧其庐。逢源入火，负母出，颠顿于地，伤一指。迨母没，一如哭父时，葬祭尽礼。妻熊氏，生一子，殁，时逢源年二十五，不更娶，不置妾媵。邦人嘉其孝，高其义。

徐国揩，字公如，宋文端公奭后。曾祖应骥，宝庆同知，有廉声。父邦治。国揩生而淳朴，敦本力行。孩提时，即知色养。弱冠，父母为议姻，力辞曰："娶而不贤，何以奉亲？"迨壮，父母再三谕之，乃娶黄氏，果贤淑。父疾剧，医束手，默祷于天，愿除己算益父寿，父病果瘳。及父殁，庐墓三年。兄国维早卒，遗寡嫂、孤侄，竭力膳养，终始无间。雍正十三年旌。

江文乐字维滋暨弟文析字维昭、文懋字维修，孝子大浙子，俱以孝著。父病危，文乐刲臂肉和药以疗，病寻愈。母疾继作，文析亦复行之，皆效。逮父母殁，时文懋年五岁，忽患流注，医不能治。文乐、文析相与漱津润之，患遂痊。文懋既长，偕两兄体前人志，力行善事。沧洲陈鹏年守吴，廉访得实，额其门曰"吴中三孝"。文乐子承熹，文析子龙藻、孙晟举，亦能世守其孝云。

王逢吉，字汝从，长庠生。六龄失怙，擗踊若成人。负母避乱，濒危辄免。母病足，偕妻孙氏侍疾十余载不懈。母没，庐墓悲号，驯鸟翔集。卒年八十二，门人私谥贞孝先生。子家瓒，字端臣，孝与父同。尝自城归省，遇风，舟覆，同舟皆溺，家瓒无恙。息关蔡方炳、少宗伯沈德潜为立《两孝子传》。仲孙溥，早卒，亦有孝行。

程大儒，字远之，徽州诸生。随父中书舍人遇德在南都。乙酉五月，遇德死难，大儒与母载父枢，转侧兵戈中，不得达故里，遂徙苏州。母殁，哀毁失明。子文焕，字豫童，六岁为父舐目，历五年，障翳忽开。大儒疾，文焕徒步延医新安，六昼夜走七百里。乾隆五年，父子并旌。

范君谐，字淳芳，文正公仲淹二十一世孙。三岁丧父，见母哭，辄啼不止。稍长，入塾，捧书而泣。师问之，答曰："伤母孀居，延师辛勤耳。"卒以贫辍学治生，佐母奉祖母备甘旨。祖母殁，将葬，术者言："时日相妨。"君谐毅然营葬，讫无害。母患噎，治不效。方书有用鲜虎肚法，徒步往义兴，求得之以进，母随愈。母殁，庐墓三载，辑母节行请旌。尝悬父遗像密室中，出告反面，事之如生时。诸生顾进，字懋功，亦以孝友称。

唐肇虞，字顺江。时值土寇劫掠，奉母避难，相失，遍访数年，备尝艰苦，誓不遇母不还。一日，奋身欲赴清流，复思身死母将何依，号泣江滨，行人垂涕。夜宿镇江关帝庙，梦神与金铃系臂，后果遇母于金陵。乾隆贰年题旌。

管增，字方至。父勋，宦殁广南。时当乱后，万里寻访，溯九江，越五岭，跋屐经年，备尝艰苦，负骸以归。高士徐枋为之传，太仓吴伟业、遂宁李仙根皆赠以诗。乾隆十年题旌。

顾思容，字逸彦，太学生。勤学好问，制义以古人为程，隐居不仕。精于医理，自岐轩以来百七十九家之言，靡不洞彻。尝以此活人。好施予，捐资修尹山桥、跨塘桥，费逾二千金。子秉忠，龆龀即能曲承父母颜色。父母殁，哀毁倍至。既葬，犹泣慕不止。友爱从兄弟，悉力资助。著有《存拙草》。与宾筵。孙伟俭，英才卓越，有声乡党。

叶茂华，三都里人。乙酉夏，大兵初驻城南，急需刍牧。邑长择里甲之诚谨者输之，茂华与焉。茂华慨然曰："吊伐之师，脱民水火，令而不赴，悖孰甚焉？"遂与兄茂才、侄汝楫往役。闰六月十四日，湖寇溃入城，三人奋身格斗，俱遇害。

朱履正，字仲中。年十五丧父，事母冯以孝闻。常徒步远游，佣书以养母，备极艰苦。家渐裕，稍置田庐，悉归伯兄主之。母病寒，汤药不入口，履正口含度之。病久益危，潜为书，告东岳庙，愿减己算延母命。书焚而母疾瘳，越十二年乃殁。时同邑戴峻，字古岩，为人诚朴，孝事其父。父好丹青，峻求工其术以悦之，山水、人物、花鸟、虫鱼皆有生韵，遂名于时。

徐纶，字襄孙，世居闾西，为望族。父早卒，族人多构讼凭陵之。纶醇谨自饬，克振先业。为诸生，益敦品乐善。族子盗鬻先世义田，纶为捐赀赎复，周恤亲故婚葬以十数。殁年七十，编修汪琬志其墓。

郑元良，字松房，明进士文康裔。妻徐氏，总戎淮孙女。夫妇俱尽孝。元良精医学，父辅世病，虔祷医王，百方调治，汤药必跪尝以进。母病，氏扶掖起卧，不假寐者两月。及殁，夫妇庐墓，异室而处，逾年始返。巡抚汤斌额其庐曰"子孝妇贤"。

沙舜韶与侄恒铨，并刲股愈母，孝廉沙衍中为文纪之。同里徐尚伦，字五常，幼孤，母病，亦刲股和药疗之。后先以孝闻。

叶志远，字澹致，候选州司马。品端学博，工诗，善书法，著《历奇》《继存》二草，兼精地理，刊《堪舆正论》行世。扶危济困，不惜倾橐以应，乡里并佩其德。子景著，字自中，克承父志，笃学疏财。家本贫乏，周恤亲友，行之不倦。吴中推为巨人长德。以子仰高贵，两世俱赠中宪大夫、湖广荆州府知府。

孙鼎锺，字采章。天性纯孝，年十五，母患脾疾，鼎锺衣不解带者八阅月。危急，刲左臂肉和药进，母果愈。又三年，母殁，奉父孝养备至。父年八十余，疾作，鼎锺尽鬻衣饰、房屋易参苓以供。父卒，庐墓三年。

杨楚，字子乔。父天灏，由杭徙吴。天灏少贫，母早殁，渴葬于杭。楚年十四，随父归，迁葬启土，棺腐，骸委地。父哀痛得骤疾，楚脱衣裹骸，扶父越岭，夜半达新阡。逾日，市棺痊骨改葬，见者谓成童所难。父常行贾金陵，楚必请归期。至期，往江口待。康熙丙子七月望，计父舟应至，而江中风浪大作，楚心动，坚欲往至中流。父从真州下，舟将覆，适两舟相遇，双橹行，得渡父。母病，昼夜不解带。殁，未葬，不入寝室。既葬，犹庐墓侧。弟卒，抚遗孤成立。事两兄亲爱。殁年五十三。乾隆十五年题旌。

张惇，字性存。生有至性，事父母先意承志。八岁，母病，尝粪，人称孝童。父可立，行贾湖南。惇冒风波，涉洞庭湖，迎父归。父病在都，兼程前往侍疾，有神僧授百花丹以疗之。父母殁，先后庐墓六年，时有白鸟来巢。

王臣，字与穆。父以贾殁京师，臣年十一，知父棺暴露，别母入都。扶父棺，过天津，风雨骤作，臣抱棺号恸，誓以身随。须臾风息，舟得独存。事母尤孝，需次京邸，闻母病，喟然曰："奈何冀升斗禄违色养耶？"遄归，终身不赴选。孙锦，己未进士，入翰林。

沈凤南，字于飞。龆龄丧父。父字蓼生，凤南初就外傅，诵《诗》至《蓼莪章》，忽感触号恸。师询其故，曰："吾父少孤，故以为字。余又早失所怙，是以悲耳。"

时人咸以王裒目之。事嫡母、生母以孝。嫡母病，祷于东岳神祠，愿减算益寿。居两母丧，三年中含辛茹素，不入寝室。葬亲有日，邻家失火，凤南抚棺而哭，旋风返火熄。少思读书显亲，而数奇不偶，将卒，犹勖其子勤学问、述祖德焉。

徐起凤，字云六。父时昌、母周氏。父肩贩为业。起凤五岁，父出不归，日暮犹无米下炊，自顾带间系二青蚨，潜易糕供母。贫甚，盛暑不设帷帐，起凤俟父母熟睡，窃扇驱蚊。母病卧，邻人失火，延及其室，趋归，冒烈焰负母出，天忽反风灭火。母殁，亲持畚锸葬祖茔旁，构草棚，栖其中三年，饮食必先泣祭。父多病，起凤为医家执劳，求授医理以侍父疾。父死，亦居墓三年。方伯张鸣钧式庐荣之。

金瑞凤，字舜来，太学生。早丧父，事母至孝。待两兄友于。年二十余，丧其偶，人劝再娶。瑞凤曰："吾已有子，娶非其人，如仰事俯育何？"终其身，未尝畜妾媵。母病，泣告于神，剜肉和药进，病旋愈。及殁，哀毁尽礼，碗羹杯黍，晨夕手奉，作孺子泣。两兄殁，经纪其丧，抚侄如子。有姊，子幼无依，迎归善养，俾其子成立。性耿介，不营非分财，交朋忠信不欺，时皆重之。

顾鼎冕，字静山，长庠生汝楫子。五岁丧父，自投于地曰："无父何以生为？"其祖严禁之，潜入帷堂饮泣。祖殁，哀同丧父。祖遗幼叔、两幼姑，延师婚嫁，务从其厚。母有痰疾，岁必三四发，发时以小榻傍母床卧，静伺母声息，索汤饮，立应。夏月蚊集，不敢挥扇。寒暑积劳，一病遂殆。濒殁，呼母不置。既绝，目视其母。将殓，母抚之，泣曰："媳在，儿无虑。"犹视，配褚亦泣曰："君亡，事姑敢不加谨？"目乃瞑。子绳，字正之，孝父母、友兄弟，勤以力学，俭以持家。中道而亡，宗族惜之。

庞佑，字申甫，居武丘山塘。龆年丧母，哀毁骨立。孝事其父。父年六十二，病蛊，便溺不行，群医束手，佑亲为吮咂三昼夜，水道得通，沉疴顿愈。父殁，典揭丧葬，抚恤季弟。两世遗孤，以产赡之。有卖珠钱妪至佑家，寄金珠一箧，值数百金，三月不取。佑追访之，妪于遗箧之夕归，以骤病亡，物主方讼于官，其家不知所在，将变产偿。佑急举箧还之，其家酬以金镯，坚不受。其不苟取与又如此。

沈永吉，字长年，宋贡士埠后。年十一丧母，哀毁如成人。父时中，好施，破其家，永吉佣书自给，饔飧外，余钱易银，缝布袄中，积三年，劈布袄卜地以葬其母。父患疽，医言血气衰，非吮其毒不出。永吉即自吮之，疽得以瘥。父殁，庐墓侧三年，时称纯孝。

蒋晟，字幼贞，邑庠生。孝事父母。尝读书吴淞江，梦神告以母病当危，惊起，呼舟归。母果病，奉汤药，昼夜不离床笫，劳瘁得疾。将殆，父命移别室。母殁，昏

迷不能觉。稍愈，知之，一恸几绝。岁时陈蔬脯，伏地哽咽，三十年无改。仲兄病
疽卒，哀痛迫切，遂病两月，亦卒。

顾载光，字彤云，福建布政济美子。自幼善承亲志。母患心痛，医罔效，忧惶
无措，潜割股肉投于药。母饮之得愈，而载光不自明也。迨见其瘢，讯之，始吐实。
济美司臬甘肃，载光躬送至兰，又归迎其母至署，复遣归，往返崎岖，积劳成疾，遂
不起。临殁，执兄手书"孝亲"二字嘱之，年二十三。同时有从兄延年，字明志，中
书楗子。幼聪悟，善属文，事亲笃孝。母病，昼夜忧悒，得心疾而卒，年亦二十三，
刻有遗文一卷。人谓二子皆以孝死。

金焕，字丽章。孝友性成。年十三，母殁，哀痛尽礼。奉父命，弃举业，习计然
术，家遂以起。事父先意承志，甘旨必手奉。父嗜吟咏，焕特构幽舍，杂莳嘉卉，花
晨月夕，延致名流共相唱和，以悦父意。事继母如母，择地葬亲，冒风露，披荆棘，
足茧万山中，得佳域以安窀穸，挥金无所顾惜。友于兄弟，白首相聚，常如角丱。叔、
季两弟亡，经纪其丧，为之归葬。人有颠连疾苦、婚嫁丧葬，竭力相助。积逋于人，
潜焚其券，曰："勿留此，为彼子孙之累。"故其殁也，远近无不悲悼者。长子世基，
字肇法，能体父志，孝养二亲，兄弟无间言。尝辑家谱以敦族众，见义必为，乐善不
倦，制行无忝厥考。

刘炳，字灿南。幼丧父，哭泣如成人。长而奉母孀居，笃爱若孺子。家极贫，
祖年老，炳借馆谷以养，供母必备甘旨，自予粗粝，戒妻倪曰："勿令母知也。"母
病，昼则蓬垢觅善药，夜则顶祝吁天。母殁，庐墓三年，为母请旌于朝，母节得显。

陶篠，字卫扬。先世明初由凤阳迁吴。父世魁，念支派繁衍，欲效范文正公建
义田而力不逮，赍志殁。篠自少思成父志，用计然术，往来南北二十年，以其赢余
购常稔田一千一百五十亩为义田赡族，又捐金千八百两，造义庄三十三楹，祀迁吴
始祖，而以世魁配。族之人岁计其口，月给其廪，婚娶榰瘵，给各有差。大吏闻其
事于朝，员外郎议叙即用。平生事父母备色养、待兄弟友于。或以急难告，倾囊相
助无吝色，吴中义之。

戈地宫，字位坤，太学生。性孝友，勇于为义。父亡，业懋迁养母。母畏寒而
不好拥炉，将卧，地宫以身先温其衾。有金姓者介地宫贷范某金三千，商他所，不
归，地宫倾橐代偿。他日，金姓归，金耗尽，地宫悯其时命不犹，不复索。故人迫官
通，鬻女巨室，地宫闻之，赠金赎还。

汪士荣，字伯仁。三岁丧母，八岁丧父，无伯叔兄弟以依，祖母冯氏抚之长。

自幼孝事祖母，晨昏定省，跬步不离。娶妇合卺，即谓妇曰："吾所以成立者，祖母恩也。若能孝我祖母，他无求焉。"妇感其言，待太姑如母。祖母病，士荣扶持抑搔，不归内寝者一载有余，对人辄引李令伯《陈情表》曰："臣无祖母，无以至今日。"祖母殁，哀毁骨立，乡党谓之顺孙。自恨不逮养其父母，春秋享祀，流涕盈颊，曰："祭而丰，不如养之薄也。"士荣以孤露起家，自奉俭薄，而待人极厚。言信行果，成人之美。急凶患难，叩门缓急，倾囊无吝。尤敦宗谊，九族之中，吉凶嫁娶，惟士荣是赖。其没也，远近亲疏无不悲痛失声者。教子虞炳、鼎煌弃华务实，节无益之费以供有益之用，是以重修长、元学宫，虞炳、鼎煌捐助尤多，任劳怨不顾，皆禀士荣之遗训也。周观察廷燮志其墓，韩洗马彦曾为传。

周秉义，字干臣。读书养母，志在显扬。叔谆无子，家素丰，婶母殁，依次当为嗣。秉义曰："吾父止二子，何忍谓他人父乎？况母已年高。麻衣麻裳来归定省，毋乃伤慈帏心。"谆因继叔兄子为嗣，而以万金与秉义为膏火资。秉义曰："吾已授父产，叔产当传嗣弟，何必分润于侄？且叔尝言欲立义庄赡族，何不留此为义庄用？"后谆临终遗命以二千亩为义庄产，盖秉义成之也。年不老寿，宗党惜之。

尹天章，字粲英，太学生，考授县丞。幼失怙，事母至孝。家贫，奉养必极甘旨，婉容愉色，得母欢心。母病，亲尝汤药，衣不解带，须发尽白。先是，直隶青县知县严焘遵旨愿为保荐天章，以亲老固辞。循朱子同室异龛之制，建祠以祀曾、祖、考三代之主，常训子孙建曾叔祖明廷专祠，阐扬先烈。

杨模，字子式。天性纯笃，事亲以孝闻，待诸弟友爱。弟殁，抚侄如己子。年七十余，为弟经理丧葬，不以病老辞。生平行事皆培本根、务实学，不徇时俗好尚，交朋忠信，一言之诺必践。救灾恤患，不顾其身，人以比汉之杨政。郡守姚孔铴举模乡饮，以砥砺里党。雅好吟咏，有《寄闲诗稿》《训子篇》行世。

计廉善，字德芳，太学生，考授州同。事亲愉色婉容，先意承志。父病，刲股和药以愈。交友忠信，教子义方，通乡党之缓急，周亲族之困穷。遇贫弗能葬娶及孤而无依者，咸佽助抚恤。巡抚高其倬为其内甥婿，欲削牍荐，以年老辞。尝捐修瑞光塔、天后宫，知县沈光增式间给"仁心为质"匾嘉奖，闾里称为善士。进士谈思永为传。

戈元鑰，字用光。幼具至性，事父母以孝闻。习举业，见父综家政劳勚，弃去，代父经理，咸当父心。父母殁，哭泣尽哀，丧葬尽礼。待兄弟，无尔我间。自龆龀至白首，怡怡友爱。推恩宗族，有无相济，衣寒药病，施棺代葬，建义学，助亲友婚嫁。岁歉，籴米减价平粜。子孙世守其法。两举乡饮，不赴。以子贵初封儒林郎，再赠通议大夫。先是，元鑰创捐义田四百亩，为合族公产。元鑰殁，其子黄鸿、黄泳、黄潍、黄湘增置腴田六百亩，共一千亩，起建义庄，以承父志。大吏闻其一门孝友、父子相承，乾隆二十六年闻于朝。礼部尚书嵇璜为撰墓志。

沈道然，字曾唯，辛酉举人。性至孝，事定省奉养，皆视听于无形无声。待诸弟友爱，教之使成其名。孝子之称，人无间言。弟光熙，字思凝，孝媲其兄，好施予，缓急无所吝。丧偶，不再娶，抱才而以诸生终。生宗源，字巨川，年少敦行，攻文章，早殁。三人皆关镇之端方孝友者也。

长洲县志卷之二十六

流寓

吴中多名山水，百物殷盛，远方之士好托迹焉。游习久而瘗埋于斯者，往往有之，子孙因而占籍，然非邦之产也。今之所录，或远宦而羁留，或依刘而侨处，或爱岩泽而筑室流连，或避患难而安居不返，行谊可传，风雅足纪，列为流寓，仍注故籍，以免混淆。志流寓。

周

澹台灭明，字子羽，武城人。鲁大夫，事孔子南游至江，从弟子三百人。识取予去就，名施乎诸侯。孔子尝谓："以貌取人，失之子羽。"唐赠江伯，宋赠金乡侯。

梅福，字子真，九江寿春人。少学长安，明《尚书》《穀梁春秋》。为郡文学，补南昌尉，去官归。成帝时，王凤专势擅朝，灾异数见。福上书，劝帝循高祖之轨，杜亡秦之路，数御《十月》之歌，留意《亡逸》之戒，除不急之法，下亡讳之诏。不纳。又请封孔子后以奉汤祀。福能言人所不敢言，居家以读书养性为事。王莽颛政，一朝弃妻子，去九江，人传以为仙。其后有见之于会稽，变名姓为吴市门卒。

蔡邕，字伯喈，陈留圉人。少博学，师事太傅胡广，闲居玩古，不交当世。建宁三年，辟司徒桥玄府，出补河平长，召拜郎中，校书东观，迁议郎，奏求正定《六经》文字，立碑太学门外，观视摹写，车乘日千余两。屡上封事，就问灾异，悉心以对。为中常侍程璜所伤，徙朔方，旋宥还。虑卒不免，亡命江湖，远迹吴会，往来依太山羊氏，在吴积十二年。吴人有烧桐以爨者，邕闻火烈声，知其良木，请裁为琴，有美音而其尾犹焦，时名焦尾琴。

晋

戴逵，字安道，谯国人，尝居剡下。孝武以散骑常侍、国子博士征，不就，乃逃于吴。吴国内史王珣有别馆在武丘山，遂潜诣之，与珣游处，号为吴中高士。当剡下时，武陵王晞闻其善鼓琴，使人召之。遂对使破琴曰："戴安道不作王门伶人。"

王珣，字元琳，与谢立为桓温掾。温尝谓："谢掾年四十必拥旄仗节，王掾当作黑头公。"为吴国内史，居郡，为士庶所悦。征为尚书右仆射，领太子詹事，加散骑常侍。在吴时，居虎丘，为别业，后舍为寺。弟珉，字季琰，小字僧弥，才名出珣右，亦居虎丘之东山。

齐

戴颙，字仲若。父逵、兄勃，并隐遁有高名。颙游吴下，吴士共为之筑室，聚石引水，植林开涧，少时繁密，有若自然。三吴将守及郡内衣冠要其同游，堪行便往，不为矫介，众以此多之。屡征不就。衡阳王义季镇京口，长史张邵迎颙止黄鹄山。太祖每欲见之，谓张敷曰："我东巡之日，当宴戴公山也。"

何求，字子有，潜人。为丹阳郡丞，清退无嗜欲。妻亡，还吴，葬旧墓，隐居波若寺，足不逾户，人莫见其面。宋明帝，除永嘉太守，不肯诣台。一夜乘小船逃归吴，隐虎丘山。弟点，字子晳，与兄求俱无宦情，虽不入城府，遨游人世，不簪不带，或驾柴车、蹑草屩，恣所适，致醉而归，士大夫慕之，号为"通隐"。

何胤，字子季，求幼弟，出继叔父旷，更字胤叔。八岁居忧，毁若成人。及长，好学不倦。仕齐，至建安太守，政有恩信。后为中书，拜表辞职，东之会稽，居若耶山云门寺。初，兄求、点并好栖遁，故或称求为"孝隐士"，点为"小隐"。又称求为"大山"，胤为"小山"，号"何氏三高"。永元中，征为太常、太子詹事。梁武践祚，诏为特进光禄大夫。并不就。迁秦望山，起学舍七十余。复移还吴，居武丘西寺，讲经论学，僧徒从之。

梁

顾越，字允南，吴郡盐官人。励精学业，遍该经艺。武帝时，除五经博士，以世路未平，无心仕进，栖隐武丘山，与吴兴沈炯、同郡张种、会稽孔奂，每为文会。后拜散骑常侍兼中书舍人。

唐

殷怿，字易从，曲阿人。少负志气，博学善属文。弱冠游太学，籍甚公卿间。

天宝末，知天下将乱，趣装东归，侍母居吴郡。吴中士大夫得从之游者，乡党以为荣。

皮日休，字袭美，一字逸少，襄阳人。咸通八年第进士。崔璞守苏，辟军事判官。入朝，授太常博士。黄巢陷长安，伪署学士，使为谶文，疑其讥己，遂及祸。寓吴日，与陆龟蒙所居临顿里相近，往来唱和，其地称皮墅。其《太湖诗自序》云："尝穑鹿门，渔蔽涧，南浮至二别。涉洞庭，回观敷浅，原登庐阜，济九江。由天柱抵霍岳，又自箕颍转樊邓，陟商颜，入蓝关。自京东游，复得宿太华、乐荆山，赏女几，度辕辕，穷嵩高，入京索，浮汴渠至扬州。航天堑，从北固至姑苏。恣讨洞庭山，足迹半天下矣。"

罗隐，字昭谏，余杭人。本名横，十上不中第，遂更名。从事湖南、淮、润，无所合。久之，归投钱镠，累官钱塘令、镇海军掌书记、司勋郎。朱全忠以谏议大夫召，不行。劝镠讨全忠，大义愤激，镠不能用。魏博罗绍威推为叔父，尝表荐给事中。中岁入吴，与陆龟蒙游，结庵于甫里北隅。

宋

苏舜钦，字子美，参知政事易简之孙。为集贤校理、监进奏院。娶宰相杜衍女。衍与范仲淹、富弼在政府，引用一时闻人，欲更张庶事。御史中丞王拱辰等不便其所为。会进奏院祠神，舜钦与右班直刘巽用鬻故纸工钱召妓乐、会宾客，拱辰讽鱼周询劾奏，舜钦、巽并坐自盗除名，宾客得罪去者十余人。拱辰曰："吾一举网尽之矣。"舜钦既放废，率妻子寓于吴中，买水石作沧浪亭，珍花奇石，曲池高台，鱼鸟流连，旁列图史、琴樽以自怡悦。兴至，则泛小舟出盘、阊二门，吟笑览古于江山之间，时发愤懑于歌诗。善草书，酒酣落笔，争为人传。后得湖州长史，卒。寓吴故居苏家巷，在南园之东。

滕元发，初名甫，以字行，更字达道，东阳人。九岁能赋诗，敏捷过人。范文正公之父为诸舅，见而奇之，教以为文。文正为乡郡，安定胡先生居于郡学。元发来从学，门人以千数，第其文常为首。举进士，廷试第三，以声韵不中程，黜之。后八年，复中第三。通判湖州。孙沔守钱塘，一见曰："当为贤将。"授以治剧、守边之要。为盐铁户部判官。神宗即位，问治乱之道，对曰："治乱之道，如黑白东西，所以变色易位者，朋党汩之也。"神宗曰："卿知君子小人之党乎？"曰："君子无党，辟之草木，绸缪相附者必蔓草，非松柏也。"迁御史中丞。抗论得失，出知郓州，移定州。

入觐,力言新法之害,坐累知安州。哲宗即位,复知郓州。岁方饥,乞淮南米二十万石为备,全活五万人。除龙图阁学士。卒谥章敏,葬阳山。子孙遂为吴人。

尹焞,字彦明,洛人。师事程颐。应举发策,有《诛元祐诸臣议》。焞曰:"尚可以干禄乎哉?"不对而出,告颐曰:"焞不复举进士矣。"颐曰:"子有母在?"焞归告其母,母曰:"汝以善养胜以禄养也。"终身不就举。靖康初,召至京师,辞归,赐号和靖处士。金人陷洛,全门被害。焞死复苏,门人舁置山谷中。刘豫以礼聘,不往,奔蜀,止于涪。绍兴五年,以崇政殿说书召,力辞。时陈公辅上疏攻程氏之学,焞曰:"学程氏者,焞也,请就斥。"八年,除秘书少监。上语刘大中曰:"焞未论所学渊源,足为后进矜式,班列得老成人,亦是朝廷气象。"后提举江州太平观,致仕。

魏了翁,字华父,邛州人。登进士第,召试学士院。韩侂胄谋开边,了翁力言不可,策出,众大惊。除秘书省正字,进司封郎中。论江淮襄蜀当分为四重镇,择贤帅而任之,为联络守御之计。史弥远当国,以工部侍郎与真德秀同罢。御史梁成大曰:"真德秀真小人,魏了翁伪君子。"识者笑之。绍定中,直学士院,在朝凡六月,前后二十余疏,皆当时急务。将引共政,忌者谓了翁知兵,除同签枢密院事,督视京湖军马。陛辞,御书"鹤山书院"四大字赐之。旋召还,以浙东安抚使就医平江。尝至甫里,筑别业于罗隐庵故址。卒谥文靖。

龚开,字圣与,淮阴人。少负才气。宋季,与陆秀夫善。宋亡,侨居吴之东城。高邮龚璛亦寓吴,与开为忘年交,时比之"汉两龚"。尝作文天祥及秀夫传,金华吴莱见之,谓得迁、固之遗。

高晞远,字照庵,通州人。姿禀秀朗,学问该博,尤精邵子之学,通音律,尝手裁竹为管,以定五音六律,进反之间、疏数之节、细微之辨,毫发弗差。咸淳、德祐间,移居平江。城溃家散,浮游江湖,卒葬齐女门外。

吕浩叟,故宋臣。元兵下江南,出使军前,持节见张弘范,抗词不屈。宋亡,授淮东宣慰使,不就。寓虎丘,构寿乐堂。

元

柳贯,字道传,浦江人。受业仁山金履祥,又从乡先生方凤、粤谢翱游,考秦汉以来文章变化,为吴文正澄器赏。程文宪钜夫以墨一丸授之,曰:"文章正印,今属子矣。"宋濂、戴良俱出其门。尝居甫里书院,官翰林待制、国史院编修。

陈朴，明州奉化人。至正间，与弟柽同游吴，遂家长洲。柽博学有史才，著有《通鉴续编》。

周伯琦，字伯温，鄱阳人。至正中，为浙西肃政廉访使。十七年，承制假参知政事招谕张士诚，被留十余年。士诚为造第宅于乘鱼桥北，厚其廪给，日与诸文士以文墨流连，因亦忘归。士诚灭，乃还。

谢应芳，字子兰，武进人。耿介尚节义，为文章有根柢。元末，徙居吴之荐门，避兵吴淞江上，人钦其德。洪武初，诏修《元史》，不就，以老病自晦，时人重之。

倪瓒，字元镇，无锡人。居有云林堂、萧闲馆、清閟阁，中藏书数千卷，手自勘定，三代鼎彝、名琴、古玉罗列左右。画笔萧疏简远，称其为人。至正初，天下无事，一旦舍去故业，散给姻友。兵兴，富家多被祸，瓒超然物外，放舟五湖三泖间。寓甫里，与陆德原、虞堪辈为诗文交，不罹于难，人服其识。

明

余尧臣，字唐卿，永嘉人。以文学著。客居会稽，越镇帅院判迈善卿、参政吕珍罗致幕下，与有保越之功，荐剡交上，无意仕进。于越之桐桂里治圃筑茅，署曰菜薖。已而入吴，居北郭，与高启、张羽为“北郭十友”。吴亡，与杨基、徐贲同被征，后谪濠。洪武二年，放还，授新郑丞。

张观，字可观，嘉定人。好游览，往还吴越，遇佳山水辄画，笔墨所成，或千岩万壑，或一角山，或陂塘平远，自得天趣，不事规模。侨居长洲之周庄，修圃灌花以终。

管志道，字登之，号东溟，太仓人。后迁长洲。隆庆辛未进士，授南京兵部主事。时卫卒苦贡艘，志道言于尚书，裁去三百余艘，摊江、济两卫，以苏四十卫之困。张居正夺情，议起沈懋学、赵用贤，贻书具疏，皆与志道商订而后发。疏陈九事，首言太祖既革丞相，事权分属九卿，正统初始用阁臣预政，宫府之间壅蔽，请复午朝之制。朝廷有大事，阁臣与九卿面决。又请永除言官廷杖，居正大忌，出为广东佥事，分巡南韶。比至，御史受居正旨，劾之。后以言者复原官，致仕。

王志坚，字弱生，更字淑士，昆山人。万历中进士。卜居南园，肆志读书，其法先经后史，先史后子、集，读经先注疏而后辨论，读史先证据而后发明，读子则谓唐以后无子，当取说家之有裨经史忝补之，读集则定秦汉以后文为五编，考核碑志，援诗传、据杂说以参订之。由南兵部主事历郎中，督湖广学政，卒官。

程智，字子尚，号云庄，休宁人。不喜举子业，读《易》有省，徒步至河南，谒伏羲陵。归，入山中，昼夜穷究，深明极数辨物之道。崇祯间，来吴讲学，从游甚众。卒葬阳山。

姜埰，字如农，莱阳人。崇祯辛未进士。初，除密云县令，改仪真，有声。入为礼部主事，选授礼科给事中。祖士良、父泻里，世业儒，倜傥好立奇节。埰自通籍，念身列谏垣，默默非所以为臣，亦非祖父训也。时寇氛猖炽，宰臣周延儒首鼠两端，阴重不泄。会行人司副熊开元疏侵延儒，上怒，逮开元，杖一百。埰于是劾延儒，辨开元无罪，有云："大臣不言则小臣言之，皇上何所见而偏徇若是？"语过激，并杖埰，下锦衣卫狱，几死。弟垓，因微服事其兄，周旋橐饘不去。方狱急，时莱阳寇陷，埰父泻里阖门死难。垓席稿阙门，愿以身代。埰归，办丧事，上恻然，乃削埰籍，戍宣城。福王立，遇赦，流寓苏州，往来宣城。临死，谓其子曰："敬亭，吾戍所也。戍者，君命，死必葬我敬亭之麓。"年七十殁，葬宣城。尝自序其诗曰："托哀鸣于异鸟，感音节于候虫。"亦可见其心矣。门人私谥贞毅先生。子安节，宣城守墓；实节，留吴。安节，字勉中，有笃行。实节，字学在，工诗画，师云林，晚寓虎丘，生前预立墓石曰"莱阳姜仲子之墓"。

姜垓，字如须，埰弟。崇祯庚辰进士，除行人。慷慨激发，有澄清当世志。初入署，见题名碑有逆臣阮大铖、崔呈秀姓名，曰："奈何与众正同列？请碎其额。"思陵允之。已而埰以直言得罪，垓急难奔走，出入圜扉无稍间。及埰受杖午门，负痛气绝，垓口含溺喂之，始苏。营护调治，得不死。南都再建，阮大铖思修旧怨，必欲杀垓。垓从吴门变姓名，遁迹台宕间，始免。乱后复来吴，痛家国之变，居恒悒郁，侍其兄埰，俯仰兴怀，凄然泣下。著有《筼筜集》，识者比于《西台恸哭》《泽畔行吟》。年四十卒，与兄同祀虎丘。子寓节，字奉世，至性过人，笃师友谊，绰有门风。

黄周星，字九烟，金陵人。少育于楚湘周氏。崇祯庚辰进士，授计部主事。国变，弃家流寓吴越。在吴，寓阳城湖滨，后更名，又更字略似。或笑或哭，感触无端。遇沈冥放废之士，执手悲歌，声激波际。年七十，泛舟浙东，被发长啸，自沉水死。

国朝

戴易，字南枝，山阴人。慕严子陵高风，赋三千六百钓台诗，取太白句"广张三千六百钓"意，非专咏钓台也。来吴，与杨无咎善，因无咎交徐枋。枋临殁，以书招无咎、易偕至，无咎为抚其孤孙，而易卖字积金，葬枋于真如坞。易苍颜古貌，幅巾道袍，喜吟咏，能作径丈八分书，殁于武丘。

唐甄，字铸万，达州人。父为吴江知县。蜀乱，不得归，遂家于吴。顺治丁酉还，举四川乡试，授长子县，导民树桑八十万本。公廉有善政，以逃人诖误去官。复居吴，甄于书无所不读，而尤好为纵横之学。著《潜书》二十卷，诗以唐人为宗，羁旅幽忧，抚时感慨。蜀人费密、宁都魏禧极称之。已而客游四方，所交多胜国遗逸。居葑溪之东，老屋数椽，于名利泊如也。年七十卒。

李仙根，字子静，号南津，蜀成都遂宁人。父实，崇祯癸未进士，为长洲县令。仙根少从父宦游吴中。甲申后，父子俱隐上清港织帘读书。后实遣归蜀省墓，适乱定，开科举孝廉。明年辛丑，成进士第二人。少好古文，不屑为俗学。书效《兰亭》《乐毅论》，而近师赵文敏。时安南黎维禧夺部统使莫元清高平土地，元清来归，朝廷使仙根往平之，赐一品服，乘传而南，至则维禧凶悍，支离不服。仙根曰："汝曹偷息南荒，侵叛屡闻，独不思君臣大义？虽穷发修服，犹知向慕，今使者奉命临城，不思解发顿首谢罪蒲伏，犹复首鼠观望，枝梧百端，使者即懦怯，肯为汝曹下耶？"将执其通使大臣付之吏。众见仙根威严若神而端雅详辨，遂俯首服，卒返其侵地而还。进祭酒，跻阁学。会吴三桂叛，命理饷驻荆州。未几，召归，改副都御史，转户部侍郎，钱法以平。左迁太常卿，以郊祚失仪免官。时年已七十矣。生平好直言，立朝侃侃，识者谓犹未尽其蕴抱云。卒年七十有五，葬于彭山崦之原。

朱彝尊，字锡鬯，号竹垞，秀水人。明太傅国祚曾孙。少聪慧绝伦，书过眼覆诵，不遗一字。既长，博极群书。北平孙公承泽老而家居，以经学诏四方后进，独推重彝尊，谓老师宿学不是过。足迹半天下，所至考其利弊，或搜剔金石，名与昆山顾炎武埒。年五十余，益都冯相国溥荐举博学鸿词，召试体仁阁下，以布衣授翰林院检讨，纂修《明史》，上《总裁书》，论修史条例，最合古人。充起居注。下直，即闭户讨古。陈相国廷敬过之，曰："吾见客长安者，务攀援驰逐车尘蓬勃间，不废著述，秀水朱十一人而已。"既归里，圣祖仁皇帝南巡，书"博物研经"四字赐之。来吴，主张检讨大受孝廉船，吴中人士从之说经，动辄经年。年八十一卒。

钱澄之，字饮光，桐城人。少为名诸生，屡试不售，闭户著书，皆根极理要，禀经酌雅，陈言务去，一归自然。尤长于《易》《诗》《庄》《屈》，著《田间易学》《田间诗学》《庄屈合诂》。甲申后，南都拥立新主，奸邪柄国，群小阿附，浊乱朝政，为之魁者其乡人也。澄之凤慷慨持正论，与乡人迕，将修报复，刊章捕治，兴大狱。于是挈家亡命,走浙闽入粤,崎岖绝徼,数从锋镝间支持名义。后妻死于兵,子死于盗,乃寓吴之花溪,与徐佥事炯注《五代史》,较徐无党尤详密,惜未刊行。年八十余,还桐城,卒。

吴苑,字枵香,新安人。幼肆力于学,慕古人忠孝大节。举康熙壬戌进士,出吴江潘末门。末激赏苑卷,谓有晁、贾气。廷试对策,论黄、淮分合,言:"用黄刷淮,始潘季驯。然河自宋决澶渊曹村,北流断而南徙至南清河,方与淮合,前此刷黄者何水乎?"指陈剀切,举朝服其经济。入翰林,累官至国子监祭酒,振饬士习,教诸生务实用。太学旧有《进士题名碑》,明自永乐至崇祯七十八科唯存五十余碑,国朝丙戌后阙十八科,苑请于朝,勒石补焉。又掘土中得宣德庚戌、成化甲辰两碑,于启圣祠堧得永乐首科一碑,两朝典故炳然,苑之力也。屡校礼闱,主武试,皆称得人。天子方向用之,而苑念母请归矣。板舆之暇,葺宗祠,设祭田,兴朱子书院,皆关伦纪风教。闽寇破徽岩镇,为兵马要冲,苑率镇人具羊酒,走迓大将军。大将军令下,兵无哗,居民安堵,为德乡里尤大。爱吴中山水,时扁舟来游,寻幽探胜,遂家焉。年六十三卒。著有《北黟集》。初,苑祖一初与固安令王九鼎善。县有警,九鼎挥使去。一初曰:"安而相依,危而去之,非义也。"同带甲登陴,指画战守。城破,死。父旷,磊落魁奇,奉母隐居不仕,其忠孝有自来矣。

黄六鸿,字子正,号思湖,新昌人。生而颖异,读书目数行下。崇祯末,年十二,随父国琦令建阳。京城陷,奉母自邵武间道奔归。新昌烽烟障天,无所怵。辛卯,举江西乡试。尝曰:"不读万卷书,不行万里路,不可为丈夫。"遂自齐入燕,出居庸,历上谷、云中诸边塞,凭吊古今,诗文益奇肆。选授郯城令。郯城屡遭兵燹,流亡过半,民羸胥横。六鸿至,驭胥以猛,抚民以宽,决疑狱,清驿政,擒巨憝王玉海于五丈沟,缚吴养信、徐大头于邳沂间,盗贼屏迹。艰归,补东光,治行如郯邑,而备荒尤著。由行人升工科给事中,疏停湖关喝报,奏请保固高堰与中河遥堤,皆关国计民生。后移疾归,侨居金陵二十五年。晚来吴中,依其婿吴太史瞻淇。厌尘市嚣,时黄冠道袍,居陈都谏廷敬上沙别业,因卒于吴。著有《纲鉴合纂》《纪传分编》《唐诗筌蹄》等集。尝自言:"为谏官不如邑令,为东光不如郯城。"然迹其政治,较之黄霸、龚遂,亦何愧焉?

张云章,字汉瞻,号朴村,嘉定人。早年为昆山徐尚书乾学所赏,延之京邸,商榷古今。既屡不得志,归,奉母屏居绝迹,淹综百代以成一家言。自谓:"此生不有闻于斯道,不可以为文。"文章旨趋南宋勉斋、北溪,而以考亭为归。尝集诸家作续

《东莱文鉴》之选。来吴，居清溪之水。周林张清恪伯行抚吴，以师礼待之。后伯行与制府互劾，云章上书，相国李文贞公光地申救，人服其敢言。康熙甲午，仁和汤少宰右曾以理学荐，赴京分修《尚书》。书成，归畛城，卒。

陈奕禧，字子文，海宁人。工书法，究心金石之学，穷山僻径残碑断碣，必剔藓出之。四方士大夫斋堂，咸以得奕禧书额为贵。由安邑丞为户曹，守石阡，以兄诖抚黔回避归，流寓苏州定慧寺西。再起南安守，卒于官。

朱襄，字赞皇，无锡人。八岁有诗名，游京师，馆于诸王。王自号红兰主人，酷爱襄诗。襄有戚年少，售旗下，襄积两年脩脯赎之归。王闻，益敬之，待为上宾。归，寓长邑之清真观巷，贫困以死。尤精《易》理，著《易韦》十二卷，集唐诗三十首。

施何牧，字赞虞，号觉庵，崇明人。康熙乙丑进士，官吏部考功郎。归道吴门，见明侍御顾岩叟高醋亭，爱而家焉。薜门萝屋，青苔满壁，素心友至，谈讨典籍，终日忘倦，清风披拂，如坐深山空林中。外此声势交屏，弗接也。论诗必宗盛唐，著有《一山诗文稿》。年八十二卒。

吴瞻淇，字漪堂，歙县人，国子监祭酒苑子。少好学敦行，与兄瞻泰兄弟相师友，继随祭酒居京邸。祭酒分纂《一统志》《明史·礼志》《礼经讲义》，每命瞻淇先属草，因益习典故，深考义疏。癸未成进士，为翰林。先是，己卯举乡试，旋遭祭酒丧。服阕，将赴公车，母程夫人牵衣渍泪，问曰："何时见汝？"瞻淇以下第即归对。曰："得第奈何？"曰："馆选非所望，得第亦归耳！"又曰："馆选奈何？"则跪请曰："必陈情。"以是两月即乞假归。性和操洁，好急人之难。尝脱同年生于危，代故人偿官缙数百金，与其配黄夫人倾箱倒箧无吝。鄂相国尔泰守藩江苏，重其品，事必相咨。瞻淇知无不言，而一不及私。瞻泰间岁一至吴门，白头兄弟连床唱和，欢若童稚。乙卯，瞻泰卒于家。瞻淇哭之恸，至冬，亦殁。初，祭酒葬新安柏罗山，瞻淇思结庐守松楸，未果，故自号柏罗山人。著有《柏罗山人集》。

赵执信，字伸符，号秋谷，益都人。康熙己未进士，官翰林。忼爽不羁。既去官，以诗自娱，酒至三斗不醉，诗有钱、刘风格。尤长于书，时何编修焯、汪中允士铉以书名世，执信不师法古人而风神独绝，人并重之。居吴之齐女门数年，乞书者纸盈数箧。或登门索之，执信怒，作《索纸行》长歌，尽焚其纸。归益都，卒。

庄朝生，字玉墀，号静庵。先世由镇江迁武进。父应会，历官刑部侍郎，尝疏请减江西袁、瑞二府浮粮二十余万，得旨永免，至今称之。朝生少颖异，能文章，雄骏磊落。顺治己丑成进士，授翰林院检讨，与仲兄左庶子同生并侍父，同官于朝。

丁父艰归，旋因"江南奏销案"起，降补国子监助教，累升刑部郎中。时部有逆案，株连者众。朝生平心察核，奏释其冤，全活无算。视学河南，差竣，请告归里，爱吴中山水，遂家焉。翛然杜门，不与户外。间与尤侍讲侗、宋孝廉实颖、彭长宁珑为"耆年之会"。优游林壑二十余载，卒。

沈用济，字方舟，钱塘人。少游京师，以诗谒王尚书士禛。尚书云："子欲作诗，先为我解'风雅'二字。"用济曰："无含吐不风，无出典不雅。"尚书深赏之。继交梁吉士佩兰、陈山人恭尹，同之入广，遍探桂林、南海诸胜，返而道嵩、岱，陟崤、陇，逾潼关，走塞垣，历昌平、卢龙、医无闾，往来西北尤久，故其诗得燕赵声居多。终以游破其家，迁嘉兴，再迁江宁。来吴，寓狮林寺，与吴中人士结诗社于北郭。沈宗伯德潜主月旦，至用济诗，辄推许不置。年七十余，殁于淮安之湛真寺。著有《湖海集》。长白陶友兰与用济素未相识，爱其诗，临终，命置棺中为殉云。

长洲县志卷之二十七

列女

《五代史·冯道传》后载王凝之妻李氏断臂一事，诚以节义者士君子所重，乃有读书励行、忠孝自诩及临利害蒙面苟生，转不如一弱女子之不污者，为足砥砺名节矣。范蔚宗《后汉书》搜次才行尤高秀者为《列女传》，不专一操，以为王政必自内始，盖内治而家国天下可理。闺门之中，其最先也。今通经术而泽风雅者，或间有其人，而明大义植伦常，足与秋霜比质者，虽穷檐蔀屋，不可胜数。于此见教化之入人者深也。区明风烈，昭我管彤，志列女。

梁

张建第五女，三岁丧母，啼哭哀甚。会天雨，灵床上屏风，平生旧物，屋漏沾湿。霁出，暴之。女一见，伏床流涕。家人往抱持，精神伤沮，不能饮食。医胗云："肠断矣。"吐血数日而绝。

五代

吴仁璧女，少能为诗，父教以玄象阴阳之学。仁璧自登第后，生业薄。居越中，尝佯狂求食。一日，女告父曰："大人可慎出入。"天复初，钱镠命撰母墓铭，仁璧不从被系。女泣曰："文星失位矣，大人不免乎？"镠命除水部员外郎，遂沈之东小江惊涛中。并女同害，时年十八。

宋

陈质妻长安县君丁氏，晋公谓妹、博士之奇母。谓欲官二甥，丁固辞，俾力学以进。之奇兄弟相继登科，乡里称贤母。胡瑗著《丁氏贤慧录》，苏舜钦书之。谓既谪，家日落，有孙女孤无倚，丁训养甚厚。及长，归冯氏，亦娴妇道。邻婴有丧母者,丁取归抚视,能言而还之。赠孝感郡太君。

状元黄由妻胡氏,工笔札及诗文,琴奕亦精妙。时写潇湘一幅,气韵生动,世人宝之。盖平江尚书元功女也。

元

齐一亿妻邱端一,夫亡,守志。元季,淮兵寇吴下,突入其舍。父遇害,端一挺身出救。贼见其美,欲污之。大骂不辱,夺刀刺贼,为贼所杀。尸僵立不仆,勃勃余怒气。贼惊,拜而去。

后载妻,失其姓。载为府吏,至正丙申,行役京口。妻年三十,姿色殊丽。城陷,属子女于姻,谓之曰:"吾夫在远,罹此大变,或不幸被强辱,虽欲死不得,宁捐躯以全我志。子女幸善视之。"语未绝,兵入,赴水死。

郑允端,字正淑,宋丞相清后。居吴中,号花桥。郑氏嫁施伯仁,能诗文,娴内则。至正丙申,乱兵据城,家为盗所破,得疾卒。年三十,宗族私谥曰贞懿。著有《肃雝集》,自为序。

七姬者,段氏、程氏、翟氏、徐氏、罗氏、卞氏、彭氏,浙江行省左丞潘元绍妾也。至正丁未,元绍在吴临战,一旦归,谓七姬曰:"我受国重寄,义不顾家,脱有不虞,若等当自引决。"段氏于诸姬最少,曰:"主君遇妾厚,微主君言,妾敢有他志?请及君时死。"遂入室自缢。六人亦相继经死,乃焚其尸,合而瘗之后圃。张羽为《权厝志》。

担夫妇,不知姓名。夫在官仓担米。张士诚据吴,应募充战士。丁未六月,战死城西,妇号泣城下,得其尸,解衣遍拭之,敛于棺,哭尽哀。既焚,收骨裹以帛,行至河滨,仰天大恸,曰:"吾得死所矣!"抱夫骨沉于水。

明

元乡贡进士楼绍妻王氏,会稽人,徙长洲,以苦节终。卒后,洪武二年,子澄请表母节。朝命御史潜核,有以既死而难之。御史移文云:"若以死生有间,则比干之墓谁封?"遂获旌,命宋濂作传。

员外张概妻金淑宁,德儒女,年二十二适概。洪武十九年,概得罪,将置于法。淑宁曰:"义不可使夫独死。死于夫死后,孰若死于其前?"遂经死。后三月,概得宥。天台林右为作《张烈妇传》。

姚广孝姊，居相城。广孝以靖难功封少师，往谒其姊。姊闭户不纳，曰："那见做和尚不了的是个好人。"广孝遂于门外再拜而去。

于得泉女，许赘徐景仁，未婚而景仁坐罪劓。其父以子残疾，欲解婚。女不从，曰："彼初非残者。"竟成婚。后数年，景仁以旧事戍金齿。其弟于禄谓曰："若他适，可免。否则死万里矣。"氏曰："此何难？"遂自缢死。

陆氏子，吹笛为生，其妻田家女也。陆病久，女归父家，求升粟，还则夫已死。女哀痛祭毕，自经尸旁。

徐宣妻卓氏，字永洁。建文壬午，宣卒，卓年二十一，遗子女二，卓苦志抚育。越二年，两孤相继死，舅姑皆殁，依孀母居。尝疾笃，巫医皆不效，氏割股作糜以进，母食而愈。后母死，执丧尽礼，人称节孝。

吴天祥妻赵氏，相城人。家贫，奉姑甚孝。天祥佣身于人，赵每于三餐贮米一握，积之以易鲞肉，为姑致滋味，使姑悦而不知家之窭也。有两儿，姑酷爱之，每食必呼之。赵于食顷驱之出，阖户。姑问："何在？"绐云："自留肉与，不足念虑。"或云："方出嬉戏。"人尝见两儿风雨蹲檐间，问："胡不归？"儿云："母奉婆婆羹，恐分肉食我耳。"

唐冕妻王氏，性孝，姑病痈，污秽不可近，王手为除拭不怠。尝夜盗入室，王仓猝拥病姑匿檐后，时天大寒雨，王以身蔽姑，濒冻死不舍。吴文定公宽表其事。

陆淑清，阳城人。聪慧识字，许村人杨绍。淑清年二十二，两家赤贫，不能嫁娶。绍执役往京师，恶少艳淑清容色，谋妻之。集党撼其翁父："若不从我，将贻后祸。"翁父愁诺。淑清闻之，号哭达曙。恶少强委禽焉，淑清自缢于房。

潘纯妻黄氏，永乐中，纯为御史，居北京，娶穆氏女为妾。穆祖父世勋，不知其有室也，黄不知娶穆，自苏至京。纯惧而馆于他室，越五日，穆知之，执妹礼以见黄曰："吾初不知有汝也，吾有子妇田宅在乡，吾当还，汝善事君子。"乃以珠翠霞帔遗之。明日，穆氏父兄至，将论纯而归女。黄愿以女事其父，感动和好。后纯出宰信阳，二氏同处十六年，终无间言。皇甫汸《邑志》载纯成化时岁贡。

王廷用妻滕氏，获扁人。年二十三而嫁，七年，廷用殁，孀居有守，嫁两女，不登其门；娶两妇，不预酒宴。闻父丧，但西向痛哭几绝而不往临，曰："未亡人无奔丧，礼也。"遗二孤，身教之曰："无姑息，无父儿也。"子锜，欲以母节上闻，滕力止曰："吾分内事耳。"年八十七卒。

陆阜妻陈贵华，处士信臣女。阜长词赋，宣德甲寅，以文事赴县，遇贼，蹈水死。

氏年二十八，辍膏沐，躬机杼，上奉舅姑，下抚三子。徐有贞为撰传。

乐会知县周泰妻娄氏，通知"五经"，人就娄氏家立讲堂，曰："自非此母，无可以传授。"后生隔帷受业，方之韦逞母宣文君。泰卒于任，氏奉骸骨间关以归。

张彦达妻陈妙清，生洪武末，卒弘治中，年九十七。子曰永继妻王氏，卒年九十六，邵德永年，姑媳相类，时称盛事。

文良卿，都宪森女，年十四，父疏劾刘瑾，家人群阻之，良卿曰："大人素怀忠鲠，又居言路，岂儿女子所当劝止耶？"嫁孝廉毛锡朋，姑韩喜读书，良卿撰《北齐史演义》以娱之。有妹许字进士陆坦子，夭殁，誓不再字。良卿为造小阁以居，米盐薪菜之属，皆馈焉。

蒋廷贵继妻徐氏，武功伯有贞女。廷贵为乐亭令，卒于官，遗腹子焘旅次火，氏仅以焘免。已而翁殁，家难洊至，氏食贫，课子严而有方，九岁通百家言，海内称神童。十七岁殇，氏饥冻以老。《哭焘诗》有云："伶仃家道谁堪怆？衰落门墙不自由。"读者莫不下泪。

刘点继妻都氏，年十七归点，时前妻子畿方四岁，抚若己生。点死，氏年二十八，家贫，常昼一粥，暮不篝灯。氏断发茹辛，惟课畿及己子坊、堪，以冀成立。年六十余，闻于朝，旌表。又以畿贵，封太淑人。

吴宣妻陈氏，宣为郡吏，病死，氏遗腹生男，蓬首毁容，居丧帷中，人莫见其面。既葬宣，庐墓所，纺织为食。闻有谋戕其儿者，昼夜抱婴儿不暂舍，每抚之哀泣。其兄陈容为护视之，卒得成立。

朱文辉女，长曰秀芳，适刘乾；次曰秀兰，适诸生徐云程。芳一年寡，时年十九；兰三年寡，时年二十二，同居守节，并年五十三而殁，合葬龙墩里。

徐昇妻袁氏，生子华，未期而昇殁，时年二十七。袁单孑食贫，事舅姑垂三十年，遇岁恶，粗粝不充，而舅姑甘旨不缺，称为孝妇。嘉靖初旌表，子华自为志。

朱宠妻陈氏，年二十三寡，遗孤才十四月，其姑强之嫁，遂截发、断一指，不食七日，不能强而止，终身不御色服。孤尚德，以疡医世其家。时有县学生顾徵妻、方伯查应兆女与之同节。

刘嘉绩《府志》作"绩"。妻顾氏，御史暲女。嘉绩负才早卒，遗孤稚孙甫四月，氏投缳僻所，姑救得苏。自是衣缟茹蔬，昼则纺织糊口，夜观经史《列女传》，养姑育子，胥赖焉。守节五十年，年七十余卒。

三贞女，嘉靖癸丑夏，倭寇吴中，一弱女被劫，乘间得逸，父母求得之，号泣曰："吾力不能自卫,求死未得,何颜复存世间?"遂投河死,失其姓氏。又蔡氏女,寇来,举家奔避,女为贼所执,褫其衣,驱之前。过桥,陡窜入水,贼援之不死。至暮,俟贼寝,取其刀连刃之,力弱未殊,群贼惊呼,磔其肢体。又韩碧溪女,素有志操,闻贼之暴,尝誓于父母曰:"缓急不能相顾,惟不为门户羞耳!"及临难,仓皇投于河,贼援之,奋力脱入深处,溺死。

张冲妻叶氏,吴江人。适冲,无子。劝冲纳良淑,广继嗣。得杭许氏,连举三子一女,叶亲育之。乳媪必置卧侧,手自保抱,均恩共爱,胜于己出。遇微恙,辄焦劳为废寝食。诸子女不知为非叶出也。

张灏妻薛妙安,少敏慧,甫笄丧母,逾年丧父,弟妹皆幼,妙安哀痛中办丧事尽礼。归灏后,事舅及两后姑,皆曲尽妇道。处家俭约,教子有方,居常服勤,至耄耋不废。生于宣德癸丑,至嘉靖辛卯,年九十八,身历八朝,目击四世,郡守胡缵宗书"遐寿"二字颜其堂,又上其事于朝,立人瑞坊以表之。

褚氏女,少字邱凤,凤死,氏即投缳,以救复苏,不食而死。

曹绶妻苏氏,绶亡,守节四十九年。尝诫其侄苏宝曰:"曹氏墓迫隘,自夫死后,宗姓率火瘗,散漫草莽间,今不复知夫处矣。去墓一里有界浦,水清洁。吾死,必燔吾骨、扬我灰于此,与水同其清也。"宝葬诸浦左。

黄玑妻陆氏,玑病,陆以女红佐药饵。玑殁,其母阴受聘,将嫁之。陆私叹曰:"违亲非孝也,再醮非节也。"适遇寒食,祭夫毕,夜即雉经死。郡守胡缵宗表其闾。

张秩妻陈氏,秩亡,陈年才二十,欲从死者数焉。怀妊三月,生一子,勉为立孤计。舅姑欲夺之,乃断发毁容,茹素嫠居,四十年未尝逾户限。隆庆初旌表。

汤恺妻凌氏,恺亡,所亲欲易其节,凌剪发断指,自明其心。育遗孤成家。有司以应诏旌其门。

陈林妻顾阿姝,嘉靖三十三年四月遭倭乱,顾负儿走匿田间,为贼所得。他妇同匿者,掠其衣资,皆得放,独顾以少美被羁劫之,行至吴塘桥,弃儿自溺。

张昆妻李氏,年十九适昆,昆堕水死,矢志守节。会阋墙变起,诱令夺志,氏之死无二。赖吴令傅光宅力持之,得完其节。年六十三卒,伍袁萃有传。

张氏,甫里张林山人,镟工张绚女,嫁缝匠杨孝。嘉靖甲寅五月,倭掠甫里,执女欲污之。绐以往古庙中,贼信之,纵令前导。至即阖其门,投井死。

许字张应奎沈氏女,未婚,应奎死,哀恸自缢,以救免。闻母有他约,遂断发割右耳为誓。及应奎葬,衰绖往送,命为穴于傍曰:"吾终归于是。"年六十八卒,知府蔡国熙闻于上,表其闾。

何关金,何家库人,幼字陈蕙。蕙夭,何年十六,奔丧送葬,念母在,复返。舅殁,往持丧葬毕,返如初。母亡,乃归陈门,嗣子云鹏奉养之。万历十八年旌。

徐桴妻龚氏,年十八,嫁桴。桴死,龚年二十五,誓死守节。侍女吴氏,年十二,随龚适徐,生一子,不育。桴死时,吴年十八,亦誓不改嫁。众为置嗣,二寡同居共苦,声不逾户,垂六十余年。万历二十年,表曰"双节之门"。

太学生姚汝辙妻文氏,卫辉同知元发女,年十五归姚,二十二夫殁,子希孟生甫十月,氏事两姑,乳幼子,茹荼四十年。希孟起孤生登第,为时名臣,得之母教为多。万历二十四年旌。尝就养京师,适东事戒严,朝臣咸送妻孥南还。氏独曰:"此正尔曹国尔忘身时,宜镇定以安人心,何扰扰为?"其识大义如此。

刘炳妻杜氏,炳攻举业,未弱冠卒。氏去铅华,力贫守志,抚遗腹子承宗为尚医,妇德母道,里党称其贤,诏旌焉。

诸生顾两疏妻庄氏,年二十八而寡,执节孀居,赋性严毅,教孤子宗孟课读,常至夜分。故宗孟髫卯即有文名,按臣采其事入告。万历己卯旌门。后宗孟成进士,历官知县至御史,犹禀母教。有小失即长跪,不命之起,不起。天启末,乞养奉母终身。宗孟妾王氏,年二十四寡,抚孤成立。本朝乾隆五年追旌。

上虞丞周称妾董氏,称疾亟,执氏手曰:"若年方富,我死,若择所之。"氏泣曰:"妾蒙君爱,脱不幸,有捐躯相从耳。"称殁,誓以死殉。姑百计止之。一日,沐浴更衣,取纨扇,书"冰清玉洁"四字于上,用衰绖自缢死。邑令江盈科上其事并作传。

吴会妻姜氏,会故吴江韭溪旧族,迁长洲之蒡溪,善丹青。姜年十九归会,仅半载而会与其父及大父母相继染疫死,姜奉姑誓死守,家贫甚,日勤纺绩以供饘粥。先是,会娶妇时曾贷其友白金三两,会殁,友欲取偿,因说其姑,令姜改适。姑犹豫未决,姜遂慨然入内室自经死。事闻,表门建祠。

蔡氏,湖广安陆人。父本渊,以经传显。有周琦者,以父官兴邸,遂占籍安陆为诸生。琦子伦,聘蔡为室。琦归后,遣伦就婚于楚。蔡走数千里来吴,奉事舅姑,未十年,伦卒,琦夫妇又相继亡,蔡孀居五十七年,寿八十四终。

董朝宪妻朱氏,甫里人,生子,娶徐应臣女。应臣艳朱氏姿,趣女归宁,并延朝宪饮,饮半,忽起曰:"请安坐,我取酒之冽者来。"突至朝宪家叩门,氏方罢沐,语音含胡,以为夫醉也。发楗,直抵氏前,扼其吭。氏大骂,碎面刿胸,应臣遁。邻媪趣朝宪归，氏曰："吾忍死以俟若，吾必死，若截吾体埋之，自胸以上请磔以饲狗。"言讫，引刀断一指，血溅衣裙。越三日，应臣邀朝宪会饮于甥家释憾。氏益愤，乘大雨，登广济桥，投水死。其尸逆流至应臣门，怒目指发，宛有生气，时万历丙辰六月初九日也。事闻，旌庐建祠，置应臣于辟。

龙岩知县陈大清妻林氏，大清去官归，遘疾卒，林赴井死。子汝峦，后亦早卒。妻马氏，抚孤子营丧葬，孀居三十年殁。

诸生龚汝骐妻周氏，汝骐死，含殓后，氏从容整衰绖，阖户自缢。天启初旌。

倪士义妻杨氏，士义亡，誓不独生，为夫营圹，凿"鸳鸯"二字于圹石。或讽以改适，杨面发赤，自经死。士大夫义之，敛资合葬虎丘山郡厉坛北。

殷庚妻高氏，年十七归殷。时摄补缺丁，庚伯兄当应。庚谓氏曰："伯老矣，此行恐不返。仲虽壮，主宗政，不可往。吾欲代之，何如？"氏曰："此义事，何必谋及妇人？"庚遂往，旋发回，以舟败溺死。氏大恸曰："吾欲成其义，乃至杀其身耶？吾误吾夫，何以生为？"不食数日，垂死，戚党谓之曰："汝方娠，幸而得男，汝夫不死矣。"氏起谢曰："我痛深，计不及此。"既免身，果男也，抚以成立，年八十余卒。

太学生徐铨妻朱氏，恭肃公希周孙女，年十九归徐，二十一夫殁，子泴生甫四月，毁容矢志，力贫，教子经书，皆手自讲授。崇祯元年，泴成进士，疏陈母节，得旌。泴服官，氏常勖以忠义。异日致命遂志，有自来也。

甫里许氏三节，许自学妻褚氏，年二十一而寡，抚嗣元溥举于乡，守节五十年。许自正妻王氏，年二十三而寡，家贫无子，依父母居，母怜其幼，欲嫁之，乃授褐衣，以红锦系钮探之，氏泣曰："未亡人终身不近此色矣。"守节四十余年。许自立妻归氏，年二十九而寡，事姑孝，抚二孤成立，守节三十余年。崇祯中，先后旌表，张溥为传。

史云翔妻黄氏，诸生黄为中女。云翔父、祖继殁，流浪挟邪，染痼疾，家亦废。为中不令成婚，女曰："夫虽不良，一诺为重，即死，宁敢有他志？"遂归云翔，晨夜刺绣养姑。亡何，云翔病殁，黄年二十，自刎，以救免。又咽铁饮金环，不死。姑欲为云翔举丧，黄泣曰："有叔云翱在，俟其娶妇，生子承祧，丧乃举。"因强存，绝荤血。然以哀痛不胜，竟卒。卒前三日，沐浴设祭，酹酒夫灵。见者无不泪下。

邱可成妻朱氏，夫亡无子，妾高氏生子世魁甫数月，两寡守节抚孤。巡按王志举奖曰"一门双节"。世魁亦早卒，妻顾氏年二十七，家贫，事两寡姑、抚四孤、养寡母庄氏，历尽茶苦。里人欲上其事，顾戒其子曰："两姑与母俱未旌，我何独以此取名？"辞之。

举人朱绂妻刘氏，年二十四而寡，断发抚孤。子祖文，读书砥行，为名诸生。祖文痛母节未彰，不遑寝食。会其友文震孟述之吏部周顺昌，顺昌慨然为白当道。天启初得旌。

张鸢妻俞氏，年二十七夫亡，族人攘其居。氏引幼孤结茆田畔以处，缉绩为活。邻舍不通问，偶嫡叔过语，取杌少坐，去，氏以为污，就水涤之。其峻洁多类此。抚子文至成立。女关清，幼字俞某。未婚夫死，依母守贞终身。

金桂淑，七八岁时，母尝苦病。兄弟皆在外塾，桂淑早暮侍汤药，不少懈。许字张树，未成婚，树死，桂淑年十五，闻之，哭踊弥日，誓欲守志。服除，或来议姻，父以告。桂淑伏地号泣曰："儿久怀出世想矣。"守贞十四载，年二十八而卒。殁时，颜色如生，满室皆香。巡按王志举旌曰"贞节"。

周嘉妻王氏，嘉为练兵千总，赴援江浦有功，归娶王，方十九岁，婚一月，复遣援皖城，力战死。凶问至，王断发绝食，朝夕哀号。越九日，乘姑出外，缢死灵前。崇祯十年，巡抚张国维题旌，并置祠，同嘉祀焉。

吴适母徐氏，勖子力学登第。适为给事中，屡进谠言，以忤权奸下狱。家人惊惧，母独安之曰："吾有子矣。"及鼎革后，适力辞荐举，爱惜名节，遵母教也。

无锡知县朱采继妻陈氏，年二十二适朱，五载夫亡，遗孤三岁，家贫，流寓，饔飧不继。氏以女工自给，事寡姑、训孤子成立，茹荼五十七载。本朝雍正三年追旌。

诸生龚允培妻金氏，流寇时避难娄郊，为土贼所劫，义不受辱，被斫死。巡抚张国维奖之。

临顿路面店妇，孀居自苦。崇祯甲申，京师破，闻变，邻妇语曰："娘传来北方信，朝中旧官皆为新官，我等百姓将为顺民矣。"妇曰："此何言？吾必死。"阖扉自经于夫柩前。

诸生宋尔城妻叶氏，乙酉六月，湖寇入城。尔城与子实颖谋避兵，叶正色曰："出走者尔辈事，吾妇女，去将安之？"俄闻有兵持刃触门，叶遽赴井死。仲子实栗，年十七，哭井旁曰："母死，儿何忍独生？"亦赴井死。

举人邹化明妻王氏，乙酉八月，避兵陈湖。归，遇乱兵，吴淞江连发流矢，氏恐不免，谓化明曰："子有亲在，急寻，芦中可避。我死此。"遂赴水死。

徐树声妻张氏，夫亡，怀孤儿避兵林间。儿啼，贼觉，为剽骑所得。自刎未死，骑强与俱，益奋骂，被攒刃死。

陈琦孙妇周氏，乙酉六月，为湖寇所执，奋袂投水死。次媳张氏大呼曰："姑得死所。"亦赴水死。其孙女甫十三，骂不绝口，被杀。

杨廷枢继妻费氏，廷枢殉难，氏欲从死，诸弟子以两孤俱幼劝止之，乃削发为尼。其宗党复请归故庐，以廷枢被难，戒家人无杀生，终身蔬食，不脱麻素。病亟，曰："地下望我久矣。"遂卒。同时刘曙继妻陈氏，曙殉节金陵，氏扶榇归葬，奉姑抚诸子成立。

殷氏女，幼字吴某，八岁夫亡，饮泣易衣，足不逾阈。闻父母欲改字，剪去其耳以示志，守贞三十年如一日。

历年旌表贞节凡列女悉其事行者，立传如前。余仿府志例，分已旌、未旌，各为汇著名氏，仍就所知，间注事迹。未详者，阙以俟考。后仿此。

张新妻华氏、张彦达妻胡斗奴，俱洪武初旌。张得《府志》作"得三"。妻顾三娘，洪武三十一年旌。陈彦良妻金氏，永乐四年旌。萧山训导王永年妻陆氏，永乐八年旌。赵学逊妻徐氏，宣德六年旌。仰余泽妻张氏，正统三年旌。华季谋妻张氏，甫笄守节，年七十余终。正统五年旌。陈复妻邹氏，正统九年旌。韩伯济妻张氏，正统十年旌。周公美妻刘氏，政女孙，苦节四十余年。景泰三年旌。陆埙妻浦氏，天顺二年旌。陈颐妻华氏、王公著妻吴氏，未笄而寡，无子，抚任为嗣，乡里贤之。俱成化十二年旌。魏公晋《府志》作"进"。妻尤氏、顾镠妻吴氏，年二十五守节，教子泾成进士。俱成化十八年旌。萧贵妻吴氏，贵市井贩夫，死后，家无担石，氏誓死不二。成化十九年旌。杜洪妻皇甫氏，弘治二年旌。陆稷妻何氏，婚四月夫亡，守节五十年，动遵礼法。隆庆元年旌。郑之鉴妻袁氏、龚淮妻施氏，年十九夫亡，截发投棺誓守，年七十四卒。陈子禄妻徐氏，守节五十七年。俱万历间旌。诸生金永思妻陆氏、永思卒，氏痛绝复苏。善承翁志，诲子浑登贤书。生员陈三锡妻杜氏、三锡，仁锡从弟，力学，早夭。氏布衣茹蔬，历五十余年。汪大训妻程氏，大训早卒，氏教子廷柱成进士，官副使。俱天启间旌。曹文明妻张氏，年二十一寡，守节四十余年，抚孤应旌为咸阳知县。崇祯二年旌。史必通妻仰氏、大理瞻孙女，年二十七寡，苦节自矢。申用明妻徐氏、用明以丧父毁卒，氏事姑孝，教子诒芳领乡荐。陶允润妻王氏、婚四月寡，无子。世父南野嗣以幼子，析田赡之。守志三十余年。严孟济继妻叶氏、守节五十四年。俱崇祯间旌。

未经旌表贞节

举人蒋焕妻杨氏、焕弱冠卒，氏守节六十年如一日。诸生蒋鳌妻怀氏、姚祥妻季氏、守节五十余年。姚舜民妻吴氏、守节四十余年。冯旻妻蔡氏、子时春妻陆氏、蔡年十七而寡，遗腹子时春甫娶复夭，生子仅四月，陆抚之有成。姑媳济美。张侃妻郭氏、二十而寡，矢节不移。遗腹一子，以训蒙供色养。浦某妻朱氏、源母年二十七夫亡，家贫，毁容抚子成立。源亦能孝养。姚采妻高氏、早寡，无嗣，备历艰辛，以完节终。高鹏妻张氏、顾叔明妻包氏、邱灼妻王氏、王长年继妻吴氏、顾宗周妻唐氏、陆环妻柳氏、赘环未期殁，氏依寡母以居，纺绩养母，母丧，尽礼。顾源妻姚氏、少寡，赤贫，清操弥励，教其子彬入泮，名冠一时。吴矿妻王氏、归湛初妾高氏、湛初有志力学，夫妇相继卒，家为族人所倾，氏抚①遗孤如己出，收余烬，复其家声。王叔一妻张氏、叔一能文，早卒，氏时年二十三，以纺绩度②日，抚子成立。徐泓如妻钱氏、二十而寡，家贫，葬夫于舍旁圃。躬为舂筑，奉姑教子。顾君敏妻周氏、年十九，夫亡，舅姑继卒，经纪中礼，守志四十余年。氏太常诏五世女孙也。顾钤妻周氏、诏六世女孙，少事亲孝。钤早卒，苦节五十年。杨焞南妻蒋氏、副使一泓女，婚时夫已病，阅八月卒。氏拮据持门户，更遭世变，苦节五十年，抚嗣子成立。许字袁应龙徐氏女、应龙卒，有以改聘讽者，女赴井求死，家人力持乃免。守贞五十年。江盈科为作徐贞女解。吴慎庵妻金氏。慎庵勤于家而死，氏哀其志，誓治家谢其夫，家卒以丰。

国朝

严叔明妻顾氏，顺治七年，夫为仇家诬陷下狱。氏刺血书牒，诉于御史张慎学，即举刃刺喉死。逾年，御史秦世祯题旌。

郭忠陞媳徐氏，翁抱危疾，氏祝天祈代，割股调汤以进，病立起。后翁知之，厚归其所生女，以志妇孝。

言象贤妻屠氏，夫早亡，祠宇湪圮。氏陈郡守，早夜拮据，撤而新之。教子力学。巡按奖之，祔祀贤祠。

诸生顾廷槐妻毛氏，河阳卫经历国卿女。鼎革时，槐遘疾卒，氏年二十八，无子。适闻国卿殉难河阳，氏欲死者再，以嗣子未定，不死，年五十八卒。至乾隆元年旌。

钮成惠妻杨氏，年六岁，父母相继殁，归钮为养媳。成婚后，事舅姑曲尽孝敬。姑病，昼夜侍汤药，数月不少懈。及殁，恸绝复苏者再。逾旬，竟卒。里党称为死孝。

前太仆寺丞陈济生妾胡氏，生子树葵阅二载，济生殁，遗孤甫离襁褓，氏保全之，甚苦而力。及长，为延名师教训。甫成童，入黉序，以品行自励。氏守节六十年，逾大耋而卒。雍正元年旌。

---

① 原作"无"，据文意改。
② "度"，底本原为墨丁，据文意改。

诸生许质妻陈氏，赠詹事允坚孙女。年二十三，质死，止一女，置嗣守节，孝养舅姑。尝锄地得金，念昔年朱氏姑曾居此，或其故物，仍掩之。后姑从滇中归，追忆所藏，竟忘其处，陈为指示，一无所遗。勤苦四十年，年六十三卒。质从弟虹，亦诸生，妻伍氏。虹死，伍年二十五，无子，立从子心康为后，抚教之入黉序，曰："吾将借此以报地下矣。"悒郁伤神，却药而死。

许字何纶言周氏女，金墅人。纶言殁，女泣白其母，欲往吊。母不可。因闭户而泣，潜易缟素。所著赤色履，以墨涂之。至五鼓，哭声寂然。启户视之，自经死矣。康熙十八年旌。

程烈妇，徽人杨茂枝女。有同乡程公益，寓吴，为人司货殖。茂枝招为婿，婚七日，主家以岁冗促之去。迨还吴，患喉病不起。妇昼夜哀恸，越十日，有女戚来，与母语，劝图后配。妇闻，哽咽不能语。顷之，戚去，母送之门。妇绐幼妹伺母于外，以白练缢夫棺侧。康熙庚申三月八日事，二十三年旌。

庄炤妻文氏，和州学正嘉曾孙女。炤卒，文年二十四，二子俱幼，翁姑二柩在堂，文尽粥室中所有，并夫棺葬之。饥寒濒死，昼夜刺绣，积钱六千、银十两。从父贡士从简曰："此节义之物，持去厚其息。"岁给米十石，始得存活。复遇荒旱，避乱播迁，茹荼一生。年六十二卒，康熙二十四年旌。

署通判顾乃猷继妻郭氏，参政忠宁从女。前室遗子众多，氏爱之不啻己出。乃猷顺治乙酉讨湖寇遇害，氏亲操井臼，不辞劳瘁，勉为诸子婚娶，事必中礼。生二女，一适缪彤，一适韩菼。晚年，彤与菼子莱相继大魁，氏视之泊如，仍甘荆布，守节四十余年而终。

许大本妻张氏，乙酉避乱张陵村，氏美而庄，大本谓氏曰："汝以丽色，贼至，奈何？"氏曰："君疑我耶，请先死以明志。"遂自沈死。

许字王某蒋明湖女，及笄，有姿色。丙戌，为松江游骑所执，欲污之。氏断臂刺胸死，死时空中大震。

陆禧妻黄氏，夫殁，遗腹生谦。时天下初定，吴中草窃未静。氏指宅中池曰："亡者在殡，贼来，吾当死此水。"孝养舅姑，诲谦读书，补诸生，家贫，纺绩。父母养葬，咸出氏力。同母弟某，妻子离散，氏养之终身。死则买地葬之，命谦岁祭其冢。

诸生王时亨妻张氏，年十七归时亨，生子峋，六年而寡。辛勤抚孤，纺织供舅姑菽水。舅姑殁，丧葬尽礼。教峋亲师勤学，无务干禄。明末，土寇窃发，远近奔窜。氏偕媳抱孙，相顾泣下，指井祝天曰："盗如猬毛，去将安之？天祐衰宗，寇氛屏息，庶留此一线,延王氏血食。否则,全宗毕命斯泉矣。"寇退,得以安全。年七十三殁,雍正十一年旌。

诸生王用俊妻张氏,尚书凤翼女,既归,曲尽妇道,屏纨绮习。用俊亡,一子才四龄,氏抚遗孤、事舅姑与姆张氏,困苦艰难,共全节孝。崇祯间,氏姊子祁彪佳按吴,欲破格请旌。氏曰:"妇人从一而终,常也,何旌为?且年例未符,旌间遽及,非礼。姆氏未旌,独膺嘉奖,非义。因夫不禄,得成己名,非仁。里中有龚烈妇者,从容就义,君胡不以上闻?"彪佳感其言,乃止,而烈妇得旌。氏殁后,雍正十一年始旌。

王家琛妻孙氏,夫殁,无子,立伯子文洽为后,自襁褓抚以成人,慈而兼严,里中儿无敢阚户限与嬉游者。姑病痢经年,奉侍至手除不洁。姑与翁相继殁,经营丧葬,皆积累妇工所余。时家琛弟家琦妻陈氏,亦早寡,遗一女,无子,以伯子溥为后。氏素知书、晓大义,教溥读书,寒暑不少宽,曰:"圣功全在养蒙,教以义方,胡可缓也?"与姆氏孙同居合箸、公食递衣,有古人风,并于雍正十一年旌。侍郎沈德潜为作《王氏四节妇传》。

许字施垲华氏女,年十七垲亡,绝粒七日不死,自缢,以救解,复持刀,母夺之,乃守节夫家,长斋缟素,哀号成疾,七年殒。康熙二十五年旌。

史洽妻王氏,洽以贫为赘婿,王依父母居,而事舅及继姑能尽妇道。舅殁,脱簪珥具棺殓如礼。舅有遗逋,复以针黹所积偿之,不贻继姑忧。无何,姑信谗,仇视洽,王事姑益谨,冀少解。而洽郁郁自伤,投井死。王闻变,奔哭恸绝,复苏。洽从父遽议改适,王抢地呼天,欲碎首阶下,议乃止。父母劝其置嗣,因立族子勇为后。一日,孤欲授经,检洽所存败簏,睹遗书,号恸不能起。父母急迎医诊视,云肠已断矣,水浆不入口,数日而死,年三十四。

胡士彦妻黄氏,嫁未三载,夫亡,欲从死,以怀妊冀得一男。及产女,女又殇,间归省父母,会夫家火,烬士彦棺,黄仓皇归视,家人辈已弃遗骨蔓草间。黄泣至其所,裹还,置卧侧,将卜地以葬。士彦弟以为不祥,数诟詈之。黄乃割左臂肉,同枯骨瘗诸城下,往别父母还,自经死。

诸生朱之策妻戴氏,年二十四寡,善事舅姑,教子伊蔚,尝曰:"读书期躬行实践,稽古求荣,非所望于汝曹也。"疾亟时,谕家人:"勿号哭以乱我心,勿作佛事以违古礼。"守节四十九年,乾隆三年旌。

陈某妻徐氏,于归时,夫病已笃,匝月卒。舅姑欲嫁之,不可,怒遣之归。父母家兄弟辈又不容，乃出簪珥买一椽于父居旁，独与一婢居，长斋绣佛，借针黹以给。自营生圹于虎丘北，年七十四卒。太史严虞惇表其墓。

刘昭武妻陆氏，昭武遘危疾，氏刲臂肉进，竟不起。日夜涕泣，两目流血，殷红被体。未几，卒，距昭武亡七月。

盛应蛟妻张氏，年十五适应蛟，婚十四载，生三子一女。应蛟卒，孤儿寡妇，茕茕无倚，躬亲纺绩，婚三子，嫁其女。翁姑前殁，未葬，铢积寸累，置坏土，安窀穸，附其夫于旁，春秋祭扫必亲往，至老不废。平居足不出户，手不停作。守节六十二年，康熙四十二年旌。孙德，乾隆戊午科副榜，有文行，人以为节孝之报云。

杨无咎继妻张学典，字羽仙，徵君端拱女，工诗，十岁作《采莲赋》，钱谦益亟赏之。兼精绘事，与无咎穷居偕隐，日手经史，教二子继光、绳武皆成名。所著有《花樵集》十余卷。同母姊妹七人，各有集。第五妹学象，字凌仙，与学典孪生，诗名亦相埒，集曰《研隐》。中岁而寡，贫不能自存，学典分宅居之。学象年老，白发绛纱，为世女宗。学典两女芝、芳，女孙锦，并能诗。芝适当湖诸生汪彩，早寡无子，依母氏以居。乾隆七年旌。所著有《漱芳集》。

吴诏妻张蘩，字采于，幼通文史，工吟咏，有《衡栖集》，清平和婉，得风人之遗。子岳，通经术，诗亦工，蘩所指授也。

严廷瑛妻孙嫊，诸生云客女。幼明慧，娴经史，兼工写生。廷瑛早殁，遗子女七，椎发垢面，勤操作，抚教诸孤，寒灯败帷，垂四十载。晚课女孙，辑古名媛文百余首，细为评注，名曰《古文馨鉴》，识者以为可补中垒《列传》、汝南《女典》之阙，巡抚张伯行表其闾，榜曰"独娴大义"。

王汉侯妻梅氏，夫羸疾七年死，氏拮据殡殓，呼抢欲殉。有夫女弟，遣己子日夜防闲。之后氏绐甥他出，自经柩前。康熙间旌。

许字宋启业吴氏，冢宰一蚩女，未嫁夫亡，誓不欲生。念父宦母殁，弟妹无依，隐忍三年。父归，更订陆氏。女吞金，不死。投井不得，伺间裂宋聘帛自缢，遗书典宋氏簪珥具后事。雍正六年旌。

许字张生始杨氏，庄简公成元孙女。年十八，未嫁，生始亡，女私自饮泣。有来议婚者，辄终日不食，遂依母以终。及卒，谓两兄曰："礼，女未见庙而死，归葬于女氏之党。吾死，勿以棺归张。"乃葬母墓侧。

诸生王周秩妻宋氏，少秉至性，母抱危疾，割臂和药以进。夫病，亦刲股疗之。年二十八寡，孝事媷姑，抚孤继孟成立。继孟又早殁，与寡媳艾氏抚育幼孙，相依四十余年。雍正元年旌。

冯士杰妻李氏，姑病，尝粪、刲股。大吏屡旌其庐。

许字句容张国富尹氏女，居浒墅镇，未婚，张殁。女闻讣，竟日不语，密缝纫上下衣，投河死，时年十七。

许宣哲妻程氏，年二十七，夫亡，无子，即自缢，以救解。家人更互守护，历八十余日，忽抚柩号曰："吾今得死所矣。"勺水不入口，积十有一日死。

诸生刘士锌妻殷氏，士锌为前明死节进士曙之曾孙，氏则常熟孝子铉孙女也。年二十六，士锌殁，氏绝粒誓殉。姑以抚孤劝止之。越六载，以嗣子托其弟，七日不食卒。先是，姑与母病，氏皆刲臂肉以进，人无知者。殓时，家人见两臂有瘢痕，右臂系一小囊，贮腊肉数块，自题其函曰"全受全归"，人始传其事。

高八妻潘氏，夫亡身殉。乾隆元年旌。

杨隆起妻谢氏，夫亡，子三岁，氏欲死殉，舅力止之，氏引镜破之，誓曰："死者不可复生，破者不可复完。"迨子长，娶妇生子，曰："吾事毕，可归报地下矣。"一日沐浴更衣，拜辞其舅，死。康熙四十二年旌。

施维嘉妻沈氏，夫亡无子，乘间自缢。乾隆七年旌。

诸生施张珏妻顾氏，夫亡誓殉，检簪珥，手自封识，索酒奠夫，中夜自经。乾隆七年旌。

许字金之佩朱氏女，未婚，夫亡。欲往持丧，母不可，即绝粒不食。乃送归金氏，从丧次视日正午，奠酒焚楮，再拜，投缳死，年十有九。乾隆八年旌。

许字徐埁张氏女，未婚，闻讣，归徐守志，因嗣子殇，自缢。

李之弦妻华氏，父渚，字平庄，有声复社。氏幼通《孝经》《论语》，识大义。夫亡，守节四十余年，抚孤营葬，殚力经理。子奕拓，能继先贤遗轨。今《宦绩》中李实，崇祀名宦，即之弦父。

陈兆嘉妻蒋氏，进士德埈侄女。夫亡，誓以身殉。姑责以抚孤大义，乃泣受命。守节四十二年，孤子树珏，文行著黉宫，人称"陈孝子"。孙灿简，亦以孝行著。

李随妻吴氏，夫亡，家贫，孝养抚孤，茶苦备至。舅殁，诸伯叔尤贫，即捐分授之产以营丧葬。姑王氏卧病楼上，邻失火，妇负姑从檐下堕地，姑免，妇伤而卒，守节四十三年。雍正十年旌。

张千仞妻谢氏，千仞卒，遗子三，次子相继殇，氏督长子愈严，宿火夜织，呼子跪神主前曰："汝父读书未售，赍志殁，汝苟虚日月，我何以对汝父于地下？"子秉礼，有闻于时。先是，张氏有二节妇，姆钱氏，张允文妻；婶朱氏，张允武妻，双节并旌。今氏同居，人称"一门三节"。

卢天輗妻顾氏，贫寡而孝养后姑。姑殁，哀毁骨立，积纺绩资买地以葬翁姑与夫，并葬翁之兄嫂。雍正十二年旌。

章镜超继妻李氏，之弦季女。母华氏病，氏祷于天，密剪臂肉，糜之和粉，糁以饷母，食之愈。迨后母察其臂，瘢痕累累，氏乃不能讳。

汤明绍妻费氏，母病归省，刲臂和药疗母，时称孝女。

顾某妻张氏，夫贫，远出。有所亲屡蛊氏，恨氏不从，唆其姑凌辱氏，氏缢死。

呼鸡妇，不详其姓氏，蓊溪里人。姑性酷暴，暮失鸡，令妇觅鸡东城上，厉声敕曰："鸡回，汝亦回，不则无见我也。"妇呼至夜分，不得，赴隍水死。每至白露后风雨夜，微闻是声，极悲楚。里人顾晋作诗哀之。

许字申绣虎邵氏女，申亡，有求婚者，父将许之，氏遂饿死。临死谓父母曰："儿为申家妇，不及拜舅姑，他日祔其墓，将以儿为谁乎？儿死，必往讣，俟一见而殓。"

许字汪学仪章豫女，未嫁，学仪卒，女闻讣，不食饿死。父母怜之，告于汪而合葬。

许字金天颜方谳女，金亡后，有请婚者，不食死，葬于金。

周氏，名贞，未嫁，夫死。父怜其少，欲更字之，氏不从，遂自溺。

马允文继妻徐氏，允文成进士，卒于官，宦橐萧然，氏留滞逆旅中，十年后始归，为允文立后，仰天叹曰："吾向之不死者，夫无祀且未葬耳。今嗣已定，不及俟葬矣。"遂沉于池。

高敬思妻陆氏，敬思以贫不能旌嗣母吴氏节，赍恨自缢，氏亦缢。

沈氏，村农某妻，少寡，两子俱褓褓。有村蠡蔡某等，逼氏嫁，氏不从，乘夜劫之，氏跳入水免。自后氏不敢安寝，往往匿野田中，竟完节以老。

许氏，名卞玉，庠生许蔚女。性至孝，蔚五十无子，忽忽不乐，氏曰："大人勿忧，儿即子也。"后弟麟生而父母相继殁，氏以弟幼，乃经理门户，课麟读书，为之婚娶。及麟成诸生，氏曰："我愿毕矣。"持斋独居，卒年四十九。

许字顾长源谢氏有辉女。长源死，氏往拜媚姑成服，姑念氏独处，授田二十四亩。氏以小叔尚幼，继嗣未定，齑盐荆布，十指可办，坚辞之。姑则坚与之，遂成闲田。教谕倪典学有《谢贞女让田记》。

李氏，见金露《李烈女挽诗》，有云："粒绝五天留正性，骨香六月验全真。"

蒋鈇妻王氏，诸生栩女。鈇即姑子也，未笄，育于姑。姑殁，哀如成人。婚四年，生一子一女。方娠次子，鈇亡，誓从死。翁曰："遗腹庸知非男？其又以一孙死也。"乃止。果生男。翁殁，一切丧葬、析产，帅两孤听于诸伯叔，勿敢异。教两子严，婚嫁以时。父母无嗣，迎养于家三十年。鈇既葬，术者言非吉地。氏闻，泣曰："奈何使吾夫体魄不宁？"摒挡筐箧，营新兆封焉。康熙四十八年旌。后以孙恭棐贵，貤赠安人。

进士淳安县知县叶子循副室郑氏，嫁三载而寡，遗孤台阳方幼。子循以廉吏，无宦橐。氏辛苦持门户，勤十指为子供修脯，苦节四十五年。其殁也，家方贫，渴葬吴山。台阳临终泣命诸子曰："先葬祖妣，然后葬我。"人谓："节母之后出孝子。"以孙士宽贵，貤封恭人。卜兆改葬如台阳志。

监生沈光埈妻王氏，夫殁，上事二人以妇兼子，下抚五孤以母兼父，延师督课，俱入黉宫。雍正五年旌。

徐国维妻陈氏，夫亡，誓殉，奉舅姑命，抚三岁孤成立，备极荼苦。性不佞佛，动遵礼法。雍正六年旌。

诸生顾谔命妻吴氏，夫亡无子，抚侄教以成立。与其叔顾鲁唯妻沈氏，节行相励，后先被旌建坊。

诸生顾求懿妻张氏，检讨大受女。少有令仪，事舅姑备敬养之。道敦睦亲族，致肃雝之美。婚八月，夫亡，遗腹生一子，抚育以长。舅殁，与姑朱氏黾勉治丧事，含袭衾襚，均无违礼。好自执劳，纺纤劈枲，寒暑无间。积金葬戚某四棺，粥衾中珠赎戚某女，侍父往黔中。父病，剪左腕肉和药进，乡党谓"无愧节孝"云。雍正九年旌。

贡生顾宗让继妻陈氏，夫故子殇，嗣侄濂，辛苦抚育，教之成立。雍正九年旌。

程尚鉴妻董氏，检讨炳女。年二十二适尚鉴。尚鉴割股愈亲，得瘵疾。结褵七载，卒，遗孤七龄，氏尽出嫁时奁，殡尚鉴。昼夜勤十指，奉孀姑甘旨。常居小楼，姑殁，三十年不履地，他亲罕见其面。检讨以"节孝"颜其楼。通经史，自为丹铅，教其孤，今已及耄，继述有贤子孙。乾隆十一年旌。

监生吴汇妻顾氏，夫亡，舅姑老，子幼，氏孤苦持门户，丧葬舅姑，咸能尽礼。雍正九年旌。

许字顾允恭周氏，忠毅公宗建曾孙女。未嫁，允恭卒，誓不更字。舅姑闻之，以礼迎归。家故贫乏，纺绩供朝夕。夫枢暴露，悉力经营二十年而葬。雍正十一年旌。

沈德元妻金氏，在室笃于事母，既嫁笃于事太舅姑。夫亡，竭力营葬。训子以义方，抚妾子如己出。妾王氏，节行并励，与金氏井臼同操。金氏卒，悲思成疾，半载而终。俱雍正十三年旌。

职监顾渐侧室马氏，夫亡，遗二女一子。子方在襁褓，辛勤抚育，以令成立。教之极严，不因爱姑息，竭力以嫁二女，待正室、寡媳、嫡孙以情、以礼，同室和好无间，白首执劳，不怠终身，不御采色。

诸生顾汝楫妻章氏，夫亡，事舅姑尽妇职。姑病，侍汤药，浃旬不解带。舅殁，遗幼叔，抚之如子，尽心嫁小姑，教子成立。子亡，与媳褚氏辛苦持门户，教育孤孙。乡党称之。乾隆元年旌。

黄道明妻谢氏，年二十一夫殁，无后，立夫弟道恒子肇杰为嗣，侍翁疾甚谨，奉继姑曲尽妇道，苦节五十年。乾隆三年旌。夫侄肇楳，即道恒子，有孝行，早殁，妻颜氏年二十七，无出；侧室徐氏，年十六，生子世德甫二月，二氏相依守志，孝事翁姑。遭家中落，孤复多病，二氏百计保之。既长，训之读书，时称"黄氏三节"。乾隆十四年，颜氏先邀旌典。

诸生顾闻韶继妻朱氏，夫亡，抚孤成立。事太舅太姑以孝。舅病，侍汤药无怠，丧葬如礼。

诸生翁诞登妻谢氏，年二十二，舅姑因诞登病笃娶之。甫三日，夫亡，氏侍养十年，俟小叔长，赴井死。

监生宋沅继妻顾氏，开化丞赞女。性端淑，年十九归宋。未几，沅以读书劳瘁卒，氏年二十六，伤痛绝粒。既念一子文绥尚少，勉强存活，辛苦拮据者三十余年，课读勉行，有古贤母风。乾隆五年旌。

监生王惟馨妻徐氏，刑部尚书乾学孙女、御史树毂女。孝事舅姑，教子成立。敦闺帏范，举动有法。乾隆八年旌。

旌表孝子孙鼎钟侧室陆氏，夫亡，嘱为择配，氏毁形见志，甘心荼蓼，守节终身，抚育孤子泰溶以长，纺绩延师，俾之成立。

训导沈旦初继妻庄氏，夫亡，抚前室子如己出。方旦初秉铎安庆，氏脱簪珥供课士膳。翁姑殁，丧事惟谨。

贡生宋禄绥妻蒋氏，刑部山西司副郎曰梁女。幼娴女训，秉性端严。年十八归宋,越七年,禄绥以锐志嗜学遭咯血疾卒。氏抚棺号恸,绝粒欲殉。姑蒋恭人勉慰之,乃强食息,衔哀饮泣,闺间岁时,励志苦守,冰操凛然,有《淑芳集》。诗音旨凄婉,可追配共姜之矢《柏舟》,乡党推为"才节兼著"云。

刘绍洙妻胡氏,年十六适绍洙,五阅月,夫亡,绝粒,以劝免,终身缟素,足迹不出于阃,苦节三十六年。

许字林大治陈氏淑睿,太学生泰来女,未婚夫亡,女投缳,以救免。后有求婚者,遂自经寝户旁。母于奁箧中得其手书,皆"矢死靡他"语。

顾宏模妻童氏,成婚一月夫亡,事翁尽孝,为翁蓄妾生子,以十指所积葬翁姑、翁妾、夫弟五棺。翁妾子不育,抚堂侄为嗣,及时婚配,不坠宗祧。

许正宗妻李氏,庠生昶侄女。年二十适许,两载夫亡,以死自矢。许门祚衰薄,族中无继嗣可立,止有一女,适陆,未几,女亦寡。母女共守,荼苦备尝。晚年,依堂弟灼家以终其身,诵佛不辍。年七十五而卒。

唐文炳妻宋氏,刑部山西司郎中周臣女。夫亡守节,荼苦自甘,昼夜纺绩,课子成立。言笑不苟,终身不御采色,垂四十年如一日。乡党称贤。

王起龙妻尤氏,年十七适王,夫患瘵,侍汤药八年无怨。夫亡,纺绩事舅姑,贫不能葬夫,截竹为筒,置缫车侧,得钱投筒中,积久乃择地葬焉。抚叔子士慎成立。贫而全操节,行之难者。

张迪妻林氏,迪有孝行,早卒。氏怀姙四月,茕茕无依,依父居太湖滨,生子星炯,锄菜圃自给。父殁,兄逼之嫁,不从,驱之出。栖父停棺草舍,荼苦备尝,终教其子为名诸生。乾隆五年旌。

徐尚伦妻金氏,年十七适尚伦,不获事舅,奉姑陈氏极孝谨。姑病,尽鬻嫁时奁供医费。二十八,夫亡,食贫茹苦,抚遗孤成立。家尝被盗,氏闻即取带缢经梁上。盗入,以刀刺臂腕,不动,谓为已死,惊逸去。盗退,家人奔救,始苏。至今里人传其事。

陆梧冈妻徐氏,诸生夔女。嫁四年而寡,遗孤数月,继以疾殇。翁殁,丧葬尽礼。孝养媚姑无怠,嗣族侄为后,延师督课,慈严并至。以针绣余资为父夔刊刻诗稿,乡党贤之。

沈在扬妻宋氏,刑部山西司郎中周臣孙女。年十七,夫亡,励志守节,衔哀泣血,志操凛然,足不逾阈,不愧名家贤女云。

宋文绥妻陆氏,庠生芳洲女。嫔宋后,亲操井臼,克修妇职,事姑以孝闻。文绥哭母呕血卒，氏擗踊号恸，缟素赴井死。芳洲长女适郭应奎，亦早寡，守节终身。

唐文柱妻蒋氏，刑部员外曰梁女。夫亡，年二十三，遗二子，皆幼。躬亲纺绩，以养舅姑，课子读书。舅病，脱簪珥市参药。翁殁，事姑益谨，膳必备甘旨。夜分不寐，以待姑寝。及殁，丧葬尽礼节。相尹公继善以节孝可风奖之，盖节妇而兼孝妇者。

归氏，顾元培妻。孝养太姑、舅姑，宗党称孝。元培年少能文，粤东学使翁嵩年聘主文幕。时元培生子甫周岁，亲老子幼，意不欲行。氏曰："脯脩可供菽水，山川可供题咏。仰事俯育子之责，君勿忧。"乃行。元培归而病殁，氏纺织易甘旨养亲抚孤。太姑、舅姑疾，躬调汤药。及卒，丧葬无违礼教。子从名师，亲益友，曰："富贵吾不汝望，望汝为端人正士，继祖父志。吾他日得如尹和靖母受子善养足矣。"苦节五十七年，乾隆七年题旌。

朱桢妻唐氏，抚孤成立，孝事姑嫜，劳郁以死。

普洱府知府徐修仁侧室韦氏，昆明人。修仁卒于任，氏万里扶柩归，甘贫抚孤，俾之成立，劳瘁以死。

太学生钱廷熹妻顾氏，年十八适廷熹。舅姑先殁，事太舅、继太姑、生太姑以孝，待庶姑以礼。二十四，廷熹亡，独力持家，教三子成立，有声庠序。

吴文桂妻高氏，年二十九夫殁，遗女五龄、子方一周，苦节自贞，饮冰茹檗四十年，训子成立，借纺绩为读书、婚嫁资。媥姑病痢剧，扶掖污秽中五十余日，殁后，泣血，得头疯症，竟成痼疾。乾隆十六年旌。

长庠生顾景度妻樊氏，孝事曾祖姑、祖姑，先意承志，甘旨以时。追两姑殁，哀痛逾常情。夫病，尽典嫁时衣饰以供医药。夫殁，抚侄为后。肃处内室，虽至戚不相见也。抑郁三年，抱疾以殁。

程启增妻宋氏，夫亡，缟素终身，纺绩养姑，节孝并挚。

生员沈炳继妻张氏，结褵四十五日，炳殁，家赤贫，媥姑垂白，瘁力女红以奉菽水，抚嗣子如己出。

吴泰妻尤氏，年十八夫亡，无子，义不欲生。姑慰免之，饮泣三年自经死。

吕氏，马玉洁侧室。玉洁为微员，罢官归，寓吴，以岐黄术度日。未几，病死。生一子，甫二龄。氏甘贫守贞，待子成立。有旧仆潘忝，见氏美，欲私之。氏坚持清白，屡用嗔斥。一日三鼓，忝直入氏室强奸，氏不从，号四邻求救，忝恐事泄，将氏搯死。县审得实，成案，奉旨潘忝处斩，氏建坊旌奖。乾隆三十年题。

彭孝女名瑄,父廷光,大司马启丰族弟。女年二十五,未字,廷光病,剒肉和药进。夜则焚香吁天祈代。廷光卒不起,女遂绝食饮。廷光殁之明日昧旦,忽失女所在,迹之,则僵立厨下,麻衣渍赤色,流血及足,刀入颈寸许,死矣。及殓,启衣,见纸裹左右肱,创凡三处。启丰为传赞以表之。

宋贞女名景,卫生员程树聘室。树年二十一,哭大父疾卒,贞女闻变,誓以死殉。父谕以轻生不若守贞,乃请归守于程,以明从一之义。幼习礼,工诗,至是诗止不复作。遇节烈事,间借以发抒己志。有《西河陈烈妇诗六十四韵》中云:"由来夫妇比君臣,策名亦有未授职。清风孤竹师夷齐,商朝未禄周耻食。"读者叹其可追配共姜之矢柏舟,称才与节兼者已。乾隆三十年题旌。

许字生员沈佺陆氏女,未婚,佺卒,氏闻变,衰绖归沈,亲操井臼以养舅姑。

许字张曰峻孙氏,家世旧族,幼善事父母,言笑不苟。曰峻年少力学致疾,昏有期矣,遽卒。女闻,悲泣欲归张视含殓,服丧守贞。父母怜其少,不听。女绝粒弗食,以死自誓。左右防守之,越九日,作欢颜,嘱其母下楼取针箧,遂自缢。乡人义之,返其柩于张。李征士果为作传。

历年旌表贞节

聂应葵妻王氏,应葵客淮卒,氏年甫笄,孤方周,千里扶榇归。年六十三终。顺治十年旌。

归文达妻陈氏,年二十一寡,屡遭患难,训孤子圣脉为名诸生。顺治十六年旌。

沈国彦妻周氏、年二十六而寡,孤子孀姑,抚事尽道。生员王允瑞妻金氏、年二十八寡,守节四十余年。葛子延妻黄氏,俱康熙十八年旌。

郁士贤妻闻氏、婚十年寡,舅姑殁,各服丧六期,曰:"我代夫服三年也。"守节三十九年。朱履正妻金氏,俱康熙二十年旌。

赠编修彭璜妻黄氏、宁求母。程应斗妻姚氏,俱康熙二十二年旌。

生员郭继昌妻王氏,前侍郎心一女,二十八而寡,守节三十七年。康熙二十三年旌。

吴嘉祚妻徐氏、年二十八寡,抚孤守志终身。刘世荣妻赵氏、蔡开甫妻陆氏,俱康熙二十五年旌。

朱瑞甫妻陆氏,夫病,虔祷愿身代。夫亡,抚孤守节。康熙二十六年旌。

朱菁妻顾氏、朱奂妻华氏,《府志》作"辛氏"。俱康熙三十五年旌。

许字邹球顾氏女,康熙三十六年旌。

胡世敬妻叶氏、生员马国琏妻吴氏、程治妻孙氏,俱康熙三十八年旌。

王允持妻张氏,康熙三十九年旌。

嵇永仁妻杨氏、计焕继妻宋氏，实颖妹，年二十九寡，抚遗腹子，依其兄，守志终身。顾庆荣妻王氏、年二十八寡，家贫，抚孤四十余年如一日。金天任妻周氏、朱云武妻张氏、生员沈燝初妻周氏、顾峻妻郑氏，抚孤成立，苦节终身。俱康熙四十二年旌。

何庶统妻徐氏、武举叶万郡妻余氏、马守强妻王氏、王三芷妻张氏，俱康熙四十五年旌。

沈纯武妻顾氏、监生张大绍妻沈氏，俱康熙四十八年旌。

周之桢妻吴氏、陈用爵妻闵氏、叶子裁妻陆氏、陆侍国妻谢氏、许字陆缵刘氏女、许字顾宾臣陈氏女，俱康熙五十六年旌。

邹允毅妻诸氏，周咨岳妻张氏，王孝垂妻吕氏，生员张李灿妻王氏，江承佶妻陈氏，沈以泓妻金氏、媳施氏，周安国妻陆氏，生员陆应良妻吴氏，俱康熙六十年旌。

华经埏妻吴氏、以礼自守，教子有成。袁泰徵妻吴氏、子骏，以母节广求名人作诗，名《霜哺编》，盖孝子也。余《祝志》作"金"廷扬妻顾氏、年二十六寡，无子，苦节三十八年。荣大章妻杜氏、许字生员顾灿姚氏女、许字张凤鸣吕氏女，俱康熙间旌。

顾旭继妻谢氏、熊永锡妻沈氏、周允恒妻孟氏、吴以恭妻程氏，俱雍正元年旌。

诸生宋敏行妻王氏、编修沈旭初妾宋氏、胡文荣妻周氏、子善述妻王氏，孙女适吴，亦早寡，称"一门三节"。黄农妻金氏、施尔弘妻李氏、生员金之镇妾钮氏、归信生妻毛氏，年二十三而寡，抚遗腹子，守节。生员黄志高继妻盛氏、孙万一妻汪氏、范君昇妻殷氏、陆闻吉妻何氏、夏洵妻张氏、顾三俊妻罗氏、陶士龙妻高氏、许字马康明陈氏女，俱雍正二年旌。

生员邱承周妻卢氏、邱文濂妻沈氏、吴国俊妻胡氏、生员徐恪妻陆氏、罗载元妾朱氏、生员沈一鹗妻王氏、冯映京妻申氏、张家闶妻华氏、徐时修妻高氏、孙文进妻朱氏、徐士裕继妻王氏、徐观成妻华氏、韩秉质妻王氏、金隆祀妻顾氏、生员沈曾贻妻顾氏、于子斌妻汪氏、金大成妻王氏、潘炜妻陆氏、监生范珙妻王氏、沈维城妻金氏、沈维翰妻姚氏、汪拱辰妻蒋氏、孙宪德妻陆氏、贡生金上简妻申氏、邢复达妻魏氏、薛文良妻杨氏，俱雍正三年旌。

生员张起龙妻毛氏、子弘德妻毛氏，陈济咸妻韩氏、顾鸢妾胡氏、潘柳达妻李氏、施昀妻王氏，俱雍正四年旌。

顾雯妻周氏，雍正五年旌。许经妻吴氏、弟纶妻赵氏，林载功妻王氏，俱雍正六年旌。

吴炳妻顾氏，炳美才力学，早卒，氏年十八，守节终身。生员朱镇妻黄氏，俱雍正七年旌。

朱盛晟妻范氏、陶庆星妻吴氏、马咏妻张氏、朱锡光妻金氏、金湄妻姚氏、张鉴妻吴氏、蔡抡元妻张氏，俱雍正八年旌。

生员张元亨妻薛氏、生员徐滋德妻邵氏、监生陆汝灏妻施氏、生员林模妻姚氏、职监李维均妾马氏、鲍应祥继妻谢氏、监生顾宗臣妻张氏、刘三重妻沈氏、陈溶妻吴氏、葛筏妻戴氏、王某妻杨氏，俱雍正九年旌。

贡生王天锡妻宋氏、贡生江斌妻朱氏、生员郁世楷妻张氏、生员韩蒋林妻周氏、邵希哲妻徐氏、吕能明妻叶氏、朱鼎牧妻吕氏，俱雍正十年旌。

生员吴昌言妻顾氏、吴导恒妻钱氏、吴华妻李氏，三吴皆给事中适孙。氏咸克尽妇道，抚孤成立，霜节冰操，著声里党，不愧清门云。王家栋妻孙氏、子永龄妻谢氏，王卫保继妻郑氏，职监谢廷贵妻王氏，蔡起夔妻姚氏，姜子熊妻戴氏，潘鲁德妻陈氏，屠云来妻徐氏，邱瑞仙妻吴氏，蒋猷妻严氏，俱雍正十一年旌。

何继昌妾顾氏、监生朱锡谋妻刘氏、王宗琛妻杨氏、吴缪妻高氏、朱鼎文妻沈氏，俱雍正十二年旌。

汪际会妻吕氏、金继章妻钱氏、陈邦衡妻汤氏、顾元宁妻孙氏、张念兹妻陆氏，俱雍正十三年旌。

吴德纯妻朱氏、贡生吴元昇继妻张氏、顾郁栋妻陈氏、顾士仲妻朱氏、张计成妻吴氏、王祖祥妻顾氏、沙承恩妻陆氏、徐国俊妻陆氏、金绳祖妻王氏、朱君盛妻赵氏、监生王瑄妻张氏、袁仪凤妻朱氏、董本素妻顾氏，俱乾隆元年旌。

姚浚文妻俞氏、周奕曾妻王氏、王文穆妻吴氏、韩蕤妻吕氏、陆希文妻陈氏，俱乾隆二年旌。

顾景邺妻殷氏、张钧奏妻陆氏、李伦若继妻邵氏、吴天球妻文氏、金德隅妻盛氏、蒋士珍妻陆氏、张均妻黄氏、顾以球妻汤氏、周镐妻徐氏、黄道明妻谢氏，俱乾隆三年旌。

陈国柱妻姚氏、朱传栋妻邹氏、干明德妻施氏、顾本仁妻陈氏、金上瀛妻顾氏、朱炯妻彭氏、谢天禄妻徐氏，俱乾隆四年旌。

沈苣妾王氏、吴凤鸣妻朱氏、汪敏学妻金氏、方凤翔妻范氏、袁天保妻过氏、雷大坤妻顾氏、顾梓材妻张氏、吴南麟妻华氏、王万钟妻金氏、沈天修妻顾氏、王世仁妻陆氏、谈兆麟妻吴氏、程尚九妻周氏、潘尚文妻贾氏、徐懋元妻朱氏、沈鹏南妻吴氏、陆渠妻许氏、蒋履恭妻汤氏、张观妻倪氏、汪彩妻杨氏，俱乾隆五年旌。

朱裕徽妻林氏、吴子仲妻糜氏、宋景瑞妻裴氏、汪肇职继妻缪氏、施玉相妻邵氏、吴德年妻程氏、邹天禄妻王氏、邢有仁妻周氏、王希禹妻彭氏、吴杕妻沈氏、张毓珍妻吴氏、赵屺妻秦氏、邹毂妻顾氏、许字秦时雍华氏女，俱乾隆六年旌。

陈珉妻张氏、徐希旦妻李氏、谢南吉妻周氏、倪峻德妻陆氏、尤寿增妻薛氏、潘庆声妻沈氏、秦锦存妻孙氏，烈妇金之佩妻朱氏，俱乾隆七年旌。

生员彭广益妻叶氏、孟兴琦妻褚氏、吴廷元妾赵氏、李隆春妻吴氏、杨球继妻董氏、李丽春妻王氏、唐玉衡妻陈氏、张凤翔妻胡氏，夫亡，孝事衰翁，抚幼叔成立。张峙妻华氏、夏南翼妻王氏、沈澍妻胡氏，孝事继姑。父殁，遗产颇丰，以与氏，氏不受，转以赡族众，迎父妾养之终身。俱乾隆八年旌。

姚子功妻计氏、顾念峰继妻王氏、姚尔发妻庄氏、吴《府志》"吴"作"吕"。王佐妻顾氏、顾道生妻夏氏、徐廷镛妻吴氏、吴公善妻杨氏、金镛妻姚氏、裘洪达妻朱氏、蒋琪妻高氏，俱乾隆九年旌。

徐作霖妻顾氏、生员邵宪妻徐氏、沈仲舜妻邵氏、王乐天妻薛氏、范仪千妻沈氏、徐谟妻张氏、朱墀继妻邵氏、许字陈洽士程氏女，俱乾隆十年旌。

曾孙庆妻李氏、韩纶妻吴氏、蒋世泳妻毛氏、谭纶书妻谢氏、宋乾一妻陆氏、雷大晋妻陈氏、顾恒瞻妻王氏、冯宋揿妻王氏、金鼎妻夏氏、卢之达妻吕氏、张允升妻翁氏、张君秀妻王氏、袁茂交妻蔡氏、叶朝彦妻陈氏、郭宾荣妻周氏、闻凤翼妻吴氏、叶茂华妻金氏、程尚鉴妻董氏、许字张苍林孙氏女，俱乾隆十一年旌。

周祥游妻王氏、金舜功妻顾氏、吴宗昌妻沈氏、吴士英妻张氏、顾咨揆妻陆氏、金轼妻孙氏、周天益妻张氏、顾元文妻蒋氏、吴传妻曹氏、蔡允恭妻盛氏、王缵宗妻沈氏、徐德夏妻陈氏、金蕴缃妻谢氏、黄肇揆妻颜氏、孙旭旦妻潘氏、高塽妻金氏、石穀城妻方氏、金源庆妻徐氏、顾灿妻施氏、顾定九妻吴氏、鲍以恒妻徐氏、孙大绥妻顾氏、吴德新妻朱氏、汪汉生妻孙氏、潘士祝妻钱氏、钱月贯妻胡氏、徐汉昭妻赵氏、陆观澜妻唐氏、彭襄文妻周氏、刘绍洙妻胡氏、许字许大成胡氏女、许字朱辅臣方氏女，俱乾隆十二年旌。

汪立绍妻周氏、王洪卿妻浦氏、陈云一妾宋氏、朱赵奎妻刘氏、沈时懋妻邹氏、施彭准妻郭氏、施见龙继妻申氏、程鸣章妻黄氏、张载青妻施氏、柳炫妻吴氏、程治聘妻夏氏，俱乾隆十三年旌。

王时叙妻陈氏、胡怀三妻蒋氏，俱乾隆十六年旌。

陈垂纲妻费氏、朱廷扬妻韩氏，俱乾隆十八年旌。

毛程妻高氏、汪以宝妻程氏、宋湘妻陆氏、韩炎妾李氏、袁祖灿妻徐氏，俱乾隆十九年旌。

汪德培妻包氏，乾隆二十二年旌。

王大德妻刘氏、宋允文妻蒋氏、方文焯妻汪氏，俱乾隆二十三年旌。

陆元登妻吴氏、陈培良妻周氏、俞瑞峰妻蔡氏，俱乾隆二十四年旌。

许炎妻王氏，乾隆二十五年旌。

吴灿章妻陈氏、吴士毅妻汪氏，事姑尽礼，教子义方。乾隆二十六年旌。

锺茂荣妻李氏，乾隆廿七年旌。

儒童章德维妻汤氏，乾隆三十年旌。

未经旌表贞节

许字张绳武钱氏女，许字沈士诚马氏女，许字马圣传蒋氏女，许字周琳李氏女，许字郁文王氏女，许字蔡俊明许氏女，未婚夫亡，食贫守贞，年五十余卒。许字王文起潘氏女，许字沈元昶莫氏女，许字里人某高氏女，许字洪复敦朱氏女，许字凌某沈氏女，许字闵良如黄氏女，许字朱涵光张氏女，许字李天滋周氏女，许字黄师望顾氏女，许字申朝枢陆氏女，夫丧，来归，殉身全节。许字儒童吴龙其顾氏女，未婚守节，抚子成立。许字儒童褚受宜陆氏女，许字儒童陆圻褚氏女，许字顾鼎禄袁氏女，浒墅东村农家女，年二十夫亡，往夫家守贞，孝养舅姑。许字生员蔡璿丁氏女，夫死，奔丧，抚嗣子成立，年四十四卒。许字钱国桢蒋氏女，许字闵士毅黄慧珠，年十五，夫亡，服丧守贞终身。许字诸文忠朱氏女，年十三夫亡，依父母守贞五十八年。许字杨远孙顾氏女，许字俞凤仪张氏女，诸文成继妻顾氏，张伦妻葛氏，庄嘉文妻吴氏，赵升侯妻许氏，潜忠先生琰女，年二十寡，无子，家贫，守节四十二年卒。黄文暎妻郁氏，年二十三寡，抚孤守节四十五年卒。金之銎妻吴氏，给事之佳孙女，年十六寡，抚嗣子，守节四十余年。顾汉仪妻江氏，监生陆荣妻沈氏、荣弟茂妻郑氏、荣子生员宣妻某氏，生员邱贞继妻汤氏，年二十二寡，无子，苦节三十七年卒。顾士伟妻归氏，赞夫让产，夫卒，抚子女，却外患，保其门祚。周公轨妻张氏，周玉麟妻顾氏，闵元丰妻杨氏，生员沈际飞继妻钮氏，际飞有才名，氏年二十八寡，无子，依其兄守节四十余年。张尚志妻薄氏，年二十四寡，守节四十余年。生员夏国祚妻潘氏，年二十五寡，婢有遗腹子，复殇，主婢共守成完节。生员陈宗器妻许氏，少寡，守志教子张言为诸生。生员倪兆麟妻汤氏，夫亡，长子继天，与其媳皇甫氏共守四十余年。归程脉妻苏氏、归张脉妻王氏，二氏为妯娌，并年甫笄寡，无子，各依母家，自食其力以终。朱尊美祖母陈氏、母沈氏，陈年十九寡，沈年二十一寡，抚萼美成立。生员郭士肃妻陈氏，文庄公仁锡从妹，习经史，早寡，守节五十年卒。文辕妻徐氏、辕从弟妇俞氏，生员凌一梓妻吴氏，举人震元女，年二十三寡，苦节五十余年，教其子燵为诸生。监生顾顼妾戴氏，钱塘贡生吴宗安妻李氏，苦节三十余年。副榜褚笈侧室缪氏，顾咸宣妻吴氏，张与炌妻顾氏，氏通经书，善属文，早寡，守节教其子登乡荐。生员顾延祺妾曹氏，年二十五寡，抚遗腹子，守节三十九年。生员吴岳继妻周氏，生员周谂妻杨氏，年二十六寡，守节四十余年，教嗣子中楫为诸生。朱熙字妻章氏，年十九寡，抚五月孤，煮草根自食，丐粒养姑，苦节五十余年。朱汝弘妻汤氏，生员陈德升妻顾氏，年二十九寡，长斋三十年而终。生员许顾虹妻伍氏，副榜陈宗锡妻周氏，年二十六寡，抚嗣子，守节四十余年。冯万钟继妻许氏，年二十八寡，抚孤守节，寿八十三而终。许培妻郑氏，年二十七寡，抚孤守节终身。监生庄祖望妻陈氏，监生姜佩璜妻陈氏，韩载郁妻钱氏，年二十九寡，抚嗣子，守节五十四年卒。陶凤妻朱氏，年未三十寡，抚孤成立。又夭，复抚孤孙，苦节四十余年。徐彬妻邵氏，早寡，守节，孝养其姑。顾九功妻陆氏，生员顾山进继妻张氏，年二十二寡，持家有则，年七十八卒。李震妻汪氏，年二十五寡，无子，守节，年五十六卒。吴予彰妻卢氏，年二十三寡，抚遗腹子，守节，年六十八卒。生员邹城妻丁氏，年二十一寡，抚孤，守节三十八年，子怀棠补诸生。顾琛书妻蒋氏，进士德埈姊，夫亡，守节，子方开举于乡。金符继妻李氏，邹子循妻朱氏，龚汝秩妻徐氏，范安宏妻申氏，林九妻杨氏、厮养卒妇，年十六寡，苦守至九十三而终。蔡共卫妻顾氏，年二十七夫亡，家贫，守节六十年如一日。吴元英妻卢氏、孙吴念祖妻沈氏，刘懋德妻朱氏、妾程氏，蔡永埏妻朱氏，生员凌京元妻支氏，年三十寡，守节至七十八而终。顾琪年妻陆氏，年二十二寡，无子，守节二十六年卒。生员顾升妻陆氏，年二十六寡，无子，守节五十五年。朱希永妻沈氏，生员仰培妻毛氏，维张孙女，夫疾，刺血疏虔祷，卒不起，氏矢志茹蔬三十余年，抚孤成立。蔡王聘妻李氏，杨远媳易氏，王铉玉妻邬氏，徐元发继妻李氏，年三十，夫亡，姑继殁，子殇，目昏不能存活，或劝改节，不从，竟馁死。吴子康妻程氏，白若采妻习氏，沈士琳妾邵氏，吴云章妻顾氏，杨观文妻汪氏，年十八婚，一月夫亡，抚嗣子守节。生员吴时濂妻张氏，诸君顺妻张氏，年二十三寡，抚孤，守节三十余年。殷自天妻季氏，生员蒋维垣妻钱氏、年二十四寡，抚孤，守节三十二年。尹尔极继妻王氏，年二十归于尹，勤俭治家，舅姑既没，自奉极澹泊，岁时祭享，必备致丰腆，相夫以道义，年二十九夫没，一子天章尚幼，零丁孤苦，饮檗茹荼，以针黹资延师课子，鞠育教诲，至于成立。苏州府陈鹏年锡匾曰"节并松筠"，布政使司宜思恭旌之曰"嘉尔坚贞"，督粮道王英谋复颜其庐曰"贞正可风"。叶瑛妻朱氏，张鼐妻蒋氏，管又翰妻毛氏，沈永康妻张氏，蒋仲旋妻汤氏，顾宗孟妾王氏，潘天妻毛氏，顾溁妾沈氏，唐敬生妾陆氏，徐甸文妻赵氏，倪轶凡妻沈氏，陈启胤妻顾氏，沈湘妻李氏，顾惟岩妻归氏，顾奕世妻马氏，刘嵩妻陆氏，姚祖成妻张氏，沈河妻盛氏，苏茂佳妻虞氏，陆云间妻郭氏，孙流芳妻张氏，朱德明妻高氏，张正仪妻顾氏，程锦荣继妻王氏，杨茂林妻李氏，俞昆妻何氏，苏某妻顾氏，吴某妻胡氏，顾延正妻严氏，赵道济妻周氏，何孟南继妻程氏，金天威妻钱氏，锺琬妻朱氏，徐纪常妻姚氏，姚受益妻马氏，周澄妻张氏，许香佩妻徐氏，宋元明妻郑氏，沈秀文妻顾氏，结褵四载，夫亡，苦节自守，孝养舅姑，生卒尽礼，抚侄上龄为嗣，教之成立。诸天叙妻张氏，张云官妻汤氏，韩天锡妻吴氏，王子敬妻钮氏，沈天叙妻王氏，儒童吴继善妻顾氏，吕大赍妻吴氏，知州毕嘉玉妻姜氏、妾张氏，监生顾元徵妻吴氏，汪锡畴妻殴氏，卢德成妻沈氏，赠礼部尚书沈钟彦女。儒童夏廷枢妻蒋氏，嗣子成立，事翁尽孝。太学生胡楠妻凌氏、侧室沈氏，同心守节，备历艰辛，教子成才。汤二柯妻陆氏，苦节持家，事姑尽孝，教子为士。夏屺妻金氏，事亲抚孤，成全夫志。金泮妻张氏，张世龙妻沈氏，庠生管进继妻汤氏，进士传矩女。徐怿侧室顾氏，管沉妻朱氏，太学生吴志勖妻顾氏，事翁孝敬，教子成才。吴应求妻汪氏，沈成恒妻江氏，太学生袁永济妻杨氏，夫亡苦节，孝事孀姑，抚孤成立。节相尹公、庄公给"节励冰霜""松筠比操"奖之。儒童袁玉书继妻汤氏，夫亡无子，孝养老姑，抚孤成立。儒童陆炳妻朱氏，尹铨之妻徐氏，毛礼翼妻高氏，孝养孀姑，抚育嗣子。徐玉林妻陆氏，王尔兴妻陆氏，生员杨斗妻顾氏，李煊妻王氏，吴殿武妻华氏，阙学乐继妻童氏，陆禹德妻陈氏，刘峤妻陆氏，陈秉衡妻徐氏，金声远妻施氏，程敬瞻妻徐氏，徐锦城妻许氏，张云伍妻沈氏，朱元祥妻汤氏，郑馥郁妻金氏，太学生黄士铣妻盛氏，周君显妻吴氏，王垒妻郭氏，陈振霄妻沈氏，徐大年妻孙氏，吴元洵妻汪氏，吴元霖妻周氏，范仪焘妻顾氏，孙宗玉妻沈氏，曹宁侯妻朱氏，曹鉴妻叶氏，邱志道妻周氏，孙钰妻沈氏，蒋煌妾陈氏，儒童龚在丰妻江氏，廪生龚杨模媳，苦节安贫，事翁尽孝，不辞劳瘁，教子成材。凌正凝妻高氏，夫亡，抚幼叔成立，婚嫁姑叔及时，殡葬舅姑。章树昂妻沈氏，宫傅尚书德潜女。吕仲彩妻张氏，苏尔立妻高氏，孝事姑婶，夫死，终身麻枲，不茹荤，抚子成立。监生宋骏曾妻陆氏，周信章妻蒋氏，金章妻毛氏，宋思义妻陆氏，粤抚邦绥媳。顾元隆妻静氏，王企章妻高氏，王闰伯妻许氏，徐沣继妻过氏，苦节，家贫，针黹度日，锱铢积累，课子诵弦，以绍先业。吴万程妻过氏，竭力女红，孝养姑舅，经营丧葬，抚子成立。徐东表妻过氏，半载夫亡，丧葬舅姑，并出十指，课子读书。周礼和妻金氏，徐颐丰妻汪氏，汪缎继妻徐氏，施文灼妻张氏淑宁，夫亡无子，自缢柩旁。沈卜臣妻张氏，顾受臣妻吕氏，胡鼎声妻李氏，黄懿德妻陈氏，陈继美妾高氏，余南成妻朱氏，姚岳尊妻高氏，严子和妻袁氏，曹志汾妻许氏，李元章妻郑氏，沈玉田妻周氏，苦节安贫，孝事舅姑，抚惜侄女，敦睦亲族。吴绍湖妻张氏，庠生吴伸妻钱氏，庠生大鳌媳。庠生沈孙遹妻陈氏，举人沈道然媳，主持门户，孝事翁姑。庠生施德升妾沈氏，孤子、孤孙并资教养。施峰高妻张氏，女红度日，教子为士。高夔音继妻詹氏，杨汉倬妻沈氏，生员张玉衡妻吴氏，敬姑无怠，勖子有成。朱宝光妻陈氏，苦志守节，教养嗣子。生员沈德勋妻张氏，抚养嗣子，勤俭治家。伍伦叙妻沈氏，金宏寅妻沈氏，贡生蒋言肃妻程氏，庠生蒋浚哲妻陈氏，蒋世基妻王氏，王氏协心苦节自守，事舅教子，孝养辛勤。邢裕成妻钱氏，顾庆祥妾陈氏。

长洲县志卷之二十八

二氏

杨墨塞路，孟子辞而辟之，廓如也。二氏，宜儒者所弗道，然韩昌黎《送文畅序》惜其无以圣人之道告之者，则又何必尽绝也哉？苟其守清净，习文雅，迹托缁冠，心依儒行，当亦有足取者。今将产于长邑及来自四方者载之，至于顽石点头、麻姑擘脯，事涉荒诞，存而不论可矣。志释道。

晋

竺道生，钜鹿人，姓魏。初入庐山，幽栖七年。后游长安，从什公受业，关中僧众咸谓神悟。来止虎丘，聚石为徒，讲《涅槃经》至"阐提有佛性"处，曰："如吾所说，契佛心否？"群石皆为点头。宋元嘉十一年，卒于庐山法座。

阐道一，姓陆，吴人。少出家，晦迹隐智，人莫能知。太和中，出都，止瓦官寺，从汰公受学，思彻渊深，讲倾都邑，简文帝深所知重。若耶帛道猷以书招之，乃东适耶溪。郡守王荟于邑西起嘉祥寺，以一风德高远，请居僧首。后住虎丘山。隆安中卒，葬于山南。

支昙籥，月支人，尝憩虎丘山。晋孝武初，敕请出都，止建初寺。孝武从受五戒。籥特禀妙声，梦天神授其声法，觉，裁制新梵，清越绝异，六言梵吹遂传响于今。

怯愔，西域人。义熙中，至中夏，与惠远结社庐山。已而来苏，化导有法，苏人翕然归奉，建净寿院居之。院毁，复建，即旧万寿寺也。

僧业，姓王，河内人。幼聪慧，博涉宗典。游长安，从什公受业。俊发天然，洞尽深奥。值关中乱，避地过江。吴张邵挹其贞素，乃请诣姑苏，为造闲居寺。以讲道余隙属意禅门，每端坐，辄有异香充塞。元嘉十年卒。

僧璩，姓朱，吴人，出家为僧业弟子。总锐众经，尤明《十诵》，兼善史籍，颇著文藻。始住虎丘山。宋孝武钦其风闻，敕为京师僧正，止于中兴寺。学兼内外，律行无疵，道俗归依。后移止庄严，卒于所住。

道猷，吴人。初为生公弟子，随师之庐山。师亡后，乃见新出《胜鬘经》，叹曰："先师昔义阐与经同。"因注《胜鬘经》五卷，以宣遗训。宋文帝问慧观："顿悟之义，谁复习之？"答云："生弟子道猷。"即敕临川郡发遣出京。既至，延入宫内，大集义僧，命猷申述顿悟。帝抚几称快。及孝武，尤相叹重，每称曰："生公孤情绝照，猷公直辔独[①]上，可谓无忝徽音矣。"元徽中卒。

梁

僧若，僧璩之兄子也。少而廉静，邑里推之，住虎丘东山精舍。吴郡陆慧晓、陆澄深相接待，时年三十二。志绝风尘，栖幽玩古，虽茹菜不充，单复不赡，罕复经怀。王斌守吴，每延法席。普通元年卒。

醋醋尊者，天监中住宝华山智显禅院，有卓锡峰。又住虎丘，泉随涌出，名憨憨泉。

惠响，吴兴人，姓怀氏。天监中，居虎丘，不得甘泉，乃俯地侧听，得泉，名虎跑泉。后驻锡马鞍山，谋建塔庙，坐山岭石室间，二虎侍焉。方运思，俄有神人谓曰："愿施千工以成。"夜，风雷震吼，林木怒号，但闻朴斲声。明日，奇石矗然，广阶骈砌。事闻，武帝为造寺，名惠聚。后住虾蟆山。示寂，僧感其开山，乃斲石像于所憩，扣之铿然有声，名为响大师。

隋

智琰，字明灿，姓朱氏。梁散骑常侍郎献之孙。幼事通元璩法师，授典，过目成诵。尝游都下，与道安禅师齐名。陈亡，归虎丘，面岩壑者三十年。杨素、苏威皆尝驻节山中，接其绪论。炀帝镇淮扬，具币招致。琰恐重累使者，为之勉起。及见，辞疾归。卒，埋虎丘之南岭。

唐

智聚，住虎丘东寺。至德二年，奉敕太极殿进讲《金光明经》，天子嘉礼。归卧旧山。开皇间，玺书劳问。卒，窆山南。

---

① 底本作"独辔直上"，误。

印宗，姓印氏。精《涅槃经》。咸亨中，至京师，诏居大敬爱寺。辞，往蕲春谒忍大师，遂至广州，遇六祖能大师，始悟心。宗采自梁至唐诸方达者之言，著《心要集》。

齐翰，字等至，沈氏子，吴兴人。道性渊默，外则淡然而精敏罕俦。苏湖戒坛，每当请首，与皎然最契。

皎然，名昼。工律诗，尝谒韦应物，恐文体不合，乃苦心作古诗十篇为贽，韦殊不称赏。昼失望，复写其旧制以献，韦讽味不释手目，语昼曰："师既失声名，不以所工见投，而猥希老夫之意，人各有能，非可卒办。"昼服其精鉴。

贯休，婺人。善诗，有《西岳集》。居万寿寺禅月阁，称禅月大师。尝自梦得十五罗汉梵相，缺其一，告者曰："师之相是也。"遂为《临水图》以足之。

僧瑗，字辩空[①]，姓郁氏，昌邑人。出家，依虎丘寺慧严法师为弟子。后诣江宁融禅师学心法，勤行精进，常披一衲，不计寒饿。撰《武丘名僧苑》一卷。

宋

清顺尊者，魏庠守郡奏改虎丘律寺为禅，迎尊者至寺，为开山祖。后有圆悟禅师说法虎丘，张魏公浚称其"法明正因，超卓奇特"。

遇贤，姓林氏。状貌伟怪，口容双拳。母初孕，梦吞大珠。少溺水，溯流复还。出家东禅寺，嗜酒，呼为林酒仙。醉则作诗，时有天趣。能前知人祸福，言无不验。有疾病者，书符与之，立愈。郡中有虎患，遇贤见之，骑以出城，患遂息。一日，渡江，风涛大作，舟将覆，解袈裟为帆，风浪顿止。明时，藤杖犹在寺中。

定钦，定慧院僧，与苏长公善。公谪惠州，尝拟《寒山十颂》，使其徒卓契顺往惠州寄慰安否。苏得书，甚嘉之，为和八首。初，契顺为其师持书至惠，且曰："惠州不在天上，行即到耳，投书径还。"公问其所求，答曰："契顺惟无所求，故来惠州。若有求者，当走都下矣。"苦问不已，乃曰："昔蔡明远鄱阳一校耳。颜鲁公绝粮江淮间，明远载米周之，鲁公怜其意，遗以尺书，天下至今知有明远。今契顺虽非明远，然区区万里之勤，倘可援鲁公例乎？"公遂为书《归去来辞》以遗之，勒碑于寺。

法云，字天瑞，姓戈氏。习台教，得法于南屏清辨。政和中，住松江大觉寺，赐

---

① 原作"办空"，据顾湄《虎丘山志》、《乾隆虎阜志》改。

号普润大师。绍兴甲子,归景德寺。尝编集《翻译名义》,注解《金刚经》及《心经疏》行世。

英觉印,政和间住虎丘。宣德间,何安中尝为像赞。

通法海,觉印弟子。苏长公与之游,有书遗问。

绍隆,含山人。师事圆悟,得临济心妙,大播东南。居虎丘三年,殁,遂葬于其麓。

宗杲[①],号妙喜,高、孝两朝凡三赐号,两住径山,尝止虎丘,禅学为当时之宗。

净雪庭,尝以诗自通于郡守。守书其刺云:“诗僧安敢谒王侯?”净续云:“大海终顺纳细流。昨夜虎丘山上望,一轮明月照苏州。”守为色喜。

惠铨,北禅僧,佯狂垢污而诗绝清婉。尝书西湖一山寺壁曰:“落日寒蝉鸣,独归林下寺。柴扉应未掩,片月随行履。唯闻犬吠声,又入青萝去。”苏子瞻爱而和之曰:“但闻烟外钟,不见烟中寺。幽人夜未寝,草露湿芒履。惟应山头月,夜夜照来去。”

天纪,碛砂寺僧,注周伯弜所选《唐人三体诗》,吴人谓之“碛砂唐诗”。

元

维则,字天如,俗姓谭,永新人。得法于明本。本时住天目山之狮子岩。至正初,维则名其居曰狮子林,识授受之原也。与朱德润交善。承旨赵子昂及行省平章买住屡荐入,召问,皆称疾不赴。注有《楞严会解》《净土或问》。

余泽,字天泉,郡人,陆氏子。大德十一年,住永定寺,迁北禅,寻奉诏住杭之下竺。会朝廷命勘金书藏经,泽居京师,与翰林诸老往来倡和。方万里于吾衍座上见其诗豪放,因摘奇句,为《长春集序》以归之。

一清,出家能仁庵,受业德岩行法师,得贤首宗旨,著《华严》《圆觉》《楞伽》诸经论。

明

永隆,姓施氏,尹山寺僧。洪武壬申,四方沙弥给牒京师者三千人悉籍为军。时方旱,祷雨。隆因乞焚身以代,至雨花台,望阙再拜,取瓣香,书“风调雨顺”四

---

① 原作“宗果”,据《姑苏志》改。

字,语中使曰:"为我奏之。"既焚,雨即大澍。上喜曰:"此真永隆雨也。"籍军得免。

妙声,字九皋,景德寺僧。博综内外典,兼善诗文,主北禅寺。洪武中,与万金同被召,主天下僧教。

良琦,字元璞。自幼读书,学禅白云山中。杨维祯云:"琦公既究禅理,亦通儒学。能书,其余技也。"住天平山之龙门,示寂于城东孤云庵。

道衍,字斯道,相城姚氏子。出家妙智庵,少从高启辈为诗,聪敏过人,启极称之。著有《逃虚子集》。洪武间,以高僧召。太宗举义,以辅翼功进秩太子少师。卒谥恭靖。

道证,字心印,任氏子。出家治平寺。宣德中,诏授右觉义,住持大功德,奉敕校藏典于中禁,年七十三示寂,赐祭,葬治平方丈后。

雪梅,吴僧。嘉靖中,游金陵,踪迹奇异,不拘戒律,日湛茗饮,间进酒肉。寓报恩寺十余年,见法师据高座讲经,便笑曰:"乱说乱说。"偶出一语辨驳,闻者汗下。工诗文,自序其诗,以寒山、拾得自况。专修净土。讲四书、《周易》,时有新理。后住东禅寺、竹堂寺,八十余化。

天际,来自少林,习武艺,推第一手。嘉靖中,住虎丘,敕赐金牌剿倭,所至有功。后欲予以官,不受,终老灵岩山。嗣玉庵,亦传其法。盗至,随手而毙。

妙显,姚氏子,削发于碛砂寺。初不读书,后渐明内典,住化城庵,养母尽孝。既受儒者业,讲伦常性命之理曰:"佛教皆空,只独善一身,必圣人之道,真实可行也。"大吏闻其名,召问祸福,曰:"僧所知者,为臣尽忠,为子尽孝。未然之事,未敢知,亦不必知也。"予以金,不受。后仍归碛砂。年八十余,垂死,谓其徒曰:"葬我须用儒家理,断勿火化,致既死以后亏体辱亲。"其徒从之。

福懋,字大林,竹堂僧。少有戒行,画学倪迂,书宗智永。尝游文太史徵明之门,与陆文选光祖为莫逆交。监司守令争迎致之,懋视之泊如。不涉世味,好摄山白鹿泉,飞锡累年,专修静业。

国朝

读彻,字苍雪,滇南呈贡赵氏子。幼从鸡足水月道人为沙弥,年十九远游,受戒云栖,参雪浪于望亭。后居铁山,博涉内外典,赋诗亦多警句。以《华严经》为法海,精研疏抄,与明河订分讲之约。河卒,独力荷担,虽病弗辍。住中峰,建殿买田,伽蓝一新。顺治丙申,病剧,作《解嘲诗》辞世。

岑霁,字樾亭,少岁祝发圣感寺。寺有古柏一株,盘屈如龙,千余年物,徘徊其下,吟咏不辍。不喜与俗人游,焚香扫地,终日宴坐。值二三知己至,设蔬果以供,清谈竟日。中岁,渡河,逾燕京,出龙泉关,登五台而返。集名《柏堂诗钞》,没后,侍郎沈德潜为删存二卷。

性卓,号彦石,黄埭人。主讲古永定寺,戒行精严,阐扬经教,兼通儒理,直接北宗之绪。

唐

柳条青者,大中末乞食于苏市。尝击筑踏歌,得钱辄饮。好事者觅其踪,终不可得。歌词中往往述长生方外事。阅五六年,因大雪冻死于市。市人具棺,瘗于齐门之左。每遇日出时,冢上有紫气,高五六尺,近视无所见。后一年,有处士皇甫颜来访之,人有示以冢处。皇甫持酒脯祭之,发棺,得青竹杖,无他物。表其冢曰"谷隐柳处士墓"。自是,不复有紫气矣。

宋

何中立,淮阳胸山书生,世为鼎族,遭乱南来,寓于郡。一旦,焚书裂衣遁去。既归,荷蓑结庐于天庆观龙王堂,佯狂妄谈,久而皆验。卧草中,不垢不秽。晨起,必一至吴江溲焉。郡至吴江四十余里,往返不数刻,人讶之。会有瘵者拜谒乞医,何命持一蓑草去,疾遂愈。始翕然传蓑草可疗病,求而不得者,病辄不起。先是,观中诸黄冠以殿宇摧毁,欲试其验。群造庐,拜且白之。何从求疏轴,主者谩以与。何笑曰:"来日自有施者。"至期,朝使果来。答曰:"我不能入觐,以此累使者。"上闻而奇之。会浙西赵宪伯归,亦为之请,遂赐金阙寥阳殿额,出内帑缗钱数万,绘事一新。孝宗时,梦有蓑而跣、哭而来吊,问之,曰:"臣苏人也。"诘其故,则不肯言。寤,乃语左珰。珰进曰:"臣微时,闻苏有何姓者类其人。"因道其所为。上大惊,有诏谕遣,不至。尝燕居,深念规恢大计,且坤仪虚位,焚香殿中,默言曰:"何诚能仙,当知朕意。"遂授珰以香茗,曰:"汝见何,惟致赆。问所以来,则曰'陛下祷矣'。"珰承命惟谨。何忽掉首曰:"有中国人即有番人,有日即有月,不须问。"趣之去。既去,复呼还,曰:"所问者姓我犹忘之,但言朱家例子不可用也。"使者归奏,上曰:"诚知我心。"遂赐号通神先生,筑庵观内,赐御宝书扁。何能耐寒暑,勇于啖肉,食至十数斤,独不饮酒。先有衣袭寄于郭氏曰:"吾死则以此敛。"庆元三年五月二十二日，忽命取之。明日，端坐而逝。

呆道僧，平江兵家子也。年十四五，为继母所虐，遣出货糖。一日，与群儿戏井边，覆糖于井，惧而泣。适卖药道人见而怜之，令负笈以随。因饥，啖以一枣，遂饱。索归再三，道人怒，批颊使去。自此如痴如狂，左颊突起肉块，自云"中有金虾蟆"。初，许人揣后，张口示人，颊肉膜中一紫色小蟆，宛然首足皆见，能预谈人祸福，发其隐，识者以为神。高宗召见，赐名应梦达道先生。状髡而髻，似道似僧，与何襄衣颉颃。好荡游市井，见人必求钱，得之，随与贫者。何既不趋召，珰或荐道僧。上欲见之，何挽呼，不使去，曰："是将捉汝、缚汝、监汝，不欲汝来矣。"道僧竟去，见于内殿，不拜，言不伦。上狎之，使出入勿禁，且命宠人元居实馆之。元惧其逃，使十人从之，所至不舍。逾年归，见何，何以杖诟逐之。至死，讫不与接一谈。绍熙甲寅春，道僧入北内，坐榻前，曰："今日六月也，好大雪。"侍珰咸笑，顾曰："尔身皆雪，而笑我狂也。"众莫以为意。至季夏八日，而至尊厌代矣。

周文英，字紫华。读书好道，有幸道者过之，见其读《参同契》。道者曰："子有夙契，可与语。"至暮，留宿。夜甚寒，将炽炭，道者止之。视其所衣，一木绵裘，其气充然。时方雪积，道者所止，有光赫然出，屋上雪独不聚。邻人以为火，操水具至，至则非火。周尤异之。达旦，留诗以别。问其所止，曰："枫桥。"问其姓，曰："幸。"次日，周冒雪至枫桥，果有大船泊桥左，幸方倚篷而笑曰："吾知子必来。"遂留款具膳，且出一小鼎，贮水银燉之，顷之成银，命舟子入市，即可易物。再贮如前，加以黑末半匕，及成，则黄金也。尽日而别，且曰："戊亥岁当成子志。"周自此若有所得，每静处，觉有气隐隐中起，稍引之，则煦然周身。岁甲戌，一日，以幸所书展玩一过，曰："兹惟时矣。"遂敛衽端坐而逝，若委蜕焉。

申徒有涯，方外士也。尝携一白瓷瓶游吴中，大风雪中，脱衣赁舟沽酒，饮毕大吐，榜舟者逐之。有涯挈瓶登岸，倚树高吟曰："仲尼非不贤，为世所不容。嗤嗤同舟子，不识人中龙。溪雪戴落梅，寒声激长松。狂来但清啸，一壶隐尘踪。"吟讫，跳身入瓶。榜舟者大骇，举瓶碎之，无见也。他日，同舟者见有涯箕踞于虎丘剑池之侧，欲逼问之，倏尔不见。

古无极，居葑门道堂，暑中开户而眠，蚊蝇不敢入。扁其室曰"小小蓬居"，以白垩涂壁，皎然如雪。中设榻，尝出所携瓢、笛、鱼鼓等悬之，以书一束为枕，自酿酒一瓮于床头，人有求饮，摇手弗许。猫犬至，即俛首疾回，无敢窥其内。经年不见挥拂，一尘不生。未尝出募而钱不乏，逼问之，笑而不言。一夕，撤去器物，不知何往。明日迹之，葑、娄、盘、阊四门，人皆见其负笼荷杖出门去矣。

元

莫起炎，号月鼎，苕溪人。生宋宝庆间，少业举子，不利，慕玄学。至青城山，见无极徐直卿，授以雷术。又闻建昌邹铁壁得王侍宸斩勘法，委身童隶事之。邹疾危，遣去，曰："吾将逝矣，雷书之全，不能畀汝。"已而书张使者一符授之。再见浔阳杨真卿，精行持练，动与神合，时愤世嫉邪，托狂直于酒，信笔涂墨，出诡秘语，人莫能晓。宝祐秋，越守马光祖致之祷雨，雨应声至。至元中，命典道教事，力辞，归止于光荡巷，学者填门。癸巳冬，谓其徒曰："明年正月某日，吾逝矣。"至期，书偈问敛具，众谓："具矣。"复摇首曰："待吾五事备。"须臾，天忽昧，风、云、雷、雨、电交作。候霁，敛焉。弟子得其传者，吴下张雷所、王继华、金静隐、马心吾，江东许无心、陈静佳。雷所再传步宗浩，宗浩传周元初。

张善渊，字深父，号癸复道人。其伯父崇一始为道士，得易真人如刚灵宝飞步法，称之为张雷师。宋尚书包恢荐于朝，命主天庆观。善渊从之学，辄能捕逐鬼物，呼致雷雨。郡守潜说友举住建德永隆宫，再住光孝观。元世祖诏举山林有道，嗣天师以善渊对。乃与其弟子步进德入朝。命召鹤及他，有祷皆应，遂命为道录，住持天庆观。卒年九十二。

步宗浩，字进德，号云冈。早习儒书，中岁始慕道，从张雷所于圆妙观，授回风混合大洞真诠、上清灵宝三五飞步之秘、碧潭斩勘之书。祈祷雨旸、呼召鸾鹤，咸在掌握；驱邪救患，甚多灵迹。延祐间，制授贞元微妙弘教法师。

杨中立，字圆微，步宗浩弟子也。少入圆妙观，嗣宗浩为太极五雷坛正宗，志尚简素，名所居曰"一枝巢"。

金善信，字实之，本儒家子，好老氏学。父母尝为纳妇，有子矣。后师事莫月鼎，传其术。遂构仁寿观，日与徒研核玄旨。荐于朝，赐号弘道法师。

明

周元真，字元初，嘉兴人。年十二，辞家入紫虚观，从李大无为道士。至正戊子，年二十，始来苏，住葑门外报恩道院，能以符箓召鹤，因名所居曰"来鹤轩"。洪武戊申，李韩公迎之致雨，有应。上召问雷霆所以神之故，对曰："天地之间，阴阳运转，故有神，神与人合者也。"上悦，授领神乐观事。尝修建安里桥于通衢。继主常熟致道观,复修丹井。死,葬莫月鼎墓次。

张皮雀者,名道修。少有异相,年十七,父母欲为议婚,不从,往礼胡风子为师,尽得其术。宣德癸丑,三吴亢旱,郡守况锺延张。张须道流异往,况曰:“俟有雨,当昇还。”张曰:“诺。”旦日,结坛义役仓,至则索酒数十瓶,饮尽,鼾睡,天无纤翳,众哗欲散。张欠伸索镜,以墨涂之而虚其中,天亦黑云四布,惟中天露日。张曰:“是无难,俾道官涂之。”守恳请,张握笔一涂,云忽合,电掣霆飞,雨如建瓴。逾时,守焚香告足,张拭镜雨止。守遣道流昇张还,赠以厚币,不受。戴氏子疾,昏谵语。张入门,取棒就床击之,病遂瘥。风格奇朗,顶结双髻,披青布袍,人谓其捕鬼随行。鬼作声类,俗所粥儿戏皮雀者,因呼为皮雀。正统庚申,年六十一,无疾而死。死后,或见之于长桥,疑尸解云。

裴庆,性落魄嗜酒,每卧人户外,日无醒时,市儿时狎侮之,不为意,每至人家吃酒。有老妪病,即自扯衣带煮汤瘳之。其卧处无雪。时大学士夏言闻其名,往候之,庆坚不肯出。见夏遣人牵出,呼杀人,盖讽之也。嘉靖间,天师朝京,道经吴门,下舆请至舟中,以裴仙称而拜之,遂载归龙虎山。

国朝

吕毖,字贞九。弱冠,工文词。司李倪长圩摄郡篆,值校士,得毖卷,奇其才,置第一,随补学官弟子员。未一年,遭鼎革,毁初服,逃于黄冠,衲衣草履,遍游峨嵋、黄岩诸名山。晚岁,绝烟火,日采松花、枸杞为食,终于西山之草庐。有诗文集。

李朴,字天木,性恬静,精治坎离之术,善诗画,亦工书法。年四十,辟谷,昼夜不眠。与人语,平易近情,累日不倦。士大夫多师之,终于甫里之圆白堂。

施道渊,字亮生,别号铁竹道人,生吴县横塘乡。童真出家,为朝真观道士。遇异人张信符,受丹诀。年十九,从龙虎山徐演真受五雷法,能驱役百神,时为人除崇魅、疗疾苦。初,筑室尧峰,晨夕修炼。移住穹窿山,即茅君故宫,鸠材修茸,殿堂斋寮以次鼎新。顺治戊戌,真人张洪任请于朝,赐额上真观,并赐道渊号“养元抱一宣教演化法师”。由是,四方征请。凡建名胜一百七十余所,塑像八千七百二十有奇。郡中圆妙观殿宇倾圮,太傅金之俊延道渊主观事,修复三清、雷尊诸殿,建弥罗阁,规模宏整。晚游闽越,探真访道,尤多救济。康熙丙辰,裕亲王召主醮京师,乞归。丁巳除夕,谓众曰:“明年此夕,不复与汝等聚矣。”戊午七月,果化。

唐老老者,不知何许人。长须广颡,年五十余,若歌若哭,被发百结,或作椎髻,布被鹑衣，虮虱满席。人与之钱，不受；馈之粟，拜而受之。常于冬月危坐长洲学宫侧鸭脚树下，即以苇席数片栖而息焉。煮一瓦铛，不食盐蔬，持一髹漆碗，每日必拭数次。闻其歌，操秦声，或曰唐藩之弟，或曰鲁府仪宾。李长洲实、李侍御模闻，来叩之，终日笑而不答，莫得其实也。天大雪，坐泮池侧，凿冰解衣以浴，视其体，蓬蓬如釜上气，人疑其仙。一夕，幞被去。

长洲县志卷之二十九

寺观

二氏之教流入中国,而名山胜地半为所居。吴中自赤乌时孙权母夫人好佛,梁天监中崇信尤甚。迨元,金善信传莫月鼎之术,赐号于朝,而梵宇琳宫照耀一郡。国朝于前代寺观有修缮、无特创,别异教也。顾高人韵士凭眺登临,不乏题咏,则列其创兴废毁之由,以为吊古搜遐之助,殆亦不可阙者欤! 志寺观。

南禅禅寺,在府学东。唐开成间,郡守白居易属寺僧法弘、惠满建千佛堂转轮经藏。堂中,上盖下藏。盖之间,轮九层,佛千龛,盖悬镜六十有二。藏八面,面二门。藏敷坐六十有四。藏之内,转以轮,止以柅,经函二百五十有六,经卷五千五十有八。居易为记。又尝书《白氏长庆集》七帙留寺中。千佛堂后废,莫知其所。明洪武二十四年,寺僧示应号宝昙和尚者奏请所居集云寺合旁妙隐、大云二寺,从之,赐额南禅。集云寺,成化十二年火。二十二年,寺僧德本募建大雄殿。寺旁钟楼,学士吴宽《记》。正德间都纲良定建。天王殿,嘉靖间住持祖镇重修,郡守王道行修铸大钟。钱邦彦《记》。崇祯九年,巡抚都御史张国维重修。

集云寺,旧在府学东。明洪武中,寺僧示应奏以其寺并为南禅寺。

妙隐寺,旧在集云寺东。元延祐间,僧宗敬建。明洪武中,奏并南禅寺。

大云寺,在妙隐寺东,以寺前得吉草,俗又讹称结草庵。元僧断崖建。旧志:至正间,僧善庆建。明僧宝昙,相传即断崖后身。洪武中,昙奏并南禅寺,为别院。嘉靖初,僧一峰重修。寺有放生池,广数亩,池中东、西石塔二,各傍小洲,中跨石梁,古木深竹径,类村落。

天王寺,旧在城东南隅。唐大历元年建。明洪武中,归并吴县永定寺。

大林庵，旧在城东南隅。初为宋杨存中[①]别墅。元陆志宁尝居之，后舍为庵。明洪武二十五年，归并万寿寺，遂废。

正觉寺，即大林庵废基。明宣德十年，滇僧弘此宗再建，奏赐今额。吴宽《记》。寺多美竹，故俗称竹堂寺。唐寅尝画罗汉像于壁，并书赞。今寺圮，画像亦毁，而赞犹存。

通元寺，旧在城北陲，即今报恩寺基，半隶吴县界。吴赤乌中，孙权母吴夫人舍宅建。或云权为乳母陈氏建。晋建兴二年，沪渎渔者见神光照水彻天，旦观之，乃二石像浮水上。或曰："水神也。"以三牲巫祝迎之，像泛流而去。吴人率僧尼辈迎于海滨。像背各有题，一名维卫，一名迦叶，异置寺中，光明七昼夜不绝，号其殿曰二尊。八年，渔者于沪渎沙上获帝青石钵。初以为臼类，荤而用之。俄佛像见于外，知为二像遗祥也，乃以供佛。后有外国沙门释法开来，称彼国《众圣记》云：东方有二石佛像及阿育王塔，参礼而去。梁中大通四年，敕更造铜光二枚。简文帝有《吴郡石像铭》。唐武后遣使致珊瑚鉴一、钵一，供像前。开元中，诏天下置开元寺，寺改名开元，金书额以赐。寺中有金铜玄宗御容，又有陆柬之书碑。韦应物、李绅、薛能并有开元寺诗，皮日休、陆龟蒙有开元石钵倡和诗。大顺二年，寺为淮西贼孙儒焚毁。后唐同光三年，钱镠更建开元寺于吴县西南三里半。

报恩讲寺，即故开元寺废基。周显德中，钱氏于此重建寺，移支硎山报恩寺额榜之。宋崇宁中，加号万岁。寻以僧佛日崧来寺住持，演华严疏，敕为贤首教寺。建炎四年，罹兵燹。元至元中重建。至顺初，僧传教募长生田。黄溍《记》。明隆庆中，再毁，重建。本朝康熙间修。汪琬《记》。地居北城，俗又称北寺。乾隆十六年春，皇上南巡临幸。寺旧有塔十一成，宋元丰中，经火复新，苏轼舍铜龟以藏舍利。建炎，又火。绍兴间，僧大圆再建，仅九成。明隆庆时，火烬其半，郡绅严恪等修，王世贞《记》。至今存。旧隶子院五，文殊、法华、泗州、水陆、普贤。后皆废。释迦佛涅槃像昉于唐。《吴郡志》：寺有卧佛，北人多呼卧佛寺。宋淳祐中，覆以巨阁。元末，张士诚改卧像为立像。明初，复旧。宋濂《记》。不染尘观音殿，旧传像无尘集，遭毁，复塑。今徒名存矣。

祥符寺，在元二图祥符寺巷，即古西竺尼寺。唐大中间，郡人司马厚舍宅建。

---

① 原作"扬存中"，据本志《古迹》改。其文云："和令坊，宋绍定二年重立，在槐树巷杨和王府前。按：杨存中追封和王，谥武毅，或云因此名坊，非也。"

初名马禅，钱氏改宝庆院，并居比丘尼。宋大中祥符间，赐今额，始为僧居。明嘉靖初，奉旨废。后复。《府志》列吴县，误。

普门禅寺，在县治北报恩寺旁，宋景德建。日本僧寂照号圆通大师来贡京师，上召赐紫衣、束帛。寂照愿游天台山。诏令县道续食。丁晋公时为三司使，为言姑苏山水奇秀。寂照愿留吴门，遂居此院。朝宰诸公并作诗送，刻石院中。明洪武初，归并万寿寺。永乐间，重建。

普薰庵，在城东北跨塘桥。永乐间，庵僧善识舍地改建宝光讲寺。

宝光讲寺，在城东北跨塘桥，旧在娄门内。吴郁林太守陆绩故宅舍为寺，郁林石在焉。后迁置西察院，今再迁府学况钟祠前。赤乌间，赐额。宋绍熙间、元至元间，先后重修。明洪武初，即寺为军营，寺遂废。永乐间，改建今所。曾棨《记》。

禅兴寺，在县治北乘鲤坊。梁天监二年，刺史孙文舍宅建。或云即孙场故宅。场尚简文帝女妙严公主，舍宅为传法尼寺，后改今名。

妙严尼寺，在禅兴寺后，梁孙场建。后妙严公主没，葬其地，名妙严台，寺为香火院。今废为顾氏依园。

永定讲寺，旧在阊门北。梁天监初，永定禅师募郡人颜彦先舍宅建。唐贞元间，刺史韦应物罢郡，尝寓此。有《寓居永定精舍》诗。乾符间，赐额。大顺元年，寺毁于火。景福二年，移建吴县治东南。

广生庵，在亨二图，旧名观音庵。元僧智衍建。明万历中，增修。文震孟《记》。

宝积教寺，在县治西北黄土塔桥之东。梁天监中建，旧为灵岩山廨院。嘉靖间，县人褚大化建大士殿。旧有异僧画罗汉于壁，今圮毁。

大弘寺，在县东北，元大德间建。延祐间，赐今额。名僧余泽居此。尝别创东斋，斋前有井，因自号天泉。元末，寺毁。相传见红衣沙门立烟焰上，久之乃没。寺既荡尽，而东斋独存。明洪武初，归并永定寺。

归源寺，在长荡东。元至元间，里人曹氏为虎丘寺僧建，其子曹聚完之。明洪武初，归并云岩寺。

觉林教寺，在县北十三都冶长泾。唐广明元年，陈坦舍宅建。初为义安寺，朱梁开平元年改永安，宋大观四年赐今额。元季毁，明洪武中重建。寺有清远轩。楼澄《记》。本朝顺治十一年重修三间，康熙十一年建大悲阁。

甑山教寺，在县西北三十七里阳山竹青塘，五代天德间建。宋皇祐五年，赐建大殿。

尊相禅寺，在县西北四十里阳山之阴，莫知所始。元季毁，明洪武初归并光福寺，永乐二年重建。

澄照教寺，在县西北三十五里阳山下。唐会昌中，丁氏施白马涧宅建白鹤寺。《图经续记》：方俗以为丁令威居。《图经》：吴县界有丁令威宅，此殆是欤？后龙兴寺僧智义募曹元祚祠堂基重建。吴越钱氏时，有泉出于寺中，因改名仙泉。宋祥符初，赐今额。有别院曰白莲禅院，以池生千叶白莲故名。宋端拱初，谢涛尝讲学于院之西庑，明年登第，其子绛石为《记》。

灵淀教寺，在县北一十八里十四都蠡塘。旧为灵寿教院，或曰灵寿寺。梁天监中建，明季圮废，本朝顺治十八年重修。

莲华教寺，在县西北五十里阳山，西滨太湖，一名青莲寺。唐神龙二年，居民刘氏井中生青莲花，因舍宅建。

兴国教寺，在县西北二十五里十一都黄埭。吴赤乌四年，郡人叶氏梦僧求一锥地，遂舍宅建。唐大中二年重修，宋绍兴六年重修，元季毁，明永乐初重建，本朝康熙元年复修。

迎湖教寺，在六都，晋永宁间建。

白莲教寺，在十五都陆塘。吴赤乌间建，后毁，重建。明洪武三年重修，弘治间圮而复完。本朝顺治十三年重修。

正觉庵，在一都枫桥西北，晋支遁谈经于此。久废。

慈泰寺，亦名王路庵，即正觉寺旧基。明万历中建，赐额。三十九年，赐藏经、佛幡幢、袈裟。本朝康熙五年，增建西方殿，后毁。五十七年，重建大殿。乾隆十年，重建藏经阁。

慈孝庵，在阊三图。元泰定间，僧中峰建。

永福庵，在一都三图枫桥。元至正间，僧无象建。

臻福庵，在十都。宋绍兴间，僧性复建。

福寿庵，在利二图。宋景定间，僧法成建。明崇祯间，更名方广庵。

药草庵，在元一图。明崇祯中，僧仰慈建。

正信庵，在阳山西。元至正间，僧性用建。

幻在庵，在阊一图。元大德间，郡士陆德润舍地、僧明本建。

原明庵，在九都七图，宋僧原明建。明万历中，赐额“明泰禅寺”。

得成庵，宋皇庆间，僧可大建；广福庵，宋宝庆间，僧如素建；观音庵，宋宝庆间,僧善应建,并在八都。

普光庵,在一都。宋绍兴三年,僧原明建。

广济庵,宋开禧间,僧觉因建;崇福庵,宋景定元年,僧德秀建;法林庵,明天启间,僧照航普净建,并在四都。

善庆庵,宋绍兴间,僧法丙建;寿山庵,宋绍兴间,僧志修建;深栖庵,元大德间,僧巨彻建,并在十六都。

广慧庵,晋生公退居,原名西资院。明洪武间复兴;陆塘塔院,唐长庆间,僧妙慈建;西资庵,宋元丰间,僧一智建;湖泾庵,宋绍兴间,僧法炳建;拣汰庵,宋淳熙初,僧志钦建;观音庵,宋嘉定间,僧明圆建,并在十五都。

陆香庵,梁僧雪净建;深居庵,元泰定四年,僧广畴建;迎龙庵,本朝顺治初,僧大林建,并在三都。

庆慈庵,在七都。宋皇庆间,僧永福建。

真如庵,宋咸淳间,僧以益建;普济庵,宋绍兴间,僧本一建,并在十一都。

奉先庵,在二都。宋庆历间,僧本一建。

观音庵,一在六都,宋至和间,僧法坚建;一在阊二图,本朝顺治八年,孙氏舍宅建。

妙智庵,在中十八都九图。梁天监中,僧西铭创。宋宣和间,僧紫章修。明初,姚广孝为僧,居此。既贵,重修,有敕赐碑文。

濮陀庵,在十八都。宋咸平间,僧士能建。

崇福庵,今称西庵。在西十八都三十六图。宋景德间,僧法身建。

觉池庵,在十二都。宋景定间,愚山建。

菩提庵,在阊三图。宋皇祐间,为臻福院。明天启间重修,改今名。

积善庵,在九都一图。宋咸淳四年建,明万历间重修。

同叶庵,在一都十六图,晋支遁开创。西山白马涧遗迹久湮。明嘉靖间,高士周天球筑园亭于此。本朝顺治间,僧浮石重葺,为退隐地。

莲花庵,在齐一图。明嘉靖末,僧心源少为诸生,与申文定时行在庵读书,继遂出家为庵僧,拓地修。崇祯间,僧我净重修。

无量寿院,在十五都陆塘。宋熙宁间建。

右僧坊。

圆妙观，在城之中央宫巷北。范成大《府志》：在长洲县西南。卢熊《府志》：在真庆坊北。王鏊《府志》：在长洲县东北。晋咸宁二年创，号真庆道院。泰宁二年，明帝梦三清道祖命乘云路至吴郡锦帆泾驻跸，天真交集扈从，帝稽首道祖前，矢愿兴道保国。道祖嘉悦。帝觉而异，即敕改建上真道院，四周纡回，选高行道士李知常等焚修，永免徭役。唐开元二年，帝感祖锡瑞之应，改为开元宫，今观前街名宫巷。赐内帑重修。建中间，道士张德诚与陆龟蒙友善。元和间，刘禹锡复为刺史，有"元都观里桃千树，尽是刘郎去后栽"之句。乾符元年，感文昌帝君护驾之异，诏天下崇事道士。丁紫琼辟文昌、张仙二殿。陆赟《记》。逮大顺元年，孙儒陷苏，四面皆为煨烬，惟三门正殿存焉。宋大中祥符间，屡降天书，诏改为天庆观，敕道士李志昇为左阶道录司，赐帑建东、西、南、北四庑，中绘三天天宫胜景于玉皇、天医、高真、三茅、转藏、酆都、十王等殿，建净乐宫、八仙堂、灵宝院，官道三百名，无牒道童不下千人，林素、王侍宸，屡诏巡历。王禹偁《记》。《吴郡志》称观有金宝牌永镇于地，兵火独全，亦真宗赐也。皇祐间，新作三门，尤峻壮。宣和七年，赐昆山县田五十顷充香火田。建炎，兵毁。绍兴十六年，郡守王晔重作两廊，画灵宝度人变相，召画史工山林、人物、楼橹、花木各专一技者分任其事，极其工妙。淳熙三年，郡守陈岘建三清殿。六年，火，提刑赵伯骕摄郡，重建。八年，赐御书"金阙寥阳宝殿"六字为殿额。张皮雀、莫月鼎、何蓑衣诸仙真相继挺生，赐何号"通神先生"，降书赐"通神庵"额，增建太乙、五雷、仙坛遗迹，至今称之。宝祐、景定间，道士严守柔、蒋处仁重修，施以阑楯。元至元十八年，邱长春等七真以黄白飞升术进，诏改今额。至元末，兵毁。明洪武四年，清理道教，更为正一丛林，置道纪司，革香火田以充军饷，方孝孺记，今三清殿东无字大碑是也。宣德中，道士张宗继募建弥罗阁，供祀玉皇。正统间，巡抚侍郎周忱、知府况钟因旱祷有验，捐建成阁，请赐《道藏经》，胡淡记。分三茅殿地为机房殿。正德元年，分东岳殿地为文昌殿，辟三元阁。万历三十年，弥罗阁圮。本朝顺治间，三清殿圮。康熙初，道士施渊力新之，并建雷尊殿、天王殿。道纪陶弘化募建东岳殿庑，构五岳楼。十二年，布政慕天颜重建弥罗阁，复还旧观。乾隆十六年春，皇上南巡临幸。

清真观，在圆妙观东。元皇庆元年，县人严德昭筑室，建清真坛，奉北极玄武真君，求医治疾，钱塘道士黄孤山治愈，舍坛创殿，延其师潘雷鉴主之。天师题额曰"清真道院"。至正十三年，赐今额。寻火，程安道修未竟。明洪武，克建大殿、三门、两庑，归并圆妙观。宣德间增葺，嘉靖间复修。俞贞木《记》。本朝顺治间，道人吕愍施药观中,重建三门。雍正九年,里人盛师修。顾进因观废地建文昌阁,前为广仁堂,另辟门仞。详见《义局》。

白鹤观,在城东北隅鹤舞桥东西白塔子巷,宋信安郡王孟忠厚藏春园,元平江路总管张世昌舍宅建。初名报恩道院,寻废。至元间,井旁大松独存,道人张应元结庐松下以栖身。丁丑三月朔,有群鹤自东南来,一白鹤留松上不去,经岁作巢。大檀越至,必晨鸣预斋以待。应元改名应鹤,欲建立,不果。弟子席应真募成其事,鹤乃飞去,因名白鹤观。观有祠,祀世昌。明洪武初,归并圆妙观,后复分前、后院。本朝乾隆十四年,重修三门。

灵应观,在县东北五十里相城。宋咸淳二年,道士赵志清奉敕建为道院。元延祐间,真人苏斗南能呼吸风雷,闻名当宁,升院为观。明洪武初,归并圆妙观。席应珍奉母终养,以孝称。周鹤林以祈祷著绩。隆庆间,里人马俸修。天启癸亥,道士金寰宇重修。本朝康熙十七年,赵弘科募增集元堂。二十四年,建文昌阁。王时敏《记》。

灵应道院,在乌鹊桥东南半十九都地一图。宋嘉定元年,因道士谷初旸祷雪有验,当事闻于朝,敕建以旌其功。初,旸栖隐处名视壁山房。明崇祯十七年,道士何汝真重修。雍正九年,道士魏瓠,常熟人,生平爱静摄,兼工山水,再修葺,并建文昌殿暨纯阳、斗姆二阁。

端威道院,在子城东北,有台高耸,亦名紫霄峰。宋淳祐元年,道士龙原清建。

崇寿观,在阊三图,元至正间建。明初,毁。天顺间,里人管宗德好道,舍宅重建。天启末,道士毛逸凤重修。

悟真道院,在齐门外宋何蓑衣真人墓侧。明洪武间,道士叶道元建。崇祯初,道士钮道禄重募建。

右道观。

长洲县志卷之三十

御制

我朝列圣相承,倡明风雅,涵泳性天,远轶汉、唐、宋、元、明诸代。圣祖仁皇帝六度南巡,品评泉石,照耀江山。今皇上翠华四幸,问俗省风,关心民瘼,或戒饬群僚,或留题名迹。综以元气之机轴,斫以阴阳之斧斤,濯以江汉之波澜,掞以云汉之黼黻。造化从心,从容中道。极艺苑之文人才士,仰钻而弥见高深。谨加编次,垂示词林。一时臣工和什附载篇后,以志赓歌矢音之盛焉。志御制。

礼部侍郎沈德潜《归愚诗集》序

沈德潜将锓其《归愚集》,前稽首而请序,且曰:"人臣私集,自古无御序例,第受特达之知,敢恃宠以请,不即望序,或训示数语,可乎?"德潜老矣,怜其晚达而受知者惟是诗。余虽不欲以诗鸣,然于诗也好之习之,悦性情以寄之,与德潜相商榷者有年矣。兹观其集,故乐俞所请而序之。

夫德潜之诗,远陶铸乎李、杜而近伯仲乎高、王矣,乃独取义于昌黎"归愚"之云者,则所谓去华就实,君子之道也。夫子之训小子曰:何莫学夫诗?使如后世雕龙祭獭之为者,圣人将斥而禁之,顾反疏其源而导其流乎?亦惟是名教之乐,必有言之不足而长言之者,舍是其何以哉?昌黎因文见道,始有是语,固不必执风骨体裁与李、杜较甲乙。而归愚叟乃能深契于此,识夷守约,敛藻就澹,于向日所为壮浪浑涵,崚嶒矫变,人惊以为莫及者,自视若不足,且有悔心焉。是则李、杜、高、王所未及言,而有合于夫子教人学诗之义也。

夫非常之人,然后有非常之遇。德潜受非常之知,而其诗亦今世之非常者,故以非常之例序之。异日者,江国行春,灵岩驻跸,思欲清问民艰,暇咨新什,将访归愚叟于愚公溪谷之间矣。

诗古文书窗所夙嗜,践阼以来,万几鲜暇,虽或寄兴吟咏,而古文不数数为之。

是序构思染翰,至四刻始就,非复有曩日弓燥手柔之乐,况能津逮古人耶?归愚叟于近代诗家,视青丘、渔洋殆有过之无不及者,故乐为之序,不复计其工拙迟速,书卷以赐。岁云暮矣,封事少稀,更偿文债,亦足为艺林增一胜事也。乾隆辛未小除夜,书于坤宁宫之东阁。

圣祖仁皇帝御制吴阊诗

鸣鸢独上高城望,巷陌遥通水市斜。土俗惟知斗歌舞,间阎不解种桑麻。鸟啼茂苑千年树,霜冷吴宫十月花。声教四方犹未远,愿将淳朴变繁华。

圣祖仁皇帝御制忆苏州风俗诗

邓尉梅梢月,虎丘浪里峰。人争天地秀,物杂理文宗。俗尚非交[1]让,官箴乏协恭。物情常如此,何日受时雍?

皇上南巡御制诗

驻跸姑苏

牙樯春日驻姑苏,为问民风岂自娱。艳舞新歌翻觉闹,老扶幼挈喜相趋。周咨岁计云秋有,旋察官方道弊无。入耳信疑还各半,果能万众庆恬愉。

恭和御制驻跸姑苏元韵　　　　　　　　　沈德潜[2]

省方万类庆昭苏,老幼扶携共宴娱。未向吴山看越绝,先逢蕃庶验吴趋。清嘉里巷风诚惯,充实仓箱语恐无。有待龚黄勤保赤,可知睿虑半忧愉。

恭和御制驻跸姑苏元韵　　　　　　　　　钱陈群

碧城楼子见姑苏,凤艒徐临洽圣娱。山水清佳年谷顺,街衢笑乐吏民趋。玉梅金柳轻寒暖,密雨疏烟乍有无。见说比来风俗美,春随布濩倍欣愉。

---

[1] 本卷"交"之前底本原缺,据上海图书馆藏本补。
[2] 本卷中底本涉及沈德潜名字处多为有意涂抹,现据上海图书馆藏本补,类似情况,不再出校记。

赐致仕侍郎沈德潜

水碧山明吴下春，三年契阔喜相亲。玉皇案吏今烟客，天子门生更故人。别后诗裁经细检，当前民瘼听频陈。老来底越精神健，劫外胎禽雪里筠。

恭和御制原韵　　　　　　　　　　　　　沈德潜

归来游泳砚山春，三载瞻云谊倍亲。帝许林泉就闲客，臣为歌啸太平人。选言恐落元和后，前席难忘宣室陈。老去敢云颓晚节，寸心窃比耐霜筠。

二

二月光风浩荡春，省方万众许相亲。已辞青琐侪耕叟，重见黄衣识圣人。淮浦桃花靖波浪，臣迎驾淮浦。天章云锦叠铺陈。浑沦元气难赓和，中律应惭嶰谷筠。

姑苏览古杂兴

泰伯开基后，原为礼让乡。谁知阖庐代，乃作互争场。熊胆心殊毒，鸱夷志不忘。一抔竟安在？烟水浩茫茫。

孙坚真有子，江左独称雄。鼎立曹刘际，瓜分山海中。鲁周司内外，襟带控西东。风与吴人便，无妨台起铜。

司徒构别墅，舍作化人园。想像林泉概，依稀松菊存。石经开士悟，履带谢公痕。樊郢秦王索，荒唐说虎蹲。

是地称良守，风流白乐天。凿渠敦实政，揽景富嘉篇。已觉山塘好，兼教霓舞传。木兰堂赋古，翘望属前贤。

五贤祠畔过，应物韦。果清真。刘禹锡。白居易。称同调，苏轼。王禹偁。继后尘。江山真助秀，烟月镇从新。即景求佳句，张家更绝伦。

绮甪犹存里，莼鲈亦有亭。故山思遁世，上国重扬庭。平水常浮白，奇峰不断青。谁为高士传，于此取仪型。

近代工诗画，倪唐亦可称。林犹师子昔，坊是解元曾。最爱灵岩秀，真宜烟客登。沈德潜卜居灵岩山下，故诗及之。江河流不废，我许是人能。

恭和御制姑苏览古杂兴元韵　　　　　　沈德潜

子札延陵去，终身远故乡。如何礼让俗，忽作斗争场。篡国身能蹈，称雄志不忘。梧宫凋落后，香草恨茫茫。

孙坚真有子，兵到避英雄。志锐渡江日，身轻射猎中。有谋迎汉帝，遗命霸江东。墓道今难问，三泉杠下铜。墓在盘门外，宋代被发。

绝艳莺花地，曾为短簿园。石顽头不点，鹤化涧空存。云际飘幡影，苔边印屐痕。旧闻狂梦晋，石上舞蹲蹲。明代张灵，字梦晋，衣朱衣，于千人石上作天魔舞。

屈指苏州守，韦郎白乐天。姓名今古重，不独为诗篇。简淡治能久，风流政可传。后来五马客，若个替前贤。

志在安天下，希文出处真。庙堂争去就，边境靖风尘。俎豆名山旧，褒崇圣藻新。言游道南后，正气有谁伦。

停云闻有馆，文待诏徵明。才子亦名亭。唐解元寅。水竹辞征辟，沈处士周。枝山薄府庭。祝京兆允明。画图留粉白，书卷袭鸦青。文苑兼高隐，邦人尚典型。

周谥忠介顺昌。文谥文肃震孟。诸正士，清节有同称。名教荷已久，艰危避岂曾。顾谥端文宪成。高谥忠宪攀龙。逢后劲，杨谥忠烈涟。左谥忠毅光斗。已先登。谁作东林传，应推哲匠能。

宴准噶尔夷使

渠搜入贡值巡方，后队随行许觐光。麾去招来遵我约，毡裘帕额适其常。三巡湛露申欢豫，二月东风正艳阳。深戒夸奢缠锦树，盈宁略足示来王。

恭和御制宴准噶尔夷使元韵 沈德潜

六龙南服正巡方，即叙西戎仰帝光。魋结陪臣修觐礼，鸿胪大典肃朝常。薇垣列席欢蛮语，花柳垂筵际仲阳。看遍吴民输爱戴，归途传谕白狼王。

田家春兴

瑚山岂不美，最喜见田家。过雨修春耒，临溪转水车。东阡芃绿毯，西陌簇黄花。揽结真娱意，端胜玩物华。

二

城市厌笙歌，农讴惬听多。三时务耕织，六畜富鸡鹅。高廪村场积，新篘父老酡。今年春雨足，卜稔望晴和。

舟发姑苏

兰鹢发胥江，风平五两篷。霁天留晓月，麦剡入篷窗。行阅溪山画，真称文物邦。具区空阔里，涌出洞庭双。

回銮至苏州驻跸

稽山修祀罢，浙水省方回。道便舟重驻，春深花尽开。舆情多眷恋，我意亦徘徊。怀保相关处，兹游益信哉。

恭和御制回銮至苏州驻跸原韵　　　　　　沈德潜

万花同放日，好待六龙回。又遇鸾旗转，徐看雉扇开。民情齐踊跃，圣眷重徘徊。水次闻天语，嘉臣夔铄哉。

沈德潜持文徵明小像乞题句徵明故正士也怡然允之

飘然巾垫识吴侬，文物名邦风雅宗。乞我四言作章表，较他前辈庆遭逢。德潜更为徵明祠乞额，因以"德艺清标"四字赐之。德潜额手称庆，且自谓若非遭际之恩，将同徵明沈滞终身云。生平德艺人中玉，老去操持雪里松。故里遗祠瞻企近，勖哉多士善希踪。

恭和御制原韵　　　　　　　　　　　　　沈德潜

天章嘉与旧吴侬，儒雅风流夙所宗。正士抱才怜未遇，圣人观像俨相逢。归来稳种陶潜菊，老去清标刘邈松。后学亦知坚晚节，可能遥继白云踪。

皇上再南巡御制诗

丁丑春叠旧作韵赐予告侍郎沈德潜

前席何曾隔六春，三千里不间疏亲。星垣帝友岂无友，吴下诗人尚有人。咨度瘝情期达隐，评量句义欲肤陈。步趋望九虽称健，灵寿听教手握筠。

恭和御制叠韵赐臣沈德潜诗　　　　　　　沈德潜

淮浦重沾帝泽春，宛如孩幼遇慈亲。旧叨香案翻书吏，今拟桐江把钓人。韵语自天勤训诲，民艰匪地敢披陈。杖朝亦沐君恩赐，奏对还携五尺筇。

恭和御制叠韵赐沈德潜元韵   彭启丰

淮浦迎銮届仲春，白头前席倍情亲。宾筵望重骚坛老，帝座星辉钓濑人。当代诗篇经甲乙，一时民瘼许披陈。生同梓里云萝接，长伴乔松与翠筇。

驻跸苏州

乘时展义玉鸾巡，莅止吴城胥水滨。春色由来南国丽，民情较比昔年亲。纵看道左多欢忭，宁忘灾余有窭贫。鲜盖藏还尚华饰，此邦要务在还淳。

恭和御制驻跸苏州元韵   沈德潜

六载欣逢圣主巡，玉銮重驻大川滨。无年乍转丰登象。有识群依怙恃亲。风俗近华终少实，市廛疑富半忧贫。省方此日殷勤谕，望尔居民渐化淳。

恭和御制驻跸苏州元韵   钱陈群

銮舆两度协时巡，花柳依然媚水滨。夹岸讴吟相接应，近船父老更情亲。既沾恩泽仍沾幸，*前岁以南邦岁歉，暂停巡典。昨年大熟，始有谕日南巡之旨。吴民望幸之心与望岁之心并殷矣。*爱说盈宁不说贫。泰伯当年遗德在，勤劳要与俗还淳。

恭和御制驻跸苏州元韵   彭启丰

东南翘首望时巡，岩壑星罗震泽滨。照彻黄图宏帱覆，恩深赤子较情亲。观风欲教三吴俭，贷赋来苏万户贫。更饬法廉勤抚字，官方澄叙俗归淳。

观苏州闾阎之盛不减昔年既以慰怀兼成是什

旋转深叨造化功，昨春犹疫幸秋丰。肉疮剜补嗟黎献，满益损谦切已衷。资食资衣廑宵旰，任亲任近绕西东。羽林护卫曾何籍，膝下原吾赤子同。

恭和御制观苏州闾阎之盛不减昔年既以慰怀兼成是什元韵   沈德潜

从来造化有全功，歉岁旋看土谷丰。沴疫已消逢泰象，阛阓无恙慰宸衷。愿占易卦水风井，不咏诗篇大小东。更望官胥无浚削，要令元气四方同。

恭和御制观苏州间阎之盛不减昔年既以慰怀兼成是什元韵　　钱陈群

周循廛市课民功，城是金闻乡乐丰。凿井耕田忘帝力，饮和食德慰皇衷。士风枕葑称江左，估客帆樯下海东。兰棹省方通一水，由来吴会略相同。

恭和御制观苏州间阎之盛不减昔年既以慰怀兼成是什元韵　　彭启丰

阳和回斡仰元功，万井依然卜屡丰。栉比连云歌恺泽，焚香结彩秉寅衷。星辰拱卫皆来北，河海汪洋尽注东。老幼扶携趋觐日，恩纶叠降后先同。

晓发苏州

视河将欲至徐城，五日姑苏便启行。浙省万民齐望幸，吴川一宿且兼程。<small>是日不驻南斗圩，兼程至嘉兴。</small>设缘玩景生留恋，岂是因心凛旦明。老幼不须攀载道，回涂当为小停旌。

恭和御制晓发苏州元韵　　沈德潜

百官千骑发吴城，仙仗迎阳次第行。后瞩万家尘起处，前期一路鸟飞程。桑阴秩𥮚雕轮隐，湖水空涵彩鹢明。料得由拳诸父老，堤边额手望龙旌。

恭和御制晓发苏州元韵　　钱陈群

巡春五日驻吴城，晨发今为浙右行。望幸方欣应迅至，<small>时浙人望幸已数日矣。</small>攀留还说莫兼程。只缘相度心逾切，<small>前一日降旨回銮，时取道徐州，亲视河工。</small>那计山塘花正明。为语环遮诸父老，算当十日便回旌。

凝怀堂康熙年间赐名也适来居之辄成是咏

三吴巡露冕，数宇驻宵衣。宝额悬瑶篆，凝怀揭妙机。尽蠲尘虑扰，常守道心微。展义将绳武，如临圣日晖。

游狮子林<small>苏州府城内</small>

早知狮子林，传自倪高士。疑其藏幽谷，而宛居闹市。肯构昔无人，久属他氏矣。<small>今为黄姓涉园。</small>手迹藏石渠，不忘赖有此。<small>石渠宝笈旧藏有《狮子林图》，为倪高士真迹。</small>

讵可失目前，大吏称未饰。叶。未饰乃本然，益当寻屐齿。假山似真山，仙凡异尺咫。松挂千年藤，池贮五湖水。小亭真一笠，矮屋肩可捿。缅五百年前，良朋此萃止。浇花供佛钵，瀹茗谈元髓。未拟泉石寿，泉石既半毁。西望寒泉山，赵氏遗旧址。亭台乃一新，高下焕朱紫。何幸何不幸？谁为剖其旨。似觉凡夫云，惭愧云林子。

恭和御制游狮子林元韵　　　　　　　沈德潜

昔游狮子林，与偕方外士。诗僧樾亭。如游深林中，宛然离城市。五松空岩巅，年逾四百矣。洞穴地底通，游者迷彼此。传自荆蛮民，倪元镇头衔。古朴绝文饰。叶。一从别去后，忽忽成暮齿。景象付梦寐，千里在尺咫。近闻主数移，谁问荒丘水。辟疆只空名，隙地安足捿。幸有画卷存，内府叹观止。内府石渠宝笈藏有倪高士《狮子林》真迹。淡静与天游，清气入肌髓。至尊问吴风，林园犹未毁。卤部屏盛仪，里巷经故址。春余踯躅红，雨后莓苔紫。地重倪云林，品高赵承旨。从兹艺苑人，不薄林居子。

恭和御制游狮子林元韵　　　　　　　彭启丰

屋角藏高峰，城隅隐修士。香积本安禅，幽岩偏近市。昂霄迥不群，玉立观止矣。狻猊状隆洼，窈洞迷彼此。规制嵌玲珑，斲橼去雕饰。叶。雨余藓斑斑，波净石齿齿。坦步远逾寻，侧视近盈咫。方壶照虚窗，仇池漾碧水。吐月楼可凭，含辉几堪捿。倪迂此逍遥，文友偕戾止。图书贮清閟，烟霞入骨髓。荏苒四百年，园亭基未毁。宸翰染新题，幽栖绚旧址。野蔓匝藤萝，春葩烂红紫。丘壑探芳踪，风徽参妙旨。天家缣素珍，人重云林子。

苏州启跸作

金阊三日略迁留，凤舳平湖启跸邮。惠瀑重期清入听，灵岩回望翠凝眸。岂无余意民情恋，更有殷忧河务筹。况复秣陵亟傒我，便当减从一为游。

恭和御制苏州启跸作元韵　　　　　　　沈德潜

吴侬遮道愿迟留，我后仁风速置邮。龙驭已回千里足，江干还注万人眸。甫行蠲复恩重沛，捐积欠后，又免巡幸所过本年地丁。欲奏平成策预筹。时驾将往徐州，平治水患。虞典时巡应计日，卷阿更望咏来游。

皇上三南巡御制诗

壬午仲春驻跸苏州叠旧作韵

五载今来又一巡，胥江舟驻郡城滨。阛街按辔斥警跸，比屋迎銮共戴亲。外饰信堪称富庶，远隅自不乏饥贫。益祈岁事常绥稔，何患民风弗化淳。

壬午仲春月下浣叠旧作韵

省方勤辑物，高处暂垂衣。每得瞻天藻，恒因仰帝机。当春莲漏永，坐久蕙烟微。万虑澄无滓，松檐素月辉。

壬午暮春回跸至苏州作

回跸至苏州，葑门泊御舟。郡城徐按辔，阛巷不鸣驺。接踵摩肩众，授衣足食谋。万民亲切意，两日得因留。

狮子林

一树一峰入画意，几湾几曲远尘心。法王善吼应如是，居士高踪宛可寻。谁谓今时非昔日，端知城市有山林。松风阁听松风谡，绝胜满街丝管音。

皇上四南巡御制诗

赐尚书沈德潜

吴中今古老人科，比似徵明定若何。书画虽输诗胜彼，功名已过寿如佗。游山有兴仍清健，处世无争只善和。明说九旬有三岁，那更年格尚嫌多。

恭和御制赐臣沈德潜诗元韵　　　　沈德潜

衡山文老敢同科，天语相提较若何。大德不逾防小德，有佗元吉本无佗。已邀宸翰传平素，更赐灵苗养太和。从此余生皆帝赉，百龄日月岂嫌多。帝许臣年定百龄。

乙酉仲春驻跸苏州再叠旧韵

试言底事重时巡，必在恩溥率土滨。到处继绳仰圣祖，行春迨赏奉慈亲。迎銮不较晴还雨,赉老那分富与贫。从是民情大可见,由来十室有忠淳。

乙酉仲春月下浣夕景一首

依然凝怀堂,凝怀讵耽静。两字缅前猷,一心惕深省。有为民莫求,无欲己私屏。入夕春云轻,疏星三五影。遂尔放晴佳,露立不觉冷。

望晴

两日刚快霁,一夜复密雨。江国虽其常,过甚亦致苦。询称弗碍麦,恐出慰我语。沟渠纵泄水,根黄一二睹。此岂非伤潦,即晴庶救补。到处均赤子,为之厪相辅。

乙酉仲春再叠旧作韵

行令驻葩瑶,承欢奉鞠衣。永同天下养,时救化工机。供帐如求备,情田曲体微。璿题参妙义,恒护庆云辉。

乙酉春闰下浣回跸至苏州作

念日如杭来往途,翠华回复驻姑苏。一天霁色皆春色,万姓难诬实不诬。瞻就何曾有所避,遮留宁忍弗云俞。甫来已自恋将去,赤子于亲定岂殊?

乙酉春闰驻跸苏州行馆时杏花始开春雨江南故饶佳致因北贮胆瓶即事成什并设色为此帧题之以志时巡清兴

梅后赖有此,桃前非僭他。漫从芳处较,可许色无过。南国春偏早,佳人酒半酡。胆瓶几枝足,讵在笔林多。

题狮子林

城中佳处是狮林,细雨轻风此首寻。岂不居然坊市里,致生邈尔濮濠心。

二

其树盖将千岁计,假山曾不倍寻高。云林大隐留芳躅,谁复轻言作者劳。

三

画谱从来倪与黄,楚弓楚得定何妨。庭前一片澄明水,曾照伊人此沐芳。

沧浪亭

假山真水傍城闉，结构诚云清绝尘。一带隔溪列公廨，不知谁是濯缨人。

再游狮子林

本拟行宫一日间，念民瞻就策天闲。宁论笼井烟霞表，却管狮林城市间。古树春来亦芳树，假山岁久似真山。小停适可言旋耳，寓意非因畅陟攀。

长洲县志卷之三十一

艺文一

吴自子游传孔门文学以归，汉代严忌、严助之徒祖尚词章，名贤叠见。迨陆德明、陆淳、顾况、沈既济诸人后，皮日休、陆龟蒙称诗于鹤市，高季迪、徐幼文结社于北郭，益加盛焉。国朝振兴文教，述作斐然，其间文彩焕发，刻画故乡山水，点染邦域旧迹，足资采择者不少。况皇上四度时巡，凡遇名胜，均有留题，一时人士咸相鼓舞，师习风雅。而长邑系水陆通衢，四方文人学士往来于兹，篇什尤众。用是搜辑遗文，分体类之古今，叙时代之先后。首表奏，次书序，次引记，次疏铭，次赋诗。然必有关于政治民生、兴利除弊，有当于发潜阐幽、讽谕告诫者，然后编入，俾览①者得以因文考义焉。志艺文。

请旌张白妻陆氏表　　　　　　　　　　〔汉〕姚信

臣闻唐虞之政，举善而教；旌德擢异，三王所先。是以忠臣烈士，显名国朝；淑妇贞女，表迹家闾。盖所以阐崇化业、广殖清风，使苟有令性，幽明俱著；苟怀懿姿，士女同荣。故王蠋建寒松之节，而齐王表其里；义姑立殊绝之操，而鲁侯高其门。臣窃见故郁林太守陆绩女子郁生，少履贞特之行，幼立匪石之节，年始十三，适同郡张白。侍庙三月，妇礼未卒，白遭罹家祸，迁死异郡。郁生抗声昭节，义形于色，冠盖交横，逝而不许。奉白姊妹，险巇之中，蹈履水火，志怀霜雪，义心固于金石，体信贯于神明。送终以礼，邦士慕则。臣闻昭德以行，显行以爵，苟非名爵，则劝善不严。故士之有谏，鲁人忘其勇；杞妇见书，齐人哀其哭。乞蒙圣朝斟酌前训，上闻天聪，下垂坤厚，褒郁生以"义姑"之号，以厉两髦之节，则皇风穆畅，士女改视矣。

---

① "览"，底本原缺，据上海图书馆藏本补。

奏毁淫祠疏康熙二十四年　　　　　〔国朝〕汤斌

窃以吴中之俗，尚气节而重文章，阛阓诗书，以著述相高，固天下所未有也。但其风涉淫靡，黠者借以为利，而愚者堕其术中，争相仿效，无所底止。如妇女好为冶游之习，靓妆艳服，连袂僧院。或群聚寺观，裸身燃臂，号肉身灯。亏体海淫，自以为孝。至于敛钱聚会、迎神赛社，一幡之直，可数百金。刻造马吊纸牌，编作淫词艳曲，流传天下，坏人心术。婚丧不遵家礼，戏乐参灵，彩服送丧，仁孝之意衰，任恤之风微。而无赖少年教习拳勇，身刺文绣，轻生好斗，名为打降。如此之类，不可枚举。臣皆严加禁饬，委曲告诫。今寺院无妇女之迹，河下无管弦之声。迎神罢会，艳曲绝编。打降之辈，亦稍稍敛迹。若地方有司守臣之法，三年之后，庶几反朴还淳，且浮费简则赋税足，礼教明则争讼息，固吴中之急务也。然此皆地方官力所能行，不敢上烦谕旨。惟有淫祠一事，挟祸福之说，年代久远，入人膏肓，非奉天语申饬，不能永绝根株。苏、松淫祠有五通、五显、五方贤圣诸名号，皆荒诞不经，而民间家祀户祝，饮食必祭。妖邪巫觋创为怪诞之说，愚夫愚妇为其所惑，牢不可破。苏州府城西十里，有楞伽山，俗名上方山，为五通所踞，几数百年，远近之人，奔走如骛，牲牢酒醴之飨，歌舞笙簧之声，昼夜喧闹，男女杂遝，经年无时闲歇，岁费金钱何止数十百万。商贾市肆之人谓称贷于神可以致富，借直还债，神报必丰。谚谓其山曰肉山，其下石湖曰酒海，荡民志，耗民财，此为最甚。更可恨者，凡年少妇女有殊色者，偶有寒热之症，必曰五通将娶为妇，而其妇女亦恍惚梦与神遇，往往羸瘵而死。家人不以为哀，反艳称之。每岁常至数十家，视河伯娶妇而更甚矣。荡民志，耗民财，又败坏民俗如此。皇上治教如日中天，岂容此淫昏之鬼肆行于光天化日之下？臣多方禁之，其风稍息。因臣勘灾至淮，乘隙益肆猖獗。臣遂取妖像木偶者，付之烈炬，土偶者投之深渊，檄行有司，凡如此类，尽数查毁，撤其材木，备修学宫，并葺城垣之用。民始而骇，继而疑，以为从前曾有官长厌其妖妄，锐意革除，神即降之祸殃，皆为臣危之。数月之后，见无他异，始大悟往日之非。然吴中师巫最黠而悍，诚恐臣去之后，必有造怪诞之说，箕敛民财，更议兴复。愚民无知，必然举国猖狂，不可禁遏。请赐特旨严禁，勒石山巅，令地方官加意巡察，有敢兴复淫祠者，作何治罪。其巫觋人等，尽行责令改业，勿使邪说诳惑民听。天威所震，重寐当醒。人心既正，风俗可淳。

开吴淞江疏隆庆三年 〔明〕海瑞

题为修复水利以济迫切饥民事。《禹贡》称："三江既入，震泽底定。"三吴水利，当浚之使入于海，从古然也。娄江、东江系是入海小道，惟吴淞江尽泄太湖之水，由黄浦入海。事起近年以来水利臣旷职不修，抚按亦不留心，致潮泥日有积累，日月继嗣，通道填淤，虽曰水势就下，而无下可为就矣。时遭久潦震荡，太湖因之奔涌四溢，势所必至。为害之大，淹浥禾亩，如嘉靖四十年、今隆庆三年是也。而小为淹没，漂浥之患，亦时有之。是吴淞一水，国计所需，民生攸赖。修之举之，不可一日缓也。臣于旧岁十二月巡历上海县，亲行相视，旋委上海县知县张嶙率领沿江住居父老，按行故道，量得淤塞当浚地，长该一万四千三百三十七丈三尺。原江面阔三十丈，今议开十五丈，计该用工银七万六千一百二两二钱九分。今以水荒，缺少秋收，兼之二麦未播，时方春正月之初，米每石价银已八钱五分矣。饥民动以千百，告求赈济，臣已计将积年导河夫银、臣本衙门赃罚银两、各仓储米谷，并溧阳县乡官太仆寺少卿史际义出赈济谷二万石，率此告济饥民，按工给与银米，于今正月初二日，按江故道兴工挑浚，委松江府同知黄成乐督率上海县知县张嶙、嘉定县知县邵一本分理，兴工之中，兼行赈济，千万饥民稍安职矣。但工程浩大，银两不敷，饥馑频仍，变故叵测，官储民积计至二月间尽矣。江南四面皆荒，湖广、江西有收成，府县又执行闭籴，无从取米。伏望皇上轸念民饥当恤。吴淞江水道，国计所关，敕下该部酌议。量留苏、松、常三府漕粮二十万石，准照前旨银数改折，凡应天等十一府州县库贮，不拘各院、道诸臣项下无碍赃罚银两，听臣调用。浙江杭、嘉、湖三府与苏、松、常三府，共此太湖之水，吴淞江开则六府均蒙其利，塞则六府同受其害，其库藏银亦应如应天府等，一例取用。彼处饥民，亦听上工就食。吴淞借饥民之力，而故道可通。饥民借银米之需，而荒饥有济。一举两利，地方不胜幸甚。

请浚刘河吴淞江疏康熙十年 〔国朝〕马祜

该臣看得刘河、吴淞江乃江南苏、松、常，浙江杭、嘉、湖六府积水合流潴于太湖。此二河，分道入海、走泄湖水之咽喉也。修则六府同其利，塞则六府同其害。历代以来，凡遇淤塞，俱特遣大臣驻扎吴中，专修水利，动支正项钱粮拨充疏浚经费。臣稽考成书，故明嘉、隆间，吴淞道复淤，太湖四溢，淹没田庐，水患频仍，民生困苦。时有巡抚海瑞条奏疏治，因费大役繁，请留漕米二十万石，又动浙江六府无碍官银俱充工费，令各处被灾饥民上工就食，修复水利，兼行赈济。水灾宁息，事工告成，刊载典章，班班可考也。迄今已及百年，潮泥日壅，故道全淤。本朝鼎建二十余载，官斯土者惮于工程浩大，所费无资，视为末务，因循不举，以致上年六月霪雨连旬，潮水泛溢，禾苗悉淹，民居胥溺，积水三月不消，农工废业，人户流亡，总由刘河、吴淞入海之口淤塞涌聚，无从走泄之故也。臣念国计民生，关系重大。钦遵敕书内开江南水利久塞，宜酌量疏浚堤防。煌煌天语，敢不悉心讲求？随檄司、道、府、县各官，延集士民，博采舆论。又与总督臣麻勒吉、浙抚臣范承谟咨商，疏浚刘河、吴淞故道，诚为第一急务，并行藩司，委官丈勘刘河淤道二十九里，共长五千二百二十丈，河面开阔不等，总计人夫三十九万八千四百一十二工，建闸二座，每座工费千金，以备水旱蓄泄，约共需费四万两。吴淞江东至新泾口，皆成平陆，应开四千三百五十一丈；自新泾口迤至赤雁口黄渡，应浚七千五百余丈，修复旧址坝闸，约共需费十万两。据司议援引明臣海瑞开浚故事，请留康熙九年分江浙两省漕折银两，用充工费。臣再四思维，当此异常水灾之后，村落饥民逃荒乞食，日以万计，哀号求赈，在在皆然。臣与属官勉力捐俸，分发煮粥，不过苟延旦夕，实切救死不暇，万难佥派民夫举此大工。若欲徒责地方各官设处捐助，亦终成画饼，势不得不请用正项以济目前急务。仰恳皇上俯念此江浙六郡为国家财赋重地，将苏、松、常三府康熙九年分漕折银九万两，浙省杭、嘉、湖三府漕折银五万两，恩准留充疏浚河工经费，俾各处灾荒饥民就近上工趁食，是修水利之中兼行救饥之事，一举两利者矣。但恐部臣不允，议留漕折，则难为无米之炊，必致贻误地方。惟有再议，将估计工费一十四万，均派苏、松、常、杭、嘉、湖六府属去年被灾州县，分年按亩输解抵还漕折，不致重罹水患。此出臣万不得已之计，倘蒙皇上轸恤灾伤孑遗，仍赐动支正项，地方幸甚！民生幸甚！

请征解白粮本色疏<small>康熙四年</small>　　　　　〔国朝〕韩世琦

窃惟江南一隅，滨江负海，地极冲繁。而苏、松二郡更为赋重民疲，且海氛初靖，水旱频仍，节年钱粮，每多逋负，参奏追呼，殆无虚日。迩者，康熙三年，分应运白粮，计簿持筹，以天庾充满，议改折色。臣自奉文之日，遵将勒限严征。但吴地本年糙米每石时价不过六七钱，白米不过八九钱，而白粮改折，内部批照顺治十二三年贵米之重价，每石征银二两，加以起解扛费，则一石之折征约费民间三石之本色矣。又旧额起运白粮项内，其上供玉粒系春办上白，而府、部、院等衙门与运船水手等米,《全书》开载原系糙粳,今内部不分白、糙,俱照总数一例折数二两,则糙米与白米同价矣。更有春办一项,原因民间征输之时,本系糙米,必须春过方成白粮,是以编此春办之款,以为糙米春白之折耗,向来原非起解之数。今改折若照糙米定价,则春办即在其中,而又重复算派,皆作正数,岂非一项两征,春办之外复加春办乎?嗟此髓枯力竭之穷民,奚能当此贱米重价、正耗并折之征求哉?故部臣有云:白粮节年征解,本色俱各全完,一经折银,历年拖欠甚多。臣详察其故,实缘折价浮于时值,而糙米正耗一例科征,民力有所难堪耳!朝廷虚有增折之名,而不能实得其济;百姓枉受敲朴之迫,而徒苦剜肉难医。臣身在地方,目击斯状,既虞功令之莫违,又念民瘝之当惜,忧惧战兢,寝食俱废。然终不敢擅为稍宽,业将三年分之现征者,现在日夕督催,另核完欠奏报外,今四年分应运白粮,又奉文改折一半,而算派价值,仍一概泥照三年之成例,是贵则可增,贱则不减,小民之穷困,焉得不日甚一日?非惟将来之折价断难取盈,有亏国计,恐遗黎之离散逃亡,势所不免。伏乞圣主睿慈,特赐鉴裁,自今以后,白粮改折,必视年岁之丰凶,照米价之贵贱,随时酌定,分别糙、白,按款科征。而春办一项,原系白粮春办之耗米,俯赐减除,免入折征数内,庶万民咸颂薄赋之皇仁,输将不致逋负,而国家亦免挂有征无纳之虚额,而完解获资实用矣。

请减浮粮疏_{康熙五年} 〔国朝〕韩世琦

窃惟皇图弘远,国用浩繁。当今之所甚亟者,莫财赋若也。然财赋之重者称江南,而江南之中惟苏、松为最。臣详按其地,在《禹贡》本属下下之壤,厥后地窄人稠,小民勤于耕作,渐输上上之赋。今上古井田之制不可复论,自秦而降,率皆税亩。汉初,田租什五税一,文景三十而税一。东汉初,行什一之税。后亦三十而税一。由晋迄唐,至天宝以后,兵革四起,东南之税始增。五季之间,亩收增减不一。至宋而更定税法,江浙每亩不出一斗之外。考之郡志,宋代之征于苏州者,夏税科钱,秋粮科米,约其岁额,共计不过三十余万;征于松江者,科则亦同于苏州,共计岁输不过二十余万。其后因行公田,赋法杂乱。元初,仍宋之旧。至延祐中,增定赋额,苏州增至八十余万,松江增至七十余万。至于元末,有张士诚窃据姑苏,取民无制,苏州增至一百万,松江亦于旧额有加。

追故明洪武初,克士诚,怒民之附寇,乃取豪族所收佃户入租之私簿,付诸有司,令加其数,以定田税,遂一时骤加,有一亩征粮七斗以上者。自此,苏州多至三百万石，松江多至一百四十万余石。于是，民困不堪，连岁逋负。至洪武十三年，知取民之不均，命减其额。自七斗五升至四斗四升者，减十之二；自四斗三升至三斗六升者，俱止征三斗五升；自三斗四升以下者，各如其旧。及建文二年，下诏有云：苏、松准私租起税，特以惩一时之顽民耳，岂可为定则，以重困一方？宜悉与减免，照各处起科，亩不得过一斗。未几，永乐夺位，乃尽革建文之政，苏、松之民复罹重赋之厄。至宣德、正统间，民间之逋赋日甚，特遣重臣巡抚其地，清追不能，屡议蠲免，苏州得减秋粮七十余万石，松江得减秋粮三十余万石。然十分止轻其二三，存额尚属烦多。不惟与他处税亩之例相去犹若天渊，即与同省连壤之常州起科，亦甚不侔。从兹以后之主计者，但曰东南财赋之乡，减之则国用不足，勿可易也。自万历以迄于明末，惟有不时额外之浮增，而无复宽省之恩泽矣。虽然，明之科征，悬有其额，而民之实完于国者，岁不过十分之五六。故彼时殿最苏、松之有司，终明之世，以完及七分者即为上考。徒担重敛之名，原无输将之实。

今我皇清肇造，万化聿新。凡故明弊政，莫不犁然革除。而田赋则一照万历年间之例以为准，其末季冒滥浮加之项，固已一切删去，第所照万历年间应征之数，载在《新订全书》者，苏州则共平米二百五十余万石，每亩犹有科至三斗七升五合与三斗四升不等；松江则共平米一百二十余万石，每亩犹有科至三斗六升五合不等。窃观疆域田土，古今止有此数，与宋元之先无异也，而赋税之输，即不能遽比有宋以前之太轻，独奈何三倍于元时乎？故明有虚额而不责其实完，民力难支，已不可言。

今也司农握算，但按《全书》所载，有一项之编征，即有一项之拨解，定限考成，必责十分全完，不则参罚随之。是故顺治二年以至康熙元年，岁岁压欠，积逋之数，动盈千万，而不急图变计，则鸠形鹄面、啼饥号寒之遗黎，不胥填于沟壑，必流散于四方。

伏念我皇上仁覆如天，明见万里。去年，察旧欠之难追，悯生民之当恤，特降俞旨，宽免顺治十五年以前逋赋矣。今年又因星变，复颁恩诏，尽蠲顺治十八年以前钱粮矣。真所谓视民如伤，与天合德，直当比隆三代，非汉唐以下所可多见也。

臣之愚昧，窃敢推广皇度，与其民力不胜，逃亡莫保，议蠲于催征不得之后，孰若预涣恩纶，施惠于浮粮当减之先？全民于敲脂剥髓之余，孰若早敷宽政，爱养于元气不瘁之日？扩普天一视同仁，怜吴民偏重之累。将苏、松二府钱粮，彷佛元时制赋旧额，兼照各省现征大例，准与酌量，大赐减省。如云目前军国多需，势难多减,则亦依常州接壤之科则。再若万万不能,亦祈于十分之中,稍减其二三,庶皇上子惠元元,率土同观,苏民困而召天休,永培国本于亿万斯年矣。

<h3 align="center">请减浮粮疏_{康熙十三年}　　　　〔国朝〕慕天颜</h3>

窃惟江南钱粮,独苏、松最重,亦惟苏、松积逋,从未有一岁照额十分全完者,岂民之尽抗顽而不畏敲朴乎?岂官之尽阘茸而甘误考成乎?臣初至地方,即根究苏、松钱粮所以不完之故,绅民耆老无一不曰:"故明之初,重加浮粮,积困难堪。地之所产,租之所入,实不敷于供输,是以民困日甚,不能完额。"臣思苏、松二府田亩粮额,若照各省算科,几有十倍。即以邻郡常、镇科则相形,苏、松亦两倍过之,俱不敢比例请减。假使苏、松重赋,或一官曾经征足,或一县可以全完,或一岁偶完及额,是朝廷实收其用,而小民力犹能胜。相习既久,臣亦不敢请也。臣查康熙八年以前奏销之数,每年欠至六七十万,大半欠在苏、松。即迩来抚臣与臣殚力劝输,康熙十年、十一年考成,虽未完不及一分,而以他属之完,合苏、松之欠,通融算结之数,非苏、松亦能完至九分也。苏、松岁逋累万,断断难清。节年造报恩诏赦免册、上谕停征册,本折民欠可稽。臣考故明之世,此等州县钱粮完至七八分即为上考。今漕粮升合皆归天储,地丁分厘皆拨正用,有一不完,参罚随之矣。小民之膏血无存,则有司之智勇俱困,甚至那垫以塞责一时,此盈而彼缺,旧补而新亏,在民之收支反混,徒有虚额无实济,积年悬项,仍奉皇恩赦蠲。与其赦免于民力既穷之后,孰若早沛恩纶,培养斯民为万年根本之图也哉!

我皇上御极之初,钦颁上谕,谕户部查洪武以后,因有旧怨,或一处钱粮征收甚重,或一处不许牛耕、教人自耕,此等情由,尔部详议察奏。煌煌恩诏,昭布中外,此苏、松钱粮甚重,正为故明仇怨所加者。臣细查江苏赋税源流,《禹贡》"扬州厥田下下。"唐天宝后,财赋始增。宋宝祐、景定间,苏郡苗米额至三十万,松郡苗米额至二十七万。元始祖时,悉循宋旧。迨延祐中,苏州府夏税丝二万二千余斤、秋粮二十八万余石^①,松江府夏税秋粮一十五万余石^②。明洪武初,定天下赋税,官田起科每亩五升三合五勺,民田每亩三升三合五勺,重租田每亩八升五合五勺。惟苏州因张士诚久抗不下,怒其附寇,取豪族租簿,俾有司加税,名为官田。故苏州特重,松江亦然,苏、松粮额共至四百万矣。建文方诏减免,永乐仍复洪武旧制。宣

---

① "二十八万余石",《〔康熙〕苏州府志》卷二十五作"八十八万余石"。
② "一十五万余石",《〔康熙〕苏州府志》卷二十五作"六十五万余石"。

德五年,敕谕减租,每田一亩旧额一斗至四斗者减十分之一,自四斗一升至一石者减额十分之三。正统元年,官田准民田起科,苏、松减额粮八十余万石,从抚臣周忱之请也。当是时,苏州逋赋七百九十万,松江逋亦甚多。忱与知府况钟曲算奏减之,而王鏊犹称民间重额尚未尽除。继此,因漕运解脚递增耗米沿为正粮,并入平米额内,不分正耗。至万历时,代有增加。臣考苏、松旧志及《从信录》《文献通考》诸书,历载沿革甚详。

我皇朝刊定《赋役全书》,苏州府田地九万五千余顷,科平米二百四十五万,岁征本色米、豆一百五万余石,折色银一百二十七万余两;松江府田地四万一千余顷,科平米一百二十一万,岁征本色米、豆四十三万余石,折色银六十三万余两。此照万历年间定赋,而万历年间之赋额比宋已多七倍,比元已多三倍。两郡之民,困于浮粮三百余年矣。如江西瑞、袁等属,故明所加浮粮,已奉世祖章皇帝特允布政司庄应会条陈,磨对旧额,赐予豁免,则苏、松事同一例,可以仰邀天恩。前抚臣韩世琦于康熙四年疏请减额,未蒙部议允行。臣等条议,剀切具题,仍未议允。臣非不知苏、松财赋天下军需所系,难以议减。叠经诸臣条请,何敢再行渎奏?但臣迫切仰吁皇恩者,以臣身在地方三载,设法催科,未能如额,实因民间尾欠,究竟催征不得,原无济于军需。况臣今所请量减,亦仅指催征不得之虚数,于岁入无损,于民困大苏。恭逢圣主在上,将起百代之衰,不使一夫不获,宁忍两郡亿万生灵沉困于故明之弊政乎?臣谨就今日万难足额者而言,每年约有民欠本折三十余万,内荒坍、公占者居其一,浮粮难完者居其二,若止得荒坍、公占之粮除豁,而浮粮不行减除,则苏、松赋税仍旧难完。今荒坍、公占田地,除臣另疏奏请勘豁外,其浮粮之难完者亦仅二十余万矣。即以此二十余万,将苏、松田地计算,如极重科则每亩三斗以至四斗外者,每平米一石请减一斗;科则二斗以外者,每平米一石请减七升;科则二斗以内者,每平米一石请减五升;以下地、荡、山、涂等则,可不议减。如是合算,苏、松二属田粮本折酌减,与实欠无征之数相仿。在朝廷减其必不能完之数,洪恩已沛而国计未亏;在百姓宽其所万难措办之征,实惠普沾而正供自力,则考成可期全完,而那移之弊从此杜绝矣。

再请减浮粮疏 康熙二十年 〔国朝〕慕天颜

窃惟江南钱粮,独重于天下。苏、松财赋,独重于江南,人人所共知也。因额重而逋赋难清,因积欠而民生日困,又人人所共知也。臣于康熙十三年备员布政使,入觐时,遵旨陈言,恭具苏、松浮粮万难完额等事,一疏上奏,其中备陈历代增加赋税原委,及故明仇怨重征。江西恩豁有例,缕悉情事,叩请酌减,久达御前,未蒙俞旨。时值军兴,需饷孔亟。今八载,不敢续陈。伏思我皇上加恩于江南百姓,蠲减赈恤,屡邀特旨,倍极优渥。而江南百姓之急公报效,较之往昔,亦有大可嘉尚者。溯自康熙元年以前钱粮,苏、松民欠每年实有十分二三。即康熙十年至十三年,难完数已及九分。然而存留钱粮未经裁充兵饷,设法先充起运而缓存留,是止算起运之未完不及一分,而合算起存,仍有一二分通欠不等也。至康熙十四年以来,存留钱粮尽裁充饷,而完额亦至九分以外。是向之稍宽于存留者。今则急公并输矣,比之往时考成起运正数完足十分而有余矣,况叠遭水旱之时乎?又且官宦加征、士庶捐例,无一不出在耕衽中。逆贼吴三桂反叛之后,王师出征,军需取给于江南,不下三千余万,源源不匮,此无他,赤子之寸诚,感戴我皇上深恩,仰体我皇上焦劳,恨不同心灭贼,故不自计其家之有无,互相鼓舞,多方典鬻,竭蹶输将耳。但存此不及一分之民欠,即日加敲朴,断断难完者,非民之不尽力也,更非官之不设法也,实因粮额过浮,法无可设,法无可尽也。今四海荡平,车书一统,向之尽力以报君恩者,切望九重之潋泽;今之宽仁以培国脉者,实在万姓之休养。臣荷蒙皇上使过之仁,不加斥逐,仍赐降级调用。去位之臣,安敢复言民事?但念人臣去国,义不忘君。受恩深重,睹兹久困民生,今正苏息养元之日。臣不避斧钺,再渎天听。臣非市恩于谢职之日,实为宽息此民,所以报君也。臣计苏州赋额平米三百六十六万有奇,臣原疏奏请酌减浮粮二十余万,如上则三斗至四斗外者,每石减一斗;中则二斗外者,每石减七升;下则二斗以内者,每石减五升;其一斗以内之科则不减。在国家正课原止减其必不能完之虚数,在两郡万民共得纾其万难措办之催征。若照江西布政司庄应会请瑞、袁二属浮粮减额,臣之所请更少也。至于民困情状,臣经屡奏。浮粮缘由,载臣前疏,俱不敢琐陈。臣不职,不能为皇上养斯民于乐利,惟庆太平有象,冀伸此愚忱,奠安邦本万年耳。伏乞皇上矜原俯鉴苏、松小民急公有效、积苦宜苏,特赐准臣原疏敕部议,复行新抚臣核定二府田科则酌减数目,造册请旨施行。

请蠲苏松浮赋疏康熙二十四年　　〔国朝〕汤斌

臣惟财赋为国家根本之计,而苏、松尤为最重之乡。臣以庸碌,谬抚兹土,见钱粮屡年拖欠,每当奏销之期,多有尝欠至五十余万,最少亦不下三四十万。夙夜疢心,惧无以仰佐国计,恒惴惴不安。初疑怠玩,继疑豪强之顽梗。乃一载以来,询问耆硕,体察民隐,间尝巡行阡陌,访田则之高下,考征科之多寡,然后知苏、松通赋实由民力维艰。斟酌调剂,贵在及时。敢悉心为我皇上陈之:

苏、松土隘人稠,一夫所耕不过十亩,而倚山傍湖,旱涝难均。即丰稔之岁,所得亦自有限。而条银漕白正耗,以及白粮经费,漕赠五米十银,杂项差徭,不可胜计,而仰事俯育、婚嫁丧葬,举出其中,终岁勤动,不能免鞭朴之苦。故苏、松俗好浮华,而独耕田输税之农民,艰难实甚。两府与常、镇、嘉、湖皆壤地相接,而赋额轻重悬殊。即江、浙、闽、楚,并号财赋之乡,区区两府,田不加广,而可当大省百余州县之赋,民力所以日绌也。夫两府田赋之重,固起自明初。臣尝考洪武年间,籍张士诚,将民私产号为官田,赋额特重,而民田之起科较轻。永乐以后,漕运愈远,加耗滋多。宣德、正统间,巡抚周忱奏减苏州租七十余万石,松江租三十余万石,民困稍苏。至嘉靖初,苏州知府王仪请行均田之法,尽括官、民田而哀益之。当时稍救官田之敝,但正耗兼配,科则繁杂,吏易为奸。其后以耗米作为正粮,漕运诸费,额外取之于民,因事派征。又如所谓九厘地亩之类,日渐加益,非复正、嘉以前之旧。至启、祯时,军饷孔殷,加派日繁,民不堪命矣。

本朝定鼎,田赋悉照万历年间则例,尽革明末无艺之征,洵称救民水火。近年因时制宜,如白粮经费、运军行月、永折加价等项,载在《全书》。其官收、官兑之法,最称便民,不可更易。然亦因明朝赋重役繁,以耗作正,不得已为此补救之计,而民力则已殚也。顺治初年,钱粮起存相半,考成之例尚宽,后因兵饷急迫,起解数多,又定十分考成之例,一分不完,难逭部议。以四十余万钱粮之州县,至与小县钱粮不上数千或仅一二万者,一例考成。官斯土者,虽贤如黄霸、鲁恭,何能自免谪谴。夫人千里而来为吏,谁肯以催科无术,甘心自弃?一存顾惜功名之念,则展转苟且之计必生,或以存留而抵起解,或以此项而借彼款,或以新粮而抵旧欠。参罚期迫,则以欠作完;赔补维艰,又以完为欠。种种弊窦,莫可究诘。一经发觉,身家俱丧。官之更代日勤,蠹胥因之作奸,头绪纷涌,侵渔任意。虽严加追比,究之款额空悬。惟二十二年适遇岁丰,二十三年荷蒙圣恩蠲漕,故仅有一二县地丁全完,而仍多挂欠,又以年外报完,未副议叙之例。夫人才力不甚相远,岂他省之吏干济独优,而苏、松之官催科偏拙?良以百姓之脂膏既竭,则有司之智勇俱困,而前途之功名绝望,则官箴之砥砺难期。心已灰矣,地方何赖?吏治人才,皆足惜也。积欠年久,惟待赦蠲。我国家弘敷大赍,每一赦诏,苏、松免租,多者百万,少者七八十万。是粮额虽重，原非可完之数，与其赦免于追呼既穷之后，何若酌减于征比未加之先？使得完肌肤而乐升平，且无损国家岁入之实数乎？

苏、松版荒，所在都有。臣常委官履亩踏勘，非尽石田不可耕也，只因田不抵赋，力难任役，一户逋逃，数家株累，小民畏惧，不敢承佃。倘蒙圣恩稍赐宽减，其孰不踊跃复业？数年之后，按亩升科，将见田额渐增，国赋日裕。是蠲无益之虚额，而收垦田之实课也。前此诸臣，累累陈请，适当军兴旁午，饷需告匮之日，且俱言前朝苛政，欲复宋元之旧，事势难行。今赖皇上德威远播，海表日出之邦，绝域不庭之国，莫不稽首来享，奉琛恐后，斯正国家休养蒸黎、培植根本之时。上年銮舆亲巡，洞见村落萧条，深轸圣怀。又蠲漕免丁，带征积欠，深仁厚泽，沦肌浃髓。白叟黄童，感极而泣，以为生逢尧舜之主，视民如伤。若地方官能以民艰上闻，必当大沛恩膏，起三百年之痼疾。臣身在地方，义无可诿，不敢远引宋元之说，亦不敢比常、镇、嘉、湖之例。惟叩恳我皇上念民力之已竭，察虚额之无益，宸衷独断，涣发德音。及此纂修《简明全书》之时，博①集廷议，将苏、松钱粮合盘打算，各照科则，量减一二，分定适中可完之实数，无存过重必欠之虚额，再将科则稍加归并，使简易明白，便于稽核，或将赋额最重州县，另立劝惩之典，不与小县一例考成，使守令知可以久任、可以升迁，不至苟且因循，事务废弛。庶几野无不耕之土，户无不完之租。民力裕而吏治清，税赋充而国用足。亿万年太平无疆之休，端在是矣。臣非不知赋额久定，未便更张。但体国经野，贵永久而无弊。苟有未善，正宜变通。况前朝之苛政乎？我皇上神圣立极，事事垂法万世，此尤关国计民生之大者，宸谟远算，总自睿裁，非微臣所能仰赞也。

请蠲缓压欠疏 _{康熙二十三年} 〔国朝〕汤斌

三吴赋税甲天下，军储供亿，仰给实多。我皇上智勇天锡，命将受钺，渊谋睿算，威震海隅而转输不匮。江南每岁本折五六百万，较他省盖数倍焉。我皇上念财赋重地，于军需匮乏之际，犹蠲漕免丁，带征漕欠，除一时并征之累。诏到之日，黄童白叟靡不举手加额，感激而泣，以为皇上如天之仁，轶唐虞而超三代，实亘古所未有也。独是漕粮，虽荷天恩，而地丁钱粮自康熙十八年至二十二年，五年并征，民力犹恐不支。每臣一出，士民环马首泣诉求为陈情者，殆无虚日。

---

① "博"，底本原作"传"，据《〔康熙〕苏州府志》卷二十五改。

臣以国课关系重大，隆恩未可妄邀，晓以大义，使各勉力输将，而士民皇皇哀求不已，既而思之，使并征有益于国，臣何敢妄有所请？乃于国计无所补益，而下民实为苦累，臣不为奏陈，是为溺职，上负圣恩矣，故敢冒昧为我皇上言之。

臣按苏、松等处赋额繁重，虽在丰年，所入常不敷所出。乃十八、十九两年异常灾荒，逋欠独多。今年之尾欠，即为来岁之带征。下年之未完，又为次年之并比，陈陈相因，日以增益。小民终岁胼胝，不过亩收石粟，欲正供之外兼完积逋，势必不能。且钱粮之在公家，虽有起存漕项之分，而小民之输将，总一条编，原无差别。未完起存钱粮之民，即是未完漕项之民。今计十八年至二十三年未完地丁，并时追呼。而二十四年新粮，又复起征矣。州县比较，大率十日一限。假使每日轮比一年，则十日仅三日空闲，而七日赴比矣。近城附郭，犹得稍息。其穷乡僻壤，奔走道途，匍匐公庭，欲求尽力农桑，不可得已。设有司见考成期迫，不暇念及民生，或一日而并比数年，则先因某年之欠而加责之，血肉淋漓，哀号之声，上干天和，亦所必至也。臣仰体皇上视民如伤之仁，时时告诫有司，既不忍使疾苦遗黎，受此摧残，又不敢以定限考成，为之宽假，诚恐民之积欠已多，剜补无术，惟有拼此皮骨以搪征比，官知递年压欠，催科计穷，亦惟拼一降革，以图卸担。究之官之更代愈速，钱粮之头绪愈乱，加以蠹役乘机侵欺，小民逃亡相继，国课必至大绌。臣愚，以为民间止有此力，并征数年，其输纳不加多，带征一年，其输纳不加少。而分年带征，则官免畏顾考成、那新补旧之弊，民免累日并比、荒废农桑之苦，所全实大也。故敢冒昧叩恳皇上推广带征漕欠之德意，俯俞臣请，除康熙二十三年钱粮尚未奏销，不敢请缓，将康熙十八年至二十二年民欠地丁钱粮，俯照漕项一例，于康熙二十四年起，分年带征，以纾民困。臣又念此数年中，十八、十九两年水旱叠承，地多抛荒，人多逃亡，今时已五载，牵连亲族者有之，遗累邻户者有之，所谓有粮无田、有户无人者，实实不乏。倘蒙圣恩将此两年概赐除豁，自二十年后分年带征，务期全完，在民既无并征之累，在官又无虚悬之额，然后律以考成之法，小民亦各有心，既感皇恩，又怵功令，谁不踊跃争先，以完正供？此实有裨公帑、无损国计，而江南士庶歌咏皇仁亿万斯年，永永无极矣！

地方敝坏等事详文略<small>康熙十一年</small>　　　　〔国朝〕慕天颜

为地方之敝坏日甚等事，奉宪行开准吏部咨开通查所属地方，从无升任之官，因何事故，悉心确察，作何调剂，不致枉弃人材，缘由到司。

本司遵奉宪檄，采集属郡之议，直陈其重大切要者二端：

一则曰钱粮额重，征输难完。夫江南赋重甲于天下，而苏、松二府尤甚焉。计其额粮，不惟较他省轻重悬殊，即较接壤之常、镇，亦已倍而有余。考其由来，明初以张士诚窃踞苏州，怒地方之附逆抗顺，遂取民间租籍，照额定课，故常、镇之田每亩科平米一斗五六升，下至八升、五升不等，苏、松独有浮粮重额，在明朝虽已屡减，犹每亩至三斗七八升，至三斗一升、二斗五升、二斗三升，下则之田亦科一斗九升。

夫收租不能倍于他处之产，而输课独多于他处之额。岁丰则谷贱伤农，入不敷出，一亩之租未能完一亩之赋；岁凶则颗粒无收，追比不应，一亩之粮反增数亩之费。富者贫，贫者逃亡，小民膏血无存，有司智勇俱困，付之无可如何。且额征之课，奉拨紧饷，完解稍迟，即应谴责，席不暇暖，已造交盘，故削职者殆无虚岁，而逋赋者终成逝波。今通计苏、松二府，自元年起至九年止，按民欠未完存钱粮，凡十二万有奇。司府之催解，已笔秃而唇焦；州县之敲追，至血飞而肉烂。官徒削籍，饷竟虚悬。此实因赋重以致敝坏，而枉弃人材也。

一则曰坍荒田地，缺额无补。夫三吴州县，有地处极高，遇旱则无水可戽者；有地处极低，遇潦则连河漂没者。如此硗瘠之区，全藉雨旸时若，庶几可望薄收，否则终岁勤动，无颗粒之登。然而皇恩犹可拯援，良吏犹能补救。若版荒、坍江、坍海、公占田地，未经请豁，累民包赔，其苦实甚焉。

沿江沿海州县，如太仓、嘉定、常熟、上海等处，怒潮冲击，沃壤立付洪流；沙土倾颓，片刻能消数顷。始也坍去犹少，摊赔已属难支。继而日削月深，逋赋渐多逃绝，无田无主，县官向谁征索？其不束手挂欠，岂可得乎？至版荒之田，大抵在高燥之区，佃户抛逃，业主故绝，相沿数十载，一望不毛。即使广为招募，给以牛种，土坚如石，苇根盘结，难于犁锄。况地绝水源，栽种之后，仍无灌溉，断难开垦升科者。此坍荒之害，额粮从何措办？

此外则又有公占之处，公占者，马路、桥梁、烽墩、土堡、营房等类是也。太仓、常熟、昆山、嘉定、上海等州县，俱有公占田亩，及长洲、丹阳、武进、无锡逼近官塘去处，又有马踏荒田。国家为封疆之计，立堡设墩，修筑马路，无非保护斯民。但沿海各省，迁截界外田粮，例俱蠲豁。此虽非迁截者比，然地已为朝廷公用，贫民且悲失业，岂堪又苦赔粮？不知当日有司何不申请豁除，痼害一至于此。

今通计苏、松、常、镇坍江、坍海、版荒、公占、荒田未完各年钱粮，不下数十万。在有司即八面长材，未有不力竭计穷，蒙冤削职，实为此荒缺，以致地方敝坏而枉弃人材也。

夫额赋之繁重如此，荒田之逋缺如此，而明季时，州县有司完及八分者，即得报最。故犹闻有升任之官。即我朝功令綦严，征解钱粮必期十分完足，而世祖章皇帝时，未完不及一分者，亦予免议。今则未完一分以下者，州县罚俸一年，司府罚俸半年，俱停升转。夫各州县额征起存地丁，虽多寡不等，分厘俱关考成，即使赋非重额、田无荒废，而巨万金钱，岂能无①零星尾欠？概以严法绳之，惟有坐受参处。然就州县而言之，犹或有勉完及额者。至于知府管辖各属，此县即已报完，彼县又或挂欠，此项偶或无欠，他项又仍未完，参差不齐，势所必有。而统计其管辖应完之数，稍欠分厘，即列住俸之条，似非鼓舞激劝之道。如苏、松、常、镇四府，无一岁能全完，无一岁不参罚者矣。藩司统辖岁额三百五十余万，苏、松等处四郡钱粮最繁，镇或完而常不完，常、镇或完而苏、松不完，总计岁额，即使竭蹶督催，或不欠至二分之多，亦止能完及九分以外，若概以他省钱粮易完之藩司一例奏考，自不免挂名参罚矣。

为今日计，请宪台特赐具题，亟为调救之方，以垂永久之利。苏、松二郡额赋量为酌减，即不能如他省之轻，亦得照常、镇科则，一体分别征输，则民力稍宽一分，国课总收实效，而民困可苏矣。

坍海、坍江、版荒、公占田地见在，遴员诣各属州县逐一踏勘造册，呈宪达部，请赐豁除赋粮。其版荒田地，有尚堪招募开垦者，力能设法劝输垦种，许以五年后升科。有司仍准纪录，则虚粮既豁，款项亦减，无包赔挂欠之忧矣。其考成则例，即不敢过望宽息，请照世祖章皇帝旧例，未完不及一分者，准予免议，则司府多方督征，长吏安心比解，如是而地方之官，犹不能整顿精神，以树尺寸之效者，此庸钝不肖之才，又何有枉弃之嗟也。

摊耗派征说　〔明〕王仪

客有过仪而问曰："子郡主也，一方之休戚，于子寄之。金花银一两旧征米四石，而子准米二石；米价三钱八分，而子准五钱，不有病于民与？"仪曰："子过矣，论折色者当考夫银数之赢亏，不当较夫准米之多寡。盖米数可增可减，而银数则一

---

① "无"，底本缺，据《〔康熙〕苏州府志》卷二十五补。

定而不可移也。以长洲一县言之，本色平米四十四万五千一百一十八石零，金花银五万两、白银五万二千六百四十三两零，若照旧例，金花准四石、白银准二石三斗，共该本折平米五十六万零，每亩该米四斗五升六合，以今二石准之，止该平米四十四万零，每亩止该三斗七升五合。以米准银，多则耗米增之，少则耗米减之。或增或减，而金白银一十万二千六百之数则自若也，毫厘丝忽，可以增减否耶？旧例金花准米四石，今议准米二石，盖旧例金花二石为实，米二石为虚数。仪止派实米二石，其二石之虚数则削之，则名虽二石，其实即旧日之四石也。论者不察耗米之减，而但欲准米之多；不审实数之如旧，但较虚数之减旧，何耶？"客曰："子好异，无惑乎众论之纷纷也。轻之重之，与时合之，人将何言欤？"予曰："岂好异哉！余不得已也。异时奸书愚弄官民，与婴儿无异，驾为支离之说，曰白银准若干、金花准若干，必如是而有益于民，不知国有常赋，赋有定额，岂可以私智增之减之？不过为参差不一之则，而为己侵渔之地耳，官府率为所罔而不知，小民阴受其祸。予乃取其不一者通而变之，而画为至一之法，使奸书无以高下其手，富者不得以有利而就轻，贫者不得以无利而存重，为地方计，为穷民计也。"客曰："唯，谨受命！"

上吕相书 〔宋〕范仲淹

姑苏四郊略平，窊而为湖者十之二三。西南之泽尤大，谓之太湖，纳数郡之水。湖东一派，浚入于河，谓之松江。积雨之时，湖溢而江壅，横没诸邑。虽北压扬子江，而东抵巨浸，河渠至多，埋塞已久，莫能分其势矣。惟松江退落，漫流始下。或一岁大水，久而未耗，来年暑雨，复为沴焉。人必荐饥，可不经画。今疏导者不惟使东南入于松江，又使东北入于扬子江与海也，其利在此。

夫水之为物，蓄而渟之，何为而不害？决而流之，何为而不利？或曰：江水已高，不纳此流。某谓不然。江海所以为百谷王者，以其善下耳，岂独不下于此耶？江流若高，则必滔滔旁来，岂复姑苏之有乎？矧今开亩之处，下流不息，亦明验矣。或曰：日有潮来，水安得下？某谓不然。大江、长淮，无不潮也。来之时刻少，而退之时刻多。故大江长淮会天下之水，毕能归于海也。或曰：沙因潮至，数年复塞，岂人力之可支？某谓不然。新导之河，必设诸闸，常时扃之，以御来潮，沙不能塞也。每春理其闸外，工减数倍矣。旱岁亦扃之，驻水溉田，可救熯涸之灾；涝岁则启之，可疏积水之患。或谓：开亩之役，重劳民力。某谓不然。东南之田，所植惟稻，大水一至，秋无他望。灾沴之后，必有奇疫。乘其羸惫，十不救一，谓之天灾，实由饥耳。如能使民以时，导达沟渎，保其稼穑，俾百姓之不饥而死，曷为其劳哉？民勤而生，不犹愈于惰而死乎？或谓：力役之际，大费军食。某谓不然。姑苏岁纳苗米三十四万斛，官司之籴又不下数百万斛。去秋蠲放者三十万，官司之籴无复有焉。如丰稔之岁，春役万人，日食三升，一月而罢，用米九千石耳。荒歉之岁，日以五升召民为役，因而赈济，一月而罢，用米万五千石耳。量此之出，较彼之入，孰为费军食哉？或谓：陂泽之田，动成渺弥[1]，导川而无益也。某谓不然，吴中之田，非水不植，减水使浅，可以播种，非必决而涸之，然后为功也。昨开五河，泄去积水。今岁平和，秋望七八。积而未去，犹有二三。未能播种，复请增理数道，以分其流，使不停壅。纵遇大水，其去必速，而无来岁之患矣。

又松江一曲，号曰盘龙。父老传云，出水尤利，如总数道而开之，灾必大减。苏秀间有秋之半，利已大矣。畎浍之事，职在郡县。不时开导，刺史、县令之职也。然今之世，有所兴作，横议先至，非朝廷主之，则无功而有毁，守土之人恐无建事之意矣。苏、常、湖、秀膏腴千里，国之仓庾也。浙漕之任，及数郡之守，宜择精心尽力之吏，不可以寻常资格而授，恐功利不至，重为朝廷之忧，且失东南之利也。

三学上陆冢宰书　〔明〕文徵明

比承荣膺简注，进秉钧衡，邸报播闻薄海外内，莫不鼓舞称忭。况乡里后生，与有光宠者乎？恭惟明公，累朝旧德，盛世珪璋，特达光明，大雅恺悌，出入将相，声望伟然。天下之人所为望霖雨于明公者，非一日矣。今兹端委庙堂，进退百官，以佐天子出令，而运斯世于掌握间，固明公分内事也。

某等猥贱晚末，莫展贺私。方与四方人士咏嗟盛德，以为天下斯文之庆，岂敢意外干犯？辄有陈请，而事机可乘，势有不容已者，亦恃雅度汪濊、不深谴责，故卒言之。

窃惟国家入仕之阶，惟有学校一途，而当时法式章程，咸出我太祖高皇帝亲定，最为详密。而累朝列圣，不无少有更张，诚以圣化优游，泳涵滋久，人材猬兴，其势有不得不更者。故随时消息，而行者不以为敝，论者不以为非，盖自洪武二十五年，重定岁贡额数，郡学岁贡二人，州学再岁三人，县学岁一人。当时人材尚少，儒学生徒，往往不充廪增正数，除乡试中式之外，其余在学者不过五六年，升贡者

---

① 渺弥，底本作"沙弥"，据《范文正公集》卷九改。

不出三十岁,故其人皆精力有余、入仕可用,而其功名政业,往往参于正奏之列,无少轩轾也。

自永乐①元年、正统二年、景泰元年三次开科,各处解送举人,不拘额数,遂有顿增至二百名者,一时国学人众,乃量减贡额,然中间或行或否,皆视解额增损。厥后解额既定,而贡额竟不能复,坐是学校壅滞,遂有垂白不得入仕者。于是胡忠安公在礼部,思以通融振塞,建行四十强仕之例,而士子稍复自拔。历五十余年,人材又多,学校又大壅滞。太原周公在礼部,乃举复洪武二十五年之例,然仅仅五年而止。迤逦至于今日,开国百有五十余年,承平日久,人材日多,生徒日盛,学校廪增正额之外,所谓附学者不啻数倍,此皆选自有司,非通经能文者不与,虽有一二幸进,然亦鲜矣。

略以吾苏一郡八州县言之,大约千有五百人,合三年所贡,不及二十。乡试所举,不及三十,以千五百人之众,历三年之久,合科、贡两途,而所拔才五十人。夫以往时人才鲜少,隘额举之而有余,顾宽其额,祖宗之意,诚不欲以此塞进贤之路也。及今人材众多,宽额之而不足,而又隘焉,几何而不至于沉滞也。故有食廪三十年不得充贡,增附二十年不得升补者,其人岂皆庸劣驽下、不堪教养者哉?顾使白首青衫,羁穷潦倒,退无营业,进无阶梯,老死牖下,志业两负,岂不诚可痛念哉?

比闻侍从交章论列,而当道者竟格不行,岂非以不材者或得缘此幸进,而重于变例乎?殊不知此例自是祖宗旧制,而拔十得五,亦古人有所不废,岂可以一人之故,并余人而弃之?或谓四十之例若行,则不胜求仕者之多,将遂无所位置。此又何足病哉?今但杜其愿受教职之请,限以依亲之例,程其入监之期,一时士子幸而解其学校之苦,稍纾目前之急,莫不甘心自引,岂皆以得禄为荣哉?不然,即有所授,亦不至大妨天下之贤。即如近时上马入粟者,皆得比于充贡之例,循资历岁,亦皆有所畀授。此其人固有能自立者,然而幸进者不为不少。朝廷所得于彼者几何?遂使纨袴之子,得以夺贤俊之路。有识者尝疾首痛心于此矣。

明公崛起学校,奋身贤科,操古人之心,负天下之望。目历而知,身更而信,能不有慨于心?今当可为之时,在得为之地,能不惜一举手振袂之劳,则其事无不济者。若四十之例,事大体重,不敢觊觎,而岁贡二人,则是洪武旧制,又经近岁举行,

---

① "永乐",底本原作"永嘉",据文意改。

伏望留意检察。或因人建言举行，或乘大需条下，使士子得沾涸辙之恩，而仕路无鲇竿之叹。则岂特区区乡里与有荣泽，实天下斯文之幸也。

昔宋富郑公当国，而同学友段希元、魏升平犹滞场屋。公不欲私于二人，乃建一举三十年推恩之例，当时以为盛事，后世以为美谈。近时胡忠安公四十强仕之举，太原周公一岁二贡之例，或谓皆有所为而行，盖皆不私于一人而必推之天下也。二公一代名臣，世之论者曾不以此少公，而更以为美，诚以其能公天下之心而行也。若明公今日之举，则又以天下之心行天下之事。初无二公之为，则其所成所益，又当出于其上，不特二公而止也。伏惟留意处分，天下幸甚，斯文幸甚。

上王侍御书　　　　　　　　　　〔明〕赵同鲁

窃念国家赋税，莫重于东南。东南列郡，吾苏为最。然自成化辛丑大祲之后，二三年来，虽获小康，迨今伤者未起，病者未复；室家子女，坏者未尽葺、卖者未尽赎。譬犹病后之人，仅存喘息，肌肉未充，元气犹弱，未可遽谓无疾，而不加以樽节爱养也。原其昔之酿成此患者，由当时有司奏灾后时所致也。奈何今年自夏徂秋，亢阳为虐，田畴龟坼，除有水车戽可救外，其田傍山高阜，人力不及，禾苗稿死者，损其三之一。秋成失望，诚为可忧。阁下今已先时奏闻，吴民幸甚。近蒙钦敕，主事陈大人来苏，盘究税粮余米，易银解京，赈济关陕饥民，此诚出皇上之渊衷、国家之急务，不容已者。古者列国尚相赒恤假贷乎无有，矧今天下一统，天下之民皆我皇上之赤子、皆吾民之同胞，其不可赒恤乎？然有一焉，以吾苏生齿繁夥若此，所存税粮不过四十万石，即今荒旱之兆已著，其可不预备赈济之计乎？必也足乎此，而后及乎彼可也。若尽数以奉承之，则吴民何所仰乎？使东南之力本既尽，则何以给公上之赋税、充朝廷之储峙乎？抑以天下形势言之，则畿内者腹心也，关陕者四肢也。今四肢有疾而欲剜腹心之肉以补之，其患将有不可胜言者，岂特救疲成痿而已哉！此愚所以怀漆室之忧也。阁下诚能听纳愚言，与之商确处置，如有不协，即条陈以闻，务使彼此兼济，遐迩均安，以销患于未萌，则民虽至愚，孰不感阁下之恩德于无穷，而阁下之名位禄寿方兴未艾，其有既乎？

上李侍御书　　　　　　　　　　〔明〕赵同鲁

吾苏今年春三月不雨，自四月以终五月，霪雨连绵，洪水泛滥，田畴淹没殆尽，人民垫溺无算。以长洲一县计之，仅存者十无二三。其间插莳未周、已莳而全白者又过半焉，况皆重则之田、穷赤之产，男女力车戽，旦夜筑堤防，东坍西倒，疲于奔命，饥肠欲绝，足迹成血。

先是，既重困于开河之役矣，今复罹此，愁叹载途，如不欲生者何？盖惩成化辛丑之弊故也。其时有司勘灾，急于奉上，缓于恤民，此等之田，目力所不睹，足迹所不及，望围报数，以荒为熟。催科之际，急若束湿。血肉淋漓于道路，死殣枕藉于原野。走时尝进言于巡抚大人今冢宰王公矣，伏蒙开纳，深加奖与，停免折粮官银之半，计数万两，布匹称是，然亦未能苏其一二，死亡者万计，此前车之覆、后车之鉴也。

今被灾之田已沐奏闻矣，踏勘之际，伏望委任清正官员，沿垆履亩，务存矜恤。宽假一分则民受一分之惠，深克一分则民受无穷之患。阁下何惜而不救其垂绝之命乎？且赋役者，朝廷之财用。吾民者，皇上之赤子。赤子为国家之元气，财用直其肌肉耳，与其惜肌肉，孰若保元气之为要乎？此圣人治未病之意也夫！兽穷则攫，鸟穷则啄，人穷为盗，固其所也。即今盗贼充斥，已非履霜之渐，后必甚焉，此坚冰之必致者也。不然饥馁之民，来岁将何力本以事耕种而待秋成乎？今欲革而正之，果何术哉？必也恤其饥寒，救其疾苦，以革其心。严粮里保伍之任，以塞其原；校巡捕桩栅之制，以绝其流。庶乎斯患之可消弭矣！

三吴水利图考序　　　　　　　　　〔明〕皇甫汸

昔禹抑洚水、疏九州、陂九泽，诸夏乂安，功施于三代。自是之后，荥阳下引，则宋、郑、陈、蔡、曹、卫与汝、泗会。于楚，西通汉川、云梦之野，东通鸿沟、江淮之间。齐酾淄、济，蜀穿一江。于吴，则通三江、五湖，皆可行舟，余用溉田。百姓飨其利，而水利之说兴焉。子长著论于河渠，孟坚推广于沟洫，而水利之书成焉。郑国始开而秦以饶足，宣房未塞而汉遂不支。此其利害之大较矣。

吴本具区，涌川开滧，吞江纳汉，出乎大荒之中，行乎东极之外，浸莫大焉。若夫壤垆映野，畛畷带郭，灌注则塯瘠盈钟，壅閟则腴衍枯粒。海陵之储，天府之所仰给也。元嘉肇苧溪之功，大业兴京口之役，盖地势西北高而东南下也。其要在于导之使趋，故曰"三江既入，震泽底定"是已。矧扬州之域，厥土涂泥，易于淤积；厥田下下，难于障流。加之淫雨告灾，稽天示逆，牛马莫辨，而民其鱼乎？

甲辰之岁，侍御新昌沃州吕公，际灵长之运，立宁晏之朝。奉辖轩而来巡，缅澄清以寄慨。甫肃吏轨，急求民瘼。乃建议陈疏：修列五便，酌贾让之令猷；殚及三虑,存郏生之往鉴。上当宸衷,下协群算。诏报曰可,言悉施行。民罔怼劳,职司惟恪。缘抚臣骤迁,虽功未克竣,而惠亦沾矣。间又考迹往牒,综覈旧闻。搜桑氏之经,详周官之制。远追韩牧,近昉谢琛。时则文太史氏雅善舆图,穷河源于笔端,牧祇轴于指掌。草未杀青,而瓜代行矣。图置郡斋,书存私箧。越岁己未,太守阳曲王公承嚒莅止,留心民务,周省阡陌,劝课农桑。每思白公之遗,叹召父之羡。因览兹图,爰购全帙,校而刻之,属序于余。

其为编也,总图一,郡图四,川图一,县图十有八,为水二千二百九十有奇,为岸一,为堰十,坝二十有五,闸三十有一,各系以考说。凡奏疏二,工计一,以至诸贤论述、名臣奏记,并采而附焉。缺嘉与湖者,以非管辖之地,聪未遑驻也。《夏书》载禹治水,而篇名贡者,重邦本也。逮公总宪西台,督储南甸,今日成赋之逸,咸昔底绩之劳,若心计而预定焉者。经国其有征乎?夫治水必躬历山川,非妄意户牖可测而知也。以禹之神,而不免蹈毳即攆者,盖地有卑高,土有沃卤,湍有缓急,脉有浅深,势有迁迤,非咨询相度,力曷施哉!其次莫若智,智者亦故而已,谓循禹之旧也。

余尝登姑苏,望五湖。求源于宣、歙,溯委于苕、荆。乃知水由五堰、百渎,东汇于三江,载折而之海。白茆、七鸦,尤要害也。大都水淳则为害,流则为利,泄则不淳,蓄则不竭,浚则长流,而后浸溉适宜,漕挽称便。弭谤者取喻于防川,卫生者致察于荣络。合单子之书,殆思过半矣。我明若夏忠靖公已试之迹,吴、李遵之,功特最焉。汉延年之言曰:"河须按图书、观地形,令水工准高下,虽桑海或迁,而归墟则一。"是编也,实千载可率之典,功与言同不朽云。

增修长洲县志序　　　〔国朝〕祝圣培

江南财赋甲天下,而长洲为尤最。其声名文物、山川土风,亦惟长洲为最,而赋役繁重、案牍纷嚣、舟车充斥,亦长洲称最焉。吏兹邑者,乐土风之清嘉,畏望邑之繁剧,簿书旁午,惟有追呼税课,刺刺不休,欲得退食自公,与卿士大夫讲学论文,扬扢今古,不及也。

今圣天子德威遐畅,宇内罔不底属。会万方宁谧之秋,辑一统车书之盛,诚千载钜典也。独长邑志,前朝嘉靖末,浮梁张公首创成书。万历间,武陵江公增订,迄今百有余年。世远事湮,不特风徽歇绝,即梨枣已付郁攸,遂使声名文物、山川土风不得播之典册、纳之辎轩,诚守土者之任也。

余承乏兹土，才质不逮，计岁之所输额几五十万，而积逋累欠，十数年来又几十数万。昧爽盥漱，即为勾摄征呼，不遑退食；溽暑隆冬，至夜分不寐。戛戛乎鞅掌不暇，而是典未备，职实阙焉。缘是，具书币造请于邑之巨公名士，为之裒集旧闻，采询故老，百年湮轶之事铨次简编，而凡土田徭赋，会计厘然；学校文章，风华标举。仰采药之高风，则让德至今存也；景言游之文学，则歌声犹在耳也。虎丘夜月，白堤之杨柳依然；笠泽清风，子皮之烟波非渺也。列金阊阛阓，则珠贝陆离；循水国沟瘗，则郊原萧瑟也。长洲之风物，于斯指掌，而长洲之艰繁难理，亦于斯约略可睹焉。书成，藉以报圣天子一统车书之盛。

均编纪略序 〔国朝〕吴中衡

昔圣王之制祀也，法施于民则祀之，以死勤事则祀之，以劳定国则祀之，能御大灾、扞大患则祀之。其有道有德于教学者，死则为乐祖，祭于瞽宗。乡先生没，则祭于社，凡以崇德报功，典至重也。

吴中自狄梁公奏毁淫祠千五百所，存者咸合祀典。由唐迄今，名贤代出，长、元尤盛。隶长邑者五十有五，隶元邑者四十有八，春秋时飨，动支地丁，名曰编银。洁笾豆，荐馨香，恪恭将事，神罔怨恫。然多寡或殊，厚薄未协。乾隆十一年，长白安公奏请均派，得旨俞允，多寡一而厚薄准，祠无缺祭，有功祀典甚巨。

先是，旧规相沿，司给之府，府给之县，县给之祠，辗转支关，吏胥侵蚀，额不及半。子孙之丰厚者固不藉此，贫乏之裔遂有不祭者矣。中衡秉铎元和，睹积弊而心忧之。适大兴邵公来守是郡，有同志，中衡因建议由府竟下于学，按额分给。公以为宜，著为例。从此祀无旷失，歆享以时。恭逢皇上六龙时迈，问俗省方。柴望、袞对之礼，因之并举。而先圣先贤祠墓，皆遣官致祭。《诗》曰："怀柔百神，及河乔岳。惟神暨民，无弗豫悦。"为小臣者，当仰体圣天子昭报之思，各上宪均齐之意，垂良法于永久。因将《均编》缘起刊告后人，吾愿后之来者，览是编而共鉴此诚，有其举之莫敢废也。更愿邑之绅士，览是编而感慕兴起，立德、立功、立言，法古之三不朽，期尸祝于无穷，成一代之伟人，俾万祀以咸秩，千百年子若孙守其祠，犹有荣焉。此则中衡所望也。是为序。

续修长洲县学募引 〔国朝〕彭定求

长洲学宫，在郡城之东，规模恢广，自帅府驻苏，时权为理事公署，蹂躏独甚，至圣殿、明伦堂岌乎将颓，先贤两庑与启圣公祠倾废无存。于是，定求始基于壬戌，殿堂甫修，两庑亦建。再募于癸酉，而启圣祠乃成。计集募一千七百两有奇，自分绠短汲深，力綦急矣。尚有巨工未兴，以待能者。暨丙子风雨告灾，殿堂之修者复敝。芝岩顾中丞慨焉伤之，捐金五百，鸠工庀材，因得撑撑梁栋，以迄于今。然此当大敝极坏之后，拮据经营，特先其至急者尔。若按诸前志，则残阙正多，迥不迨郡学之弘丽，并不迨吴县学之缮修完好也。特先举旧观之宜急复者，一曰万代宗师坊，所以钦崇圣教，海寓齐观也，今则柱石孤立矣；一曰万仞宫墙，所以树诸崇翰，孔固厥基也，今则一望平芜矣；一曰泮池，原通河渠之水，汇潴泓然，采芹藻、歌思乐，义取诸此；一曰兴贤、达材两坊，俨乎礼门义路，俾过其下者矩步绳趋，弗敢逾越，今则流者淤塞，峙者颓败矣。凡此四者，不独系观瞻之隆替，亦关学校之兴衰，此而不复，旧观未可以藉手也。定求养疴却扫，概谢交游，然恐蹈有初鲜终之咎，故复不揣言轻如羽，告募至三，统计诸工，估费八百两有奇，较之前此所募，犹不过三之一也。

伏惟圣人之道，如日中天，恭遇我皇上崇儒右文，隆名盛典，度越曩代。天下学校所在，御笔有悬，御赞有刻。且当翠辇时巡，睠顾南服。广乡举之额，增入泮之名。凡列儒林，靡不沾被乐育矣。独我长洲，为吴中首邑，人文荟萃，而胶庠根本之地，乃使之抱残守阙，惟吾党之羞也。将伯之呼，乌能已已。愿我同志不拘人地，佽助观成，无诮定求发棠之请，勒石铭功，翘首以俟。

均役全书跋　〔明〕韩原善

庚戌六月，善自青溪承乏茂苑。下车之日，首咨民间疾苦。父老以民贫役重为言，善方入境，未谙曲折，惟有唯唯点首而已。未逾月，大中丞均役之檄下，善乃敢奉命从事。语云："穷则变，变则通。"变而通之，此其时矣。本县入册田共一百二十万余亩，总计三年，大小差役约用田二十五万余亩。盖一邑之大较也。

自诡者凭城社于豪门，花者分子姓于零户。额中之田，不减于昔；民间之田，大削于今。阡陌素封之家，没齿不闻役字，所役者惟中产数人而已。甚至中产已尽取盈于下，独力难支，合数于朋。三年而二役者有之，三年而三役者有之，一年而兼二役、三役者有之，以故老于役、贫于役、死于役、亲识株连于役、妻孥囹圄于役，了无息肩之期。沿习既久，情弊转滋，驱书役而团局造册相率，目为故事，无益也。

善每一扇，集粮长、总书一名，刻期会于公所而矢之曰："赤子颠危无告，何以民父母为哉？"倘可役者不役，与不可役者而役，明人非而鬼幽责矣！宁以官殉吾民，无以民殉吾官。环视左右，有感而泣下者，莫谓三代之遗直不在人心也。随令粮长东序、总书西序，各授单一幅，密开花诡，人户约与同，不同者罪之。众有请暂出而次早缴单者，弗许。又有请二役面质而后进者，亦弗许，曰："若然，则尔辈之蹊壑满矣！吾将与尔为市也。"

苏人固善巧，当迅雷不及掩耳之时，谋或不能预设，故日不移晷，可得田三十余万。总书尚以图书藉口也，复命总图书互为结，事发，各引咎，遂相戒不敢为奸。通前后得田七十二万余亩，大约有田则有役，有役则有等，上差以三千四百亩当之，中差以一千五百亩、四百亩当之，下差以千亩、九百亩当之。收银有多寡，则田亦有损益，而一百三十亩以下者无与焉。熟区派前，荒区派后，隐漏之新役派前，叠差之旧役派后，官收官，民收民，而役法之规模，似觉均平画一矣。

夫当花诡未清之前，本县当差之田不过二十万，凡在数十亩者一切困敝。花诡既清之后，除卿士大夫破格优免外，尚存编剩之田八万余亩。昔日编三年而不足，今编五年而有余。是田非昔歉而今饶也，赋役非昔增而今减也，何遽殊绝若筳楹哉？其故可思矣。

至若调停于民宦之内，毫发无所低昂；盟心于鬼神之前，请托咸为杜绝。顾彼顾此，任怨任劳。盖大中丞镇节吴门，而善适当奉法之初，又县在诸邑之首耳。如以役法之从违，趋避当路之殿最，善之所不敢出也。以一官之去留，转移亿兆之休戚，善之所不忍辞也。谨抒一得之愚，立碑刻册，垂为永例。倘市恩骫法，豪右阻挠，则抚按有会题，户部有明覆，朝廷有严旨，夫复何忧？后日仁人君子更莅兹土者，乞念东南民力已竭、赋役日烦，上而国课攸关，下而倒悬攸系，毋信讹言而轻变成规，毋议津贴而实增赋额。有及此者，吾父老子弟尚以吾言洒泣而告之。

长洲县志卷之三十二

艺文二

县治记 〔宋〕王禹偁

天下称宰邑之贤者，率以宓不齐为称首。以弹琴化民，民不忍欺，谓得致理之要也。殊不知行是道者，不独系于人，亦将系于时矣。当时王室虽微，皇经未绝，有周礼在鲁，则单父岂曰乱邦？有圣人为师，则子贱宜行乎道。居百里之位，得诸侯之权。社稷民人，自我而已。井田车赋，得均其轻重。刑罚教令，得济其宽猛。凶荒水旱，得专其赈恤。农时民力，得听其休息。然则无私于心，克俭于身。辨田之腴瘠，定赋之上下。强暴者刑之以法，孝弟者旌之以礼。宽其教以诱人，峻其令以约吏。时丰则敛之，岁饥则赈之。农有力而不夺，役非时而不行。辟之以庠序，诲之以礼乐。使父子亲，兄弟友，夫妇和，然后祭祀以事鬼神，行赍予以睦乡党。自然怀土不散，熙熙如春，弗知其然而然也。在上者不鸣琴而何俟哉？洎王道云亡，霸图孔炽。大小相并，强弱相攻。区区子男，宗庙不保。故《传》曰："汉南诸姬，楚实尽之。"又曰："楚县陈，盖县之始也。"秦并天下，画三十六郡。则小国皆为县，而隶于郡矣。国之于郡，犹身之有臂也；郡之于县，犹臂之有指也。国取于郡，郡取于县，县取于民，是以臂指抚民而自奉也。由是田有暴赋，丁有常庸。春役而夏不休，朝令而夕必具。小则惩之以役最，大则慑之以刑法。岂惟道不能行，亦将身就其辱。遂使宰邑者苟禄食、免笞骂而已。昔人叹徒劳、赋归去者为是也。向使子贱复生，亦将舍琴折腰，奔走不暇，况行道乎？虽欲不顾其时，不程其力，亦犹建一指而扶天柱，不其难哉！时使之然也。

长洲之名，见《吴都赋》。贞观中，分吴县以建之。垂二百年，宰名氏，县志阙焉。钱氏享国几一百稔，专建属吏，莫得而知。皇上嗣位之二载，汉南王归于我国家，始设官以理焉。袁仁镬首之，王禹偁次之。其土污潴，其俗轻浮。地无柔桑，野无宿麦。饪鱼饭稻，衣葛服卉。人无廉隅，户无储蓄。好祀非鬼，好淫内典。学校之风久废，诗书之教未行。兼并者僭而骄，贫窭者欺而堕。田赋且重，民力甚虚。租调失期，流亡继踵。或岁一不稔，则鞭楚盈庭，不能辑事矣。至有市男女而塞责者，甚可哀也。盖隔中夏之政，浸小国之风。使今圣人求理于上，庶官陈力于下。斯民之泰，其有渐乎？

禹偁非循良之才，莅凋瘵之邑。仍以旧贯，民安之仰哉。会到任之明年，大有年也。先是，司漕运者转民岁租，更送他郡。苦舟楫之役、糜堰埭之费者久矣。至是，始听民以本属郡输之，从便宜也。亦小康之有萌矣。是岁，狱讼縻繁，赋调中考。因鸠敛民瘼，平议政体，总而刊之，存诸厅事。待贤者以举之，所谓言而不能行者也。

茂苑堂记　　　　　　　　　　　　　〔宋〕米友仁

长洲令尹石珵莹中，才高气刚，嗜古好雅。下车既久，政成事简。盖牛刀割鸡，游刃裕如者。邑廨之东，有所谓茂苑堂。前人取左太冲语"带朝夕之浚池，佩长洲之茂苑"意也。考之图经，即江为池，距县南二十里[①]，多历年所，高岸为谷，无足深怪。订之于古，莫可得实。视栋楹之颠圮，乃鸠工而亟新之。堂之南，荣植以嘉木修竹，奇芳蕙草，郁葱吐秀，而森然敷阴，如在丘壑邃深处。与堂相直，曰百花亭。即堂之西为建屋，曰尊美堂。其北龟首，曰维摩丈室。北向聚群石若岩谷，曰绿野轩。又南开竹径，曰绿筠庵。皆增广而揭以是名。琴书雅玩，陈列于中。客至则阅古赏奇，试茗烹饮。必与之从容竟日，怡然自适，曾不少倦。后之君子，游息乎其上，要当勿复剪伐[②]，如甘棠之爱，顾不懿与！

企贤堂记　　　　　　　　　　　　　〔宋〕黄由

长洲为县，肇始万岁通天中。至于我朝雍熙元年，翰林学士王公讳禹偁，字元之，济州巨野人，实来为令。满秩，召为左正言、直史馆。公自叙：其时侍亲而行，姑苏名邦，号为繁富，鱼酒甚美。亲年方逾耳顺，子孙满前，多自乐者。形之于诗，见之家集。至其《论榷酒》，惧遗斯民无穷之害，则忧深思远，反覆陈之。为《厅壁记》，则欲激其风俗，迟之教化，抑兼并而哀流亡。所谓鸠敛民瘼、评议政体，以待

① "二十里"，《吴郡志》作"七十里"。

② "剪伐"，底本原作"剪代"，据《吴郡志》改。

后人,则其言[①]所叙题名记,继往来之详,兴踵武之叹,读之慨想。因求公像于虎丘寺,绘之堂上,而扁曰"企贤",并刻三公之诗赞于石。高山景行,用志则深。异时永阳、黄冈之祠,冠珮陆离,以仪以瞻,并美相望,足以使有识歆耸起敬慕矣。

蟠翠亭记　〔宋〕龚颐正

申国吕君宰长洲之明年,行受代矣。一日公退吏散,约客相羊县治之圃。时属初夏,红紫事休。宿雨收霁,新绿郁勃。林采焕发,荃叶左右屏列。余花错落,如缀珩珮。有风徐至,芬香袭人。乃命酒坐蟠翠亭上,君指柱间仲公弥性之诗,有云"穆枝密叶翠蚪蟠"者,曰名以是为花故也。余居此之日久矣,率夜漏未尽五刻起视事,漏下五六刻,犹不得息。壮怀侘傺于簿书期会间,领略于此,盖不一二数也。适少闲,拾余材为支其将倾,葺其甚弊。朽腐则新之,败蠧则墁之。示不欲以将去而怠其事焉。方此佳时,一杯相属,客盍尽欢于是。楚人龚养正使折花侑坐,起以酒属君曰:"夫草木之生,其性也遂。深山大野,青旷广莫。春敷秋陨,付荣悴乎自然,亦复何有。不幸而名人,从而玩之,封植矫揉,揠助其长。而人方以为异而喜,要非其性分也。士而志于用,小而小,大而大,其得而遂邪?达者视之,牺象孰先于枫柳,蓬艾孰后于兰茞邪?抑余闻邛蜀山林中,此花如积。栾城苏公诗'半垂野水弱不坠,直上长松勇无敌'等诗,概可想见。君,贤者后,号有家法。周旋州邑,老益更事,且有用于时,顾欲遂其私且不可得。若余者,其将遂余生乎?异时尚记前后二公之诗,见此花为一笑。君引饮醨。"遂书以记之。

泰民堂记　〔宋〕陆德舆

长洲龚令君作堂县圃,摘翰林王公壁记语,扁以"泰民"。既属余书,且谂以记。予惧专斯堂之美,逊者再,请益勤,予不可得而逊。在《易》,上坤下乾,泰。阳气下降,阴气上腾,阴阳欣合,万物生遂,天地之泰也。王泽下流,物情上达,上下相孚,百姓悦豫,君民之泰也。天地之泰,天地不能自泰也,必有赖于赞化之主。君民之泰,君民不能自泰也,必有赖于宣化之臣。宣化之臣,其最近于民者,莫令

---

① 与《吴郡志》相比较,此处脱漏"皆凛然。是知公凡所以为训者,其言皆不苟发也。惟公首倡斯文,济之忠直,全名大节,见诸国史。如庐陵欧阳公、眉山苏公、豫章黄公,皆尝追述为诗赞,极其推尊。自是公之言谊风烈,在人耳目,表表愈伟。后公垂二百年,今令曾君德宽来,亦将终更。顾县治之东堂壁间,有公之子嘉言"等文字。

若也。令最近民,使民之泰则易,然盍即泰之卦,观泰之象,思所以致泰之由乎?泰之六爻,惟九二言治道为详,其曰"包荒,用冯河,不遐遗,朋亡"者。包荒,含容也。冯河,断制也。不遐遗,无忽于少。朋亡,无牵于私。交泰之兆,实系乎此。反是则不交,不交否矣。然则令之于民,庸可忽?必也居之以宽,纳之以仁,学爱之化,如彼武城。率之以信,断之以明,不扰之政,如彼蒲庭。毋顽之忿,毋细之鄙,当若上蔡,视之如子。毋邪尔思,毋侧尔蹈,当若姑臧,不改其操。如是则气之所通,和之所致,薰为嘉祥,以蟠以际,民其不泰乎?其或弗操弗锄,弗究弗虑,如彼曲阿,徒事求誉。为酷为豺,为暴为惊,如彼义纵,直法行治。愁叹不闻,疾疢不瘳,有若渭南,罔念恤人。利障不屏,欲源不澄,有若陈仓,率敛自营。如是则气之所阂,怨之所钟,形为咎征,是萃是丛,民其可泰乎?一邑者,天下之积也。一邑之泰,天下之泰所由推也。一令之贤,一邑之泰所由致也。董子曰:今之郡守、县令,民之师帅也。夫惟圣明在上,师帅之贤参错天下,则天下之民胥泰矣。长洲地大物繁,台府鼎立,夙号难治。君处之裕如,知所先后。户庭无滞讼,田野无冤声。始至,撤犴狴新之;将去,以空囹圄,盖十数年未有。王公所谓生民之泰,其有渐乎?几之矣。观君明堂,可以知君用心。后之来者,毋第以零陵三亭视。是役也,经始于淳祐庚戌八月,落成于十月,为楹若干,为费若干。役成而民不知,又可书也已。君名溁,今淮东常平使者基先之子。其赋政固有源流云。

重建丞厅记 〔宋〕方枅

国家建官,仿唐旧制,自九寺三监,万家之邑,率置丞员,所以重其任,贰其长也。邑于民为最近,丞于邑无所不当理。汉后元之诏曰:"县丞,长吏也。"长洲为县,创于唐天后朝。乾元中,置为长洲军。至大历间,已而复旧。国朝中兴,吴居三辅。长洲土广民众,素号难治。为丞者,非才术兼茂、有理人之绩,莫得而著称焉。浚仪赵君,帝室之胄。沈酣经学,挟其所有取甲科,佐江阴幕。淳熙改元,转而丞兹邑。视民如爱子,驭吏如束湿。兴利除害,邑人宜之。君莅官,叶再黄矣。政成而民有余力,年丰而物不疵厉。视事之所,栋宇欹挠,榱桷朽蠹,上漏下湿,殆弗可居。于是发私财以佐其用,度故地以全其基。役以廪至,工以巧献。无损于公,无扰于民。厅事廊庑,轮奂一新。为三十余间,墅涂整密,瓴甓坚滑。高其闬闳,固其垣墉。使后之居者,得以赖其利焉。工既告成,邑士愿纪其岁月,以传示将来。枅居是邦,见闻君之政稔矣。凡今之人,视官舍犹逆旅,顾弗毁而加葺者已无几。积在官余，禄为居闲之助，亦理然也。君秩行满，又斥家财以给费，求古循吏，罕见俦比。贪者闻风，庶亦知劝。噫！昔之建一堂、创一亭，犹侈其事以诒后人。若君谟之清暑、子瞻之喜雨是矣。观君此举，匪为玩游之所加于人数等，其可无书乎？君所以设施于一邑，特其小小者耳！推而上之，庸可既哉！姑书，以为纪云。

主簿厅记　　　　　　　　　　　〔宋〕黄土特

长洲主簿厅，在县治少西。绍兴十七年，县长尹侯机所建也。经始苟简，计不及远，矮屋数椽，陋甚。岁久，盖障穿缺，支柱敧危。潦雨至，上漏下湿，坐榻一日数易，夜闻声耄然，则惧其覆之压也。

庆元丁巳仲冬上浣，予承乏庀职，既弛担，顾瞻郁悒，则有意图新焉。然簿职卑力凉，毫发公费皆仰给于县。曩时长官或秦越相视，居此者惮烦避谤，蓄缩不敢谋，因循岁月，则弃去若传舍，亦势然也。予独痴不自止，试令梓人平章以图来稔，竹瓦木石，计会纤悉，略已素定。越二年，乃以请于令大夫黄公宜，治县有声而友僚佐如兄弟，喜曰："此公家事耳！子能躬其劳，吾何靳焉？"于是考日鸠工，昉于季秋之戊申，迄于仲冬之己丑，贸材于市，募庸于肆。民不与知，而工以办告。縻县帑之缗四百五十有八，廪斛二十有四，余亦捐俸百千以佐用。前门一间，廊屋八楹，厅东西偏，翼以两轩，可待宾至。寝之后，为丈室，安明窗四向，时暄凉启门。甃以御湿，于娱亲为宜。缭以垣墙，高丈余。辟小径，通县圃。其西有败屋数间，撤旧取新，为圃涫庖爨之所。是居也，不侈不库，于今若未足，视昔则已夸。予且满去，后之来者，无忘营创之难，以时增葺，其将多于前功，不则因敝塞壤，亦可为数十年之利，然非余所料也。书生每事欲为无穷之思，正与北山愚公可同一笑，姑识予意于石。

重建尊美堂记　　　　　　　　　　〔国朝〕汪琬

县令之有堂也，教令于是乎出，征徭狱讼于是乎综，故必为高明闳大之居焉，岂徒以崇饰美观哉？以为不如是则无以辨其等威、尊其瞻听，警士民之心思、耳目而作之敬也。

长洲，吾苏首县，提封数百里，受廛数百万家，拟于古之大国。其土俗侈靡，其赋税殷繁，素号难理。署之厅事，由宋雍熙中创立县治以后，屡葺屡坏。沿及本朝，倾圮遂尽。巍基雕础，夷于瓦砾、荆榛有日矣。为令者，率传舍逆旅，其官以速去为幸，莫有能鼎而新之者。前令祝侯始建室庐三楹，间治事其中，苟简庳陋，旁风上雨，自几案之外，隶卒簿书几无所容，等威之不辨、瞻听之不尊，莫此为甚。

兹者，某侯莅任之初，即以清心省事自矢于神。甫期，而政孚人洽，麦禾有年，疫疠不作，士民争相谓曰："侯吾父母也，吾侪小人其可使父母殆于露处乎？盍亟图诸？"乃谋合一县诸大家有力而好义者，各出私钱以佽助是役。谋定而后，请于侯，侯复以其言请于上官，悉皆听许。乃诹曰："鸠工作始于某年月日，富者乐输其财，壮者乐献其力，巧者乐呈其伎。"不逾月而工竣。役不告疲，赀不告匮。凡广修若干尺，崇深又若干尺，一如堂址之旧，无增损焉。加以瓴甓峻整，杗桷坚密，髤彤缋藻，照耀四隅，称其为高明闳大邦君之居。教授陆子予载与侯友善，每述士民之志，乞书其始末于石。侯亦继以书至，且曰："石具矣！"故予不得辞。

予惟《周官》以六计弊吏也，必冠之曰廉，盖廉其本也。若善，若能，若敬，若正，若法，若辨，其事也。苟其不廉，则虽有善能之属，犹不足以言循吏。向者尝闻吾侯之风矣，自少博学缮行。既受简治县，补衣素食，略如诸生。筐箧不登于阶，苞苴不纳于室。夫固有其本矣。及其驭胥吏也，严而不苛；抚老稚也，宽而不弛；事乡大夫以讫往来诸宾客也，恪恭退逊而不可干以私，其有合于先王六计之遗意者与？此宜民士爱戴之不暇，乐于拮据奔走，以共成斯堂也。

昔鲁人有筑台新厩之役，则《春秋》讥之，讥其不当作而作也。至为閟宫，则《颂》诗又从而美之，美其当作而作也。不当作而不讥，则无以示惩；当作而不美，则无以示劝。然则斯堂之成，诚不可以不书。书此，所以美吾侯之贤也。抑非独美吾侯而已，又将以劝后之继吾侯者。

予请告以来，逾十有五年。顾以老病惰废，未尝一入县庭。异日，俟侯报最，庶几进谒斯堂，俯仰其高明闳大，而叹息贤侯政化之成。虽甚老病，犹能赓鲁人之颂，以授夫采诗者云。堂之额曰"尊美"，南宋知县事石侯珵所命名也，详在米友仁《记》中，侯故仍之。

长洲县学记　　　　　　　　　　　　　　　〔宋〕俞掞

古者比闾族党，莫不有学。今环百里之地而为县，讵可缺欤？按《吴郡志》：唐置长洲县，距今三百余年，而学不建，岂簿书期会不暇，俎豆之事未之闻欤？景定壬戌，诏县增主学，用丕儒教。宋君楚材，实在此选。至之日，乃叹曰："官以主学名，居无庐，士无廪，师倚席不讲，惕然以惧。"乡寓刘公震孙列其行于郡，即近县废寺为肄习之所，士不间远近，裹粮而来，旬有讲，月有试，考德问业，于此可观。宋君又惧无以继，乃哀俸余与束脩之入，请于郡，因寺建学，以惠悠久。太守陈公均亲来相度，指前一塔矗如文笔，顾而揖曰："殆天相欤？"于是徙佛像于他所，宋君遂与诸公经之营之，斫者斤者，亦各自献其艺，由礼殿至学门，焕然一新。斋舍庖湢，靡不具备。起于乙丑春，成于丙寅夏。民有争田不决，前守拨充养士，具上于朝。会召入，季公镛来守是邦，悉以归之。而士有所养，宋君之志亦少舒究矣。属予记之，辞不敏。请益力。

夫教亦多术矣，孟子吃紧诲人处曰："学问之道无他，求其放心而已矣。"盖人之所以灵于万物者，以有是心焉耳。是心虽依血气而生，而一点光明，具众理，应万事，未有触之而不动、感之而不应。孩提之童，莫不知爱其亲。及其长也，莫不知敬其兄，是之谓本心。物交物，引而去之，此心放矣。从耳之欲而教婬哇，从目之欲而悦纷华，从口之欲而饫肥甘，鼻之于臭，四肢之于安佚，亦莫不然。若放而不求，流而忘返，放僻邪侈，无所不至，而一点光明未尝泯灭，反而求之心在我矣。是故出入无时，莫知其乡。一息而游，尧舜之天。一息而沦，盗跖之渊。圣狂之分，求不求耳！然此心之放，亦岂俟于形著哉！有所忿懥，有所恐惧，有所好乐，忧患而不得其正，皆谓之放。人能于日用之间，每事省察，有不善未尝不知，知之未尝复行。颜何人哉，希之则是。呜呼！孟子之所谓求放心者，岂如释氏死灰槁木，付此心无所用哉？自吾恻隐而推谓之仁，自吾羞恶而推谓之义，自吾辞逊是非而推礼与智，无不尽矣。举斯加彼，可以参天地、赞化育，此君子所大过人者，善推其所为而已矣！矧今撤缁庐而敞儒宫，立师道而新士习，同堂合席，相与讲明，当何如哉！始而省察，以存此心之全体；终而充广，以达此心之大用，庶乎可以为士矣！是又宋君之所深望，故并书之。咸淳二年四月朔记。

长洲县学记　　　　　　　　　　〔元〕陈旅

郡邑必设学，以教其人而治之。徒制民以法，而不纳民于道，非善国也。唐武后时，以吴县地大，治有所不及，始割县北境置长洲县，而未尝建学。是时，岂知教之为足尚哉？宋世，主学事者常假并县浮图氏之室以为学，则亦未有专所矣。

皇元既一六合，乃兴起学校，以崇化基，天下莫不向风。而当时邑令以浮图氏之室既不可久假，遂即长洲驿舍为孔子庙。大德六年，县徙丽郡治。十年，移驿，材构县治。故址庳隘简陋，师弟子登降周旋相荡摩，又无所于休，不足副国家右文之盛心。

郡人陆德原顾而叹曰："长洲为吴巨邑，自唐至今六百余载，而庙学若此，吾虽非其民，而与其民同郡，况吾学孔子之道者也，道有不同者乎？幸而席先世赀产，足以供公上之赋，而具衣食于吾私矣。于此而用其赢，不亦可乎？"县长官元童公闻而喜曰："是能纾吾责者。"益以礼劝之成。于是筮吉日，除故县治地，筑长垣周之，前起礼殿，辟黄庭穹门，翼以邃庑，后为两斋，为堂，为庖庚，凡所宜有者，以次皆为之。材必良，工必善，规制严壮而攻作坚缜。浙右邑校，盖未有能胜之者。又属名工凝土为先圣、四侑、十哲之像，而绘群贤于从祀之位。道德之光，宛其在此。至元再元之三年三月经始，明年十月告成。观者咨嗟，谓世之人率罄其所有，以为老佛氏之宫，今亦有为是者乎？德原又以为学虽美，而岁入不足以养士，则徒为是虚器也，乃又以田如干亩为学田以实之。

五年秋，旅以国史之命如京师，道出吴门。邑之人士来请记，辞弗获，乃与之言曰：

古者党庠、术序与二十五家之塾，皆所以教其人也。今长洲之民远处郡郭外，而学设于此，得无不相及乎？抑闻之，士者民之秀也，秀民虽生穷乡，不欲自局于耳目所接之近，故必游通都名城，以充广其所学。而姑苏为郡，当东南大道之交，而名士大夫之所集也。邑人之来此者，出而有见闻之富，退而讲道艺于其学。学成而归，则以美德著于其乡，必有观感而企之者矣。一乡得一士，犹足善俗，况多士哉！子皆邑之秀民也，能益美其身以归表于其人，庶几建学者之意欤！《诗》云："攸介攸止，蒸我髦士。"吾将见长洲之士，烝烝然起于田野之间矣。是为记。

德原，字静远，笃慎闿敏，蕴抱美器，而退然不自表襮，今为徽州路儒学教授云。

长洲县重建儒学记　　〔明〕朱希周

长洲为苏之巨邑，而附于郡治。自宋景定间始立学于城之东北，厥后毁而复创。至于国朝，又尝拓地而改建矣。顾其地犹为卑隘。顷教谕萧君文佐谋于诸生，为迁改之计。咸谓城东有僧寺，高爽宏壮，建学惟称。乃白于巡抚都宪欧阳公铎、夏公邦谟，提学侍御冯公天驭，巡按侍御赵公继本，皆曰可。既而有海寇之警，其事遂寝。越明年，诸生复白于巡按侍御舒公汀，而郡守王侯廷、县令吴君世良亦以为请，公乃躬诣僧寺而遍阅焉，叹曰："彼僧徒之居者，若是其侈耶？学校为养士之地，顾弗若耶？是固所当迁改者，不可已也。"遂委通守边君偲、吴县令张君道，与吴君专董其事，而贰守王君文儒，通守包君梧、牛君佐，节推陈君一德，亦共为之规画。

于是，即其宫室之旧，或饰而为新，或撤而改造，间以旧学之可用者合而成之。其制庙学皆南向，其左由棂星门而入，重之以戟门，而中为先师殿，殿之旁两庑列焉。右由儒学门而入，重之以礼门，而中为明伦堂，堂之旁为两斋，曰进德，曰修业。而斋之南北，诸生之房列焉。庙之北为启圣祠，又北曰尊经阁。堂之北为名宦、乡贤二祠。又北则累石为山，山之上为敬一亭，尊御制也。若夫棂星门之前，则树以绰楔。儒学门之外，则凿为泮池。祭器有库，射圃有亭，会馔有堂，游息有所，以至廨宇、仓廪之类，各量其地之所宜而建室焉。其隙也，则有田数亩可供粢盛，而为园者三，为桥者三，为池、为馆者各一，凡游观之具，靡不备矣。乃若兹地之形胜，则山拱于西，水汇于东，前有桥曰升龙，内有河曰玉带，灵秀所钟，殆若预为学宫设者，岂偶然哉！

是役也，经始于嘉靖辛丑十二月，以明年三月落成。盖由诸君之董其事者，勤于综理，夙夜弗懈，故其成功之速如此。王侯暨吴君谓侍御兴学之功，不可以无纪，乃属希周为记。

惟昔泮宫之作，见于《鲁颂》。今其规制虽不可考，然观诗人所以张大其事，则其宫室之壮观，可想见也。圣朝诞敷文教，凡天下郡县皆立泮宫，视古列国之制，固无异者。抑岂可卑隘而弗称哉？若兹学之改建，其宏丽壮伟无复加矣，然岂徒为观美而已乎？将使士之居其所者，德于是而进焉，业于是而修焉，斯不为虚设已耳！

盖尝观乎学宫，其堂之高大而光明也，有似乎君子之道，致广大而极高明者焉。其隅之直方以固也，有似乎德之严正，见于威仪之抑抑者焉。其黝垩丹漆，焕乎华采之溢目也，有似乎文章之盛，膏沃而光烨者焉。然则入其门而登其堂者，得无有所感发而激厉乎？

吴中素称文献之邦，盖子游之遗风在焉。士之向学，固其所也。矧又有为之作兴者哉！自是人才之盛，当益倍于往者，其出而为国家用者，将不胜其多矣。是固监司守令期望之意也！侍御公按吴，风纪大振，威德并施，其善政不可殚述，而建学造士，尤有关于风化者，故记之以示永久，俾后之人有考焉。

长洲县重修儒学记　〔明〕文徵明

嘉靖十有五年岁在丙申秋八月，长洲县重修儒学成。乃是月四日丁亥，知县事渭南贺侯躬幸博士弟子，释菜于先师孔子。新宫桓桓，豆笾维饰。陟降旋辟，俨肃有仪。父老宾属，爰观爰庆。谓数十年来所未有。

既明日，诸博士弟子相率言于某曰：维兹长洲，实苏之辅邑，有庙学而制统于郡。故事，月朔庙谒，春秋有事，县官师生旅拜于郡学，以为故常。有祭田，瘠薄不足更费，岁时惟学官行事，而有司不与也。顷岁，有司之贤者，间一行之。牢醴狼籍，取具临时，而其事亦不恒举。夫有司之贤有才者，固足集事。而或不然，则委诸故事。是故，或举或不举惟其人，而学之废兴以之。兹学之建，昉自宋季。即浮屠藏殿为之，狭隘弗称。历元及国朝，数有建置，而踣其庳陋，无所展拓。正德丁丑，提学御史安福张公鳌山，尽斥僧庐益之，而未暇改为也。侯始至，以学校首政，顾月朔不得专谒，则以次日将事，视学弗葺且敝，慨然以起废为任，节用制财，乘时傃工，爰相厥攸，亟请于监司、于郡守，既议克协，悉撤其故而新之。首礼殿，次两庑，次讲堂、斋庐，从而戟门、缭垣以至廪庾、庐湢之属，亦以次告成，砌以密石，华以丹垩，翚兔严翼，实完实坚。乃斥隙地，俾居民占业而税其间，架牟其所入，以给岁祀。于是庙学之制始备，而礼文始益弗愆。谓某故学诸生也，俾有述焉。

维古士见于师，以菜为贽，故始入学者，必释菜以祀其先师。是故有学则有庙，庙而弗祀，犹无庙也。长洲为东南望邑，学视上庠，官有常员，士游于学有常额，而庠有廪饩，事皆应于法，而有庙弗视，岂其制则然？殆有司之失也。侯之为是，岂独行礼哉？亦以复国家立学之制焉尔。夫学校之设，所以育英才以为致礼之具，其法自三代而下，惟我国家为详，而其任为特重。盖仕者，必选自有司，举于礼部，然后登用于朝。然非学校，无自而升也。故进虽多途，惟学校之出为正，而他途者不与。

宋庆历间，尝诏天下立学校矣。然惟州郡有之，县不满二百人者不得立。至于学制，虽见于程子之议，而实未尝用。今内自畿甸，外而荒服，偏州鄙邑，莫不有学。学必具官，士必板列，必选于民秀而考其行能，闲卫升黜，必有法程。而所授受肄习，必孔氏之教，莫不切于治理、周于实用，粹然必出于正。

呜呼！学校之习，一出于正则。凡有司之所选、礼部之所举，与夫朝廷之所登用，有不正焉者，不可得也。故百余年名卿巨人所以出而为国家之用，其立言、立事与致身效命者，莫非学校之出，而出他途者盖鲜也。夫正学之效，章明较著如此。近时学者或厌其卑近，而游心高远，于凡语言文字、礼乐刑政之属，一切以为支离靡烂，为不足为，而惟坐谈名理，标示玄邈，以为道在是矣。而推究所用，不知其所以立言、立事与夫致身效用,于昔人何如也。

吾侯所为,倦倦兴学之意,其亦有所择哉!或谓习久不滋,事日就弛。今之所谓学校,特具文耳,而何以兴为?是睹其迹而不知所以探其原也。孔子曰:"君子之道,譬犹防焉。以旧防为无用而坏之者,必有水败;以旧礼为无用而去之者,必有乱患。"侯其知所防哉!

侯名府,字应璧,己丑进士,仁明恺弟而敏于政,是役特其一事耳。相是役者,县学教谕建昌李泓、训导安仁熊魁、乌程潘佐,董役者义官张璹。

长洲县重修儒学记　　　　　〔明〕夏时正

学在郡城之艮隅,创于前元至正中。成化壬辰五月,巡按监察御史古赵郑君铭、提学监察御史浮梁戴君珊行部至兹,会郡守鄱阳邱侯霁始至,展谒庙行学,顾瞻庭宇陬隘弗称,岁久将压不治。咸曰:"是我辈责也,将撤而新之。"侯任其事,持以告巡抚右副都御史古汴毕公亨,因出公帑羡余金为相。邑令余金视职为亲,恭勤凤夜。主簿刘恩委命之严,守敦厥役,赀裕出公,材贞且良,百役具兴,群工和会。始工于是年八月,迄工于明年五月,左庙右学,式如恒度。王屋四柱,两序拱向。棨戟门列,棂星外辟。庙之规也。讲肄有堂,合食有所。庖廪对峙,燕私区别。学之制也。轮奂翚翼,丹青黝垩,称所宜有,罔或不备。落成之日,郑君率属长贰、师生释菜,礼容恪恭,气象弥新。黄白之叟,衣冠之彦,环望咨嗟,知所感奋。于是,教谕陈裕与诸讲下,欣庆厥美,谓宜有述。乃具兴作,请邱侯记之。

侯惟不伐是崇,逊出为谊,能示不能,问道盲者,手书累幅,敦劝生员何天衢、王泰远属时正作记。自揆旧殖,老益繁芜,敢请固辞。二生曰:"此太守之意,亦泰等师生意也,可无辞。"乃作而言曰:

道原于天,而委重于圣人。圣人身备斯道,而继天立极。君焉有尧、舜、禹、汤、文、武,斯道行于天下。臣焉有皋、契、伊、傅、周、召,斯道行于其君。运际亨嘉,洽隆熙治,不可尚矣。吾夫子生于周末,适丁衰否,道可尧、舜、禹、汤、文、武,而天不君之;德可皋、契、伊、傅、周、召,而君不臣之。然吾夫子之心,未尝一日忘天下也。聘历诸国,辙环天下,卒老而归,系定删述,传弟子以诏方来。天之道以明,地之理以察,人之极以立。两仪奠位,万物化成。以功云贤于尧舜,恩云同乎罔极。学以宗之,万世无违;庙以祀之,天下靡间。惟荡荡巍巍,固不以庙学而加隆污然。而由学尊庙,恒兆孚颙之化;因庙表学,式著毓才之重。化理攸系,不亦大哉。

因计兹学,多历年所,衣绣分符几何人也?阅岁月之如流,乐因循而靡事,果何心哉!今诸君子于视政之初,志惟本始,式克从事,协心一德,不期月而有成,固知风化急所先务,其重道兴贤,端有征矣。惟兹髦士,有圣贤为之依归,有师友资其讲习,有饩有居,得以优游厌饫于诗书礼乐之域者,可不知所自而自勉哉!我国家列圣相承,道德致礼,动必我夫子之道是准,而必有夫子遗经是稽,异端他道,不得杂之,亦既迈越前代,以还虞周,雍熙泰和之盛矣。其所以建千万年不拔之丕基,而有以资夫股肱耳目左右后先者,正有望于后贤也。惟兹髦士,幸际昌期,穷经致用,惟患无之,弗患有之而弗庸,维患不能行,知而不能行,于穷经也奚为?《易》曰:"忠信,所以进德也。修辞立其诚,所以居业也。"见辞之必以其实也。《语》曰:"志于道,据于德,依于仁,游于艺。"知艺之当后于实践也,无徒富口耳。美文华而亡实行,惟孝弟、忠信、礼义、廉耻之敦,以无负国家作养之盛。诸君子重道兴贤之至意,惟藩惟翰,为柱为石。庶几皋契诸臣事业,尧舜君民尚在,诸髦士之自勉也。若夫诸骏奔执事姓名,工费、材具数目,则并载之其阴。

重修长洲县学记　　　　〔国朝〕丁思孔

古先王敷教以治天下,自党庠、术序,无非学校。而其教之之人,即一乡之贤士大夫,习知土俗性情,因以简其帅与不帅者,而兴之屏之,则人之淑慝咸相见,而一无所容其欺伪矫饰之情,所以事劝而业成。凡智能勇功之事,为国家建大猷、肩大任者,无不出其中。故自禅让以还,代以武功定天下。及统绪甫集,未有不汲汲于敷饰文教,以为永安长治之基者,诚以效虽缓而功久也。迨行之浸远,儒学与吏治既分两途,一切理民经国皆以为不必出于乡三物之中,而惟智能勇功之是骛。举凡古初厉世磨钝之具,率视为迂阔无当之虚文,相与掉臂而去之。设有司其职者,鳃鳃焉惟德教是忧。及众起而嗤讪之,其非笃信而强力者,亦且靡然置之而不敢复道。于以求人心之敦茂而道德之凝承也,不綦难哉!于此有人焉,不顾时俗之浮言,毅然立教以为己任,举废起衰以行之,亦人所难能矣。

目今大江以南若姑苏,固吴越之一大都会也。承要离、伍胥之流风,文以延陵季子辞让之节,其于慷慨愤激之事,或至灭顶剥肤而不暇惜,岂非明于忧患之故而独立不惧者哉!然而弊化奢丽之虞,亦已久矣。司是教者,就所长以正之,因其弊而革之,要厥观摩,必自学校始矣。

尝考志乘,在郡之儒学三,而长洲学宫建置独后,创于宋之景定,再立于元至正间，而改设于明之嘉靖。历年滋多，倾圮是患。训导王君受事典学，喟然叹兴，捐赀以谋完葺，度材庀工，未几而栋宇克新，垣墉尽缮，其所谓毅然己任者欤！

思孔不敏，司会是邦，栗栗焉惟教养无术之是惧。王君修学成，而乡先生暨学之诸弟子员，咸造余而请为之记，且曰："砻石以须久矣！"余嘉王君之志，与余之见固有合也。今天子缉熙逊敏，向意揆文，凡中外明扬之典，必察其有无兴行教化，以为考课之殿最。斯东吴人士将由兹学之振兴，知所以导民成俗，其本必在乎是。于以絜隆夫比闾族党之化，其亦将有合矣。王君名玢，安庆桐城人。

改立学门记　〔宋〕潜说友

长洲县旧无学，附府学以肄士。景定中，有旨创主学员。于是邑之士请诸台郡，即县西废寺为学。绵蕝集事，而宫墙门未正南向之位，见谓阙典。咸淳八年春，邑之士有请于宪台，今提学损轩洪公亟俞之，俾辟寺地以正学门。舆望所属，不日而就。所以为学之宫者，内外于是乎备。未几，有哗髦越，诉于省部。公诘而置之刑，事竟帖服。诸生衔恩无斁，咸愿刊石以寿厥传。说友惟夫子之道千万世，一日南门之设，制度焉耳，于道无增。然今之世浮屠之宇遍天下，而素王之宫，郡县仅其一焉。而扶植之不力，则是有愧于思乐之颂矣。公一举而斥异端、兴吾道，厥功茂焉，不惟兹门之正而已也。诸生出入是门，藏修游息，涵泳公恩，且与斯学相为悠久，又不惟兹石之刊而已也。说友为文学掾于斯邑，乐诸生之请得遂而吾道之振起也，故叙其事，著于下方以告来者，使知公德之无穷云。

礼堂记　〔宋〕吴必大

礼立乎天地之间，而人参焉。人之所以异于禽兽者，以其有礼也。饱食暖衣，逸居而无教，则近于禽兽。人而无礼，不亦禽兽之心乎？夫惟有禽兽之心也，弱之肉，强之食，争端启，乖气兴，而祸乱作矣。故曰：坏国丧家亡身，必先去其礼。圣人因作天秩以教，为之宫室堂奥之居，为之簠簋俎豆之数，为之毅荐、食羹、脍炙、醢酱、葱渫、酒浆、脯脩之用，而恭敬辞逊以出之，所以因情立文，辨分定志，而固人之肌肤之会、筋骸之束也。所以达天理、顺人道之大端也。故惟圣人为能知人之不能，以无欲也。人之欲，莫大于饮食也。故虽饮食有礼，圣人安之，君子行之，众人勉焉。于是箪食豆羹由是则生，而有不屑者矣。肉乾人饥，日晏不得食，而有所不敢者矣。吾尝评斯人，可使饿死于首阳，立乾于河上，而不可使犯非礼、取非义，夫安得不有益于人之国家？

　　长洲故无学，撤缁庐以为之，学其究也，士负笈造焉。劝趋成俗，则宋君楚材功多。君既表其宫而新之，燕食有堂，命之曰礼堂。问故？曰："吾于礼食有取也。"君之用心忠矣。吾闻古人之在幼也，能食，教以右手；能言，教以唯俞，教以男女之别、长幼之序。十年出就外傅，乃所学也，家有塾，党有庠，术有序，学则终，今共之。《曲礼》一书，其识饮食之礼备矣。尝试言其略曰："共食不饱，共饭不泽手。"共食而饱，非孙道也。共饭而泽手，为其近于秽也。曰流歠，曰固获，曰扬饭，曰嚃羹，曰嘬炙，欲速也，求多也。凡可以得食者，无不力也。厚己而薄人也，有声而无容也。终食之间，须臾之离。而贤不肖之趋，胸中莫掩焉。是可以观人矣！是故圣人致详于饮食之际也，其旨深。诸生来前，吾语子礼，其承而师、孙而友、谨而饥渴之害，群居终日，唯善是务。觞酒豆肉而成德寓焉。幼之学，壮而行，礼不可胜用矣。昔明道程子至天宁，值僧方饭，起见其趋进揖逊之盛，而有"三代威仪尽在是矣"之叹。礼失而求诸野，盛服佩衿，不犹愈于野欤？必不失是，而后人其人、庐其居，足以关浮屠氏之口，以无坠宋君之善。诸生皆曰：谨受教。咸淳二年九月朔。

<h2 style="text-align:center">友德堂记　　　　〔宋〕方山京[①]</h2>

　　吴附邑独长洲有县无学，寄廪郡庠养士。景定壬戌冬，公朝诏各县置主学，宋君楚材始尸其任。初至，栖栖无依。贵寓列其事于郡，即废院讲肄。宋君继请于漕台及郡，就改院为学。月有试，时有习，衿佩诜诜，文风大振。来游兹学者，阮公登炳，乙丑冠南省，以亮阴免廷对，赐第登龙首。先是，淳熙辛丑，黄公由孝庙亲策为天下第一。二公俱长洲人也。宋君辟一室，绘黄、阮二大魁之像于上，扁其堂曰"友德"，属山京记其成。山京辞不克当，曰："君亦有惠于兹学也，奚辞？向君赞画吴幕，有废寺田四百余亩，胡居敬主西湖书院，与有力者争欲得之。二券俱不直，君执笔拟曰：'莫若以长洲之田养长洲之士。'遂欲归于学。楚材并复还郡庠之寄廪。今士食于斯，君亦与有力焉。"山京诺，曰："此养也，非教也。教以德为先，德以友为辅。独昌黎谓诩诩笑语，一旦下石焉者，此可为友道一吁也。故曰德有凶有吉，正直忠良，和平宽厚，恭敬笃实，皆吉德也；邪佞刚愎，崎崟铦薄，慢易轻浮，皆凶德也。纳交者宜谨择于斯，则切磋琢磨，相观而善，丽泽之益滋多矣。否则，坠韩

---

① "方山京"，底本原作"方山景"，据《洪武苏州府志》改。下同。

子之讥，虽然以吾有其德，然后能友人之德。善修德者，深造自得，居安资深。心术之涵养、践履之纯固，立必有方，行无越思。友一乡之士为未足，又友一国之士，直至于尚论古之人。取友愈大，德与俱大。道义侔匹乎圣贤，事业焜耀乎今古。岂曰无所自云？宋君蜀士，老成有学问，观其兴学，可以知其德矣。"咸淳丙寅长至前三日。

景文堂记　　　　　　　　　　　　　　〔宋〕赵与鉴

吴郡立学，自范文正公始。附城两县，其有学也亦宜。然自景祐以来二百余年，吴邑有而长洲缺焉。按《吴郡志》：县南一百步有孔子庙，邑令王公禹偁尝为文，属郡侯状元柴成务为之记。今庙与碑不可复考，意者强室兼并，梵宫侵渔，未有能经理之者。景定四年，制诏天下县设主学，而宋君楚材来主长洲县事。宋君，蜀之眉山人。经明行修，于《易》尤邃。避难来吴，隶职和靖书院。尝为尹肃公请谥，趋向端的，人皆贤之。恕斋洪公勋与法从诸公共荐于朝，俾兼书院堂长，以其未立学也。已而乡大夫立祠于郡，趣开试，乃即近县废院为讲习之所，师友裹粮，月试旬课，户屦群集。于是宋君就请以废院为学，捐俸余与束脩之入，葺而新之。金判方君山京雅相推敬，会有争没官田为拟充学廪，太守陈公均闻而是之。未逾年而学有绪，严像设，崇讲座，黉舍翼如，衿佩襜如，始无负天朝建学立师之意。乃揭直舍之堂曰景文，丐文于守。守属与鉴为之记。

然则宋君之意，其惟范希文之是景乎？与鉴不文，何足以知之。窃惟文正公宏勋巨节，掀揭宇宙，文章特其余事。方其《上宰相书》言朝政得失、民间利病，凡万余言。文正王公曾见而伟之。及考其平生所为，无出是书。而尤以兴学为先务。庆历中，开天章阁，召问辅臣为治之要；诏天下立学取士，先德行，不专文词，皆公所建请。然则文正之所谓文，岂特摘章演义云乎哉！吴为文正之乡，吴学乃文正所立，立学又文正所请。今长洲昉有学，不于文正乎景，其谁景耶？凡百君子，入斯学，登斯堂，仰前修之超卓，思始创之艰难，盖知所以自立云。咸淳改元中元日记。

射圃记　　　　　　　　　　　　　　　〔明〕袁裒

长洲县学，盖故有射圃云。孙侯视学之明年，整一法轨，兴修故典，士既同风，乃考彝章、循典训，曰："维是射圃之不治，鞠为灌莽，于何考德？事其在我。"乃即祀殿之东隙隅而卜食焉。芟屏槱翳，罗剔砂砾，量物鸠徒，庀材计庸，凝土搏埴。

基址既定,辨阶位,列方次,画侯垒丰,轩堂门楹,犟革荼张,而射圃完矣。乃属记于余。

《书》不云乎?"侯以明之",习于虞庠,试于泽宫。夫礼社,三代以来未之有改也。明兴,文教熙洽。迩来承平既久,而法禁渐弛。黉校崩圮,讲肄无所。又何射圃之能为?君子曰:"孙侯其达于礼矣!"今天下之兴教者皆若人焉,礼教其行矣乎!是故记之,以志举废,且使后之人有所考焉。

平江路学祭器记 〔元〕李淦

平江路学大成殿祭器者,教授李淦、方文豹所造也。金属大尊二、山尊二、壶尊十有二、牺尊八,象尊如壶尊之数,罍四、洗四、勺二十、爵百七十有二、坫二百有二、豆三百四十有四、簠百三十有六、簋如簠之数、炉一、缶二、㼽二十有四、竹属筐十有一、笾三百二十有九、木属俎五十有五,余仍旧贯。

初,至元二十有九年十有二月望,淦祗事,顾兹器非度。明年,考朱文公释奠菜礼,改为之十有一月。方君来明年,皆方君为之。元贞元年十月竣事,首尾凡三年鸠工。更学正凡五人:费伯华、林桂龙、白渊、唐天泽、朱鸣谦;录凡四人:杨如山、洪焱祖、文一觉、俞真卿;会计更直学凡五人:许志道、潘梅、孙魏垫、沈伯祥、齐国俊。费中统钞四千贯有奇而后成。盖难且大如此,后之人尚敬守之哉!

浒墅关重修庙学记 〔明〕缪昌期

浒墅之有塾,自嘉靖九年始也。古者家有塾,塾隶于关,非古也。其略防党庠、遂序,如世所谓里社之学者欤?顾吴中之社学废,而浒墅塾犹存饩羊,则又以领于关使者故。然湫隘已甚,生徒阒若,弦诵阙如。前使者闽南安李公至而问之,深用嗟悼。乃行度地,有所规恢,而先立夫子之宫以为表,庙三楹,爽垲宏壮,辅以两庑,具体而整。戟门屏之,泮水潆之。泮水前若棂星者曰圣域,左右若峙者曰东西贤关。既俨然庙貌矣,不及竣而李公以报命还。越二载,洪公至,亦为闽南安人,志与李公合,则又慨然奋曰:"庠序之遗,而前使者之绪,可勿竟乎?"乃为之涂丹腹,峻垣墙,耸绰楔,循缘庙之西更拓之,为堂三楹,宏壮杀庙之二,爽垲如之,若曰:"是群弟子之所鼓箧而游、倚席而讲者也。"颜之曰"明善堂"。堂后为启圣祠,稍更其旧,遂成伟观。总门承之曰义学。

自部署入庙学,由义路坊,使者、诸生朝朔望往来周道也。巷没于民,不可以轨。公决复其故，伐石新坊，表之曰云路。然后庙学之观始备。是役也，始于万历乙卯，迄丁巳之十月而竣。二公实相终始云。其先后市材甓、佣工徒，费若干缗，皆节缩公羡，君子以为经。及是洪公报命矣，属其同门生缪昌期为之记。昌期曰：

关门之有庙学，非制也。庙辅于学，学辅于社，而义起之，则制之所不禁也。且不睹吴关之为关乎？是锦缆牙樯之所集，露冕霓旌之所贲，大贾重装之所出，游闲轻侠之所趋也。夫以千家之市而置之九达之冲，招以艳异，眩以瑰琦，开以可迁之路，将童蒙化为便慝，秀敏转为趫黠，处地然也。自非斋舍以居之，老宿以传之，讲诵以收之，歌舞以节之，笾豆籩篡以习之，则其朴不可恃。朴不可恃，而吴士之偷自关门启，将使人谓使者曰："操钥执筹，为天子佐锥刀之末，而司徒三物，漠然度外，无乃非契教人伦、唐虞命官意乎？此关门庙学所由建也。"昌期既述其事，复推洪公之指告诸生，俾知劝焉尔。

李公名佺台，丁未进士；洪公名启初，癸丑进士。

新建文星阁记　　　　　　　　　〔明〕徐显卿

长洲县建学，故在郡城东北。当事者为二百年来虽科第不乏，然而科第不元、仕宦不相，乃迁城东南，改福宁寺为学宫。自嘉靖辛丑迄今六十年，科第仕宦者如故，不加盛。万历己丑，侍御李君，故长洲令，来按吾苏，加意学校。时开府周公精形家言，同诣学，周遭相视，谓："右翼双浮图，是曰文笔，左空缺不称，当有所建竖。"于是邑侯陈君捐俸筑台，属博士吴君董治之，崇二丈余，拟构穹阁。又八年，而邑侯江君复捐俸经营，请于开府赵公、观察曹公、彭公各檄发赎锾，邑博黄君、袁君、陈君复请余为疏，倡诸缙绅先生各捐金助役，鸠工庀材，以典史唐惟仁、诸生刘伸领其事，数月告成。崔嵬摩空，金碧陆离，岿如翼如。识者谓："长洲士自兹益彬彬盛矣。"于是邑侯江君、邑博黄君、袁君、陈君请余为记。

余闻庠序者，礼乐既兴之所用，非所以兴礼乐也。矧乃兹阁，当事诸公宁为长洲士科第仕宦计哉！科第非人材不重，人材非科第不显。若谓科第为人材，是谓庠序即礼乐也，而可乎？

自古不愧科名者尠，其不科第而享四海千秋之名者不乏，则科第重乎？人材重乎？当世重科第，士之岩穴闾巷者，立德、立言，其于立功无当也，则国家何赖焉？试阅科第题名，其功在朝廷，望重华夏，而儿童走卒皆知其姓名者，此人材不愧科第者也。其掇巍科、历卿相，一时一乡非不籍，甚或其身尚在，或身殁未几，声名嶪如。叩诸博学多闻、文章命世之士，而茫然不知为何人，不能名其一事之善者，此科第也，非人材也。科第、人材判然若两物，士君子亦可知所重矣。

然则当道诸公所为惓惓者，作士育材云尔，宁为科第乎哉！自兹长洲士有如韩襄毅雍、孔侍郎镛者继踵，则兹阁虽与麒麟、凌烟并峙可也。

李君名尧民，余甲戌分校礼闱所取士；周公名继，赵公名可怀，曹公名时聘，彭公名国光，邑令陈侯名其志，江侯名盈科，博士吴君名良治，黄君名承询，袁君名本，陈君名朝东。兹阁突兀，数公丽石不朽矣。

重建娄门社学记 〔明〕史应选

孔子曰："观于乡，而知王道之易易。"夫使一乡之中，父子相亲，逊《礼》《乐》《诗》《书》以相先，推而一国、而天下，此王道也。然则一乡，固王道之始也。先王之道，法可宽，一面而教，无所不备。庠序学校以寄思无穷，盖千古称至治焉。

明兴，崇重教化而尊王道。自京国而郡县，尽天下无不设学，学设师儒之官。而三百年来，天下熙熙，有先王之风，猗欤盛矣！然师儒之官，权止行博士弟子，而博士弟子必由学使者而后进，闾闬之间，瓮牖绳枢之子，贫不能具束脩，蒙而习之，与波为汨，有终身不识《礼》《乐》《诗》《书》者，长民者忧之，复为即里社为学，每里则延诸生之有学行者，为之招来而句读之，使三尺童子皆知有《礼》《乐》《诗》《书》，而莫不亲其亲、长其长，庶几所谓王道自一乡者乎！

余自承乏苏郡，窃尝有意与民更始，间从鞅掌之暇，一读郡志，知郡之六门各有社学，因问所为学何在？则有鞠为茂草者，有占为民居者。夫苏，天下之人文一都会也，其人多聪明俊秀，其俗多侈靡儇佻，故游于俎豆之间彬彬也。而蠢蠢小民，一言不合，怒臂相加；不轨之伦，藏于其市者，侮文犯法，至不可禁。非人性顿殊也，师儒之官，不与其权；父兄之教，复穷于力；而长民者，又直置之教化外焉耳。今日长民者，欲举昔教化之地谋而新之。侵占者易清，乃一土一木，不得不索诸库藏，而库藏如洗，不得不转望之缙绅先生与齐民之好义者。

于是，诸生吴存等、图民平吴召等呈称娄之贞、字二图有社学，创自嘉靖年间，颓废已尽，而且为鸡犬场、为盗贼薮。社之左邻王太仆者，愿以己地迁之，其土木瓦石则皆自太仆任之，不以烦官帑。学之堂五楹，左右各三楹。堂之后有五楹，左右各一楹。学之门五楹。于是，诸生便于设教，而里中之子弟不能具束脩者，皆可往而受句读焉。

自今以后，娄之乡无不教之子弟，而一乡有《礼》《乐》《诗》《书》矣。自娄以外，有好义如太仆者，尽举其废，则郡之内无不教之子弟，而通国胥《礼》《乐》《诗》《书》矣。于以佐圣王之中兴，而再见王道之盛，其在斯乎！其在斯乎！是为记。

义学记　〔国朝〕觉罗雅尔哈善

古者家有塾，党有庠，术有序，皆小学也。惟国学谓之大学。人生八岁入小学，十五入大学，始自洒扫、应对、进退之节，礼乐、射御、书数之文，精之至于穷理、正心、修己、治人之术，而德行道艺成焉。三代盛时，贤才多而风俗厚，实由小学时，早以端其器识，养其德性，非若后世沾沾于文艺之末而已也。近代郡县皆有学校，学校之外别有书院，而城郭、乡聚之间，又或分置义学，以训民间子弟，即古乡党小学之遗意。然或作或辍，视为具文者多矣。

吴中自宋、元、明来，人文之盛甲东南。近奉诏书，辟建书院，延师课士，德至渥也。顾士隶书院者，选之四方，拔其尤然后得入，童蒙不与焉。今郡城人户无虑百万，能延师自课其子弟者，十不得一。岂无聪颖可造之资？徒以单门寒贱，负笈无所从，肄业无所资，而游散沦弃，良可惜也。

余不敏，承乏是邦。政事之外，思以教育人材为首务。郡之六门，旧有义学，皆假馆寺院，又无恒产，兴废不常。遂倡劝绅士，佽赞斯美，好义乐输者众，不劳而交集。爰度地于王府基，居城之中，阊、胥、盘、葑、娄、齐诸门内建塾凡七，计田廛所入之息，脯脩膏火有备。乃慎择塾师，选子弟之秀者，从游其中，立课定规，随时省察，务在讲求古人立教之意，与夫嘉言善行，收其放心，化其气质，毋徒事咕哔帖括以缘饰塞责。庶几小子有造，进可备大学之选，退亦不失为闾里之良。由此而四郊远乡，闻风兴起，人知向学。其于国家造士育才、化民成俗之道，不有补欤？余愿望深矣，事在恒久而不已。今日举而行之，他日踵而修之，苟无废坠，厥效自彰，用刻石以告来者。若捐助之绅士、经理之姓名、银田塾舍之数，田租市廛每岁所入，咸勒碑阴，俾后有考。

重建学道书院记　〔明〕胡缵宗

吴有学道书院，尚矣。孔门言子，吴人也，封吴公。宋咸淳间，郡守黄君镛奏立以祀公，而教育其子孙。故址在普贤子院，直锦帆泾之上。元初，夺于豪僧。至元间，山长和宗震辈改创之，在徐贵子桥。元末，复夺僧舍。国朝，又百五十余年矣，久不克复，迹益湮晦。

嘉靖初，缵宗受命来守郡，谨按故籍，得其概。窃叹曰："事有若缓而实急者，其是谓乎？虽然，无所因而为之，吾惧其侈且劳也。"既而行视诸佛老之宫，有曰景德寺者，去故址数百武而近，南临通衢，形势宏敞，欲即是改为之，然不敢专也。则以请于巡抚右都御史庐陵陈公、巡按御史高安朱公、提学御史光山卢公，皆报可。岁乙酉某月，爰始兴工，撤其像设，划去其丹腹，追琢之逾制者而增葺之。其南为门，稍北为仪门，又北为堂，中肖公像曰学孔。堂之北，为师生讲授之所，曰文学；堂之东西，增筑斋舍，以居诸生之学道者，凡若干间。又北为楼，曰弦歌，楼堕而垣之，四周凡若干丈。须其成，以闻于朝，岁修祀事，而择弟子之俊秀者，俾讲读其中焉。工既讫，缵宗从博士弟子释菜以告成事，燕而歌泮宫之诗以落之。佥曰书院之废垂三百年，及今而复，不可无记。

予惟周道衰，先王之道熄，赖孔子及其门弟子传而守之。惟吴公起南服，北学于中国，哀然以高弟称圣门，盛矣！顾其曰文学云者，非尽于今之君子所能而已，盖圣道之精蕴诸心，见之言而达之政事，凡其粲然者，皆是也。而公独得之，故其治民则以礼乐为教，曰："君子学道则爱人，小人学道则易使也。"彼所谓识其大者非与？今去圣益远，虽政与代移，俗随化易，而吴之文每先天下，盖非公则谁启之？君子揆礼意、原人情、循报本之义，则今日之举，固不可缓哉！惟人材之作养，则学校存焉。条贯品式，亦既且备，宜若无事乎此。然玩常愒故，则劝督作兴之意，当有出于法令之外者。于是乎拔其尤而储焉，以待天下之用，亦识治者所不废欤！若夫尚论景行，以追前人之懿，以求所谓学道之实，则诸君子所有事者，先正有言"没不俎豆其间，非夫也"，诸君子于是亦有所感乎？缵宗不敏，愿相与勖之以观其成，用为记而镵诸石，且以劝夫嗣政者，俾勿坏。

浒墅镇宋范文正公书院记　　　　〔明〕方鹏

先生，苏人也。浒墅，苏地也。原非居里书院，祀焉矫俗也。苏之往哲多矣，独虔者，就人所知耳。前乎先生，固有其人。后乎先生，亦未尝无人。先生去今四五百年，卓然之风，青天白日。浒墅谈者了了如见先生，何所待而兴其豪杰之士欤？予观所为之事，皆今人所当为者。兹浒墅，出风气之表，蹑遗芳而著闻者几人耶？使先生所为矫情媚世以大其美，则不可为矣。惑于一时，随后攻之矣。欺于无知者，难逃于具目矣，今犹能大理于口耶？使先生所为戾于人情之常，亦不必为矣。根乎天理之正，不夺于私；顺乎人心之同，不牵于怪。今何惮而不为耶？使先生所为优入圣域，非众人一蹴可到而为之不及，犹可诿也。人皆可以为尧舜，奚先生之有哉？人自绝之，先生始孤高于前矣。能自奋者，肯曰："我之形骸，欲役伦群，类聚灵于万物，造化赋予，无少亏欠。其志行独不肖人道，谁其厄之？宁不负所生哉！企其懿，去其不懿，务去其愧，求至其企，企之弗至，弗措焉。业儒也，豫天下事于胸中，扩良心以有为，义理所在，磊磊落落，举而措之，笃近举远，毋顾忌，毋退逊，毋戾毋比，毋袭毋侯，毋已有，随所处而惠泽流衍，不逐逐于虚声而寡实效，穷达一致，泰如也。"

先生之矩步的矣，身虽齐民，不死其良心，推平旦之好恶，达于胶扰之际，由家庭而宗族、邻里、乡党，交与勉为忠厚，而狡诈是耻，老穷不遗，强不犯弱，众不暴寡，自拔鄙陋而悼爽矣。今浒墅也，谁其人欤？盖有之矣。苦傅畏咻，莫子其归也，安得懿其俗哉！

予固设义塾、敦教事矣，见广福庵右畔别墅一所，幽邃轩豁，林木蓊樾，日惟聚族赌博，蠹俗尤甚。今顾泽辈推余工，葺颓益新，玲珑牖户，坚甓屏壁，创重门，拓院落，充广翼宇，完洁阶砌，暨龛焕然，邪塑尽撤，设先生木主于中堂，岁时特牲祀之，揭匾树碑，以昭不朽。屏浮荡之迹，寓诸生肄业，昕夕瞻仰，而企慕修为，诱之孔易矣。有来于堂，均得观感，则劝弘矣。竞力全好，则先生之懿不擅于一身，不止于一时，不拘于一方，受赐衍赐，沛然无既矣。犹或有无自待，焉得谓之学哉、得谓之人哉？唯肄业诸生，脱俗自强，为民之先可也。或有过其齐民之望，不知予之初意也。风俗所以难振，钧是人也。睎骥骥乘，睎颜颜徒，存乎其人，不甘自诬，何难哉！或谓非后学之极致，予恐作辍相胜，户庭难跂足也，行远登高，此莫非发轫之地，寻向上去，自莫可御，但戒自足耳。先生事迹，六一碑悉，今人莫不知，不复具。仲尹之事，有投杼之疑，当阙之。书院成，仍令守于僧，毋仍倾圮焉。

重修浒墅文正书院记　〔国朝〕范瑶

文正书院之在浒墅者，前明嘉靖间榷使、户部郎方公鹏所创建也，去城一舍而遥，向为附近子姓承祀典守，虽春秋榷部祀典如仪，而义庄不时祭、不岁修，以致摧败零落者，历有年所。

乾隆癸亥，守祠世孙君璿来请曰：本祠自康熙癸未修葺以来，迄今四十年，璿承洒扫之责，日见祠宇之梁木蠹矣，瓦甓溜矣，渐而圮者、倾裂者崩矣。失今不治，殆将废乎！璿执事义庄，得见长者光大前烈，修废举坠，惟日不足。今日者，浒墅之祠为最亟。璿愿以一年请受所入，稍佐厥工，长者其有意乎？

呜呼！是予之责也，微子言，固将举而兴之。于是罄广义庄羡粟，即委君璿董其役，而复以执事德相章嘉佐之，量工命日，尽斥其旧而图其新，费逾白金五百，六阅月而竣事。垣墉言言，堂皇翼翼，庪序靓深，丹垩完好。乃举行告祭之礼，又举前此贤裔有劳于关祠者以附享，几筵俎豆，俊然肃然。

退而谂于众曰：从来祠宇创建不易，而保守更难。吾先公祠祀遍天下，而在吴中者，山乡城郭亦不下十余处。义庄所入，赒给既繁，公费亦夥。司事者时时仰屋而嗟，而有志有力之子孙，又不可多得，欲祠宇之在在重新也，不亦难乎！广义庄之设，实有鉴于此也。以故不惜工力，务期坚久，俾后人得以随时修葺。若潦草粗略，苟完于一旦，其与漫视于平时而不加之意者，相去为几何哉！且有祠而不祭，与无祠等。自今祠宇重新，义庄主奉，合族人岁一致祭以为常，俾祀事不可废。众皆曰善，请即书此以为记。

余既惧保守之艰，而复嘉君璿等能尽其劳，何敢以不文辞[①]！至于二百余年来书院之废兴颠末，则载前贤碑记中，可考而鉴也。守祠者其勉之。

济农仓记　　　　　　　　　　　　〔明〕王直

君子之为政也，既有以养其民矣，则必思建长久之利，使得其养于无穷，盖仁之所施，不可以有间也。苏州济农仓，所谓建长久之利而思养其民于无穷也。苏之田赋，视天下诸郡为最重，而松江、常州次焉。然岂独地之腴哉，要皆以农力致之。其赋既重，而又困于有力之豪，于是农始弊矣。盖其用力劳而家则贫，耕耘之际，非有养不能也，故必举债于富家而倍纳其息，幸而有收，私债先迫取足，而后及官租，农之得食者盖鲜，则又假贷以为生，卒至于倾产业、鬻男女，由是往往弃耒耜，游手为末作，田利减、租赋亏矣。

宣德五年，太守况侯始至，问民疾苦，而深以为忧。会行在工部侍郎周公奉命巡抚至苏州，况侯白其事，公恻然思有以济之，而公廪无厚储，志弗克就。七年秋，苏及松江、常州皆稔，周公方谋预备，适朝廷命下，许以官钞平籴，及劝借储备，以

待赈恤。乃与况侯及松江太守赵侯豫、常州太守莫侯愚协谋而力行之,苏州得米二十九万石,分贮于六县,名其仓曰济农仓。盖曰农者,天下之本,是仓专为赈农设也。

明年,江南夏旱,米价翔贵。有诏令赈恤,而苏州饥民四十余万户,凡一百三十余万口,尽发所储不足赡,田里多馁殍者,周公复思广为之备。先是,各府秋粮当输者,粮长、里胥皆厚取于民,而不即输之官,逋负者累岁,公欲尽革其弊以惠民。是年,立法于水次置场,择人总收而发运焉。细民竞自送场,不入里胥之手,视旧所内减三之一,而三府当运粮一百万石,贮南京仓,以为北京军识月俸,计其耗费,每用六斗致一石。公曰:"彼能于南京受俸,独不可于此受乎?若请于此给之,既免劳民,且省耗费米六十万石以入济农仓,民无患矣。"众皆难之,而况侯以为善,力赞其决,请于朝,从之。而苏州省米四十余万石,益以各场积贮之赢,及前所储凡六十九万石有奇。公曰:"是不独济农饥,凡粮之远运,有所失及负欠者,亦于此取借赔纳,秋成,止如数还官。若民夫修圩岸、浚河道,有乏食者,皆计口给之。如是,则免举债以利兼并之家,农民无失所者,田亩治赋税足矣。"

是冬,朝京师,以其事咨户部,具以闻,上然其计。于是,下苏州,充广六县之仓以贮焉。择县官之廉公有威与民之贤者,掌其账籍,司其出纳,每以春夏之交散之,先下户,次中户,敛则必于冬而足。凡其条约,皆公所定画,俾之遵守。又令各仓皆置城隍神祠,以警其人之或怠惰而萌盗心者。

宣德九年,江南又大旱,苏州大发济农之米以赈贷,而民不知饥,皆大喜,相率而诣况侯,请曰:"朝廷矜念我民,辍左右大臣以抚我思,凡所以安养之术,盖用心至矣。而又得我公,协比以成之。往者岁丰,民犹有窘于衣食、迫于债负、不能保其妻子者,今遇凶歉,乃得安生业、完骨肉,此天子之仁、巡抚大臣之惠、我公赞相之力也。今济农仓诚善矣,然巡抚大臣有时而还朝,我公亦有时而去,良法美意,惧其久而坏也,则民何赖焉,愿刻石以示后人,俾善继之,永勿坏。"况侯然之,属前史官郡人张洪疏其始末,因医官盛文刚来北京,以书请予记。

予观成周之制,县都皆有委积,以备凶年。隋唐社仓,盖本诸此。我太祖皇帝尝出楮币,属天下耆老,俾积谷以济民,亦成周圣人之意也。历岁浸久,其弊滋甚,至于无所质究,有司亦不之问,而豪右兼并之家,盖无处无之,则天下之民受其弊也多矣。岂独苏州哉!今苏人得吾周公,以沈毅宏达之姿,推行天子恤民之仁。况侯以开敏勤慎佐之,收其枉费以施实惠,而民免于馁殍之患,岂非幸哉!后之君子,因其旧而维持之,使上之仁被于无穷,而是邦永有赖焉,则岂特其民之幸,乃二君子之欲也。故为之记,使刻置六县之仓以告来者。若其为屋若干楹,所储米若干石,典守者之名氏与其条约之详,则列诸碑阴,而诸县皆载焉,使互有考也。独崇明县在海中,未及建置,遇歉岁,则于长洲县仓发米一万石往赈焉,其为惠亦遍矣。

详抚请立便民碑记<small>天启四年</small> 〔明〕张梧茂

长洲县为严立会计以垂永远事,照得江南赋役浩繁,奸弊丛生,所凭以出纳者,会计由单耳,故先年有《经赋册》之刻,又有《赋役全书》之刻。法至缕析,而小民稍知,奸胥弗利。且率乘正署错承之际,新旧交代之时,巧肆欺罔。始而缓匿由单,既且混乱会计,任意飞洒,恣情乾没以中饱焉。当事者既偬遽不暇详查,而彼间阎小民,耳目邈渺,亦安能一一执田粮而叩堂皇哉!鼠雀滋弊,不可问矣。迨征解之时,又复那移支放,以便私图,致京边紧额,历年以来,逋负如丘。而官与民,且两受其累。本县深晰弊端,思垂永例,莫如勒石通衢,细载田亩、银米之数,与比较缓急之序,使小民一目了然。即每岁稍有增除,不妨临期另示。总以六月定推收,九月初一日定由单,则官民可画一征输,而奸胥无所用其欺矣。有地方之责者,上凛国课,下念民瘼,其永鉴诸。

长洲县知县张梧茂勒石。

役田记 〔明〕江盈科

于役,民之分也。然在上者,必度其力之所能堪,即力所能堪,或因役以疲,至于有所不胜,而难乎其继,则亦为上者之过矣。夫圉人之御牛马,引重致远,鞭棰使之,岂不甚劳?然而困毙辕下者较少,何也?盖丰其水草,均其践更,故力常蓄而不竭,是以虽劳而不死。为人上者,通乎圉人之道以御民,即岁役其民,必不至于不胜而不可继。

余之令长洲也,自漕粮二十万石,听卫卒输税外,计所应运白粮凡若干,半输京都,半输陪都,岁役凡若干人。陪都稍近,转运稍易。京都最远,且难舟楫,徒旅守候,交割骚然,繁费校算,额编贴役银米,载在经赋者,非不与其役相称,而余犹皇皇然,念其或疲于有而终至于不可继也。于是为置役田,役田有三项:其一为省存夫船银所置买者,其一追原役田银另买者,其一为士夫田多之家欲为子孙蠲役而割其田十之一以助往役之人者,共计三项,得田二千九十四亩,岁除赋税之入,以其花利九百七十一石计，民之领南北运者，就中剂量远近、繁简、难易而轻重布之，号曰役米。盖欲使往役之人，稍有所藉而不疲于力。

或曰："额编有贴矣，又复贴之，不过丰乎？"是不然，御牛马者，闻丰其水草，不闻惜水草之过丰而议节之，凡以蓄其力而使之，为可继耳。且也往役之人，其力能堪则不至于转辗攀累，而闾里之民皆得其所。故置役田者，所以安往役之人也，亦即所以安一邑之人也。爰发其义以告来兹，用勒诸石，树仪门之左。

捐义田记<small>华岩捐田在习仪乡二十三都九图</small>　　　　〔明〕吴宽

古之圣人，制器以利天下之用，播谷以充天下之食，其于生民之虑至矣。若夫建人极、惇天伦，使君臣、父子、兄弟、夫妇各安其位而不相乖争，以得用其用、食其食于天下，虽尧舜文武，皆与有功。然而数圣人当君师之责，居亿兆之上，其道固然也。孔子穷而在下，无责而功则过之，有若所谓自生民以来，未有盛于孔子者也。夫功之大者，其报同是。故一器之制，工人不敢忘其巧；一谷之播，农夫不敢忘其勤。是皆有祀焉以报之，而况功之在乎日用彝伦之内者，宋周元公所谓"宜乎万世无穷王祀夫子"者也。

天下皆有学，学皆有庙，以祀夫子。至其门人，与汉、唐、宋、元以来诸贤，凡有功斯道者，皆得从祀。然其粢盛牲币，一惟临事取具于民，未有制田以特供其事者。长洲，苏之首邑也。近岁有司狭陋其学，既并其庙，新而大之，顾统于郡中岁时祀事，县大夫与师生不得专意荐享，馨香弗闻，肥腯弗陈，殿庑寥寥，位特虚设。

邑人华岩氏，既遣其子河入学为弟子员，且曰："长洲与吴学并列郡城，彼有田以充食用，释菜之费，繄此独无，甚为缺典，愿割常稔田二十亩籍于学，岁可得米四十斛以充之。"于时教谕四明陈君、训导章浦赵君、会稽朱君，咸嘉其意，为白于提学监察御史浮梁戴公，曰："此义士也！"遂移于郡邑，俾籍其田如岩之愿。既又曰："岁月渐久，田将不至于废乎？是宜刻石以示后人。"会郡守鄱阳邱侯去任，不果。未几，蠡吾刘侯以监察御史来代，而阳曲赵侯亦以进士出为邑令[①]，相与奉行惟谨。于是，陈君等以书来京师，属余记之。

嗟夫！夫子之道如天，其日月之照临、雨露之沾濡、风霆之鼓动于万物者，随处而是。一田之入，不足以盛其祀事；一祀之修，不足以彰其功德。盖虽欲报之，

---

① "邑令"，底本原作"员令"，据《乾隆元和县志》改。

有不可得而报者。而岩复为此举，岂有助于尊崇之意哉！夫亦尽其心而已。则其为人，与世之好施予，止于资浮屠、老子以妄希利益者，贤愚可知矣。长洲，余父母邦也，去之数年，庙学改建，固欲拭目以观，况有若岩之好德若此，可辞无记？

岩字雏瞻，本常之无锡人，为南齐孝子宝之后，今占籍长洲，世总乡赋，勤约谨厚，乡人以为贤云。

陶氏义田记　　〔国朝〕沈德潜[①]

义田赈族，始于范文正公，而欧阳公为公作神道碑，不载其事。以文正功在天下，故书其尤大者，而于此略焉。其实尊祖敬宗收族，莫善于此。今范氏代踵而行，视创始时，更扩而大之。自兹以往，永永弗替，可以理外也。

乃慕文正风而行者，近又得之吴中陶氏。陶本晋荆州公裔，而迁吴之祖，始于明初袭职千户靖侯公，故子孙以靖侯公为始祖。今递传一十有五，阅世将四百年矣。支派蕃昌，比于瓜瓞。雍正九年，公举敦族之会，谋置义田为经久计。始其议者，十四世诸生履仁也。乾隆八年，公捐良田百亩，又协力续置田五十亩。身率先者，十三世州司马今候选员外郎卫扬也。十一年九月，卫扬捐田千亩，以竟厥考欲行未竟之志，是成先志者卫扬，而勉勖后人者，十二世赠公文英也，又捐资二千余金，置立义庄，以奉神主，以供祭祀，以司出纳，以赡贫族。

凡吴中陶氏之出自靖侯公者，皆得与春秋时飨，而其间嫁娶丧葬之相助、困苦无告之周恤，盈缩增损，略如范氏义庄之例而酌中之。规模既成，远近共高其义，闻诸大吏。十五年十二月，大吏上其事于朝。越明年，旨依部臣议，叙原衔即用，以示奖劝。呜呼！可谓极盛也已。

予尝观近世人情，往往执亲尽则情尽之说，故有居高位、拥厚赀而置同族之颠连于不闻见者。不知以一己视之，犹路人也；以祖宗视之，则一气也。程子谓："走兽知有母而不知有父，飞禽知有父母而不知有祖，人则愈推愈远，而精神命脉可以上通。"夫诚知始祖之可以上通，则由始祖而下，其渐分渐远者，孰非祖宗之一气，与我有呼吸相关之戚者乎！则陶氏义田，深有合于程子之旨。即准之范文正公，有不同其位而同其心者也。

且夫天下之事，莫难于经始，而又莫重于继承。范氏自文正公后，得忠宣公以

---

① "沈德潜"，底本原无，据上海图书馆藏本补。

下，遵守先训，而又开扩旧规，故范氏义庄历久远而弥盛也。

陶氏经始时，既一如文正公之制矣。由此各励乃行，各懋乃力。世数日远，规制日拓。下以全收族之仁，即上以尽尊祖敬宗之孝，将和蔼之气蒸为家瑞、郁为国华，安知不有宏儒巨人挺生其间耶？

诚如是也，以亲亲之谊，推行其仁民爱物之实，有不止于功在一家者矣。因为作记而并操其说以俟。至其捐资之数、义田义庄之基址，与夫司事出入之条例，载在册籍可考，兹不备书。

育婴堂记　〔国朝〕张遇恩

育婴堂始设于扬州，继设于京师寂照寺。由是，通州、绍兴、杭州、松江次第举行。康熙十五年丙辰二月，苏州士大夫耆庶请于有司，因城中圆妙观雷尊殿之西筑室数楹，而堂嗣设，时太守平阳高公捐资倡焉。明年丁巳，大中丞陇西慕公捐资建门楼，题曰"保赤"。方伯广宁丁公按月捐资以给乳妇，复题额曰"大德曰生"。于是规模渐备，科条务严，每月之望，同志毕集。先期传集城内外乳妇，各抱婴以至，计婴授乳，计乳受资。迄癸亥历八年，前后收养全活几千百计，可谓善矣。

尝考《周礼·大司徒》"以保息六养万民：一曰慈幼"，郑康成《注》"与之母、与之饩"是也。《王制》："幼而无父者有常饩。"《月令》："仲春，养幼少，存诸孤。"先王之世，风俗淳厚，其不至无故而弃其婴，可知矣。

后世礼制尽废。唐元和三年，诏婴儿无亲属及有子不能养者，廪给之。宋淳祐九年，诏给官田五百亩，创慈幼局，收养遗弃婴儿，其法犹近古。元明以来，廪饩不可复矣，设局亦阙焉未讲，饥馑流离，委弃载道。国家忠厚，开基发粟赈饥，岁不绝书。孤独矜寡，各得其所。

当世祖皇帝讲筵之余，独严溺女之禁。禁立而育婴始，育婴者，所以体穷民不得已之心，转溺为弃，而予以生全也。虽在官无常饩，太皇太后首颁禄米，满汉诸臣相佽助。不数年，由京师以逮郡邑，俱有成效。于是弃者有所归，而溺者顿息，诚所以宣皇泽于无穷也。

苏郡为东南一大都会，行之既久，规条井井，其资粮出入、捐助多寡，以及每年收养若干，除殇若干，过继若干，现在若干，具载《征信录》《收婴册》，皆可考。今大中丞楚中余公盛称本堂集事区画周详，于是同志方谋置田贻永远。予为约略述之，俾乐其事之有成而无遗议焉。

兴复广孝阡记　　　　　　　　〔明〕张国维

顷予镇抚江南，首询民风淑慝，而驻节苏郡，则尤教化所自始也。其地襟江带湖，人文挺秀，无论巍科巨卿，项背相望，即抱忠矢节，与日月争光者，亦指不胜屈。观感所及，凡衣冠被裸之流，罔不吉凶循礼。独市廛驵侩，公门厮养，皆以火葬相沿袭，父子、祖孙、兄弟、妻妾，朝而易箦，暮投烈焰，旋裹其骨，或置峻坂，或沉深渊。于是环城内外，昼夜焚尸，秽气腾触，悍然无忌。

其初，溺浮屠之说，以四大为幻，一空所有。不知就佛氏教言，亦云证果示寂，吐三昧火为茶毗，自起自灭，未若今愚夫愚妇之积薪燃炬，毁骨扬灰也。

伊川先生有言：古人之法，必犯大恶以为椿杌，穷奇寸磔，不足偿其罪，则焚其尸。今试问死者生前与戚属相视何如亲呢？一旦就木，形去神存，魄散灵在，遂忍膏血涂草莽、煨烬散薮泽乎？倘云葬则周身周棺之具，并需坚厚，力不能赡，胡缁黄斋醮、冀资冥福，唾手数十缗，毫无顾惜，独不可供纍椑之用乎？

说者谓：苏为泽国，山浅而田贵，赋役繁重，细民弗获营兆。独不有向设义冢乎？因核记载，弘治间，知府曹凤特创规制，郡凡六门，门各一冢，冢各延袤百五十亩，隶长洲者四，隶吴者二，吴文定宽为之记，魏恭简校垂之训，沈逸民《周颂》之诗琅琅在人口颊，曷不动蠢顽之恻隐，而掩覆犹寥寥乎？

或又言：义冢自隆庆间知府蔡国熙禁火化，加土修埴，至万历之季，火化之风再炽，里正胥徒忽利旷土，告佃起科，半为乌有。更民间以义冢相逼，瘗囚之壑，耻异槥入其隧。余耸然曰："是无难，亟檄两邑，按故籍而复顷亩之纵横，禁瘗囚于邻壤，再筑垣为限，培以封树，改颜其阡曰广孝阡，俾市井蚩蚩之众，顾名思义，更化易俗，瞻马鬣而兴悲，望松楸而陨涕，死者免毁弃之惨，生者逭流殛之刑，其于名邦风教，未必无补。"

余与郡邑有司共膺王命而莅兹土，庶几稍慊于心乎！遂伐石为之记。

锡类堂记　　　　　　　　　　〔国朝〕缪曰芑

苏为城，生齿甲东南诸郡，又为四方商贾之所走集，民居栉比不能容。每编户氓死，则舁尸枢畀诸火，焚烟翳空，臭达远迩。过者蹙额，其亲戚恬然安之，习为故常。民风滋浇，戾气失和，蒸为疾疠，岁用弗登。

雍正岁乙卯，制府赵公弘恩、中丞高公其倬戚然有忧之，曰："嘻！弊俗也，乌可弗革！”乃委前副使刘公柏、前知府姚公孔铴，帅同长洲令沈君光曾、元和令张君若曦、吴县令胡君映葵，捐资聚财，而属芑等三人主其事。

开局日，即请清厘六门外旧所，蠲义阡地，除民所隐占者，得若干顷，清立界址，令后有侵者倍偿。延邑之有力而好义者十二人，专司每月钱币之出入，而谨其簿籍。择士之精敏强干者十五人为司事，稽查侵冒，并以岁时寒暑，亲历城市、坊巷之棺枢愿登义冢者督视，如法掩埋，惧积潦为害也。于低洼处，浚濠三百丈，阔一丈，深六尺，以走潦水、去渫污，即其土培成高地，惧男女之相乱，而葬后子孙莫可识别也，画土为方，方内复为行列，男女异左右，大书死者姓名于簿云“某人葬某阡第几方第几列第几枢”，复揭竹签于墓左，牢树之，以待子孙祭扫，及日后之以礼迁葬者。法坎深三尺，长七尺，上复崇土三尺，掩焉。

其无主后者，不入方内，第葬法如前，而乞丐道列及累囚痡毙无人收视者，别为兆域，不与齐民列。若棺朽不能举者，更给与之。其自载棺至义冢者，听令守阡户教以葬法，无得越次多占厂地。置舟三，募水手六人，给其佣与食，令各备舆具以听命。土工六人，具耰锄，与船户协力掩埋，给佣与食如前，仍严禁，毋勒索死者家财。春秋仿厉坛，祭以牲醴，祭毕，以给船户、土工及守阡者。

每月之吉，监局率同司事者邀前司月，汇月中葬棺若干、余财若干，书其总以授后司月者。如有冒滥，毋得辄受，既受不得复诿卸。月中会聚，及司事诸人薪水之费，司月者尸之，不以烦公财。凡官府之捐者，登之册；人户之输者，书之簿。监局及司月公同贮之匦而籍其数与日，司事者无得从中投递。投递者，虽无私，亦与之罚，所以禁奸防弊之道，细碎无遗漏。法既具，呈诸府，府上之大宪咸报可。自是年三月尽九月止，葬棺骨四千有余，糜白金若干两，在事者无纤毫私焉。

是秋，岁大熟，灾沴不生，稚耋嬉遨，登于大和，綮惟制抚诸公之赐。芑惟立法者莫难于始行，尤难于可继。如今日之条具，遵而行之，自可永久弗替。倘村僻小镇及旁近邑，得其意而更求变通，其所以推广皇上之仁心者，岂有既乎！制抚诸公承流宣化之泽，于是为大，而芑等区区辱承誰诿，尽心力于斯者，亦聊以为嚆矢之先焉而已。

六门外义阡地，创自故明弘治。碑载田九百亩，今存六百九十有奇。其会聚及贮财之所，在盘门大云庵之左庑，前知府姚公颜其额曰“锡类堂”。监局者芑及宋先辈照、蒋君曰梁，稽察者教授储元升、经历陈志伟，司月顾崧龄、蒋杰、蒋棠、蒋诺、毕世球、章克迈、张浲、蒋曰棠、洪梦诗、周谆、蒋重光、徐润，司事陈奇韩、毛曾祈、顾万永、马文绣、王维镛、杨干、缪黼、蒋柄衡、陈志、周燮、吴寀、汤鼎、陈士一、顾恒吉、僧日省。

广仁堂文昌阁碑记　　　　　　　　　〔国朝〕沈德潜

文昌阁在清真观东隅,居吴城中央,吴人士建惜字会于此,且为会文讲艺地也。阁前为广仁堂,凡故家旧族有坟茔而贫不能葬者,众善士捐资财代谋归藏。同人聚会于此,规模较大于阁,而文昌阁实为主位焉。按《史记·天官书》:"斗魁戴匡六星,曰文昌宫,一曰上将,二曰次将,三曰贵相,四曰司命,五曰司中,六曰司禄。"魁建平旦主寅,寅于五行为木,在东方为文明之象,故儒者多尊礼之。或曰文昌即张星也。而《化书》谓神为张氏子,即周宣时张仲。又言神为梓潼人,战没为神。唐玄、僖二宗入蜀,尝阴相之。又言神世业儒,上帝使主士籍,似近附会,与张星之说不合。不知在天为星辰,在地为人,人没为神,而神复为星辰。如传说为箕尾,安知箕尾不仍为传说耶?岁星为东方朔,长庚为李白,安知东方朔、李白不复为岁星、长庚耶?则文昌之为星、为人、为神,凡以主文明而佑人文,吾儒虔而祀之也,固宜。

先是,雍正二年,里人盛君师修偕其子谦举惜字会于清真观中。十年春,城西僧舍创举埋骼会。城东往者,有阻长之叹。是岁七月,会中有顾君进者,与盛君谋,移就清真观,观祀真武,后为斗姆阁,月望日集两会人士于阁下。盛君患宇少人众,近于喧呶嘈囋也,谋诸同人,捐置阁外地,向系观中基址而民间废为荒蔚者,建文昌阁,上供神像,下为聚会所,协心殚力,将溃于成。岁乙卯,更埋骼为广仁会,推恩渐广,执事者亦颇繁,因就文昌阁为公所,而更加辟焉。

丁巳春,里人朱君棁复捐资倡率,买阁前民居为广仁堂,门庑、从屋具备。繇是,另辟门仞,与清真观为二区矣。广仁堂告成凡五阅月,而追数置地建阁,前后共六寒暑云。

夫广仁堂之设,藉众人之力,使为子孙者俱得妥先人体魄,即古者不独亲其亲之一端也。然使文教不明,将仁心渐熄,而不能感发兴起,以垂诸久远。今崇祀日虔,以兴文教,以养仁心,而因广《周礼》蜡氏置揭《月令》"掩骼埋胔"之义,文风、仁风并归文昌阁中,洵为南国行仁敷文之善地矣。

里中诸君子属予记之,因承命而书其颠末如此。阁基始辟于雍正九年辛亥二月,落成于乾隆元年丙辰十二月。至阁宇间架及捐金襄事姓名、建造工料,并勒他石，而广仁堂缘起规制，详郡太守黄公《记》中，不复更述。

广仁堂碑记　　　　　　　　　　　〔国朝〕邵泰

郡之有广仁堂也，事同锡类，而实非义阡之谓也。锡类置义阡于六门，无坟无力者有归矣。斯堂专为有地而无力者设，此义阡所不及也。衣冠旧族，半多赖之。盖犹是《周官》"四闾相葬"之遗教焉。

当堂未建之先，有埋骼之会，置冢凤巢山，岁以万计，此广仁会之始基也。于古清真观旁营建文昌阁，为集会之所，兼惜字于其中。沈少宗伯德潜有文记之。此广仁堂之始基也。

自火化既禁，义阡既备。雍正十三年夏，会中好义君子尤悯旧第停棺之举目皆是，而乃有广仁之会，酌立规条，巨细有则，设舟楫，雇夫役，助灰物。择日有师，督葬有人。于时徐泓、盛谦、顾进等任其事，而费廷俞、盛师修等各佽费有差。是年十月，天子下念停棺缓葬之习，诏守土吏多方劝导葬埋，以妥幽魂。而修子职由是风行草偃，报葬者日以众。同会朱楫慨然捐镪买阁前地，集会五百金以建堂。堂成，太守黄公鹤鸣撰给碑文，勒石于堂，请诸大吏奏拨官产值三千金有奇，变价置田，为垂久计。

乾隆八年癸亥，中丞陈公大受又奏拨上元新涨芦洲，饬每岁老妇普济堂分息之四，而广仁堂收其六，以广仁之费滋广也。夫始以掩藏道路遗骼，而扩而充之。岁岁代葬，停棺无算。至两邀圣天子拨产隆恩，各大宪护持鼓厉，是非我国家德教覃敷、感发人心固有之良，而数同志立法之善、好义之勇、心力之精且勤，其曷克臻此？

虽然，事难于开先，尤难于善后。《易·蛊卦》之《彖传》曰："先甲三日，后甲三日。"甲者，十干之首，事之端也，故曰"终则有始"。而《巽卦》之九五曰"先庚三日，后庚三日"。庚者，十干之过中，事之当更者也，故曰"无初有终"。《巽》之九五乃《蛊》六五之变，故庚有制变之义，必丁宁揆度，入于事理，顺于人心，所谓"刚巽乎中正而志行"者也。

今斯堂阅二十年，经画粗立，正过中而将变之时，苟不确守成规，如重巽之申命行事，则为善之地，鲜不为营利之区，而流弊至极于败坏不可救，是且沦溺而入于蛊矣。故同堂请予为文记其颠末，俾各毋忘二十年孳孳积累之勤，庶几交相勉于勿替。

予何以进之？请更进以"同人于野"之占曰："文明以健，中正而应，惟君子为能通天下之志。"盖文明则能烛理而明大同之义，刚健则能克己而尽大同之道。天下之理，中正而已矣。志虽不同，惟此中正之理可以通之。然则慎始慎终，又岂外此哉！

是会也，建堂之功，朱楫为多。助田者，盛师修、费廷俞、朱楫、沈奕銮、周承业等。前后共事者，毛曾祈、沙起宝、吴永祉、沈洁、王肇基、华仁、沈天中、徐有源、钱名时、沙家栋、吴瑞玉等，盖皆有任费任劳之功者也。其创之守之，始终实心而弗倦者，为盛谦、徐泓，而顾子进亦勤于始，中岁以殁，惜哉！

若夫监堂之任，则二十年来泰实随前辈习宫詹寓后酌持其纲纪，而大同守范君瑶、滨州牧毛君世瑞，亦后先综理于其间。今则刑部郎蒋君楫继其任。蒋君更于阁后捐金起屋三楹，为司事者栖止地，而堂之规模益以大矣。他若规条田产、零杂细目，并详《征信录》，不赘及云。

长洲县志卷之三十三

艺文三

元和塘记① 〔唐〕刘允文

吴之薮曰具区，郡之大惟苏州。商为货居，农实邦本。锡贡多品，厥田上中。土宜在民，地利乎水。常熟塘，按《图经》云：南北之路，自城而遥，百有余里，旁引湖水，下通江湖，支连派分，近委遐输，左右惟强家大族，畴接壤制，动涉千顷，年登万箱。岂伊沿溯之功，实由灌溉之利。故名常熟，岁无眚焉。

洎贞元年来，时属大旱，由是填淤荐为涂泥，而沦胥怨咨，殖物痛矣。郡守陇西李素，字人原，始睹弊，则曰："在穿导之。"遂闻于本道廉使、吏部尚书韩公，秉文惟谨，施德惠，人无间言。摄吴县令主簿李仲芳禀其成规，请事疏凿。于是参井邑之役，则经费其力，而长洲三之一焉。县宰李暎复善供命，乃计工量日，候隙庀徒，为利涉之宜，蔽反壤之害，询蓄泄之势，增远近之防，人不告劳，事为永逸。先期而望表绳直，不日而终朝子来。塘开地中，工毕泉出。山泽作气，江湖发源，积为长流，实自新浙。舟楫鳞集，农商景从。春秋有施，水旱斯备。

嗟乎！塘之堙郁也久矣！何壅之无虑而启之有时？非体仁弘多、应用高朗，曷以越前所未暇，迨今而行其志哉！惟李公敏于直方，精在损益。政犹风行，惠与时至。通货丰财，五行因之顺下。致理之实，不其伟欤！

都人士以允文在公之宇，备详其事，请刻于石。铭曰：瞻彼塘矣，昔之所辟。物利乘舟，土膏其泽。岁有堙塞，时罔疏涤。谁为澄流？变为广洿。降是良牧，猗欤陇西。揆日爰凿，经旬洞开。湖水南迤，江源北来。旁分沟洫，潜畜风雷。政可施利，役无劳止。力均二邑，功逾百里。舟楫攸往，田畴所视。义实通方，智侔经始。浚自高岸，岂云随山。人欢在路，鱼乐于泉。伊此化远，矧夫事宣。立石川上，

---

① 此文部分内容漫漶，据上海图书馆藏本补。

维无穷焉。

虹桥记今阊门钓桥，长、吴合治。 〔元〕虞集

虹桥在阊门西，跨官河，通驿道，为咽喉要处。水至桥下，汇为回渊，折而东行，势用剽悍。桥旧植以木而加甓，岁久腐挠。乃今夏大霖雨，遂坏。水陆并阻，民吏忧骇。县长吏计会役大，惧不即成。

郡人邓文贵诣官，自言架木非久计，请捐己资以成之。遂以八月乙丑召工画图，尽撤其旧而新之。绝水下石，款密键固。累起拱合，理致无间。下通圜空，涵水象月。引重过之，坚逾实地。

泰定元年十月成，凡用中统钞十五万贯云。夫郑商犒牛，敌谋遄阻。卜式输财，汉用不匮。以一民而专有司之美，不可无书也。故为备载不辞。

长洲县重修社坛记 〔宋〕孙应时

古之制，祀以社，次郊。郊尊而社亲，尊，故天子专之；亲故达于庶人。非土不国，非谷不食。故有社，斯有稷。勾龙于土，弃于谷。厥有大造，开济万世，故以为配。春秋祈报之外，救灾出火，师田行役，献功僇罪，君民上下，日相与听命于社。礼乐刑政于是焉出，故曰明乎其义，治国其如指诸掌乎？

世衰，王制坏，古义隐，妖妄百出，而祠庙猬兴。亵天蠹民，幻为淫威。日盛月滋，上之人不以禁，又从臾之。天下郡县虽通祀社稷，世守不废，以为三代之旧章，然独其制度之形似、仪物之文具而已。有司者一岁再祀，民不与观也。民于社日，或各从其俚俗，鼓舞迎享，醉饱相乐，不知其何神，且何礼也。水旱禳祈，奔走如织，于社稷缺如也。

呜呼！知古者得无太息于斯乎！今令甲守令下车，必视社稷，饬坛埠，而遵用或寡，且诿曰小祀，祀亦不亲其事。至若倚郭之县，自为社于阛阓逼仄之间，往往灭裂最甚。

长洲县之社，在吴郡城内，当县治西南四十九步，荒毁有年。庆元四年九月，知县事天台黄侯宜一治新之。坛宇中度，门垣靓深，涂巷蠲辟，率僚吏时祀必谨。

黄侯，儒者，为县如古循吏，多善政可诵。此其细事，若不待书。虽然，爱礼者存羊，因今之制，存古之意，君子重之。县实小侯，承天子之命，司社与民，固未有忽略社稷而能父母其民者也。然则凡黄侯之善政，将自社稷坛始。予是以记之，因

诏来者知所继焉。

重辟社坛记 〔宋〕李心传

自昔有邦家者，其祀事莫尊于社稷。以《尚书》《周礼》《中庸》参考之，社之祀，率与郊并。盖郊之祭，则天也，上帝也。社之祭，则地也，后土也。天以气言，则一而已，故惟天子则祭之；地以形言，则提封有广狭之异，故自王朝列国，下逮卿大夫，州邑都鄙之间，各有祀焉。盖祈报之行于是乎在也。后世此义不明，而社稷列于宗庙之下，则失之矣。

今之县，古子男之国也。国家钦崇典祀，虽循汉唐之旧，而社稷坛壝特严其制，部刺史巡历所至，必谨视之，重民事也。

平江在东南为大府，其所治长洲，在浙中为壮县，而长民之吏，揭虔者罕。春秋二祀，有坛无宇，神靡顾歆。水旱螟虫，无岁不有。而养民饷军之大计，莫知所出矣。

淳祐元年春，赵君汝砺以选来为令，濮邸近属，安化王曾孙也。学古入官，三试礼部。西山真文忠公与群彦交举之，以是通籍。始至按视，惕然靡宁，载经载营，犹未定也。

会邑之奸民有以赀力为害于私者，刑狱使者陈公稔知其恶，因其自致，按法论罪，移之他邦。邑父老乃请赵君更其尝售之屋庐为斋居望祀之所。赵君以白陈公，公许之。

夏五月己亥兴工，罙月而毕。坛壝尊崇，垣墉毕备。费皆出于有司，而民不与。于是雨旸以时，岁则大熟。赵君以记文为请，且曰："害治者既去，而训民事神又得其所，是陈公之赐也，不可以不书。"陈公名垲，字子爽，今以秘阁修撰为沿海制置使。

白龙庙记 〔宋〕胡伟

中吴，古泽国也。当春夏之交，阴晴多不常，乡民以是卜白龙之归。相传东晋隆安中，缪氏女因出归途，日暮天欲雨，忽遇老人，询姓氏居所，愿假辟雨。待旦而前语，竟失老人所在。已而有娠，父母恶而逐之，乞食于邻。逾年，产一肉块，弃之水中，忽焉块破，化为白龙，宛延母前，若有所告者。母惊仆地。须臾，雷电晦冥，风雨交作。良久开霁，则白龙夭矫于山椒。俄顷，复还产所，视母已死，乃飞腾而去。

乡民厚葬其母于此，今所谓龙冢是也。

自是凭巫以求立祠，且言所产白龙已庙食长沙。于是，乡民建龙母庙于山颠。每岁三月十有八日，龙归省母。前期旬日，天气肃寒，四山烟雨，乍晴复合。正诞之辰，龙必见形。或长身寻丈，隐显于众山之上；或小如蜥蜴，依于庙貌。暴风雷雨，澍沟号木，则其验也。

昔庐山僧祖照尝述其本原于壁。庙宇自国初由山颠迁于山南之曹巷。熙宁丙辰，再迁于今所。建炎中，主寺僧觉明禅师又葺今祠。绍兴己卯四月，帅曹以祈雨有应，奏赐灵济庙。乾道戊子二月，郡守姚公宪奏封龙母显应夫人。

伟闻：岁在庚辰三月三日，客有舣舟南徐者，有白衣老人附舟，云："吾至自长沙，欲省亲于苏之阳山，愿以钱十缗偿直，而先酬其半。"舟师从之。辰巳间解维，至夜仅行数十里。老人怒其缓，自为操舟。舟师因共卧。迟明，蹴之使兴，舟已近岸，距南徐三百六十里矣。老人翩然登岸，徐步入庙。舟师随之，寂无形影。顾龙母帐前，偿舟半直在焉。既而雷雨大作。舟师问寺僧，始知龙归也。乃辍余直饭僧而去。长沙庙食，诞辰省母，至此益验矣。乃为迎享送神诗遗诸乡民，俾歌以祀焉。

其词曰：春花落兮春服成，雨霏霏兮烟冥冥。秧针绿兮蛙部鸣，风萧萧兮林有秋。声缟为旌兮素为葆，山之巅兮云之杪。雷车轰兮电光扫，龙将归兮非暮即蚤。箫管沸兮鼖鼓喧，肴羞苾兮酒醴洁。蠲絜牺兮精意传，严荐享兮属袂摩肩。岁有常兮应斯至，人与神兮情何异。婴儿慕兮彩服戏，母子乐兮融融泄泄。吴沃壤兮千里平，勤稼穑兮劳农氓。曰雨曰旸兮神有灵，愿垂阴相兮应其诚。倏忽万里兮姑少憩，酌献尽礼兮斯终遄。惠年登谷熟兮益虔祀事，自今以始兮千斯秋而万斯岁。

白龙祠记 　　〔元〕胡应

吴城西三十里阳山之麓为澄照寺，寺故有白龙祠。宋屡封忠烈昭应广惠灵丰公、龙母显正孚顺圣善妃，邦人奉事惟谨。祠重建于宋绍定壬辰，岁久圮毁，势凛凛欲压。寺僧守淳哀积衣赀，复募乐施者，仅营两庑，重绘左右壁。殿役最巨，力未易就。

会参政张公谒祠下，慨然曰：吾岁奉朝命，凡饷运从东南者，航海以达于京。风恬浪平，舟楫如砥，迄济登兹，匪神畴相？是山龙所载育，而庙貌不修，非阙欤？乃捐金出粟，抡材简匠，殿庐阶庑，像设导卫，咸彻而新之。丹碧髹垩，瓦甓甃叠，视昔为侈。更以田四十余亩给祠事，所以致力于神者至矣。

噫！万生总总，孰迪而康？靡阳怂亢，靡潦淫汩，敷为气和，繄是神灵。惟参政公诚与神孚，克隆斯举。而淳师又能善信于人，皆可书也。

予先墓去寺而近，知祠宇兴复为详。师以记属，义弗得辞。初，神游阳山，发祥而著迹陈山，阐灵湖湘间，具前后二记，不书。

公名瑄，为资善大夫，江西等处行中书省参知政事。祠之修，始元贞乙未，越明年丙申告成，距始建甲子逾一周云。

重修阳山白龙神庙记　〔明〕吴宽

阳山在吴城西北二十里而近，视他山特高且大，盖吴之镇也。相传有白龙产其下，其说载于郡志，甚异。其神秩于祀典，庙而事之，亦甚久矣。

夫山之高大者，能出云雨，必有神司之。而龙之为物用，云雨以为灵者也。使依得其地，则足以致其用、昭其灵，而山得龙以依，其泽博，其势亦尊，而他山固不足以俪之矣。

陕右孟公以监察御史擢守苏州，明年为弘治庚戌，入夏不雨，公以农事为忧，曰："国家粮饷多仰给是郡，使禾稿不收，非惟民无以为食，其何以免征敛之苦乎？"乃七月朔，斋沐已，率僚属行祷庙中，未至而雨，远近沾足，民皆欢然颂公。公曰："此神之赐也，其何以为报哉？"顾其庙倾圮弗修者六十年，于此若旧有献殿，特存其址而已。乃具材用、征工役，择人董治，未及数月而功告成。

适长洲丞鲁聪以公事上京师，俾持书来请文为记。夫《洪范·庶征》曰："肃，时雨若。"无所为祷者。《春秋》始书"大雩"。《公羊传》曰："大雩者，旱祭也。"至汉世，令郡国上雨泽，旱则公卿官长以次行雩礼，则有所谓祷矣。《洪范》之说，其身之修本也。《春秋》之说，其事之举末也。不修其身而徒举其事，虽祷于神，神将不降其居。不歆其祀，尚何有雨之应哉！故于庙之成，因书公之所以感乎神者，必有其道，则后之祷于此者，其亦知所谨哉！

王长洲祠堂记　〔宋〕黄由

《孟子》之言大丈夫曰："富贵不能淫，贫贱不能移，威武不能屈。"盖古所谓大丈夫者，必有高天下之识，容天下之量，盖天下之气，不得志则独善其身，得志则未尝不欲行其道。乘田委吏，不敢辞卑而尽吾职之当然。及乎立人朝，则委身致主，死生祸福不足以动其心，此岂寻常琐琐者所能为也？后世徒见古人功名鼎盛，以为是出于偶然，不知胸中涵养，早正素定，非一朝夕，而纪旗常汗简者，特其粗也。

内翰王公元之，自为布衣，已慨然有经纶天下之志，洎遭明时，事圣君，正色立朝，凛乎不可犯。文忠苏公至追配以汉唐六君子，平生大节，载在信史。夫人能言之。

若夫服勤小官，孜孜民事，言谊卓然，有大过人者，国史逸其传，或不得而记也。公以雍熙改元，宰吴之长洲。首论榷酒之弊，惧遗斯民之害，以至激风俗、厚教化，抑兼并、哀流亡，形诸议论、垂诏后来者，大率皆有深旨，非涵养之厚，不以职守大小贰其心者，能若是乎？

公没二百年，邦人虽知公之有德于民，莫有发其微者。今总卿赣川曾侯栗德宽来宰是邑，始求公像绘之，而并镵欧阳、苏、黄三公诗赞于石，尝属予序其大概矣。盖曾侯之去十有七年，天台黄君宜实来拜公遗像，而且叹祠事之礼犹缺，乃辟县治之东，建堂而奠焉。而求文以为记。

窃谓人之出治，莫难于始终一节。昔王文公介甫宰鄞有声，利兴害除，民甚便之。其后坐庙堂、临大政，乃用其所以治鄞者治天下。学术不正，喜同恶异，为相声名减于为邑。公则不然，自令满召试，再陟谏坡，三登掖垣，而晚入翰苑，危言谠论，裁抑冗费，禁戢游惰，缓刑薄赋，修德厚本，一一为上言之，而爱民之意，前后一辙。咸平以来，卒为名臣。

然则由百里之政，充而至于致君泽民，果且有异乎哉？长洲为今壮县，令宰名德，前后相望。有因是有闻而登宰辅者，岂公流风在人，于今未泯耶？黄君旧同学校，知其人不苟，为政三年，去之日，如始至。燕居之所，未暇葺治，而独于此焉惓惓，可谓知所本矣。

予嘉其志，故书之。庆元六年黄由记。

周孝子庙记　　　　　　　　　　〔明〕吴宽

姑苏城东南隅，有周孝子庙。庙始见于常熟，在宋乾道间。邑人周容奉母朱氏有至行，人称周孝子。且勇于为义，见罹患难者，拯救之恒恐后。既没，一日降于其家，以己为神，告其母，且曰："儿愿为国效力，以保祐乡里。"后果如其言，终岁民无灾患，遂相与庙事之。

其后淮南大疫，云有往施紫苏汤者，全活者众。淮人渡江酬之，偶见庙貌，始知为神事。传民间凡病者，祷讫，汲水投紫苏煎饮即瘳。既七十余年，进士赵必鏱因具其事，又以除蝗、驱虎、救水旱、扦寇盗显迹，上于官，朝廷特赐庙额，秩于祀典。

若苏城有庙，岁月已远，莫考其创建之由。岂常熟为苏属邑，郡中亦冀其神贶波及，以事之欤？

近景泰甲戌，郡中大雪，民饥而疫作，相枕藉死，祷者取水煎饮如法，亦多获生，民益神之。自是凡有所求，争趋庙下，每旦庭庑如市。顾其庙既卑隘，祷者益多，至无所容足。

旁有王英者，自其父谦以来，再世守庙，以精勤称。谋欲改建，而不敢专其事，则与里正言于县、于府，而苏卫千户陈俊更割地以广其址。庙故西向，始易以南，爽垲端正，以至像设、器用亦无不备。

自昔吴越多淫祠，狄梁公悉斥去之。今孝子为人，虽非若古之法施于民也，然使悖逆者则愧而改行；虽非若古之御大灾、大患也，然使疾疹者祈之而获福。庙而祀之，岂不宜哉！

噫！梁公既往，吴俗弥盛。其尤者，家自为庙，祀非其鬼，往往刲羊豕以大享之。其歌讴欢笑，俯仰跪起，类乎生人之谯，而卜筮、巫祝之徒，假以获利者皆是。曾谓孝子，肯享其祀乎？而人亦敢以其祀祀孝子乎？

予嘉孝子有补于世教也，有益于民命也，有合于祀典也，于是乎记。

埭川顾氏祠堂记　〔明〕江盈科

通政韦所顾公请告居里，不佞科承乏此邦，景仰名硕，时造庐问政，裨益弘多。盖在事四载，其岁为丙申，适公所建家庙落成，属余为记。公手授余状其庙，为堂、为寝室各一，为阁一，为门二，设世祖伯仁公而下木主其中，岁时祋祭，置祠田若干亩，算计租输，当国税之入，余悉以供蒸尝俎豆之需，且戒其族人与子若孙曰："异时即富贵，无谋鬻，期于永永，与云仍俱久。"噫！通政公之用心何其仁，而为虑何其远耶！

夫自古宗法之坏也，林总之众，昧所从出。一门之内，一再传之，后率途人相视。于是少凌长、卑狎尊，浸引蔓延，淫媟狠傲，各遂其性。所号称宗长者，傍睨不敢出一语。乃始攘臂构难，狱讼日繁，而棰楚日不胜用。诸如此者，固老苏所谓"其初一人之身者也"，一人之身之所自出，而胥残乃尔，则岂非宗法不明之流弊欤？

祠堂，非宗法也，而宗法由之以行，春秋禴祀，择族之尊而长者为祭酒，其余子孙昭穆胪列，跪拜奠献。祭毕宴飨，以伦以次，揖让酬酢，递推所自，归于一人之身，靡不油然相爱，肃然相敬。异时即有不肖之心，且退而思曰："吾今所欲逞之人，固向者庙中所与相爱相敬，自一人之身而出者也。"思则赧赧，则勃发之念颓然中溃，盖不忍形诸其口，宁肯复质诸庭耶？如是，孟子所谓"人人亲其亲、长其长，而天下平"者，无以逾此。

噫！祠庙兴废，系宗法存亡，顾不重欤！奈何近世士夫即崇阶峻秩、禄厚家温，当其退闲，所极意夸斗者，非宫室第宅之雄，则园亭池馆之丽，其族人贫者、贱者、稍疏远者，从舆骑左右窥伺觊觎，有如天神，不敢望见，敢相与齿列祭祀宴飨，以明出自一身之义耶？

今通政公官至九列，然家产仅垺中人，所居才蔽风日，未尝有五亩之园自怡。而首务创此，盖其孝友施于有政，仁让兴于一家，推而广之，唐虞三代之盛可复见于叔世。不佞所谓用心仁而为虑远，讵不信欤？

公登隆庆辛未进士，宰剑丰，以卓异征拜谏议，所论列俱关天下大计。累官至通政司右通政。退居若而年，而望日隆重，朝野喁喁属目，未久召入，不次柄大政，所为治天下，使人还揖让，屋比可风，兹固其权舆也哉！

祠在郡西北隅，地名下保，创造凡数阅月而工告竣。科不佞，谮为之记，用识岁月，且申明其义，谂同志期于共行古道云。

重修徐文端公五贤祠记　　　　　　　　　〔明〕朱燮元

国家崇德报功，咸秩无文。历代名贤祠墓，敕所在有司及时缮完，岁修祀事。今上即位，恢廓大度，微显阐幽，恩意尤渥，猗欤休哉！千古未有也。

郡城颜安里徐文端公祠，故祀宋两浙转运使文端公讳奭暨公子赠太师忠懿公讳师闵、孙延康殿学士讳铸，旧在城北之金梧里。宣德八年，前守况公移建于此，撰记勒石，阅岁久远，渐即圮坏。

会公十二世孙光禄寺寺丞谦殉身靖难，时子诸生道通荒，孝事其母，恭遇龙飞，特表忠节。有司应诏议建专祠，裔孙贡士陛扬遂以乞修祖祠、进祀两贤为请。抚按诸公先后报可。于是，诹吉奉主入祠，增题其额曰"五贤"。爰撤旧材，易朽以坚，丹漆黝垩，轮奂宏整，揭虔妥灵，典礼攸称。

余考祭法："能御大灾、扞大患则祀之，法施于民则祀之，以死勤事则祀之。"文端公崛起海闽，掇巍科，判剧郡，文章功业，载在史册。

当宋天圣间，苏州大水，赖公障而疏之，其有造于吴民甚大。既又致仕家吴，以经术教后进，流风余韵，奕世犹存。迨忠懿、延康两公，胥以文学、吏治为时名臣，起三百年。而光禄君父子，炳日星之大节，丕绍先绪，一门世泽。揆之祭法，实臻备美，所谓积厚者流长，德盛者报远，不信然欤？

是役也，下慰邦人士仰止之思，上副我国家表章先哲、风励名教之旷典，尤以见德泽之在人心，忠孝之在天壤，历久弥光，足使顽夫廉而懦夫立也。因书其事于石，附况公记后。

徐文靖公祠记　　　　〔国朝〕潘末

人之自致不朽者，惟此忠孝大节，孤行于天地间，而善俗维风，亦常以劝忠教孝为先务，故胜国之忠节，往往表章于兴朝。若周世宗之旌刘仁瞻，宋艺祖之褒韩通，明太祖之表余阙，并为赠官立祠。而齐高祖敕史臣为袁粲立传，元修《宋史》亦具载文、陆诸人。盖忠于所事而殉之以死者，人臣之极则；褒忠录节以扶植纲常者，古今之通义。身没而名存，事久而论定，正气凭焉，不可得而磨灭也。

前明末造，朝臣死忠者班班可考，而吾吴则宫詹勿斋徐公为最著。公自为经生时，即以希圣希贤自淬励，入词苑为讲官，正色立朝，风节与文文肃、姚文毅相上下。北都之变，公方家居，不即死。比闻金陵不守，指池水谓人曰："江万里，吾师也。"卒自沉以死，天下称纯臣焉。

公没四十余年，而潜庵汤公来抚吾吴，为公建专祠于虎丘，载在祀典，有司春秋致祭。崇德报忠，其盛典也。而有冒宗遗孽，窜入其中，奸民蠹僧，从而诱之，遂至毁像撤屋，尽售诸人。翼翼崇祠，鞠为茂草。盥奠无所，行路伤嗟。于是徐之宗老暨郡人士，控于前抚宋公，下所司勘治。会宋公迁去，未蒇厥事。复控今中丞于公，下长邑覆勘，甫正厥罚主持其事。郡绅咸集，而侍讲彭公之力为多。第毁祠之罪虽惩，而复祠之资未办。会彭公有编纂之事于维扬，言于银台曹公，首捐厚赀，兼谕所属佽助，得祠费大半。于是郡士夫协力裨补，不日落成。以虎丘故址颓陷，改筑于长洲学宫之东偏，祠屋三楹，中奉宫詹公，旁以许、顾两文学配。许先生玉重闻燕京之变，行哭三日，自缢福清观，不死，投胥江，不死，绝粒七日死。顾先生东湖，当金陵变后，自经学宫，不死，复赴水死。两先生以布衣诸生而慷慨殉国，人尤贤之，用配宫詹公，忠臣、烈士参列一堂，相视而莫逆，同游而不孤，当亦公心之所甚慰也。

宫詹公有子昭法先生，亦以清操介节见重于世，称真孝廉。中丞于公别致褒奖，祀诸乡贤，殷礼并称，闻者莫不兴起。夫庠序之设，所以明人伦也。死忠死孝，乃明伦之实事。士登胶序，虑无不悬以为鹄，幸而先正先民有若人，焉得不企而慕之以为师表？试思六十年前缙绅之居高官、髦士之擅时誉者，不知其几，今皆渐然与草木同腐，而宫詹暨两文学名垂史乘、节炳日星，夫非出自宫墙者哉！至性人人本具，圣贤人人可为，处变处常，各有当尽之道，毋曰俎豆学宫，非吾侪事其可也。

彭公素以纲常名教为己任，既倡修学宫，复营斯祠，发扬潜德，表俗坊民之意至深远矣。末少受业于孝廉先生，备闻世德，幸祀典之再光，公论之不泯也。谨叙述始末而系之以铭。铭曰：

国家养士始泽宫，释褐登朝禄弥丰。谊当矢报安危同，末流身家计偏工。置君国事如喑聋，脂韦便佞偷自容。临难苟免争趋风，峨峨宫詹正气钟。垂绅端笏彤庭中，清流倚赖推君宗。虞渊日坠微垣空，痛思攀髯抱遗弓。一马渡江不作龙，秣陵胥台烽燹红。择死得所三闾从，沉渊毕命何从容。许顾两生仅章缝，未沾一命绾半通。义愤所激悲填胸，趋死如归百折东。眇驱担荷纲常隆，闻风愧死长乐翁。东吴夙称礼义邦，有臣有士如三忠。足报国恩十叶浓，精为星芒气成虹。云车风马时相逢，泮池清洁宫崇崇。妥魂一室昭虔恭，兴废补阙典至公。多士瞻仰资磨砻，廉顽立懦殊有功。人心天心不昧蒙，春秋禋祀无终穷。

张孝子祠记 〔国朝〕沈德潜

张孝子有孙曰声蘧，余与声蘧张君相识五十年于此矣。张君每为余言乃祖孝行，乃祖自为儿时已能知孝养其亲，里中莫不称孝子焉。当明之季，土寇蜂起，吴中骚然。乃祖奉其母以行，将去之杭。道逢寇相失，乃日号泣于路，足迹几遍浙西地，竟于严州得母以还，奉养二十余年而没。其他孝行，不可胜纪也。实有类于史传所云杜子春、滕昙公之为人。张君自伤祖父、子孙三世皆处贫贱，虽欲表见于世，而其道无由。

今上皇帝即位，诏天下举节孝，许子孙得自请于官。于是巡抚都御史中州许公上孝子十有六人于朝，而张君乃祖与焉。既建坊于玉带河之西，又立祠于长元学乡贤祠之东偏，春秋祭祀，世世弗绝，亦荣遇也。

乾隆十一年冬，余自京师乞假归。张君固请余文以为记。余观世之衣冠而学者，容貌辞气亦既彬彬尔雅矣，至于家庭之内、骨肉之间，笃行如孝子者，亦无几人。

孝子区区在细民之列，未尝学问而能如此，岂非天性？然与昔者万石君石奋，以孝谨闻乎郡国，其时齐鲁诸儒皆自以不及者，虽无文学，而笃行则过人矣。孝子其庶乎？孝子笃行，载之《江南通志》"孝义传"，既足以风世励俗，而其孙声蘧心存乎扬先祖之美，而事卒以成，亦可谓知所崇本矣！

孝子名文魁，字东溪，父一鹏，母沈氏，亦吴中旧族云。

重修于清端公祠并清理祭田记　〔国朝〕觉罗雅尔哈善

两江总制于清端公之殁也，距今六十余年，其清风遗爱，民犹歌道之弗衰。金陵、吴下，祠宇非一，在苏郡者凡二：一在府学，为于、汤二公合祠；一为公专祠，在城中金母桥侧，初名立人书院。康熙中，阖郡士民所建以祀公者。暨公之冢孙准抚吴时，为置祊田十三亩有奇，畀守祠僧人掌之，以供香火、祭祀之用。岁久弊生，田既盗卖，祠亦倾圮。元和县儒学训导吴中衡职主祀事，每春秋入祠，叹其芜秽，无以揭虔妥灵。遂力任兴废，白于郡守邵大业，追田归祠，又捐俸葺修，堂庑、门墙并还旧观。工竣，将撰日告祭，请余为记，以垂久远。

余惟清端公以廉明正直为本朝督抚大臣之冠，在江南二年，墨吏改行，苟且屏绝。凡锄奸戢军、安民造士之政，次第举行，论者以比宋包孝肃、赵清献为不愧，韩宗伯炎、彭侍讲定求撰公祠记，述之已详，而余窃有感焉。

督抚为封疆重寄，数千里民生休戚所关，我朝圣圣相承，知人善任，凡以畀兹使节，要皆慎选贤良，间有不宜，辄易去。百余年来，后先相代，不知凡几。然金陵、吴下清风遗爱歌勿忘者，汤公而外，必以于公为归，是固实有以致此者，自足长存于天地间也，岂偶然哉！余奉命抚吴两载，兢兢业业，愧无补于教养。溯公休烈，不胜高山仰止之思。又嘉吴训导能独新公祠，兼复久隐之田，因为书其始末，并详列田租之数，用图圩名号于碑阴，以谂来者。

浔阳陶氏祠堂碑记　〔国朝〕华希闵

《礼记》孔氏《疏》有云："他国之臣，初来仕为大夫者，亦得为太祖。"此始迁祖得于昭穆之上，立祖庙之明证也。后世家庙之制废，而士大夫之族各择地为祠堂，以致报本追远之意，所谓"礼以义起，义以时行"云尔。

吴中陶氏系出浔阳，明洪武间，袭职千户靖侯公俊，自凤阳龙骧调苏州卫，遂占籍焉。传十余世，祠堂之建犹阙如。乾隆辛未，其十一世筱既捐良田千亩为义庄，乃即其地庀材鸠工，构祠堂以祀千户公，俾世世子孙春秋祭飨、朔望展谒，而凡吴中陶氏之出自千户公者，婚丧、衣食皆得告于祠而给焉。盖夫人所谓薄于宗族者，以其不知所出之本一也。诚知所出之本一，则虽亲尽服穷，所相视如途人者，其初本为一人之身，则一体相关之念，自油油然生，而不忍其颠连而无告矣。

夫千户公家世勋卫，其父没，擗踊哭泣，丧葬尽礼，族党咸钦其孝。既袭父职，矢志报国。永乐中，从征交阯。咸子关之战，公以前锋深入重地，转战经日夜，遂陷阵没。交阯平，策勋，而恤赠之典寝格不行。吴匏庵先生表公墓，低徊感叹，以为恨事，千古之定论已显。公殁垂四百年，子孙蕃昌，簪缨舄奕。今义田之举，直上继文正范公之施贫活族，自此勿替引之，烝尝百世，天之所以酬公忠孝者，洵不爽欤！

祠成，陶君请书其事于石，希闵爰为之记而并系以诗曰：

浔阳厥祖，邈兮陶唐。长沙历世，载兴凤阳。桓桓抚剑，从龙翱翔。千户袭美，敌忾从王。义不反顾，殉节戎行。功宗世祀，于礼克当。屈于朝议，有闭其光。天祚忠孝，子孙蕃昌。后贤聿起，允构斯堂。断自始迁，宗祐是皇。门庑庖湢，辅以义庄。爰有高廪，埒范延光。自今伊始，百世烝尝。尊祖收族，施于无疆。

吴郡诗石记 韦白诗石在郡斋，今子城基。 　　　　〔唐〕白居易

贞元初，韦应物为苏州牧，房孺复为杭州牧，皆豪人也。韦嗜诗，房嗜酒，每与宾友一醉一咏，其风流雅韵多播于吴中，或目韦、房为诗酒仙。时余年十四五，旅二郡，以幼贱不得与游宴，尤觉其才调高而郡守尊，以当时心言："异日，苏、杭苟获一郡，足矣！"及今，自中书舍人间领二州。去年脱杭印，今年佩苏印。既醉于彼，又吟于此。酣歌狂什，亦往往在人口中。则苏、杭之风景，韦、房之诗酒，兼有之矣。岂始愿及此哉！然二郡之物状人情与曩时不异，相去三十七年，江山是而齿发非，又可嗟矣。韦在此州歌诗甚多，有郡宴诗云"兵卫森画戟，燕寝凝清香"，最为警策。今刻此篇于石，传贻将来。因以余句宴一章，亦附于后。虽雅俗不类，各咏一时之志。偶书石背，且偿其初心焉。宝历元年七月二十日。

廉石记 　　　　〔明〕吴宽

石之产于吴者，奇形怪状，不可尽述。良工采之，好事者赏之，君子则藐之。于此有石焉，顽然数尺，重而不奇，蠢而不怪，尽山中皆是物也。良工弃之，好事者

藐之，君子则赏之。岂徒赏之，又从而贵之、敬之。视其物，殆与鲁璜秦璧等，非物也，人也。

盖当汉末，吴郡陆公绩，仕于孙氏，为郁林太守。相传泛海归[1]吴，舟轻恐覆，取巨石为装，盖其廉如此。公家娄门之内，临顿里之北，石留民家，至今犹存而埋没土中，仅露其背，过者犹能指而称之，曰："此汉陆公郁林石也。"然未有表识之者。

今监察御史胙城樊君祉巡按吴中，闻而美之，谓知府史侯简曰："先哲遗物，固宜表识，且有可以风厉乎人者在，顾其石僻在东城，非官吏朝夕属目之所，其为埋没等耳，吾将有以置而立之。"侯以为然。吴县知县邝鄱、长洲县丞王伦相与督役夫，曳置察院之侧，作亭覆之。而樊君为名之曰"廉石"。石始僻而通，久湮而显，观者哄然，足迹不绝，皆曰："古之才御史，必以扬清为事。樊君此举，虽去之千四百年之久，犹扬之，况近者乎？且御史之职在乎举贤，举贤者可以激劝乎一时，石之不朽，虽至于千万年可也。其有功于风纪甚大且久。"

惟昔南中有贪泉焉，饮之者见宝货，以两手攫而怀之。物之能移人心如此。今之廉石，正与此戾。自兹以往，凡过而视之者，其廉士固欣然摩挲爱玩，以益励其操；若夫贪者，将俯首赧颜，趋而过之，有不动心而改行者，尚得为人类也乎？

石之立，为弘治丙辰四月二日。越月而亭成，樊君既题其楣曰"汉郁林太守陆公廉石[2]"，复别琢石，请予为记。予美其事，故诺而助成之。

移郁林石记 〔国朝〕李果

汉末陆公绩仕孙吴为郁林太守，廉于官，归舟轻，绝不可越海，取巨石镇舟以还。今郡学中"廉石"是也。高数尺，广杀其三之一，而厚又杀其两。

陆公，吴郡人。石旧在娄门临顿里，人以公官呼"郁林石"。明弘治中，有司舁置察院廨旁，筑亭以覆，更名"廉石"。见吴宽匏庵《记》。

国朝裁去察院，廨为武弁官舍，亭亦久废。康熙四十八年，郡守长沙陈公补建前守况公祠于郡学，移石树之祠前。况公在前明，人夙号为廉吏也。陈公典郡，刚毅而能慈爱，尤以廉干称。去官羁润州日，至不能谋朝夕，盖远师乎陆公而近法乎况公者。其于兹石，宜其肃焉加敬，不欲委诸衢路，为贩夫牧竖所狎玩，而必登自

① "归"字原缺，据《乾隆苏州府志》补。

② 原稿无"廉石"二字，据《苏州府纂修识略》补。

学宫,表之贤守之祠,使学士、大夫相顾而矜式、太息而则效也欤?

余独慨夫后世吏道多杂,归舟载石,当必有嗤之为愚者,其自为计良深矣。然不愚者之所载,往往不逾时而厚亡;而愚者之所载,其留之千百年,照耀于人世耳目间而无有穷期也。愚耶智耶?当必有怃然兴感者矣。公在润州,余尝谒公。公属余记此石,因书之。

苏州南禅院千佛堂转轮经藏石记　　　　〔唐〕白居易

千佛堂转轮经藏者,先是郡太守居易发心,蜀沙门清闲、矢谟,吴僧常敬、弘正、神益等俲功,檀主邓子成、梁华等施财,院僧法弘、惠满、契元、惠雅等藏事。太和二年秋作,开成元年春成。堂之费,计缗万。藏与经之费,计缗三千六百。堂之中,上盖下藏。盖之间,轮九层,佛千龛,彩绘金碧,以为饰,环盖悬镜六十有二。藏八面,面二门,丹漆铜锴,以为固。环藏敷座六十有四。藏之内,转以轮,止以柅,经函二百五十有六,经卷五千五十有八。藏成经具之明年,苏之缁白徒聚谋曰:今功德如是,谁其尸之?宜请有福智僧,越之妙喜寺长老元遂禅师为之主。宜请初发心人,前本郡守白少傅为之记。佥曰然。

师既来,教行如流,僧至如归,供施达嚫,随日而集。堂有羡食,路无饥僧,游者、学者,得以安给。惠利饶益,不可思量。师又日与苾刍众升堂,焚香合十,指礼千佛。然后启藏发函,鸣犍椎,唱伽陁,授持读讽十二部经。经声洋洋,充满虚空。上下近远,有情识者。法音所及,无不蒙福。法力所摄,鲜不归心。佻然巽风,一变至道。所得功德,不自觉知。由是而言,是堂是经,是藏之用,信有以表旌觉路也,脂辖法轮也,示火宅长者子之便门也,开毛道凡夫生之大窦也。亶其然乎!

又明年,院之僧徒三诣雒都,请予为记。夫记者,不唯记年月,述作为;亦在乎辨兴废,示劝戒也。我释迦如来有言,一切佛及一切法,皆从经出。然则法依于经,经依于藏,藏依于堂。若堂坏则藏废,藏废则经坠,经坠则法隐,法隐则无上之道,几乎息矣。

呜呼!凡我国土宰官、支提上首暨摩摩帝辈,得不虔奉而护念之乎?得不保持而增修之乎?经有缺必补,藏有隙必葺,堂有坏必支。若然者,真佛弟子,得福无量;反是者,非佛弟子,得罪如律。开成四年[①]二月一日记。

---

① 原作"开成二年",据《吴郡志》改。

苏州南禅院白氏文集记 　　　　　　〔唐〕白居易

唐冯翊县开国侯太原白居易，字乐天，有文集七帙，合六十七卷，凡三千四百八十七首。其间根源五常，枝派六义，恢王教而弘佛道者多矣。然寓兴放言，缘情绮语者，亦往往有之。乐天，佛弟子也。备闻圣教，深信因果，惧结来业，悟知前非，故其集家藏之外，别录三本：一本置于东都圣善寺钵塔院律库中，一本置于庐山东林寺经藏中，一本置于苏州南禅院千佛堂内。夫惟悉索弊文归依三藏者，其意云何？且有本愿，愿以今生世俗文字放言绮语之因，转为将来世世赞佛乘、转法轮之缘也。三宝在上，实闻斯言。开成四年二月二日，乐天记。

南禅集云寺重建大雄殿记 　　　　　　〔明〕吴宽

吴有佛寺曰南禅集云者，国初所赐额也。寺之始建不可考，自唐宋以来，多名僧居之。入皇明，又有若宝昙和尚者，高皇帝知其名，召赴阙下，俾往蜀之峨嵋，化行其地。久之而还，因奏先所居集云旁有妙隐、大云二寺，乞合而一之为是。上从之，始赐今额。实洪武二十四年也。事见左善世弘道所制《宝昙塔铭》。乃成化十二年十月十三日，寺烬于火。主僧德本以为己事，欲重建之而力未能也。于是遍扣富室求施，积财蓄料，盖越十寒暑，爰以二十二年五月十一日兴工，始克建所谓大雄殿者。像设既完，供养益甚，乃复建方丈，以为宴息之所，观者称叹，以本公之劳其心力、疲其精神，不负乎其教，有可嘉者。然其意犹以寺之规制未备，欲悉建之而力亦未能也。特求予记其功之成者，至于数四而不已。

惟兹寺在城之南，有山林幽绝之胜。自昔贤士大夫尝辱爱之。盖唐开成初，寺僧法弘、惠满等，作千佛堂经藏。刺史白乐天既为之记，又尝以文集七帙置于寺中，非以寺之有人而有所托乎？及宋苏子美谪湖州长史，流寓吴中，作沧浪池以乐。今寺后积水犹汪汪然。子美尝遗洛中故人书云："吴多佛寺可游。"兹寺非其首欤？

夫前贤之遗事，其可考如此。予独爱一言而不为本公复哉！本公字一源，俗出阳湖马氏，而受业于半塘寿圣寺日显祖庭为徒。今年老退归旧隐，而惓惓于兹寺如此，真所谓不负其教者乎！

澄照寺记 　　　　　　〔宋〕陈最

佛宇之兴，其来尚矣。自竺乾入洛，象教归周。琅函流贝叶之文，宝塔秘玉毫之相,莫不图兹爽垲,树乃精蓝。苟非背山而面林、左泉而右石,则何以延大千之开士,启孤独之名园?是故鹫岭雄标,世尊因而说法;双林秀拔,惠远由是奠居。盖人境之两殊,亦古今而一致。

苏州郡城之西北三十五里,山曰阳山,山之下寺曰澄照。先是,唐会昌中,丁某施白马涧宅为白鹤寺。后有龙兴寺僧智义因游其上,纵目周览,嗟其年祀寝远,名额仅存。榛莽靡除,基址甚隘。

于是,鸿胪卿、左卫大将军曹茂达六代孙元祚,舍祠堂基以构寺,不改旧额,因而迁之。始创茆茨数十间而已。观其冈峦环合,岩谷洞研,真佛者之津梁,乃道林之形胜。灵启其地,人兴厥谋。决智力而有开,获神明之来义。

寺中有灵泉潜发,莫穷其源。决泄盖自于神功,疏凿岂因于人力?引山渠者数派,溉民田者百塍。水旱不更其浅深,远迩必沾其润利。益国彭城威显公,尝而异之,因改曰仙泉。我宋祥符初,始赐今额。

乾德中,义公既没,上足蕴明嗣而续之,香火无废。道者蕴兴,亦义公弟子也。勇猛精进,出于常伦。痛先志之未终,发精心而善诱。由是,智者献谟,壮者效用。经始勿亟,举而新之。敞广殿以安晬容,饰华龛而庋大藏。厨有库,香积之贡成;僧有堂,如云[1]之众集。

晨昏是警,鼓钟于百尺之台;水陆致虔,设会于五层之阁。而又置忏院、法华院,亭榭高揭,房廊缭周,耽然巍然,不胜其壮观矣。

开宝中,太保韩公承德,复舍梳洗楼为塔院,详其始末,叙厥废兴。见征芜辞,用纪珍琰。时天禧五年十一月二十一日记。

正觉寺记　　　　　〔明〕吴宽

吴城中分四隅,惟东南居民鲜少,自巷衢[2]外,弥望皆隙地,大率与郊野类。访其遗迹,先朝废宅及故佛老之宫为多。

今正觉寺者,相传其先为宋杨和王别墅,后为元人陆志宁寓馆,既而舍为僧院,号大林庵。国朝洪武二十五年,诏清理释教,庵并入万寿寺,遂废。久之,一内侍有公事于吴,得其地,适有僧自滇南来,曰弘此宗者,才智人也。寓于吴,多所兴修。内侍遂以其地遗之,于是,此宗上京师,奏乞为寺,朝廷特从之,因赐寺额曰正

---

① 原作"收云",据岳岱《阳山志》改。
② 原作"巷术",据《道光苏州府志》改。

觉。而为住持，实自此宗始。时宣德乙卯岁也。其事见翰林学士金公问所赠序文。此宗没，传其徒福暄，暄传其徒祖镇，再世有戒行，能守其业。

予昔家居，与故山西参政祝公往游，坐谈竟日，留诗而还。盖二十余年矣。一日，镇公以书来言，寺创于前人，已久未有记之者，愿书之。

夫吴自六朝来，佛老之宫，相望于郡中。穹门广殿，长廊杰阁，土木之功，穷极侈丽。所以成此者，岂皆其徒之身之所出哉！出之人而从其说，以为福田利益者也。

予尝独爱正觉为寺，其地殆百亩，非不能为彼侈丽之观者，顾其屋才数楹，于奉佛居僧仅足而已。其外悉用以树艺，其徒特食其所入以自足，不鼓其说以求于人，其亦贤于其类者哉！故为记之。

志宁，故大家，在当时园亭最胜，尤好植竹，至今美种蔓延不绝，人犹以竹堂称之。地既幽僻，入其寺，竹树茂密，禽声上下，如在山林中，不知其为城市也。又幸其去予家更迩，徒步可至。予将归老，良时策杖，与故旧子侄同游于此，即事赋咏，其乐有日也。

广生庵四观堂记　〔明〕张明烈

东城诸子结侣学禅广生庵，四十年矣。岁首，礼梁天子忏。盛暑间，唪《法华》，而以《三昧火忏》为恒课，忏文有云："先当发起四种观行。"四观堂者，伯屏倪公题额也。守僧某欲小纪以永其事，属辞于予。

予笑曰："诸公皆文章宗匠，通禅理，何不是之求，而谬及予？"僧曰："是五楹者，居士湖滨别业也。惟居士纪之详，且使后人知堂所从始。"予曰："是非纪四观也，纪堂耳。堂址近市，在陋巷中，不临池，不傍山，无茂林修竹之点缀，又无曲房深径之徘徊，何纪乎？虽然，吾于斯堂，悟成坏之因，出处之感，人伦师友之重，修身立命之学焉。师亦知此湖滨数椽，肇自何人，废自何日乎？"

昔有郑公号遂山者，造百间屋于阳城。此五楹，其歌舞地也。经数十年，半属丘墟。其仅存者，以授他姓。积粟厝薪，椎牛酿酒。昔年金粉，荡为吟风落日。未几而移来佛地，沉香以熏之，明灯以耀之，幡幢宝盖以罗列之，成住坏空，洵可叹也。

堂中诸子，为四十年前始事者，今几人乎？为厥考继志而称名、为伊兄成德而作礼者，又几人乎？回顾四十年前诸子，雄心浩气，劲节高文，人人树帜登坛也。

低眉合掌，以为游戏三昧耳。曾几何时，脱儒服而披缁，偕髡钳而圆顶，月明搔首，影愧髯髫，日暮鸣钟，声惊鼙羯。中流之楫未击，慈航之渡谁登？若云头目髓脑可捐，则视息犹故；尽道国王水土当报，而禾黍已非。兴言及此，宁堪回首耶？

溯夫庵之建也，自高僧道开始也。道公本濂溪先生裔，其尊人祺卿公游拱山郑先生门，与圣符、士敬诸君子称兄弟，而赍志以殁，茕孤不能自存，披剃为僧。诸君子建庵以居之。是在戊午岁也。

宗雷之社与庵俱永，而道公日益超悟。时华山汰公、中峰苍公并称龙象，咸以道公为法器。自是聚石谈经，弄狮唤虎，并臻书法、诗画之妙，海内名流，罔不俯首。道开云："嗟乎！向使道开不得是庵，圣符诸君子不立庵以居道开，道开岂遂沦落？人重庵乎？庵重人乎？典斯堂者，可以兴矣。"

方今莲社遍天下，琳宫、梵宇所在辉煌。玄风飞白鹤之翔，法雨洒红莲之瑞。开炉鼓铸，则铜瓦灿若金装；乘传采伐，则乔木森于贡赋。凡若此者，非夸堂头之福报，则藉宰官之护持。坛坫争光，水陆竞奏。盖象狮未吼，而戎马已先嘶矣，孰与萧然四观，无车马之喧并无铃铎之扰？钟鼓之余，缝破衲，断黄虀。社中诸君子，素心相对，如香山洛社焉。兴到，或泼墨数斗，或写幅青山。窗前草长，辄赋昙花。钵底莲生，犹谈贝叶。闲敲棋子，倦咏蒲团。啸歌无忌，花鸟不惊。前此四十年，后此十年、二十年，更或百年，如斯而已。略识始末，以俟后来。

圆妙观重建弥罗阁记　　　〔明〕胡濙

正统五年秋八月望日，兵科给事中郭璘、礼部司务陈珪率道士张宗继，不远数千里，赍姑苏道纪郭贵谦、副都纪吕志清疏状谒余南宫征记。

按状：苏州府在城圆妙观，创自晋朝，名真庆道院。唐更名开元观，宋赐额天庆观。高宗御书"金阙寥阳之阁"，揭于殿端，光荣罕俪。有蓑衣何真人寓居其中，灵迹显著。孝宗召赴行在，眷赉甚厚，人咸倾向。郡守陈岘命羽士募缘，增崇修建，雄冠诸郡。宝祐、景定间，住持严守柔、蒋处仁重加修饰，施以阑楯。元至元间，黜天庆之号而改今额。道士严焕文、张善渊复为修理。时左辖朱文清大捐帑廪，以相其役。由是，穹门邃庑，奥殿巍阁，杰出吴中。元末至正间，毁于兵燹。迨今百有余年，殿堂廊庑，渐次修建，率皆完美。惟弥罗宝阁工费浩繁，久虚未建，诚为缺典。宗继乃募众缘，遂为倡始。

正统三年，巡抚侍郎庐陵周公恂如、郡守南昌况公伯律，因岁旱，祷于其观，遂获甘霖。二公暨合郡吏民咸欲修堕举废，戮力同心，首捐俸资，以兴复为己任，委都纪郭贵谦鸠材庀工。贵谦先令化士尤元真、张养正至镇江市木，俄从扬子江归，遇大风冲散。化士仰天告曰："买木盖造弥罗宝阁，供奉玉帝，今木冲散不存，斯阁焉能成就？"顷刻风恬浪静，忽睹真武见于云端。化士惊愕，再拜。至孟渎河口，木皆先集，举无漂遗，众咸骇叹。归以白侍郎、郡守，罔不竦敬。二公为之益力。

今年夏，厥工告成，复罳重檐。金碧辉焕，极其壮丽。威仪像设，严奉惟谨。谓不可以无记，神明显应之灵，与夫侍郎、郡守作兴之绩，用垂示于久远也。请记于予，又安得不深喜乐道而奖与其能乎！是为之记。俾勒诸贞珉，庶几来者知所崇重，而祗事于无穷焉。<small>按《吴郡志》孝宗赐御书殿额，《记》称高宗以额为"金阙寥阳之阁"，并误。</small>

清真观记　　　　　　　　　　　　　　〔明〕俞贞木

钱塘黄孤山真士，早岁喜道术、方药，南游闽越，北上燕赵，晚止苏城。苏人严德昭者，抱痼疾，因筑室建清真坛，奉北极玄武真君，冀遇医愈疾。闻真士多著灵验，求疗治之，而其疾随愈，乃舍坛以真士主之。于是创建殿宇，广其庐舍。时真士之师潘翁雷鉴来，遂延以开山焉。三十八代天师为题额曰清真道院，乃建丹房，售药以给伏腊计。其弟子永嘉陈正孚与其徒陶希仁，又加修葺，遂以状闻于玄教大宗师，乃移牒集贤院，改今额为观云。

粤自潘、黄二师开山于元之皇庆间，甲乙住山，于是希仁求嗣道者，得三人焉，曰程安道，曰冯本原，曰杨处静。及乙巳之岁，观毁于火。安道以售药资粗创未完，迄今洪武庚申，本原与处静同心协力，重建大殿、山门、两庑，塑真君与侍从像，以明年九月讫工。

孤山既以医鸣，而苏城之人无远近、少长，皆称孤山道观之药神。自兹以往，其诸弟子相传，虽无恒产，而岁积药金有余。至本原、处静，悉倾其橐中所有，以新其观宇，可谓善乎继述者。故砻石刻文，以贻其后人。

增建集元堂文昌阁记　　　　　　　　　　〔国朝〕王时敏

长洲县治东北五十里，相传子胥为阖闾筑城，先于此相地，因名相城，所谓渔子沙也，有灵应院。宋咸淳二年，道士赵志清奉敕建。元延祐间，真人苏斗南能呼吸风雷，闻名当宁，因请升院为观。明初，炼师席应珍奉母终养，以孝称。法师周鹤林以祈祷著绩。地虽褊小,代有高真。隆庆间,里人马俸修葺,历久殿圮。天启癸亥,道士金寰宇等重修,国初,复废。其徒赵弘科至京师,有张上池为之劝募。时大司马龚鼎孳捐赀首倡,始复旧观。弘科复聚徒周正谊,以嘅施所积,辟东南隙地为经堂、庖湢之所。是役也,始于丙辰成于己未,因纪其岁月,勒之贞珉云。

灵应道院碑记　　　　　　　　　　〔国朝〕沈光曾

县治东南隅,有灵应道院。宋时敕建。嘉定元年,吴地亢旱,三岁不雨雪,建坛祷祈无验。适西蜀道士谷初旸入吴,麻鞋体裸,跳跃上坛,仰首若与空际语,顷大雪,尽三昼夜止。当事上其事,敕建道院奖异之。范文正公记以诗,载于志乘。然嘉定以来,师徒授受,不可悉考矣。明熹庙时,以清静修养闻者为何师隐虚,一传为许师鸣玉,再传为胡师乔仙,三传为陆师守诚,四传为今道士魏师浮樽,皆能承守先业,维持勿坏。而浮樽创建修造之功,视前人有加焉。此于大《易》所谓“子克家”者也。

夫寻常老氏之宫,有修真缮性于其地者,犹当谨而守之,以存“有其举之莫敢废焉”之义。况初旸祈雪,即《传》所云“有功德于民”与“能御大灾”“能捍大患”合于祀典者,而可任其废乎?

予莅兹土五寒暑,于先贤、忠烈、土谷神祇,苟利泽及人者,无不保护而安全之。则初旸栖隐之所,固冀其世守勿替者也。今将奉调去,恐自兹以往,有实逼处此渐滋、觊觎、侵轶之虞者,故昭揭示之。彼即不畏鬼神呵谴,独不念三尺凛然,初不为强梗越畔者恕乎?而嗣其传者,亦当谨饬自好,念前人之勤劳,望后起之继续,使历代相传者不致有茂草之叹,庶能免弃基陨越之咎也。故为书敕建缘起,而延袤四至与殿宇间架于左,使后世有所考云。

沧浪亭记　　　　　　　　　　　　〔宋〕苏舜钦

予以罪废,无所归,扁舟南游,旅于吴中,始僦舍以处。时盛夏蒸燠,土居皆褊狭,不能出气,思得高爽虚辟之地,以舒所怀,不可得也。

一日过郡学,东顾草树郁然,崇阜广水,不类乎城中,并水得微径于杂花修竹之间,东趋数百步,有弃地,纵广函五六十寻,三面皆水也。矼之南,其地益阔,旁无民居,左右皆林木相亏蔽,访诸旧老,云钱氏有国,近戚孙承祐之池馆也。拟隆胜概,遗意尚存。

予爱而徘徊，遂以钱四万得之，构亭北碕，号沧浪焉。前竹后水，水之阳又竹无穷极。澄川翠干，光影会合于户轩之间，尤与风月为相宜。予时榜小舟，幅巾以往，至则洒然忘归，觞而浩歌，踞而仰笑，野老不至，鱼鸟共乐。形骸既适则神不烦，观听无邪则道以明。返思向之汩汩荣辱之场，日与铢锱利害相磨戛。隔此真趣，不亦鄙哉！

噫！人固动物，情横于内而性伏，必外寓于物而后遣。寓久则溺，以为当然。非胜是而易之，则悲而不开。惟仕宦溺人为至深，古之才哲君子，有一失而至于死者多矣。是未知所以自胜之道。

予既废而获斯境，安于冲旷，不与众驱。因之复能见乎内外失得之源，怃然有得，笑傲万古，尚未能忘其所寓，故用是以为胜焉。

沧浪亭记　　〔明〕归有光

浮图文瑛居大云庵，环水即苏子美沧浪亭地也。亟求予作《沧浪亭记》曰："昔子美之记，记亭之胜也，请子记我所以为亭者。"

余曰：昔吴越有国时，广陵王镇吴中，治园于子城之西南。其外戚孙承祐亦治园于其偏。迨淮海纳土，此园不废。苏子美始建沧浪亭，最后禅者居之。此沧浪亭为大云庵也。有庵以来二百年，文瑛寻古遗事，复子美之构于荒烟残灭之余，此大云庵为沧浪亭也。

夫古今之变，朝市改易。尝登姑苏之台，望五湖之渺茫，群山之苍翠。泰伯、虞仲之所建，阖闾、夫差之所争，子胥、种蠡之所经营，今皆无有矣。

庵与亭，何为者哉？虽然，钱镠因乱攘窃，保有吴越，国富兵强，垂及四世。诸子姻戚，乘时奢僭，宫馆苑囿，极一时之盛。而子美之亭，乃为释子所钦重如此，可以见士之欲垂名于千载，不与澌然而俱尽者，则有在矣。文瑛读书喜诗，与吾徒游，呼之为沧浪僧云。

归田园居记　　〔明〕王心一

余性有丘山之僻，每遇佳山水处，俯仰徘徊，辄不忍去。凝眸久之，觉心间指下生气勃勃，因于绘事亦稍知理会。辛未，以先府君年高，弃官归田。敝庐之后，有荒地十数余亩，偶地主求售，余勉力就焉。地可池则池之，取土于池，积而成高，可山则山之。池之上，山之间，可屋则屋之。兆工于是岁之秋，落成于乙亥之冬。

友人文湛持为余额之曰"归田园居"。

门临委巷,不容旋马。编竹为扉,质任自然。入门不数武,有廊直启,为墙东一径,友人归文休额之也。径尽北折为秫香楼,楼可四望。每当夏秋之交,家田种秫,皆在望中。自楼折南皆池,池广四五亩,种有荷花,杂以荇藻,芬葩灼灼,翠带柅柅,修廊蜿蜒,架沧浪而渡,为芙蓉榭,为泛红轩。自泛红轩绕南而西,轩前有山,丛桂参差,友人蒋伯玉名之为"小山之幽"。又西数武,有堂五楹,爽垲整洁,文湛持取李青莲"春风洒兰雪"之句,额之曰"兰雪堂"。东西则树桂为屏,其后则有山如幅,纵横皆种梅花。梅之外有竹,竹邻僧庐,旦暮梵声如从竹中来。其前则有池,其池取储光羲"池草涵青色"句曰"涵青"。诸山环拱,有拂地之垂杨,长丈之芙蓉,杂以桃李、牡丹、海棠、芍药,大半为予之手植。池南有峰特起,如云缀树杪,谓之缀云峰。池左两峰并峙,如掌如帆,谓之联璧峰。峰之下有洞曰小桃园,内有石床、石乳。南出洞口为漱石亭,为桃花渡。其石之出没池面者,或锐如喙,或凸如背。有折北磴而上,为夹耳岗,为迎秀阁,为红梅坐,直接竹香廊以至山余馆,渐逼余室。

余性不耐烦,家居不免人事应酬,如苦秦法。步游入洞,如渔郎入桃花源,见桑麻鸡犬,别成世界,故以小桃源名之。洞之上有啸月台、紫藤坞,可扪石而登也。洞之东有池曰清冷渊,池上有屋三楹,竹木蒙密,友人陈古白额之曰"一丘一壑"。

自兰雪以东,此其最幽者。兰雪以西石磴重叠,皆可布坐,梧桐参差,竹木交映,一径可通。聚花桥东折,诸峰攒翠,下临幽涧,颇有茂林修竹、流觞曲水之意。自此渡试望桥,曲径数折,即得缀云峰,北望兰雪,又隔盈盈一水矣。山径逶迤,从高趋下,上接缀云、俯瞰涵青者,为连云渚。绝涧欲穷,得石如螺,因之而渡者为螺背渡。又折而东,为听书台,以可听儿子辈读书声也。西折为悬井岩,有洞幽邃,蹑水傍崖,北折而出,悬崖直削,盖如井然。再拾磴造其顶,诸峰高下,或如霞举,或如舞鹤,各争雄长于缀云下者,余不能尽名之。又西则为幽悦亭,亭之左有石丈余,夭矫如龙,余自采之包山云。自此层磴而下,蹊涧相连,植有杨家果数树,是为杨梅隩。又北折,有屋半楹,四望皆竹,是为竹邮。由竹邮又西折,从南为饲兰馆,庭有旧石数片,玉兰、海棠高可蔽屋,颇堪幽坐。北折则回廊曲而且幽,廊半有小径,斜通石塔岭。廊尽由南折西,皆架山茶,有亭曰延绿。延绿之北,有石如玉,拱立檐际,谓之玉拱峰。每至春月,山茶如火,玉兰如雪,而老梅数十树,偃蹇屈曲,独傲冰霜,如见高士之态焉。插篱成径,至梅亭、紫薇沼,亦园居之一幽胜也。北临漾藻池，遥望紫逻山，飞翠直来扑坐。夏月之荷、秋月之木芙蓉，如锦帐重叠，又一胜观。有桥横跨池面，为卧虹桥，桥之东有石如云，向空而涌，为片云峰。桥尽有石可憩，为卧虹渚。转径而北，依山傍水，苍松杂卉，接叶连阴，为小刿溪。有石横亘如门，四山崒嵂，停水一泓，有古杏覆其上，为杏花涧。渡涧盘旋而上，是为紫逻山，以言其石之色也。上有五峰，曰紫盖，曰明霞，曰赤笋，曰含华，曰半莲，又谓之五峰山。有亭曰放眼，西与南州之拙政园连林靡间，北则齐女门雉堞，半控中野，似辋川之孟城，东南一望，烟树瀰漫，惟见隐隐浮图插青汉间。近以林木蓊郁，不可纵目，濮上叶润山额之为"流翠亭"。自流翠而南，于石阿间得路东折，为拜石坡。水石俱备，梅杏交枝，左有花红果树，扶疏如盖。有阁耸树杪间，曰资清。资清之下，三圆其户，是为串月矶。复设柴扉，常扃之。自拜石折北又西，则为紫逻之背，众峰叠涌，乱石嶙峋，环山有濠，从水中央结有草亭，架梁而登，可通濠北。有地皆种木奴，因号其亭曰奉橘，盖借王逸少《奉橘帖》名之也。至此则山尽水穷，东行长廊为想香径，竹梅夹道，香韵悠然，沈启南有"可竹"之额，尚恨无人以梅匹之，出想香，已在兰雪堂矣。

东南诸山采用者湖石，玲珑细润，白质鲜苔，其法宜用巧，是赵松雪之宗派也。西北诸山采用者尧峰，黄而带青，古而近顽，其法宜用拙，是黄子久之风轨也。余以二家之意，位置其远近、浅深，而属之善手陈似云，三年而工始竟。甲戌，余复流连尘辋。庚辰，归田，又为修其颓坏、补其不足。余无间阴晴，散步畅怀，聊以自适其丘山之性而已。所谓"此子宜置丘壑中"，余实不能辞避。

扫叶庄记 〔国朝〕沈德潜

扫叶庄在郡城南园，薛征君一瓢著书所也。屋傍俞家桥，沿流面城，树木蓊郁。落叶封径，行人迷迹，宛如空林。呼僮缚帚扫除，静中得忙久矣，成课业矣。

昔有元时，俞叟石涧隐居注《易》于此，故桥以名。俞《易》理取诸程，象数取诸邵，为《朱子本义》后一书。予尝赞其《南园读易图》云："姬孔在心，眼前皆易。碧绿青黄，满园太极。"以其随在感触，超乎迹象也。

今一瓢注《易》，又能补俞《易》所未及，屡定屡更，芟汰疵颣，与扫除落叶相似，则以扫叶颜其庄者，意或在于斯乎？抑闻韦左司《寄友诗》云："欲持一瓢酒，远慰风雨夕。落叶满空山，何处寻行迹？"取夫人工不与，一归自然，扫者从人，不扫者从天也。扫与不扫之间，一瓢试更参之。

白龙庙祈雨兼取水疏_{乾隆十七年七月。}　　　　　〔国朝〕庄有恭

火色流空，赤日无情熏赤地；水田枯涸，苍生有命待苍天。念民瘼之堪怜，毒更有逾焚炙；痛芃苗之将槁，势难再缓须臾。惟某职在句宣，愧乏随车甘雨；情殷利济，偏逢涸辙焦心。自前六月，已泉竭无流；届此初秋，尚膏屯未解。盱晴光之似冶，即当馈亦投箸而兴；睇星嘒之垂芒，每中夜辄拊膺而叹。遍城隅佛地坛场，既虔求罔应；合境内山川社稷，亦叩祷无灵。车斥不间于晨昏，嗟此群黎，炎蒸益苦；禾黍渐忧其萎薾，惟我寸衷，膏火同煎。岂呼吁之路穷，民真绝命；抑怨咨之情迫，咎实在予。洪惟圣母，诞育龙神。职司解泽，功在生民。溥惠济于衡湘，犹遍著神灵之迹；涤川原于恩顾，讵忍忘桑梓之邦。使者虔授炉香，敬差属吏。凫趋坛庙，效赤脚之来朝；肃拜松楸，摅丹忱而请命。伏愿明昭不爽，悯穷詹望切来苏；拯救多方，借神力恩宏再造。无战玄黄之血，四野震惊；愿抒苍白之云，崇朝欣合。吹翔石燕，即随石鼓以同声；液浸银河，迅展银涛之似涌。假香泉以一勺，洒甘露于九天。则苗稿复苏，功德水之濡沾无既；而民悬解倒，海藏法之滋润无涯。愿报明庥，肃将禋祀。

社坛求雨疏_{乾隆十七年七月用《春秋繁露》法}　　　〔国朝〕庄有恭

大火西流，正西秩方殷之候；烁金南亩，鏖南山芜秽之忧。问穷赤何辜，既已荐臻饥馑；叩穹苍胡忍，讵真焦尽田禾。嗟彼兆姓，引领待援，呼吸已系死生之介；悯予司牧，为民请命，匍匐益将哀吁之忱。慨自季夏朔初，遂尔屯膏经月。竟至早秋旬日，犹然解泽无时。怖烈焰之蒸天，山枯石悴；酷晴光之煮地，冶煽炉烹。有时四野阴浓，究竟密云不雨。抑或一鞭电闪，止邀数点如金。以致高麓山原，苗俱枯尾；即在平畴水壤，禾亦焦头。徒藉桔槔，以补造化之穷穷，于无所复入；遍祷坛壝，以冀神灵之听听，亦置若罔闻。纵凉德未能感召天和，而大造讵不矜怜民命。诵"靡有孑遗"之句，魄悸魂凄；读"逢此百罹"之诗，心惊眉蹙。

吁嗟！池之竭矣，泉之竭矣。迫隐痛以如焚，犹冀岁无恙耶？民无恙耶？将何恃而不恐？寸心愤惋，百计焦劳。慨云汉之昭回，恨不歼灭旱魃；苦炎威之煎炙，誓必焚此巫尫。伏惟尊神，功高万世，权秉三秋。按说言乎兑之方，正谷乃登新之日。讵兹南土，遍罹百凶。惟此苏松常镇，既旱虐已深；嗟彼淮海徐扬，更蝗蝻并起。总缘阳亢，遂致阴乖。

某等念切痛瘝在，乃身率属祷告无虚日。连旬累月，极寝食之靡宁；蒿目怆神，苦虔求之罔应。幸今十一日已赐滂沱于顷刻，顾念亿万亩犹末沾沛于郊原。谨按《春秋繁露》之书，再伸旦夕焚香之志。肃除方位，敬迓神灵。布九龙，扬九旛，祷赐九天佳澍；诵三咒，斋三宿，丐施三日甘霖。

伏愿灵佑多方，明昭有赫。传宣箕伯，毋徒飙烈于金风；严命毕师，溥降膏腴于玉粒。谢仙鞭指，即倾注以流膏；田祖神驱，并歼除乎妖螣。庶忧者以喜，病者以愈，歌传苏氏之亭；而有飶其香，有椒其馨，人颂周疆之什。匪独闾阎庆千年之有永，抑亦官寮颂惠泽之无疆。葵藿有心，聪明幸鉴。

吴郡石像铭 石像在通元寺，即今报恩寺。 〔梁〕简文帝

盖闻轩后之图，载浮河洛。秦王之璧，更涌沧溟。昭覃之洲，乘清源而西泛；蓬莱之岫，逐安流而南徙。况夫道由慈善，应起灵觉。是以无方之迹，随机示现；无缘之力，因物成感。晋建兴癸酉之岁，吴郡娄县界松江之下，号曰沪渎，居人以渔为业。挂此詹纶，无甄小鲋。布斯九罭，尝待六鳌。遥望海中，若二人像。朝视沉浮，疑诸蜃气。夕复显晦，乍若潜火。于是谓为海神，即与巫祝同往祈候。七盘圆鼓，先奏盛唐之歌；百味椒浆，屡上东皇之曲。遂乃风波骇吐，光景晦明。咸起渡河之悲，窃有覆舟之惧。相顾失色，于斯而返。又有受持黄老，好尚神仙。职在三洞，身带八景。更竭丹款，复共奉迎。尊像沉躯，没而不见。经历旬日，遐迩俱闻。吴郡华里朱膺，清信士也。独谓大觉大慈，将宏化迹。乃沐浴清斋，要请同志与东灵寺帛尼，及胡伎数十人，乘船至沪渎口。顶礼皈依，歌呗赞德。于时微风送棹，淑景浮波。云施盖而未移，浪开花而不喷。虽舟子招招，弗能远骛；而灵相峨峨，渐来就浦。仰睹神像，岿然双泛。非因鹢首，讵假龙桥。岂藉银连，宁须玉轴。背各有题：一名维卫，一名迦叶。于是时众踊跃，得未曾有。复惧金仙之姿，非凡所徙。试就提捧，豁尔胜舟。指燕宫而西归，望葑门而一息。道俗侧塞，人祇协庆。膺家住近通元寺，乃一邦之胜地；胥山之神塔，乃迁像于此寺。武夫数百，咸不能胜。共怪曰：朱膺、帛尼二人之力而能捧持，不觉为异。今人工甚盛，确乎不移，此必精诚弗能致也。更复竭心，同时稽颡。然后乃动，至自舟中。故知据井夜飞，实无以异。石不能重，有觉凭焉。后有外国沙门释法开来，称彼国众圣所记云：东方有二石像及阿育王塔，若能恭往礼觐，灭无量罪，免离三涂。礼已而去。中大通四年，岁在壬子。奉敕更造铜光二枚：其一高九尺，其一高八尺五寸。铜迈丹阳，耻论刘向之

术;区选故金,无俟稽康之锻。既镌既锼,是磨是铣。晔如光定,湛似日轮。亦当远照三千,普瞻色像;遥睹十方,俱闻说法。岂止惜命小鸟,欣入影中;重罪众生,还逢爱日而已哉!吴郡正慧法师,深修五定,净持七支。于三宝中,尽力宏护。立摩尼之胜殿,制飞行之宝塔。至于庄严妙色,实有厥征。昔鲁圣云亡,尚追仪于有若;楚臣殒世,亦托似于优孟。放勋之后,更图长乐之画;文命之君,不绝稽命之祀。或传之往牒,或布在前言。或赞述盈耳,或寿宫虚置。况远追身应,近规灵迹。不铭不勒,何以称扬。乃为铭曰:

巍巍天像,堂堂最胜。慧目独圆,无生永证。滑此鱼钩,伤兹螺孕。乍动慈舟,时延宝乘。留住待缘,独有传应。传应[①]伊何?宝兹灵像。履水晨游,凌涛夜上。七众有凭,九垓知仰。照此真容,开斯俗网。千轮足起,万字胸书。身横五分,衣刻三铢。嗟尔末俗,心王所驱。颖浮水沫,命役驰驹。宜宏希向,必尽勤劬。睹相尘灭,闻声惑祛。湛然神迹,长处全吴。

吴城赋 〔梁〕吴均

古树荒烟,几百千年。云是吴王所迁。东有铸剑残水,西有舞鹤故廛。营具区之广泽,宕姑苏之远山。仆本蓄怒,千愁亿恨。况复荆棘萧森,丛萝网蔓。庭梧百尺,皆历地而生枝;阶筠万丈,或至杪而无叶。不见春华夏薰,惟闻秋蝉冬蝶。水魅晨走,山鬼夜惊。不知四海九州,乃复有此吴城。

登吴子城赋 〔明〕王鏊

泰伯遗墟,干将故里。台阁翚飞,冠盖鳞次。喟彼荒郊,羌何为乎?城之里,但见愁烟郁而四积,悲风惨而时起。颓墉突阜,剩水残壕。野雉朝雊,鸺鹠夜号。沈矛折戟,堕珥遗翘。渐渐惟麦之秀,离离彼稷之苗。父老告予曰:此吴王之遗宫也。方吴盛时,志大功高。入楚柏举,败越夫椒。城规方于八卦,门僭拟于三朝。跨长洲之茂苑,馆苧萝之艳妖。带以锦帆之泾,压以金母之桥。爰有凉台温室,镂楣绣栭。风亭月榭,碿壁椒涂。饰以球琳琅玕,间以木难珊瑚。鸣佩凫箧,高冠鹄趋。自谓百世君之,岂意至于是耶?吴禄既更,历代崇饰。春申夏桃,秦皇刻石。危亭岌嶪,雕阑纡直。齐云之楼,凝香之室。木兰之堂,交映翕赫。叠石则巉巑嶕峣,

---

① 原稿缺"传应"二字,据《吴郡志》补。

凿沼则困潋澄碧。兰芷罗生乎其间,竹松骈列乎其侧。罗绮争春而妖冶,歌钟入夜而嘈杂。韦、白耽于吟玩,皮、陆侈于酬答。逍宋迄元,更为治所。双莲四照,池光春雨。岁时观游,丽无逾者,而何至于是耶?盖自元政堕群,雄骛白驹,磋酉乘间窃据。挟嘉湖杭以自雄,擢黄蔡叶而为辅。盛稷下之文儒,忽太湖之飞渡。炀恋迷楼,卓矜郿坞。倏天兵四面以重围,金城百雉而莫固。技殚九攻,仓皇一炬。历代繁华,可怜焦土。遂使燕巢再毁,麋鹿重游。竭南国之脂膏,坐受其困;激东溟之波浪,莫洗其羞。且夫倾宫阿房,非不丽也;巨桥琼林;非不富也;崤函巩洛,非不固也,自古如斯,曷之故也?岂仁义不修,晏安之可畏耶?将气运靡常,盈虚之有数耶?惟是吴墟,殷鉴斯在。前既颠隮,后仍荒殆。登兹城以徘徊,寄千古之一慨。

江上吊青丘子赋　　　　　　　　　　〔国朝〕翁照

朝发淞滨兮,弭楫江浒;眷怀青丘兮,旧隐兹土。世乱遁迹兮,可云矙然;曾困围城兮,危而能安。逢时遇主兮,不可谓轻试;解绂早归兮,又宁曰非智。骊龙抱珠兮,思投渊自沉;文豹匿影兮,惧藏之未深。玉蕴而山辉兮,终念踪迹之可虑;神龟虽已掉尾兮,或恐名心之未去。隐文彩而不露兮,固知先生之未能;逞才藻以自豪兮,又或缘此以陨生。彼十子之声华兮,究全躯之有几?伤先生之无罪兮,竟陷极刑而莫可解。叶几。托江神以讼冤兮,吾思上诉于苍天;天门高以难攀兮,怆泯默其罔与言。江滨谁吟茅屋兮,空惆怅以增慨;幽宫想亦匪远兮,久迷失其所在。七尺之躯谁为遗兮,第想像夫遗文;身既没而谁为后兮,伤靡托之孤魂。重为讯曰:已矣!鳣潜浊流,终受制兮;冥鸿稍近,飞矰值兮。吁嗟!夫子重祸罹兮,法罔森布;知安归兮,雄主见猜。匪关仕兮,高才所招,又谁咎叶以。兮。

联芳书屋跋　　　　　　　　　　　　〔国朝〕沈德潜

猗欤此斋,维德之隅。渊渊娄江,绕屋而纡。灵气所钟,生伟丈夫。我仪其人,与道为徒。惇笃醇朴,貌古而癯。余庆所萃,乃生双珠。兄肇弟继,埙篪则俱。青青子衿,联翩泮林。名必有实,孝友因心。肯堂肯构,式玉式金。爰念先世,创业垂后。椿树虽零,萱草独秀。培护北堂,荆花益茂。勖此二难,跋之如右。

乐圃书院祭田碑记　　　　　　　　　〔国朝〕辰垣

圣贤之道法,尝与盛世之治功相为辉映。我国家崇儒重道,远迈百王。凡维持表章以迄优恤保护诸旷典，靡不一一而举行之。芳规美备，诚视往古为独隆也。

余自承乏苏藩，志在勤宣德意，而钦崇先哲，尤素切于怀。己巳春仲，丁祭长庠。学博吴弘文以《乐圃书院祭田碑记》为请。

余惟保护祀典，正句宣者责也，乌可遽以却之哉？按：书院为宋儒乐圃朱公讳长文飨祀之地，公在宋时，注释圣经，阐明理学。殁后，旋即敕建书院。迨至本朝，复邀动帑修葺防护，请旨准给均编，春秋致祭。以公之道接尼山，功宏正教，则其光俎豆于无穷，叨累朝之隆重者，不亦宜乎！

唯是额编祭银，每次仅一两有零，不足以资尝禴。裔孙朱鑰将伊父端孝先生之劢原置蔚溪积善家县字圩田五十二亩零，尽皆恢复，乃缘地属瘠荒，向例科征折银。及端孝购为祭产，捐筑圩岸，渐次垦熟。康熙间，大中丞睢州汤文正公抚吴，查办升科田粮，此项仍征折色，因其余籽以襄祀事，意固甚善，然必使永垂弗渝，始于大典，有裨伏绎。

乾隆十二年正月，我皇上特降谕旨，以福建闽县地丁内有先贤二十三祠祭产田粮一项，本朝初年优免后，地方官误将此项作为溢额，报解归公。祠宇祭产供俎豆牲牷之用，历年优免，以恤本祠后裔，原属国家旷典，着该督抚查明豁免，永著为例，大哉王言！炳如星日。益见中丞之雅意优恤，实称遥契宸衷，而书院祭产之所当保护维持，更为事同一辙，若合符节者也。

东旁祀宋忠节朱公良者，另建专祠，有秋收等字圩祭田，向经各裔分管，余息仍归书院，以供笾豆、岁修之用，亦俱优免徭役。其赋税，秋成十月启征，委令儒学督察备祭。自分县之后，以春长、秋元轮办，悉已著立成规。惟在良有司并秉铎者，时加留意，勿致久而懈弛，俾禋祀得以常新、馨香不至凌替。庶几先贤藉崇报之隆而弥显其明，郅治鸿猷；以道统之光而愈昭其盛，不既休欤！故为之记。

重修长元县学记 〔国朝〕沈德潜

长洲建学，始于宋景定间。元至正中重建。明洪武至正德，屡经修葺。嘉靖中，迁其地于东南隅而扩大之。嘉靖以还，人文蔚兴，以三不朽传者，甲于吴郡。国朝顺治十一年踵修，后镇将居之，牧马庙中，一切圮坏矣。

康熙二十一年，侍讲彭公定求力谋兴复。当事士大夫交助，积岁藏事。自是人文之盛，又过曩时。雍正三年，分秉铎者为二署，而学宫仍合。析邑至今三十有八年，连康熙中修葺七十有九年，虽中间亦屡修补，终以历时既久，木朽石泐，鸟鼠穿穴，风雨漂摇。春秋将事，凛乎几有栋折之惧。广文长洲王君廷暠、元和程君元基，以予旧为诸生，诵弦其中者久。彭大司马启丰为侍讲公文孙，并请主修学事。时彭官于朝，不及应。予从其请而谋集经费，惟恐后时也。

昔汪太史琬谓："吴人尊崇二氏，遇浮屠、老子之庐，施舍不倦，独于圣人之宫，攒眉掉手。"予不然其说，谓："太史所讥，特溺于福田利益之辈则然，若知礼门义路之人，有欢忻欲赴者。"时贡士候选儒学汪君虞炳子贡士美基力任其事，首捐白金为百者五，并劝募同人，同人渐次应命，而长洲令许君治、元和令周君凤岐，亦委宛劝谕焉。

于时董事得历练谨厚之人，选材必贞，择工必良，以坚撤腐，以挺支倾。先大成殿，严翼轮奂。先圣四配像，焕然俨然。而于圣祖"万世师表"，世宗"生民未有"，皇上"与天地参"扁额，重加髹漆良金，望如云日。次明伦堂，次两斋，次两庑、先贤先儒神位，次启圣祠，次尊经阁，以及缭垣、泮池、斋房、庚溷、棂星门之属，一一坚善完整。前之万代宗师坊，左右之兴贤达村坊，巍峨宏丽。后及舒公祠，旁及谕训、公廨，连及名宦、乡贤、徐文靖、彭侍讲祠，亦皆扫除丹垩。而又于东偏构讲院四楹，为诸生会文之所。前哲神主，亦位置于中。经始于乾隆三十年九月，落成于三十一年四月。释菜有期，群情踊跃，彬彬乎，郁郁乎，可云大备也已。

或者谓，彭公修学以后，人才炳炳麟麟，廷试第一人、乡会试第一人，指不胜屈。今修理有加，上卿、侍从之班，应更有如以枚数阃者。予谓，此第为科名起见，犹浅之乎？发论者也，惟先王立学，重在正人心、明人伦，养多士之材以待其用。我朝慎重学校、表章经籍、拣择学官，凡欲得有体有用者以备公卿百执事之选，典甚隆，望甚厚也。身列士林者，务在分理，欲序彝常，由知耻力行以望圣人之道，虽圣人之道犹天之不可阶而升，而其实不外子臣弟友、庸德庸言，果能忠信以进德，闲邪以存诚，强恕以求仁，固切近精实，循循焉下学而渐几上达者，且敦行之余，研究经术以经世务，将兵农礼乐，措之裕如。康济阜成，行所无事。出则兼善天下，处则天爵自尊，人人可为，亦人人能为也。此上之人所期于学者，而实学者所当亹亹自勉者欤！

予于修学既成而不专重科名之见者以此。是举也，同人心力协齐，为时甚速。木石完固，可以经久。汪君虞炳外经画，董率者上舍金君三才，相辅有方者孝廉庄君诚立、诸生徐君凤喈，皆得备书。

顾贞孝先生祠田记 　　　　　　　〔国朝〕沈德潜

古者，大夫三庙，一昭一穆。上士二庙，卿以下必有圭田，盖庙与田相为表里者也。故《仪礼》："大夫有少牢馈食之祭，士有特牲馈食之祭。"其礼皆极郑重，而无田则不得行此。《礼记》云："士大夫宗庙之祭，有田则祭，无田则荐。"田谓圭田，无田谓失位也。后世分田制禄之法不行，有身为大夫、士，而少牢、特牲之祭不得伸其诚者矣。

吴中贞孝顾先生，敦伦尚义，德懋学醇，久为士林模楷，克昌厥后，孙曾蕃衍，仕宦者踵相接。乾隆二十二年，卜地齐女门之花溪，建立专祠，栋宇崇闳，榱题巍焕，妥神告虔，绅俊咸集，相与忾慕咨嗟，谓不愧乡先生殁而祭于社者。既竣事，其宗老复合子姓而谋之，曰："一事之兴，不为之计久远，其后渐沦于废。今祖祠虽建，而春秋笾豆之有需，岁时瓦桷之宜葺，非置恒产，何以备物？目前一二世或犹勉而供事，其能保云礽之无怠乎？吾子孙饱食暖衣，皆贞孝公积累所致，黍稷馨香，宜百世祀者也。则祭田急矣！"子姓佥曰可。

乃就贞孝公后有田者，割七十分之一，捐于祠，共得腴田一百七十余亩，岁稽出入，奉粢盛，修屋宇，载考谱牒，远宗坟墓力不能祭者代为祭扫、完赋，余息置田以扩充之。

是举也，有三善焉。敦水木而严守祧，于以教孝；永蒸尝而行灌献，于以观礼；食旧德而服先畴，于以作忠。昔鲁僖公复许田閟宫，作颂曰："居常与许，复周公之宇。"僖公复其所固有，而诗人称美之若是，况创始耶？祠以报本，田以追远。从此三庙之馨香弗替，贞孝先生之灵泽，可以垂奕祀矣。

重建吕荣公东莱先生合祠记 　　　　〔国朝〕沈德潜

宋吕荣公希哲，为文穆公蒙正从曾孙、文靖公夷简之孙、正献公公著之子。吕氏自文穆、文靖、正献三世为相，勋业冠于宋代。独荣公以正献故，久滞管库。正献叹曰："当世善士，吾收拾略尽，尔以吾故置不试，命也。"其夫人闻而笑曰："是亦未知其子者矣！"擢右司谏，不拜。哲宗朝，历知怀州、唐州、太平州，并有善政。复直秘阁，殁赠太子太师。玄孙祖谦，好学博闻，从林之奇、汪应辰、胡宪游，继友张敬夫栻、朱徽国熹，讲求性天之学、史传之文，时号中原文献。中博学宏词科，除国史院编修。少卞急，一日诵《论语》"躬自厚而薄责于人"，平时忿懥，涣然冰释。

徽国每言"学如伯恭,方是能变化气质"者,类《文海》为百五十卷,著《史说》,云:"编年与纪传互有得失,论一时之事,纪传不如编年;论一人之终始,编年不如纪传。"殁谥成公,学者称东莱先生。世籍中州,东莱先生五世孙继官长洲学训导,遂家焉,因祀于长洲县。

荣公祠在阳山,东莱先生祠在天庆观东,载在祀典,给有编银。康熙间,两祠并鬻于人,木主寄奉异姓。春秋二祭,设主以祀,过则悬之壁间。三十二世孙日起,世居长元学宫明伦堂西偏,不忍祖宗之无所栖息,扩其室三楹,撤蠹楮倾,新厥涂垩,合而祀之,日起可谓孝子慈孙矣。

在礼,祖有功而宗有德,有虞三代,皆祖黄帝与喾,尚功也。今世士庶之家,无百世不迁之宗,择其远祖之有功德者祀之,日起是举,合《礼经》焉。然日起家极贫乏,乃动于一本之诚,油然不能自已。竭蹶成之,世隔三十余祀,时阅七百余年,榱桷重新,俎豆弗替,要亦荣公之绩在绍圣,东莱先生之泽在儒林,英灵未泯也。祠成,日起来请记,因著其缘起如此。呜呼!人之言亲尽则情尽者,其可信哉!

重建弥罗宝阁颂　　　　〔国朝〕尤侗

皇矣上帝,监观四方。明昭右善,乃眷南邦。昔有崇观,紫翠丹房。于穆大清,三气翱翔。百神环卫,乍阴乍阳。帝用居歆,及尔出王。宜升杰阁,以荐馨香。谁其相之?黄冠赤章。爰救爰度,肯构肯堂。庶民子来,鼛鼓勿遑。显允方伯,梦游帝乡。如在左右,常见羹墙。对月有虔,不懈赞襄。遂成大工,作天栋梁。阊阖巍峨,冕旒辉煌。鼓钟吹笙,云霞吐光。帝曰休哉,锡汝祯祥。一人有庆,万国无疆。

长洲县志卷之三十四

艺文四

吴趋行 〔晋〕陆机

楚妃且勿叹，齐娥且莫讴。四坐并清听，听我歌吴趋。吴趋自有始，请从阊门起。阊门何峨峨，飞阁跨通波。重栾承游极，回轩启曲阿。霭霭庆云被，冷冷祥风过。山泽多藏育，士风清且嘉。泰伯导仁风，仲雍扬其波。穆穆延陵子，灼灼光诸华。王迹陨阳九，帝功兴四遐。大皇自富春，矫首顿世罗。邦彦应运兴，粲若春林葩。属城咸有士，吴邑最为多。八族未多侈，四姓实名家。文德熙淳懿，武功侔山河。礼让何济济，流化自滂沱。淑美难穷纪，商推为此歌。

望亭 〔南齐〕庾肩吾

御亭一回望，风尘千里昏。青袍异春草，白马即吴门。獯戎梗伊洛，杂种乱镮辕。辇道同关塞，王城似太原。休明鼎尚重，秉礼国犹存。殷痡交虽赜，尧城吏转尊。泣血悲东走，横戈念北奔。方凭七庙略，誓雪五陵冤。世事今如此，天道其谁论？

于吴中礼石佛 〔梁〕江淹

幼生太浮诡，长思多沉疑。疑思不惭照，诡生宁尽时。敬承积劫下，金光铄海湄。火宅敛焚炭，药草匝惠滋。常愿乐此道，诵经空山垠。禅心暮不杂，寂行好无私。轩骑久已诀，亲爱不留迟。忧伤漫漫情，灵意终不淄。誓寻青莲果，永入梵庭期。

长洲苑 〔唐〕孙逖

吴王初鼎峙，羽猎骋雄才。辇道阊门出，军容茂苑来。山从列嶂转，江自绕林回。剑骑缘汀入，旌门隔屿开。合离分若电，驰逐溢成雷。胜地虞人守，归舟汉女陪。可怜夷漫处,犹在洞庭隈。山静吟猿父,城空应雉媒。戎行委乔木,马迹尽黄埃。揽涕问遗老,繁华安在哉!

长洲苑　　　　　　　　〔唐〕白居易

春入长洲草又生,鹧鸪飞起少人行。年深不辨娃宫处,夜夜苏台空月明。

长洲览古　　　　　　　　〔唐〕徐凝

吴王上国长洲路,翠黛寒江一道斜。伤见摧残旧宫树,美人曾插九枝花。

长洲怀古　　　　　　　　〔唐〕刘沧

野烧空原尽荻灰,吴王此地有楼台。千年事往人何在?半夜月明潮自来。白鸟影从江树没,清猿声入楚云哀。停车日晚荐蘋藻,风静寒塘花正开。

忆长洲旧游　　　　　　　　〔唐〕许浑

香径小船通,菱歌绕故宫。鱼沉秋水静,鸟宿暮山空。荷叶桥边雨,芦花海上风。归心无处托,高枕画屏中。

苏台至望亭驿人家尽空怅然有作寄从弟纾　　〔唐〕李嘉祐

南浦菰蒲覆白蘋,东吴黎庶逐黄巾。野棠自发空流水,江燕初归不见人。远树依依如送客,平田渺渺独伤春。那堪回首长洲苑,烽火年年报虏尘。

题报恩寺　　　　　　　　〔唐〕白居易

好是清凉地,都无系绊身。晚晴宜野寺,秋景属闲人。净石堪敷坐,寒泉可濯巾。自惭容鬓上,犹带郡庭尘。

咏开元寺佛钵 即今北寺　　　　　〔唐〕皮日休

帝青石作绿冰姿,曾得金人手自持。拘律树边斋散后,提罗花下洗来时。乳糜味断中天觉,麦麸香消大劫知。从此共君亲顶戴,针风应不等闲吹。

和开元寺佛钵 〔唐〕陆龟蒙

空王初受逞神功,四钵须臾现一重。持次想添香积饭,覆时应带步罗钟。光寒好照金毛鹿,响静堪降白耳龙。从此宝函香里见,不烦西去诣灵峰。

游开元寺 〔唐〕韦应物

夏衣始轻体,游步爱僧居。果园新雨后,香台照日初。绿阴生昼寂,孤花表春余。符竹方为累,形迹一来疏。

开元寺并序 〔唐〕李绅

寺多太湖石,有峰峦奇状者。顷年,多游寓于此。及太和七年,往来皆不复到。寺中石大半亦无也。

十寻花雨真毫相,数仞峰峦阏月扉。攒立宝山中色界,散周香海小轮围。坐隅咫尺窥岩壑,窗外高低辨翠微。难保尔形终不转,莫令偷拂六铢衣。

开元寺阁 〔唐〕薛能

一阁见一郡,乱流仍乱山。未能终日住,尤爱暂时闲。唱棹吴门去,啼林杜宇还。高僧不可见,西景掩禅关。

望亭驿酬别周判官 〔唐〕白居易

何事出长洲?连宵饮不休。醒应难作别,欢渐少于愁。灯火穿村市,笙歌上驿楼。何言五十里,已不属苏州。

枫桥夜泊 〔唐〕张继

月落乌啼霜满天,江枫渔火对愁眠。姑苏城外寒山寺,夜半钟声到客船。

枫桥 〔唐〕张祜

长洲苑外草萧萧,却算游人岁月遥。惟有别时今不忘,暮烟疏雨过枫桥。

宿望亭馆寄苏州一二同志　　　　　　〔唐〕许浑

候馆人稀夜更长,姑苏城远树苍苍。江湖水落高楼迥,河汉秋归广簟凉。月转碧梧移鹊影,露低红叶湿萤光。西园诗侣应多思,莫醉笙歌掩画堂。

西楼雪宴　　　　　　　　　　　　　〔唐〕白居易

宿云黄惨澹,晓雪白飘摇。散面遮槐市,堆花压柳桥。四郊铺缟素,万室甃琼瑶。银榼携桑落,金炉上丽谯。光迎舞妓动,寒近醉人销。歌乐虽盈耳,惭无五袴谣。

西楼玩月　　　　　　　　　　　　　〔唐〕刘禹锡

半夜碧云收,中天素月流。开城邀好客,置酒赏新秋。影透衣香润,光凝歌黛愁。斜晖犹可玩,移宴上西楼。

题长洲陈明府小亭　　　　　　　　　〔唐〕方干

坐看孤峭却劳神,还是微吟到日曛。松鹤认名呼得下,沙蝉飞处听犹闻。夜阑亦似深山月,雨后唯关满屋云。便此逍遥应不易,朱衣红旆未容君。

重阳陪李苏州东楼宴诗　　　　　　　〔唐〕独孤及

是菊花开日,当君乘兴秋。风前孟嘉帽,月下庾公楼。酒解留征客,歌能破别愁。醉归无以赠,祇奉万年酬。

赠长洲何主簿　　　　　　　　　　　〔唐〕戴叔伦

挂席逐归流,依依望虎丘。残春过楚县,夜雨宿吴洲。野寺吟诗入,溪桥折笋游。至官无一事,清静有诸侯。

长洲道中　　　　　　　　　　　　　〔唐〕赵嘏

扁舟殊不系,浩荡路才分。范蠡湖中树,吴王苑外云。悲心人望月,独夜雁离群。明发还驱马,关城见日曛。

题阳山顾练师草堂　　　　　　　　　　〔唐〕李频

若到当时上升处，长生何事后无人。前峰自去种松子，坐见后来取茯神。

临顿为吴中最胜之地陆鲁望居之不出郛廓旷若郊墅
余每相访款然惜去因成五言十首奉题屋壁　　〔唐〕皮日休

一方萧洒地，之子独深居。绕屋亲栽竹，堆床手写书。高风翔砌鸟，暴雨失池鱼。暗识归山计，村边买鹿车。

篱疏从绿槿，檐乱任黄茅。压酒移溪石，煎茶拾野巢。静窗县雨笠，闲壁挂烟匏。支遁今无骨，谁为世外交？

茧稀初上簇，醅尽未干床。尽日留蚕母，移时祭魏王。趁泉浇竹急，候雨种莲忙。更葺园中景，应为顾辟疆。

静僻无人到，幽深每自知。鹤来添口数，琴到益家资。坏堑生鱼沫，颓檐落燕儿。空将绿蕉叶，来往寄闲诗。

夏过无担石，日高开板扉。僧虽与筒簟，人不典蕉衣。鹤静共眠觉，鹭驯同钓归。生公石上月，何夕约谈微。

经岁岸乌纱，读书三十车。水痕侵病竹，蛛网上衰花。诗任传渔客，衣从递酒家。知君秋晚事，白帻刈胡麻。

寂历秋怀动，萧条夏思残。久贫空酒库，多病束鱼竿。玄想凝鹤扇，清斋拂鹿冠。梦魂无俗事，夜夜到金坛。

闭门无一事，安稳卧凉天。砌下翘饥鹤，庭阴落病蝉。倚杉闲把易，烧术静论玄。赖有包山客，时时寄紫泉。

病起扶灵寿，翛然强到门。与杉除败叶，为石枕危根。薜蔓任遮壁，莲茎卧枕盆。明朝有忙事，召客斸桐孙。

缓颊称无利，低眉号不能。世情都太薄，俗意就中憎。云态不知骤，鹤情非会征。画臣谁奉诏，来此写姜肱。

宿报恩寺水阁　　　　　　　　　　　〔唐〕皮日休

寺锁双峰寂不开，幽人中夜独徘徊。池文带月铺金簟，莲朵含风动玉杯。往往竹梢摇翡翠，时时杉子掷莓苔。可怜此际谁曾见？唯有支公尽看来。

袭美题郊居十首次韵　　　　　　〔唐〕陆龟蒙

近来惟乐静，移傍故城居。闲打修琴料，时封谢药书。夜停江上鸟，晴晒箧中书。出亦图何事？无劳置栈车。

倩人医病树，看仆补衡茅。散发还同阮，无心敢慕巢。简便书露竹，樽待破霜匏。日好林间坐，烟萝仅欲交。

倭僧留海纸，山匠制云床。懒外应无敌，贫中直是王。池平鸥思喜，花尽蝶情忙。欲问新秋计，菱丝一亩强。

故山空自掷，当路竟谁知。只有经时策，全无养拙资。病深怜灸客①，炊晚信樵儿。谩欲陈风俗，周官未采诗。

福地②能容堑，玄关讵有扉。静思琼板字，闲洗铁笋衣。鸟破凉烟下，人冲暮雨归。故园秋草梦，犹记绿微微。

水影沉鱼器，邻声动纬车。燕轻梢坠叶，蜂懒卧燋花。说史评诸例，论兵到百家。明时如不用，归去种桑麻。

禹穴奇编缺，雷平异境残。静吟封篆检，归兴削帆竿。白石堪为饭，青萝好作冠。几时当斗柄，同上步罡坛。

强起披衣坐，徐行处暑天。上阶来斗雀，移树去惊蝉。莫问盐车骏，谁看酱瓿玄。黄金如可化，相近买云泉。

野入青芜巷，陂侵白竹门。风高开栗刺，沙浅露芹根。迸鼠缘藤桁，饥乌立石盆。东吴虽不改，谁是武王孙。

疏慵真有素，时势尽无能。风月谁为敌，林泉幸未憎。酒材经夏阙，诗债待秋征。只有君同癖，闲来对曲肱。

同袭美游北禅院　　　　　　　　〔唐〕陆龟蒙

连延花蔓映风廊，岸帻披襟到竹房。居士只今开梵处，先生曾是草玄堂。清尊林下看香印，远岫窗中挂钵囊。今日有情消未得，愿将名理问思光。

---

① 原作"炙客"，据《吴郡志》改。

② 原作"幅地"，据《吴郡志》改。

和鲁望游北禅院韵 〔唐〕皮日休

戚历杉阴入草堂，老僧虽见似相忘。吟多几转莲花漏，坐久重焚柏子香。鱼惯斋时分净食，鸽能闲处傍禅床。云林满眼空羁滞，愿对弥天却自伤。

和宿报恩寺水阁 〔唐〕陆龟蒙

峰抱池光曲岸平，月临虚槛夜何清？僧穿小桧才分影，鱼掷高荷渐有声。因忆故山吟易苦，各横秋簟梦难成。周颙不用裁书劝，自得凉天证道情。

题陆龟蒙山斋 〔唐〕殷文圭

万卷图书千户贵，十洲烟景四时和。花心露洗猩猩血，水面风披瑟瑟罗。庄叟静眠清梦永，客儿芳意小诗多。天麟不触人间网，拟把公卿换得么。

移任长洲五首 〔宋〕王禹偁

移任长洲县，舟中兴有余。篷高犹见月，棹稳不妨书。雨碧芦枝亚，霜红蓼穗疏。此行纡墨绶，不是为鲈鱼。

移任长洲县，孤帆冒雨行。全家随逆旅，一夜泊江城。身世漂沦极，功名早晚成。惟当泥尊酒，得丧任浮生。

移任长洲县，穷秋入水乡。江涵千顷月，船载一篷霜。竹密藏鱼市，云疏漏雁行。故园渐迢递，烟浪白茫茫。

移任长洲县，辞亲泪落衣。折腰虽未晚，搔首欲何归？晓月霜华重，晴山栗叶飞。江头鸥鸟在，应怪不忘机。

移任长洲县，沿流渐入吴。见碑时下岸，逢店自征酤。野庙连荒冢，江禽似画图。高堂从别后，应梦宿菰蒲。

长洲遣兴二首 〔宋〕王禹偁

七十浮生已半生，徒劳何日见功名。折腰米贱堪羞死，负郭田荒好力耕。庭鹤惯侵孤坐影，邻鸡应信夜吟声。年来更待贤良诏，咫尺松江未濯缨。

妻儿莫笑甑中尘，只患功名不患贫。自觉有文行古道，可能无位泰生民。烟村旧业劳归梦，雪屋孤灯照病身。投老绿袍未休去，九重天子用平人。

中元夜宿秦余杭山仙泉寺留题　　　〔宋〕王禹偁

祭庙归来略问禅，薜墙莎径碧山泉。风疏远磬秋开讲，水响寒车夜救田。蓝绶有香花菡苕，竹窗无寐月婵娟。自惭政术贻枯旱，忍卧松阴漱石泉。

赠阳山草庵禅师　　　〔宋〕王禹偁

阳山山下草庵深，寂寂香灯对远岑。莫怪相看总无语，坐禅为政一般心。

咏白垩　　　〔宋〕范成大

银须玉璞紫金精，犯难穷探亦有名。白垩区区土同价，吴侬何事亦轻生？

沧浪亭诗　　　〔宋〕苏舜钦

一径抱幽山，居然城市间。高轩面曲水，修竹慰秋颜。迹与豺狼远，心随鱼鸟闲。吾甘老此境，无暇事机关。

沧浪亭　　　〔宋〕欧阳修

子美寄我沧浪吟，邀我共作沧浪篇。沧浪有景不可到，使我东望心悠然。荒湾野外气象古，高林翠阜相回环。新篁抽笋添夏影，老柿乱发争春妍。水禽闲暇事高格，山鸟日夕相啾喧。不知此地几兴废？仰视乔木皆苍烟。堪嗟人迹到不远，虽有来路曾无缘。穷奇极怪谁似子？搜索幽隐探神仙。初寻一径入蒙密，豁目异境无穷边。风高月白最宜夜，一片莹净铺琼田。清光不辨未与月，但见空碧涵漪涟。姑苏台边人响绝，夜静往往闻鸣船。清风明月本无价，可惜只卖四万钱。又疑此境天乞与，壮士憔悴天应怜。鸱夷古亦有独往，江湖波涛渺翻天。崎岖世路欲脱去，反以身试蛟龙渊。岂知扁舟任飘兀，红蕖绿浪摇醉眠。丈夫身在岂常弃？新诗美酒聊穷年。虽然不许俗客到，莫惜佳句人间传。

寄题沧浪亭　　　〔宋〕梅尧臣

闻买沧浪水，遂作沧浪人。置身沧浪上，日与沧浪亲。宜曰沧浪叟，老向沧浪滨。沧浪何处是？洞庭相与邻。竹树种已合，鱼蟹时可缗。春羹芼白菼，夏鼎烹紫莼。黄柑摘霜晚，香稻炊玉新。行吟招隐诗，懒带醉中巾。忧患两都忘，还往谁与频。昨得滁阳书,语彼事颇真。曩子初去国,我勉勿迷津。四方不可之,中土百事淳。今子居所乐,岂不远埃尘。被发异泰伯,结客非春申。莫与吴俗尚,吴俗多文身。蛟龙刺两股,未变此遗民。读书本为道,不计贱与贫。当须化闾里,庶使礼义臻。

苏州闾丘江君二家雨中饮酒二首 〔宋〕苏轼

小圃阴阴遍洒尘,方塘潋潋欲生纹。已烦仙袂来行雨,莫遣歌声便驻云。肯对绮罗辞白酒,试将文字恼红裙。今宵记取醒时节,点滴空阶独自闻。

五纪归来鬓未霜,十眉环列坐生光。唤船渡口迎秋女,驻马桥边向泰娘。曾把四筵娱白傅,敢将百草斗吴王。从今却笑风流守,画戟空凝燕寝香。

闾门初泛二十四韵并序 〔宋〕范成大

新修小舫,因病襄被屯滞,遂至北城,迤逦到枫桥,一路而还。

好在驰烟路,平生载酒行。摧藏身久病,契阔岁频更。昨夜灯光晓,今朝稻把晴。出门新梦境,独目旧诗情。水满推篷眩,天宽倚柂惊。转湾添纤挽,罨岸并篙撑。舫后装儿女,舻前酌弟兄。醅香新麹嫩,茗味小春轻。红皱分霜果,黄蒁捻夕英。缬林疏露屋,朱阁静临城。桃坞论今昔,枫桥管送迎。山腰樵担动,木末酒旗明。竟日窑烟直,中流塔影横。数帆残照满,一笛暮江平。晒网枫边桁,牵罾柳际棚。岫云萦石住,田水穴堤鸣。过渡牛归速,穿篱犬吠狞。鱼寒犹作陈,雁远更闻声。急橹潮痕出,疏钟暝色生。邻翁欣问讯,逋客愧寒盟。一昨成归卧,于今负耦耕。生涯都塌飒,心曲漫峥嵘。猿鹤休多怨,菰莼尚可羹。药囊吾厌苦,扶惫且班荆。

过枫桥 〔宋〕孙觌

白首重来一梦中,青山不改旧时容。乌啼月落桥边寺,欹枕犹闻半夜钟。

经枫桥 〔宋〕范成大

朱门白壁枕湾流,桃李无言满屋头。墙上浮图路旁堠,送人南北管离愁。

舟过望亭 〔宋〕杨万里

常州尽处是望亭,已离常州第四程。柳线绊船知不住,却教飞絮送依行。

吴江放船至枫桥湾　　　　　　　　　　〔宋〕薛季宣

短篷负长虹，破簾挂明月。风马座中生，天暮波中出。高城多隐映，远岫攒罗列。少小泛吴江，始识仙凡别。

齐云楼　　　　　　　　　　　　　　　　〔宋〕叶适

天下雄诸侯，苏州数一二。都邑自昔称，陪京今也贵。奕奕撰重楼，岩岩立平地。虚景混空苍，嚣声收远肆。闉阇虽散阔，栏槛皆堪记。向非土木力，焉能快高视。湖山西南维，江海东西墅。舒缓未为愚，疏达终多智。穷民一宵灯，细巧杂纹织。豪士三春卉，妖丽乱名字。侈甚见精诚，富余轻讲肄。先朝丰豫日，应奉稽古义。花网飞入汴，石林鬼浮泗。天然造生活，始者行赈施。王公占上腴，邸观角奇致。是邦聚璀璨，四顾尽憔悴。狂虏误濡足，遗孽等交臂。艰难屡省方，薄遽亏顿置。因循堕和好，俯仰销年岁。翻怜井邑盛，又使编氓匮。颇云鱼虾微，亦已困征税。人生贱苟免，所尚刚强气。呼鹰饱何时？暴虎怒斯易。吁嗟久悒悒，胡为长惴惴？夜闻踏歌喧，激烈动哀思。吴俗固疾捷，吴兵信蜂利。项梁起仇秦，子弟奋投袂。功成须力到，岂必资黠慧？宁羡鹊居巢，盍如蛉有类。未发忌先闻，因诗良自喟。

登阳山妙净寺　　　　　　　　　　　　〔元〕陈深

野寺虽牢落，山僧亦自如。幽栖邻虎穴，灵迹近龙居。地胜轩楹古，天寒草木疏。凭高望城郭，把酒一欷歔。

阳山　　　　　　　　　　　　　　　　　〔元〕顾仲瑛

别起高楼临碧溪，绕楼青山云约齐。阳山独出众山上，却立阳湖西复西。天风吹山岈不起，倒落芙蓉明镜里。影娥池上曲阑干，倚遍秋光三百里。白云不化五彩虹，化为夭矫之白龙。一朝挟子上天去，沛泽下土昭神功。土人结祠倚灵洞，雨气腥翻海波动。纸钱窣窣蜥蜴飞，女巫击鼓歌迎送。兹山本是秦余杭，越兵昼获夫差王。不知谁是公孙圣，空谷答音吴乃亡。只今此地愁云黑，铁马将军金作勒。汉蛇曷识剑雌雄？秦鹿应迷路南北。山下花开一色红，花下千头鹿养茸。衔花日献黄面老，扶群时入青莲宫。闻道青霜落林谷，斤斧丁丁惊鸟宿。千年白鹤忽飞归，失却长松旧时绿。君今坐看楼上头，析韵赋诗浮玉舟。凭高一览青未了，底事仲宣生远愁。明朝更踏东山路,傀儡湖中观竞渡。酒花滟滟泛昌阳,醉归扶上楼头去。

游阳山北阜至云泉亭二首　　　　　　〔元〕僧善住

一掬云亭漱齿凉,小亭幽绝背山阳。道人自向峰头住,闭户不知春日长。
雨余春涧水争分,野雉双飞过古坟。眼见人家住深坞,梅花绕屋不开门。

圆妙观访刘澹然　　　　　　〔元〕方澜

仙扉晓更寂,香霭石狻猊。日出松杉外,风来殿角西。筼筜沐雾湿,薜荔压墙
低。林下非无趣,浮生万不齐。

游姑苏题报恩寺　　　　　　〔元〕赵孟𫖯

开轩丛竹杪,坐久闻清韵。重云结春阴,小雨生衣润。亲友有嘉集,笑语发真
蕴。游衍暮始还,流光疾如瞬。

北寺竹林　　　　　　〔元〕陈基

秋风日萧爽,散策入空林。有竹心已清,无言念弥深。杂花不容抱,疏磬有余
音。逍遥毗卢境,落景驻遥岑。

秋暮夜宿望亭　　　　　　〔元〕李元珪

茆屋沿堤密掩扉,官桥昏黑泊桥稀。守关戍火明村坞,隔岸渔灯照石矶。寒木
尽随溪水落,断鸿犹趁野云飞。蓬窗欹枕浑无寐,倦听人家夜捣衣。

沧浪亭　　　　　　〔元〕袁易

旻穹积长阴,寒日光炯碎。虚徐步城隅,物色入遐睇。苏侯故台沼,芜没今谁
记。依依故址存,惨惨回飙厉。谷传魑魅啸,地失神灵卫。伊人百夫特,文采倾当
世。立朝罹网罗,抱影投荒裔。皂淹天马逸,鞲困秋鹰鸷。空余意气雄,摩荡山岳
锐。生存且飘泊,身后何嗟异?下泉虽冥冥,精爽不可闷。孤鹤千载归,秋风九皋唳。

发齐门和顾仲瑛　　　　　　〔元〕周砥

西风洲上荻花明,秋水船头落雁鸣。谁抱琵琶凉月里,为君弹作断肠声。

送刘长洲　〔元〕郑元祐

中吴号沃土,壮县推长洲。秋粮四十万,民力罢诛求。昔时兼并家,夜宴弹箜篌。今乃呻吟声,未语泪先流。委肉饿虎蹊,于今三十秋。亩田昔百金,争买奋智谋。安知征敛急,田祸死不休。膏腴不论值,低洼宁望酬。卖田复有献,惟恐不见收。日觉乡胥肥,吏台起高楼。坐令力本农,命轻波上沤。天意悯困剧,南辕卯金侯。侯有万金剂,探囊令病瘳。躄者起雀跃,瘖者言嘲啁。坐令百里邑,奸回息雕镂。是皆仁侯惠,颂声满道周。清朝考功选,赏典无滞留。愿侯登廊庙,一洗苍生忧。

泊阊门　〔元〕顾阿瑛

枫叶芦花暗画船,银筝断绝十三弦。西风只在寒山寺,长送钟声搅客眠。

石箭头歌并序　〔元〕谢应芳

丙午冬,吴人自望亭驿凿渠通漕湖,深丈余,乃得石箭头。长洲徐伯昂氏以所得之一见遗,一以遗倪元镇,请各赋诗。

南山烂尽苍云根,飘风势欲倾昆仑。何物老羿作遗镞,神镌鬼削秋无痕。沉沙不随戈戟折,太阴玄精壮冰结。五丁假手出重泉,犹带尧时九乌血。羵羊肝胆破,尼子走折足。独有老於菟,坐啸风满谷。猿臂将军骨已枯,苍头庐儿金仆姑。时乎时乎奈尔镞!

浒墅　〔元〕方回

太湖晚山雨,白鸟去冥冥。古冢多无后,荒祠岂有灵?异峰巉石骨,远树散人形。兵革已耸息,废田蒲稗青。

过姑苏驿寄久诚参政　〔明〕汪广洋

浦口朝来稳系船,汀花如雪草如烟。几家茅屋临江水,一路松风响杜鹃。帘卷轻寒中酒日,香焚新霁熟梅天。少陵心事何人识?头白相知有郑虔。

长洲苑　〔明〕高启

中国久无伯,阖闾思骋功。讲蒐开别苑,训武出离宫。宰嚭应参乘,巫臣实御戎。戛鸣深谷应,罝掩广场空。远曳捎云斾,高弯射月弓。三驱仪已毕,七伐步还同。甲骑从舆后,娥眉侍幄中。煮胎须紫豹,胹掌得玄熊。乐事方难极,英图忽易穷。城迷歌黍客,地属采莞童。辇道崩秋雨,旗门失晚风。犬亡巉肆狡,人去雉争雄。草树迎萧索,湖山罢郁葱。犹疑见猎火,寒烧夜深红。

锦帆泾　　　　　　　　　　　　　　　　〔明〕高启

水绕荒城柳半枯,锦帆去后故官芜。穷奢毕竟输渔父,长保秋风一幅蒲。

长洲春　　　　　　　　　　　　　　　　〔明〕杨基

縠波流暖云,花光艳绿蘋。津头洗红女,蝴蝶上罗裙。罗裙秋水上,明珰摇白桨。飞下双鸳鸯,溢溢潮水响。

茂苑思　　　　　　　　　　　　　　　　〔明〕杨基

辇路秋蓬满,野香团绿湿。嫦娥粉黛愁,嫣花铅露泣。莺声旧时好,玉砌秋归早。东家蝴蝶飞,烟姿满芳草。

长洲春雨　　　　　　　　　　　　　　　〔明〕张宣

东风涨新绿,吴雨断复鸣。细淹花粉堕,斜晕水纹生。台琴不成弄,廊屦俱有声。朝观思无那,白鸟烟江明。

阳山　　　　　　　　　　　　　　　　　〔明〕高启

我登此山巅,不知此山高。但觉群山总在下,坐抚其顶同儿曹。又见太湖动我前,汹涌三十万顷烟波涛。长风吹人度层嶂,不用仙翁赤城杖。峰回秋碍海鹘飞,日出夜听天鸡唱。中有一泉长不枯,乃是蜿蜒神物之所都。老藤阴森洞府黑,树上不敢留栖乌。常年祷雨车,来此投令符。灵旗风转白日晦,马鬣一滴沾三吴。岩峦苍苍境多异,樵子寻常不曾至。探幽历险未得归,忽听钟来涧西寺。此时望青冥,脱略尘世情。白云冉冉足下起,如欲载我升天行。古来名贤尽何有?唯有此山长不朽。欲呼明月海上来,照把长生一瓢酒。浮丘醉枕肱,洪崖笑开口。天风吹落浩歌声,地上行人尽回首。

璚姬墓　〔明〕高启

梦别芙蓉殿头，断钗零落谁收。土昏青镜忘晓，月冷珠襦恨秋。麋鹿昔来废院，牛羊今上荒丘。香魂若怨亡国，莫与西施共游。

寄题阳山澄照寺　〔明〕吴宽

令威秉冰骨，化鹤去辽东。传道有遗井，乃在青山中。山深草木盛，苔径谁能穷？爰有释氏子，于此构莲宫。殿阁颇雄杰，林杪见青红。高崖石色古，小洞云气通。神龙室其地，上下雨兼风。岁时郡长吏，祈祷屡年丰。我昔过东麓，落日明丹枫。所恨足力弱，徒然望巃嵷。何时蹑其巅？历览无匆匆。回头长发叹，深愧南飞鸿。

大石联句　〔明〕李应桢　吴宽　张渊　史鉴

岩岩者大石，奇观人所诵。遐想十载余，初游四人共。舍舟始登陆，杖策不待鞚。是时日当夕，兹山气逾溶。入门信突兀，拾级骇空洞。落星何破碎？灵鹫宜伯仲。仰观神欲飞，俯瞰心屡恐。鳞皴苔藓剥，骨立冰雪冻。神驱道挢呵，鬼劈文错综。尊严凛君临，张拱俨宾送。环列尽儿孙，拥护等仆从。欲假愚公移，谅匪雍伯种。卧鼓慨桴亡，对臼怯杵重。狻吻吁未收，龙鬣怒难控。凝血疑痛鞭，立肺讵宽讼。上漏还启窗，中通自成衕。大惟补天功，小可砭肌用。分矢肃慎来，浮磬泗滨贡。廉利并攒剑，兀臬侧倚瓮。峄山辱嬴秦，艮岳遗汴宋。截彼民具瞻，壮哉客难奉。落照红抹赭，归云白流汞。僧讲点头膺，将射没羽中。尘缘契三生，阵图怀九纵。在悬太师击，攻玉诗人讽。仙煮充腹饥，俗揣免腰痛。瑶琨产维扬，琅玕出乃雍。高题少室名，怪作东坡供。栖禅百余年，问僧仅三众。凭虚围曲阑，架壑出飞栋。半空见蝙蝠，千仞附青凤。盘盘栈道危，瀺灂水泉动。竹幽补堂坳，树古嵌崖缝。穷攀任生靫，醉吟微带齆。登顿足力疲，眺望眼界空。列坐对弯跫，大呼应锽硔。松露发欲濡，潭月手可弄。嗜癖牛李愚，诗战邹鲁哄。拜奇得颠石，忧堕成噩梦。试与叩山灵，倘买捐薄俸。

阳山大石　〔明〕薛章宪

陨星自天着山巅，与天作石知何年？谽呀谻屙断复裂，欲堕不堕相钩连。硗然蹄股躩且跧，霜饕雪虐成顽坚。夸娥负山跂一足，罔象拔河耸雨肩。嵌空窒罅鬼手刓,蜂房联络僧庐悬。崚层石磴蛇倒退,决往未省愁攀援。还从青衣驾赤犊,更觅小有穷兜玄。

游阳山云泉庵 　　　　　　　　　　　〔明〕杨循吉

伟哉此阳山,有石俟歌诵。形将冰块截,势与莲花共。仰观一何高,登涉不可鞚。鸟飞必回翔,云出自腾滃。孤圆外成峤,空朗中含洞。瘦如辟谷良,清若食蚓仲。深思殆天设,乍至令人恐。浓萝作垂阴,寒泉滴为冻。戴痷亦颠危,携觞更交综。耳胁或骈攒,勤拳时独送。巍巍上少并,森森下多从。荒崖始谁开?倒树谅非种。在兹三吴间,当以九鼎重。崇岩借冠冕,卑峦听提控。劳呼猿固匿,被压松堪讼。曲躬始得门,侧身还入衕。拂苔劣容眠,收乳兼资用。志犹记秦余,材曷遗禹贡。立久气湿袍,啸高声答瓮。论年越殷周,言时晦唐宋。一为佛者居,永作游人奉。病宜谥著史,寐称抟养永。四方传不诬,诸公评切中。临谷足还酸,乘巅目偏纵。支颐讵厌看,极口难竭讽。鬼凿手须胼,鲸负背应痛。东岱徒小鲁,西华谬推雍。悬磬风发明,香炉结烟供。曝沙伏灵鼋,食冈停远凤。偷余殿容榱,就隙亭阁栋。枯藤蔓穿窍,长蛇舌撩缝。是知隆拔群,所贵秀合众。蒂拜本无添,羽撼争得动。栽培稀尺闲,构架靡寸空。炎伏凉自生,清秋月林深必赖烛,岚酷能作魖。星光犹立芒,龙吟殊叶碉。岭狮驯已宾,皂狞敢堪弄。与哄?久嗟隔胜赏,频劳落清梦。即欲营终栖,其奈怀微俸。

阳山琼姬墓 　　　　　　　　　　　　〔明〕徐贲

馆娃宫里已堪愁,况值泉台阅小丘。月冷宝奁无复晓,池空玉雁不知秋。萝间旧屋僧来往,竹下新亭客过游。不有佳名留郡志,谁能识此为停舟?

净明寺 　　　　　　　　　　　　　　〔明〕岳岱

石磴盘回绕上方,傍岩台殿倚苍苍。阶前银杏充僧供,炉底松花当佛香。高岭星河常信宿,下山花竹又斜阳。却缘婚嫁皈依晚,未得辞家礼法王。

箭缺峰 　　　　　　　　　　　　　　〔明〕顾元庆

两峰中断山椒起,云是秦皇一镞穿。万壑松涛双屦底,三吴风物一尊前。蒙蒙元气玄崖湿,霭霭高云翠壁鲜。欲酹公孙呼不起,晚来幽独下苍烟。

朱大理邀游大石 〔明〕皇甫汸

振策凌霄上，留筵拂石开。峰悬疑峭出，崖断似飞来。云气晴交雨，涛声昼引雷。危梁倘可度，扶醉隔溪回。

雨后舟行望大石诸山 〔明〕皇甫涥

暝游清溪上，虹雨开西岑。纤月照幽意，虚舟鸣夜琴。寥寥翠微静，霭霭芳树深。云径空如此，弥年违素心。

龙母祠 〔明〕王稺登

松坞石林林，秋风万壑阴。泉清尘客耳，花照定僧心。龙去野祠破，乌啼山竹深。苍生饥渴甚，朝夕望为霖。

赠长洲蔡明府 〔明〕王稺登

廿年京洛羡飞腾，此地重逢不负丞。走马泥涂朝带雪，栖鸦官舍晚如冰。桥边乌鹊非银汉，坞内桃花隔武陵。一枕黄梁俱莫问，君依迁客我依僧。

与吴长洲 〔明〕皇甫涥

江城花色倍河阳，流水侵庭鸟下堂。曾识尚方新赐履，莫论迁客旧含香。闲挥绿绮青春丽，静煮丹砂白日长。爱就雄居还载酒，时乘明月渡沧浪。

龙母祠 〔明〕岳岱

石濑溅溅草木苍，五湖祠庙接潇湘。灵衣珠佩无消息，桂栋兰橑有夕阳。白酒土人来祷旱，绛帏玉女对焚香。季春岁岁龙归昊，千古风云近草堂。

同陆明府过阳山访岳山人 〔明〕袁昭旸

泛舟入西山，炎景照南陆。梅霖歇崇冈，积润含林麓。挈徒过修坂，访友臻空谷。川薄阳已微，烟霖忽丛竹。石窦注清泠，云萝覆岩屋。庖人馈鲜鲤，童子进鼎餗。翰墨情所投，令人发深穆。兹会难再洽，艮趾兰台宿。

咏阳山草堂竹赠岳山人　　　　　　　　　　〔明〕袁昭旸

草堂正倚阳山曲,袅袅琅玕涧水浔。风坞箨辞同碧藓,云林梢长接空阴。雨晴帘卷秋如许,日午开尊暑不侵。偶过留连盘石坐,求羊应许更攀寻。

至阳山访岳山人　　　　　　　　　　　　　　〔明〕陆俸

访尔阳山曲,迢迢丘壑重。青冥恣遐瞩,麇鹿伴孤踪。高枕低云峤,疏林度远钟。径余重九菊,门倚两三松。避地雾中隐,鸣琴竹下逢。夜长思共醉,老去愿相从。魏阙无今想,仙风自可宗。因思沉湎者,役役尔何庸?

同九崚顾子访岳山人　　　　　　　　　　　　〔明〕徐伯虬

多君栖郑圃,玄室白云阴。此日逢迎处,高天倚树吟。竹香明幌静,山色暮帘深。相送情无限,余音碧水琴。

同徐子过岳山人　　　　　　　　　　　　　　〔明〕顾闻

爱尔中林静,莺啼下碧除。风清徐稚榻,花映邺侯书。帘际凉露切,城阴夏木虚。论文竟西日,片片落璠琚。

过顾征士阳山别业　　　　　　　　　　　　　〔明〕童珮

绣壁盘空下,春游花气寒。琼瑶学岛屿,灵秀走冈峦。赋向青山课,琴随流水弹。还因畏尘染,自剪箨为冠。

阳山草堂为顾大有赋　　　　　　　　　　　　〔明〕丰坊

新晖送山青,点点入茅屋。平原秀芳草,流泉带乔木。篱篁堕凉影,庭兰动徐郁。主人侵朝兴,鹤衣巾一幅。净几发炉燎,就床取书读。坐中无俗宾,砌下有驯鹿。短扉竟日掩,香醪四时漉。闲情寄峄桐,佳词歔湘竹。翘企孤山隐,想像柴桑筑。延睇摇云峰,满听溅霜瀑。久与市尘遥,已共山灵熟。后名谅非求,潜德思厚蓄。落梅正宿雨,予来破幽独。

白龙庙迎送神曲　　　　　　　　　〔明〕高启

荐芳兮奠醑,斲冰为梁兮葺荷以为宇。神不来兮孰与处？空山愀兮暮多雨。渺吾望兮潇湘,云冥冥兮水茫茫。有美人兮在堂,盍归来兮故乡。导赤鲤兮从鼋鼍,冷风回兮水惊波。俨灵旗兮来下,巫抚节兮安歌。安歌兮未极,倏回辀兮山之侧。南有渊兮北有湫,神不留兮我心忧。愿岁来兮惠我秋。

还舟望亭与诸友夜集　　　　　　　〔明〕王宠

叙游方历历,惜别更茫茫。湖海谁投分？云霄几断行。不眠从秉烛,忍泪竟沾裳。易得穷途感,无嫌阮籍狂。

过望亭　　　　　　　　　　　　　〔明〕王稚登

水鸟白纷纷,翻飞不作群。土城三里尽,山县一桥分。莺近帆过柳,人稀路满云。金丹堪却老,一水问茅君。

望亭舟中感怀　　　　　　　　　　〔明〕吴兆

水国蚕桑早,春山笋蕨肥。谁怜行路客,著尽离家衣。村犬迎舟吠,田乌绕耙飞。悠然望远岫,却羡暮云归。

早春过望亭驿喜晴追次李嘉祐韵　　　〔明〕韩奕

远墅晴烟散绿蘋,推篷喜坐整乌巾。野花开处多临驿,水鸟飞来似送人。愁里听穷三日雨,客边吟到一分春。今朝已有寻芳客,来往东风陌上尘。

游阳山观大石　　　　　　　　　　〔明〕沈周

问寺松篁里,芒鞋苦未停。蒸云山似甑,隐石树为屏。鸟啄台中食,僧翻几上经。闲来复闲去,空损石苔青。

游阳山　　　　　　　　　　　　　〔明〕袁宏道

巉石蹲如象,枯松剥似鳞。鹤仙何处是？龙母果然神。穴有能言兽,岩多不语人。吴宫零落尽,踪迹竟谁真？

丁令威宅丹井 〔明〕高启

令威作仙天上去,旧宅留在青山阿。千年宅废但遗井,何处更闻华表歌?南陌黄尘足去客,东流碧海绝回波。鹤归重览应惆怅,地上丘坟今又多。

登大石 〔明〕吴一鹏

大石巍巍郡郭西,登临此日酒重携。烟中鸟没千峰暝,象外天空万物低。田舍筑墙堆乱石,僧厨剥笋落黄泥。兴游未尽忘归去,一路垂鞭信马蹄。

夫差墓 〔明〕许元溥

古墓卑犹麓,亡王遗恨存。不堪泉下土,偏遣近公孙。

重游巊山庙 〔明〕王穉登

祝融焚尽碧桃花,东帝何年返翠华。欲辨劫灰人不识,断碑空记管霄霞。

入郭过南湖望报恩寺浮图 〔明〕高启

雨过春陂柳浪香,布帆归缓怕斜阳。渔人为指江城近,一塔船头看渐长。

北寺竹林 〔明〕杨基

僧居古城阴,迢递通万竹。林光落虚牖,坐爱衣裳绿。斋余孤磬远,茶罢微烟续。道人悟重玄,淡然无众欲。譬彼石根泉,亭亭湛寒渌。

北寺水阁 〔明〕沈周

喧寺纷聒耳,幽寻达城阴。谁料此城中,其境自山林。僧寮创小构,雅据西水浔。清流可俯掬,须眉亦堪临。反照在东壁,水影浮虚金。人物相映莹,寂静宜道心。散木列左右,上下鸣春禽。疏竹不蔽墙,累累见遥岑。游赏莫禁客,酒茗喜相寻。借问尝来辙,记壁谁曾吟?

夏日过北禅寺听经 〔明〕沈维桓

入门龙象见,双树法堂开。风细流僧座,花香散佛台。日边幡影动,天上铎声来。半偈殊能了，芸芸付劫灰。

过长荡　　　　　　　　　　　〔明〕沈周

发迹过长荡，识此平生始。春流方漫衍，旷荡弥十里。老葑蔽层云，敷芽青拟拟。正如一明镜，黤蚀铜绣起。西山欲临照，掩却螺髻美。山亦幻怒去，南走太湖涘。群势涌叠浪，争犍互排挤。我怒先我去，挥手喝止止。湖山四面好，转侧皆可喜。此面正佳绝，扁舟载西子。芳洲有隙地，官卖脱紫绮。移家非丹砂，所好在山水。

宿相城有怀石田先生　　　　　　　〔明〕文徵明

何处重占处士星？草堂突兀夜灯明。风流已与人都尽，手泽空怜物有情。依旧短墙围野色，不禁高树起秋声。伤心未了生前约，渔子沙头一棹横。

蠡口夜归　　　　　　　　　　　〔明〕道衍

日没渡口昏，水风著人热。渔灯带萤火，微光互明灭。舟人报水程，路远行欲歇。故山不分明，目尽心力绝。遥想山中人，待人仍待月。

望亭饭僧作四首　　　　　　　　　〔明〕洪恩

借得人家隙地，中藏几树梅花。旋构数间茅屋，欲谈一卷楞伽。
隔岸长松疏柳，双溪一片湖光。夜听渔舟共语，风吹菱芡时香。
屋后一湾流水，门前几点青山。云去月来桥上，鸟啼花落林间。
添得一条略彴，如从画里行来。即此草庵亦可，何须百尺楼台？

渡阳城湖　　　　　　　　　　　〔明〕法杲

不知何所事，身堕渺茫间。岸白流鱼沫，天青出蚬山。树微看渐灭，云薄去如闲。无限随波意，轻舟试往还。

枫桥与送者别　　　　　　　　　　〔明〕张元凯

枫桥秋水绿无涯，枫叶满树红于花。万里之行才十里，阖闾城头尚堪指。游子尊前泪湿衣，离心已逐片帆飞。酒酣忘却身为客，意欲元同送者归。

泊枫桥　　　　　　　　　　　　　　　　〔明〕张羽

晚泊枫桥市，冥搜忆旧游。月明天不夜，江冷水先秋。岸曲依渔艇，林低出戍楼。堪嗟名与利，白却几人头。

泊枫桥　　　　　　　　　　　　　　　　〔明〕高启

画桥三百映江城，诗里枫桥独有名。几度经过忆张继，乌啼月落又钟声。

顾荣庙并序　　　　　　　　　　　　　　〔明〕高启

晋侍中顾彦先有墓并祠在长洲之东，久而废为淫祀。县令周君复之，为赋是诗。

军司吴国秀，神机夙超朗。弱冠游洛师，已蒙南金赏。崎岖诸王幕，沉湎务遵养。中罹广陵艰，计服匪诚枉。风云一挥扇，义旅臻同响。事成耻言勋，飘然理归靷。晋社始东迁，群贤悉收奖。道谒真感会，矫翼丹霄上。德闻一代称，迹泯千龄往。时屯乏良佐，嘉谟益堪想。坟祠托荒郊，萧条并榛莽。尧童侵雨隧，淫巫闯尘幌。大夫过停辕，式瞻为含怆。衣冠复故貌，筵几陈新享。寡劣忝乡人，因歌表遐仰。

阊门访旧作　　　　　　　　　　　　　　〔明〕程嘉燧

怅望吴阊百里余，坟园兄弟日应疏。多年华鬓丝相似，三月春愁水不如。歌扇旧分桃叶渡，钓船今傍藕花居。扫眉才子何由见？一讯桥边女校书。

李叔元司农邀同诸君饯余于浒墅　　　　　〔明〕王世贞

枫桥溟色映楼前，文采风流尽此筵。诸友但能河朔饮，使君宁惜水衡钱。已将归思寻张翰，若个逃名似鲁连。乘兴偶然成别语，相期不必众人传。

夜过浒墅简高司农　　　　　　　　　　　〔明〕王穉登

东归夜指阊闾城，月出津亭听鼓声。鬓有双蓬随岁改，舟唯一夜载愁轻。却收鱼锁关重启，不待鸡鸣客放行。何意司农能好士，人间知有老王生。

沧浪亭　　　　　　　　　　　　〔明〕高启

沧浪平无风波之惊,沧浪广有风月之赏。吴兴长史旧迁谪,买得此水自号沧浪客。垂钓在北渚,榜船临西洲。白鸥不来往,遣与谁同游?发清歌,弄清景,醉入荷花梦魂冷。天念儒臣去国冤,故与无尘水云境。斯人去已远,我来空复情。沧浪水虽在,不似昔年清踌躇。独过亭前路,莎苇寒烟沙鸟鸣。

郡守王公廷招游大云庵同用春字　　　　　〔明〕皇甫汸

谢守屏纷务,韦公访净因。石门纡画戟,云径拥朱轮。伐木听莺罢,衔花爱鹿驯。从兹双树下,扫榻待行春。

沧浪亭　　　　　　　　　　　　〔明〕徐繗

窈窕沧波寺,玲珑水上扉。绿窗云竹净,朱户露花晞。鱼逸晴偏跃,鸥闲昼不飞。东邻精舍近,无虑带星归。

谒韩蕲王庙　　　　　　　　　　　〔明〕高启

宋室中兴日,将军武略优。功宜超贾邓,名耻并张刘。白马空南渡,黄龙竟北游。跃戈冲野阵,横棹截江流。朝使颁金册,边人识锦裘。未终藩阃寄,已惑庙堂谋[①]。阙耸吴山晓,陵荒巩树秋。廉颇归未老,郭令罢谁留?折槛言徒切,藏弓势可忧。俄看星陨垒,永使陆沉州。感慨思前代,凄凉吊古丘。剑花埋虎气,碑藓剥螭头。石骑嘶风雨,山僧护槚楸。鼓旐何寂寂,简策漫悠悠。父老悲犹在,英雄事已休。栖霞岭前墓,闻说更生愁。

吊伪周故址　　　　　　　　　　　〔明〕文徵明

废鼓楼前蔓草多,夕阳骑马下坡陀。欲谈天祐谁堪问?自唱西风菜叶歌。

经伪周故宫遗址　　　　　　　　　〔明〕徐桢卿

自畏时讥掩口吟,文章曾说筑黄金。江山不作千年计,枉费英雄万里心。

----

① 《姑苏志》此处尚有"坐散熊罴士,甘臣犬豕酋。和戎词易屈,复汉志难酬"四句。

谁使宫城坐陆沉，仓庾食尽亦难禁。绮罗一把咸阳火，犹是豪英慷慨心。

鹤市感怀　　　　　　　　　　　〔明〕陈元素

华表千年始一归，清泉白石总忘机。如何不作高人伴，却逐灵軿舞缟衣。

临顿里十首　　　　　　　　　　〔明〕高启

闻说桥东路，高人旧隐居。养生应有道，觅举绝无书。爱救粘丝蝶，嗔惊出水鱼。时寻戴颙宅，自驾短辕车。

应爱山斋好，秋风不卷茅。凿渠侵蚁穴，移树带禽巢。人世真浮梗，吾生岂系匏。不逢皮从事，谁结岁寒交。

载酒携山榼，安琴制石床。凫眠皆傍母，蜂去自从王。谷雨收茶早，梅天晒药忙。不扶灵寿杖，筋力老能强。

自少图名意，谁言世不知？僧求开寺记，客送买山资。细雨鱼生子，斜阳燕哺儿。平生无事迫，心苦为寻诗。

斩伐凭樵斧，经纶在钓车。薄云还露月，小雨不妨花。酒债应多处，诗名自一家。虚烦时主召，懒脱故衣麻。

长物元无有，何烦犬护扉。借看高士传，学制道人衣。窗破容萤入，船空载鹤归。定缘幽事绕，不是宦情微。

澹泊心情在，萧疏鬓影残。引泉规作沼，留笋待成竿。自洗沾泥屐，谁收挂壁冠？毛公新有约，月夜礼天坛。

沐罢便轻帻，消摇咏晚天。清风苏病鹤，骤雨聚鸣蝉。旧史堆缃素，新经录洞玄。谁知城郭里，别自有林泉。

汩汩泉通圃，萧萧柳映门。折花摇树影，踏藕损莲根。饥鸭呼归舰，新蚕试浴盆。屋前高石在，知是郁林孙。

茶租催未得，菊饵服还能。行古时人笑，文工造化憎。贫留渔艇载，老谢鹤书征，谁识先生乐，悠然卧枕肱。

过圆妙观　　　　　　　　　　　〔明〕陈继

影摇红烛散庭辉，小殿香清午漏迟。啼鸟数声风习习，碧桐阴下立多时。

春尽题马禅寺　　　　　　　　　　　〔明〕蔡羽

斜日上河股，残春投佛家。维摩原有榻，优钵已无花。桑下曾问道，松间听煮茶。坐来心自适，此地寂无哗。

乘鱼桥　　　　　　　　　　　　　　〔明〕高启

桥上[1]西游人，桥下东流水。游人如水流，朝暮何时已。谁知有飞仙，赤脚踏双鲤。波惊风萧萧，渡海秋万里。左招骑龙君，右携采鸾子。笑飧紫云英，同歌珠宫里。归来旧城郭，千载一日耳。下看桥上人，还随鸡鸣起。去者已如灰，来者犹如蚁。不解养谷神，纷纷自生死。

寄傲园小景十幅仿卢鸿一草堂图诗自题十首　　〔明〕刘珏

笼鹅阁

谁知轩后阁，宛在水之滨。牖外树交合，阶前萍却分。鸟窥书影静，鱼伺墨波勤。岂有山阴帖，人言此右军。

斜月廊

廊传踏月久，更获此为奇。不在照能遍，无妨影乍敧。槛承花始韵，檐阁树微亏。何以添幽致，恰当弦上时。

四婵娟堂

婵娟何以署？到果趣无涯。隙地留遗竹，曲阑不辍花。暂延人意惬，久坐客心赊。剥啄无妨静，深山讵有差。

螺龛

竟日双扉掩，其中草色新。石幢门外树，法相壁间寻。借渡石微窄，凿渠雨始深。一灯绵昼夜，萧寂了无音。

玉局斋

戒时非作态，入室自悠然。作古宛如古，可传无意传。才情因以胜，位置佐之缘。方识命名者，前身玉局仙。

---

[1] 原作"桥土"，据《姑苏志》改。

啸台

空台超以旷,而亩未能盈。缀石仅留意,栽花不在名。借池崇地势,待月望山情。长啸丰林下,恒思起步兵。

扶桑亭

虚亭立水面,问树乃称奇。不谓虬龙影,能于隙地垂。互承栏并槛,交接涧通池。长日披襟坐,拥书尤所宜。

众香楼

花扉深不测,危立有层楼。遥瞩盈庭树,宛然别一丘。坐堪邀月下,登或当山游。桂影趋檐际,清芬却想秋。

绣铗堂

丽景旁相暎,庭空水一湾。借庑通竹径,留石让松关。客远定须到,诗卑必痛删。暗香浮涧外,恍若在深山。

旃檀室

不来深处坐,何以涤吾愁。古井汲苔绣,石床吟素秋。幽香天际发,奇致室中求。僮仆谙清事,支扉谢俗俦。

过戴居士宅　　　　　　　　　　〔明〕高启

江边戴颙宅,地好惬幽寻。高树藏卑屋,新篁补旧林。鸟成留客语,云作护花阴。不负沧洲约,重来论夙心。

四月初六日王觉斯过访归田园偕徐元叹蒋伯玉顾青霞小饮

〔明〕王心一

园居倚城北,聊以寄幽意。花尽绿自肥,逶迤路更邃。我家王子猷,远道移舟至。乘兴四时好,赏兹结构异。披襟话同心,绕坐拥苍翠。但畅彼我怀,酒凭客自醉。庶几仰高踪,用续兰亭会。鹤啸披岑寂,梵声来邻寺。池光动新月,林影碎满地。坐久复忘言,悄然起诗思。

赠无量寺东白禅师　　　　　　　　〔明〕道衍

齐女门边古佛祠,小桥流水树参差。偶来看竹逢佳士,指点园林话旧时。

白莲寺　　　　　　　　　　　　　吴宽

焕然华构已增修,檀越金多手自投。想见望齐门北去,绕檐松竹带清流。

泊齐关醉后寄开采两弟　　　　　〔明〕刘曙

齐关细雨木兰船,樽酒淋漓欲叩舷。偶别亦生棠棣感,如何大被不同眠。

拙政园二咏　　　　　　　　　　〔明〕沈维桓

若墅堂

野色堂开看若墅,明窗紫翠落纷纷。春阴不散疑山暗,暮雨初收见水分。日日庭前留白鸟,时时树里出红云。却怜东主能觞客,此夕幽光应付君。

梦隐楼

四望高楼如翼开,登临春夕思悠哉。千层树影当空落,百尺松阴接地来。榻倚浮云栖客梦,窗含细雨叫鸿哀。幽人自此堪逃迹,白石茶香坐绿苔。

狮子林竹下偶咏　　　　　　　　〔明〕徐贲

客来竹林下,时闻涧中琴。经房在幽竹,庭户皆春阴。孤吟遂忘返,烟景坐逾深。

狮子林十二咏　　　　　　　　　〔明〕高启

狮子峰

风生百兽低,欲吼空山夜。疑是天目岩,飞来此山下。

含晖峰

演漾弄晴晖,江山秋敛霏。我吟康乐句,日暮憺忘归。

吐月峰

四更栖鸟惊,山白初吐月。起开东阁看,正在云峰缺。

立雪堂

堂前参未退,立到雪深时。一夜山中冷,无人只自知。

卧云室

夕卧白云冷,朝起白云开。惟有心常在,不随云去来。

问梅阁

问春何处来，春来在何许？月堕花不言，幽禽自相语。

指柏轩

清音护宴几，中有忘言客。人来问不应，笑指庭前柏。

玉鉴池

一镜寒光定，微风吹不波。更除荷芰影，故取月明多。

冰壶井

圆甃夏生冰，光寒数星冷。窗有定中僧，休牵辘轳绠。

修竹谷

翠羽落经床，林鸠午鸣后。笋出恐人来，编篱遮谷口。

小飞虹

初看卧波影，应恐雨崇朝。过涧寻师去，端如度石桥。

大石屋

浑沌复轮囷，全无斧凿纹。门临五湖水，坐纳四山云。

游王玄渚司寇园留饮兰雪堂即事　　　〔明〕沈钦圻

郊园宛似小江潭，洞壑幽深次第探。玉树亚檐疑点雪，春塘漾藻欲拖蓝。酒杯传处风生座，奏疏披余剑有镡。阅弹客魏奏疏稿。即席送人成乐府，好将新句付何戡。司寇成《送人远游》绝句。

花溪杂咏三首　　　〔国朝〕钱澄之

园林依北郭，旧是百花溪。小港移舟进，回廊引步迷。庭无多竹石，山已足攀跻。满壁藏书处，耽吟一叟栖。

横门开不正，侧向稻畦间。树杪明孤塔，云边识远山。尽教游子住，未许主人闲。曲折沿塘路，时时送客还。

花溪古胜地，芳草亦佳名。合并园初大，频移山始成。喜多闲境界，慎勿苦经营。一带轩楹旧，存他作者情。

咏拙政园山茶花　　　〔国朝〕吴伟业

拙政园内山茶花，一株两株枝交加。艳如天孙织云锦，頳如姹女烧丹砂。吐如珊瑚缀火齐,映如蠙蛛凌朝霞。百年前是空王宅,宝珠色相生光华。长养端资鬼神力,优昙涌现西流沙。歌台舞榭从何起?当日豪家擅闾里。苦夺精蓝为玩花,旋抛先业随[①]流水。儿郎纵博赌名园,一掷留传犹在耳。后人修筑改池台,石梁路转苍苔履。曲槛奇花拂画楼,楼上朱颜娇莫比。千条绛蜡照铅华,十丈红墙饰罗绮。斗尽风流富管弦,更谁瞥眼闲桃李。齐女门边战鼓声,入门便作将军垒。荆榛丛填马矢高,斧斤勿剪莺簧喜。近年此地归相公,相公劳苦承明宫。真宰阳和暗回斡,长安日日披薰风。花留金谷迟难落,花到朱门分外红。独有君恩归未得,百花深琐月明中。灌花老人向前说,园中昨夜零霜雪。黄沙淅淅动人愁,碧树垂垂为谁发?可怜塞上燕支山,染花不就花枝殷。江城作花颜色好,杜鹃啼血何斑斑?花开连理古来少,并蒂同心不相保。名花珍异惜如珠,满地飘残胡不扫?杨柳丝丝二月天,玉门关外无芳草。纵费东君着意吹,忍经摧折春光老。看花不语泪沾衣,惆怅花间燕子飞。折取一枝还供佛,征人消息几时归?

陆宣公墓　　　　　　　　　　〔国朝〕钱谦益

延英重门昼不开,白麻黄阁飞尘埃。中条山人叫阍哭,金吾老将声如雷。苏州宰相忠州死,天道宁论乃如此?千年遗榇归不归?两地孤坟竟谁是?人言稿葬留忠州,又云征还反故丘。《图经》聚讼故老哄,争此朽骨如天球。齐女门前六里路,荞麦茫茫少封树。下马犹寻董相陵,飞凫孰辨孙王墓?青草黄茅万死乡,蝇头细字写巾箱。起草尚传哀痛诏,闭门自验活人方。永贞求旧空黄土,元祐青编照千古。人生忠佞看到头,至竟延龄在何许?君不见华山山下草如薰,石阙丰碑野火焚。樵夫踞坐行人唾,传是崖州丁相坟。

雨行陆墓道中　　　　　　　　　〔国朝〕王雨

远树蒙蒙野岸迷,渔翁斜笠板桥西。轻舟渡雨闲凝望,一片村烟罨画溪。

枫桥舟次　　　　　　　　　　　〔国朝〕王图炳

前年曾宿枫桥下,淡荡春风渔火夜。乱挽垂杨绾画桡,吴娘低唱雨潇潇。重来且醉枫桥酒,秋江无复青青柳。惟有寒山夜半钟,依然飘到客船中。

---

① "流水"至"永贞求旧",底本原缺,据上海图书馆藏本补。

浒墅道中　　　　　　　　　　〔国朝〕吴苑

泽国正多雨，轻舟剪暮烟。几家存蟹舍，五月少秧田。渐近梁溪路，回瞻虎阜巅。茫茫百端集，绿浪白鸥前。

浒墅有感　　　　　　　　　　〔国朝〕张锡怿

忆拥图书对邺侯，岂知梁狱忽招尤。母心有恨埋青史，白骨何年闷古丘。曲罢广陵孤鹤去，魂依漳水碧梧秋。明知石火须臾事，哀些偏能动客愁。

过浒墅有感　　　　　　　　　　〔国朝〕陈瑚

不泊吴阊下，星霜又几回。轞车新使舫，烟草旧歌台。易入王维恨，能令庾信哀。桃花缘底事，还傍战场开。

浒墅舟中眺阳山残雪　　　　　　〔国朝〕王士禎

日出阳山外，参差见几峰？依稀露烟霭，窈窕明云松。忽忆梅花发，清溪深万重。扁舟欲乘兴，杳杳暮天钟。

山中寄子侧时阴雨浒墅舟次　　　〔国朝〕王士禎

平生兄弟远游心，世外玄栖约共寻。涧道名花任开落，湖天春水半晴阴。何山往事思求点，五岳前期负向禽。遥忆孤篷宿烟雨，青芝南望白云深。

重修沧浪亭和欧阳公韵　　　　　〔国朝〕宋荦

沧浪之水清且运，亭子结向沧浪边。沧浪之亭几兴废，沧浪之水今依然。苏州南园最幽旷，池馆创自武肃年。厥后踵事非一姓，转眼变灭随云烟。湖州长史昔贬谪，爱此卜筑将终焉。轻舟野服恣啸傲，援琴命酒乐静便。长史作记欧公赋，金钟大镛声相宣。斯亭遂与人不朽，买得只用四万钱。曰予向往自弱岁，今宦于此嗟华颠。手捉孤篁遍探历，荒冈突兀临长川。方花古础缠蔓草，几林乔木仍参天。都官园空接断垄，蕲王庙在余数椽。老夫顾此愿修复，胜事肯令他人专。伐石作亭悬旧额，爰饰祠宇肃豆笾。蕲王英灵定来此，会与长史相周旋。观鱼处敞俨对镜，自胜轩小疑乘船。隔城山色落衣袂，步碕矫首聊迟延。回廊略彴纷点缀，管领风月凌平泉。山僧野老共登眺，央央旄旌却勿前。官热心冷每自笑，山林痼疾良难瘳。左司文章久避席，白傅游宴或比肩。绵津沧浪忽对举，西堂语厚意则偏。吴人好事更好我，任教画作屏风传。

沧浪亭二首寄牧仲中丞　　　〔国朝〕王士禛

我昔万里赴秦蜀，书来邀赋沧浪亭。喉间有语不敢吐，六一妙句通仙灵。曲江樊川饱游历，石鳖谷水何清冷。百花潭上花照眼，东湖菡萏千娉婷。东溪西溪夹明镜，中有万竹森烟汀。沧浪南望渺天末，恨无大翮排青冥。归来八载一弹指，卧游往往寻图经。高林翠阜尚窈窕，红蕖绿浪铺丹青。盘山僧来见画本，使我远望空玲珑。子美有语即吾语，拟来随汝腰笭箵。

凤爱子美犊头诗，满川风雨潮生时。风格正与梅老敌，火攻欲并才翁驰。况复生逢天圣日，庙堂左右皆皋夔。奈何一眚辄弃置，古来谣诼生蛾眉。远放江湖御魑魅，遣来吴会观涟漪。南园旧迹久芜没，古水曾识王元之。一朝胜地落渠手，天意亦似哀湘累。竹外有水水外竹，石矼裹经穷湾碕。坐俯红蕖压奁鉴，行看白鹭吹参差。终老于斯亦不恶，鸩媒鸠逝将奚为？梁苑先生秉旄节，爱此十顷青玻璃。临流慷慨一怀古，倏还旧观凭指麾。移来妙喜但顷刻，华林鱼鸟生妍姿。古人今人两不朽，何须汉水沈丰碑。

同徐昭法登箭阙　　　〔国朝〕杨补

袅袅天风吹我衣，千年丹碧丽朝晖。石棱中断开双阙，山势支分见四飞。烟际五湖洲与叠，秋深南国塞鸿归。干戈白发登临在，犹幸名山志未违。

登阳山　　　〔国朝〕王摅

梯回磴复逐松声，群峭摩空类削成。海日自明无晓夜，湖天不尽有阴晴。一泓下注龙湫伏，千仞横开箭阙平。坐览众山凌绝顶，长风吹起暮愁生。

游阳山杂咏四首　　　〔国朝〕汪琬

大石

土垣窜鼯鼠，石像蒙荆刺。欲觅连句诗，残碑无只字。

龙湫

一泓何黝深，游人每动色。所恐龙子惊，风雷飞白日。

晋柏

修柯不知年，疑有鬼神守。至今龙蟠处，苍文尚左纽。

岳园

数易荒园主，泉枯竹已花。居人谈旧事，犹指隐君家。

云泉庵大石 〔国朝〕唐璃

云泉奇胜处，大石最知名。风磴回青汉，霞标拟赤城。平湖光似镜，幽籁响如笙。到此浑忘返，尘缘顿觉轻。

阳山 〔国朝〕徐崧

玉洞虹梁碧岫连，曾居龙母与丁仙。苗兴旱祷倾盆雨，鹤返遥鸣废垄烟。东去金阊青隔野，西来笠泽白浮天。最奇高顶峰如阙，传是秦皇一镞穿。

经阳山白龙庙龙井 〔国朝〕徐埙

绝壁滃然一井开，白龙蟠处尽苍苔。光寒只恐朝飞去，影静犹疑夜卧来。雨过空山惊鬼怪，云从幽壑动风雷。亦知有母常灵异，祠庙年年展拜回。

观阳山云泉庵大石追次吴原博史明古联句韵 〔国朝〕徐昂发

吾州卑犹山，大石万口诵。芒鞋独来游，赤藤还复共。风吹轻翼肘，意行捷飞鞚。山骨屼撑立，雾脚郁蒸滃。值年鼓鲈鞴，造物开鸿洞。乘陼拱儿孙，岑峤班伯仲。斗状突相攫，落势奔可恐。其阳芝菌殖，其阴窊窦冻。石理纷鳞皴，龟兆等错综。女娲施手时，巨灵拥幢送。鼘鼘河鼓槌，黐黐土伯从。玄云叠千堵，妖罔锁百种。谽谺坤轴陷，赑屃鳌冠重。颒如龙割耳，踔若马脱控。仰似灵鳖浮，聚似群狙讼。腾虹矗石梁，劈壤砉幽衖。奔雷鬼斧鸣，凝血神鞭用。帝觞为落成，山秫亦效贡。坏形簇簪髻，侧睨欹侥瓮。前飞雉霸秦，后却鹢过宋。授书偃蹇来，支机娅姹奉。日炙焦流金，砂伏灿生汞。深坳芥舟漾，浅罅戟牙中。褒嗤东海窄，阵骇常山纵。目眙歙改视，肩耸但孤讽。循玩日昃移，刻画语未痛。上古闻夸蛾，负山厝朔雍。谁向勾吴偏？坌此怪石供。砺角来野牛，折膝卧铁凤。坚瘦霜雪饕，跷跧蹄股众。扫苔据两弓,枯僧结双栋。荦确伴天顽,窅豁倚崖缝。仙蜕鸟翩披,泥深鲸鬣壅。米拜端可受,李射俨欲动。棋枰铲凹凸,佛龛凿嵌空。青䭚足馔粮,残碑供吟弄。诗服匏翁羃,咏效洛生齂。轻传比竹谐,狂作投奇碥。梦梦尘网间,扰扰蛮触哄。微尚寄岩壑,荡胸展云梦。却笑牛李痴,黄金掷高俸。

<h3 style="text-align:center">过大慈寺　　　　　　　　　　〔国朝〕徐昂发</h3>

紫袷沾微露,斜穿石径中。溪回花不尽,峰断涧远通。茶灶家家火,山鹃叶叶风。支公留旧隐,拨路款茆蓬。

<h3 style="text-align:center">龙母祠　　　　　　　　　　　〔国朝〕徐昂发</h3>

仿佛明神降,鳞鳞小殿中。湘娥裁玉佩,月姊织香葱。壁吼青罿雨,旗翻赤鲤风。山农喧鼓笛,载酒酹幽宫。

<h3 style="text-align:center">同夏士兄登罐山顶　　　　　　〔国朝〕朱彝尊</h3>

杖策荒涂外,俛高远树重。微茫开积水,缥缈见孤峰。细雨春归雁,深山日暮钟。何年共招隐?相伴入云松。

<h3 style="text-align:center">游大石　　　　　　　　　　　〔国朝〕沈德潜</h3>

卑犹推镇山,大石擅奇迹。造物试抟弄,鸿蒙划开辟。匪由五丁凿,或是巨灵擘。峰横鸟侧飞,崖悬枝倒植。一柱危结构,飞梁险笮展。阴洞吹寒风,终古翳昏黑。蒙密竹树交,掩映化人宅。静憩依蒲团,问饭经香积。已惭隙中影,偶得喧余寂。登陟缅曩贤,文采辨石刻。名山待人重,岩谷顿生色,事往目转睫,清词半湮泐。孰垂千载名?感叹情何极!

<h3 style="text-align:center">寻滴水岩　　　　　　　　　　〔国朝〕沈德潜</h3>

空岩拥归云,探幽屡迷误。山径落叶深,披寻得前路。隔林响淙潺,境转寒泉遇。阴崖山骨穿,虚窦水脉露。群沫下涓滴,岁久石疑蠹。中藏不息机,讵并奔流注。澄潭无纤埃,观心静浮虑。神骨自凄寒,清境难久住。行逢晚樵还,共蹋苍茫去。

登阳山绝顶　　　　　　　　　　〔国朝〕沈德潜

秦余杭山不知几千丈，箭阙嵯峨在天上。扪萝陟磴身忽高，下界送眼难为状。群山起伏遥相从，仿佛长老呼儿童。山沓水合渺无际，但见太湖隐隐环西东。青天微茫不在外，白日恍惚沈其中。峰回境断阴风呼，行人到此寒肌肤。老湫昏冥龙所都，往年投符祷甘雨。神物出没雄牙须，山川终古闷灵异。唯有句吴霸业归，虚无章明妖梦占。俱应黑犬亡吴事前定，远道奔亡悔已迟。山中枉杀公孙圣，风前凭吊空歔欷。何处钟声入清听？此时日欲落樵径。寒云还山腰，诸峰若浮动。倏忽中断青巉岏，左望馆娃宫，右望钟吾山。夫差冷魄何足唤，愿为赤松弟子采药烟峦间，我虽老矣能跻攀。

令威宅　　　　　　　　　　　　〔国朝〕叶士宽

令威升仙去，宅不与之拔。白云流空阶，明月照虚闼。蛩吟砌下稳，鸟声树头聒。只余炼丹井，落花澹流沫。仙人一瞬间，忽作千年别。翩然骑鹤归，荒荒但萝葛。苍茫城郭移，杳蔼间井灭。惟有青山青，不改朝霏豁。

秋夜宿朱氏秦余山庄　　　　　　〔国朝〕尤怡

高馆秋深里，疏林露气多。清言杂樵牧，幽梦接烟萝。鸾鹤劳尘想，云泉待客过。明朝赋招隐，随意访岩阿。

长洲学舍喜孙豹人过访并有诗见赠奉答　〔国朝〕姚文焱

渭树江云念不忘，苏台忽睹雁成行。我惭官冷无三绝，君尚饥驱走四方。簪盍真如萍梗聚，樽开还对菊花香。故园记得追游地，步屧相过隔一方。

弥罗阁眺望　　　　　　　　　　〔国朝〕吴苑

高阁俯城中，晴光处处通。书空传越绝，地自属吴宫。征鸟依林末，游云贮海东。登临无限意，都付与江枫。

同王筑嵒登弥罗宝阁　　　　　　〔国朝〕徐崧

岁暮过仙观，巍然宝阁雄。灯光摇碧落，香雾霭寒空。迥出三清上，回廊一郡中。森罗都在眼，谁不叹神工？

玄妙观赠陶炼师　　　　　　　　　　〔国朝〕陆禾

杖藜何处寻仙境？玉洞飞花近市桥。绛简书传开石室，步虚声响接云霄。香生宝鼎丹初转，名列蓬壶路不遥。读罢黄庭佳客至，星坛可许挂诗瓢。

九月登城北报恩寺塔　　　　　　　　〔国朝〕陈灿霖

健向浮图绝顶攀，置身层汉九秋闲。万家烟火迷全郭，百里风云起四山。久踞檐牙看鸟背，静听铃语答人寰。由来荣落生愁恨。好缀茱萸挽笑颜。

喜复介石书院瞻礼言夫子　　　　　　〔国朝〕褚篆

披榛寻大石，复见讲堂成。旷代师儒席，名山香火情。管弦遗韵在，笋蕨野芳盈。兴废关吾党，人知颂同卿。前太仆卿顾存仁建。

构院因新木，重标介石题。先贤仍仰止，胜地幸攀跻。阁迥瞻云岫，林香问竹畦。东南倡道意，好为志山栖。

访沈石田故居　　　　　　　　　　　〔国朝〕张锡祚

杭心希古贤，闲情缅高士。孤舟渡平湖，日落遵枉渚。逶迤入荒村，徘徊觅遗址。人语散凫鹥，草长眠鹿豕，何处有衡门，田中问孙子。

北郭寻徐幼文故宅　　　　　　　　　〔国朝〕沈德潜

右流旧日此栖迟，满坞烟云独到时。十子声华随逝水，半村瓜瓠上疏篱。蜀山避地青田鹤，洛郡飞缨太庙牺。更惜松楸迷处所，秋坟谁听鲍家诗？

集依园分赋得妙岩台　　　　　　　　〔国朝〕徐珂

吾歌妙岩台，妙岩台在何处所？地隔闲丘不数武。灌丛奥草弗不行，鼪鼯啼烟鸥啸雨。故老相传，土骨堆下有玉凫，金雁飞出时可睹。金粟山人亦好奇，斩荒铲秽来启宇。洞壑谽谺翁蔓除，一丘突兀当环堵。夹以怪石杂妍卉，醉以茗汁兼椒醑。谥以闉阇百尺之嘉名，实以萧梁万乘之贵主。影挟云根势最高，珮声仿佛临琼户。昼赏宵升花月中，砚匣随身两侍女。搔首惊咏元晖诗，振衣狂作青海舞。每登

刻烛窘词流，别欲坌曲困酒伍。疑君前身沈亚之，雅能痛峭妙茹吐。隐隐箫闻嬴女
吹，泠泠瑟动湘灵鼓。高高下下胜擅吴，朝朝暮暮云似楚。妙岩台，妙岩台正悲歌
起。山家小儿攘臂时，危涕汍澜不得语。太清元元阳九年，尔来一千一百四十许。
乾坤惨黩几销沉，何独玉颜为黄土。吾思歌风隆准翁，吾思凌歊寄奴祖。那用薄心
肠老公，且凭君饮忘今古。裂辉拾谒倘可期，反裘垂竿首还俯。

饮顾孝廉秀野堂　　　　　　　〔国朝〕朱彝尊

秀野堂深曲径通，巡檐始信画图工。小山窠石屋高下，清露戎葵花白红。已许
糟丘成酒伴，不妨蠹简借邮筒。入秋准践登舻约，吟遍江桥两岸枫。

戊辰三月秀野草堂落成偶题东壁五首　　　　　〔国朝〕顾嗣立

桃花一簇竹千茎，检得髯苏秀野名。世路岧峣宁作我，腹中空洞且容卿。墙分
树色春阴合，榻护茶烟午梦生。移得鹅黄千万缕，轻寒漠漠语流莺。

竹头木屑积嵯峨，五架三间独树坡。窗纸油糊添日色，帘钩风荡引池波。操锼
旧识王承福，种树新来郭橐驼。拟赋闲居惭未就，翻教忙里看春过。

林烟疑对晓山青，风扫痴云塔半星。口角本羞言阿堵，眼光曾是识宁馨。橘奴
远种参差立，鱼婢初生细琐形。最爱池宽凉月白，断霞如絮阁茅亭。

鸳鹭丛边枕石眠，碧荷新涨散金钱。游丝落水原无影，飞絮漫山不是烟。闲里
寻人强说鬼，醉余逢客好谈天。从今红藕香中卧，身世茫茫付酒船。

燕雏掠破槿篱烟，豆蔻梢头嫩叶妍。才士易伤三月暮，愁人最怕五更天。蛮笺
细擘中书秃，玉盏横飞从事贤。香白淡红迷望眼，春光占断草堂前。

题秀野草堂二首　　　　　　　〔国朝〕韩菼

曲巷通鹦鹉，幽栖傍妙严。小池时泼墨，好鸟或窥帘。甲乙千峰石，青红四部
签。兴来迟客醉，斜挂玉钩纤。

读书深柳处，才子托千秋。好古怜残简，探奇类远游。诗篇存考父，史例自中
州。往事传金粟，风流似此不？

复归故园作即归田园　　　　　　〔国朝〕王廷铨

兰堂凭眺思悠悠，回首当年忆胜游。亭榭昔闻嘶战马，池塘今喜狎闲鸥。小山

丛桂秋风老，片石长松翠色稠。惟有数峰依旧峙，烟霞诗酒可忘忧。

妙岩亭纳凉次韵 〔国朝〕徐陶璋

回廊曲槛水波横，蘋末风来拂袖轻。青簟展时留客话，碧梧高处送蝉声。冰和瓜片侵牙冷，雨洗花光照眼明。满座朋簪豪兴合，浅斟吾已觉微醒。

万里归来坐晚凉，锦囊犹带墨痕香。秀野先生归自楚粤，得新诗五百首。残霞深浅红衔领，古木参差绿映床。越鸟啼随风叶散，时闻竹鸡声。吴羹味佐酒杯长。亭边惜别重回首，颠倒看披薜荔裳。

立夏前一日顾秀野太史招集妙岩亭二首 〔国朝〕沈德潜

妙岩亭子与僧邻，清磬声中坐众宾。隔岸野花飞著水，傍棡幽鸟语留春。器之有约应烧笋，张翰初归合煮莼。醉后高歌频斫地，不辞披豁见天真。

姓名自昔满清都，归卧青山号醉愚。仕宦凭渠为令仆，文章从古属江湖。坐间那可无高士，世上何妨重酒徒。后晤更期花墅宿，秋风不遣月明孤。

访谕石涧隐居 〔国朝〕陈魁

南郭有真隐，元初此高轩。卦蛊得上九，筮贲恋丘园。一编阐羲奥，抱琴弹秋烟。邈矣玄豹迹，山雾空苍然。

贤首寺牡丹 〔国朝〕王栻

京洛繁华小劫余，花期崇敬近何如。数枝明艳红尘外，满院清芬谷雨初。梦断瑶台依净土，宠辞金屋寄精庐。开时只恐妨僧定，竹径先传仙客车。

陆鲁望宅 〔国朝〕韩菼

幽居赋就兴何如，好傍城闉小结庐。地接虎丘时蜡屐，门临鹤市满巾车。夹窗云度翻书润，曲水风来散发疏。更喜招寻皮从事，日供杞菊笑相于。

送姚彦昭孝廉之官长洲司教 〔国朝〕潘江

三吴名胜艺林传，画舫看君去似仙。地是昔年游屐遍，书从廿载国门悬。戴凭经席应分坐，张鷟文章并选钱。最喜到时多旧雨，黄莺声里上歌船。

蠡湖　　　　　　　　　　　　　　　〔国朝〕叶士宽

秋光一片接澄湖，少伯曾经此伐吴。组练眩晴明浦口，艅艎衔尾下姑苏。乌啼茂苑多榛莽，水满长洲遍荻芦。今日通津成大路，千帆漕转入皇都。今名漕湖。

射渎归舟　　　　　　　　　　　　　〔国朝〕李奕拓

金姬冢畔雨蒙蒙，一片帆飞射渎中。水鸟沙头几点白，夭桃村里十分红。歌凭风遏高还下，塔引船行西复东。何处更教幽兴发，云岩钟晚出禅宫。

白鹤后院　　　　　　　　　　　　　〔国朝〕褚篆

池上笼鹅客，频来索字通。因临右军帖，往看少文图。翠柏修廊冷，霜禽小院孤。蓬莱有云气，时起博山炉。

麋城怀古　　　　　　　　　　　　　〔国朝〕叶士宽

伯吴亦数阖闾才，豢鹿何堪百雉开。此日春风驯舞馆，后时秋雨走荒台。虎丘西畔呼群散，鹤涧东头挺险来。回首夕阳明灭地，一行晴雁下城隈。

春日经南禅寺　　　　　　　　　　　〔国朝〕张成祖

城南饶古寺，幽讨暮春天。法雨洒香界，慈云覆讲筵。花飞当小径，水暖带轻烟。尚忆香山叟，遗碑此地传。

沧浪亭　　　　　　　　　　　　　　〔国朝〕顾元培

诗社何年结水涯，酒杯裙屐往来赊。野花修竹都官宅，翠阜荒湾子美家。一代清流投浊水，千秋秀句散余霞。瓣香终为先生荐，枯柳祠边噪暮鸦。

开元寺石钵　　　　　　　　　　　　〔国朝〕翁照

石钵曾传出海陬，摩挲佛像巧雕镂。蕴奇久托乾陀国，历劫初经沪渎流。万里灵踪归净域，千年宝气镇吴洲。却疑中有明神护，风雨还闻吼怒虬。

游结草庵追和文衡山韵　　　　　　　〔国朝〕王廷魁

招提水木映沧浪，筇竹携来上草堂。塔影何年浮碧涧，花源终古断渔郎。中有放生池及二石塔。钟敲隔院催残照，柳拂寒堤送晚凉。为赴维摩香火社，石桥南畔系轻航。

写陆宣公墓枯柏重青图诗以纪事　　　　〔国朝〕王廷魁

昔居齐女门，曾谒先贤冢。宣公此凭依，荒郊群木拱。苍苍一病柏，枯干似骨笋。土人或触之，瞑眩欲神悚。忆公立朝时，奏疏惊泉涌。责难效虞唐，立议宗贾董。孤忠明主赖，正论奸邪謵。贬谪钞方书，避祸时震恐。遗椟忠州归，节烈丘山重。正直与柏同，道合若胶巩。近岁青铜根，一朝发坏垄。对待判死生，孤高覆茏茸。蛟龙仍屈蟠，云烟常护拥。圣朝崇古贤，修墓承天宠。知公灵爽存，予心久推奉。援笔写虬枝，墨酣贾余勇。

移居南园览古有作　　　　　　　　　　王廷魁

太息人间似寄居，一枝安稳乐陶如。钟敲五夜南禅寺，地载千秋长史书。汗马嘶风怀古戍，老农锄雨护新蔬。升平久矣何须论？但得清幽便结庐。

谒文待诏新祠恭和御制元韵　　　　　　王廷魁

先生德艺冠吴侬，仰止情深素所宗。玉磬挥毫传妙品，天章褒语快奇逢。清标洁并千山雪，高行风齐百尺松。老大未能酬夙愿，空从祠宇企芳踪。

沧浪亭　　　　　　　　　　　　　　〔国朝〕沈光熙

我登沧浪亭，高咏沧浪篇。亭中人去近千载，亭前风月长清妍。颇闻卜筑时，位置独萧爽。杂花修竹间，幅巾自来往。宦海波澜了不惊，林泉到处供吟赏。一时同调欧与梅，并有新诗记幽敞。旧传元璙宅，或云承祐居。侯门池馆纷萦纡，豪华一散成丘墟。湖州长史偶栖托，胜迹终古留偏隅。故知贤达人，抗志烟霞外。飞鸿去杳然，罗网岂能害？即今亭子旁，遗祠郁松桧。我来吊古开襟情，闲循曲岸穷回汀。棋枰石矼渺何处？惟见积水涵虚明。不须更鼓沧浪枻，对此还思濯我缨。

姑苏台怀古 〔国朝〕王宗源

霸业初成逐燕游,层台迢遰冠山陬。千峰云气尊前落,万顷湖光槛外收。窟室不堪追往事,梧宫谁遣动深愁。闲披越绝谈名胜,园寝荒凉剩虎丘。

左携郑旦右夷光,置酒高台乐未央。白纻歌残云久驻,双鸾舞罢雾深藏。衔枚忽见偏师入,响屧遥怜旧庑荒。记得谏书惩妹妲,女戎自古系兴亡。